VACHER L'ÉVENTREUR
ARCHIVES D'UN TUEUR EN SÉRIE

Collection MÉMOIRES DU CORPS
ARCHIVES
dirigée par Jean-Jacques Courtine

Déjà paru :

Laurence Guignard,
Antoine Léger l'anthropophage.
Une histoire des lectures de la cruauté (1824-1903)

COUVERTURE :
Photographie de Joseph Vacher
faisant face au juge Fourquet, en prison.
Coll. Fourquet-Voutay.

Catalogue disponible sur demande

Marie-Claude Carrara et Jérôme Millon
3 place Vaucanson
F — 38000 Grenoble
www.millon.fr
ISBN : 2-84137-369-7

MARC RENNEVILLE

Vacher l'éventreur

Archives d'un tueur en série

Avec des textes d'Alexandre BÉRARD, Jean-Roger CAUSSIMON, Émile FOURQUET, Alexandre LACASSAGNE, Étienne MARTIN, Raoul PONCHON, Marius RÉTY, Gabriel TARDE, Bertrand TAVERNIER, César TOURNIER (MARCIAT) et Joseph VACHER

JÉRÔME MILLON

Remerciements

La réalisation de ce livre a bénéficié de l'appui documentaire des personnels des archives départementales de l'Ain, du service des archives départementales du Rhône, des archives municipales de Lyon, de la bibliothèque municipale de Lyon, de la bibliothèque H. Ey de l'hôpital Sainte-Anne à Paris, de la bibliothèque de l'hôpital Saint-Ylie, des Archives nationales, de l'École nationale supérieure de Police (ENSP). Je tiens à remercier tout particulièrement: Florence Beaume (AD de l'Ain) ; Céline et Raphaël Caussimon pour avoir permis la reproduction de la *Complainte de Bouvier l'éventreur*, Rémi Cuisinier pour le partage des complaintes criminelles ; Michel Chomarat pour la reproduction de l'estampe issue de sa collection; Ghislaine Chauviré (AD du Rhône) ; Jacques Dallest, magistrat, qui a initié la numérisation du dossier de procédure ; Nadine Dardenne pour l'aide à la transcription des complaintes ; Gérard Dole pour sa description organologique et policière de l'accordéon de Vacher, Maryne Dorée pour la recherche à l'ENSP ; Brigitte Fenaux, pour ses informations sur la vente Fourquet ; Georges Fourquet, peintre et petit-fils du juge Fourquet ; Amos Frappa pour ses photographies dans les fonds Lacassagne et Locard ; Étienne George pour la reproduction de sa photographie de Jean Aurenche et Bertrand Tavernier ; Jean-François «Maxou» Heintzen et ses complices musiciens Catherine Perrier, Roland Brou et Patrick Couton pour l'interprétation des complaintes ; André Lanfrey, Frère Mariste et historien, pour le partage de sa connaissance de la congrégation des Frères maristes et de leurs archives ; Laurent Lopez pour le partage de sa documentation sur l'affaire du Bois-du-Chêne ; Jean-Baptiste Martin, linguiste, pour sa traduction en patois de Bénonces ; Benoît Muckensturm (Europe 1 documentation) ; Jérôme Sirdey (fonds ancien de la BM de Lyon) ; Stéphane Vielle pour sa documentation ; Antoine de Vita, qui m'a confié la documentation rassemblée pour son mémoire de master en histoire à l'université Paris 1 Panthéon Sorbonne ; Bertrand Tavernier, pour avoir permis la transcription d'un entretien filmé ; Damien Voutay, pour m'avoir donné l'accès à la documentation du juge Fourquet ; Tristan Vuillet (Archives municipales de Lyon) et mes collègues du CLAMOR : Hervé Colombani, Nadine Dardenne, Chloé le François des Courtis, Delphine Usal, Sophie Victorien pour leur aide et leur soutien au projet.

Merci aussi aux éditeurs, Jérôme Millon et Marie-Claude Carrara, pour leur accueil et leur accompagnement si précieux ; et à Jean-Jacques Courtine enfin, pour avoir lancé cette nouvelle collection « Archives » en la laissant délibérément ouverte à ces affaires criminelles qui poussent l'histoire aux limites de l'analyse sociale et psychologique.

Convention de citation : Ce livre renvoie régulièrement aux documents produits par la procédure judiciaire. Afin de limiter le nombre de notes, le numéro d'inventaire est indiqué entre parenthèses Ainsi, toute mention de (pièce n° x) ou (lot y, n° x) renvoie à à un document unique ou une pièce issue d'un lot du dossier de procédure judiciaire de l'affaire, conservée aux Archives départementales de l'Ain sous la cote 2U 300. Ce dossier a été intégralement numérisé et placé en libre consultation sur le site des archives du département de l'Ain (http://www.archives.ain.fr/archive/fonds/FRAD001_vacher/n:85)

Les abréviations utilisées sont peu nombreuses : AD (Archives départementales), PV (procès-verbal). Certains noms de commune ou de lieux-dits ont changé depuis le XIXe siècle. Les dénominations actuelles sont indiquées entre parenthèses.

Présentation

Au panthéon de l'abominable, Joseph Vacher trône comme l'une des figures les plus abouties d'inhumanité. Tueur de jeunes bergers innocents, égorgeur, violeur, éventreur, récidiviste : Vacher condense en sa personne les attributs de l'ogre des contes ancestraux et la figure du monstre criminel contemporain. Sa sinistre odyssée de tueur en série n'a rien à envier à celle de Jack l'éventreur, auquel la presse de l'époque le compara, pas plus qu'à celles des nombreux criminels qui le suivront dans la sérialisation du crime, au XXe siècle. Si Vacher n'est pas le premier tueur en série français, il est le premier à avoir bénéficié d'une couverture médiatique locale, nationale et internationale. Le "Jack l'éventreur du Sud-Est" a cherché et provoqué cette médiatisation, qu'il prenait comme un moyen de défense. Il a tué plus que l'éventreur de Londres et, contrairement à ce dernier, ses proies étaient des figures d'innocence et de pureté. Par le choix de ses victimes et le saccage des corps auquel il se livra, Vacher constitue le prototype du pervers sexuel et tueur d'enfants. Son nécrologe continue d'offenser aujourd'hui encore ce que le sociologue Émile Durkheim appelait « les états forts de la conscience collective »[1]. Contemporaine de l'affaire Dreyfus, l'affaire Vacher suscita probablement bien plus d'émotion au sein des populations rurales de la France[2]. Chacun de ses crimes provoqua des réactions d'effroi, de sidération et de fascination mais aussi des discours, des polémiques et des analyses visant à réduire l'abominable dans un cadre de raison. L'éventreur de bergers enfin arrêté, on chercha à comprendre l'incompréhensible : qui était-il ? Comment avait-il pu en arriver à commettre ces atrocités ? Et que devait-on en faire ?

Vacher a fortement contribué, par sa personnalité, son discours et ses écrits, à faire de son odyssée meurtrière un « cas » singulier dans les annales du crime. Confondu par plusieurs témoins pour un unique assassinat, il en avoue dix autres, tout aussi effroyables, persuadé qu'il est de bénéficier d'un statut d'impunité judiciaire. Emprisonné, inculpé, Vacher déconcerte

---

1. E. Durkheim, *De la division du travail social*, Paris, Alcan, 1893, p. 85.

2. A. Bérard, « Le vagabondage en France » in A. Lacassagne, *Vacher l'éventreur et les crimes sadiques*, p. 461.

par son attitude car il n'entend pas subir passivement le processus judiciaire. L'assassin garde la maîtrise de sa parole, il prend la plume pour se présenter au public comme un être innocent, malade, lucide et irresponsable. Face à ses juges et aux médecins, il se défend. Il se déclare «anarchiste de Dieu» et force l'accès à la presse pour transmettre ses positions. Vacher écrit, négocie, crie, parle ou garde le silence. Il tenta ainsi d'obtenir jusqu'à son ultime recours en grâce ce qui lui semblait être justice: la reconnaissance de son innocence et son transfert dans un asile d'aliénés, à défaut de pourvoir être soigné dans un simple hospice.

Du côté de l'institution judiciaire, l'enjeu est tout autre: après l'horreur des crimes, après l'arrestation, justice doit passer. Il faut que le scandale cesse. Au plus vite. Vacher doit être assigné à ses actes et il faut statuer sur son état mental. S'il est fou, il doit être envoyé à l'asile. S'il n'est pas fou, il doit être jugé en cour d'assises. Rendre justice en l'espèce nécessite l'expertise de l'état mental de l'accusé. Celle-ci fut longue et bien que son résultat ait permis à la justice de suivre son cours, elle fut immédiatement contestée pour sa partialité. Aujourd'hui encore, Joseph Vacher est un défi pour la criminologie en raison des zones d'ombre de sa personnalité et de la nature de ses crimes.

Si la trajectoire de Vacher a connu une postérité comme un cas criminologique posant la question du diagnostic différentiel entre crime et folie, elle n'a guère été considérée comme une «affaire» au sens judiciaire. Cette spécificité tient sûrement au fait que l'auteur des crimes a été identifié. Arrêté et condamné, le tueur de bergers a bénéficié d'une gloire médiatique fulgurante mais éphémère car son arrestation lui a fait perdre l'auréole de mystère attachée à l'anonymat de son prédécesseur londonien. L'enquête elle-même a été canonisée dans une version, livrée par le juge d'instruction Émile Fourquet (1862-1936), qui la rendait à la fois triomphale et exemplaire, toute à la gloire de l'institution judiciaire, et reléguant l'accusé au statut d'un assassin sinistre et roublard mais fort peu intelligent[1]. Ainsi débarrassé de toute aspérité, le récit de l'affaire a gagné en clarté ce qu'il a perdu en intrigue. Certains retours à Vacher ont emprunté ce chemin balisé d'une enquête centrée sur la traque d'un tueur en série menée par un magistrat héroïque, précurseur des techniques du profilage, d'autres ont brossé le portrait d'un juge avide de reconnaissance et peu soucieux des procédures. Ce livre souhaite contribuer à ouvrir une autre

1. Émile Fourquet, *Vacher le plus grand criminel des temps modernes par son juge d'instruction*, Besançon, Jacques et Demontrond, 1931.

voie, celle de l'histoire, qui présuppose de bien dissocier les temporalités de l'enquête et de sa mémoire. Il faut alors distinguer deux Fourquet. Le premier est juge d'instruction. Il agit dans le cadre d'une information judiciaire qui va aboutir au renvoi en cour d'assises d'un criminel hors normes. Ce temps de l'enquête est, nous le verrons, heurté, tissé d'incertitudes et de rebondissements. Le second Fourquet est un écrivain qui a décidé de témoigner pour la postérité. Trente années séparent le juge d'instruction de l'écrivain. Le premier est dans le feu de l'action, le second est dans la remémoration. Des deux Fourquet, j'ai choisi de mettre au jour le premier et on pourra voir dans cette préférence une forme d'hommage à l'homme de terrain. Ce livre vise ainsi à restituer le juge d'instruction dans sa détermination mais aussi dans sa fragilité et sa complexité. Lorsqu'on a cherché à établir des nuances dans le portrait glorieux du juge livré par l'écrivain, on a jusqu'ici abouti au résultat inverse. On a forcé le trait et Fourquet est devenu suspect. L'écrivain a été accusé de manipuler l'histoire et le juge de manipuler l'enquête. Ces contre-lectures à charge me semblent avoir négligé à leur tour plusieurs points. D'abord, il est difficile d'apprécier dans les erreurs produites par la mémoire d'un témoin ce qui relève d'une intentionnalité consciente. On se trompe de bonne foi bien plus souvent qu'on ne le pense. L'activité cérébrale de mémoration obéit à des règles complexes qui ne sont pas encore totalement mises au jour. On sait, par exemple, que l'émotion y joue un grand rôle et que les traumatismes subis influent grandement sur sa construction. Le juge Fourquet a précisément vécu l'affaire Vacher comme un traumatisme. Il suffit de lire son livre témoignage pour s'en convaincre. Il est légitime de relever les erreurs contenues dans son récit. Ce travail relève de l'histoire et nous le ferons, mais nous n'en déduirons pas pour autant une volonté de mentir. Le deuxième obstacle à une relecture de l'affaire tient à la réduction de l'enquête sur le seul juge Fourquet. Cette matrice narrative s'est imposée au détriment d'une appréhension de l'ensemble des procédures ouvertes car si Fourquet a mené l'ultime enquête lorsqu'il était en poste au tribunal de Belley, en 1897, il n'est ni le seul magistrat ni le dernier intervenant à s'être impliqué dans la résolution judiciaire des crimes du tueur de bergers. L'index patronymique proposé en fin de volume permet de vérifier que ces crimes ont mobilisé plus de vingt magistrats et quarante médecins.

Face au juge alors, l'assassin ? Si l'homme de loi n'est pas un personnage, son accusé est peut-être un « cas » ? Cette évidence symétrique est aussi un piège. Si on reprend une fois encore la contrainte des temporalités, Vacher n'est devenu un «tueur en série» qu'à titre posthume et de manière rétrospective : l'expression n'existe pas au XIXe siècle. Vacher est désigné, en son temps, principalement comme un «tueur de bergers» ; secondairement comme un «éventreur», un «fou», un «monomane» ou de manière plus anecdotique encore «Jack l'éventreur du Sud-Est». Le tueur est d'abord connu par ses crimes. De 1894 à 1897, onze assassinats ont été l'objet de onze enquêtes différentes dont il faudra faire un jour l'histoire sans préjuger d'une fin scellée par une arrestation qui n'intervient que le 4 août 1897. De 1897 à nos jours, la plupart des récits produits sur Vacher ont été centrés sur la figure de l'assassin et la mise en série de ses crimes. Aujourd'hui encore, il est facile d'éveiller l'intérêt du lecteur en sollicitant le ressort d'une émotion partagée que provoque l'évocation de l'horreur des crimes. Nous n'y échapperons pas. La réprobation est unanime et l'auteur se place d'emblée à l'unisson avec son lecteur. Au-delà de cette émotion facilitant l'entrée en matière, toute affaire criminelle du passé est aussi un moment d'histoire et elle doit permettre, à ce titre, d'établir une distance propice à la réflexion.

Le parti-pris de ce livre est de traiter le cas de Joseph Vacher comme une «affaire», au sens où son histoire cristallise des enjeux liés à l'administration de la justice, à la médiatisation des crimes et à l'expertise médicale du justiciable. Pour ressaisir ces enjeux en leur temps et constater combien, en retour, l'«affaire Vacher» peut encore nous parler au présent, il faut solliciter l'archive, en prenant soin de dissiper le mirage d'une clarté immédiate. La lecture directe d'un texte ancien peut en effet séduire par l'effet de transparence qu'elle provoque : lire un document du passé rédigé en français moderne offre l'agréable impression «d'y être», et pour peu que cet effet de dépaysement se conjugue avec la perception d'un accès immédiat au sens, l'illusion de savoir est totale et le recours à l'historien, superflu. Or, pour l'historien comme pour toute personne qui s'intéresse aux traces du passé ; loin d'agir comme une révélation, l'archive est d'abord opacité. L'archive nous questionne et doit être questionnée. Son partage suppose de donner au lecteur contemporain les moyens de l'appréhender au-delà de sa littéralité, ne serait-ce que parce que les traces du passé ont, comme les discours du présent, différents régimes de vérité. Un écrit peut viser l'exactitude, lorsqu'il s'agit d'une pièce de procédure judiciaire, mais il peut aussi s'inscrire dans un registre d'information délibérément aléatoire lorsqu'il s'agit d'un article de presse ou d'un roman. Les journalistes ne se privèrent d'ailleurs pas, au temps même de l'affaire Vacher, de broder des récits d'invention pour combler l'absence de nouvelles. L'assassin lui-même prit soin d'avertir ses futurs chroniqueurs : « on aurait beaucoup à faire si on voulait ajouter foi à tout ce que les journaux disent.[1] » On ne peut donc disposer de ces textes sans prévention. Il importe de rassembler et d'analyser les documents disponibles pour relier les informations qu'on peut en tirer. Chaque pièce est un indice. Il s'agit de pointer les convergences mais aussi les divergences en avançant une interprétation argumentée pour lever les contradictions, chaque fois qu'une telle opération peut faire sens. Cette recherche d'intelligibilité doit enfin concilier exigence et modestie car elle est destinée à être sans cesse remis sur le métier. L'histoire est un savoir transitoire, une connaissance en mouvement qui procède par accumulation. Présenter les matériaux de l'histoire, c'est aussi partager la méthode d'une discipline de pensée. Tel est l'objectif de la collection « Archives » et le présent ouvrage entend s'y inscrire pleinement.

Les documents relatifs à « l'affaire » Vacher ne manquent pas. Ils se présentent sous forme d'imprimés et de manuscrits et proviennent de sources variées : presse d'information, procédure judiciaire, rapports médicaux... Si les recherches préparatoires à cette édition permettent d'affirmer que certains documents sont perdus pour l'histoire, bien d'autres ont été mis au jour. La pièce centrale du dossier documentaire est constituée par un livre publié en 1899 par le docteur Alexandre Lacassagne (1843-1924), moins de trois mois après l'exécution du tueur de bergers[2]. Médecin, professeur de médecine légale, anthropologue, expert judiciaire, Lacassagne est au tournant des XIXe-XXe siècles le chef de file de la criminologie en France. Lacassagne a mené avec deux collègues aliénistes la longue expertise qui a déterminé l'état mental de l'accusé et scellé, par voie de conséquence, son sort judiciaire. Publié moins de deux mois après l'exécution du condamné, le livre *Vacher l'éventreur et les crimes sadiques* constitue le témoignage le plus proche et le plus fiable sur l'affaire, bien avant et bien plus sûrement que le livre du juge Fourquet publié tardivement, en 1931. L'ouvrage de Lacassagne est d'autant plus essentiel pour la connaissance de l'affaire qu'il s'agit d'un livre de combat mais aussi, par sa construction, d'un livre gigogne, composé à partir de documents à valeur

1. Lettre de Vacher au docteur Madeuf, 29 nov. 1897 (AD 01, dossier de procédure, lettres).
2. Alexandre Lacassagne, *Vacher l'éventreur et les crimes sadiques*, Lyon-Paris, A. Storck-Masson, 1899.

d'archive. *Vacher l'éventreur et les crimes sadiques* aurait pu, à lui seul, constituer un ouvrage de la collection «Archives». Le livre de Lacassagne contient 40 documents. Nous en avons ajouté plus de 110 dans le dossier documentaire. Cet ouvrage rassemble ainsi, pour la première fois, plus de 150 pièces originales relatives à un cas de tueur en série dont les raisons de passage à l'acte restent aujourd'hui encore, pour une large part, un mystère.

Nécrologe

20 mai 1894. Beaurepaire. Isère. Eugénie DELHOMME, 21 ans, est étranglée, égorgée. Son corps porte des traces de coups divers, le sein droit est partiellement arraché. Le cadavre a été violé.

20 novembre 1894. Vidauban. Var. Louise MARCEL, 13 ans, est étranglée, égorgée. Le cadavre est retrouvé éventré, les seins sont arrachés.

12 mai 1895. Étaules. Côte-d'Or. Augustine MORTUREUX, 17 ans, est étranglée, égorgée. Son cadavre présente des plaies près du sein droit.

24 août 1895. Saint-Ours. Savoie. Péronne BAUD, veuve Morand, 55 ans, est étranglée, égorgée, violée.

31 août 1895. Bénonces. Ain. Victor PORTALIER, 16 ans, est étranglé, égorgé. Le cadavre est retrouvé éventré, une partie du scrotum a été arrachée.

24 septembre 1895. Truinas. Drôme. Aline ALAISE, 16 ans, est étranglée, égorgée. Le cadavre présente un début d'éventration.

29 septembre 1895. Saint-Étienne-de-Boulogne. Ardèche. Pierre MASSOT-PELET, 14 ans, est étranglé, égorgé. Le cadavre porte des blessures au scrotum et des traces de sodomie.

10 septembre 1896. Busset. Allier. Marie MOUSSIER, 19 ans, est étranglée, égorgée. Le cadavre présente une morsure au nez et une tentative d'éventration.

1er octobre 1896. Varennes-Saint-Honorat. Haute-Loire. Rosine RODIER, 14 ans, est étranglée et égorgée. Ses parties génitales sont mutilées.

Fin mai 1897. Tassin-la-Demi-Lune. Rhône. Claudius BEAUPIED, 14 ans, est égorgé. Son cadavre est retrouvé dénudé, au fond d'un puits.

18 juin 1897. Courzieu-La-Giraudière. Rhône. Pierre LAURENT, 13 ans, est étranglé, égorgé. Son cadavre est mutilé au scrotum et porte des traces de sodomie.

PREMIÈRE PARTIE

L'ASSASSIN, SES JUGES ET SES MÉDECINS

1. *L'enfant des Terres froides*

Comme Jésus-Christ notre Seigneur disait à ses disciples: Le Ciel et la terre passeront mais mes paroles ne passeront point.
Joseph Vacher[1].

Le registre d'état-civil de la commune de Beaufort, canton de Roybon, département de l'Isère, a enregistré pour l'année 1869 à la date du 16 novembre, la naissance de jumeaux. Ce jour-là, Pierre Vacher, âgé de 60 ans, cultivateur, se rendit à la mairie et présenta à deux heures de l'après-midi, deux nouveau-nés de son union avec Marie-Rose Ravit, âgée de 45 ans, exerçant la profession de ménagère. Le premier enfant était né le même jour à une heure du matin dans la maison familiale, située au hameau de Chantabot. Il portait le nom de Joseph. Le second, né une demi-heure plus tard, se prénommait Eugène. On ne sait comment fut accueillie la nouvelle de cette gémellité tard venue dans une famille déjà nombreuse. Au moment de cette naissance, Pierre Vacher avait déjà quatre enfants issus d'un premier mariage et neuf de son union avec Marie-Rose Ravit. Bien que les parents Vacher soient propriétaires de leur ferme, leur parcelle d'exploitation ne suffisait pas à nourrir toute la famille et les enfants les plus âgés étaient partis. Placée à la frontière sud-ouest des Terres froides, réputées pour la difficulté à les cultiver, Beaufort était aussi au cœur d'une zone où les écoles des Frères maristes étaient nombreuses. Les Frères instituteurs étaient présents à Thodure, Roybon, Lens Lestang, Viriville, St Siméon et St Pierre de Bressieu, La Côte Saint André... De confession catholique, Pierre et Marie-Rose Vacher ne semblent pas avoir confié l'instruction de leurs enfants aux instituteurs chrétiens alors même que certains parents, cousins ou neveux, en furent proches au point que l'un d'entre eux avait pris l'habit à la fin des années 1850 à l'école mère de Saint-Genis-Laval sous le nom de Frère Berthier[2]. Ce qui est certain, c'est

---

1. Lettre de Vacher aux époux Génin, 14 avril 1897 (pièce 686, p. 160-161).

2. Registre des prises d'habits. Archives centrales des Frères maristes, Saint-Genis-Laval. Les recherches dans ce centre ont été réalisées par l'historien F. A. Lanfrey. Frère Berthier fit vœu temporaire d'obéissance le 8 septembre 1860. Il était né sous le nom de Joseph Firmin

que les Vacher étaient soucieux de donner de l'instruction à leurs enfants afin qu'ils puissent s'établir dans les meilleures conditions car même les filles furent envoyées à l'école primaire du village[1]. Leur départ de la ferme coïncida souvent avec leur mise en ménage, et plusieurs sœurs aînées de Joseph furent ainsi mariées avant d'être majeures, avec l'accord de leurs parents. Certaines purent fonder leur foyer non loin de la maison natale, d'autres s'éloignèrent pour suivre leur mari. À titre d'exemple, Marie-Philomène se maria en 1867 à l'âge de 20 ans à Orliénas (Rhône), avec Pierre Pras, un cultivateur habitant dans cette commune et le couple s'installa peu après à Saint-Genis-Laval, près de Lyon. Marie-Victorine resta à Beaufort en se mariant en 1873 avec Joseph Guibaud; Rosalie partit dans la Drôme proche à Grand-Serre, où résidait Jean Antoine Frandon, qu'elle épousa en 1878 à l'âge de 16 ans. La même année, Rosalie Joséphine quitta à son tour la maison natale mais resta sur la commune de Beaufort en se mariant avec Eugène Gueffier. Louise-Antoinette fit de même avec Régis Virieux en 1883. Deux ans plus tard, Victorine se maria avec Jean Costang, alors charpentier, et le couple s'installa dans la commune limitrophe de Marcollin. Certains enfants tentèrent leur chance en quittant le travail de la terre, tel Auguste, qui fut cordonnier ou Olympe, qui fut cafetière sur la Côte d'Azur. La plupart des frères et sœurs des jumeaux exerçaient ainsi les métiers de cultivateur, de ménagère et de domestique[2]. Le dernier né et unique cadet des jumeaux, Louis, naquit en 1872 et il se plaça comme domestique. Les jumeaux nés en 1869 ne purent grandir ensemble car Eugène décéda prématurément en bas âge, le 15 juillet 1870. Le survivant Joseph contracta probablement dans sa petite enfance comme certains de ses frères et sœurs une fièvre typhoïde, que le médecin de famille Ulysse Charcot traitait classiquement par une saignée (pièce 205). Joseph fréquenta dès l'âge de 6 ans l'école primaire de Beaufort dont la classe était tenue par l'instituteur Fournel. Il y apprit à lire et à écrire sans difficulté, tout en participant aux travaux de la ferme, en conduisant notamment le bétail au pâturage (pièce 633). Son comportement d'écolier n'attira guère l'attention de ses camarades, qui le considéraient comme un «gentil garçon» (pièce 176) n'étant «ni le plus fort ni le plus faible» (pièce 177). Le

---

Vacher, à Beaufort, le 22 février 1842. Il quitta toutefois les Frères maristes très vite, en 1860, s'engagea dans l'armée et décéda en 1866 à l'âge de 24 ans.

1. Alors que la signature de Pierre Vacher dénote un faible niveau de maîtrise de l'écrit et de la lecture, celle des filles Vacher présente une calligraphie sûre et normée.

2. Sur la vie de la jeunesse rurale en France, voir Jean-Claude Farcy, *La jeunesse rurale dans la France du XIX*[e] *siècle*, Paris, Éditions Christian, 2004.

seul incident qu'on lui connut fut d'avoir, lors d'une promenade au bourg voisin de Pajay, profité de l'absence momentanée de l'instituteur pour attirer ses camarades dans l'église. Là, il monta en chaire et improvisa un discours qui fut vite interrompu par l'irruption de l'instituteur dans l'église (pièces 176 et 633).

À 7 ans, alors qu'il était assis sur l'herbe d'un pré à manger des pêches avec son grand frère Jacques, alors âgé de 22 ans, Joseph fut mordu ou léché par le chien du garde champêtre. L'animal fut abattu deux ou trois jours après parce qu'on le croyait atteint d'hydrophobie (rage). Joseph fut soigné à titre préventif à la demande de sa mère qui envoya Jacques acheter une bouteille de remède empirique dans la Drôme, à Saint-Romain d'Albon, qu'il paya 5 fr (pièces 172 ter et 173). Cet événement a priori bénin ne laissa guère de souvenir chez les habitants de Beaufort mais d'après Joseph Vacher, il fut la cause d'un premier changement de comportement. Ses camarades d'école commencèrent après cet incident à le repousser en le surnommant «l'enragé» et il devint sujet à de violents maux de tête qu'il ne put calmer qu'en fuguant à travers la campagne et les bois environnants[1].

La mère de Vacher décéda le 12 mai 1882. Joseph avait alors 12 ans et demi. Au printemps 1884, peu après avoir fait sa première communion (pièce 633), le jeune Joseph quitta son village natal pour se rendre à Saint-Genis-Laval près de Lyon, où il fut accueilli par sa sœur aînée, Marie-Philomène Pras (pièces 187 et 217) dont deux filles Lucie et Louise, étaient installées à Cannes avec une autre sœur de Joseph, Olympe la cafetière, surnommée «kilomètre»[2]. Vacher fut placé par sa sœur comme domestique chez différents propriétaires (pièce 187). Il fut engagé au début du mois de mai pour aider à faire les marchés à Lyon. Parvenu en fin de contrat le 11 novembre parce qu'il n'y avait plus de travail, le jeune Joseph n'avait donné aucun signe de mauvaise volonté à son employeur qui le trouvait «très intelligent», relevant seulement qu'il avait tendance à bouder lorsqu'on lui faisait une remarque. Joseph Vacher fut immédiatement repris

1. Les renseignements sont tirés du dossier d'information judiciaire. On donne ici la version exposée par Joseph Vacher. Sur son enfance, voir particulièrement les interrogatoires des 4 et 5 novembre 1897 (pièce 633-634). La version donnée par son frère aîné, témoin de la scène, est moins tragique : Jacques affirme que le petit chien du garde-champêtre avait sauté sur son frère pour lui faire des caresses et lui lécher le visage (pièce 173).

2. Information tirée du témoignage d'un journaliste écrivant une lettre à en-tête «Le Littoral» du 20 février 1898 à M. le procureur de la République de Grasse (hors cote, entre les pièces 412-413).

chez un autre propriétaire qui témoigna lui aussi de l'intelligence de son domestique (pièce 188). Joseph décida de quitter cet emploi vers la fête de Pâques pour s'engager comme valet de ferme chez Declérieux, dont la propriété était située en face de la communauté des Frères maristes (pièces 183 et 218) jusqu'à la Saint-Martin (11 novembre). Attiré par la vie religieuse, Vacher résolut d'y entrer comme postulant. Il fut admis à la congrégation le 20 novembre 1885, avec l'accord de son père. Vacher suivit chez les Frères maristes une formation qui le destinait moins à la prêtrise qu'à devenir un instituteur chrétien. Le noviciat durait deux ans et le coût théorique de la formation pouvait être de 400 francs, dont la moitié devait être versée dès la première année. Le trousseau coûtait 250 francs et comprenait l'habit d'entrée en religion, douze chemises, six serviettes, deux paires de draps, douze mouchoirs et 25 francs pour blanchissage, raccommodage, entretien de la chaussure, frais de médecin etc. En pratique, le prix de l'enseignement était adapté à la fortune du postulant, et en accord avec la famille. Il est donc douteux que les Vacher aient payé le prix fort[1]. Pendant 8 mois, Joseph Vacher fut un postulant correct et le 15 août 1886, jour de l'Assomption, il reçut la vêture et le nom religieux de frère Jacques[2].

Désormais novice, Vacher porte la soutane et se lève à quatre heures du matin. Il prie puis, à 6 h 30 le lundi, le mardi et le mercredi, il suit des cours de grammaire ou prépare la dictée pendant une demi-heure. L'arithmétique est enseignée le vendredi et le samedi puis, la lecture étant acquise, le Frère directeur l'initie à la lecture des manuscrits. À huit heures du matin, les élèves arrivent et les postulants suivent les cours. Les novices sont également formés, comme les élèves, au plain-chant. Le soir est consacré à une heure de catéchisme, entre 6 et 7 heures[3]. La formation dispensée ne s'élève guère au-dessus du meilleur niveau de l'école primaire et la priorité est donnée à l'éducation religieuse. Celle-ci repose sur une « pédagogie de combat » qui vise à faire barrage à l'enseignement des « philosophes et des incrédules ». Parmi les principes qui la composent, on retrouve l'enseignement du catéchisme, matin et soir, l'invocation fréquente de la sainte Vierge, la dévotion « aux anges gardiens, aux saints

1. Les informations relatives à la congrégation des frères Maristes ont été fournies par l'historien F. André Lanfrey, dans le cadre d'une correspondance avec l'auteur (avril 2019). Les erreurs d'interprétation sont à attribuer à l'auteur du présent ouvrage.

2. Registre des prises d'habits. Archives centrales des Frères maristes, Saint-Genis-Laval. Les recherches dans ce centre ont été réalisées par F. A. Lanfrey.

3. Cette journée type est tirée de l'ouvrage d'André Lanfrey, *Marcellin Champagnat et les Frères maristes. Instituteurs congrégationnistes au XIXe siècle*, Paris, Don Bosco, 1999, p. 118-120.

patrons et aux âmes du purgatoire», le respect «envers les ministres de Jésus-Christ, l'obéissance au Prince, et aux magistrats», «le goût et l'amour du travail»...[1]

En avril 1887, Vacher fut envoyé à Villechenève, pour faire son stage de cuisine et enseigner à la petite classe comme sous-maître (pièce 621)[2]. Cette affectation dura jusqu'aux grandes retraites de l'été. De retour en août 1887 à la maison-mère à Saint-Genis, il fut envoyé à nouveau comme cuisinier à Sainte-Foy-l'Argentière (pièces 192 et 621) mais il ne donna pas satisfaction et son séjour y fut très bref. Frère Andronicus, directeur de cette école libre, affirma d'ailleurs lors de l'enquête que Vacher n'y était pas passé (pièce 189). En octobre 1887, alors que le postulant Vacher arrivait au terme de son noviciat, la direction de la maison-mère de Saint-Genis-Laval lui demanda de quitter la congrégation. La raison exacte de ce départ reste inconnue. Il faut l'inscrire dans le contexte plus général de la réorganisation de la congrégation vers des implantations en Outre-mer et à l'étranger, depuis que la loi Goblet du 30 octobre 1886 avait interdit l'enseignement public aux congréganistes. Les Frères maristes avaient en 1887 moins de raisons qu'avant de recruter plus que de besoin pour des écoles «libres» qu'ils devaient organiser à la hâte, en étant mal payés et soumis à des comités tatillons. La communauté mère de Saint-Genis-Laval affirma que le comportement de Vacher ne paraissait «pas suffisamment sérieux et par trop excentrique» pour la vie religieuse (pièces 163-165). Un ancien compagnon de noviciat, qui le retrouva à l'armée, déclara que Vacher lui avait confié qu'il avait été renvoyé pour avoir masturbé ses camarades mais cet aveu rapporté par un témoin hostile n'est pas corroboré par d'autres sources (pièce 170, p. 242). Vacher déclara lui-même au juge qu'il était parti après une visite médicale, comme d'autres camarades l'avaient été dans l'année (pièce 621). Il est certain en tout cas que ce départ ne fut pas causé par une faute grave puisque Vacher obtint par la suite des certificats de la part des Frères maristes. Il est difficile de savoir ce que Vacher pensa de ce renvoi. Ses écrits laissent entendre qu'il garda un temps une rancune contre les Frères et que celle-ci s'estompa progressivement. Ce qui est certain, c'est que Vacher acquit par sa formation chez les Maristes une aisance dans l'expression écrite qui favorisa sa progression à l'armée et qui lui permit, plus tard, de donner des leçons dans les fermes. À la suite de

1. A. Lanfrey, *ibid.*, 1999, p. 161-162.

2. L'école communale de garçon de Villechenève fut tenue par les Frères maristes de 1871 à 1888, date à laquelle elle fut laïcisée (pièce 92).

son renvoi de la congrégation, Vacher retourna dans son village natal où il savait pouvoir compter sur l'accueil de son père veuf, son frère Jacques et ses deux sœurs aînées Rosalie Joséphine et Louise-Antoinette. Rosalie n'était pas loin non plus, à quelques kilomètres seulement dans la commune de Grand-Serre, dans la Drôme. Le jeune Joseph trouva donc facilement à travailler ici et là comme journalier pendant plusieurs mois (pièce 621). En juin 1888, alors qu'il était employé à faner la luzerne sur la commune de Thodure, il tenta d'abuser du jeune Marcellin Bourde, âgé de 13 ans et occupé au même travail (pièces 194-197). Le garçon résista et le propriétaire survint en menaçant Vacher :

— Sale petit Frère, c'est comme ça que tu fais, je t'aurais bientôt réglé ! (pièce 196)

Vacher perdit son emploi et cet événement l'incita probablement à quitter la région. Il trouva refuge chez sa sœur Olympe, alors employée comme domestique à Grenoble. Celle-ci lui procura une place à la brasserie des Nations, qu'elle envisageait d'acheter. Vacher assista à la visite du président Sadi Carnot le 20 juillet mais il ne resta pas engagé plus d'un mois à la brasserie (pièce 621). C'est à Grenoble qu'il eut sa première relation sexuelle avec une femme, probablement une prostituée, par l'entremise de sa sœur (pièce 634). Vacher contracta dans cette aventure une incommodante « chaude-pisse » et il fut contraint de faire un séjour du 24 septembre au 25 novembre 1888 à l'hôpital de Grenoble. Son orchite blennorragique y fut traitée par le docteur Jules Girard (pièce 198). En décembre, il séjourna un temps chez sa sœur Victorine Costang, installée à Marcollin (pièces 202-203). Un jour qu'Olympe se trouvait chez Victorine, l'un de ses enfants lui dit, parlant de Joseph, « qu'il y avait le fou qui courait dans la campagne avec un bâton à la main » (pièce 258). Sans considérer que Joseph est vraiment fou, frères, sœurs et beaux-frères étaient unanimes à le décrire comme bizarre, « pas toujours bien équilibré » et Olympe affirma que son père avait dit « plusieurs fois de le faire interner dans une maison d'aliénés vu qu'il ne jouissait pas de la plénitude de ses facultés intellectuelles » (pièce 258). Ces souvenirs plausibles sont toutefois sujets à caution car ils furent recueillis après l'arrestation de Vacher, et on ne peut exclure que leur expression ait été motivée par la volonté d'attester la folie d'un frère devenu inexcusable.

Vacher fut à nouveau soigné pour sa maladie vénérienne, le 11 février 1889 à l'hôpital l'Antiquaille de Lyon, grâce à l'intervention de son frère aîné Jacques, cultivateur à Beaufort (pièces 173 et 193). Vacher versa 30 francs à son entrée ce qui lui permit d'être placé dans la catégorie des payants. Il occupa à ce titre un lit dans la salle Sainte-Camille. Il sortit de l'hôpital le 12 (pièce 207) ou le 14 avril (pièce 206), après avoir subi une opération ayant entraîné l'ablation partielle d'un testicule. Cette épreuve le marqua, ainsi qu'en témoigna son frère Auguste, chez lequel il se rendit peu après: «Mon frère, tant que je puis me souvenir, me raconta qu'il avait été traité d'une façon très énergique par le docteur Gailleton, que ceux qui le saignaient avaient été étonnés de la réussite de son opération dont un sur cent s'en tirait, qu'on l'exposait sur des tables de marbre pour montrer le résultat de son traitement; mon frère ajoutait qu'on lui avait fait boire beaucoup de drogues qui lui avaient troublé la tête» (pièce 208). Joseph connaissait à peine Auguste, qui vivotait alors en exerçant le métier de cordonnier à Genève. Vacher séjourna à Genève au Café international (pièce 621) mais Auguste n'appréciant pas la compagnie de son frère, son hospitalité se limita à quelques jours (pièce 208). Joseph Vacher partit alors pour Paris et il y resta une quinzaine de jours, en septembre, au moment de l'exposition universelle. Il retourna ensuite en Savoie et séjourna à l'hôtel Folliet à Aix-les-Bains (pièces 621 et 624). Il repartit à Lyon puis à Saint-Genis-Laval où il obtint des Frères maristes un certificat qui lui permit de se placer à Lyon, en novembre, comme garçon de peine dans l'entreprise de papeterie en gros «Piquet frères», située au 9 rue Pierre Corneille, près de la place Morand (actuelle place Lyautey) (pièce 619). Là, Vacher poussa la carriole à cheval sans entrain, et un jour même, il en perdit la bâche sans pouvoir expliquer les circonstances de cette perte. Vacher se fit remarquer par ses relations distantes et tendues avec les autres employés. Son arrivée à la papeterie avait coïncidé avec les représentations du Wild West Show données au parc Bonneterre de Villeubanne par la troupe américaine de William Frederick Cody. Alors, depuis cette date, comme les «Apaches» désignaient les mauvais garçons des faubourgs de Paris, les employés de la papeterie avaient affublé leur meneur d'attelage du surnom moqueur de «Buffalo». Vacher n'était pourtant pas mal vu de ses supérieurs: ayant contracté la grippe en décembre 1897, il ne put travailler que quatre jours, et ses patrons lui payèrent son mois entier. Vacher avait enfin trouvé une place qui lui convenait et il envisageait d'y rester (pièce 625). Le 1er janvier 1890, il fut chargé de porter les éphémérides aux clients et recueillit près de 190 francs d'étrennes (pièce 625) qu'il se garda probablement de partager, ce qui suscita la rancœur des autres employés (pièce 215). «Buffalo» fut renvoyé quelques jours auprès cet épisode, à la suite d'une altercation avec Jean Charpigny, affecté à l'emballage (pièces 210-216).

Vacher avait trouvé à se loger à Lyon depuis décembre 1889 dans un garni, 48 rue Sully. Fin janvier, ayant été tiré au sort, il sut qu'il serait appelé à partir en fin d'année pour accomplir trois années d'active en service militaire. La perspective du casernement ne l'enchantait guère. En février 1890, un mois après sa perte d'emploi, il fut renvoyé de son garni rue de Sully en raison de son mauvais caractère et du désordre de sa chambre (pièce 209). Il retrouva un emploi de garçon de café logé chez Bernard, 44 rue Grôlée mais il décida de quitter Lyon pour trouver refuge dans sa famille, à Saint-Genis-Laval. Grâce à la recommandation de sa sœur Marie-Philomène, il entra le 25 février 1890 au service de Barthelemy Guinet, conseiller municipal, sur la base d'un engagement jusqu'au 11 novembre. Son nouvel employeur le trouva « très sombre », tenant des propos « vicieux » et réfléchissant « constamment » en exprimant des idées anarchistes. Vacher insista pour obtenir un congé afin de participer au premier défilé du 1er mai organisé pour la journée internationale des travailleurs. Guinet en profita pour le licencier, le 25 avril. Vacher fêta le 1er mai à Lyon, se mêlant à la foule des 40 000 personnes qui défilèrent ce jour-là et il ne revint à Saint-Genis-Laval que dans la nuit, particulièrement exalté et éméché (pièce 217). Joseph Vacher quitta Saint-Genis-Laval fin mai ou début juin (pièce 187). Son nom est inscrit au mouvement des populations flottantes sur les registres de police, attestant de courts séjours à Lyon, en mai et début octobre 1890 (pièce 213). Lyon est d'ailleurs, pour Vacher, une ville repère ; sur le plan spirituel d'abord, parce qu'elle est placée sous la protection de la basilique de Notre-Dame-de-Fourvière, lieu de naissance de la vocation des Maristes ; sur le plan géographique ensuite, parce que Lyon fut et resta le point de départ et d'arrivée de ses périples en France. Vacher y dormit bien souvent, comme ailleurs, à la belle étoile (pièce 635). À l'automne, Vacher retourna chez sa sœur à Saint-Genis-Laval pour solliciter les Frères maristes qui lui délivrèrent le 28 octobre un certificat de présence de 1885 à 1887 affirmant que « pendant ce temps, il n'est revenu aucune plainte concernant sa probité et sa moralité » (pièce 191).

Vacher effectua son service militaire au 60e régiment d'infanterie à Besançon. Arrivé au corps le 16 novembre 1890 comme soldat de deuxième classe, l'ancien novice sembla résigné. Lors de la prise d'uniforme, il se laissa faire « comme un automate » (pièce 237). Vacher fut affecté à la 11e compagnie (3e compagnie du 3e bataillon). Il fut remarqué dès les premiers jours par son lieutenant De Gentile auquel il parut « malheureux et d'un caractère hypochondriaque ». L'officier constata que ses camarades lui faisaient un mauvais accueil et le « brimaient volontiers ». Il dut même intervenir à plusieurs reprises pour que le jeune soldat ne soit pas chahuté plus que de raison (pièce 230)[1]. Ainsi acculé et souffre-douleur du reste de la troupe, Vacher est apprécié pour sa droiture par ses rares camarades (pièce 248). Lors des exercices militaires, il se fait remarquer par ses performances à la gymnastique et à la lutte (pièce 248). Vacher est dur à l'effort et s'applique à tous les exercices, surchargeant de sa propre initiative son paquetage lors des marches.

Le soldat Vacher obtient sa première permission du 4 au 11 juillet 1891 (pièce 228) et c'est probablement durant cette permission qu'il demanda en vain au maire de Beaufort d'être relevé du service militaire parce qu'il était aîné d'orphelins (pièce 179). Comme tous ses camarades, il sort le dimanche de la citadelle pour fréquenter les cafés de la rue Battant. Il se rend aussi dans les maisons de tolérance, avec une fortune variable, liée peut-être aux opérations qui ont occasionné une ablation partielle de ses deux testicules. Vacher reste un soldat à part : son passé en soutane, ses idées anarchistes, son zèle et sa sobriété sont autant de facteurs qui ne facilitent pas son intégration dans la troupe des appelés. Il reconnaît lui-même qu'il a conservé « une certaine timidité en sortant de chez les Frères » mais aussi « une droiture de caractère » qui passe pour ses camarades d'escouade pour une intransigeance déplacée. Cette rigueur est même prise pour de l'insolence, lorsqu'il s'agit pour le soldat Vacher d'apprécier le comportement de son chef direct, le caporal Barbier, qu'il considère comme « une vraie brute et un fricoteur de première classe ». La jeune recrue est choquée par les passe-droits que s'arroge son caporal, qui se fait servir le café au lit et fait astiquer ses cuirs par un soldat désigné. Entre Barbier et Vacher, très vite, « c'est la guerre » : le soldat subit en silence les punitions « plus ou moins méritées » du petit-gradé ; aussi accepte-t-il avec empressement la proposition du capitaine Rossignol d'entrer dans le peloton d'instruction des élèves caporaux (Vacher, lettre du 24 octobre 1897, p. 200). Désormais soldat de première classe, Vacher donne toute satisfaction dans sa formation mais la rancune de Barbier le poursuit et il écope, au moment de la préparation des examens, de 36 jours de salle de police (*ibid.*). Alors qu'il est reçu théoriquement

1. Sur la violence des relations entre les militaires de la garnison de Besançon, voir Anne Courvoisier, « Le jeune soldat. Une figure du désordre à Besançon (1870-1914) in J.-C. Caron, A. Stora-Lamarre et J.-J. Yvorel, *Les âmes mal nées. Jeunesse et délinquance urbaine en France et en Europe (XIXe-XXe siècles)*, PU de Franche-Comté, 2008, p. 85-100.

24e sur un total de 126 postulants, dont 20 étaient des jeunes caporaux repassant une seconde fois l'examen, Vacher est écarté de la promotion sur l'intervention du caporal Barbier (*ibid.*). Le 9 octobre, jour des nominations, Vacher constate qu'il a été floué (pièce 238). Il s'en ouvre à ses camarades qui, très probablement, rient de son sort. De dépit, le sobre Vacher boit un demi-litre d'eau-de-vie et, à demi-ivre, il menace dans un état de surexcitation ses camarades avec son sabre-baïonnette. La confrontation provoque l'intervention du sergent-major, qui fait de vives remontrances à Vacher. Réagissant avec colère et désespoir, le soldat sort un rasoir de sa poche et l'ouvre en poussant un hurlement qui effraie le sous-officier (pièce 236). Vacher est maîtrisé avant d'avoir pu mettre à exécution son geste d'auto-égorgement. En état de choc, il est admis à l'infirmerie du corps où il passe la nuit (pièce 221, p. 434).

Le lendemain, Vacher est dirigé vers l'hôpital mixte de Besançon où il reste en observation pendant 8 jours. Il obtient une seconde permission d'une durée de quinze jours, du 20 octobre au 3 novembre (pièce 228) et un changement de compagnie, dans le premier bataillon (pièces 236 et 238). Nommé caporal le 29 décembre 1891, Vacher fut affecté à la 7e compagnie (3e compagnie du 2e bataillon). Son comportement n'attira aucune critique de la part du sergent Roland, son chef direct, qui ne remarqua « qu'une tendance à croire que tout le monde lui en voulait mais quand on lui donnait des ordres sur un ton convenable, sans le brusquer, on obtenait de lui tout ce qu'on pouvait en exiger » (pièces 218 et 247). Son adjudant témoigna dans le même sens, d'un caporal Vacher ayant « fait son service d'une manière irréprochable mais avec rudesse » (pièce 234). L'adjudant Griffault perçut les qualités de rédaction de son caporal, acquises chez les Frères maristes : « tous ses rapports étaient si bien faits qu'on a été sur le point de l'adjoindre comme sergent fourrier » (pièce 234). Vacher fut nommé sergent le 21 décembre 1892 (pièce 223). Affecté alors à la 6e compagnie (2e compagnie du 2e bataillon), il fut apprécié de ses chefs pour sa conduite « très bonne », une « moralité parfaite », une « honnêteté » et une « probité » qui ne pouvaient être mises en cause et, enfin, « une grande sobriété » (pièce 219). Ces qualités de conduite n'empêchèrent pas toutefois le lieutenant Greilsammer, s'appuyant ici sur le témoignage du sous-officier Grunfelder (pièce 239), de le décrire comme peu communicatif avec ses camarades, en proie à des idées noires et une « manie de la persécution ». Le lieutenant ajoutait que Vacher possédait « une force musculaire considérable » et prenait un « plaisir sauvage » à soulever à bras tendus du mobilier de casernement, des bancs de troupe, des tables ou des chaises attachées ensemble (pièce 219). En retour, Vacher estimait que ces officiers «prussiens» n'étaient pas honnêtes (lettre du 24 octobre, p. 201).

Si ses supérieurs ne semblent avoir rien eu à reprocher à Vacher sur le plan de la discipline militaire en dehors d'un «caractère bizarre» (pièce 224), son naturel taciturne et sa susceptibilité contribuèrent à le faire craindre par les hommes placés sous ses ordres et les sous-officiers qui partagèrent sa chambrée. Certaines nuits, Vacher était en proie à des cauchemars durant lesquels il prononçait des paroles incohérentes accompagnées de gestes menaçants (pièces 160, 219 et 239).

Le 25 février 1893, le sergent Joseph Vacher se rend à Saint-Genis-Laval pour une permission de convalescence de 30 jours. Durant ce séjour, il retourne à la papeterie Piquet pour savoir s'il n'y aurait pas un emploi pour lui, lorsqu'il serait libéré de son service militaire. La direction refuse, en arguant de sa trop faible connaissance technique du métier. Déçu, Vacher retourne à la citadelle de Besançon le 24 mars (pièces 164 et 222). Le 11 mai, jeudi de l'Ascension, il se rend à Baume-les-Dames en compagnie de son camarade Loyonnet pour passer la journée chez les parents de Louise Barrand, une jeune domestique dont il a fait la connaissance alors qu'elle était serveuse dans un restaurant du faubourg Battant, à Besançon. Vacher voit en Louise sa future fiancée mais au repas, alors que celle-ci accepte de boire dans le verre de Loyonnet, elle refuse de faire de même avec celui que Vacher lui tend. Le sergent entre alors dans une crise nerveuse telle qu'il manque le train du retour (pièce 170, reproduite p. 243). Contraint de rentrer à pied, il arrive avec Loyonnet à la citadelle de Besançon en pleine nuit. Là, il fait une nouvelle crise en menaçant ses camarades de chambrée avec sa baïonnette. Le lieutenant Greilsamer ne sachant à quoi attribuer son comportement, il demande à son colonel de placer Vacher en observation (pièce 230). Vacher se retrouve dès le lendemain dans la salle Saint-Bernard de l'hôpital militaire Saint-Jacques. Il y reste jusqu'au 20 mai (pièce 225). Il en sort libre le 21 mai avec un congé de convalescence de quatre mois au motif d'un «délire des persécutions», dans l'attente d'un passage au conseil spécial de réforme (pièce 228). Le 28 mai, Vacher est à Saint-Genis-Laval (pièces 164 et 222). Il décide de profiter de son congé pour retourner à Baume-les-Dames avec la ferme résolution de convaincre Louise Barrand de lui accorder le mariage. Persuadé d'aboutir à ses fins, il se rend d'abord à Beaufort pour vendre, le 3 juin, un terrain dont il était propriétaire (pièce 174), expliquant à son acheteur qu'il va se marier (pièce 195). Joseph revoit à cette occasion son frère Auguste, installé cordonnier à Beaurepaire, à qui il fait mauvaise impression par sa tenue « débraillée et malpropre. Il avait mis ses pantalons dans ses guêtres et ses vêtements étaient sales » (pièce 208). Son bien étant vendu, Joseph Vacher ne reste que deux à trois jours à Beaufort (pièce 626). Arrivé à Beaume-les-Dames le samedi 24 juin, il demande aux parents de Louise où il pourrait la trouver. La mère indique à Vacher que sa fille travaille comme domestique chez le négociant Weill, établi rue du Midi. Joseph se rend chez Weill et fait sa demande. Le refus de la jeune femme le fait entrer dans une violente colère. Vacher exige alors la restitution de ses lettres. Louise accepte et lui demande de l'accompagner chez ses parents. Arrivé au niveau de l'église Saint-Martin, Vacher, qui porte une grosse sacoche, réitère sa demande. Devant le nouveau refus de Louise, il l'attaque à la gorge et sort un couteau de table qu'il avait dans sa sacoche. Louise est rapidement secourue par des habitants qui font lâcher prise à Vacher[1]. Arrivé à la maison de la famille Barrand, Vacher se fait réprimander par la mère de Vacher et se retire. Le soir, il dîne chez le couple Genin, proche de la famille Barrand (pièce 289) puis il dort chez les Barrand. Le lendemain, 25 juin 1893, Vacher se rend vers cinq heures du soir chez le négociant Weil. Louise tend ses lettres à Vacher qui l'interroge encore une fois :

— Décidément vous ne voulez pas vous marier avec moi ?

Louise n'a pas changé d'avis : elle refuse fermement. Vacher brandit un revolver et tire plusieurs coups de feu : une première balle blesse Louise à la bouche. Le projectile lui casse deux dents et sectionne sa langue. Une deuxième balle effleure son cou. L'amoureux éconduit retourne ensuite l'arme contre lui. Il applique le canon dans le conduit de son oreille et tire, à deux reprises[2]. Joseph Vacher s'effondre.

---

1. Les journées des 23 et 24 juin 1897 sont ici décrites à partir des informations données par Louise Barrand dans G. Coppier, « Le tueur de bergers, *Le Petit comtois*, 25 octobre 1897, p. 3.

2. Lors de son premier interrogatoire par le juge Fourquet, Vacher affirme qu'il n'a pas atteint Louise Barrand et qu'il a retourné l'arme contre lui en tirant trois balles (10 septembre 1897, pièce 585). Sur la relation contrariée de Vacher avec Louise Barrand, voir le témoignage du caporal Louis Loyonnet, reproduit ci-dessous, p. 242.

2. *Louise – Ô Louise !*

Dans les voyageurs, il y a souvent de grands esprits, et parfois même de grands amis de Dieu.

Joseph Vacher[1].

Gisant sur le sol, Vacher n'est pas mort. Hébété, la tête ensanglantée, il se relève, sort dans la rue et se rend en titubant à la pharmacie Faivre où il reçoit les premiers soins. Il est ensuite transporté à l'hôpital[2].

« L'événement de Baume-les-Dames », ainsi qu'il le désignait, fut le grand tournant de la vie de Vacher. Si cette tentative de suicide fut un échec, son auteur en réchappa à demi-mort, au sens propre comme au sens figuré. Joseph Vacher ne parvint jamais à surmonter moralement sa désillusion amoureuse. Le jeune homme est aussi marqué dans sa chair et porte de graves séquelles physiques de son geste désespéré. Les deux balles de plomb restèrent dans son corps : la première s'était logée dans le rocher (os qui enveloppe l'oreille interne), entraînant une surdité complète de l'oreille droite et une paralysie du nerf facial droit qui rendit son œil droit fixe et régulièrement injecté de sang ; la seconde balle s'était incrustée à proximité de la première, en haut du cou[3]. Le visage de Vacher présenta après ce 25 juin 1893 une asymétrie faciale et, sur le plan physionomique, un rictus caractéristique qui évoquait dans un registre sinistre le Gwynplaine de *L'Homme qui rit*, de Victor Hugo. Dès qu'il parlait, son visage se déformait et sa bouche grimaçait. Cette défiguration compliqua, selon ses dires

1. Cette citation a été prise comme exercice d'écriture par Vacher. Elle figurait sur une page du jeune Paul Valette auquel Vacher donna quelques leçons. AD de l'Ain, 2U-300, lot 689 (affaire Gautrais). L'auteur n'est pas identifié. Il s'agit probablement d'un extrait de manuel de géographie pour cours préparatoire.

2. « Baume-les-Dames. Tentative d'assassinat et de suicide », *Le Petit Comtois. Journal républicain démocratique quotidien*, lundi 26 juin 1893, p. 3 ; la blessure de Louise s'aggrave dans les jours qui suivent. Une inflammation à la bouche l'empêchant de s'alimenter (même journal, jeudi 29 juin, p. 2.)

3. Cette balle était encastrée au sommet de l'apophyse stiloïde, située à la base de l'os temporal, près de l'oreille droite d'après J.-V. Laborde, Jean-Baptiste Vincent, L. Manouvrier, G. Papillault et M.-E. Gellé, *Étude psycho-physiologique, médico-légale et anatomique sur Vacher*, Paris, Schleicher, 1900, p. 45

(pièce 585), des relations sociales déjà difficiles : sa blessure à l'oreille dégageait une mauvaise odeur et son visage déformé fut souvent prétexte à des remarques moqueuses (pièce 585).

Après un bref séjour à l'hôpital de Besançon, Vacher est placé le 7 juillet à l'asile de Saint-Ylie, près de Dole, pour être mis en observation dans le cadre de l'information judiciaire ouverte à la suite de sa tentative d'assassinat sur Louise Barrand. Le sergent Vacher est définitivement réformé de l'armée par un congé qui lui est signifié, le 2 août, pour « troubles psychiques caractérisés par des idées de persécution » (pièce 223). Le 25 août, il s'évade de l'asile et se rend à Besançon où il rencontre fortuitement son ancien camarade Loyonnet. Vacher lui demande d'intercéder en sa faveur auprès de Louise Barrand et lui donne rendez-vous place Chamars. Le caporal Loyonnet fait mine d'accepter la demande mais il prévient ses supérieurs et, le 4 septembre, Vacher est capturé avec l'aide des militaires et de la police (pièce 232). Vacher réintègre l'asile de Dole sous bonne garde le 9 septembre (pièces 170 et 250). Requis par le juge d'instruction Ganeval, le docteur Guillemin, médecin-adjoint de l'asile de Saint-Ylie, rédige trois jours après un rapport médico-légal sur l'état mental de l'accusé. Il déclare Vacher « atteint d'aliénation mentale caractérisée par le délire des persécutions » et le considère, en conséquence, « irresponsable de ses actes » (pièce 249, voir p. 435). Suivant l'avis du médecin expert, le juge Ganeval rédige le 16 septembre 1893 une ordonnance de non-lieu, en application de l'article 64 du Code pénal alors en vigueur[1]. Échappant ainsi aux poursuites judiciaires mais considéré comme un aliéné dangereux, Vacher est interné suivant la procédure administrative de la loi du 30 juin 1838. Retenu à l'asile de Dole, il proteste qu'on ne soigne pas son oreille meurtrie mais lorsque le docteur Lombard vient dans les premières semaines de son séjour pour extraire la balle, Vacher n'a pas confiance et refuse de se prêter à l'opération (pièce 254).

Taciturne et se croyant « en butte aux persécutions et à la jalousie de tout le monde », selon les médecins de l'asile, le patient Vacher tente dans le courant du mois d'octobre de se suicider en frappant sa tête contre un angle de mur (pièce 250). Le 21 décembre, il est transféré en train à l'asile de Saint-Robert en Isère. Habillé avec son uniforme de sergent par le personnel de l'asile, il tente de s'évader à deux reprises, à la gare de Dole

---

1. L'article 64 du Code pénal règle le partage du crime et de la folie. Il est ainsi libellé : « Il n'y a ni crime ni délit lorsque le prévenu était en état de démence au temps de l'action ou lorsqu'il a été contraint par une force à laquelle il n'a pu résister ».

d'abord, puis, bien qu'il soit désormais pieds et mains liés, en sautant de la portière de son compartiment. Sur le tronçon du trajet de Dole à Ambérieu, Vacher se plaint aux voyageurs des mauvais traitements subis par les malades de l'asile de Dole et crie « Vive l'anarchie » (pièce 256). Arrivé à destination à la nuit tombante, il est impressionné par l'apparence de son nouveau lieu de soin, éclairé à l'électricité. Alors qu'il estime avoir été fort maltraité à Saint-Ylie, Vacher découvre dans l'asile de son département de naissance un personnel bienveillant pour lequel il n'aura par la suite que louanges.

L'établissement est un ancien dépôt de mendicité implanté au cœur de la commune de Saint-Égrève (actuel Centre Hospitalier Alpes-Isère). Vacher est affecté au pavillon des agités (quartier de sûreté) et il ne travaille ni à la ferme attenante ni à l'intérieur de l'établissement (pièce 159). Les courriers adressés par Vacher au docteur Dufour, directeur de l'établissement, attestent d'un changement d'attitude. En entrant à Saint-Robert, Vacher a cru « rentrer dans un Paradis ». Il regrette pourtant qu'on ne le transfère pas dans un hospice où sa blessure à la tête pourrait être soignée, et il ne comprend pas bien la raison de son séjour chez les aliénés, estimant qu'il aurait mieux valu qu'il passe en jugement devant la cour d'assises, où il aurait été acquitté (lettres des 15 et 29 janvier 1894, voir p. 440). Début mars, Vacher écrit à nouveau au docteur Dufour en affirmant qu'en cas de libération, il sera accueilli par ses proches dès sa sortie : « nous sommes seize enfants dans notre famille (2 mères) et tous sont à peu près à leur aise et mariés ». Fin mars enfin, Vacher explique au directeur son projet de sortie : il compte se faire retirer les balles de sa tête puis se rendre chez les Frères maristes pour s'y faire embaucher comme domestique, « ce serait si bien ma place », affirme-t-il. Le 1er avril 1894, Vacher bénéficie d'une sortie définitive avec un certificat de complète guérison. Un diagnostic que le docteur Dufour ne renia aucunement au moment de l'instruction, en 1897 : « Nous n'hésitons pas à déclarer que Vacher, au moment de sa sortie, n'était pas aliéné, et qu'il était entièrement responsable » (pièce 256, p. 447).

Sorti libre et en état de « complète guérison », Vacher ne se rend pas comme il l'avait annoncé à l'Hôtel-Dieu de Lyon pour subir une opération chirurgicale. Il tente bien de se placer chez les Frères maristes mais la réponse à sa demande est conforme aux usages de l'institut, qui n'employait par principe ni d'anciens novices ni d'anciens frères. Sollicitée à nouveau, l'entreprise Piquet dont il avait gardé un bon souvenir (pièce 625) lui déclare qu'elle n'a pas d'emploi vacant (pièce 212). Vacher décide alors de se rendre chez sa sœur Olympe, qui dirige depuis 1891 une brasserie, à

Menton. Cet établissement situé Cours du centenaire a, selon un journaliste local et témoin spontané, «beaucoup de rapports avec une maison de tolérance»[1]. Vacher reste un moment sur la côte. Il profite de son séjour pour visiter Marseille et Monte-Carlo et il rend probablement visite à deux cousines, Lucie et Louise, qui demeurent à Cannes rue des Mimosas, chez la femme Grasso[2]. Ne trouvant pas à s'installer, Vacher décide de remonter sur Lyon. Le jour du départ, sa sœur l'accompagne jusqu'à la gare et lui paie le billet.

Baluchon sur l'épaule, livret militaire en poche et souvenirs en tête, Vacher entame, à 25 ans, une vie d'errance, rejoignant ainsi la tribu des compatriotes sans domicile fixe, qu'on désignait alors sous les noms de «roulants», «chemineaux», «trimardeurs» et autres «mendigots». Le parcours exact de Vacher de sa sortie de l'asile jusqu'à son arrestation n'est pas totalement établi. Les étapes qu'on signale ici ont été retenues sur la base du témoignage des employeurs, de leur livret de compte et de l'habitude prise par de nombreux cultivateurs de vérifier et parfois même de conserver pour la nuit les papiers des vagabonds auquel ils offraient un repas et le gîte, le plus souvent dans l'étable. Vacher montrait toujours son livret militaire et les fermiers ne manquaient pas de relever que leur hôte de passage avait été sous-officier au 60e de ligne. C'est sur cette base donc, qu'on peut reconstituer les pérégrinations de Vacher, jusqu'à son arrestation.

Au moment de l'assassinat de Sadi Carnot à Lyon, le 25 juin 1894, Vacher est employé dans une ferme à La Taillat, sur la commune de Meylan, en Isère (pièce 161). De fin août à octobre 1894, il semble séjourner à Beausemblant, dans la Drôme (pièce 263). Travaillant à la tuilerie et comme maçon sous diverses identités, se faisant appeler, peut-être par provocation, Caserio, le prénom de l'assassin du président Carnot, tout en étant remarqué favorablement par son assiduité aux offices religieux (pièce 262). Vacher passe furtivement début octobre chez son beau-frère Joseph Costang, maître maçon à Marcollin (pièce 266). En l'absence des propriétaires, il fouille une commode, voulant vérifier dans la correspondance d'Olympe si elle n'avait pas écrit à Victorine pour demander à la gendarmerie de le réintégrer de force à l'asile de Saint-Robert (pièce 634).

1. Lettre à en-tête «Le Littoral» du 20 février 1898 à M. le procureur de la République de Grasse (hors cote, entre les pièces 412-413). Signature illisible.

2. L'information est tirée du même document, qui évoque des «filles soumises». Louise Pras est née à Saint-Genis-Laval en 1875. «Lucie» est probablement un nom d'emprunt, pour Marie, née à Orliénas en 1869 ou Julie, née à Saint-Genis-Laval en 1877.

Du 30 décembre 1894 au 12 mars 1895, il est employé dans la ferme de Lucien Rey-Pirolle, dans l'Isère, à Saint-Ismier près de Grenoble (pièces 161 et 268). En avril, il séjourne à Lyon et décide de remonter sur Paris. Le 12 mai, il marche sur la route nationale de Dijon, à Étaules, au lieu-dit du Bois-du-Chêne. Le lendemain, Vacher arrive à Semur (Semur-en-Auxois). Il vient de parcourir plus de 50 km en une journée et décide de faire une pause au bord de la rivière Armançon. Il se présente vers deux heures de l'après-midi chez la veuve Girardot, blanchisseuse. Vêtu d'un complet gris, il porte la moustache mais il a pris soin de raser la barbe qu'il portait encore la veille. Vacher profite du feu de la buanderie pour réchauffer un repas froid. Il est préoccupé par l'état de sa jambe gauche, qui présente une plaie ronde de trois centimètres de diamètre. Cet ulcère suppurant dégage une très mauvaise odeur. Jeanne Girardot l'aide à nettoyer sa jambe malade, lui fait un pansement et lui donne un peu de linge. Vacher, reconnaissant, la remercie et prend le temps d'une pause qui dure plus de deux heures. Il évoque avec son hôte son passé de sergent au 60e de ligne et parle de sa morsure par un chien lorsqu'il était enfant. Vacher explique qu'il vit en passant de ferme en ferme. Jeanne lui fait alors remarquer qu'il serait plus heureux en servant un « bon maître », Vacher répond vivement : « Je suis un malheureux ! ».

Vacher, ainsi mis en confiance, demande à son hôte si elle connaît le Bois-du-Chêne. Jeanne Girardot répond par la négative.

— Vous entendrez parler, répond Vacher, du crime dont une jeune fille a été victime au bord de ce bois, situé près de Dijon.

Vacher se rend ensuite au bord de la rivière pour changer sa chemise, et il demande à la blanchisseuse la route de Précy. Frappée par cette rencontre et l'annonce du crime, Jeanne en parle à sa fille le soir même et prend soin d'inscrire sur un bout de papier la date du jour et les indications données par Vacher[1].

Sur la route, Vacher renonce finalement à se rendre à Paris. Il fait demi-tour et reprend la direction du sud-est. En juillet, il obtient l'hospitalité dans les montagnes du Bugey à la Chartreuse de Portes, située en forêt au nord de Bénonces (pièce 627) puis il se rend à Corbonod (pièce 270) et se retrouve en Savoie à Saint-Ours, à la fin du mois d'août. De ce lieu, il

1. Informations tirées du témoignage de Jeanne Girardot, recueilli par le juge d'instruction Charles Davet, PV du 3 novembre 1897, AD 21 (2U561-3). Cette déposition ne resta pas dans le secret de l'instruction et son contenu fut révélé dans la presse locale. « Le crime du Bois-du-Chêne. Une déposition capitale », *Le progrès de la Côte d'Or*, dimanche 7 novembre 1897, p. 1.

redescend sur Bénonces. Le jeudi 29 août, Vacher est au hameau de Coux. Il cherche à y passer la nuit mais fait mauvaise impression aux habitants, marchant lentement, les yeux fixés à terre, s'avançant vers toutes les portes de maisons, de granges et de caves (pièce 573). À six heures et demie du soir, il obtient de la soupe et un morceau de pain à la ferme de Jean-Claude Vettard. Pendant que le fils du fermier le conduit à la grange pour la nuit, Vacher le questionne sur le bétail. Le lendemain matin, il propose à la femme du fermier de payer son lait et de se placer comme gardien de moutons ou de vaches parce qu'il s'est brouillé avec sa famille. Vacher adresse sa demande en français mais avec une voix si basse que la fermière le prend pour un imbécile (pièce 573). Vacher reste encore une heure au hameau, demandant du lait dans une autre ferme, chez Jean-Marie Vettard, en expliquant qu'il compte se présenter comme vacher à la Chartreuse de Portes mais qu'il n'y tient pas trop «parce qu'il serait trop tenu» (pièce 571). Vacher arrive à Bénonces dans l'après-midi du vendredi 30 août (pièce 560). Il porte un petit sac en toile et sa tête est couverte d'un chapeau Panama usagé dont le bord antérieur est rabattu presqu'entièrement sur ses yeux. Il possède alors une barbe noire taillée très courte, il porte un gilet de lustrine noir à manches noires, un pantalon gris à rayures noires, il est chaussé de galoches brodequins en bon état (pièces 554, 559-560) et marche avec un bâton. Le lendemain vers 6 heures du matin, il traverse Bénonces et monte au hameau d'Onglas en passant par le moulin (pièce 546). À sept heures et demie du matin, il demande en français à la veuve Carron une assiette de soupe qu'il mange devant sa porte (pièce 556). À huit heures, il s'arrête chez les Chevrot, et demande à nouveau de la soupe. Catherine Chevrot lui en donne et Vacher s'assoit sur le banc devant la maison, avec deux morceaux de pain qu'il avait en arrivant. Il vide son assiette en se plaignant de n'avoir rien trouvé au hameau. La cultivatrice lui répond qu'on n'est pas riche dans le pays. Vacher commente en grommelant :

— Ce ne sont pas les riches qui donnent le plus !

— Vous êtes assez jeune, répond la femme, vous pourriez travailler.

— Vous croyez donc que je suis bien jeune, si je n'étais pas estropié, je ne serais pas là ! (pièce 555)

Vers midi et demi, Vacher demande l'aumône au vieux Pierre Guiffray en prenant soin de s'adresser à son interlocuteur en patois du Bugey. Peine perdue, Guiffray constate que Vacher comprend ce patois mais qu'il n'est pas du pays. Le paysan refuse et lui conseille de travailler.

— Non, de te balyarai pas l'omona. T'as qu'a travalier.

— Tant pis, répond Vacher en patois (pièce 551)[1].

Vacher réclame ensuite des restes de dîner à la ferme Caffon. Le repas n'ayant pas été encore pris, Joséphine Caffon donne un morceau de pain à l'étranger, et lui demande ce qu'il a puisqu'il ne travaille pas. Vacher répond en maugréant :

— Voilà comment on est engueulé, et avoir ce qu'on a ! (pièce 554)

Le vagabond repart et s'arrête vers une heure chez la veuve Baudin. Là, il demande du vin pour 10 centimes à la petite Marie-Joséphine, âgée de dix ans, qui est seule. Elle lui répond qu'elle n'en a pas et ajoute qu'il pourra en trouver à la maison voisine. L'inconnu parti, Marie-Joséphine a peur et se réfugie dans la chambre du premier étage qui donne sur la montagne. De là, elle observe Vacher qui s'arrête à la croix située à 100 m des dernières maisons du hameau, puis elle le voit prendre le chemin qui conduit à la montagne, vers la cascade de Luizet. Une demi-heure après, le jeune domestique Victor Portalier passe avec son troupeau pour emprunter le même chemin afin de trouver un peu de fraîcheur pour ses bêtes, au coteau dit « Le Grand Pré » où se trouve un grand noyer (pièce 542). Une heure plus tard, le jeune Jean-Marie Robin fait de même (pièce 547). Il règne une chaleur étouffante dans cet après-midi du samedi 31 août. Profitant de l'ombre du bois sur la route de Bénonces à Coux, Louis Janin, âgé de 15 ans, vaque au lieu-dit des Châtaigniers. Tout-à-coup, vers 3h et demie, il est surpris par la marche rapide d'un homme sur l'ancienne route du hameau de Coux qui se trouve sur le versant opposé de la vallée. L'individu qu'il aperçoit en bras de chemise porte un paquet sous le bras et son pas fait un bruit sourd caractéristique de galoches, des chaussures qu'on ne porte habituellement pas en été. L'allure désordonnée et précipitée de l'étranger lui donne le frisson. Le jeune Janin en garda un souvenir net.

On retrouve Vacher du 15 au 20 septembre 1895, travaillant à Auriples, dans la Drôme (pièces 272 à 275) puis, le 24, à Truinas, près de Die et le 29, à Saint-Étienne-de-Boulogne, près de Privas. Début octobre, Vacher est logé à Berzème, en Ardèche (pièce 276). On perd ensuite sa trace, d'octobre 1895 au mois de mars 1896. Vacher se serait rendu, selon ses dires, en Bretagne puis en Normandie. Le 9 mars 1896, il est dans le département du Maine-et-Loire, à Baugé, où il se trouve condamné à un mois de prison pour vagabondage et coups et blessures. En avril 1896, sa présence est attestée à Roôcourt-la-Côte en Haute-Marne. Vacher déclare à ses hôtes son intention de se rendre au Mans, alors qu'il en vient (pièce 278).

---

1. Traduction aimablement fournie par Jean-Baptiste Martin, linguiste (mai 2019).

Du 9 au 23 juillet, il est employé à Précy, en Seine-et-Marne (pièces 279-280). En septembre, il est dans la Nièvre (pièce 281), en octobre, dans la Haute-Loire (pièces 283-286) puis à Varennes-Saint-Honorat, où il trouve à se loger pour la nuit du 30 septembre chez le meunier François Durand (pièce 617). Le lendemain, il passe aux Crozes et allant par les bois, traverse une clairière entourée de sapins d'un côté, et de pins de l'autre (pièce 618). Fin novembre, il est à Saint-Loup, dans la Creuse (pièce 287). Vacher décide alors de redescendre au sud pour se rendre en Espagne mais arrivé à Tarbes, il croise de nombreux déserteurs espagnols qui fuient leur pays pour éviter d'être enrôlés dans la guerre de Cuba. Prudent, Vacher décide de renoncer à son projet de visiter «le pays des bonnes oranges». Après un passage à Lourdes, il revient sur ses pas pour ne pas affronter l'hiver dans les Pyrénées et se dirige vers les terres protestantes du Haut-Languedoc. On retrouve Vacher, le 16 janvier 1897, dans le Tarn, à Raissac (Rayssac). Il est habillé d'un chapeau de feutre mou gris, d'une veste et d'un pantalon de velours à côtes très usé. Afin de se protéger du vent glacial, il porte sous sa veste un gilet rayé de noir et blanc sous lequel on distingue une tunique de soldat sergent, reconnaissable au galon brodé sur les manches. Sous son pantalon de velours, il porte un autre pantalon en coutil, plus long. L'unique bagage du roulant est un mouchoir noué contenant un peu de linge, ses galoches basses sont dépareillées et usées. Vacher passe un hiver de misère. Errant sur les chemins enneigés, il cherche refuge. Il se présente chez Célestin Bardou, au hameau de la Bonnetié, qui lui ouvre sa porte (lot 689. Affaire Gautrais). Le vagabond s'y installe et participe aux activités de la ferme en tressant des paniers en osier. Le 20 janvier, Bardou s'absente pour se rendre à la foire de Teillet afin d'y vendre un jeune veau. À son retour, il voit Vacher faisant l'école à ses enfants. Vacher part le lendemain, et trouve accueil dans la même commune chez Jean Deléris, mais il ne reste là qu'une journée car son insistance à faire l'apologie des attentats commis par les anarchistes déplaît au maître de maison (lot 689. Affaire Gautrais). Vacher descend quelques jours après sur la ville de Vabre. Là, il se fait remarquer par plusieurs habitants, notamment en frappant à la porte de la maison Rouch. La femme Élise Delpuech lui ouvre. Vacher prend un air exalté:

— Je suis le fils de Dieu, donnez-moi un verre de vin!

Impressionnée par la physionomie du visiteur, la femme lui sert le verre demandé. Vacher repart en prenant la route de Lacaune. Il fait une halte de nuit à Calmels, chez le berger Célestin Costes. Fier de sa canne, il la montre au berger qui constate qu'elle est agrémentée d'une petite courroie qui se termine par un pompon en cuir. Le manche est recouvert par une gaine en cuir. Vacher la fait coulisser et le berger y lit une inscription gravée : « Dieu-Droits-Devoirs ».

Le 17 février, Vacher est à Lacaune. Un fermier le surprend faisant des inscriptions sur la neige avec un bâton. Vacher se fait couper les cheveux et raser la barbe chez le perruquier Noël Escudié. Il lui demande également de graver, sur l'un de ses bâtons de bois de houx, à côté de « La Maria » : « Dieu protège la France. Lourdes ». Vacher reprend ensuite sa marche à Murat (Murat-sur-Vèbre) où il est accueilli à la ferme Barthès. En entrant dans l'écurie aux vaches pour passer sa première nuit, Vacher s'exclame :

— Je préfère coucher là-dedans car j'ai été moi-même bouvier.

Le lendemain matin, il partage le déjeuner avec la famille et demande à être employé pour garder les vaches, affirmant qu'il pourrait en même temps donner des cours aux enfants. Sa proposition est acceptée pour un essai de huit jours. Vacher travaille le premier jour et fait la classe aux filles du fermier pendant une heure mais le lendemain matin, il repart sans prévenir ses hôtes. Vacher revient alors sur ses pas, et repasse par Vabre pour prendre la direction de Castres (lot 689. Affaire Gautrais).

Il descend ensuite dans l'Hérault puis remonte sur Lyon (pièce 622). On retrouve sa trace début mars pour une nuit à Cublize, dans le Rhône (pièce 291). Il redescend durant ce même mois en Ardèche, à Vals-Les-Bains. Là, il fait une pause et rédige une lettre à Auguste Genin, à l'adresse de son ancien domicile de Beaume-les-Dames. Genin accuse réception de ce pli en poste restante à Lyon Croix-Rousse. En avril, Vacher écrit à nouveau à Genin, de Lyon cette fois-ci, et à la bonne adresse (pièce 289, voir p. 160-161). Il est possible que Vacher ait profité de ce séjour pour déposer en gage quelques effets personnels au Mont-de-Piété (pièce 632). À la même époque, Vacher écrit également à son ancien lieutenant De Gentile, auquel il envoie sa photographie en uniforme de sergent. Celui-ci ne répondant pas, Vacher lui adresse un second courrier dans lequel il réclame le renvoi de sa photographie à réception de sa lettre (pièce 230). Bien que trois années aient passé depuis le drame de Baume-les-Dames, Vacher reste obsédé par le souvenir de Louise Barrand. Il lui écrit des lettres qui restent sans réponse, comme celle-ci, livrée aux bons soins d'Auguste Genin :

« Chère Louise,

Comme je ne sais si tu es encore au pays et que je ne connais aucune nouvelle de tes Chers Parents et que mes anciens amis M. et Mme Genin peuvent parfois par leur correspondance savoir de vos nouvelles, je me permets de te faire parvenir ma lettre par leurs mains. Cela leur prouvera tout en les intéressant aussi que je pense toujours bien à eux bien que je leur aie fait savoir en d'autres temps de mes nouvelles.

Des suites de notre malheur, il me reste que la joue droite comme paralysée, mais cela ne se voit que lorsque je cause et pour prononcer certaines syllabes aucune trace m'a resté sur la physionomie.

Dans le cas où tu n'accepterais pas de réconciliations par respect au sang versé si loyalement, si courageusement et si abondamment pour ta personne ne tiens aucun mau[vais] propos de moi qui d'ailleurs ne pourrait que te nuire et si nous voulons revoir et racheter notre passé que nulle personne autre que nous deux et tes propres parents le sachent…

Ne nous enthousiasmons de rien. Pensons que si Dieu a voulu tant éprouver notre jeunesse c'est pour notre bonheur. À nous de prendre courage…

À nous de savoir causer à notre tour et de montrer que le temps, la Providence, l'expérience nous a appris plus de belles choses que tous les satyres monteurs de cou de notre pauvre jeunesse…

À nous de manger les poires mûres…

À nous surtout de rester toujours entre les mains de notre Chère Providence dont nous sommes deux de ses plus chers instruments assurément pour le seul motif que nous sommes les plus proches de ses amis les pauvres et les faibles…

Maintenant permets-moi Louise, Ô ! Louise, de te demander une seule chose : celle de me faire au plus tôt une petite réponse et de me dire : Si je dois te renoncer à jamais pour le temps et pour l'éternité.

Alors seulement je pourrais me résigner

Tu adresseras ta lettre à la poste restante Lyon-Croix-Rousse[1]. »

Vacher remonte fin mai sur Lyon et passe une nuit dans une propriété à Tassin-la-Demi-Lune. Le 8 juin, il écrit une nouvelle lettre, longue et appliquée, à sa bien-aimée (p. 162-164). Le 14 juin, Vacher passe à Courzieu-la-Giraudière puis il descend sur Valence. Il achète dans un bazar de cette ville plusieurs effets : un accordéon diatonique neuf, une

1. Lettre de Vacher, sans date. L'orthographe est ici rectifiée (pièce 686). La version originale est reproduite p. 161.

canne ferrée en bois de houx sur laquelle il fait graver son nom et un parapluie noir (pièce 613 et lot 689).

En juillet 1897, Vacher vit ses dernières semaines de liberté en circulant dans l'arrondissement de Tournon (Tournon-sur-Rhône). On ne sait s'il a pris le temps, parti de Valence, de passer par le château en ruine de Durtail et de monter à la chapelle du belvédère de Saint-Romain-Lers (Saint-Romain-de-Lerps) pour contempler le panorama ouvert à 360° sur plus de 13 départements avec, à l'est, le Bas-Dauphiné et la Drôme et, au-delà une ligne d'horizon allant du Mont-Blanc au mont Ventoux puis, en se retournant vers l'ouest, le début du Massif Central, dans un arc cévenol partant au nord du Pilat pour rejoindre au sud le Mont Mézenc. Ce qui est certain, c'est que Vacher déambule le 8 juillet à Arras (Arras-sur-Rhône) avec son parapluie ouvert pour se protéger du soleil (pièce 309). Des ouvriers de la compagnie des chemins de fer du P.L.M. le revoient le lendemain, à la pause de midi, près de la gare de Vion. Vacher leur joue de son nouvel instrument, qu'il maîtrise mal, et leur parle de son passé. Il leur confie qu'il a été élevé chez les Frères maristes à Saint-Genis-Laval, qu'il a été sous-officier au régiment… et qu'étant employé à Lyon dans une papeterie, il lui était tombé un jour un ballot sur la tête qui lui avait occasionné la blessure qui le défigurait (pièce 309).

Le mardi 13 juillet, vers 16 heures, Vacher arrive à Colombier-le-Jeune. Il est habillé d'une veste et d'un pantalon de velours marron à côtes. Il porte deux tricots, il est coiffé d'un chapeau Panama de paille blanc et chaussé de bons souliers. Il marche d'un bon pas avec son nouvel attirail. Vacher entre dans la boulangerie de Joseph Marion et demande à acheter une petite caisse pour ranger son accordéon, qu'il portait jusqu'ici dans son sac. Le boulanger lui en donne une, sans le faire payer. La caisse étant un peu trop longue, Vacher se rend chez le menuisier de la commune, Marius Savel, pour la faire raccourcir et y ajouter un couvercle. Deux brigadiers passent alors la porte du menuisier pour se rendre à la mairie. Vacher semble inquiet et Savel lui demande s'il craint les gendarmes.

— Ma foi non, répond Vacher. Il n'y a pas si longtemps qu'ils me devaient le respect et le salut, car j'étais sous-officier au régiment.

Vacher passe ensuite chez le sabotier Jean-François Passas, auquel il achète un petit chien blanc à taches noires pour le prix de 4 francs. Vers cinq heures, il sollicite l'hospitalité au fermier Régis Herlier, qui la lui accorde, après avoir vérifié qu'il n'était pas Italien. Herlier l'invite à partager la soupe et lors du repas, il demande à Vacher s'il ne serait pas plus convenable pour un ex sous-officier d'occuper un emploi au lieu de vagabonder. Vacher lui répond qu'il lui est impossible d'occuper la moindre place en raison du mal qui le fait souffrir dans sa tête. Il dort cette nuit-là dans la grange à foin et dès le lendemain, au lever du soleil, il repart encombré de sa nouvelle boîte à accordéon, accompagné de son petit chien et d'une pie attachée à une ficelle et perchée sur son épaule en direction de Gilhoc-sur-Ormèze (pièce 309). Vacher s'arrête dans la commune de Saint-Barthélémy-le-Pin (Saint-Barthélémy-Crozon), devant le cabaret tenu par Bravais. Il entonne un air de romance :

«Le soir descend sur la colline,
La lune monte dans les cieux,
Et dans les bois d'aubépine
Sont pleins de bruits harmonieux
Quelle est cette voix qui soupire,
Dans la brume, au déclin du jour ?
On dirait une immense lyre
Préludant à des chants d'amour»

Mais l'accordéon revêche ne suit pas la mélodie chantée. Son clavier ne permet pas de jouer les notes altérées et le public fait la moue. Vallon, l'instituteur du village, interrompt le chanteur en lui demandant d'interpréter la *Marseillaise*. Vacher répond qu'il ne sait pas la jouer et son accordéon passe dans les mains de plusieurs habitants. Les essais de Marseillaise ne sont pas mieux interprétés que la *Chanson des peupliers*... Vacher fait la quête. L'instituteur, vexé, refuse de donner un sou. Le vagabond musicien le menace et quitte le village. À 20 h 30, il marche à travers les prés et croise Henry Feugier, propriétaire du château de Soubeyran, qui accompagne sa femme et sa fille âgée de neuf ans pour se rendre au village, pour voir les illuminations de la mairie et assister au feu d'artifice. Feugier avertit Vacher qu'il traverse une propriété privée et lui demande où il se rend. Vacher répond qu'il cherche un endroit pour passer la nuit. Feugier l'informe qu'il n'a pas pour habitude de recevoir les passagers, et lui indique une ferme où les mendiants reçoivent l'hospitalité. Vacher s'emporte et déclare que des bourgeois possédant tout le confort d'une belle habitation devraient s'inquiéter des malheureux et de savoir comment un pauvre étranger peut passer la nuit.

«Et si plus tard, il leur arrive un malheur, ils n'auront que ce qu'ils méritent», ajoute-t-il en jurant. (pièce 311).

Feugier raccompagne Vacher près d'un chemin public et laisse sa femme, sa fille et ses servantes continuer leur marche vers le village.

Hésitant un moment, il décide de suivre le vagabond car la porte de son château est restée ouverte pour son jeune berger qui n'est pas encore rentré souper, et les domestiques sont déjà au village pour fêter le 14 juillet. Le château n'est donc plus gardé. Rejoint par Feugier, Vacher lui demande à nouveau l'hospitalité pour dormir. Ce dernier refuse de le garder la nuit mais il le laisse entrer. Le jeune berger arrivant pour souper, Feugier invite Vacher à partager son repas. Il mange, assis à la table de la cuisine en face du berger. Il boit un verre de vin, refuse le second. Le jeune berger ayant terminé son dîner, il part rejoindre les autres domestiques au village. Feugier reste dans la cuisine avec Vacher et discute un bon moment « société, socialisme, anarchie même ». Finalement, Vacher prend congé et Feugier lui indique la ferme où il peut coucher. La maison étant fermée avec soin, Feugier rejoint le village et explique à l'instituteur la raison de son arrivée tardive :

— Vous pourriez bien sauter cette nuit, vous avez refusé un sou à un anarchiste !

Vacher suit le chemin indiqué par Feugier et s'arrête au domaine de Mazeyrac pour passer la nuit dans le grenier à foin. Levé dès l'aube, il joue toujours aussi maladroitement de son accordéon, demande deux sous de lait pour son chien, sa « Loulette », puis prend le chemin de Vernoux (pièce 311). Il fait une halte pour demander de l'eau sur la commune de Silhac, à hauteur du hameau de Labrousse. Voyant que le fils du propriétaire porte un habit de prêtre, il l'interpelle :

— Bonjour M. le curé, votre situation est bien meilleure que la mienne ; pourtant moi aussi j'ai été élevé chez les Frères maristes de Saint-Genis-Laval jusqu'à l'âge de 19 ans, mais trouvant les règlements trop durs, j'ai abandonné ce métier, du reste, ce n'était pas ma vocation. (pièce 314)

Le dimanche suivant, 18 juillet, Vacher passe par le lieu-dit le Gran-Rias et reçoit l'hospitalité à la ferme du Petit-Rias, sur la commune de Saint-Maurice-sur-Chalençon. Il joue de l'accordéon dans la cour pour les quatre jeunes filles de la fermière, dont l'aînée a douze ans. Il y est bien accueilli, mangeant soupe et lard. Le soir, il prend ses quartiers dans le grenier à foin (pièce 313). Le lendemain, il reprend la direction de Vernoux en remerciant la fermière, Fanie Garnier : « Vous êtes de braves gens et je voudrais bien rester longtemps avec vous. »

Vacher circule ainsi jusqu'au 31 juillet en passant par les hameaux de Silhac, Vernoux, Saint-Félix-de-Châteauneuf (Châteauneuf-de-Vernoux), Boffres puis Alboussière. Le 1er août, il marche aux environs du hameau de Saint-Didier et d'Aubert. Il dort le soir chez le cultivateur Mathieu

Victor au Bois-de-Lubac. Le 2 août, il se présente à 8 heures du matin à la ferme du Bois-de-la-Vigne pour demander de la soupe. Vacher est toujours accompagné de sa Loulette et d'une pie attachée à une corde. Le propriétaire Régis Bac lui donne de la soupe. Vacher en mange une partie et donne le reste à la Loulette, qui reste impassible. Vacher s'emporte :

— Ah, tu ne veux pas manger, je vais te tuer !

Et Vacher, joignant le geste à la parole, empoigne sa canne ferrée et frappe son chien et sa pie. Indigné par la scène, le fermier donne une bèche à Vacher pour qu'il enfouisse les deux animaux. Vacher s'exécute et part contrarié à travers bois sans suivre de chemin, en direction de la commune de Champis (pièce 315). Le lendemain, vers 9 heures du matin, Vacher est au hameau de la Batie et joue de l'accordéon. Il passe à la ferme La Faurie, au hameau du Vinard, et la femme du maire de Champis lui fait remarquer une nouvelle fois qu'il joue très mal de son instrument, à quoi Vacher répond qu'il s'exerce car il ne le possède que depuis peu. Il tente à nouveau sa chance au café Pourret au niveau du pont de Monepiat près d'Alboussière. Nul ne sait où et comment le trimardeur passe sa dernière nuit en liberté. Levé à l'aube, le 4 août, Vacher se présente vers 6 heures du matin à la ferme du Gravil en jouant de l'accordéon. La soupe n'étant pas encore prête, il obtint un sou et un morceau de pain pour aller jouer ailleurs. Il quitte alors la ferme et s'engage dans le bois des Pelleries.

3. *L'odyssée sanglante*

J'aurais préféré abandonner certains détails en ce qui concerne certaines « vilaines choses » que j'ai faites, car je crains que l'exemple de ma maladie ne devienne nuisible à la moralité de la jeunesse.

Joseph Vacher[1]

Libre de ses mouvements mais enchaîné par ses souvenirs, Vacher traîne dans les champs et les bois son dépit amoureux. Vivant dans une France comptant 40 millions d'habitants, Vacher a rejoint le 1er avril 1894 le flot des « roulants », des colporteurs et des mendiants que la crise économique jette sur les routes et les chemins de misère. Le volume de cette population sans domicile fixe est difficile à évaluer mais son chiffrage inquiète. Les contemporains estiment le nombre de « roulants » à 150 ou 200, voire 400 000 personnes[2]. « Soliceur au trimard » (marchand ambulant), vendant ici du papier à lettre, là-bas des feuilles volantes de chansons et ailleurs encore, des aiguilles et des bâtons de bois de houx ; Vacher vit et survit d'expédients en alternant les temps difficiles – comme cet hiver 96 passé dans la neige des monts cévenols – avec les périodes fastes des fenaisons, dont il ressort avec un petit pécule, comme en cet ultime été 1897 où il trouve à s'équiper d'un accordéon, d'une canne et d'un parapluie neuf. Vacher s'arrête aussi pour être quelques jours vannier, maçon, colporteur ou ouvrier agricole, selon les opportunités et il n'est que rarement pris en état de vagabondage car il peut toujours justifier de la possession d'un minimum d'argent. Si Vacher n'est pas un indigent, sa vie de mendigot sanctionne un déclassement social par rapport à son ancien statut de sous-officier, ce que ne manquent pas de lui faire remarquer les personnes qui lui accordent l'hospitalité. Vacher, surtout, pratique une mendicité teintée de revendication politique qui le fait correspondre au stéréotype du vagabond dangereux. Ainsi que le décrit Alexandre Bérard, député de l'Ain et collaborateur des *Archives de l'anthropologie criminelle*

1. PV d'interrogatoire de Vacher, 23 octobre 1897 (pièce 620)
2. Chiffre avancé par A. Lacassagne in *Vacher l'éventreur*..., p. 595.

dirigées par le docteur Lacassagne, le vagabond dangereux, « c'est le chemineau, c'est le trimardeur, coureur des grandes routes, venant on ne sait d'où, allant on le sait encore moins, lui-même l'ignore le plus souvent, à l'affût de tous les mauvais coups, de toutes les mauvaises actions, en rébellion contre la société, prêt à tous les crimes, vraie bête fauve égarée en un pays civilisé... [1] »

La personnalité de Vacher est bien différente de celle du vagabond idéalisé par le poète Richepin dans la pièce *Le chemineau*, qui triomphe à Paris en 1897 au théâtre de l'Odéon, avec Louis Décori dans le rôle principal :

> « Et, gueux, je fais envie aux plus riches eux-mêmes.
> Car, si beaux fruits qu'ils aient à leurs plus chers repas
> De plus beaux que les miens, plus chers, ils n'en ont pas,
> Quand je mords, sans que ton doux nenni ne m'en empêche,
> Ta bouche au frais baiser fondant comme une pêche »[2].

Vacher est aux antipodes du chemineau de théâtre. Il ignore les codes de la séduction et l'assouvissement de son désir s'est affranchi des signes subtils du consentement amoureux (pièces 194-197). Dix ans avant l'idylle bucolique de Richepin, Guy de Maupassant avait décrit dans une veine crue et réaliste la trajectoire fatale d'un Jacques Randel, vagabond poussé au vol et au viol par une population malveillante[3]. Joseph Vacher suit bien la trajectoire de Jacques Randel, accablé par une sorte de malédiction sociale, mais il la prolonge dans une réalité bien plus terrifiante. Depuis sa sortie de l'asile de Saint-Robert, le trimardeur est devenu un redoutable prédateur, répandant la mort sur son passage en frappant des victimes inconnues.

Peu après son séjour chez sa sœur à Menton et 50 jours seulement après sa sortie d'asile en état de guérison, Joseph Vacher attaque sa première victime le 20 mai 1894 à Beaurepaire. « Je me trouvais à Saint-Genis-Laval et me disposais à aller retirer à la poste une lettre qui m'était adressée poste restante lorsque je fus averti que les gendarmes étaient à ma

1. A. Bérard in A. Lacassagne, *Vacher l'éventreur...*, p. 463.

2. Jean Richepin, *Le chemineau. Drame en cinq actes en vers*, Paris, Charpentier et Fasquelle, 1897, p. 24

3. Guy de Maupassant, « Le vagabond », *La nouvelle revue*, tome 44, 1er janvier 1887, p. 5-16. Texte repris dans le recueil *Le Horla*.

recherche, et que l'on se disposait à me réintégrer dans un asile d'aliénés. Aussitôt je pris la fuite en direction de Grenoble. En y suivant un chemin entre Saint-Barthélemy et Beaurepaire (Isère), je rencontrai une jeune fille d'environ 18 ou 19 ans qui me paraissait revenir d'une fabrique de cette dernière localité. Ma rage de tuer me prit, je me précipitai sur elle, la renversai à terre, et après l'avoir frappée à la tête à coups de soulier, je l'étranglai» (pièce 608)[1]. Vacher poursuit: «j'ai placé le corps de ma victime derrière une haie et l'ai violée. Je ne me rappelle pas si j'ai couvert la jeune fille d'herbe ou de mousse, ni s'il pleuvait. Tout ce dont je me souviens, c'est qu'en m'en allant ensuite à travers champs et les prés, je m'étais tout mouillé» (pièce 611). Après un bref passage chez sa sœur Victorine à Marcollin en novembre 1894 (pièce 266), Vacher redescend sur la Méditerranée et récidive, le 20 du même mois, au lieu-dit «La Vacquière», situé sur la commune de Vidauban: «Chemin faisant, et en traversant le Var, j'ai rencontré une jeune fille qui m'a paru avoir environ 18 ans, je me suis jeté sur elle et lui ai coupé le cou avec un couteau que j'avais trouvé dans une cabane isolée le long de la route. Ce couteau était fraîchement aiguisé et coupait très bien. Je n'ai pas violé la victime. C'était cependant une jolie fille, c'était malheureux» (pièce 610). Vacher laisse derrière une population stupéfiée, qui trouve un coupable de substitution en la personne de Charles Roux, propriétaire au hameau de Chaume, près de Vidauban. Cet homme jusqu'alors estimé de ses concitoyens eut le malheur de participer aux recherches de la petite Louise Marcel, et il découvrit le premier son cadavre. Une dénonciation anonyme fit le reste. La rumeur s'amplifia et Roux fut accusé par la population et les parents même de la victime. Lorsque Vacher avoua ce crime, les irréductibles ne se démontèrent pas et insinuèrent que Charles Roux l'avait payé pour se dénoncer à sa place, avec la complicité des autorités[2].

Le 12 mai 1895, à Étaules, au lieu-dit du Bois-du-Chêne, Vacher frappe à nouveau: «Arrivé non loin de la route de Dijon j'ai rencontré sur la route nationale une jeune fille de 14 ans environ. Sans rien dire, comme d'habitude, je me suis précipité sur elle et l'ai tuée comme les autres, avec un couteau, je ne sais lequel. On a dû retrouver le cadavre à deux ou trois mètres de la route» (pièce 610). 24 août 1895, Saint-Ours

---

1. Vacher donne une version légèrement différente de ce premier assassinat dans son mémoire de défense, en expliquant que sa destination était la maison de son beau-frère, à Marcollin (*cf.* p. 210).

2. É. Fourquet, *Vacher le plus grand criminel...*, 1931, p. 111-119.

en Savoie : « J'avais tué avec un couteau, je ne sais lequel, une vieille femme qui m'a paru avoir soixante ans, et que j'ai violée après le meurtre. Si j'avais surtout à regretter un crime, ce serait celui-là à cause du caractère loyal et hospitalier des gens du département (pièce 610). Le 31 août 1895 à Bénonces : « Je suivais un chemin qui conduisait à la montagne et passait non loin du pré ; je me suis rapproché du berger, je ne lui ai rien dit, il ne soupçonnait pas pourquoi je m'approchais de lui, je l'ai saisi brusquement à la gorge et l'ai tué avec un couteau, je ne sais pas lequel : l'enfant s'est débattu, il y a eu lutte. Ce devait être tout près d'un bois » (pièce 611). Vacher précise : « je crois aussi lui avoir arraché les parties avec les dents » (pièce 620). 22 septembre 1895, à Truinas : « De Bénonces j'ai passé dans l'Isère puis dans la Drôme et dans ce département, en traversant l'arrondissement de Die, trois semaines ou un mois environ après l'affaire de Bénonces, j'ai rencontré un soir sur une route une jeune fille d'environ 18 ou 20 ans sur laquelle je me suis précipité comme je l'avais fait pour toutes mes autres victimes, et à laquelle j'ai coupé la gorge » (pièce 611). Le 29 septembre 1895, à Saint-Étienne-de-Boulogne : « J'ai passé dans l'Ardèche où quelques jours après j'ai tué de la même manière un jeune berger que j'avais rencontré auprès d'une bergère » (pièce 611).

Là encore, un innocent fit les frais d'une vindicte aveugle et sourde aux arguments du maire, Jean-Michel Artige, qui prit la défense de Bernardin Bannier, accusé à tort par la population. Le « martyrologe » de cet habitant du hameau d'Auzon fut long et cruel, ainsi que le rapporta Albert Sarraut dans *La Dépêche* [1]. Sa femme et sa fille furent renvoyées de leur atelier de travail sous la pression de leurs collègues, les membres de sa famille firent l'objet d'insultes, l'homme fut attaqué à plusieurs reprises dans son champ et lorsque le maire fit placarder en plusieurs endroits une déclaration du procureur de la République innocentant formellement Bannier, les affiches furent lacérées et recouvertes d'excréments. L'affaire prit alors un tour complotiste. On accusa le maire d'avoir payé le juge et une complainte dénonça la justice vendue :

1. Émile Berr, « Autre histoire d'un innocent », *Le Figaro*, 1er novembre, p. 1-2 ; Albert Sarraut, « Le tueur de bergers. Les autres victimes », *La Dépêche*, 4 novembre 1897, p. 1-2. L'expression de « martyrologe » est employée par le juge Fourquet pour désigner le sort de Grenier, Leroux et Bannier (E. Fourquet, *Vacher le plus grand criminel...*, 1931).

«Que les lois de la justice
Soient maintes fois violées,
Des criminels épargnés.
C'est bien là le vrai délire
Des magistrats sans renom
Qui sont pleins de corruption.

Grand Dieu! Quel siècle horrible!
Parmi les pauvres humains,
Les crimes n'ont pas de fin.
Oh! Ciel! Que c'est horrible!
Le peuple sera bientôt
Mis au nombre des pourceaux.»

L'arrestation de Vacher ne provoqua qu'une accalmie relative et la haine produite ne retomba qu'au prix de la dénégation de son existence. Non, décidément, personne n'avait mal agi dans ce petit hameau champêtre. Bannier n'eut droit à aucune compensation judiciaire et, ainsi que le nota le journaliste Lucien Victor-Meunier, ces cas de persécution impunie étaient «à dégoûter de l'innocence»[1].

Pendant que Bannier, poursuivi par ses concitoyens vengeurs, fait diversion, Vacher suit son chemin rouge et manque de peu de se faire arrêter. Le 1er mars 1896, il est à Noyen, dans la Sarthe puis attaque dans le bois de Pescheseul la jeune Alphonsine Derouet, âgée de 11 ans. Un homme et une femme s'interposent pour le forcer à lâcher l'enfant. «Je me suis alors sauvé sur la route. J'ai rencontré une heure ou deux après un gendarme en vélocipède qui me cherchait: il m'a demandé mes papiers et m'a laissé continuer ma route, parce qu'il n'a pas cru que c'était moi» (pièce 612). Poursuivant sa route au sud, Vacher est enfin arrêté le 4 mars à Baugé à la suite d'une violente altercation mais il n'est condamné le 9 mars qu'à un mois de détention pour vagabondage et coups et blessures volontaires. Libéré en avril, il reprend sa route (pièce 171). Le 10 septembre 1896, Vacher est à Busset, dans l'Allier: «je tue toujours de la même manière une jeune femme paraissant avoir 20 ans. C'était non loin de Vichy» (pièce 611). Le 1er octobre 1896, il est sur la commune de la Varennes-Saint-Honorat: «Après ce crime, je passe dans la Haute-Loire où je donne la mort, non loin du Puy, à une jeune fille d'une quinzaine d'années en lui coupant la gorge et en la mutilant à l'aide d'un couteau»

1. Lucien Victor Meunier, «Soyez donc innocent», *Le Rappel*, 18 octobre 1897, p. 1.

(pièce 611). Vacher quitte rapidement la clairière où gît le cadavre de Rosine Rodier et manque de se perdre en raison de l'épais brouillard (pièce 618). On croit le voir à nouveau dans la Drôme en janvier 1897, à Romans, où il tente d'entraîner une jeune fille de 10 ans en lui promettant une orange (pièce 400-401)[1] et le juge Fourquet le soupçonna d'être l'auteur de l'assassinat de Gautrais, commis en février 1897 sur la commune de Lacaune. Ce qui est certain, c'est que Vacher se trouve à la fin du mois de mai 1897 à Tassin-la-Demi-Lune près de Lyon : « C'était quinze jours ou trois semaines environ avant le crime de Courzieu, à deux heures de marche au-delà de Fourvière en se dirigeant du côté des Cévennes, j'avais couché dans une maison inhabitée sur la gauche de la route. Le matin est entré dans cette maison, un garçon d'une quinzaine d'années que j'ai pris pour un roulant, je lui ai coupé le cou avec un rasoir que j'avais trouvé quelques jours auparavant, et j'ai jeté le corps dans un puit qui se trouve dans la cour » (pièce 619). Le 8 juin, il écrit une longue lettre à Louise Barrand (p. 162). Dix jours après, il commet un ultime assassinat, à Courzieu-La-Giraudière, sur le jeune Pierre Laurent : « J'ai frappé l'enfant avec un couteau : j'ai essayé de souiller ma victime, mais je ne sais si c'était avant ou après le meurtre, je crois cependant que c'était après. J'ai placé le cadavre derrière une haie, puis je me suis rendu à Lyon, de là dans l'Isère, puis dans la Drôme, et enfin dans l'Ardèche où je me suis fait arrêter » (pièce 611).

On ne peut établir avec certitude le nombre exact des crimes et des meurtres commis par Vacher. Le nécrologe placé en préambule se limite à la liste des meurtres avoués. Le juge Fourquet estima au terme de son enquête à 15 ou 20 le nombre de crimes non avoués et imputables au tueur de bergers (voir p. 229). L'exagération de la presse et les titres de littérature populaire portèrent ce chiffre à 56, 86 et au-delà[2]. La seule liste des onze assassinats avoués par Vacher suscite une réprobation morale unanime parce qu'elle concerne pour l'essentiel des jeunes gens sans défense. Bergers et bergères sont encore en cette fin de XIXe siècle des figures d'innocence, et Vacher trahit son patronyme en attaquant ainsi des jeunes

1. Cet itinéraire est celui qui est retenu par le juge Fourquet. Vacher en donne un autre : après le crime de Rosine Rodier, le 1er octobre, il se serait non pas dirigé vers la Drôme mais vers le Cantal pour rejoindre l'Espagne, destination à laquelle il renonça finalement (pièce 622).

2. Sur les 86 affaires de crimes impunis vérifiées par le juge Fourquet lors de l'instruction, 16 lui paraissent imputables à Vacher (Fourquet in Lacassagne, *Vacher l'éventreur*..., p. 433). Plus loin dans ce livre, Lacassagne annonce qu'il est d'avis avec Fourquet que Vacher n'a pas commis moins de 27 ou 28 crimes (*Vacher l'éventreur*..., p. 576)

pâtres isolés. Il bafoue l'antienne concurrence entre bouviers et bergers pour se faire loup : il attaque ses victimes par surprise, les étrangle et les égorge comme des proies. Ce faisant, Vacher sort de l'humanité commune pour basculer dans le registre de l'animalité. Mais ces attentats sont d'autant plus abjects pour la population qu'ils sont accompagnés d'un saccage du corps des victimes que ne pratiquent pas même les plus féroces prédateurs. La mutilation des parties génitales par morsure, la découpe des seins, la lacération de la peau, les doigts tranchés, les éventrations sont autant de circonstances qui suscitent, à leur découverte, un effroi sidéré, et sortent leur auteur de l'animalité pour en faire un monstre.

Le docteur Alexandre Lacassagne donne dans le livre reproduit ici des précisions anatomiques et physiologiques du « nécrologe » de l'assassin sur lesquelles il est inutile d'insister.

À chaque découverte de cadavre, une enquête est ouverte et on ne peut soupçonner, comme ce fut le cas à l'époque, les autorités judiciaires de négligence. Pour chaque crime, les recherches sont transmises à la brigade de gendarmerie qui a compétence dans son canton de résidence et, s'il y a lieu, aux commissaires municipaux de la commune et aux commissaires spéciaux du département. Il faudrait reprendre les dossiers d'instruction pour vérifier combien la justice a fait diligence avec les moyens dont elle disposait. Cette célérité a pu être vérifiée par Laurent Lopez dans l'affaire de l'assassinat d'Augustine Mortureux, commis le 12 mai 1895 près de Dijon, au lieu-dit du Bois-du-Chêne. Dès le premier jour de l'enquête, le juge d'instruction soupçonne un chemineau et le 18 mai, le procureur Fonfrède diffuse aux arrondissements voisins un signalement relativement précis du suspect en fuite. En l'absence d'arrestation, l'affaire suscite une rumeur et un habitant de la région – Eugène Grenier – est, après Charles Roux à Vidauban, injustement persécuté par la vindicte hargneuse d'une partie de la population, aggravée cette fois-ci par *Le Bourguignon salé*, une feuille locale qui mène une campagne calomnieuse contre le citoyen Grenier qu'elle n'hésite pas à qualifier de « vampire du Bois-du-Chêne »[1].

1. Sur cette affaire, voir Laurent Lopez, « "Voici les faits suffisants qui nous ont paru suffisants pour motiver son arrestation" : les juges à la poursuite du "vampire du Bois-du-Chêne" » (Côte-d'Or, 1895) in F. Chauvaud et P. Prétou (dir.), *L'arrestation. Interpellations, prises de corps et captures depuis le Moyen Âge*, Rennes, PUR, 2015, p. 233-249.

Pendant que l'enquête piétine et que la population s'énerve et s'égare, Vacher voyage en toute impunité, nanti de son certificat de sortie de l'asile de Saint-Robert (pièce 507), d'attestations d'employeur et, surtout, d'un précieux livret militaire dont la présentation a valeur de sauf-conduit auprès des forces de l'ordre. Vacher n'hésite jamais à le présenter spontanément (pièce 635). Le vagabond croise régulièrement les gendarmes sans être inquiété et ce fait fut exploité par la presse pour tourner les forces de l'ordre en ridicule. Peu après l'assassinat d'Eugénie Delhomme, Vacher est arrêté par des gendarmes non loin de chez lui, à la Côte-Saint-André : « ils avaient mon signalement, je leur ai montré mon livret militaire et ils m'ont laissé passer. Un instant après, s'étant ravisés, ils sont revenus en arrière, j'étais alors derrière une haie, satisfaisant un besoin naturel, et je leur ai échappé » (pièce 604). Au début de l'année 1897, Vacher est arrêté en Ardèche par deux brigadiers du 15e corps d'armée sur la commune de Largentière. Cette fois-ci, il est gardé à vue le temps de vérifier qu'il n'est pas signalé sur la liste générale des anarchistes. Son nom n'y figurant pas, il est relâché (pièce 399).

Mesurant à peine plus d'un mètre soixante, d'une constitution athlétique et possédant de forts mollets, Vacher tire profit de sa formation militaire avancée pour développer sa capacité d'endurance à la marche rapide. Cette faculté lui permet de se soustraire aux recherches engagées après chaque crime. Une fois son forfait accompli, l'assassin quitte rapidement la région : « généralement, je partais en enragé » (pièce 620). Il en va de même pour ce 31 août 1895 où on retrouve le corps inanimé et mutilé du jeune Victor Portalier au hameau d'Onglas, sur la commune de Bénonces. Un vagabond ayant été aperçu à proximité des lieux du crime, le procureur Mistler en poste au parquet de Belley, émet en urgence avec Juvanon du Vachat, juge d'instruction délégué, des demandes de recherches par voie de télégramme aux procureurs des ressorts proches. On ne connaît pas alors le nom du suspect mais grâce au témoignage des habitants recueillis dès le 1er septembre, et plus particulièrement du cultivateur Jean-François Baudin, qui a pu en faire une description détaillée aux brigadiers de gendarmerie (pièce 542), la demande de recherche avec mandat d'arrêt est très précise : « mendiant en fuite âgé de 30 à 35 ans, 1 mètre 65 environ, cheveux, sourcils et barbe noirs, porte toute sa barbe taillée en pointe. Teint pâle. Vêtu d'un gilet à manches en lustrine noir pantalon à rayures blanches et noires. Coiffé d'un chapeau de paille blanche déjà usé. Chaussé de souliers galoches. Porteur d'un sac en toile grise et armé d'un bâton » (pièce 2 et suivante). La police cherche le suspect à Lyon jusqu'au 11 octobre sur la voie publique, dans les asiles de nuit et les logements suspects (pièces 36 et 51). Les prisons, les hôpitaux, les asiles de la région sont inspectés mais les réponses des gendarmeries, du commissariat spécial de Lyon, des médecins d'asiles et des gardiens-chefs de prison s'accumulent, toutes négatives (pièces 15 à 53) en dehors d'un télégramme d'Albert Fayet, procureur à Chambéry, qui signale à son homologue de Belley le 2 septembre les « nombreuses similitudes dans le signalement de l'assassin de Bénonces avec celui de Saint-Ours » (pièce 9). Les retours faisant état de recherches infructueuses, le juge d'instruction titulaire Alfred Davaine, de retour de vacances, fin septembre, reprend et prolonge la recherche du suspect. Il prend soin de vérifier à l'aide de son greffier Jean-Marie Riche toutes les pistes, telle celle de cet aliéné – Jean-François Bravais – qui a été signalé en situation d'évasion depuis le 29 août par le médecin directeur de l'asile de Saint-Robert. Arrêté le 7 novembre 1895, Bravais présente un alibi permettant d'attester qu'il n'était pas à Bénonces le jour du crime. Le 11 novembre, il est confronté aux témoins : aucun ne le reconnaît comme étant le vagabond de Bénonces. Le lendemain, Bravais est relâché et l'instruction est close par un non-lieu, signé le 22 novembre 1895 (pièce 583).

Le 17 avril 1897, le magistrat Émile Fourquet, venant d'Ambert, s'installe à Belley pour remplacer son confrère Davaine, nommé au tribunal de Dunkerque. En juin, le nouveau juge d'instruction apprend par voie de presse l'assassinat d'un jeune berger à Courzieu-La-Giraudière, dans le Rhône[1]. L'enquête est menée par son collègue Adolphe Benoist, un magistrat expérimenté de 14 ans son aîné, et qui possède une solide réputation acquise depuis qu'il a mené l'enquête sur l'assassinat du président Sadi Carnot. Arrivé quelques mois plus tôt à Belley, le procureur Reverdet indique à son nouveau juge d'instruction le lien possible entre les affaires de Courzieu et de Bénonces, instruite dans son ressort deux ans plus tôt. Le greffier qui en avait établi le dossier, Jean-Marie Riche, étant encore en poste, il peut expliquer au nouveau juge les tenants et les aboutissants de cette affaire classée. Le 26 juin, le *Lyon républicain* révèle à ses lecteurs que le juge Benoist a établi le lien avec quatre affaires similaires pour lesquelles il

1. É. Fourquet, *Vacher le plus grand criminel…*, 1931, p. 1. En 1931, Fourquet se trompe de journal et de date. L'article « Le crime de Courzieu » parait dans l'édition du *Progrès* datée du 22 juin. Le premier article du *Lyon républicain* signalant l'assassinat de Pierre Laurent s'intitule « Assassinat d'un berger à Courzieu-la-Giraudière » (édition datée du 21 juin 1897, p. 2). Si Fourquet se souvient du *Lyon républicain*, c'est à n'en pas douter parce que ce journal lui a offert dans son édition du 26 juin toutes les informations utiles et la méthode à suivre pour confondre le tueur en série.

suppose un auteur unique. Le journal complète l'information en livrant le signalement du vagabond suspect établi par la justice (voir dossier documentaire, p. 166). Cet article donne en somme toutes les informations utiles, les certitudes et la méthode à suivre. Il ne reste à Fourquet qu'à rouvrir le dossier de l'affaire Portalier. Ce qu'il fait, à la demande du procureur Reverdet. Il subsiste aujourd'hui encore une incertitude sur la motivation du procureur Reverdet car si on s'en tient à la chronologie, l'enquête du juge Benoist sur le crime de Courzieu étant ouverte depuis le 18 juin, une demande de recherche avait dû être transmise aux parquets des tribunaux du département de l'Ain. Reverdet aurait dû alors demander à Fourquet de rechercher le suspect du crime de Courzieu, en coopérant à l'enquête menée par le juge Benoist or on ne retrouve pas trace d'une telle demande dans le dossier de procédure constitué par le juge d'instruction de Belley. Fourquet semble avoir agi sur les instances du procureur Reverdet pour rouvrir rapidement l'affaire du crime de Bénonces sans se mettre outre mesure au service de son homologue lyonnais. Reverdet était persuadé comme Benoist d'avoir affaire au même suspect, mais il était décidé à agir pour le compte de son propre tribunal dans le cadre de l'affaire de Bénonces, et non celle de Courzieu, sur laquelle il n'avait pas autorité. Cette réaction dans un contexte de concurrence des ressorts judiciaires explique qu'un premier suspect nommé Lambert, détenu à la prison de Bourg, ait été interrogé dès le 5 juillet à Bourg puis à Belley les 8 et 9 juillet et enfin confronté le 10 juillet, à six témoins. Malheureusement pour les deux magistrats de Belley, les témoins ne reconnurent pas dans ce vagabond l'homme qu'ils avaient vu à Bénonces au moment du crime (lot 687, n° 37 à 65). Probablement déçu de n'avoir pas mis la main sur le bon suspect, Fourquet reprend alors à son compte la méthode initiée par ses prédécesseurs. Il rédige le jour même une commission rogatoire de demande de recherches contenant une description du suspect basée sur celle du juge Benoist, et enrichie de détails livrés par les témoins confrontés à Lambert (pièce 584, reproduite in Lacassagne, p. 598). Fourquet suit durant ce mois de juillet la piste d'un Léon Bernardi, puis celle d'un nommé Pigliano, détenu à la prison du Puy-en-Velay; dont il demande le transfert à Belley, le 20 juillet (pièce 66). Ce Pigliano semble être un client d'autant plus sérieux que le service de l'identité judiciaire de la préfecture de police de Paris confirme par lettre en date du 23 juillet que le suspect a déjà été condamné à douze reprises pour des faits de vagabondage, et qu'il a été mesuré et enregistré sous six identités, dont celle de Bernardi (pièce 79). Le 24 juillet, ce suspect est transféré à Belley. Fourquet l'interroge et l'inculpe immédiatement de l'assassinat de Victor Portalier. Pigliano rejette les fausses identités et proteste de son innocence pour le crime de Bénonces (pièce 85). Interrogé à nouveau le 28, il persiste dans ses dénégations (pièce 86). Le principal suspect de Fourquet passe ainsi les premiers jours d'août en prison.

Pendant ce temps, en Ardèche, Vacher circule librement dans l'arrondissement de Tournon. Le 4 août, après être entré dans le bois des Pelleries situé sur la commune de Champis, il attaque Marie Plantier, âgée de 27 ans, affairée à ramasser des pommes de pin accompagnée de deux jeunes enfants. Saisie par-derrière à la gorge, la femme se débat, parvient à desserrer l'étreinte de son agresseur et crie à l'aide. Tandis que Vacher cherche un couteau dans son sac, le mari de la victime arrive en courant. Séraphin Plantier lance deux pierres sur Vacher et une lutte violente s'ensuit. Deux voisins arrivent pour prêter main-forte au mari. Maîtrisé tant bien que mal, Vacher est mené sous bonne escorte jusqu'à la plus proche auberge au lieu-dit Le Fringuet. Sur le chemin, croisant un mendiant, il l'interpelle : « Tiens, je voulais tirer un coup, l'on ne m'a pas laissé faire ». Enfermé dans la remise de l'auberge de Charlon sous la surveillance de cinq hommes, Vacher ne peut s'échapper. Quelques heures après, à l'intention des gendarmes qui prennent le relais de sa garde, il tente de s'expliquer : « si vous étiez à ma place, vous feriez comme moi ; mais vous avez des femmes et moi je n'en ai pas »[1]. Vacher est placé en détention à la maison d'arrêt de Tournon-sur-Rhône, aménagée dans l'ancien château seigneurial.

À Belley, Fourquet attend jusqu'à la veille des festivités du 15 août pour confronter Pigliano à quatre habitants de Bénonces. Cette journée de confrontation est un nouvel échec. Le suspect idéal en sort disculpé. Le même jour, à Tournon, Garcin, juge d'instruction, signe un courrier à l'attention de Fourquet dans lequel il lui signale l'arrestation pour tentative de viol d'un vagabond dont le signalement lui semble correspondre à l'avis de recherche émis le 10 juillet dernier. Le juge Garcin joint à son courrier la fiche anthropométrique du suspect, dressée le 12 août 1897. L'homme se nomme Vacher Joseph et mesure 1,61 m. Il a des yeux bruns, cheveux et barbe foncés, sourcils longs, drus et réunis. Le suspect a la figure maigre, le

1. Paroles rapportées par Séraphin Plantier. PV d'information judiciaire de la justice de paix du canton de Saint-Péray (Ardèche). 15 novembre 1897, (après la pièce 315, sans cote).

teint pâle, les joues creuses, les pommettes saillantes. L'œil droit est légèrement convergent. Il présente une difformité de la bouche qui lui cause des difficultés à s'exprimer. Sa lèvre supérieure est légèrement relevée sur le côté gauche. Il est chaussé de brodequins. Il est en possession d'un sac en toile renfermant une boîte en bois une paire de chaussures (bottes) et un accordéon (pièce 156). Le 16 août, Fourquet rend une ordonnance de non-lieu au bénéfice de Pigliano mais, ce même jour, le procureur Reverdet ouvre une nouvelle piste et envoie un télégramme au procureur de Lons-le-Saunier pour lui demander des précisions sur l'identité d'un nommé Sucarrat, inculpé de mendicité. Reverdet souhaite recevoir sa fiche anthropométrique et connaître son emploi du temps en août et septembre 1895 (lot 687, n° 92). Il s'agit là de sa dernière initiative dans l'affaire car Reverdet quitte le tribunal de Belley le lendemain pour rejoindre le tribunal d'Annecy. Le suspect, Michel Sucarrat, est transféré sans délai à Belley. Interrogé le 20 août puis confronté le 23 à trois témoins qui ne le reconnaissent pas, il est à son tour disculpé du crime de Bénonces (lot 687, n° 93 à 114). Sans procureur et à court de suspect, Fourquet répond à tout hasard le le 27 août à son homologue de Tournon pour lui demander une photographie de l'individu écroué pour attentat à la pudeur. Fourquet est alors loin d'imaginer que ce Joseph Vacher est le vagabond qu'il recherche activement depuis deux mois.

Les moyens de la juridiction de Tournan étant limités, le juge Garcin répond le 30 août à son homologue de Belley qu'il est dans l'impossibilité de lui fournir la photographie demandée (pièce 57, p. 167). Il lui semble plus simple de procéder à son transfert après jugement et sans attendre que l'inculpé fasse appel. Le 7 septembre, Vacher est condamné par le tribunal correctionnel de Tournon à trois mois de réclusion. Le procureur de Tournon ordonne un transfert immédiat à Belley. Le 8 au petit matin, le détenu est extrait de la prison par deux brigadiers de gendarmerie. Dès son arrivée à la gare, Vacher fait du tapage et crie « Vive l'anarchie, le gouvernement de la République est moins que rien, ceux qui gouvernent sont des canailles ! ». Une fois dans le train, Vacher reste tranquille mais à l'arrivée vers 10h en gare de Perrache, il tente de s'évader en forçant la portière du compartiment. Le signal d'alarme est tiré et les deux brigadiers de l'escorte parviennent à le maîtriser. Sur le quai, Vacher reprend ses cris : « Vive l'anarchie, le gouvernement de la République est moins que rien, ceux qui gouvernent sont des canailles ! ». L'un des brigadiers lui demandant de cesser son tapage, il lui répond vertement :

— Je vous emmerde tas de cochons, propres à rien, si je crie cela à un but, de cette façon, mes camarades sauront où je suis !

La suite du voyage se passe sans incidents (pièce 584 bis). Arrivé à Belley le 8 septembre, Vacher est écroué à la maison d'arrêt de la ville. Il comparaît pour la première fois devant le juge Fourquet le vendredi 10 septembre 1897.

4. *Une enquête légendaire*

[...] si je ne vous avais pas reconnu très juste et très loyal au cours de l'instruction, vous n'auriez rien su de moi, je n'aurais jamais parlé, si cela avait été un autre juge, je me serais entêté à ne rien dire.

Joseph Vacher, 1897[1]

Juge d'instruction ! La chasse à l'homme ! C'était le rêve de toute sa vie réalisée, une véritable passion qu'il allait pouvoir satisfaire

Émile Fourquet, 1931[2]

Avant d'entrer dans la dynamique de l'ultime enquête ayant permis d'aboutir à la condamnation de Joseph Vacher, il importe en propos liminaire de rendre hommage au réalisateur Bertrand Tavernier. Dans son film *Le juge et l'assassin*, inspiré de l'affaire, la relation du juge Rousseau à l'assassin Bouvier est jouée par Philippe Noiret et Michel Galabru. C'est ce film sorti en 1976, plus que tout autre récit, qui a mis en lumière la tension dramatique nouée entre le juge Fourquet et l'inculpé Vacher dans le cadre de l'information judiciaire. La documentation historique disponible confirme en tout point la tonalité d'une confrontation marquée par l'opposition tactique entre le juge d'instruction et l'accusé. L'instruction judiciaire menée par le juge Fourquet s'est déroulée entre la première demande de recherches émise le 10 juillet 1897 (pièce 584, p. 598) et le renvoi définitif de Vacher devant la cour d'assises de l'Ain, en août 1898. Durant cette année, la période de confrontation la plus intense entre le juge et l'accusé se situe entre l'arrivée de Vacher à Belley en septembre 1897 et son transfert à la fin de la même année à la prison Saint-Paul de Lyon pour y être mis à disposition des médecins chargés de son expertise mentale. Sur cette période précise, il existe trois sources. La première est judiciaire ; il s'agit des pièces de l'enquête, constituées de procès-verbaux de confrontation, d'interrogatoires, des

1. J. Vacher, interrogatoire du 9 octobre 1897 (pièce 604), p. 182.
2. É. Fourquet, *Vacher le plus grand criminel...*, 1931, p. 2.

pièces de forme et des correspondances entretenues, notamment, avec le parquet général de la cour d'appel de Lyon. La deuxième est indirectement judiciaire mais hors procédure : il s'agit du livre rédigé par le juge Fourquet, trente ans après les faits. La troisième enfin, est la presse, qui permet surtout d'informer sur son propre fonctionnement et ses mises en récit. La première source – le dossier de procédure – présente l'intérêt majeur d'éclairer la confrontation des parties et les rouages de l'action judiciaire. Si le juge d'instruction est censé instruire à charge et à décharge, il est aussi et surtout contraint par une procédure qui l'oblige à recueillir ses informations dans un cadre précis avec récolement final des pièces et objets saisis, inventaire et dépôt au greffe du tribunal. Ce cadre exige notamment que toutes les pièces interpellant le suspect soient contresignées par un greffier et par le suspect lui-même. Nous verrons que cette obligation légale livre une clé de lecture pour apprécier le degré de consentement au recueil de sa parole, car Vacher a parfois manifesté son désaccord sur les transcriptions d'entretien ou, plus généralement, le déroulement de l'enquête en refusant d'y apposer sa signature. En complément de ces actes réalisés au tribunal de Belley, on trouve à la cour d'appel de Lyon les pièces de l'action publique relatives à la direction de l'enquête au parquet général. La deuxième source, le livre du juge, est beaucoup plus subjective car ce récit fait autant appel à sa mémoire qu'à la presse de l'époque. Fourquet s'était en effet abonné très vite à une sorte d'argus, « Le courrier de la presse », qui lui permit de recevoir toutes les coupures de journaux relatives à l'affaire Vacher. Fourquet les conserva soigneusement, les collant sur des pages blanches (certaines à en-tête du tribunal de Belley) qu'il fit relier en deux volumes auxquels il donna un titre révélateur : « Notes sur Vacher ». Ces volumes contenaient des coupures de presse, deux complaintes criminelles, une brochure improbable intitulée « Dreyfus et Vacher » mais très peu de notes personnelles : des lettres originales de Vacher, des copies de lettres, quelques notes rédigées par le juge au temps de l'enquête mais aucun plan d'ouvrage[1]. Ce document préparatoire démontre que la presse a été paradoxalement une source d'information importante pour la rédaction finale, tout comme la littérature populaire d'ailleurs, puisque Fourquet rendit hommage dans son livre au travail de Jules Besse, qui publia au temps de l'affaire un livre bien informé sous couvert d'anonymat.

Si le livre témoignage de Fourquet est précieux pour recueillir sa vision rétrospective de l'affaire, il faut prendre soin de le lire en tenant

1. Notes sur Vacher, 2 vols, Fonds Fourquet-Voutay (2019).

compte du décalage temporel, des conditions de rédaction et du caractère traumatique d'un vécu qui ne pouvaient que favoriser la distorsion des faits. Ainsi que l'affirmait Fourquet, «l'affaire a été à la fois le plus grand tourment et la source des plus vives satisfactions que j'ai éprouvés au cours de mon existence»[1].

Le récit de l'ancien juge d'instruction est empreint d'un ressentiment qui démontre que cette information judiciaire fut pour lui un fardeau, une épreuve et, peut-être, une affaire trop importante pour un homme seul. Né en 1862 dans le Doubs à Lavans-Quingey, le juge Fourquet n'est pas un enfant de notables. Ses parents étaient cultivateurs et c'est son père, Jean, soucieux de son avenir, qui l'encouragea à poursuivre ses études. Il décéda avant d'avoir vu la fin des études de droit de son fils. Celui-ci lui dédicaça un poème intitulé «Paysan et poète» :

> Vois-tu, mon fils, me disait-il,
> Dans mon métier tout n'est pas rose;
> Dût mon avoir être en péril,
> Je rêve pour toi d'autre chose.
>
> Mais ce qu'il avait projeté
> Exigeait des labeurs trop rudes;
> De son bien et de sa santé
> Il a payé mes frais d'études
> Et le pauvre cher homme est mort
> Sans m'avoir vu gagner le port[2].

Fourquet avait donc comme Vacher des origines sociales modestes et rurales. Il exerça différents métiers d'appoint pour financer ses études à la faculté de droit de Paris[3]. Il fut et resta de cœur un homme de la terre (l'un de ses fils, Georges, devint agriculteur), ancré dans sa Franche-Comté natale, fin connaisseur de la mentalité paysanne. La presse le décrivit d'ailleurs au temps de l'enquête comme un juge simple, accessible et affable, n'affectant pas la posture guindée et hiératique de ses confrères. Avant d'être magistrat, Fourquet fut avocat au barreau de Besançon, conseiller municipal à Besançon et un éphémère secrétaire particulier d'Alfred Rambaud, lorsque celui-ci fut nommé ministre de l'instruction publique, en mai 1896, dans le cabinet Méline. Fourquet se maria en 1889 et son

---

1. É. Fourquet, *Vacher le plus grand criminel...*, 1931, p. 357.
2. É. Fourquet, *Les fleurs du rêve*, Besançon, Éditions Sequania, 1931, p. 51.
3. [P.L.], «Nos collaborateurs. Émile Fourquet», *Le pays comtois*, 1935, n° 61, p. 291.

premier enfant, Odette, naquit en 1890 alors qu'il habitait à Saint-Claude dans le Jura. Après l'affaire Vacher, Fourquet resta en poste au tribunal de Belley jusqu'en 1900. Il fut ensuite nommé à Châlon-sur-Saône et obtint par le jeu d'une permutation en 1903 un retour en Franche-Comté en rejoignant le tribunal de la ville d'Arbois[1]. Là, il fut successivement juge d'instruction puis procureur de la République. Affecté en octobre 1912 en Savoie, à Saint-Jean-de-Maurienne, Fourquet refusa de quitter sa région et démissionna de la magistrature. En 1931, Fourquet est veuf, sa fille vit à Besançon, son fils Georges est décédé au front et son second fils Robert s'est installé sur l'île de Madagascar, à Tananarive. Esseulé, l'ancien magistrat est dans un temps de réflexion et de bilan. Il rédige des études sur les personnalités de Franche-Comté et compose des poèmes. Trente ans après l'affaire et près de vingt ans après son retrait de la magistrature, Fourquet estime qu'il n'a pas été reconnu à la hauteur des qualités qu'il a su déployer pour obtenir l'arrestation et la condamnation «du plus grand criminel des temps modernes». Un livre au moins aurait pu rétablir ses mérites: le juge a vainement attendu, ce livre n'est pas venu. Fourquet a donc décidé de l'écrire en procédant à un dédoublement des rôles. Dans *Vacher le plus grand criminel des temps moderne par son juge d'instruction*, l'auteur Fourquet se positionne comme un narrateur extérieur aux événements et son récit met en scène un juge décrit à la troisième personne. Le scénario est simple: un magistrat perspicace, tenace et habile a permis de faire arrêter et condamner un abominable criminel qui se cachait derrière une mentalité paysanne sournoise, méfiante et roublarde. Quatre moments de l'enquête sont présentés comme autant de victoires venant à l'appui de la démonstration. Le premier moment se situe au tout début de l'enquête. L'accusé étant retranché dans une posture de dénégation, le juge engage la conversation, donne l'assurance à son interlocuteur qu'il le croit innocent, change de sujet et affirme qu'il prépare un livre sur les vagabonds. Fourquet déclare alors qu'il a besoin pour ce livre de la coopération de Vacher. Tombant dans le piège, l'inculpé naïf coopère et livre une à une les étapes de son errance, offrant ainsi à son juge la confirmation de son passage sur des lieux où des crimes furent commis. Le juge d'instruction aurait tenu là, par ce «véritable coup de surprise», sa première victoire[2]. Le deuxième moment fort est celui de la journée de confrontation.

1. «Nos collaborateurs… », *op. cit.*, p. 292 et Charles Léger, *Émile Fourquet. Magistrat et écrivain*, Besançon, Cariage, 1913, p. 6.
2. É. Fourquet, *Vacher le plus grand criminel…*, 1931, p. 18.

Désormais convaincu de la culpabilité de Vacher, le juge doit s'attacher à obtenir ses aveux pour le crime de Bénonces, le seul sur lequel il ait compétence à poursuivre. Fourquet prépare alors « le grand jour de la confrontation décisive »[1]. Le 7 octobre, il place Vacher devant plusieurs témoins qui le reconnaissent comme étant le vagabond de Bénonces. Le soir même, Vacher s'effondre et rédige à l'attention du parquet une lettre dans laquelle il signe ses aveux. Troisième moment décisif : cherchant à vaincre le refus de Vacher de coopérer plus avant, Fourquet déclare à l'accusé qu'il ne le croit désormais plus coupable que du crime de Bénonces, les autres assassinats n'ayant été avoués que dans l'objectif de le faire passer pour irresponsable. Tombant à nouveau dans le piège tendu, Vacher aurait repris avec docilité la voie de la coopération en détaillant les circonstances de tous ses crimes. Quatrième moment : c'est désormais la presse qui insinue que Vacher aurait pu tromper la justice en avouant par forfanterie des crimes dont il aurait trouvé les détails dans les journaux. Ayant pris connaissance de cette attaque, Fourquet l'utilise en provoquant l'orgueil de l'assassin qui, piqué au vif, lui livre en retour un meurtre commis à Tassin-la-Demi-Lune et connu de lui seul. Ce fait étant vérifié, l'affaire est dans le sac, suivant l'expression consacrée. Affirmant qu'il a laissé croire à Vacher pendant toute l'instruction que son irresponsabilité pénale serait reconnue à la hauteur du nombre de crimes commis, Fourquet aurait obtenu par sa maîtrise psychologique de l'inculpé tous les éléments utiles à l'inculpation d'un assassin qui se mura tardivement dans un silence entrecoupé de singeries pathétiques. L'établissement de la simulation de la folie n'est alors plus qu'une simple formalité relevant d'un rapport d'expertise mentale. La victoire du juge est implacable, totale et sans appel.

Ce récit a le mérite de sa clarté. Fourquet écrivain y dépeint un juge d'instruction en idéal-type menant une enquête modèle dont l'exemplarité pourra servir à l'édification des magistrats présents et futurs. Livrant ainsi la version canonique d'une légende qui a commencé à s'écrire dans la presse dès le temps de l'enquête, l'ouvrage de Fourquet possède également une précieuse valeur de témoignage. Il nous apprend – confirmant là encore la presse de l'époque – que certains échanges avec l'accusé se sont déroulés en dehors du cadre usuel de la procédure, en l'absence du greffier, au greffe de la prison ou dans la cellule du détenu, ce qui rend ces moments du récit invérifiables. Malgré ce livre écran – ou plutôt avec –

1. É. Fourquet, *ibid.*, p. 24.

il reste possible d'approcher la vérité judicaire en comparant les révélations tardives de Fourquet avec des pièces de procédure auxquelles il n'avait plus accès en 1931. Si cette comparaison ne lève pas toutes les zones d'ombres, elle permet de confirmer certains faits, d'en laisser plusieurs en suspens et d'en rejeter d'autres parce qu'ils sont en complète contradiction avec la correspondance entretenue en 1897 et 1898 par le juge d'instruction. Tout d'abord, l'attribution des mérites du «profilage» d'un suspect auteur de plusieurs crimes au seul juge Fourquet relève d'une réduction abusive. On a vu plus haut que les demandes de recherches étendues ont été émises par les magistrats de Dijon dès le crime du Bois-du-Chêne à Étaules en 1895 et que l'information du crime de Bénonces avait été menée scrupuleusement par le procureur Mistler et les juges Juvanon du Vachat puis Davaine, assistés du commis-greffier Riche. L'idée d'un unique auteur de plusieurs crimes était présente dans l'esprit des magistrats bien avant que Fourquet ne s'implique à son tour dans la traque du tueur de bergers. Lorsque Davaine apprit par voie de presse les circonstances de l'assassinat du jeune berger Massot-Pelet à Saint-Étienne-de-Boulogne, il écrivit le jour même – le 1er octobre 1895 – au procureur de Privas pour lui transmettre le signalement du vagabond suspect dans l'affaire de Bénonces car il lui semblait évident qu'il s'agissait du même meurtrier que dans l'affaire qu'il avait suivie et dans celle de Saint-Ours (pièce 48, p. 158). L'assassinat commis à Courzieu-La-Giraudière avait permis au juge Benoist d'établir dès juin 1897 les correspondances entre cinq assassinats commis par le tueur de bergers, une relation dont la presse s'était fait l'écho en affirmant qu'on tenait là un «Jack l'éventreur». Le «profilage» de Vacher relève plus d'une intelligence collective ayant procédé par accumulation d'informations que d'une intuition individuelle mais pour la presse, la seconde version présentait une indéniable supériorité narrative: elle était simple et exaltait le génie d'un homme. La version légendaire de l'enquête a donc bien commencé à s'écrire dès 1897. Il suffit pour s'en convaincre de comparer les articles publiés par le *Lyon républicain* en juin 1897, mois durant lequel le juge Benoist est à la manœuvre avec les articles publiés en octobre 1897, mois durant lequel Fourquet interroge Vacher à Belley. Le journal, en l'occurrence, a vraiment la mémoire courte. Dans un article du 26 juin, date à laquelle le juge Fourquet n'a pas encore rouvert le dossier de l'assassinat de Victor Portalier, le *Lyon républicain* cite scrupuleusement le nom du juge d'instruction de Lyon – Adolphe Benoist – pour décrire la méthode qui lui a permis d'assigner une série d'assassinats à un unique tueur: «M. le juge d'instruction Benoist a passé une partie de la journée d'hier à feuilleter de volumineux dossiers concernant des crimes analogues à celui de Courzieu, commis dans la région depuis moins de deux ans. Sur cinq, quatre au moins semblaient avoir pour auteur l'individu qui a tué à Courzieu. Le plus ancien remonte au 12 mai 1895. Le lendemain de ce jour, on trouva dans un champ, près de Lyon, le cadavre mutilé d'une bergère, Augustine Mortureux, âgée de 14 ans». Le journaliste énonce formellement les similitudes entre les crimes de Courzieu et de Bénonces: «L'assassin avait opéré comme celui de Courzieu. Il avait tué le jeune garçon d'un coup de couteau au cou, puis emporté le cadavre à quelques mètres de là pour le mutiler. Détail absolument typique: quelques heures après l'enlèvement du corps, les gendarmes retrouvèrent à l'endroit où le crime avait été commis un lambeau de chair arraché à l'infortunée victime. On se souvient qu'à Courzieu on fit la même découverte». Il donne le signalement du suspect: «Âgé de 30 à 35 ans, taille 1m60 environ. Barbe noire en pointe clairsemée, teint clair, aspect maladif, mains blanches, sourcils noirs, cheveux noirs coupés ras, coiffé d'un panama, les bords rebattus sur les yeux pour dissimuler une cicatrice ou une rougeur sur l'œil droit, chaussé de galoches, un paquet sur l'épaule». Enfin, il explique que «les parquets dont dépendent les localités où les crimes que nous venons d'énumérer, ont été commis, vont reprendre leurs enquêtes classées, lancer partout le signalement du dangereux monomane, prescrire de minutieuses recherches, des battues»[1].

L'été passe et le 12 octobre, le journal annonce en première page: «L'arrestation du tueur de bergers à Belley. Huit assassinats en trois ans. Les exploits d'un fou. Horribles détails». Par ce titrage, la rédaction commet une première erreur puisque l'arrestation doit être portée au crédit du juge Garcin et, plus encore, aux habitants de la commune de Champis mais, et c'est là le plus important, l'article précisant les circonstances de «l'arrestation» énonce le scénario qui servira désormais de matrice aux récits qui lui succéderont:

«M. Émile Fourquet, nouvellement nommé juge d'instruction près le tribunal de Belley, fut frappé, dès le mois de juillet, de la coïncidence qui existait entre les renseignements donnés à la suite de l'enquête du crime de

1. «L'assassinat du Berger de Courzieu-la-Giraudière», *Lyon Républicain*, 26 juin 1897, p. 2. L'auteur probable de cet article est Jean Fabry, qui signa ultérieurement ses articles pour ce journal. Fabry était un ami de Fourquet.

Courzieu sur le signalement de l'assassin présumé, aperçu par plusieurs personnes et ceux qui avaient été fournis au parquet de Belley sur le rôdeur vu à Bénonces, le jour de l'assassinat du jeune berger Victor Portalier.

Ce magistrat résolut dès lors de mettre la main sur ce monomane tueur de bergers qui semait la terreur dans les départements du bassin du Rhône et, s'entourant de tous les renseignements, de tous les détails qui se rapportent aux crimes commis sur des enfants depuis quelques années, il acquit la conviction que tous ces assassinats étaient accomplis par le même individu[1] ». Le *Lyon Républicain* proposa même dans son édition dominicale un «historique de l'instruction» à Belley, alors que celle-ci venait de commencer. Cet historique mettait en avant le rôle du procureur Reverdet, qui signala à Fourquet le lien entre le crime de Courzieu et celui de Bénonces, et faisait un saut dans le temps en s'arrêtant au procureur Fonfrède qui avait établi, dans son enquête sur le crime du Bois-du-Chêne, un dossier sur les correspondances entre cette affaire et celle de Saint-Ours, Saint-Étienne-de-Boulogne, la Vacquière, Varacieux, Busset, Varennes-Saint-Honorat et Courzieu[2].

C'est bien cette reconstruction journalistique qui fut accréditée par Fourquet en 1931. C'est ainsi que le journal *Lyon républicain* a, dès octobre 1897, totalement gommé le nom des prédécesseurs directs de Fourquet, et en premier lieu celui du juge Benoist, pourtant en poste à Lyon. Sur la raison de cette discontinuité, on ne peut qu'émettre des hypothèses: un changement de journaliste au sein de la rédaction du journal ou, plus probablement, la marque d'une connivence entre le nouveau juge d'instruction de Belley et le journaliste auteur des articles. Or, nous verrons plus loin qu'à ce moment précis, le juge Fourquet a un besoin impérieux de la coopération de la presse et qu'il pouvait compter sur l'appui de son ami directeur du journal local, *Le Bugiste*, Jean Fabry, qui était aussi un rédacteur – souvent anonyme – du *Lyon Républicain*.

Que doit-on penser alors des quatre moments-clefs présentés par le juge Fourquet comme autant de victoires décisives sur Vacher dans son livre?

La première victoire constituée par la scène d'un suspect livrant un à un les lieux de ses crimes au prétexte d'une participation volontaire à un

1. «Le tueur de bergers. Arrestation de l'assassin. Les aveux. Huit assassinats en trois ans», *Lyon républicain*, 12 octobre 1897, p. 2.

2. «L'affaire Vacher. Le tueur de Bergers. Dix crimes en trois ans. Journée du dimanche. L'historique de l'instruction. Comment sont venus les Aveux», *Lyon Républicain*, 17 octobre 1897, p. 2.

projet de livre de son accusateur est sujette à caution car Fourquet la situe au tout début de l'instruction, avant toute confrontation ou aveux. Une telle imprudence de la part de Vacher suppose que le suspect ait été idiot ou très naïf, et nous verrons qu'il ne fut ni l'un ni l'autre. En réalité, la datation de ses déplacements fut lente et difficile. Vacher ne coopéra précisément à la reconstitution de son itinéraire qu'après la publication dans la presse de sa lettre d'aveux, entre les 16 et 25 octobre 1897 (pièces 610, 621 et 625). Cette reconstitution donna du fil à retordre au juge Fourquet car la diffusion du portrait du tueur de bergers dans les journaux lui conféra le don d'ubiquité : on avait vu passer l'éventreur un peu partout, et parfois au même moment. La vérification des témoignages reçus à Belley fut longue et fastidieuse et les premières cartes d'itinéraire ne furent produites par Fourquet, à la demande du parquet général, qu'en février 1898.

Pour Fourquet, la seconde victoire est la journée marathon de confrontation de témoins du 7 octobre. Cette journée constitue effectivement un temps fort puisqu'elle aboutit aux aveux de l'assassin mais, loin de résoudre l'enquête, ces premiers aveux la compliquèrent parce qu'ils furent assortis d'une condition extravagante qui est passée sous silence dans le livre de Fourquet. La troisième victoire obtenue avec la description détaillée des circonstances de chaque assassinat commis n'est qu'une conséquence de la publication de la lettre de Vacher et on verra que les bénéfices de cet événement peuvent se partager avec équité entre le juge et son inculpé. La quatrième victoire résultant des aveux du meurtre de Tassin-La-Demi-Lune peut être lue d'une tout autre manière, dans un contexte de tension ravivée entre Fourquet et Vacher. Enfin, et ce n'est pas la moindre des nouvelles informations incitant à réviser le récit du juge Fourquet, le juge d'instruction a bien cru à la folie de Vacher jusqu'à l'arrivée des médecins experts commis pour établir l'état mental de l'accusé. La confrontation du juge et de l'assassin ne saurait donc se résumer à une série de « coups » montés par un magistrat habile dominant l'esprit d'un accusé qui s'échinerait à faire le fou. Cette relation est bien plutôt marquée par des étapes de coopération, d'opposition, de paroles et de silences dans laquelle le recours à un tiers médecin s'avéra décisif pour que la procédure aboutisse au renvoi de Vacher devant la cour d'assises.

Le tableau hagiographique dressé par Fourquet en 1931 mérite donc d'être nuancé. Loin d'être une marche triomphale, son enquête fut avant tout une confrontation tendue avec des rebondissements et des coups de théâtre, ce qui accentue encore un peu plus la dramaturgie des aveux. Le combat fut âpre et l'issue en fut longtemps incertaine : comment souvent la réalité dépasse la fiction. Le livre de Fourquet, en ce sens, est trop modeste.

La stratégie de chacun des protagonistes de ce duel judiciaire peut être reconstituée si on prend soin d'analyser les témoignages en mettant en cohérence chronologique les pièces de l'instruction, les écrits de Vacher et le récit que le juge a fait de cette enquête. En reliant ainsi tous les documents disponibles, il est possible d'établir le déroulement exact de l'enquête en mettant au jour l'évolution tactique de ses protagonistes. La première étape est celle de la confrontation initiale du juge et de l'accusé. Elle s'étend du 10 septembre au 31 décembre 1897.

10 septembre 1897. Vacher et Fourquet se rencontrent pour la première fois dans le cabinet du juge d'instruction, en présence du greffier Anthelme Collet. Ce jour-là, Vacher répond approximativement à la demande du juge sur son emploi du temps depuis qu'il a quitté le régiment. Fidèle à la méthode suivie jusqu'ici avec ses précédents suspects, Fourquet inculpe son suspect pour l'assassinat du jeune Victor Portalier. Vacher répond fermement au juge :

— Je suis innocent de ce crime, j'en ai seulement entendu parler par les journaux. Du reste vous n'avez qu'à me confronter avec les personnes qu'auraient pu voir le meurtrier si toutefois on l'a vu.

Vacher, le juge et son greffier contresignent ensemble le procès-verbal (pièce 585).

Le jour suivant, Vacher est confronté à deux témoins. Marie Dubois, cultivatrice, ne reconnaît pas Vacher, pas plus que le fermier Émile Bourdin qui lui trouve toutefois « une certaine ressemblance, et parle à peu près de même ». Vacher nie toujours sa présence à Bénonces, et signe les pièces de confrontation (pièces 587-587). Le 12 étant un dimanche, il n'y a pas d'interrogatoire et la semaine suivante s'écoule sans que l'instruction soit reprise. Que s'est-il passé durant cette période ? Aucun document officiel ne permet d'avancer une hypothèse si ce n'est que cette semaine du 13 septembre est marquée par l'installation du nouveau procureur Paul Aron, remplaçant ainsi Alexandre Tufféri, qui avait assuré l'intérim du service du parquet depuis le départ de Reverdet. Ce qui est certain, c'est que Fourquet a obtenu, pour la première fois, un témoignage d'identification hésitant. Cette hésitation, c'était mieux que rien et plus que jamais. N'ayant pas de meilleur suspect, Fourquet décide d'insister. Il profite de ses journées pour étudier le dossier que le procureur Fonfrède avait constitué sur l'affaire de l'assassinat d'Augustine Mortureux, commis près de Dijon en 1895. Les recoupements établis par Fonfrède avec d'autres crimes facilitent son travail en lui faisant gagner un temps précieux

Le 19 septembre 1897, le docteur Bozonet, médecin de la maison d'arrêt de Belley rédige, très probablement à la demande du juge d'instruction ou du nouveau procureur, une note sur l'état mental de Vacher. Bozonet a rencontré Vacher dans sa cellule. Il l'a examiné sur le plan physique et l'a interrogé sur son passé. Vacher lui a alors exposé oralement ce qui deviendra son système de défense : il est un anarchiste de Dieu, un chien l'a mordu dans sa jeunesse et le remède qui lui a été administré lui a vicié le sang, provoquant en lui des accès de rage à la fois imprévisibles et incontrôlables. À la suite de cet entretien, le rapport du médecin, laconique, peut être cité complétement :

« Le nommé Vacher, détenu, vingt-huit ans, est atteint de débilité mentale, d'idées fixes voisines des idées de persécutions, de dégoût profond pour la vie régulière. Il présente une otite suppurée et une paralysie faciale, consécutives à un coup de feu. Il affirme aussi avoir deux balles dans la tête. La responsabilité de Vacher est très notablement diminuée.

Prison de Belley, le 19 septembre 1897. Signé : Dr Bozonet » (pièce 588).

Bozonet ajoutera deux jours plus tard, dans un rapport qui sera transmis au procureur général à Lyon, que Vacher « n'est pas un aliéné » et que si sa responsabilité est considérablement atténuée, il est un « détraqué qui erre sur les frontières de la folie »[1].

À ce moment et en raison de l'état des pièces dont il dispose, Fourquet ne peut qu'être dans l'expectative. Bozonet ne déclarant pas Vacher aliéné, le juge n'a pas d'autre choix que de se concentrer sur l'obtention de la preuve reine : l'aveu. Il décide donc de forcer la résistance de l'accusé par l'accumulation des témoignages, comme il s'y était déjà essayé précédemment avec les suspects Lambert et Pigliano. À cette fin, Fourquet convoque sur une même journée tous les villageois ayant aperçu le vagabond suspect dans l'affaire Portalier. Le 1er octobre, il consigne par écrit une série d'informations relevées dans le dossier transmis par Fonfrède : « Le mendiant pouvait avoir habité du côté de Paris », « Il se plaignait de ce que les habitants pas hospitaliers » (sic), « Le plaisir n'est pas si grand de

1. Ce second rapport est reproduit p. 171.

demander l'aumône : s'il n'était pas estropié il ne le demanderait pas », « papier où il aurait été désigné comme sujet belge », « bâton à la main – sac sur le dos : ce sac étant fermé par une corde ». Au chapitre des « propos », Fourquet relève « témoin lui demandant où il allait – là où mon idée me dira », et il rapproche cette répartie d'une réponse que Vacher lui avait faite : « J'ai suivi le chemin que je dois suivre »[1].

Le 7 octobre 1897, « grand jour de la confrontation décisive », Fourquet demande l'extraction de Vacher de la prison. Accompagné par deux gendarmes, celui-ci traverse la salle des pas perdus et, passant devant les témoins, il les interpelle :

— Quand on est vraiment innocent on n'a pas peur. On se reverra dans l'autre monde…

Maintenu dans le bureau du juge d'instruction, le suspect est confronté successivement à 13 témoins qui confirment à des degrés divers des ressemblances physiques, de langage ou d'accent avec le vagabond aperçu le matin du 31 août 1895 au hameau d'Onglas. À chaque confrontation, Vacher nie : « le témoin doit se tromper », « je ne suis jamais allé à Bénonces », « je ne suis jamais allé à Onglas », « je ne suis jamais allé à Bénonces et je suis innocent », « je n'ai jamais vu le témoin ». Tous ces procès-verbaux de confrontation sont signés par Vacher (pièces 590 à 602) mais ces dénégations ne pèsent guère devant la somme des témoignages convergents. En fin de journée, Fourquet croit certainement qu'il tient une victoire décisive et sans appel possible.

---

1. « Note pour servir aux recherches du meurtrier de Bénonces », 1er octobre [1897], fonds Fourquet-Voutay (2019).

5. *La lettre d'aveux*

Maintenant, mon instruction est terminée ; l'affaire est dans le sac, comme on dit, ce n'est vraiment pas trop tôt.
Émile Fourquet, 7 octobre 1897[1]

Je veux que les journaux publient ma lettre et que le monde soit mon juge : on fera ensuite de moi ce que l'on voudra.
Joseph Vacher, 12 octobre 1897[2]

La journée de confrontation du 7 octobre semble permettre au juge d'instruction d'envisager la clôture rapide de son enquête. Vacher est bien le coupable du crime de Bénonces. Les témoins ont reconnu sa présence sur les lieux le jour du crime. L'accusé n'a plus qu'à avouer pour que le juge recueille la preuve reine de la procédure inquisitoire. Le soir du 7 octobre, les deux protagonistes du duel judiciaire se séparent donc sur des impressions très différentes. Vacher accuse le coup tandis que Fourquet jubile. Après le défilé des témoins en effet, le juge aurait signifié à Vacher qu'étant reconnu comme l'auteur du crime de Bénonces, il était aussi « le meurtrier d'une série d'autres personnes ». Fourquet aurait assené à Vacher la liste des crimes de Varacieux, Vidauban, Dijon, Saint-Ours, Saint-Étienne-de-Boulogne, Busset, Varenne-Saint-Honorat et Courzieu. L'écrivain Fourquet se remémore la scène en 1931 : « Le misérable, pendant l'énumération de tous ces crimes, avait pâli ; nous notions sur son visage l'effet de la stupéfaction, une hébétude, quelque chose comme un écrasement. Le coup avait été si rude, si imprévu, si déconcertant, qu'il n'avait pas eu la force d'élever la moindre protestation ; et puis, cette énumération, elle avait été faite avec une assurance, sans l'ombre d'une hésitation et avec assez de rapidité dans le débit, pour que l'assassin, tout entier absorbé par le défilé de la série de ses forfaits, n'ait pas eu le temps de la réflexion, de sorte qu'il sortit de notre cabinet pâle et chancelant comme un homme ivre.[3] »

1. Propos que l'écrivain Fourquet attribue au juge Fourquet in *Vacher le plus grand criminel...*, 1931, p. 27.
2. PV d'interrogatoire du 12 octobre 1897. Pièce 605, p. 187.
3. E. Fourquet, *Vacher le plus grand criminel...*, 1931, p. 27-28.

Vacher ainsi sonné réintègre sa cellule. Il rédige alors une lettre d'aveux adressée « À la France ». En voici le premier paragraphe :

« Dieu – Droits – Devoirs.
Belley le 7 octobre 1897,
À la France,
Tampis pour vous si vous me croyez responsable.... Votre seule manière d'agir me fait prendre pitié pour vous... Si j'ai conservé le secret de mes malheurs, c'est que je le croyais dans l'intérêt général mais vu que peut-être je me trompe je viens vous faire savoir toute la vérité : Oui c'est moi qui est comis tous les crimes que vous m'avez reprochés... et cela dans des moments de rage. Comme je l'ai déjà dit à Mr le Docteur chargé du service médical de la prison de Belley, j'ai été mordu par un chien enragé vers l'âge de 7 ou 8 ans mais dont je ne suis pas sûr moi-même bien que cependant je me souviens très bien d'avoir pris des remèdes pour cet effet. Mes parents seuls peuvent vous assurer des morsures, pour moi j'ai toujours cru depuis que j'ai dû réfléchir à cet événement que ce sont les remèdes qui m'ont vicié le sang a moins que réellement ce chien m'est mordu. » Il ajoute que dès l'âge de 14 ans, il était pris d'un mal qu'il ne pouvait calmer qu'en partant marcher à travers la campagne, puis il précise : « que les abominalités que j'ai vu se dérouler sous mes yeux à l'asile de Dole ont certainement accentués ma maladie ou plus tôt ma rage » (pièce 686, p 449-500).

Vacher fait appeler le gardien de sa cellule et demande à ce que sa lettre cachetée soit remise sans délai au juge d'instruction : « Portez-lui cette lettre tout de suite. Après tout, ça ne pouvait pas durer toujours comme cela, Dieu s'est fatigué de me protéger[1] ». Le gardien se rend à l'appartement de Fourquet et lui donne la lettre alors qu'il est en train de dîner. Le lendemain, le juge verse cette lettre au dossier de procédure, « ne veriatur » (sans variation) puis reprend ses interrogatoires, le 8 et les jours suivants, en obtenant toutes précisions utiles sur le crime de Bénonces. Notons ici que le magistrat Pierre Bouchardon a proposé en 1939 une lecture alternative de cette journée d'aveux. Voici son interprétation : Vacher nia le 7 octobre avoir été à Bénonces et il ne se passa plus rien jusqu'au lendemain. Le 8, il fut interrogé une nouvelle fois par Fourquet sans formuler l'aveu de ses crimes puis « invité, après lecture, à signer le procès-verbal de cet interrogatoire, Vacher, pour la première fois, refusa

1. D'après Fourquet, *ibid.*, 1931, p. 30.

net, sans donner de raison». Bouchardon ajoute que «ce fut alors que se produisit l'événement le moins attendu, et cet événement allait simplifier l'œuvre personnelle du juge». Au soir du 8 octobre, Vacher rédigea sa lettre d'aveux qui fut transmise au parquet puis à Fourquet[1]. Plus tard, R. Tavernier et H. Garet reprendront cette lecture, en ajoutant que la lettre d'aveux avait été antidatée par Vacher. Cette lecture posant la lettre d'aveux comme un événement inattendu n'explique ni l'oubli de Fourquet ni l'erreur de datation commise par Vacher.

Trois scénarios paraissent plausibles pour situer la lettre d'aveux dans dans la dynamique de l'enquête. Le premier est celui proposé par Bouchardon: la lettre a été enregistrée «ne varietur» le soir même de sa réception au tribunal, soit le 8 octobre, à la suite d'une journée d'interrogatoire dans laquelle il n'en a jamais été question. Le 8 en effet, Fourquet interroge Vacher qui lui tient toujours tête en refusant le crime de Bénonces et les autres (pièce 603, p. 180). Ce ne serait donc qu'au soir du 8 qu'il aurait décidé d'avouer, en conditionnant son aveu d'une publication dans les journaux, comme le rappelle le procès-verbal du 9 octobre, qui ne porte que sur la lettre (pièce 604, p. 181).

Le second scénario suit en partie la version du juge. Fourquet affirme avoir reçu et pris connaissance de la lettre d'aveux de Vacher en soirée, alors qu'il dînait[2]. Si ce détail est vrai, il faut admettre que le dépôt de cette lettre «ne varietur» dans le dossier de procédure n'a pu avoir lieu que le lendemain de sa réception or cette opération de dépôt, signée par Fourquet et contresignée par le commis greffier est effectivement datée du 8 octobre sur l'original de la lettre d'aveux. À l'appui de cette version, on trouve le premier rapport du procureur de la République Paul Aron, qui affirme qu'au soir de la confrontation «Émù de ce résultat, Vacher dès sa rentrée en prison écrivit au Procureur de la République une lettre contenant l'aveu général de ses crimes»[3]. Fourquet indiquera encore, dans une pièce de procédure datée du 12 août 1898, que la lettre avait été reçue par le parquet le 7 au soir (Ordonnance de Fourquet, p. 269 et suiv). Il n'y a dès lors

1. Pierre Bouchardon, *Vacher l'éventreur*, Paris, Albin Michel, 1939, p. 81-82. René Tavernier et Henri Garet reprendront cette analyse, en ajoutant que la lettre d'aveux avait été antidatée par Vacher du 8 au 7 dans leur livre *Le juge et l'assassin*, Paris, Presses de la Cité, 1976, p. 84-88.

2. E. Fourquet, *op. cit.*, 1931, p. 29-32.

3. Note du procureur de la République de Belley au Procureur général, 19 octobre 1897, AD 69, 2U1 199. Ce témoignage est d'autant plus crédible que Paul Aron n'entretient pas de bonnes relations avec Fourquet.

aucune raison de penser que Vacher ait indiqué sur sa lettre une date de rédaction erronée. Reprenons maintenant le déroulé de l'instruction. Il n'est pas difficile de suivre Fourquet pour admettre que la journée de confrontation marathon du 7 octobre visait à forcer les dénégations de Vacher par un déferlement inopiné de témoins. Cette stratégie fut une réussite pour le juge d'instruction. Comment penser que l'accusé n'ait été effectivement ébranlé par l'accumulation des témoignages accusateurs ? Vacher fut très probablement surpris, tant par le procédé que par le nombre de témoins convergents. S'il n'est pas possible de confirmer par le procès-verbal le fait que Fourquet ait signifié oralement à Vacher que sa culpabilité sur le crime de Bénonces l'engageait sur huit autres assassinats, cette remarque est possible, si le juge souhaitait pousser son suspect aux aveux sur l'ensemble des crimes qu'on attribuait alors au tueur de bergers.

Abasourdi mais n'ayant rien cédé dans le cabinet du juge d'instruction, Vacher profite de son retour en cellule pour reprendre ses esprits. En fin de journée, il comprend que sa position de dénégation est fragile et désormais intenable, aussi décide-t-il de changer de tactique. Avouer oui, puisque les témoignages de sa présence à Bénonces au moment de l'assassinat du jeune Portalier sont accablants, mais avouer sous condition pour faire connaître et reconnaître son innocence. Vacher contre-attaque donc dans une lettre qui tient de l'adresse au peuple et de la confession au juge. Il y concède un aveu général évasif sur les crimes dont le juge l'accuse mais il prend surtout soin d'exposer longuement sa ligne de défense, en donnant les causes précises de son innocence et de son irresponsabilité, causes sur lesquelles il ne variera jamais.

Le soir même, Fourquet prend connaissance de la lettre. La forme et le contenu sont inédits : le juge ne s'attendait certainement pas à recevoir les aveux de son inculpé sous cette forme et dans cette tournure. Le lendemain, lors de l'interrogatoire, le premier sujet abordé ne peut être autre chose que cette étonnante missive mais c'est ici qu'il faut s'éloigner du témoignage du juge, qui affirme que Vacher entreprend de coopérer, dans la continuité de sa lettre d'aveux. Cette attitude n'est guère plausible. La lettre a été rédigée par Vacher dans une volonté de répondre à son accusateur et de lui opposer une nouvelle ligne de défense, il y a donc fort peu de chance qu'elle ait coïncidé avec une posture docile de l'accusé. Il est bien plus probable que Vacher ait immédiatement opposé au juge la condition de sa coopération à la poursuite de l'instruction : la lettre d'aveux devait être publiée dans les journaux. Cette fois-ci, l'effet de surprise fut à n'en pas douter au bénéfice de l'assassin et la réaction la plus probable du juge est d'avoir eu le réflexe de refuser catégoriquement cette incroyable demande. De fait, celle-ci n'est pas consignée dans l'interrogatoire du 8 octobre. Or, ce jour-là, alors même qu'il vient de passer aux aveux par écrit, Vacher retrouve de l'assurance, clame son innocence et esquive toutes les demandes du juge. Lorsque Fourquet lui demande de confirmer qu'il est bien l'auteur du meurtre du jeune Victor Portalier à Bénonces, Vacher répond sur un ton bravache :

— J'ai pour habitude de suivre mon droit chemin et de ne pas dévier des principes de la loi morale

Fourquet lui demande de préciser ses déplacements depuis sa sortie de l'asile de Saint-Robert? : « Je vous ai déjà dit qu'il y avait des moments où je n'étais pas maître de moi et où je courais comme un fou à travers le monde droit devant moi, me guidant sur le soleil et ne sachant où j'ai erré. Ce n'est pas ma faute si l'on m'a empoisonné le sang». Et lorsque le juge tente d'assimiler sa tentative d'évasion lors du transfèrement de Tournon à Belley à un suicide raté, Vacher se récrie: «D'abord, rien ne prouve que je me serais tué et puis oseriez-vous prétendre que je sois responsable de ce que je fais ? J'ai été mordu dans ma jeunesse par un chien enragé et maintenant que j'y réfléchis, je me demande si ce ne sont pas les remèdes que l'on m'a administrés alors pour éviter la rage qui ont fait de moi ce que je suis» (pièce 603, p. 180). Ce 8 octobre donc, loin d'apparaître acculé par la procédure, Vacher semble être parvenu à desserrer l'étau dans lequel il paraissait enfermé la veille au soir. Ce changement d'attitude plaide pour l'adoption d'une nouvelle tactique de la part de l'accusé.

Le troisième scénario n'est qu'une variante machiavélique du précédent. Vacher aurait bien écrit sa lettre le 7 octobre mais il l'aurait conservé dans l'attente d'un nouvel interrogatoire. Le 8 donc, il sait qu'il va avouer, il prépare son argumentation en simulant lors de la confrontation la mémoration la morsure d'un chien enragé, puis, ayant ainsi vérifié que le juge ne le lâchait pas, il transmet, le soir, la lettre écrite la veille.

Le scénario qui paraît le plus plausible est celui qui respecte l'ordre des dates mais au fond, peu importe. Ce qui est certain, c'est que la lettre d'aveux de Vacher – écrite le 7 ou le 8 octobre – prend un nouveau sens lorsqu'on la replace ainsi dans la dynamique de l'information judiciaire. Cette lettre n'est pas une reddition mais un fait d'arme, elle n'annonce pas une capitulation mais une habile contre-attaque qui infirme toute perception d'un accusé dont le psychisme serait aux limites de l'imbécillité ou de la naïveté. La lettre d'aveux a permis à l'assassin d'établir dès le lendemain du marathon du 7 octobre un nouveau rapport de force avec un juge décontenancé par la demande dont elle était assortie. Cette demande de publication dans les journaux installe Vacher dans une coopération sous condition. Son appel à la presse démontre qu'il saisit parfaitement l'importance de ce media dans la formation de l'opinion sur son cas. Et pour bien signifier au juge sa détermination, Vacher refuse ce 8 octobre, et pour la première fois depuis le début de l'enquête, de contresigner la transcription de son interrogatoire.

Le juge a donc perdu en une nuit un avantage qu'il croyait décisif. Il se trouve face à un accusé qui répond coup pour coup et n'est peut-être pas si fou que ça. Probablement surpris, ébranlé même dans un premier temps par l'extravagance de la demande, mais obnubilé par la nécessité d'obtenir des aveux circonstanciés, Fourquet, à son tour, s'adapte et se ressaisit très vite. N'ayant rien obtenu de probant dans l'interrogatoire du 8 octobre il accepte, dès le lendemain, de prendre en considération la demande de l'inculpé. Le procès-verbal d'interrogatoire du 9 octobre explicite clairement l'exigence de Vacher : il ne livrera des détails sur le crime de Bénonces qu'après la parution de sa lettre d'aveux dans *Le Petit Journal*, *Le Lyon républicain* et *Le Progrès* (de Lyon) : « Je tiens à fixer l'opinion publique sur les mobiles qui m'ont poussé à commettre ces crimes ». Dans l'attente, Vacher réaffirme son irresponsabilité, avançant que ses actes sont la volonté de Dieu et que c'est cette conviction qui lui a donné la force de rester impassible devant les témoins qui l'ont reconnu. Vacher flatte même « son » juge en affirmant que c'est sa loyauté qui l'a incité à coopérer : tout autre magistrat n'aurait obtenu que son silence. Maintenant la pression sur le juge et dans l'attente de la réalisation de la publication de sa lettre, Vacher ne contresigne pas non plus le procès-verbal de ce 9 octobre (pièce 604) mais le même jour, il écrit, rasséréné, à ses parents et à ses frères et sœurs qu'il se sent « vraiment innocent, irresponsable », la cause de ses actes étant sa maladie, née d'une morsure mal soignée. Vacher croit, à son tour, un peu vite, que la partie est gagnée, et il assure à ses parents qu'il escompte les revoir prochainement, ou du moins leur « récrire à Saint-Robert » (pièces 686, voir p. 180).

La réaction de Vacher à la journée du 7 octobre minutieusement organisée par Fourquet était à la fois totalement imprévisible et foncièrement habile. Il est certain qu'elle irrita le magistrat qui se croyait proche de la victoire à l'issue de cette « confrontation décisive » puisqu'il tenta dans un premier mouvement d'humeur d'ignorer la demande de publication dans les journaux. Et si Fourquet se reprit très vite dans le cadre de la procédure, il se vengea tardivement en passant son silence dans son livre de

témoignage le conditionnement des aveux de l'assassin à la publication de sa lettre dans la presse. Cette ultime élision commise par le seul témoin survivant explique les interprétations divergentes et désormais indécidables sur le déroulé exact cette journée[1].

L'événement fut d'autant plus déstabilisant pour le juge Fourquet que, contrairement à ce qu'il écrit en 1931, il est, à ce moment de l'enquête, encore ouvert sinon convaincu de la folie de son inculpé. Le 7 octobre, dans son premier compte rendu de l'instruction au procureur général du parquet de Lyon, il écrit que l'auteur des assassinats en cause a été supposé «quelque fou par les magistrats et les auteurs d'articles de journaux» et qu'on a retrouvé dans les papiers saisis sur Vacher «trace de violentes préoccupations érotiques exprimées en des élucubrations bizarres»[2] et le 10, il se fait plus précis encore en affirmant au procureur «qu'il est hors de doute que nous sommes en présence d'un fou ou d'un monomane»[3]. Cette conviction du juge Fourquet est essentielle pour la suite car – il faut y insister – elle a été totalement gommée rétrospectivement dans son livre témoignage. Sur ce point, le récit de l'écrivain Fourquet a réellement fait écran au temps de l'enquête.

Il est désormais possible de mettre au jour le choc des stratégies autour de cette lettre d'aveux. Pour Fourquet, le principal enjeu de l'instruction est alors de parvenir à assigner Vacher comme auteur de l'intégralité des crimes par l'aveu de l'accusé car il n'y a eu aucun témoin des scènes d'assassinats. Fourquet court le risque d'un transfert de son détenu à Lyon pour le crime de Courzieu instruit par le juge Benoist[4] et il ne peut appuyer une décision de non-lieu sur le certificat médical du docteur Bozonet qui refuse d'accréditer la folie de Vacher. Ayant perdu l'appui du procureur Reverdet et ayant bien compris que son accusé serait inflexible sur la publication de sa lettre, Fourquet est isolé, dans une impasse.

Le juge d'instruction décide donc de couper la voie hiérarchique et de transmettre sans délai et pour avis l'étrange demande de Vacher non pas à Paul Aron, procureur de la République à Belley; mais à Pierre Moras, procureur général près la cour d'appel de Lyon.

1. E. Fourquet, *Vacher le plus grand criminel...*, 1931, p. 34-35.
2. Lettre de Fourquet au procureur général, 7 octobre 1897, voir p. 177.
3. Lettre de Fourquet au procureur général, 10 octobre 1897, voir p. 184-185.
4. «Le tueur de bergers. Nouveaux détails. L'enquête à Lyon», *Lyon républicain*, 13 octobre 1897, p. 2.

Le 11 ou 12 octobre, Fourquet se voit remettre par le procureur de la République de Belley la réponse du procureur général. Le procureur lyonnais donne son accord à chacune des demandes de convocation de témoins éloignés et il émet un avis favorable mais réservé sur l'éventuelle publication de la lettre d'aveux, à laquelle il faudra se résoudre s'il n'est pas possible d'obtenir autrement les aveux du suspect. Moras prend soin de relever que «le signataire de cette lettre est à n'en pas douter, un fou ou un simulateur» et il précise à l'attention du procureur de Belley que *«[...] l'état mental de l'inculpé doit dès maintenant attirer toute votre attention et que, s'il est établi que nous sommes en présence d'un fou, il sera très suffisant d'être fixés sur sa participation aux différents crimes, sans qu'il soit nécessaire de pousser au-delà l'information, qui ne deviendrait nécessaire qu'autant que la responsabilité pénale du détenu pourrait être affirmée»* (pièce 61, reproduite p. 186)

Cette réponse est très importante car elle contribua tout autant que la lettre d'aveux à semer le doute dans les convictions initiales de Fourquet. Le procureur général Moras est en effet le premier magistrat à poser l'hypothèse d'un Vacher simulateur comme alternative à un état de folie avérée. Vacher ne peut errer ainsi que l'affirme le docteur Bozonet «sur les frontières de la folie». Il faut choisir. Le procureur Moras rappelle à son juge d'instruction que la poursuite de la procédure n'a de sens que si Vacher est effectivement pénalement responsable. Ce faisant, il met au jour les contradictions de Fourquet qui se retrouve face à un dilemme: soit Vacher est fou et l'instruction doit s'arrêter dès l'obtention des aveux avec une ordonnance de non-lieu, soit Vacher est un simulateur et l'instruction devra alors se poursuivre jusqu'au envoi de l'accusé en cour d'assises.

Fourquet ne peut pas compter sur l'appui de son nouveau collègue Paul Aron, car ce dernier est indécis sur l'état mental de Vacher. Alors qu'il rend compte à son tour de l'information en cours d'instruction, Aron estime que la question de la responsabilité de Vacher doit être confiée à des experts: «Son séjour antérieur dans les asiles d'aliénés rend indispensable un examen par les médecins spécialistes» et «les bizarreries de caractère observées par les chefs de l'accusé par le colonel du 60e régiment d'infanterie instamment pendant son service militaire tendent à une même conclusion» mais le déroulement de l'enquête l'incite à relever qu'il «a été donné à M. le juge d'instruction de remarquer ou d'apprendre que Vacher est d'un caractère ombrageux, méfiant et vindicatif. Sans préjuger la question de savoir s'il est ou non conscient de ses actes, il est permis de constater qu'il pèse chacune de ses paroles et se préoccupe vivement de la portée de ses réponses.»[1]

Des trois magistrats suivant l'enquête, le juge Fourquet est donc le seul partisan de la folie de Vacher. L'avis divergent de ses collègues à ce sujet fragilise sa position. Fourquet ne peut se satisfaire de la lettre d'aveux du 7 octobre si singulièrement tournée et surtout, aussi peu circonstanciée: elle ne nomme aucune victime, elle ne cite aucun lieu. Il doit donc d'une part s'efforcer d'obtenir des aveux spécifiques au crime de Bénonces et admettre, de l'autre, qu'il ne pourra obtenir les moyens humains et financiers nécessaires à la poursuite de son enquête que s'il renonce à avancer la thèse de la folie de l'accusé.

On peut se demander ce qui décida Fourquet à changer d'opinion sur la folie de Vacher, et quand ce changement eut lieu. Si l'avis de ses deux procureurs joua certainement un rôle, c'est plus sûrement encore son intérêt à poursuivre l'enquête qui fut déterminant. Vacher lui-même contribua à cette révision puisqu'il n'eut de cesse, dans les jours qui suivirent, de récuser le diagnostic de folie. Fourquet n'abandonna pourtant que très tardivement sa position sur la folie de Vacher. Le 24 octobre, alors qu'il a obtenu tous les détails utiles à la clôture de l'affaire de Bénonces, le juge d'instruction tente de préciser son diagnostic dans une lettre à l'attention du procureur général. D'une part, l'inculpé est «très méfiant, soupçonneux, à l'excès même; un rien alarme sa susceptibilité. C'est en comptant sur sa confiance, si j'ose m'exprimer ainsi, par la douceur avec laquelle je le traite et grâce à beaucoup de patience que j'ai tiré insensiblement quelque révélation nouvelle». Fourquet ajoute que Vacher «a des idées bien coordonnées chaque fois que son intérêt est en jeu. Il semble surtout préoccupé d'établir qu'il est irresponsable». Pour autant, le juge n'avance pas encore la thèse de la simulation, et il ajoute: «mon impression est qu'il s'agit d'une sorte folie érotique; l'inculpé est extrêmement passionné pour les femmes. Il ne tue pas pour le plaisir de tuer mais pour assouvir sa passion frénétique de la femme.»[2]. Le 1er décembre encore, il plaide auprès de son procureur général la thèse de «l'érotomanie» pour apprécier le comportement

1. Lettre du procureur de la République de Belley au procureur général, 19 octobre 1897, p. 196.

2. Lettre du juge d'instruction au procureur général, 24 octobre 1897, p. 2. AD Rhône, 2U1-199.

criminel de Vacher[1]. Il faut donc en conclure que c'est l'expertise médicale menée par le docteur Alexandre Lacassagne qui acheva de convaincre Fourquet d'abandonner définitivement la thèse de l'aliénation de Vacher[2].

On comprend pourtant que, par intérêt convergent, ni Vacher ni Fourquet ne souhaitent s'affronter sur la question de l'état mental en ce début du mois d'octobre. Un pacte implicite les lie : Vacher estime qu'il n'a pas besoin d'être fou pour que sa maladie et son innocence soient reconnues et Fourquet est contraint de suspendre ses convictions sur la folie de son inculpé s'il veut avancer sur les aveux. Au fond, à ce moment de l'enquête, aucun des deux protagonistes de la confrontation n'a intérêt à ce que la folie de Vacher soit déclarée. La nécessité de déterminer la responsabilité pénale de l'accusé resta donc en suspens pour ne ressurgir que quelques semaines plus tard.

La lettre du 7 octobre marque un tournant de l'enquête en mettant en lumière les stratégies divergentes de l'inculpé et du juge d'instruction. D'un côté, Vacher estime qu'il est innocent parce qu'il est malade et envoyé de Dieu, et non parce qu'il est fou. La lettre d'aveux est l'acte fondateur de sa ligne de défense et il n'eut de cesse d'y renvoyer le juge au cours de l'instruction (pièce 633), la citant même littéralement (pièce 636). Vacher y revint de nouveau dans son mémoire de défense rédigé le 15 juillet 1898 (p. 299 et suiv.) et sa lettre fut lue dans son intégralité lors de son procès.

De l'autre côté, le juge Fourquet croit que Vacher est fou en raison de son passé dans les asiles d'aliénés et donc irresponsable pénalement. Si la rédaction de la lettre d'aveux adressée à la France est un coup d'éclat, elle marque aussi un point de bascule. En prenant cette initiative, Vacher a réussi à faire bouger les lignes de manière spectaculaire mais il s'est aussi piégé lui-même. D'un côté, la lettre lui a permis d'exprimer sa position de défense, de l'autre, elle a semé les premiers doutes chez les magistrats procureurs sur l'état mental d'un accusé qui a trouvé le moyen de faire pression sur l'instruction pour s'affranchir du secret de la procédure et diffuser sa parole dans la presse nationale. Alors que Jack l'éventreur s'est soustrait à la justice et a acquis sa notoriété dans l'anonymat, Vacher entre

1. Lettre du juge d'instruction au procureur général, 1er décembre 1897, AD Rhône, 2U1-199. Le terme d'« érotomanie » est alors un peu désuet chez les aliénistes car il renvoie à la clinique médico-légale des monomanies de la première moitié du siècle. Lettre reproduite p. 225-226.

2. Il s'agit encore d'un point essentiel sur lequel le livre de Fourquet nous induit en erreur. En 1931, sa version de l'enquête ne laisse place à aucun doute : le juge y affirme qu'il a toujours pris Vacher pour un simulateur.

au panthéon du crime par la grande porte en avouant publiquement ses forfaits sous sa véritable identité.

Pour le magistrat instructeur, les conséquences sont différentes. La première est que l'incertitude sur l'état mental de l'accusé se mêle à une capacité de défense inattendue. La seconde est relative à la diffusion des aveux de Vacher. La publication de la lettre, dont le juge ne voulait pas entendre parler initialement propulse la médiatisation de l'affaire du tueur de bergers à l'échelle nationale. Cet effet d'aubaine convainc Fourquet de l'intérêt qu'il pourrait tirer, à son tour, d'une coopération étroite avec les journalistes.

Les 8 et 9 octobre, Vacher est resté on l'a vu dans une posture attentiste en ne concédant aucune révélation au juge qui l'interroge.

Le lundi 11 octobre, Vacher consent à répondre à certaines questions de Fourquet en admettant le viol de deux victimes assassinées mais l'échange ne porte pas sur l'affaire de Bénonces, or c'est la seule pour laquelle Fourquet est qualifiée à instruire. Vacher revient sur la nécessité de voir sa lettre publiée et refuse à nouveau de contresigner le procès-verbal d'interrogatoire (pièce 605). Le 12 octobre, Vacher renouvelle sa demande, la limitant cette fois-ci au *Petit Journal,* d'orientation républicaine et qui est alors est le quotidien le plus lu dans les campagnes, et à *La Croix*, probablement en raison de son orientation catholique. On peut présumer que Fourquet a très vite pris la décision de passer outre les réserves du procureur général de Lyon. Il s'en est certainement ouvert à son ami Jean Fabry, directeur du journal *Le Bugiste*, afin d'obtenir les contacts utiles dans la presse régionale[1]. Fourquet a probablement été en mesure de donner à Vacher dès ce début de semaine l'assurance de la publication imminente de ses aveux à la France. Signe indirect de cette concession, le procès-verbal du mardi 12, qui ne porte que sur cette demande de publication, est contresigné par Vacher, pour la première fois depuis la journée de confrontation de témoins du 7 octobre (pièce 606). Le 13, Vacher réitère sa demande et fait un pas vers le juge en livrant des précisions sur les circonstances du meurtre d'Augustine Mortureux mais il refuse de répondre sur l'affaire de Bénonces (pièce 607). Le même jour, il est pris en photographie dans la cour de la prison de Belley[2]. Le 14, *Le Figaro* publie une lettre de

1. É. Fourquet, *Vacher le plus grand criminel…*, 1931, p. 358.

2. « Le tueur de bergers. Nouveaux détails… », *Lyon républicain*, 13 octobre 1897, p. 2. Cet article non signé peut être attribué à Jean Fabry, qui collabore au journal lyonnais durant cette période pour couvrir précisément l'instruction de l'affaire Vacher.

Joseph Reinach, alors député des Basses-Alpes. Reinach considère le passé d'aliéné de Vacher pour s'interroger sur la responsabilité des médecins qui l'ont laissé sortir de l'asile de Saint-Robert, en 1894. Quel était alors l'état mental exact du tueur de bergers ? Le politique refuse de se prononcer. Le doute était possible entre « crime passionnel » et « monomanie homicide » mais pour Reinach, il est évident qu'une législation adaptée aurait permis de faire enfermer Vacher à perpétuité dans un asile d'aliénés et ce, dès sa tentative d'assassinat sur Louise Barrand. Reinach cite en exemple l'Angleterre qui avait adopté l'Act Royal du 18 juillet 1800 (Criminal Lunatics Act) à la suite du procès de James Hadfield (1800), convaincu de haute trahison pour sa tentative d'assassinat du roi Georges III[1]. Reinach voit en Vacher un équivalent possible. La réprobation collective suscitée par le tueur de bergers doit être le levier de l'adoption d'une loi similaire. En France, la loi du 30 juin 1838 ne dit rien du cas des aliénés criminels et, depuis la première demande de réformé présentée à l'assemblée nationale par Théophile Roussel, il y a plus d'un quart de siècle, aucune disposition n'a été votée. Reinach demande que les médecins soient contraints d'évaluer, lors de la décision de sortie d'un aliéné ayant commis un crime, si le patient est « légitimement suspect de rechute » et que la sortie soit décidée par un tribunal. Le député est convaincu : « Si la Chambre avait perdu moins de temps en interpellations, si elle avait voté notre proposition qui se trouve toujours à son ordre du jour, Vacher, après son premier crime, n'eût pas trouvé un seul médecin aliéniste pour le déclarer non suspect de rechute ; le tueur de bergers n'aurait pas été remis en liberté, il n'aurait pas souillé, égorgé huit nouvelles victimes, peut-être davantage »[2].

Dans *L'Intransigeant*, l'anticlérical rédacteur en chef Henri Rochefort porte le fer sur un autre sujet : l'éducation religieuse de ce « nouveau Troppmann », élevé chez les « Pères maristes » : « À peine sorti des mains des prêtres, Vacher débute dans la vie en tirant quatre coups de revolver sur sa maitresse ; après quoi, il ajoute à cet attentat huit autres meurtres, la plupart suivis de viol. Et aujourd'hui que dit-il au juge d'instruction ? Que

1. J.-M. Beattie, *Crime and the Courts in England. 1660-1800*, Princeton, Princeton University Press, 1986 ; Nigel Walker, « The Insanity Defense before 1800 », *The Annals of the American Academy of Political and Social Science*, 1985, vol, 477, n° 1, p. 25-30 ; Richard Moran, « The Origin of Insanity as a Special Verdict : The Trial for Treason of James Hadfield », *Law & Society Review*, 1985, vol. 19, n° 3, p. 487-519.

2. Joseph Reinach, « Le tueur de bergers. Les aliénés criminels », *Le Figaro*, 14 octobre 1897, p. 2.

c'est Dieu qui le poussait à tuer et qu'en commettant la série de forfaits dont on l'accuse et qu'il avoue, il n'a fait qu'agir à la voix du Très-Haut. « Au premier abord, on s'écrie : « C'est un fou ! » Rien de plus probable. Mais cet état de démence, il y a sans aucun doute été amené par les extravagances dans lesquelles il a été instruit par une prétaille qui ne rêve que de châtiments, vengeance divine et flammes éternelles »[1]. La presse catholique répondra à Rochefort qu'il s'agit à n'en pas douter d'un « fou assassin », tout son parcours le prouve ainsi que sa blessure à la tête, et que la faute de ses crimes revient en premier lieu « à la science qui lui a rendu sa liberté »[2]. Et un peu plus tard dans l'instruction, certains verront la main du diable derrière ce « fou assassin » passé dans « le camp des ennemis de Dieu »[3].

C'est ce même jour, le 14 octobre, une semaine après sa rédaction mais trois jours seulement après l'accord du procureur général, que la lettre d'aveux est reproduite par extraits dans le *Lyon Républicain* où Fabry a ses entrées, *Le Salut public* et pour la première fois dans son intégralité dans *Le Nouvelliste de Lyon*, en deuxième page[4]. L'affaire Vacher enflamme alors les esprits. La notoriété du criminel se joue aussi dans la rue. Ainsi que le relève un journaliste, « Être mis en complainte est, pour un assassin, la marque véritable de la popularité »[5]. Les chanteurs ambulants se font l'écho de l'émotion populaire en entonnant, à l'abord des cimetières et sur les places de marchés, des complaintes sur le tueur de bergers, que certains appellent, à la suite du juge Fourquet, le « Jack l'éventreur du Sud-est » :

« Le loup garou des légendes
Est aujourd'hui dépassé.
Il ne fut, dans le passé
Des brigands et des brigandes,
Pas d'être plus enragés
Que le *Tueur de Bergers*. »

1. Henri Rochefort, « Élève des pères maristes », *L'Intransigeant*, 14 octobre 1897, p. 1.

2. « Le fou assassin », *La Croix*, 14 octobre 1897, p. 4 ; et « Le tueur de Bergers », *La Croix de l'Ardèche*, 24 octobre 1897 qui relève la confusion de Rochefort entre « Pères » et « Frères maristes ».

3. « Le fou assassin », *Le Pèlerin*, 7 novembre 1897, p. 3

4. « Le tueur de bergers. Nouveaux détails… », *Lyon républicain*, 14 octobre 1897, p. 2 et archives départementales du Rhône. Dossier 2 U1-199 (coupures de presse).

5. Étienne Charles, « Vacher et la littérature », *Le salut public*, 3 novembre 1897, p. 3. Voir dans la partie documentaire de ce volume, le recueil de complaintes sur Vacher.

6. *De la parole au silence*

Il est hors de doute que nous sommes en présence d'un fou ou d'un monomane.

Fourquet au procureur général. 10 octobre 1897[1]

Je ne déraille pas.

Vacher au juge Fourquet. 15 octobre 1897[2]

Vacher n'a donc pas eu à attendre plus d'une semaine pour obtenir satisfaction. Dès le 14 octobre 1897, alors que sa lettre est signalée dans trois journaux différents, il s'engage avec circonspection dans la voie de la coopération. Tandis que Fourquet tente de lui faire endosser le crime commis à Véracieux, près de Beaufort, le 14 septembre 1894; Vacher déclare être l'auteur du crime commis dans l'Isère à Beaurepaire en mai 1894, sur la personne d'Eugénie Delhomme (pièce 608).

Si Vacher donne ainsi des gages de bonne volonté, c'est qu'il est persuadé que sa ligne de défense est la bonne. Se considérant comme innocent, non fou, mais malade et irresponsable, Vacher est persuadé que son impunité sera établie par l'enquête en cours. Le succès acquis par la publication de ses aveux ne l'a pas pour autant mis en confiance. L'inculpé reste suspicieux et attentif à déceler les intentions de ses interlocuteurs. Alors que, le 15 octobre, un nouvel extrait de sa lettre d'aveux est publié dans *Le courrier de l'Ain*, en deuxième page[3], Vacher déclare à Fourquet: « Il faut que je vous dise que je ne m'explique pas pourquoi ce médecin de la prison de Belley m'a donné du papier pour gribouiller mes idées, je ne déraille pas » (pièce 609).

---

1. Cette lettre est reproduite p. 184-185.

2. Pièce 609 du dossier de procédure judiciaire. Dans ce procès-verbal d'interrogatoire (PV ensuite) daté du 15 octobre 1897, Vacher s'adresse au juge d'instruction Fourquet. Le commis-greffier atteste de l'exactitude de l'expression en ajoutant l'adverbe « sic ».

3. La lettre d'aveux est encore reproduite intégralement dans l'édition du *Courrier de l'Ain* du mardi 19 octobre.

La loyauté du juge d'instruction semble définitivement confirmée par la parution de la lettre d'aveux dans l'édition du *Petit journal* datée du samedi 16 octobre puis, le lendemain, en deuxième page dans *Le Progrès*, daté du dimanche 17 octobre[1]. La rédaction du *Petit journal* précise, suivant la recommandation émise par le procureur de la cour d'appel de Lyon, que la publication de la missive du « monstre » de la prison de Belley a permis de faire avancer l'instruction. Dans *Le Progrès*, la lettre d'aveux est insérée dans un article qui contient un portrait illustré de Vacher d'après photographie. Elle est publiée sans que soit signalée qu'il s'agit d'une demande de l'assassin. La rédaction justifie son insertion par le fait que « le cas de l'éventreur passionne à tel point l'opinion publique qu'aucune de ses déclarations ne saurait être négligée »[2]. Cette double publication marque un triomphe partagé entre Vacher, qui a obtenu ce qu'il demandait, et Fourquet, qui va recueillir enfin les précieux aveux de l'accusé.

L'effet de la publication de la lettre « À la France » dans un titre de la presse nationale est immédiat. Dans le premier interrogatoire du même jour , ce 16 octobre, Vacher déclare qu'il va tenir sa promesse. Il livre des détails sur plusieurs crimes, l'un, commis sur une jeune fille dans le Var, alors qu'il se rendait chez sa sœur Olympe, résidant à Menton ; le second près de Dijon, à Étaules, sur une jeune fille encore (Augustine Mortureux). Vacher se défend de les avoir violées. Un troisième, près de Saint-Ours, en Savoie, sur une femme qui lui paraissait âgée d'une soixantaine d'années et qu'il affirme avoir violée après l'égorgement (pièce 610, p. 192-193). Dans un second interrogatoire, Vacher décrit enfin les circonstances du crime de Victor Portalier en affirmant qu'il lui a mordu les testicules tout en se défendant de l'avoir violé.. Il avoue un meurtre à Truinas dans la Drôme et un autre à Saint-Étienne-de-Boulogne en Ardèche puis le meurtre d'une jeune fille à Busset dans l'Allier, une autre à Varennes-Saint-Honorat en Haute-Loire et celui d'un jeune garçon à Courzieu-la-Giraudière dans le département du Rhône (pièce 611, p. 193-194). Le soir même, Fourquet écrit au procureur de la République à Dijon pour lui confirmer que Vacher est bien l'auteur de l'assassinat d'Augustine Mortureux en raison des détails donnés sur les circonstances du crime du Bois-du-Chêne. Le juge paraît déjà placé en difficulté dans la gestion matérielle de l'enquête car il ne dispose d'un commis-greffier que pour établir

1. Des extraits de cette lettre paraissent également dans *Le Stéphanois* du 16 octobre.
2. « Le tueur de bergers », *Le Progrès. Journal républicain quotidien*, 17 octobre 1897, p. 2.

les procès-verbaux de confrontation ou d'interrogatoire. Fourquet doit assurer seul la rédaction d'une correspondance qui ne cesse d'accroître sa charge de travail. Il explique ainsi la calligraphie anormalement brouillonne de sa note manuscrite au procureur Fonfrède : « très à la hâte, je ne sais où donner de la tête, j'écris à bâtons rompus »[1].

Après la prolixe journée du 16 octobre, Vacher reconnaît encore sur demande du juge, le 18, l'agression commise sur Alphonsine Derouet, dans la Sarthe, en 1896 (pièce 612). En deux jours, Fourquet a obtenu l'aveu de plus d'une douzaine de crimes dont onze assassinats.

Les procès-verbaux de ces journées ont été signés et soigneusement contrôlés par Vacher. Lors des séances d'interrogatoires, le greffier écrit sous la dictée du juge, mais Vacher n'hésite pas à lui indiquer les mots à supprimer ou à remplacer[2]. Dans le second interrogatoire du 16 octobre par exemple, Vacher fait barrer deux mentions de viol, pour Victor Portalier et pour Pierre Laurent. Ces interventions sont le signe d'une tension entre l'assassin qui entend contrôler l'interprétation de ses aveux et le juge qui souhaite accréditer sa thèse de la monomanie érotique. Ces contrariétés répétées ont probablement contribué à faire douter Fourquet sur la nature exacte de la folie de Vacher, ainsi que la presse le rapporte. De fait, l'horreur des crimes commis et, surtout, la publication de la lettre d'aveux du « tueur de bergers » ont provoqué une large médiatisation de l'enquête menée à Belley. Le cabinet du juge semble ouvert à chaque journaliste, Fourquet ignore délibérément le secret de l'instruction ; la presse nationale s'engouffre dans la brèche, et dépêche ses correspondants dans la petite commune de l'Ain. Belley reçoit ainsi les visites d'Émile Berr (*Le Figaro*), de Jules Ranson (*Le Journal*), d'Albert Sarraut (*La Dépêche* de Toulouse) et de bien d'autres journalistes, qui, par rotation, suivent l'affaire en télégraphiant leur missive au jour le jour, parfois même le matin et en fin de journée, en comblant l'absence de « nouveaux détails » par des récits dans lesquels les auteurs rivalisent d'imagination. Les rédactions diligentent des journalistes pour enquêter sur les différents lieux de crimes avoués. Ceux-ci travaillent en coopération et à la fois en concurrence plus ou moins feinte avec les forces de l'ordre. On copie et plus souvent on réécrit les pièces judiciaires. On se recopie aussi sans vergogne, sans

1. Note de Fourquet au procureur de la République de Dijon, 16 octobre 1897, AD Côte d'or (2U 561-1)

2. « Le tueur de berger », *Le Progrès*, 25 octobre 1897, p. 2.

toujours signaler la source, qui se trouve souvent chez un concurrent[1]. Vacher a ouvert la voie au juge qui à son tour a très vite utilisé la presse à des fins de publicité. Cette conjonction d'intérêt est une première, faisant de Vacher le premier tueur en série français médiatisé[2].

La lecture de la presse d'information étant alors interdite aux prévenus, Vacher bénéficie à l'évidence d'un régime dérogatoire car le 19 octobre, il se plaint que les journaux insinuent qu'il serait atteint « d'une sorte de folie mystique ». Vacher précise sa pensée :

— Je réponds à ces gens-là que si Dieu se sert de moi pour donner des exemples au monde, on ne peut pas appeler cela de la folie mystique. Si ceux qui parlent de ma folie mystique avaient passé par mon chemin de croix, ils comprendraient pourquoi je parle si souvent de Dieu et réfléchiraient avant de parler de mysticisme (pièce 613).

Le lendemain, Vacher donne des détails sur l'assassinat de Louise Marcel commis dans le Var, à la Vacquière, près de Vidauban (pièce 614). L'instruction avance désormais tant et si bien que le 22, Vacher avoue un crime qui ne lui était jusqu'ici pas imputé. Il s'agit de l'assassinat d'un jeune vagabond, Claude Beaupied, à Tassin-la-Demi-Lune fin mai 1897 (pièce 619). L'expert Lacassagne affirme dans son ouvrage de 1899 que cet aveu révèle la bonne mémoire topographique du suspect, mais plus encore un trait de caractère caractéristique de l'assassin : « Vacher a fait l'aveu de ce crime dans un moment de vanité et comme pour montrer la véracité de ses récits à la presse incrédule qui affirmait qu'il endossait une série de crimes dont il avait entendu parler, mais qu'il n'avait pas commis » (voir plus bas, p. 271). Lacassagne restituait la version livrée par le juge Fourquet, qui rapporta une narration dialoguée de cette révélation avec force détails dans son livre de 1931. La voici reproduite *in extenso* :

« Il y avait déjà quelques jours que Vacher avait avoué le crime commis par lui dans la Drôme lorsque le greffier du juge d'instruction communiqua au magistrat un journal de Lyon, qui, dans son article de tête, le raillait de sa crédulité[3]. Sur un ton singulièrement ironique, il

1. À titre d'exemple, Fabry épingle *Le nouvelliste* pour copie sans citation du *Petit Journal* (*Lyon Républicain*, 16 octobre 1897, p. 2). De même, l'article de Berr, paru dans *Le Figaro* du 2 novembre, sera cité ou repris par *Le Journal*, *Le Progrès* etc.

2. Anne-Claude Ambroise-Rendu, « Vacher, Joseph » in François Angelier et Stéphane Bou (dir.), *Dictionnaire des assassins et des meurtriers*, Paris, Calmann-Lévy, 2012, p. 573-579.

3. Le titre du journal n'est cité dans aucune des sources consultées.

déclarait ne pas comprendre qu'il se trouvât un magistrat assez naïf pour s'imaginer qu'un chemineau pouvait avoir commis tous les crimes avoués par Vacher. Ces assassinats dont il s'accusait, n'avait-il pu en avoir connaissance par les journaux qui en avaient parlé au temps de leur accomplissement ou encore par les gens des pays où ils avaient été commis et dans lesquels l'auraient amené les hasards de son existence vagabonde ? Rien ne prouvait donc qu'il ne s'attribuait pas faussement la paternité de ces crimes pour tirer argument de leur nombre et de leur énormité en faveur de sa folie, de son irresponsabilité. C'était de sa part une tactique assez adroite pour sortir de la pire des situations si on venait à considérer ses aveux comme sincères. La lecture de cet article qui avait d'abord impressionné fâcheusement le juge d'instruction de Belley par son ton agressif et sa mauvaise foi, lui causa, à la réflexion, la plus vive satisfaction. “À quelque chose malheur est bon, pensa-t-il ; voici une occasion de vérifier la valeur de ce vieil adage. Tous les raisonnements du monde n'arriveraient pas à m'enlever de l'entendement, cette idée qu'y a implantée la logique de mes déductions et que fortifie la force de mon intuition : Vacher n'a pas tout dit. Je vais en avoir le cœur net.” Et il s'en alla trouver l'inculpé dans sa cellule où il pria le gardien-chef de le laisser un instant seul avec le prisonnier.

— Vacher, lui dit-il, je suis furieux après les journalistes. Quelle race maudite ! Il faut toujours qu'ils salissent quelqu'un. Les voilà qui commencent à prétendre que vous n'avez été sincère que dans un seul de vos aveux, celui du crime de Bénonces ; que, pour tout le surplus vous êtes un menteur et moi un naïf dont vous vous payez la tête et qu'enfin votre but, en avouant beaucoup de crimes, est de vous faire passer pour fou, mais que c'est là ce qu'on appelle vulgairement une malice cousue de fil blanc.

Vacher commença d'abord par accueillir cette révélation avec scepticisme. On tirait décidément trop sur cette corde-là ; elle casserait. Du moins le juge avait-il cette impression des pensées secrètes de Vacher en surveillant attentivement le jeu de sa physionomie au fur et à mesure qu'il parlait. C'est pourquoi il ajouta immédiatement :

— Tenez, lisez : en voilà encore un ce matin qui nous arrange bien tous les deux.

Vacher prit le journal et lut attentivement l'article qui lui était signalé. Au fur et à mesure qu'il avançait dans cette lecture, son visage se rembrunissait, sa physionomie prenait un air dur, ses gros sourcils noirs se fronçaient et il jetait par instants ce mot :

— Ah ! Les salauds !

Lorsqu'il eut fini de lire il tendit le journal au juge d'instruction en lui disant :

— J'ai cru à un montage de coup ; mais je vois que j'avais tort de me méfier de vous. Eh bien, monsieur le juge, puisqu'il en est ainsi, nous allons leur en boucher un coin à ces mandrins-là (sic). Nous allons bien voir si c'est moi le menteur ou si ce sont eux. Je vais encore vous en dire un, mais vous savez, après celui-là ne m'en demandez plus, c'est tout ce que je peux faire pour vous (authentique).

— Oui, mais, Vacher, répliqua le juge, quand vous m'aurez encore avoué celui-là, il n'y aura rien de changé. Ils continueront à dire la même chose et c'est pour le coup qu'ils crieront à l'exagération.

— Non, monsieur le juge, je vous dis que je les tiens. Je vous répète que nous allons leur en boucher un coin. Voyons, c'est un gamin que j'ai jeté dans un puits, il n'y a que moi qui sais où est ce puits, et qu'il y a un cadavre dedans, puisque j'étais seul quand j'ai fait cela, au moment où ma rage m'a pris. Et on ne pourra pas non plus dire que j'ai lu cela dans les journaux, puisqu'ils n'ont jamais parlé d'une chose que je suis le seul au monde à connaître. Enfin, vous avez bien compris que si je vous dis où est le puits et que si on retire le corps du gamin que j'y ai mis, il n'y aura plus moyen de dire que je suis un menteur. C'est nous, cette fois, qui allons rire.

Et en disant cela, il se frottait les mains d'un air satisfait.

— Évidemment, dit le juge, avec de telles précisions, on sera bien obligé de vous croire. Je vais appeler mon greffier, car vous savez que la loi veut que ce soit lui qui écrive les déclarations des témoins et des inculpés.

— Oui, allez le chercher, et maintenant, rira bien qui rira le dernier. »

Fourquet écrivain affirme dans son ouvrage que ce dialogue est « d'une exactitude rigoureuse »[1].

L'échange a été mis en scène dans le film de Bertrand Tavernier et il n'y a pas de raison nécessaire et suffisante pour mettre en doute la véracité de ce temps fort de la confrontation du juge et de son suspect, en dehors de sa connotation hagiographique et du fait, peut-être plus gênant, que le titre du journal n'est cité ni par le juge ni par l'écrivain et que la source de cet article n'a pas été retrouvée à ce jour[2]. Le procès-verbal d'interrogatoire du 22 octobre qui rapporte ce moment est d'ailleurs beaucoup moins prolixe. Il ne fait aucune allusion à l'échange

1. É. Fourquet, *Vacher le plus grand criminel…*, 1931, p. 41-42.
2. Il est étonnant que Fourquet n'ait pas conservé cet article si important à ses yeux dans ses recueils de coupures de presse (fonds Fourquet-Voutay, 2019).

préparatoire à la prison, qui reste logiquement hors champ mais, surtout, il ne contient aucune demande du juge introduisant les aveux de Vacher pour le crime de Claudius Beaupied. Enfin, l'effet de manipulation rétrospectivement mis en scène par l'écrivain Fourquet s'y trouve complétement annulé par la suite des demandes du juge, passées sous silence dans le livre mais bien présentes dans le procès-verbal. Fort en effet de ce qui lui apparaît comme une victoire, Fourquet demanda ce jour à Vacher d'avouer neuf autres assassinats mais l'inculpé refusa catégoriquement de les endosser, arguant de sa présence en un autre lieu au moment des faits (pièce 619).

L'attitude du juge d'instruction démontre depuis le 16 octobre que son intention n'est pas de laisser échapper Vacher vers une autre juridiction ou, pire encore, vers un asile. S'il n'est pas encore revenu de son hypothèse sur la « folie érotique » de Vacher, son objectif est de recueillir un maximum de précisions sur les circonstances des crimes avoués par Vacher. Le tueur de bergers et son juge sont devenus les nouvelles célébrités de la ville de Belley, éclipsant pour un temps la mémoire de Brillat-Savarin, le magistrat gastronome, natif des lieux. Ainsi que le note *Lyon Républicain*, sous la plume anonyme du Belleysan Jean Fabry, « Vacher continue à être l'obsession du jour et de partout on ne parle que de ses crimes ; de nombreux étrangers viennent dans notre ville, dans l'espoir de voir le déjà célèbre assassin et hier [samedi 23 octobre], jour de marché, un grand nombre de paysans rôdaient à cet effet autour de la prison. Le palais de justice de Belley ne s'était jamais vu à pareille fête, et depuis le président jusqu'au concierge, tout le monde y paraît affairé et ennuyé ; seul, l'excellent commis-greffier, M. Riche, conserve derrière sa belle barbe son impassibilité sereine »[1].

Le 24 octobre, Vacher rédige à l'attention du juge une longue lettre dans laquelle il donne, sur demande de ce dernier, des précisions sur sa carrière militaire (lot n° 686, lettre n° 5, p. 200). Le 26, Vacher décrit la crise meurtrière qui a eu raison de Victor Portalier, identique à toutes les autres « Dès que ma rage m'a pris et que je l'ai aperçu, j'ai été pris, comme d'ailleurs toutes les fois que j'ai tué, d'un tremblement nerveux. Je devais être affreusement pâle, j'essayais de me contenir, mais la rage me tenait plus fort. Je lâchais tout et je me précipitais sur ma victime. Si je n'avais pas eu de couteau, je les aurais tous tués en les mordant ; cela

1. « Le tueur de bergers », *Lyon Républicain*, 25 octobre 1897, p. 2.

me soulageait tellement de mordre qu'en ce qui concerne plusieurs personnes que j'ai tuées, je leur ai fait des morsures même après les avoir tuées avec un couteau» (pièce 623).

Il n'y a pas de secret de l'instruction dans l'affaire Vacher. L'information judiciaire a été menée par Fourquet en suivant des pratiques de coopération entre la justice et les medias qui persistent aujourd'hui encore. La presse trouve toujours bon accueil au palais de justice de Belley et le juge d'instruction ouvre complaisamment ses dossiers aux journalistes, tandis que Vacher suit au jour le jour les articles publiés sur son cas[1]. La large diffusion du portrait du tueur de bergers dans les journaux du mois d'octobre provoque un afflux de courrier sans précédent au greffe du tribunal. Ces courriers, signés ou anonymes, visent le plus souvent à signaler la présence de Vacher en un lieu à une date donnée. Les lettres les plus précises font l'objet de commissions rogatoires visant à compléter les témoignages sur place. Certaines affirmations de la presse sont vérifiées et il n'est pas rare qu'elles tombent. Ainsi, le 31 octobre 1897, Fourquet obtient-il de la gendarmerie l'infirmation d'un signalement de Vacher dans le département du Cantal. Publiée dans le *Courrier d'Auvergne*, cette nouvelle avait en fait été copiée sur deux autres journaux: *Le Progrès du Cantal* du 24 octobre et le *Lyon Républicain* du 26 mais vérification faite auprès de leur rédaction respective, aucune source fiable n'était à l'origine de cette information (pièce n° 392). Tout ce travail de vérification est fastidieux et Fourquet estime qu'il ne dispose pas du soutien nécessaire de sa hiérarchie, aussi trouve-t-il son réconfort dans les articles qui le cite en faisant l'éloge de sa méthode. Dans le supplément illustré du *Petit Journal* paraît, le 31 octobre, un grand portrait de Vacher en médaillon qui a pour titre «Vacher l'éventreur». Le commentaire de la gravure affirme que «Le hasard en même temps que l'habilité d'un magistrat distingué a permis que l'on s'emparât d'un abominable gredin» (p. 9). Le *Petit journal* a bien placé l'affaire en Une pendant plusieurs jours, mais il n'a jamais dévoilé la méthode du juge Fourquet. Le 2 novembre, la *Dépêche* évoque dans un article en première page signé Albert Sarraut «Le simulateur Vacher». Du 7 au 12, à

1. « Ce n'est qu'à partir du 22 octobre que le juge Fourquet prend la mesure d'exiger que toute personne souhaitant s'entretenir avec lui devra préalablement s'adresser au concierge du tribunal pour vérifier sa disponibilité. Jusqu'à cette date, il suffisait de frapper directement à la porte de son cabinet. » (*Lyon Républicain*, 23 octobre 1897, p. 2)

Toulouse, le même journal propose à ses lecteurs une exposition consacrée à l'affaire du tueur de bergers dans le hall de sa rédaction. Les visiteurs peuvent découvrir là des photographies de la prison et du palais de justice de Belley, une vue panoramique de la région parcourue par Vacher, des vues de Lacaune, de plusieurs fermes où Vacher est passé, le bois de Couloubrac, le portrait d'une dame Bousquet ayant donné l'hospitalité à Vacher et même un portrait du tueur grandeur nature, exécuté par un artiste toulousain (Dumas)[1].

Fourquet est ainsi nommé, reconnu et distingué dans une presse qui n'a pas manqué de faire son éloge, dès les premiers jours qui ont suivi la publication de la lettre d'aveux de Vacher. Les notoriétés du juge et de l'assassin sont étroitement solidaires. Le nom de Fourquet a très vite effacé celui de Benoist dans la traque de Vacher. C'est tout naturellement le quotidien *Lyon républicain*, lu par Vacher, qui publie dès le 17 octobre le premier portrait dessiné du juge Fourquet, suivie d'éléments de biographie: «D'un extérieur simple, très affable, accueillant au possible, M. Fourquet ne trouvera pas excessif que nous disions de lui qu'il sait séduire, même les assassins, puisque Vacher, enfin dompté par lui, s'est décidé à avouer ses crimes». Fabry ajoute que le gouvernement de la République serait bien inspiré de lui décerner la légion d'honneur. Sa note est suivie d'un portrait de Vacher[2]. Le jour suivant, *Le Progrès* propose à son tour la «biographie» de l'homme du jour[3]. Trois jours après, c'est *Le Journal* qui, sous la plume de Jules Ranson, offre à ses lecteurs le compte rendu d'une «conversation» avec le juge d'instruction. Ranson souligne l'habilité du juge dans ses interrogatoires, et affirme que, pour Fourquet, Vacher est trop méfiant et raisonneur pour être aussi irresponsable qu'il l'affirme, ce qui contredit les propos que le même juge tient dans sa correspondance avec le parquet général[4].

Le premier article exposant la méthode du juge d'instruction est signé par Émile Berr. Il paraît dans *Le Figaro* du 2 novembre 1897 et Fourquet fut si flatté par cette «remarquable interview» qu'il la reproduisit intégralement dans son livre de 1931[5]. Le journaliste dresse dans ce texte un

1. «Notre Hall. Le tueur de bergers», *La dépêche*, 12 novembre 1897, p. 1.

2. J. Fabry, «L'affaire Vacher. Le tueur de bergers. Dix crimes en trois ans», *Lyon Républicain*, 17 octobre 1897, p. 2.

3. «Le tueur de bergers» *Le Progrès*, 18 octobre 1897, p. 2.

4. Jules Ranson, «Vacher l'éventreur. Conversation avec le juge d'instruction», *Le Journal*, 21 octobre 1897, p. 2.

5. É. Fourquet, *Vacher le plus grand criminel...*, 1931, p. 46-52.

portrait élogieux du juge d'instruction, mais il dévoile aussi sa tactique: «Le juge a compris qu'il n'obtiendra rien de cette brute par des menaces. Aussi ne menace-t-il point. Tranquillement – et non sans courage – il rejoint chaque jour Vacher dans sa cellule, s'y enferme avec lui, et l'entretien s'engage. Et peu à peu l'homme prend confiance il annonce qu'il va parler; il parle. On attendait de lui l'aveu d'un assassinat il avoue celui-là, et puis, tout doucement, onze autres par-dessus le marché»[1]. Fourquet pêche-t-il à son tour par vanité en laissant Vacher lire ce texte? Vacher l'apprit-il par l'un des gardiens ou de ses codétenus, avec lesquels il partageait sa promenade depuis peu? Vacher ne fut-il pas tout simplement informé de la tactique du juge par les complaintes chantées dans la rue? À Belley, la congrégation des Pères maristes était à portée de voix, et le prisonnier entonnait parfois à l'unisson le *Salve Regina* ou un *Sub Tuum*. Si Vacher entendait assurément les cris des badauds qui le haranguaient lorsqu'il sortait sous escorte pour passer de la prison au palais de justice, il devait tout aussi bien entendre les complaintes chantées dans l'espace public autour de ces bâtiments. La maison d'arrêt de Belley était petite. Elle ne comptait en moyenne que 30 à 50 détenus et il n'était pas possible d'y être placé à l'isolement. La porosité sonore avec l'extérieur devait donc être la règle. Vacher avait donc accès, comme tous les autres détenus, aux actualités locales rimées. Quel qu'ait été le canal d'information de Vacher, la parution de cet article fut le prélude à un nouveau basculement de l'enquête, une semaine plus tard.

Le 4 novembre, lle procès-verbal d'interrogatoire montre un inculpé coopératif, quoique soucieux de mettre l'accent sur son comportement «enragé» : il se bat beaucoup depuis les remèdes pris dans son jeune âge pour prévenir la rage. Il se bat même avec ses frères et sœurs, ce que ne confirmeront pas ces derniers, et il se remémore toutes ses volontés d'évasions, tant lorsqu'il était lui-même berger qu'à l'école des Frères. Le juge demande ce jour à l'inculpé d'expliquer ce qu'il entend par cette phrase, souvent répétée: «Dieu s'est servi de moi pour réveiller le monde». Vacher, qui ne revendique pas encore le titre d'anarchiste de Dieu, répond:

— Cela signifie dans mon esprit, que Dieu qui sait tout a permis que je fasse ce que j'ai fait, pour attirer toute l'attention du peuple endormi sur les abominations qui se commettent dans certains asiles, principalement dans celui de Dôle (pièce 633).

---

1. Émile Berr, «Chez l'assassin», *Le Figaro*, 2 novembre 1897, p. 1-2.

Le 5 novembre, Vacher répond précisément à toutes les questions du juge et signe son interrogatoire (pièce 634). Le 6, il coopère encore en détaillant la disposition d'esprit dans laquelle il se trouvait en commettant ses crimes :

— Je comprends qu'un homme dont l'esprit serait lucide et qui aurait conscience de ses actes ait des émotions violentes après un crime, mais moi je n'ai jamais eu d'émotions violentes lorsque je tuais. J'éprouvais ensuite un grand soulagement à tel point que si d'une part ma physionomie avant le crime au moment où la maladie me prenait pouvait inspirer des inquiétudes aux personnes qui me rencontraient, après le crime le contraire se produisait, voilà pourquoi j'ai échappé à tant de recherches. Ajouté à cela que sous l'influence du soleil, de la marche et de la fatigue, mon affection de la tête devenait plus aiguë, une suppuration de ma blessure me tombant dans la bouche et m'empoisonnant, je marchais comme un homme ivre et n'avais jamais des idées nettes au même degré» (pièce 636).

Le même jour, Fourquet rend compte de l'état de sa procédure au procureur général Moras. Bien que la coopération de Vacher lui paraisse totalement acquise, le juge de Belley semble désemparé. D'un côté, Fourquet a bien obtenu les aveux espérés mais, de l'autre, il estime que l'instruction du cas Vacher «n'a pas la taille d'une affaire ordinaire», en raison du nombre de crimes commis mais aussi en raison du caractère de l'inculpé «méfiant à l'excès», apportant une attention épuisante «à peser minutieusement chacun des mots dictés par moi au commis-greffier et à en prévoir les interprétations possibles ; son refus de signer ou de parler si la tournure de phrase ne lui convenait pas» (lettre reproduite p. 214). Le juge confie sa fatigue et estime que les aveux étant acquis, le moment est venu de diligenter un rapport sur l'état mental de l'accusé, cependant, comme il est nouveau dans la région, il ne sait à qui s'adresser et demande conseil au procureur[1].

En cette soirée du 6 novembre 1897, le juge Fourquet pense certainement que son information judiciaire touche à son terme. Il est loin d'imaginer le nouveau rebondissement que va provoquer – bien involontairement – la réaction du parquet général à sa note d'information. Le procureur général Moras lui répond en effet, le 8 novembre, par l'intermédiaire du

1. Lettre de Fourquet à Moras. 6 novembre 1897, voir p. 178.

procureur de la République Paul Aron. Pour Fourquet, c'est la douche froide : le retour du procureur général exprime un désaveu complet de la marche suivie jusqu'ici. Pierre Moras ayant consulté le dossier de procédure instruit à Belley, il le renvoie en indiquant avec l'autorité que lui confère sa position hiérarchique des directives très fermes sur la nouvelle marche à suivre. Fourquet doit reprendre intégralement la procédure d'information. Il est sommé d'y mettre ordre et méthode afin de recueillir les informations qui seront utiles aux médecins experts qui auront à déterminer l'état mental de Vacher : « M. le juge d'instruction devra en conséquence remonter aussi loin que possible dans la vie de l'inculpé et rechercher par voie de commissions rogatoires toutes les circonstances qui pourraient l'éclairer ainsi que les experts sur son état mental, sur ses antécédents ataviques[1], sur ses habitudes, sur sa moralité[2].

Considérant son investissement et son état de fatigue, Fourquet est probablement abasourdi par cette demande mais comme il n'est pas concevable de s'y soustraire, il se rend dès le matin du 10 novembre, dans la cellule de Vacher pour lui demander de faire un effort de remémoration des circonstances de chaque crime. Vacher, à son tour, est piqué au vif et au lieu de travailler à cette demande, il rédige après le départ de Fourquet une lettre énonçant la nouvelle condition à sa coopération. L'interrogatoire de l'après-midi peut être cité dans son intégralité :

D.* — Maintenant que vous m'avez fait d'une façon générale l'aveu de vos crimes, nous allons reprendre successivement chacun d'eux, et vous voudrez bien m'indiquer en rappelant le mieux vos souvenirs, comment vous avez procédé pour chacun d'eux, et quelles sont les circonstances qui les ont précédés, accompagnés et suivis. Avez-vous cherché à vous rappeler tout cela comme je vous l'ai demandé ce matin ?

R. — Avant de répondre à vos questions, je désire que vous preniez connaissance de la lettre que je vous remets présentement, et qui contient

---

1. L'expression d'« antécédents ataviques » est empruntée au vocabulaire de l'anthropologie criminelle. Elle est liée à la théorie du « criminel-né » de Cesare Lombroso. Son usage ne permet pas d'inférer une prise de position sur la responsabilité de Vacher, mais il est intéressant de la pointer en ce qu'elle signale la diffusion des théories de l'anthropologie criminelle sur les magistrats de la cour d'appel, ce qui n'est guère étonnant puisque Lyon est alors aussi la capitale de la criminologie française avec, à la tête de l'école française, Alexandre Lacassagne.

2. Lettre du procureur général au Procureur de la République de Belley. 8 novembre 1897, voir p. 214-215.

* D. correspond à la demande du juge Fourquet et R. à la réponse de Vacher.

les conditions auxquelles je consentirai à vous répondre. Si ces conditions ne sont pas acceptées, je ne me prêterai à aucune instruction nouvelle (pièce 637, p. 216).

Quelles sont les nouvelles conditions posées par Vacher ? Annexée au procès-verbal du jour, cette lettre cruciale n'a malheureusement pas été conservée dans le dossier de procédure et elle ne figure pas dans le recueil des écrits de Vacher établi par Philippe Artières[1]. Un mystère entoure cette lettre du 10 novembre. Pourquoi a-t-elle disparu ? Que contenait-elle ?

Cette lettre a été reproduite une fois dans le livre que le magistrat Pierre Bouchardon a consacré à l'affaire Vacher. J'en propose une reconstitution à partir de cette version complétée par une copie exécutée en 1898 par le docteur Étienne Martin (dossier documentaire, p. 217-218). S'il est impossible d'en certifier l'exactitude au mot près, son style est bien celui de Vacher et son contenu est confirmé par la suite de l'instruction. Vacher annonce dans ce courrier qu'il ne répondra plus aux interrogatoires qu'à la condition que toutes les pièces de l'information judiciaire et ses lettres soient publiées dans *Le Petit Journal* (13 novembre 1897, pièce 639) et il rappelle, s'il était besoin, qu'il ne se considère pas comme un aliéné car, répète-t-il, « ce qui relève de Dieu n'est point de la folie ».

La lettre du 10 novembre est aussi importante que celle du 7 octobre car elle clôt le temps de coopération ouvert par la publication de la lettre d'aveux. Elle nous rappelle incidemment que Vacher n'entend pas simuler la folie et qu'il en rejette même la possibilité. Elle nous dit aussi combien l'accusé cherche à garder la main sur le déroulement de son information judiciaire. L'ultimatum de Vacher ne peut, cette fois ci, être satisfait par le juge d'instruction qui se trouve à nouveau pris entre le feu d'une hiérarchie et celui d'un accusé suspicieux. De fait, la lettre du 10 novembre inaugure pour Fourquet une « période de mutisme » car Vacher met immédiatement sa menace à exécution[2]. S'il communique encore avec le juge par de rares écrits, ces missives ne livrent plus de nouvelles informations sur les crimes. Lors des interrogatoires, Vacher garde le silence, il se bouche parfois les oreilles[3], il évite le regard de Fourquet et à partir du 13 novembre, il refuse à nouveau de contresigner les procès-verbaux d'interrogatoire.

---

1. J. Vacher, *Écrits d'un tueur de bergers*, Lyon, À Rebours, 2006.
2. Expression de Fourquet, in Lacassagne, *Vacher l'éventreur...*, p. 433.
3. « Le tueur de bergers », *Le Progrès*, 5 décembre 1897, p. 2.

Il faut s'arrêter un instant sur la stratégie de la cour d'appel de Lyon. Pourquoi Moras maintient-il l'enquête au tribunal de Belley s'il estime qu'elle est conduite par un juge qui n'est pas à la hauteur de la situation? En bonne logique, et la presse se fit l'écho de cette option, Vacher aurait dû être renvoyé dans les ressorts de chaque lieu où il avait commis un crime. À Paris comme à Lyon, on s'attendait à ce que le fameux juge Benoist reprenne l'enquête de Courzieu dès que l'éventreur serait mis à sa disposition à la prison Saint-Paul[1]. Le procureur Moras aurait pu aussi confier l'ensemble des enquêtes à un unique juge. Il lui aurait fallu pour cela saisir la Cour de cassation et faire jouer l'article 542 du Code d'instruction criminelle mais lorsqu'il décida de recueillir l'avis de la chancellerie sur ce sujet, il n'envisagea cette hypothèse que pour souligner qu'on ne pouvait pas confier l'instruction au ressort du lieu de résidence de Vacher en raison de son absence de domicile[2]. Moras ne prit donc aucune de ces options et laissa l'instruction du tueur de bergers à Belley, dans le cadre étroit de l'inculpation pour un crime unique qui n'était ni le premier ni le dernier de la série avouée par l'inculpé[3]. Une telle décision n'obéissant pas à la seule logique judiciaire, on peut faire ici deux hypothèses. La première, soulevée par la presse, est celle d'un fort risque d'aléa dans le jugement du tueur de bergers, et ce n'est pas là l'un de moindres paradoxes de cette affaire que de devoir constater que le coupable avéré d'une série de crimes abominables n'est pas le type d'affaire le plus facile à instruire et à juger. En effet, si Vacher devait comparaître tour à tour par renvoi devant chacune des cours d'assises compétentes sur l'un de ses crimes avoués, nul ne pouvait garantir que la décision relative à son état mental soit constante : responsable ou irresponsable ? Si Vacher était jugé irresponsable pour son premier assassinat, commis moins de 50 jours après sa sortie de l'asile Saint-Robert avec un certificat de complète guérison, comment admettre qu'il puisse être déclaré responsable pour l'un des dix

---

1. « Le tueur de bergers », *Lyon républicain*, 13 octobre 1897, p. 2 ; « Vacher l'éventreur », *Le Journal*, 14 octobre 1897, p. 2 ; « Le tueur de bergers », *Le Progrès*, 19 octobre 1897, p. 2.

2. Lettre du procureur général de Lyon à la Direction des affaires criminelles et des grâces, 23 décembre 1897, AD Rhône, 2U199.

3. « En matière criminelle, correctionnelle et de police, la cour de cassation peut, sur la réquisition du procureur général près cette cour, renvoyer la connaissance d'une affaire d'une cour d'assises ou spéciale, à une autre, d'un tribunal correctionnel ou de police à un autre tribunal de même qualité, d'un juge d'instruction à un autre juge d'instruction, pour cause de sûreté publique ou de suspicion légitime.

Ce renvoi peut aussi être ordonné sur la réquisition des parties intéressées, mais seulement pour cause de suspicion légitime ». *Code d'instruction criminelle*, art. 542.

crimes qui suivirent ?[1]. Cette incertitude joua certainement dans l'orientation du cours de la justice.

La deuxième hypothèse, c'est que le juge Fourquet ne se débrouillait pas si mal. Ce juge loyal était à la fois assez obéissant pour entendre des remontrances, et trop peu avancé dans sa carrière pour faire concurrence à une hiérarchie qui ne le soutient guère en ignorant ses demandes réitérées d'allégement de service et d'affectation d'un greffier à son travail d'enquête. Le juge Fourquet est ainsi maintenu sous pression et dans un relatif isolement qu'il paie, à la fin de l'année 1897, par un état de santé dégradé. Ses rares satisfactions viennent de la presse qui n'a de cesse de le remercier de ses généreuses informations en chantant en retour ses louanges, du moins au début de l'information judiciaire. Et le juge peut aussi entendre la voie populaire de la rue, qui n'est pas en reste. Il lui suffit d'ouvrir les fenêtres de son cabinet de travail ou de marcher dans la Grand rue pour entendre des couplets dédiés à sa perspicacité, sur l'air de Fualdès :

La gloir' de cette capture
Revient toute au Sieur Fourquet-
Un bon juge de Belley
Qu'avait lancé la figure
de ce sinistre brigand
Dans tous les départements.

Sans lui, certaine est la chose
Vacher ne serait pas pris.
C s' un juge d'un grand prix,
Fort bon, fort charmant et sans pose
Qu'a le flair d'un policier
Et qui n'en est pas plus fier[2].

À partir de la lettre du 10 novembre, le juge Fourquet n'obtient plus rien de Vacher qui se renferme dans un mutisme de protestation. La patience du juge est ainsi mise à rude épreuve. Le 13, Fourquet tente d'infléchir la décision de Vacher en lui expliquant qu'il est inutile de persister une « résolution ridicule qui ne rime à rien » car, cette fois-ci, il ne sera pas dans le pouvoir du procureur général de lui donner satisfaction, la loi

1. « Où peut être jugé Vacher ? », *Lyon Républicain*, 23 octobre 1897, p. 2.
2. Nasturby, complainte « Le tueur de bergers », voir p. 615.

interdisant formellement de publier les actes judiciaires. Vacher répond avec aplomb :

— S'il n'y a pas de loi qui permette que l'on reproduise dans les journaux les actes de l'instruction me concernant, que l'on en fasse une exprès ; mon affaire n'est pas ordinaire, elle en vaut la peine : d'ailleurs, vous verrez qu'elle n'est pas encore finie (pièce 639, p. 218).

Le juge Fourquet est désormais à court d'arguments. Sa stratégie de fausse connivence est éventée et il se voit opposer par Vacher une fin de non-recevoir dans tous ses interrogatoires. Différé durant de longues semaines, le temps de l'examen mental de l'inculpé arrive enfin.

7. *L'épreuve de la folie*

Si je ne mérite dans de telles conditions à être reconnu irresponsable, qui méritera de l'être ?
Joseph Vacher, lettre du 27 février 1898[1]

Vacher est donc un criminel, il doit être considéré comme responsable, cette responsabilité étant à peine atténuée par les troubles psychiques antérieurs.
A. Lacassagne, A. Pierret et F. Rebatel, du 18 mai 1898[2]

Chaque crime commis par Vacher inspira une ou plusieurs complaintes populaires mobilisant les airs connus dits «de Fualdès» ou du «Juif errant». Vacher avait écrit sa seconde lettre ultimatum au juge Fourquet la veille de la Saint-Martin et ce 11 novembre était jour de foire dans beaucoup de villes et de villages : les complaintes sur le tueur de bergers s'y vendirent en grand nombre[3]. Ces chansons rimées, assez bien informées, nombreuses, développaient toutes la même philosophie pénale. L'assassin y était décrit comme un sinistre trimardeur, un monstre criminel dépassant la légende des ogres, un cynique qui allait tenter d'échapper à la justice en se faisant passer pour un fou, et qui ne méritait que d'expier ses forfaits sous la lame de la guillotine. Pas de folie donc chez ce monstre simulateur, dont la société devait se débarrasser à jamais. Le peuple réclamait la vengeance de ses enfants et, pour justice, une sentence de peine de mort.

Au sujet de la folie, la presse est moins unanime. Elle s'est fait très vite l'écho du passage du tueur de bergers dans les asiles et de sa sortie en état de guérison suivie d'une série d'assassinats. Cette trajectoire d'aliéné devenu criminel lui semble poser la question de la relation entre les deux états. Félix Duquesnel expose la difficulté du cas dans *Le Petit journal* : «Cet homme est-il un criminel, au sens de la loi, ou bien l'état de sa raison en

1. Voir plus bas, p. 365.
2. Voir plus bas, p. 366.
3. «Vacher le tueur de Bergers», *Le progrès de la Côte-d'Or*, 11 novembre 1897, p. 1-2.

fait-il un irresponsable ? Il n'est pas que je sache plus grande torture pour un juge que la solution de ce problème ; car, ce juge, il a le devoir de protéger le corps social contre les attaques de ses membres en révolte ; mais il a aussi le devoir, non moins étroit, de protéger l'« irresponsable », quelle qu'ait été l'apparence de ses crimes. Seulement, où finit la responsabilité des actes, où commence leur inconscience ? Cet homme est-il un assassin, ou un fou atteint de « monomanie sanguinaire » ? ... Qui peut oser le dire ?

Puis, cette « monomanie sanguinaire » doit-elle être considérée comme « irrésistible » ? Est-ce un penchant auquel l'homme peut se dérober par une résistance énergique, ou bien est-ce au contraire une force hypnotique absolue, contre laquelle se brise la volonté humaine ? »[1]. Albert Sarraut se prend à espérer dans *La Dépêche de Toulouse* que l'état mental du tueur de bergers penche du côté de l'irresponsabilité, pour une raison d'humanité qui avait déjà été invoquée lors du procès célèbre d'une mère anthropophage, 80 ans plus tôt : « Vacher est un monstre, oui, le plus odieux et le plus épouvantable des monstres. Mais est-il conscient, a-t-il sa raison ? Pour l'honneur de l'humanité, à laquelle il ressemble physiquement, il faut, on doit espérer le contraire »[2].

La deuxième question bien posée par la presse concerne la folie de Vacher : est-elle réelle ou simulée ? Cette alternative sans cette reconduite repose sur un biais d'interprétation qui n'a été jamais levé, et ce biais a été reconduit dans toutes les études parues sur l'affaire Vacher. C'est là le plus étonnant : à bien lire et relire les écrits et les prises de parole de Vacher, force est de constater que celui-ci n'a tout simplement jamais demandé à être reconnu – ou à se faire passer – pour un fou. Vacher affirme qu'il est l'instrument de Dieu et ses assassinats visent à « réveiller le peuple » afin qu'il se soulève contre l'injustice des riches et des gouvernants. L'assassin considère qu'il est moralement « innocent » et pénalement irresponsable pour trois raisons qu'il n'a de cesse d'expliciter progressivement pour sa défense : les remèdes pris à la suite de la morsure d'un chien enragé, ses deux balles dans la tête et les mauvais traitements subis à l'asile de Dole.

La presse n'a pas saisi la disjonction opérée par Vacher entre irresponsabilité pénale et folie. Elle ne l'a ni discutée ni pointée, probablement

---

1. Félix Duquesnel, « La monomanie sanguinaire », *Le Petit journal*, 18 octobre 1897, p. 1.

2. Albert Sarraut, « Le tueur de bergers », *La Dépêche*, 11 novembre 1897, p. 1. Sur l'origine de la formulation de Sarraut, voir M. Renneville, « Pour l'honneur de l'humanité » : François-Emmanuel Fodéré face à l'ogresse de Sélestat (1817) », à paraître.

parce que la compréhension du discours de tueur lui importait peu et peut-être aussi parce que la position de Vacher ne faisait sens que pour lui-même. Sur le plan juridique en effet, l'exception de responsabilité pénale prévue par le Code pénal français nécessitait, précisément, que soit reconnu un état de démence au moment de l'acte ou la présence d'une force à laquelle l'accusé n'avait pu résister. Vacher aurait pu, éventuellement, accepté de se ranger dans la position de l'agent ayant été contraint par une force à laquelle il n'a pu résister, mais il ne l'a pas fait et il n'a jamais cherché à se faire passer pour un dément.

Les arguties de l'assassin n'intéressent donc pas la presse, qui subordonne la détermination de sa responsabilité pénale à la question de savoir si l'éventreur simule ou pas la folie. Dans *Le Progrès*, on décrit au début de l'enquête le « terrible maniaque » comme un « fou érotique » : il s'agit d'ailleurs ici d'expressions soufflées par Fourquet, qu'on retrouve complaisamment reprises dans le *Journal*[1]. Au même moment, *Le Gaulois* avance la « monomanie homicide » en citant l'avis du docteur Paul Garnier et *La Croix* évoque un « fou assassin »[2]. On met ainsi en images les « crimes d'un monomane » et d'un « aberré passionnel », ce dernier terme étant une nouvelle fois suggéré aux journalistes par Fourquet[3]. La presse nationale affirme que le cas Vacher pose de manière tragique la question de l'irresponsabilité des criminels. Pour Léon Millot, dans la *Dépêche*, le tueur de bergers ne pose pas de difficulté de diagnostic : « Il est clair que ce massacreur féroce, qui a semé sur sa route le viol et l'assassinat, et qui se prétend investi d'une mission divine, est un inconscient qui relève du cabanon de l'asile d'aliénés et non de la prison centrale ou du bagne »[4]. On relativise parfois l'intérêt de la question : « Les Dumollard, les Troppmann, les Dauga, tous les grands tueurs d'hommes ne pensaient pas et n'étaient pas bâtis, évidemment, comme le commun des mortels. On s'en doutait, sans les croire fous pour autant. Et cela n'a pas empêché de les raccourcir, en tout cas. Puis, fous ou non, les êtres comme Vacher constituent pour la société le plus effroyable des dangers permanents.

1. « Le tueur de bergers, *Le Progrès*, 13 octobre 1897, p. 2 ; « Vacher l'éventreur », *Le journal*, 14 octobre 1897, p. 2.

2. Tout-Paris, « Un Jack l'Éventreur français. L'opinion du docteur Garnier », *Le Gaulois*, 14 octobre 1897, p. 1 ; « Le fou assassin », *La Croix*, 14 octobre 1897, p. 4.

3. « Les crimes d'un monomane », *Le Petit Parisien. Supplément littéraire illustré*, 31 octobre 1897, p. 1 ; « Le tueur de bergers », *Le Progrès*, 1er novembre 1897, p. 2. L'emploi du terme d'« aberré passionnel » par Fourquet est signalé par Albert Sarraut alors présent à Belley, dans « Le tueur de bergers », *La Dépêche*, 28 octobre 1897, p. 2.

4. Léon Millot, « Les aliénés criminels », *La Dépêche*, 25 octobre 1897, p. 1.

Or, on s'évade encore des asiles, tandis que de l'« abbaye de monte à regret » … Concluez.[1] »

La presse médicale est plus mesurée, plus hésitante aussi, mais penche aussi pour la folie de l'accusé. Il lui importe surtout de dédouaner les experts de toute responsabilité morale dans la remise en liberté de tels individus. Pour le docteur Paul Brousse, la première confusion a été d'envoyer Vacher dans un asile pour « aliénés ordinaires » et cette erreur bien involontaire peut s'expliquer en l'absence de structure en France pour enfermer « un délinquant perverti instinctif aussi dangereux ». La deuxième confusion a été de relâcher « ce tigre » sur la base d'un simple certificat de guérison, alors qu'une procédure médico-judiciaire plus restrictive aurait été mieux adaptée[2]. Médecin chef de l'annexe psychiatrique de la maison centrale de Gaillon et principal défenseur de la création d'un asile spécial pour aliénés criminels en France, le docteur Henri Colin (1860-1930) considère dès octobre 1897 que « la sinistre histoire de Vacher ramène une fois encore l'attention publique sur la question des aliénés criminels »[3]. Le mois suivant, c'est le rédacteur en chef de la *Revue de psychiatrie* qui signe un éditorial dans lequel il réaffirme la nécessité d'une réforme de la prise en charge des aliénés criminels. Édouard Toulouse considère qu'un individu tel que Vacher ne devrait pas être soumis au seul jugement d'un jury et qu'une fois reconnu auteur des crimes pour lesquels il était inculpé, sa condamnation devrait consister en un isolement dont la durée serait déterminée par une commission composée de magistrats et de médecins[4]. La série de crimes de Vacher apparaît ainsi pour ces médecins comme la tragique démonstration de la nécessité d'ouvrir en France un asile pour aliénés-criminels[5].

De son côté, le parquet général de Lyon a pris la décision fin octobre de confier l'expertise mentale de Vacher à une commission médicale composée d'un médecin légiste et de deux aliénistes[6]. En réponse à la demande du juge Fourquet, sur le nom des experts à désigner, le procureur

1. Henri Maigne, « Est-il fou ? », *Le progrès de la Côte-d'Or*, 22 octobre 1897, p. 1

2. Paul Brousse, « L'organisation des asiles à propos de l'affaire Vacher », octobre 1897, n° 10, p. 301. Voir aussi L. Truchon, « À propos de Vacher », *Courrier de l'Ain*, 22 oct. 1897, p. 3.

3. Henri Colin, « Les aliénés criminels », *Revue de psychiatrie*, n° 10, novembre 1897, p. 296.

4. Édouard Toulouse, « Bulletin. Le tueur de bergers », *Revue de psychiatrie*, novembre 1897, n° 11, p. 199-201.

5. H. Colin « De la sélection des malades dans les asiles », *Revue de psychiatrie*, décembre 1898, n° 12, p. 366-370.

6. « Vacher l'éventreur », *Le Journal*, 21 octobre 1897, p. 2.

général Moras écrit au procureur Paul Aron que le juge d'instruction de Belley peut s'adresser à son homologue de Lyon, Adolphe Benoist (11 novembre, p. 214). Benoist n'est pas, on l'a vu, un juge anodin. Il instruit à Lyon l'assassinat de Pierre Laurent à Courzieu et celui de Claudius Beaupied à Tassin-la-Demi-Lune. Benoist a acquis sa notoriété dans l'affaire de l'assassinat du président Paul Doumer en 1894[1]. Il avait alors choisi de commettre le docteur Lacassagne pour l'expertise mentale de Caserio. Benoist allait donc jouer un rôle important en suggérant à Fourquet le nom de ce même docteur, dont il connaissait les convictions anti-anarchistes et la capacité à responsabiliser les criminels se revendiquant de la doctrine.

À Belley, depuis le coup d'éclat du 10 novembre, les interrogatoires de l'inculpé se sont espacés en raison de la condition de coopération émise par Vacher, et répétée le 13 novembre (pièce 639). Seul un incident de détention trompe ce temps mort durant lequel Vacher est laissé au repos par un Fourquet manifestement désemparé. Le 24 novembre, le juge d'instruction refuse que l'oreille de Vacher soit examinée par le docteur François Madeuf, venu exprès de Paris. Madeuf passe outre l'avis du juge et parvient à s'introduire dans la prison grâce à l'appui du docteur Bozonet. Bafoué dans son autorité, Fourquet fait dresser un procès-verbal de présence et renvoie le docteur Madeuf (pièce 641, p. 219).

Cet incident a priori bénin devait prendre de l'importance dans la suite de l'instruction car cette première rencontre scella une relation de confiance entre Vacher et Madeuf. Vacher écrivit au médecin de Paris dès le lendemain (pièce 686, p. 219) et Madeuf obtint un an plus tard de la famille Vacher que le corps de Joseph lui soit remis, en cas d'exécution, afin qu'il soit procédé à une autopsie.

Fin novembre, Fourquet tente de reprendre la main sur son inculpé en passant en force (pièce 643). Plutôt que de laisser Vacher tranquille dans sa cellule, il le faire venir au palais de justice et procède à pas moins de dix interrogatoires en trois jours. Ces confrontations se suivent et se ressemblent. Un rituel insolite s'instaure à chaque séance, immuable : le juge Fourquet pose des questions, parfois plus d'une dizaine, et les procès-verbaux rédigés par le greffier Jean-Marie Riche n'enregistrent que des silences en guise de réponses. Vacher ne prononce qu'une phrase, répétée à l'identique en réponse à la question ouvrant chaque nouvelle séance d'interrogatoire :

1. Sur l'affaire Caserio et le juge Benoist, voir Pierre Truche, *L'anarchiste et son juge. À propos de l'assassinat de Sadi Carnot*, Paris, Fayard, 1994.

— Je n'ai rien à vous répondre tant qu'on n'aura pas inséré mon instruction sur le *Petit Journal* et la lettre par laquelle je le demande ainsi que les lettres désignées dans cette dernière, et celles dont je jugerai encore l'insertion utile pour fixer l'opinion publique sur les sentiments et état d'âme de celui qu'on a nommé le sinistre éventreur.

Durant la première journée de ce marathon, Fourquet interroge Vacher à trois reprises (pièce 646, 647 et 648). Comme si ce dernier voulait remercier son juge pour sa ténacité, il rédige le même jour une lettre d'aphorismes et une note précisant les circonstances dans lesquelles il s'est débarrassé de son chien (voir p. 222). Le 2 décembre, Fourquet procède à nouveau à trois interrogatoires (pièces 650, 651 et 652) puis, le 3, il monte la pression en procédant à quatre interrogatoires (pièces 653, 655, 656 et 657). En pure perte. Fourquet abandonne alors ces séances et confronte Vacher à des témoins. Le tueur de bergers n'en dit pas plus et reste muré dans son silence. L'offensive de début décembre est un échec.

Le nom des trois médecins pressentis pour l'expertise est alors connu de la presse mais ceux-ci demandent le déplacement de Vacher pour sa mise en observation. Cette condition posée par les médecins est peut-être à l'origine de l'offensive désespérée menée par Fourquet car celui-ci reste réticent à se dessaisir de son prisonnier au profit de la prison Saint-Paul à Lyon[1]. Seulement, une fois de plus, Fourquet n'a guère le choix. Le 12 décembre 1897, il commet comme experts Lacassagne, Pierret et Rebate, les trois médecins dont les noms étaient annoncés depuis quelques jours par les journaux (pièce 137, p. 225). Alexandre Lacassagne (1843-1924) est professeur de médecine légale et chef de file de l'école criminologique française. Auguste Pierret (1845-1920) est professeur de clinique des maladies mentales et médecin-chef de l'Asile départemental d'aliénés de Bron. Fleury Rebatel (1845-1905) dirige la maison de santé de Champvert. Il est conseiller général et ancien président du conseil général du Rhône (1889-1891) et bientôt beau-père d'Édouard Herriot, qui se mariera en 1899 avec sa fille, Blanche Rebatel. Les trois experts sont donc bien des sommités de la communauté médicale lyonnaise. Il était impossible de déroger à leur sollicitation, dès lors que leur nomination avait été pressentie par le juge Benoist en accord, très probablement, avec le parquet général.

Le 15 décembre, Fourquet informe Vacher de l'existence de la mise en application de la récente loi du 8 décembre 1897, qui permet à tout inculpé

1. « Le tueur de bergers », *Le Progrès*, 3 décembre 1897, p. 2.

de choisir un défenseur – avocat ou avoué – qui pourra l'assister lors des prochains interrogatoires ou des confrontations exigées par l'information. Vacher répond sèchement :

— Je refuse de recourir à l'assistance d'un avocat dont je prétends n'avoir pas besoin. D'ailleurs, je verrai plus tard ce que j'aurai à faire. Je vous avertis en outre que je ne répondrai pas plus que je ne l'ai fait en ce qui concerne mes derniers interrogatoires, aux questions que vous pourriez me poser aujourd'hui.

Fourquet escomptait-il une autre réponse ? Espérait-il enfin obtenir un changement d'attitude de Vacher, sachant que les médecins experts seraient le lendemain à Belley ? Toujours est-il que l'attitude inchangée de Vacher provoqua un nouvel interrogatoire qui, en l'absence de réponse, prit une fois de plus la forme d'un soliloque. Le juge perçut ce jour-là plus que jamais depuis le début de son instruction que la direction de l'enquête lui échappait. Il se trouvait acculé dans une impasse, sans voie de sortie. Après tant d'heures passées à instruire l'affaire, après tant d'efforts déployés... Le sentiment de l'injustice qui lui était faite se mêlait probablement à celui, plus grand encore, de son impuissance à sortir l'inculpé du mutisme dans lequel il s'était retranché. Probablement excédé, Fourquet décida d'exprimer enfin à Vacher le fond de sa pensée, sur ses forfaits et son système de défense. Le contenu de cet interrogatoire est surprenant, tant le monologue de Fourquet s'apparente à un réquisitoire (pièce 661, p. 454 et suiv.).

Les trois experts lyonnais arrivent à Belley le 16 décembre pour prêter serment (pièce 138). Ce jour-là, ils voient Vacher à deux reprises, le matin et après le déjeuner avec Fourquet. Durant la première rencontre, qui a lieu dans le cabinet du juge d'instruction, Vacher parle – « divague » selon certains journalistes – mais les propos rapportés par les journaux ne sont jamais que ceux qu'il tient depuis son arrestation, sauf une diatribe contre la presse, justement, qui a écrit « des horreurs » sur sa personne, ce qui l'ennuie pour les torts causés à sa famille. Vacher ne manque pas d'exposer aux experts dès cette première rencontre sa thèse de la morsure par un chien enragé et du remède qui aurait vicié son sang. L'après-midi, sachant que les médecins le visiteraient dans sa cellule, Vacher accole sur la couverture de sa bible son portrait illustré paru dans les journaux et, au-dessus, le dessin d'une pendule découpée avec, pour légende, entourant le haut du cadran : « C'était l'heure ». Il dessine à la craie sur l'une de ses chaussures une croix et, sur l'autre, un cœur. Vacher accueille ainsi ses hôtes avec une médaille de Lourdes accrochée à sa boutonnière. Le contenu de l'échange ne fut pas rapporté par la presse (il semble qu'il fut très bref) mais il est certain que la présentation de Vacher n'influença guère la première impression des experts[1].

La presse nationale s'interroge pourtant encore sur la responsabilité pénale de Vacher. Thomas Grimm juge ainsi dans *Le Petit Parisien* du 26 décembre qu'il existe dans la criminalité récidivante une part d'impulsion native, irrésistible, qui devrait autoriser la société à séquestrer de tels individus à vie; mais qu'il existe aussi, à côté de cette criminalité irréductible et rare, une criminalité d'origine sociale, notamment chez les jeunes délinquants, dans laquelle la responsabilité des parents devrait être engagée, plutôt que de faire peser la sanction pénale sur le seul mineur[2]. Jean Frollo signe le lendemain dans *Le Petit Parisien* un article plus inquiet en concentrant son propos sur le cas des criminels aliénés: que faut-il en faire? «Le tueur Vacher est entre les mains des médecins. C'est à eux de décider de son cas. Est-il fou? C'est la question à l'ordre du jour de la science aliéniste. Comment la résoudra-t-elle? Et quand elle aura répondu par un oui, comme tout semble le faire présumer, que fera-t-on de l'irresponsable? Le soumettra-t-on de nouveau à un régime réparateur pour que, une fois régénéré, il recouvre le droit de recommencer ses exploits? Voilà la vraie question qui se pose en ce moment devant le public». Le journaliste prend ses lecteurs à témoins: Ne serait-ce pas prendre un risque énorme et inconsidéré de récidive que de déclarer Vacher irresponsable et de voir ordonner un nouveau non-lieu? Que diraient les familles qui crient vengeance? Et quelle serait l'alternative à la peine de mort, si la folie était avérée?» Attisant la peur collective du crime en se faisant le porte-voix de victimes absentes de la procédure judiciaire, la réflexion de Frollo fait écho à notre propre débat contemporain sur ces questions. Le journaliste rapporte également les discussions savantes sur la question, et propose l'instauration d'un jury spécial composé de juristes et d'aliénistes afin de prononcer un avis éclairé sur le sort de ces «fous dangereux». Que l'incarcération se fasse en établissement plutôt asile ou plutôt prison, peu importe, l'essentiel est de soumettre ces individus dangereux «à une observation constante et de ne les relaxer que toutes sûretés acquises contre le retour des méfaits commis»[3].

---

1. «Vacher et les médecins aliénistes», *Le Salut public*, 17 décembre, p. 2; «Le tueur de bergers», *Le temps*, 18 décembre 1897. p. 3.

2. Thomas Grimm, «Crimes et criminels», *Le Petit Journal*, 26 décembre 1897, p. 1. Grimm est un pseudonyme collectif..

3. Jean Frollo, «Les fous criminels», *Le Petit Parisien*, 27 décembre 1897, p. 1.

Le mois de décembre est pour Fourquet celui du renoncement. La visite des médecins à Belley n'a pas fait bouger les lignes. Le 23 décembre, Fourquet écrit au procureur général de Lyon en faisant un point sur l'enquête en admettant qu'il en a perdu le contrôle. À Belley même, Fourquet n'est plus soutenu. Le personnel du tribunal a pris ombrage de ses sollicitations et le procureur de la République a marqué sa défiance en refusant de lui accorder l'aide indispensable qui aurait pu prendre la forme d'une décharge de service. Le juge expose ses difficultés matérielles et confie son état d'épuisement physique. Il passe la main aux médecins experts et demande que leur souhait de transfert de Vacher à Lyon soit mis en œuvre (lettre du 23 décembre, p. 227). Le 27 décembre, Fourquet tente à nouveau d'obtenir des précisions sur le crime de Tassin-la-Demi-Lune, sans plus de succès. Le lendemain, le transfert est accepté par le procureur général de Lyon. Le voyage se déroule au matin du 31 décembre sans incident (pièce 140).

Début janvier 1898, alors que Vacher prend ses marques à la prison Saint-Paul, on s'interroge sur la date et le lieu de son procès. Fourquet, sollicité à ce sujet, répond qu'il ne croit pas à un passage devant plusieurs cours d'assises, même si c'est juridiquement possible.

— Supposez que la défense qui ne peut plaider qu'un système : la folie, obtienne gain de cause devant la moitié des jurys et perde son procès devant les autres qui admettraient la pleine responsabilité. L'institution de la justice populaire recevrait là un coup terrible et il est peu probable qu'on la place dans cette fâcheuse alternative : Vacher criminel dans le Nord, aliéné dans le Midi, le dernier des gredins dans l'Ouest, le plus pitoyable des malades dans l'Est. Il ne sera jugé qu'une fois et pour de bon…[1]

Dans la relation de Vacher avec la justice, on a privilégié jusqu'ici la confrontation du juge et de l'assassin. Il faut maintenant considérer le rôle déterminant des médecins, dont l'expertise a permis le déblocage de l'affaire en permettant le renvoi du tueur de bergers aux assises. Le transfert de Vacher à la prison Saint-Paul marqua-t-il pour autant une rupture dans sa défense ? On peut en douter. Dans la première phase de l'information judiciaire menée par Fourquet à Belley, Vacher n'a cessé d'affirmer son

1. Blégiers, « Petits échos du Palais. À. propos de Vacher », *Le Salut public*, 9 janvier 1898, p. 3.

innocence en étant persuadé que son irresponsabilité ne posait pas question. Vacher a probablement imaginé que le juge d'instruction suivait son raisonnement et on a vu effectivement que celui-ci fut dans un premier temps disposé à le croire fou et donc, irresponsable. C'est probablement durant les semaines de mutisme que Vacher comprit enfin que son irresponsabilité pénale n'était pas acquise. Alors qu'il n'a eu de cesse jusqu'à son transfert de se défendre d'être fou («je ne déraille pas»...), peut-on affirmer avec la presse que Vacher décida de donner des gages de folie aux experts lyonnais en simulant l'aliénation mentale? S'agissant d'une présentation historique, on se gardera ici d'avancer un diagnostic psychiatrique rétrospectif mais quand bien même on pourrait concéder aux partisans de la simulation la possibilité que Vacher ait joué à Saint-Paul un rôle de composition, ce constat ne vaudrait pas un certificat de santé mentale car la psychiatrie de l'époque connaissait déjà, depuis les travaux de Charles Lasègue, la situation de «sursimulation», qui consiste à majorer un état de trouble sur un terrain déjà pathologique. L'historien, ici, n'en peut rien dire de plus. La communauté médicale de l'époque est divisée et on ne relève aucune inflexion d'attitude entre les écrits de la prison de Belley ou de Saint-Paul. Dans la procédure judiciaire, seul l'avis des experts désignés compte. Il faut donc exposer les conclusions de leur rapport. Alexandre Lacassagne signala d'emblée par voie de presse son embarras: «Quelles seront mes conclusions, je n'en sais rien et je vous avoue que nous serons fort embarrassés pour les formuler. En effet, si nous concluons à la responsabilité du criminel, nous allons ameuter contre nous pas mal d'aliénistes, et si nous déclarons que Vacher est fou, le public, qui s'est passionné pour cette affaire et qui a déjà jugé l'homme protestera avec indignation. Vous voyez que notre tâche n'est pas aisée.». On peut croire pourtant que sa conviction fut très tôt établie car il ajoutait, dans cet entretien du 12 janvier: «En tout cas, l'impression générale que me produit cet homme est que nous nous trouvons en présence d'un roublard, d'un finaud qui ne dit que ce qu'il veut et quand il veut. Quant à nous, nous n'avons pu encore gagner sa confiance et il se méfie de nous. Ce ne sera qu'à force de diplomatie que nous réussirons à en tirer quelque chose. Cependant, je ne désespère pas et je vais voir Vacher presque chaque jour. Peut-être finirons-nous par savoir une partie de la vérité»[1].

---

1. J.B.D., «Vacher à Saint-Paul. Entretien avec le docteur Lacassagne», *La France libre*, 12 janvier 1898, p. 2. Cet entretien ne suscita aucun démenti de la part de l'expert, alors qu'une

Vacher reste ainsi à disposition des médecins à Saint-Paul du 1er janvier au 20 mai 1898, date de son retour à Belley. Que se passe-t-il de notable durant ces cinq longs mois d'observation ? Dans un premier temps, la collaboration du détenu semble acquise aux médecins (lettres aux médecins des 23 décembre 1897 et 7 janvier 1898, p. 226) et la presse médicale, en retour, incline à le considérer comme un aliéné, tel Henry Lemesle qui cumule les qualités de médecin et d'avocat, et affirme que Vacher est un dégénéré sujet à des impulsions épileptiques[1]. Le 10 janvier 1898, le docteur Destot se transporte à la prison Saint-Paul à la demande des experts pour pratiquer l'examen radiographique de la tête de Vacher. La radiographie est alors une technique prometteuse et très récente, qui n'a pas trois ans d'existence mais son application nécessite un temps d'opération de plus d'une demi-heure dont la réussite dépend de la pleine coopération du patient. Destot opère avec une bobine et un tube de Crookes. Le détenu se prête docilement à l'exercice, discutant avec l'assistant qu'il tutoie car les deux hommes ont fait leur service militaire au 60e de ligne. L'examen confirme la présence d'une balle de revolver logée dans le rocher, côté droit et la presse médicale commente immédiatement ce résultat en estimant qu'il peut « amener dans une certaine mesure l'irresponsabilité »[2].

Vacher se rend compte toutefois assez vite que son retour à l'asile ne sera pas forcément accéléré par sa mise en observation. Les médecins lyonnais sont persuadés d'être en présence d'un simulateur. Vacher a été accueilli dans sa cellule par un détenu qui sert de mouton et rapporte régulièrement son attitude et ses propos au procureur général (lettre du 15 janvier 1898, p. 227-229) ou aux médecins. Vacher ne semble recevoir la visite régulière que du docteur Lacassagne, accompagné du docteur Étienne Martin, qui rédige les notes d'observations. Rien de très significatif ne mérite d'être relevé durant ces cinq mois. Vacher se fait remarquer parfois lorsqu'il chante à tue-tête la Marseillaise en saccadant chaque mot. Le dimanche, il privilégie les cantiques maristes, d'autres fois encore, il se remémore sa vie en liberté et fredonne à voix basse la chanson des blés d'or ou le refrain d'une autre romance populaire de Doria et Soubise[3] :

---

déclaration de Destot, publiée le 11 par copie du *Lyon républicain*, provoqua une mise au point de l'intéressé dans l'édition du 13. On peut donc supposer que le journaliste n'a pas trahi la pensée de Lacassagne.

1. Henry Lemesle, « Le tueur de bergers », *Le Progrès médical*, 1er janvier 1898, p. 7.
2. « La radiographie de Vacher », *Le Progrès médical*, 15 janvier 1898, p. 48
3. C. Doria et F. Soubise, *La chanson des peupliers*, Paris, Éveillard et Jacquot, sd.

Le vent souffle dans les ramures
Dans les genêts, dans les sentiers
Entendez-vous [ces doux murmures] [bis]
C'est la chanson des peupliers (bis)

Mais le plus souvent, Vacher reste silencieux, se concentrant sur la rédaction de lettres qu'il recopie parfois en plusieurs exemplaires. Ce détenu particulièrement surveillé alterne comme à Belley les temps calmes et des explosions de colère qui sont toujours liées à un motif tel que, par exemple, le refus de le laisser assister à l'office de la messe, le dimanche. Fin janvier, il tente de simuler une grève de la faim mais son subterfuge est rapidement mis au jour. Vacher passe l'essentiel de son temps à écrire, notamment au procureur général et aux médecins, en particulier à Lacassagne. Sa méfiance envers les experts s'est éveillée très vite. Il prévient même Lacassagne : « Sachez que je suis aussi fin que vous »[1]. Vacher fait valoir inlassablement ses arguments de défense et se plaint de n'être point transféré dans un asile ou mieux encore, un hospice où il pourrait être soigné de la balle dans la tête qui est l'une des causes de son état maladif. Pendant ce temps à Belley, Fourquet poursuit la procédure d'instruction par commissions rogatoires et tente d'y mettre bon ordre. En février, il dresse plusieurs cartes retraçant les itinéraires suivis par Vacher. Il réorganise aussi peu à peu les pièces du dossier en suivant les recommandations émises par le procureur général. Il ne manque plus à l'édifice que la pièce maîtresse : le rapport des experts. Fourquet s'en inquiète car le parquet souhaite faire passer Vacher à la session des assises du département de l'Ain qui ouvre le 20 avril à Bourg. La position du parquet prouve ici qu'avant même la remise du rapport, il subodore des conclusions allant dans le sens de la responsabilisation de Vacher (Lettre de Moras, 25 mars 1898, p. 249). Malheureusement, les médecins experts prennent leur temps et ils travaillent autant à l'analyse du volumineux dossier de procédure qu'à l'observation quotidienne de Vacher.

Le juge d'instruction de Belley tente alors de faire avancer la rédaction en se rapprochant d'Alexandre Lacassagne. À partir de mars, il entretient avec le principal expert une correspondance épistolaire qui montre que leur rapport change de nature, passant d'une relation professionnelle distante à une proximité amicale, qui culmine avec un voyage en famille de Fourquet à Lyon, début mai. Ce rapprochement et tout spécialement le

1. Une parole rapportée par Lacassagne, voir plus bas, p. 576.

séjour de Fourquet à Lyon, à l'invitation de Lacassagne, ont certainement permis au juge de Belley d'adopter définitivement à son tour la thèse de la simulation de Vacher et de sa responsabilité pleine et entière, avant même la remise officielle du rapport.

Le 13 mai 1898, les trois experts signent enfin un long rapport récapitulant dans le détail la vie de Vacher et sa série d'assassinats. Le docteur Pierret s'est chargé de l'examen de la période de vie de Vacher antérieure à ses crimes jusqu'à sa tentative d'assassinat de Louis Barrand et son internement à Saint-Robert. Rebatel a traité de l'attitude de Vacher dans la prison de Lyon, il a repris les notes d'Étienne Martin et les écrits de Vacher, qui n'intéressaient pas Lacassagne. Ce dernier s'est en effet concentré sur l'examen des crimes de Vacher et sur cette seule période. Pour les trois médecins, il ne fait pas de doute que Vacher a été atteint d'une aliénation mentale transitoire lors de sa première tentative de meurtre à Baume-les-Dames mais qu'il en était guéri, lorsqu'il quitta l'asile de Saint-Robert le 1er avril 1894. Reste donc à savoir s'il a commis ses crimes par impulsion morbide ou s'il s'agit d'un criminel responsable.

Reprenant chaque affaire, détaillant à chaque fois le mode opératoire et les mutilations pratiquées sur chaque victime, Lacassagne s'attache à démontrer que « Vacher choisissait le moment et le lieu du crime, préférait les jeunes bergers ou bergères, les tuait suivant une méthode infaillible et dans des conditions qui font de l'événement une suite d'actes réfléchis[1] ». En avançant l'idée d'une préméditation, l'expert néglige le fait que le premier assassinat avoué par Vacher a eu lieu en Isère sur la route de Saint-Barthélemy à Beaurepaire, à moins de dix kilomètres de la ferme familiale et de la commune de Marcollin où résidait l'une de ses sœurs. L'assassinat d'Eugénie Delhomme, employée à la filature d'un village de son canton natal, a été commis « à domicile ». Lacassagne ne discute pas non plus le fait que Vacher se présentait généralement, là où il n'était pas connu, sous sa véritable identité, livret militaire à l'appui et ce n'est qu'après l'assassinat commis qu'il changeait de tenue pour se soustraire aux forces de l'ordre.

Le caractère sexuel des crimes de Vacher est apprécié par Lacassagne dans un tableau d'ensemble. On note ici que les pièces de procédure judiciaire incluent des éléments de discours médical et, symétriquement, le rapport d'expertise reprend – sans toujours s'y référer explicitement – des éléments puisés dans les pièces d'instruction. Cette perméabilité des savoirs

---

1. A. Lacassagne, *Vacher l'éventreur...*, p. 359.

n'est pas spécifique à l'affaire Vacher. La singularité de l'expertise est à rechercher ailleurs. Tout se passe comme si l'appréciation des déviations sexuelles de Vacher ne permettait pas de pathologiser sa criminalité. La mise en discours est ici éclairante, soit par élision – volontaire ou pas ? – soit par profusion des signes de déviance. L'expertise impute par exemple à Vacher des actes de sodomie et de viol dont les éléments matériels n'ont pu être établis dans les rapports médico-légaux et qui ont été rejetés par l'accusé.

Le rapport place Vacher dans la catégorie du criminel « sadique », ce qui permet de comprendre ses « perversions sexuelles » et son rituel de mise à mort dans un tableau plus général conciliant la dépravation morale et la responsailité pénale. On est bien ici au cœur de la fabrique d'un discours médico-légal dont l'identité ne relève ni du médical ni du judiciaire. Ce qui prend forme dans cette expertise, c'est une figure chimérique, cliniquement improbable d'« anormal responsable ». Elle se justifie moins par la démonstration d'un diagnostic différentiel ou d'une identité clinique que par une raison pratique qui est bien, comme l'analysait M. Foucault, de réaliser une jonction, une couture et un ajustement du judiciaire et du médical. Au final, le caractère sexuel des actes est placé au second plan pathologique, tant celui-ci paraît résorbé dans la nature criminelle de l'examiné. Les experts ne paraissent pas loin de penser, comme l'affirmera bientôt un René Allendy qu'il « n'existe pas de criminel qui ait une sexualité normale »[1]. La perversité sexuelle de Vacher n'est donc pas pour les médecins un trait de caractère plaidant en faveur de son irresponsabilité pénale. Enfin, les experts disqualifient le discours que Vacher tient sur son propre état : l'homme au bonnet en peau de lapin blanc et aux déclarations mystiques n'a produit à leurs yeux qu'une piètre prestation de simulateur[2].

Par son dialogue avec les médecins, fait d'entretiens et d'écrits, Vacher escompte une confirmation de son irresponsabilité pénale et un retour à l'asile. Spécialiste de criminologie, expert nationalement reconnu, Lacassagne mesure parfaitement l'enjeu du rapport demandé par le juge

1. La citation complète est : « On peut affirmer qu'il n'existe pas de criminel qui ait une sexualité normale et, inversement, on peut penser qu'une sexualité normale empêcherait la criminalité » R. Allendy, *Le crime et les perversions instinctives*, *Le crapouillot*, mai 1938, p. 65.

2. Ce processus de disqualification de l'examiné est un trait caractéristique de l'expertise psychiatrique, pointé par Foucault comme l'illustration de sa dimension « ubuesque » : *Les anormaux. Cours au Collège de France. 1974-1975*, Paris, EHESS-Gallimard-Le Seuil, 1999, p. 33.

d'instruction. Il sait notamment et n'hésite pas à consigner par écrit que des conclusions affirmant l'irresponsabilité pour aliénation mentale peuvent constituer pour certains criminels «un brevet d'impunité»[1]. Placée à la fin du rapport, cette expression forte est plus que symbolique : elle nous livre la clé de la motivation des experts. Pour comprendre ce rapport auquel tous les commentateurs ont accordé à juste titre un rôle crucial dans la responsabilisation pénale de Vacher, il faut changer d'échelle et sortir l'affaire d'une lecture internaliste pour la replacer dans un temps long fait d'enjeux qui la traversent mais ne s'y limitent pas. Les experts ne se contentent pas ici de répondre sur le cas de Vacher. Ils prennent position sur le sens de l'expertise médico-légale dans un débat ouvert depuis plus d'un demi-siècle. Il faut situer l'expertise de l'état mental de Vacher dans un processus d'acculturation du médical et du judiciaire marqué par l'évolution des frontières du crime et de la folie. L'expression de «brevet d'impunité» n'a ici rien d'anodin. Elle renvoie, dans la mémoire professionnelle des médecins experts, au grand débat sur la «monomanie homicide». Rappelons que les termes de la discussion étaient alors, bien différents. Il s'agissait de saisir les limites de l'aliénation mentale et d'en déceler les signes d'une variété rare, poussant irrésistiblement à des crimes sans motifs, dans certaines affaires criminelles particulièrement difficiles, afin que le doute sur l'état mental puisse profiter à l'acquittement de l'aliéné criminel passible, en cas de jugement, de la peine de mort[2]. Les partisans de la monomanie homicide argumentaient donc, à l'époque, en faveur d'une reconnaissance d'irresponsabilité pénale pour ces cas médico-légaux mais ils demandaient, en même temps, que l'acquittement ne vaille pas «un brevet d'impunité». La prise en charge alternative au procès devait être un internement administratif dans un établissement adéquat. Lisons bien Brierre de Boismont, l'un des médecins actifs dans ce premier temps du débat : «Il n'est pas juste, dans le cas même où l'insanité n'est pas un objet de doute, que l'acquittement [des criminels] leur vaille un brevet d'impunité. Nous croyons que leur séquestration peut avoir pour base la durée des peines qu'ils encourraient, s'ils n'étaient pas reconnus aliénés»[3].

---

1. L'expression est alors d'un usage courant dans le débat sur l'expertise mentale et la responsabilité pénale. Elle est citée par exemple dans la séance du 14 décembre 1880 de la Société générale des prisons, *Revue pénitentiaire*, 1880, p. 849.

2. Marc Renneville, *Crime et folie. Deux siècles d'enquêtes médicales et judiciaires*, Paris, Fayard, 2003, p. 97-131.

3. Alexandre Brierre de Boismont, «Sur la nécessité de créer un établissement spécial pour les aliénés vagabonds et criminels», *Annales d'hygiène publique et de médecine légale*, 1846, vol. 35, p. 411.

Le raisonnement de Lacassagne, Pierret et Rebatel opère par rapport à cet argumentaire un déplacement significatif. Le «brevet d'impunité» dénoncé n'est pas tant l'acquittement judiciaire pour irresponsabilité que le placement du coupable à l'asile à l'asile: «Un internement pour folie est en effet trop souvent pour certains criminels un brevet d'impunité. C'est une sorte d'alibi psychopathique dont ils apprécient bien vite l'importance et que beaucoup voudraient avoir à leur actif. Vacher a tablé là-dessus»[1]. En refusant la possibilité même d'un internement d'office à visée sécuritaire, les experts apportaient sur un plateau la tête de Vacher au jury de la cour d'assises. Une telle position expertale était rare mais pas exceptionnelle. La conciliation du constat d'anormalité psychique avec un avis de responsabilité pénale avait déjà été appliquée en 1880 au cas de Louis Menesclou puis à celui de Caserio ; elle le fut à nouveau dans l'affaire du crime commis par Albert Solleilland, qui assassina et viola une jeune fille en 1907[2]. Cette logique médicale de responsabilisation des auteurs de crimes sans motifs s'inscrit dans un processus plus général d'évolution des lignes de partage du crime et de la folie meurtrière[3].

Il ne s'agit pas de critiquer a posteriori – à quelle aune? – ce rapport d'expertise qui établit à la fois la parfaite guérison de Vacher et sa tentative de simulation, sans prendre en considération le fait qu'un individu puisse à la fois présenter des troubles mentaux et simuler – avec plus ou moins de réussite – d'autres troubles. Ce travail de contestation a été mené, sans succès d'ailleurs, par l'avocat de Vacher, lors du procès et par une partie de la communauté médicale. Il s'agit plus simplement de prendre acte de la position exprimée par les signataires de ce rapport: pour Lacassagne, Pierret et Rebatel, Vacher est un assassin sadique, un simulateur qui a été, autrefois, atteint d'une aliénation passagère dont il n'a été guéri que pour sombrer dans le crime en série. La conclusion de leur long mémoire peut ainsi être lue, en affirmation renversée, comme un certificat d'aptitude à une condamnation:

«Vacher n'est pas un épileptique, ce n'est pas un impulsif. C'est un immoral violent, qui a été temporairement atteint de délire mélancolique avec idées de persécution et de suicide. L'otite traumatique dont il est porteur semble n'avoir eu jusqu'à présent aucune influence sur l'état

1. Rapport d'expertise du 12 mai 1898, pièce originale du dossier, p. 60. AD Ain 2 300.
2. Jean-Marc Berlière, *Le crime de Soleilland. Les journalistes et l'assassin*, Paris, Tallandier, 2003.
3. Marc Renneville, *Crime et folie. Deux siècles d'enquêtes médicales et judiciaires*, Paris, Fayard, 2003.

mental de l'inculpé. Vacher, guéri, était responsable quand il est sorti de l'asile de Saint-Robert. Ses crimes sont d'un anti-social, sadique sanguinaire, qui se croyait assuré de l'impunité, grâce au non-lieu dont il avait bénéficié et à sa situation de fou libéré. Actuellement, Vacher n'est plus un aliéné : il simule la folie. Vacher est donc un criminel, il doit être considéré comme responsable, cette responsabilité étant à peine diminuée par les troubles psychiques antérieurs».

La procédure semble ainsi pouvoir enfin reprendre son cours.

Le 20 mai 1898, Vacher est renvoyé de la prison Saint-Paul à Lyon à celle de Belley (pièce 145 bis). Le 27 mai, les experts remettent officiellement leur rapport signé au juge Benoist (pièce 668). Le 3 juin, Fourquet signe une ordonnance de renvoi de Vacher devant la cour d'assises. Cet acte est suivi, le 7 juin, de la signature par l'avocat général Victor Mallein d'un réquisitoire de renvoi de Vacher devant la cour d'assises du département de l'Ain tout en annulant l'ordonnance du 12 décembre 1897 commettant les médecins experts, au motif que le juge d'instruction n'a pas informé l'accusé de son ordonnance d'expertise, datée du 12 décembre, alors même que la nouvelle loi du 8 décembre 1897 l'y obligeait, par ses articles 10 et 12 (pièce 675). Le 8 juin, la chambre des mises en accusation de la cour d'appel délibère sous la présidence du juge Joseph Devienne. Elle décide de suivre la réquisition de Mallein et invalide la commission des experts et l'interrogatoire du 15 décembre (pièce 676). Le 13 juin, Vacher se voit notifier par huissier l'arrêt d'annulation de son renvoi devant la cour d'assises de l'Ain.

Fourquet est très contrarié par cette annulation qu'il prend comme un nouveau signe d'hostilité de ses collègues car la circulaire d'application de la loi ne lui a été transmise à Belley qu'après le 12 décembre (lettre du 10 juin 1898, p. 260). Quelques jours avant déjà, il se plaignait amèrement à Lacassagne des «chinoiseries» de procédure qui l'obligeaient à demander aux experts de reprendre la forme de leur mémoire (lettre du 31 mai, p. 258-259). Fourquet reprend malgré tout sans perdre un jour la procédure invalidée, à tort d'ailleurs, puisque la Cour de cassation statua un an plus tard sur un cas similaire en faveur de la conformité de l'instruction[1]. Dès le 14 juin,

1. Décision n° 356 (8 décembre 1899) in *Bulletin des arrêts de la Cour de cassation en matière criminelle*, 1899, n° 12, p. 601. Voir également, dans la même collection, les décisions des 5 janvier et 16 février 1901, 5 décembre 1902, 29 novembre et 27 décembre 1907 dans lesquelles la Cour de cassation arrête que l'ordonnance de commission d'experts ne présente pas de caractère juridictionnel.

Fourquet notifie à nouveau à Vacher ses droits à être assisté d'un avocat et l'informe de la commission d'experts chargés d'examiner son état mental (pièce n° 677). Ce même jour Fourquet adjoint à la mission d'expertise les noms des deux médecins auxiliaires sollicités par Lacassagne dans le cadre de la première procédure. On ne saurait désormais être trop prudent. Il s'agit du docteur Destot, chargé de procéder à un examen de l'oreille de Vacher et du docteur Lannois, pour un examen radiographique de son crâne (pièce 145 ter). Auguste Pierret, qui a peu vu Vacher en prison[1] et qui était réticent à le responsabiliser, refuse dans un premier temps de participer à ce nouveau rapport, puis il se reprend (lettre de Fourquet 6 juillet 1898, p. 265). Le 15 juin, les experts font une nouvelle prestation de serment dans le cabinet du juge d'instruction de Lyon, Adolphe Benoist (145 quater). Le 16 juin, Fourquet informe à nouveau Vacher qui refuse de prendre un avocat et réitère sa demande de publication des pièces de l'instruction comme préalable à toute réponse de sa part. Le second interrogatoire de la journée est identique à celui du 15 décembre 1897. Fourquet y expose son accusation en démontant le système de défense de l'accusé. Vacher ne répond rien de plus et refuse toujours de contresigner les procès-verbaux. Peu importe désormais pour Fourquet. Ce qui compte, c'est le rapport des experts. Fourquet écrit donc à Lacassagne qu'il n'a qu'à reprendre un exemplaire dactylographié de la version précédente sans rien y changer (lettre du 1er juillet, p. 263).

Les trois médecins experts déposent le 29 juillet un rapport dont la conclusion n'est pas modifiée (pièce 682). La procédure reprend son cours. Le 12 août, Fourquet signe une ordonnance de clôture dans laquelle il répond à son procureur de la République, Paul Aron, avec lequel la discorde se dévoile au grand jour (pièce hors cote, suivant la 685, p. 268-269) et le 22 août, la chambre des mises en accusation de la cour d'appel de Lyon signe enfin le renvoi définitif de Vacher devant la cour d'assises de l'Ain pour répondre de l'assassinat de Victor Portalier (pièce 692). Cet arrêt de renvoi est notifié à Vacher, le 3 septembre. Le 9 septembre, Vacher officialise le choix de son avocat en la personne de Charbonnier, avocat au barreau de Grenoble et conseiller général de l'Oisans (pièce 697). Charbonnier demande en vain un report du procès pour préparer la défense (Lettre du 5 octobre, voir p. 273).

Fin octobre enfin, le procès de Vacher s'ouvre au palais de justice de Bourg.

---

1. Fabien, « Et Vacher ? », *Le Figaro*, 20 mars 1898, p. 2.

8. *L'éventreur en pièces*

L'histoire de ce criminel, cette série de drames sont dignes par le nombre des forfaits d'être donnés comme un des plus étonnants exemples de la perversité humaine.

A. Lacassagne, 1899

Pour juger Vacher sainement et à la seule lumière de nos connaissances psychiatriques, il faut tâcher d'oublier ses crimes épouvantables.

E. Toulouse, 1898[1]

Le procès de Vacher s'ouvre le 26 octobre 1898. Ayant conscience que la tête de l'accusé se jouera sur la question de la responsabilité pénale, son avocat Charbonnier a pris soin de solliciter la présence Édouard Toulouse pour discuter le rapport des experts lyonnais mais celui-ci a décliné la proposition, par manque de temps pour se préparer. Dès le premier jour du procès, Charbonnier dépose donc une demande de contre-expertise, dont la discussion est renvoyée à la fin des audiences[2]. Les débats durent trois jours durant lesquels Vacher expose sa défense en lisant des factums rédigés dans sa cellule. Présent à la première audience avant de regagner Paris pour suivre la demande de révision du procès Dreyfus par la Cour de cassation, Gaston Leroux est frappé par l'attitude de Vacher: «Les portraits que l'on publie de lui ne donnent aucune idée de sa physionomie. Ils le représentent avec une bonne figure endimanchée pour le photographe, au poil lisse et bien peigné, et sa calotte blanche qui lui donne l'air d'un officier russe qui n'aurait pas encore eu affaire avec la justice de son pays. Cette tête est dévorée de tics et mobile à l'excès; le poil noir en est rude, les cheveux sont courts, la barbe finit en pointe. Ce qui bestialise d'une façon plus spéciale l'aspect de Vacher, c'est son sourcil noir, touffu: il semble, en effet, n'en avoir qu'un seul, qui va d'une arcade sourcilière à l'autre, qui les joint et sous lequel les prunelles, comme des billes d'agate sombre,

---

1. Édouard Toulouse, «Le rapport des médecins experts sur Vacher», *Revue de psychiatrie*, n° 11, novembre 1898, p. 327.

2. Jean Charbonnier, *Documents sur l'état mental de Vacher condamné à la peine de mort par arrêt de la cour d'assises de l'Ain du 29 octobre 1898*, Grenoble, impr. de Allier, 1899, p. 45-46.

roulent, roulent. Vacher est vêtu d'un complet de velours marron râpé, costume de garde-chasse qui a beaucoup servi». L'atmosphère même du procès est loin d'avoir la gravité qui sied au jugement d'une telle cause: «De tout ceci, il résulte quelque chose de bizarre, de cocasse, de simiesque plutôt que d'effrayant. Cet homme, qui faisait peur au coin d'un bois, a fait rire en cour d'assises, triple rire de la salle, des magistrats et des jurés. Peut-être s'amuse-t-on trop et ne se demande-t-on point assez si cet homme n'est pas réellement fou. Je sais bien, il y a les experts: trois médecins-experts ont déclaré que, malgré des antécédents de folie établie, les crimes avaient été accomplis en état de responsabilité. Ils feront peut-être tomber sa tête. J'aime mieux que ce soit eux que moi, et je préfère être à mon banc qu'à celui du jury. Je l'ai vu, je l'ai entendu, et je n'en suis pas plus avancé qu'à l'époque où je ne le connaissais point»[1].

Plus de trente témoins sont convoqués (pièce 740). La première journée est consacrée à l'interrogatoire de Vacher. La deuxième journée marque la fin de l'interrogatoire et une première audience consacrée à l'audition des témoins. Le 28, les derniers témoins passent à la barre et les experts s'expriment sur l'état mental de Vacher. La déposition de Lacassagne est accablante pour l'accusé. Les docteurs Bozonet et Madeuf ne parviennent pas à faire valoir leur position sur la responsabilité diminuée de l'accusé. L'avocat de la défense plaide la folie de Vacher, pointe la responsabilité médicale du docteur Dufour, devenu député, absent au procès et opposant politique de Charbonnier[2]. À la fin de sa plaidoirie et contre toute logique, Charbonnier transige en demandant les circonstances atténuantes plutôt qu'un acquittement par application de l'article 64. Malgré cette concession au demeurant illogique, le verdict attendu et réclamé par la foule est rendu en fin de journée: l'éventreur est reconnu coupable d'avoir commis l'assassinat de Victor Portalier avec la circonstance aggravante d'avoir agi avec préméditation. La sentence tombe: Vacher est condamné à la peine de mort.

E. Toulouse, bien qu'absent au procès, se déclare ouvertement, à la lecture du rapport de Lacassagne, en totale opposition avec ses conclusions[3]. Et si le médecin aliéniste de l'hôpital de Villejuif prend soin de préciser qu'il a la «plus grande estime scientifique» pour ses confrères, il

1. Gaston Leroux, «Le tueur de bergers», *Le matin*, 27 octobre 1898, p. 2.

2. Charbonnier a été battu par Dufour aux dernières élections législatives, «Le procès de Vacher», *La Dépêche*, 29 octobre 1898, p. 3.

3. E. Toulouse, «Le rapport des médecins experts sur Vacher», *Revue de psychiatrie*, n° 11, novembre 1898, p. 325-328.

n'hésite pas à affirmer que les experts lyonnais ont été « dominés par l'horreur des crimes et par le désir de préserver à jamais la société d'un pareil monstre ». Or, si on prend soin de juger Vacher « à la seule lumière de nos connaissances psychiatriques », alors « Vacher serait un de ces cas médico-légaux qui ne comportent aucune discussion. Il serait certainement présenté par les experts comme un malade et considéré par le jury comme irresponsable[1] ».

Le pourvoi de Vacher est rejeté par décision de la Cour de cassation le 2 décembre 1898. En décembre encore, durant le temps d'examen du recours en grâce, Toulouse réaffirme son soutien à Charbonnier pour l'obtention d'une commutation de peine[2]. Le *Progrès médical,* dirigé par Bourneville, prend également position en faveur d'une commutation de peine[3]. Pendant que la presse médicale parisienne s'active, le docteur Madeuf obtint de la famille de Vacher que le corps du supplicié fasse l'objet d'une autopsie, malgré le refus initial du procureur général. Le rejet du recours en grâce est notifié aux autorités judiciaires le 29 décembre. Le 30, la guillotine arrive à Bourg, accompagnée du bourreau Louis Deibler, devenu hématophobe et qui a dû surseoir à sa retraite pour réaliser cette ultime exécution. La sentence est mise à exécution sur la place publique du Champ-de-Mars à Bourg-en-Bresse, au petit matin du 31 décembre 1898. Quelques jours après, Henri Rochefort prend sa plume de journaliste polémiste pour signer en une de son journal un article accusateur. Anticlérical et farouche partisan de la culpabilité du capitaine Dreyfus, Rochefort établit un parallèle entre les deux affaires : l'exécution de Vacher lui paraît aussi inique que la non-exécution de Dreyfus. À ses yeux, le premier était incontestablement un fou, le second un indiscutable coupable. En se trompant sur ces deux affaires, la justice s'est compromise[4].

Immédiatement après l'exécution, le corps de Vacher est transporté à l'Hôtel-Dieu de Bourg pour être soumis à autopsie, sous l'autorité du docteur François Madeuf, en présence des docteurs Adam, Chaumier, Taty, Paviot et Boyer, ces derniers étant proches de Lacassagne. Un compte rendu précis de l'autopsie est réalisé par le docteur Boyer : il figure dans le livre de Lacassagne (voir p. 586-588). Le cerveau est photographié puis moulé en

1. *Ibid.*, p. 327.
2. E. Toulouse, « L'affaire Vacher », *Revue de psychiatrie*, n° 12, décembre 1898, p. 381.
3. « Le tueur de bergers », *Le Progrès médical*, 26 novembre 1898, n° 48, p. 430.
4. Henri Rochefort, « Assassinat d'un fou », *L'Intransigeant*, 4 janvier 1899, p. 1.

plâtre. On réalise des coupes dites «de Pitres» sur l'hémisphère droit. L'hémisphère gauche reste intact à la demande de la famille. Une des coupes de l'hémisphère droit est remise au docteur Paviot, qui emporte l'échantillon au laboratoire d'anatomie pathologique de la faculté de médecine de Lyon. Le docteur Madeuf transporte à Paris le reste du cerveau avec le bulbe, le cervelet et la moelle dans une solution de formol. Madeuf confie le crâne au docteur Laborde pour un examen anthropologique et remet ce qu'il reste du cerveau au docteur Toulouse pour l'analyse du système nerveux. Toulouse décide à son tour de distribuer le travail en livrant l'examen morphologique à Manouvrier, professeur à l'école d'anthropologie et collaborateur de Lacassagne pour les *Archives d'anthropologie criminelle*; et l'examen histologique aux docteurs Klippel, Philippe et Rabaud. Un morceau du lobe frontal est également envoyé au professeur Cesare Lombroso, à l'université de Turin.

Dès janvier 1899, Toulouse énonce les limites de l'interprétation à donner à ces analyses: «Il faut donc attendre le résultat de ces multiples recherches pour savoir s'il existe d'autres preuves de l'aliénation mentale de Vacher que les preuves cliniques. Mais il faut aussi bien accepter que si ces dernières peuvent être confirmées, elles ne peuvent nullement être diminuées par l'examen anatomique en cours. Tous les jours des aliénés meurent dans les asiles après avoir parcouru les étapes d'une maladie mentale tout aussi et même mieux caractérisée que celle de Vacher, et cependant les résultats de l'étude micrographique sont négatifs ou sans signification. On ne peut donc pas appliquer à Vacher, considéré comme aliéné, d'autres lois que celles qui régissent les autres aliénés. Sur ce point mon opinion restera ce qu'elle a été après la lecture du rapport des distingués experts de Lyon: Vacher entrait dans la catégorie de ceux que les aliénistes considèrent comme des malades et enferment, après leurs crimes, dans des asiles. S'il a été condamné, c'est parce qu'il avait commis des forfaits nombreux et que l'horreur inspirée par ces meurtres a masqué aux yeux des experts leur caractère morbide»[1].

Sans attendre le résultat de ces analyses, Alexandre Lacassagne s'empresse de préparer la publication d'un livre intitulé *Vacher l'éventreur et les crimes sadiques*. Ce projet de livre, il le porte depuis le procès, et peut-être même avant (*cf.* lettre à Fourquet, p. 276). Cet ouvrage constitue la pièce centrale de l'entreprise de reprise du parcours sanglant et de la personnalité du tueur de bergers. Il rassemble des informations judiciaires, médico-

1. E. Toulouse, «L'affaire Vacher», *Revue de psychiatrie*, 1899, janvier, n° 1, p. 5-6.

légales et criminologiques qui en font une source essentielle sur la connaissance des faits. Mais ce livre contient également des réflexions, des analyses, des positions et des propositions qui témoignent des débats suscités par l'affaire. En tentant d'expliquer l'histoire singulière d'un criminel hors du commun, il soulève des questions sur les moyens de l'enquête, les raisons du passage à l'acte et l'adaptation de la réaction sociale. Questions qui, pour une large part, restent les nôtres.

La préface de Lacassagne est datée du 19 février 1899 et le premier courrier accusant bonne réception de l'ouvrage de début avril 1899. On peut donc en déduire que *Vacher et les crimes sadiques* a été publié entre fin février et fin mars 1899, or à cette date, aucun des travaux sur le cerveau de Vacher n'a été rendu public. Ce point explique que le livre de Lacassagne ne fasse pas allusion à l'autopsie du cerveau de Vacher. Pour Lacassagne, la publication d'un livre consacré à une affaire criminelle dans laquelle il est intervenu comme expert n'est pas une nouveauté. Le médecin-légiste l'a déjà utilisée en composant à chaque fois des ouvrages contenant un récit de l'affaire et des pièces de procédure. Lacassagne a inauguré cette formule de livre gigogne avec l'affaire Gouffé et l'a repris pour l'affaire Caserio, avec un certain succès éditorial: l'affaire Gouffé a connu deux éditions dès 1894 et il s'agit, au moment de l'affaire Vacher, du meilleur titre de sa collection «bibliothèque de criminologie», derrière la *Philosophie pénale* de Tarde, qui a rapidement fait l'objet de deux, puis de trois éditions.

À la différence des deux premiers opus, celui consacré à Vacher comprend une préface brève mais très significative car elle permet de positionner le livre. Lacassagne y réaffirme sa conviction «aujourd'hui comme en octobre dernier, aux Assises de l'Ain» d'avoir dit «la vérité, toute la vérité et rien que la vérité». Or, c'est justement cette «vérité» de l'irresponsabilité pénale de Vacher qui avait été contestée avant même que Lacassagne soit désigné comme expert, et c'est donc cette vérité de l'expert à laquelle le livre entend apporter des pièces de conviction. Lacassagne confirme dans cette préface que le rapport a été très tôt publié dans les *Archives d'anthropologie criminelle*, à la fin de l'année 1898. Enfin, il dit combien cette affaire l'a éprouvé, comme le juge Fourquet: «nous quittons la plume et sortons de ce long travail comme d'un cauchemar, c'est-à-dire écœuré et fatigué».

Vacher l'éventreur et les crimes sadiques paraît sous le seul nom de Lacassagne mais il comprend plusieurs auteurs: Fourquet, Martin, Bérard, Tarde, Marciat, Boyer… et Vacher, dont quelques textes sont reproduits.

Lacassagne en est toutefois l'unique éditeur. Il est à l'initiative de l'ouvrage et le seul assembleur des documents, même si Fourquet semble avoir fourni le texte de tous les procès-verbaux d'autopsies (Lettre de Lacassagne, p. 275). Plusieurs contributions reprennent une première publication dans les *Archives d'anthropologie criminelle.* C'est le cas pour l'acte d'accusation, le rapport des experts, Vacher devant la cour d'assises de l'Ain (Martin), le vagabondage en France (Bérard), les transformations de l'impunité (Tarde). Cette republication s'est faite à l'économie. Si on compare l'édition de l'acte d'accusation dans les *Archives* et dans le livre[1], on constate que la version du livre est un cliché de l'article. Lacassagne a simplement inséré, pour l'édition en livre, dix croquis représentant le corps mutilé de toutes les victimes d'assassinats avoués de Vacher, à l'exception de Claudius Beaupied, dont le corps fut retrouvé à l'état de squelette. Il n'y a aucune variante entre les textes, qui reprennent les élisions qu'on peut identifier entre l'acte d'accusation original et sa première transcription dans les *Archives.* Les croquis des corps des victimes attirent l'attention. On n'en connaît pas l'auteur mais on peut émettre plusieurs remarques : ces dessins ne sont pas présents dans les dossiers de procédure, pas plus que dans le rapport original et sa première publication dans le dossier des *Archives.* Les versions conservées à la bibliothèque municipale de Lyon portent une légende qui n'est pas de la main de Lacassagne[2]. Le trait de dessin est identique, confortant l'hypothèse d'un unique auteur. Il s'agit donc probablement de croquis de reconstitution, établis pour donner à voir à la fois chaque scène dans sa singularité et la série pour les rapprochements. Ces croquis réalisés après la première publication du rapport pour leur insertion dans le livre ont une forte valeur de démonstration visuelle a posteriori. La section consacrée aux « rapports des experts » procède du même esprit. Fidèle au contenu du rapport original, elle a fait l'objet d'une découpe avec des intertitres ajoutés dans une visée didactique. Elle est aussi augmentée de plusieurs pièces dites « annexées » au rapport ; or, si on retrouve bien la plupart de ces pièces dans le dossier de procédure judiciaire, seuls les examens complémentaires du docteur Destot et du docteur Lannois ont effectivement la qualité de documents annexés au rapport officiel des experts.

1. A. Lacassagne, « Vacher l'éventreur. Acte d'accusation. Rapports… », *Archives d'anthropologie criminelle*, 1898, p. 632-695.
2. BM de Lyon, fond ancien, Ms 7056. Affaire Vacher. Album photos.

Parmi les textes inédits du livre, on compte donc les rapports médico-légaux rédigés par différents médecins sur les onze crimes avoués (p. 383 et suiv.) et un article d'Émile Fourquet procédant à l'examen des crimes attribuables à Vacher (p. 419). Cet article est la transcription d'une note manuscrite transmise au parquet le 23 février 1898. Celle-ci avait été rédigée sur la sollicitation du procureur général de la cour d'appel de Lyon, et elle était accompagnée de cartes établissant l'itinéraire de Vacher durant les années 1894 à 1897. Fourquet s'y montre convaincu que Vacher était déjà un assassin avant d'entrer au régiment (p. 420). L'article de Fourquet est suivi de pièces extraites du dossier, fournies par le juge puis d'un article de Gabriel Tarde, confrère magistrat et surtout co-directeur, théorique du moins, des *Archives de l'anthropologie criminelle* avec Alexandre Lacassagne. Ce texte d'analyse sur l'impunité pénale est suivi d'une longue étude sur «le marquis de Sade et le sadisme», signé «Marciat», pseudonyme du docteur César Tournier, qui fut l'un des collaborateurs de Lacassagne pour sa revue et chef de clinique médicale de l'université de Lyon. À l'inverse du texte de Tarde sur l'impunité pénale, cette étude originale ne fut pas publiée dans la revue et ne fut diffusée que sous forme de quelques tirés à part. Elle ne semble pas avoir acquis une place dans les études sadiennes qui se développèrent au XXe siècle[1].

Le choix d'expliquer le comportement de Vacher par la notion de «sadisme» n'était pas anodin puisque l'internement à Charenton du marquis de Sade n'avait pas été, de l'aveu même de la communauté médicale, causé par l'aliénation mentale du marquis[2]. En publiant cette étude sur le marquis de Sade, Lacassagne entendait placer Vacher dans la catégorie des jouisseurs par la souffrance d'autrui. Il espérait ainsi démontrer la possibilité d'associer la débauche immorale et criminelle avec la responsabilité de l'auteur de la débauche mais, ce faisant, il forçait l'analogie entre le sadisme littéraire et le sadisme sanguinaire. Le critique Rémy de Gourmont avait d'ailleurs prévu le risque d'une telle confusion en affirmant dès décembre 1898 que le vagabond était plus «tragique que l'aristocrate» et que si le marquis de Sade «avait vraiment été

1. Maurice Heine la signale sans s'y arrêter. Il lui préfère l'*Essai médico-psychologique sur le marquis de Sade*, thèse de médecine du docteur Salvator Salvati, soutenue en 1930 à la faculté de médecine de...Lyon. M. Heine, *Le Marquis de Sade. Texte établi et préfacé par Gilbert Lely*, Paris, Gallimard, 1950, p. 105-106.

2. Voir par exemple le compte-rendu du docteur Cabanès, *Le cabinet secret de l'histoire*, par Étienne Martin in *Archives d'anthropologie criminelle*, 1900, p. 311.

l'homme de *Justine*, il n'aurait pas écrit»[1]. La comparaison des hommes nécessitait de passer sous silence deux différences essentielles entre le marquis de Sade et Vacher : le premier revendiquait ses actes, les théorisait même, tandis que le second affirmait subir ses impulsions criminelles comme une contrainte extérieure. À la différence du marquis, Vacher portait sur ses actes un jugement sans appel : c'était des «saletés», des «abominations» causées par une maladie dont l'exemple risquait, selon ses propres termes, «de nuire à la moralité de la jeunesse» (pièce 620).

Pressentant peut-être les limites d'une assimilation trop directe, Lacassagne reprend ensuite la main sur l'étude de Marciat pour aborder cette question du sadisme «au point de vue de la médecine légale» et des «crimes sadiques». L'objectif est de démontrer l'existence d'une criminologie du sadisme en déroulant la mise en série de cas par la convocation d'auteurs auxquels sont empruntées de longues citations. On trouve ici l'insertion d'un travail de Mac Donald sur les victimes de Jack l'éventreur avec les conclusions du médecin légiste anglais. Cette étude sur Jack l'éventreur est suivie d'un texte sur l'affaire de Pont-Laval, initialement paru dans les *Archives* en 1886. Lacassagne rapporte ensuite des cas exposés par les docteurs Thoinot, Frenkel, Sanitchenko, Henri Coutagne, Paul Garnier, Alfred Guillebeau…

L'ouvrage se termine par plusieurs textes courts sur «l'état d'âme de Vacher», son autopsie, les suspects poursuivis à tort et la nécessité de créer un poste de magistrat instructeur centralisant à Paris toutes les affaires criminelles non résolues.

L'impression d'inachèvement est patente dans ce livre où la production de documentation originale prime sur la réflexion. Le plan général comme l'organisation de la matière indique un travail réalisé dans la précipitation. On peut s'étonner que Lacassagne ait choisi de publier son livre sans attendre les résultats des analyses du cerveau de Vacher, sachant qu'elles étaient en cours. Le médecin légiste a construit ce livre dans une telle urgence qu'il ne semble même pas avoir pris le temps de prévenir tous ses contributeurs. Ce n'est qu'à la réception de l'ouvrage imprimé que Gabriel Tarde découvrit la présence de son texte. Il protesta d'ailleurs du bien-fondé de cette insertion auprès de son ami : «J'ai été un peu surpris d'y voir figurer à la suite mon étude sur les transformations de

---

1. Rémy de Gourmont, *Épilogues. Réflexions sur la vie*, Paris, Mercure de France, 1921, p. 313-314.

l'impunité qui me paraît ne s'y rattacher que par le lien le plus vague et le plus lointain. Parler de l'impunité à propos d'un condamné à mort, qui vient d'être exécuté ! »[1].

La publication non concertée et fébrile de *Vacher l'éventreur*, avec l'insertion de croquis, de photographies et de pièces de procédure ; sa constitution en forme de dossier, son plan hasardeux, ses erreurs factuelles, la logique discutable de l'ordre des textes et sa préface très personnalisée sont autant d'indices pour affirmer que ce livre est un plaidoyer autant qu'une étude. *Vacher l'éventreur et les crimes sadiques* a été construit et arrangé dans une finalité démonstrative, non plus exclusivement judiciaire mais scientifique. C'est à la fois un livre savant, un livre témoignage et un livre engagé. L'ouvrage fut d'ailleurs reçu comme tel. Marcel Beaudoin, rédacteur en chef de la *Gazette médicale de Paris*, se proposa dès mars 1899 d'y consacrer « un important article » avant de renoncer[2]. Ce n'est qu'un an plus tard qu'il décida de signaler l'ouvrage à ses lecteurs comme une « publication de combat », en pointant l'aspect militant du livre : « On sait en effet que les experts lyonnais sont certainement en l'espèce la cause de l'intervention du bourreau, et que leur conduite a été vivement critiquée par toute l'École criminaliste moderne. Si donc Lacassagne a publié le résultat de ses recherches sur ce cas particulier, c'est certainement autant dans le but de se défendre que dans celui de faire œuvre de savant. »[3]

Les amis ayant reçu le livre de Lacassagne accusèrent réception de l'ouvrage et de sa lecture mais, là encore, la réception n'entraîna pas forcément l'adhésion à la thèse défendue. Le 20 mars, le professeur Enrico Morselli répondit de Gênes en mettant à distance l'avis de Lacassagne : « évidemment tant de criminalité accumulée dans un seul cerveau [...] n'est pas normalité ; mais cependant, vous avez raison, elle n'est pas même de la maladie »[4]. Parmi les premiers, Joseph Garin, avocat au barreau de Lyon, écrit qu'il « recule épouvanté devant ces monstruosités » et livre à son ami Lacassagne un avis développé mais divergent : « Elles m'apparaissent comme la conséquence d'une folie véritable : car si je peux concevoir que des imaginations perverties inventent des raffinements de débauche dont

1. Lettre de Gabriel Tarde à Lacassagne, début avril 1899, BM Lyon Ms 5283 (n° 54).

2. Lettre de l'administrateur général de la Gazette à Lacassagne, 15 mars 1899, BM Lyon Ms 5283 (n° 53).

3. M. Beaudoin, « Vacher l'éventreur et la théorie du sadisme d'après les experts lyonnais », *Gazette médicale de Paris*, 30 juin 1900, série 11, n° 3, p. 311-312.

4. Lettre d'Enrico Morselli à Lacassagne, 20 mars 1899, BM Lyon Ms 5283 (n° 57).

la volupté m'échappe, je me refuse à admettre que sans folie le débauché puisse torturer et tuer pour la seule satisfaction de sa lubricité. Et quand je vois, à la fois, des raffinements déraisonnables et des crimes monstrueux, je ne peux m'empêcher de penser que j'ai devant moi des monstres ou des malades, et non plus des hommes qui ont le droit de m'appeler leur frère. C'est un sujet intéressant de futures conversations avec vous : je suppose que votre conviction est faite de votre longue expérience ; et que vous êtes arrivé à "analyser" Vacher, après avoir rencontré toute une série de demis ou de quarts de Vacher, qui vous ont montré la fragilité de la distinction entre la raison et la folie. Pour moi, je recule – c'est le seul mot qui exprime ce que je ressens – devant cette brute comme devant un chien enragé : ma première observation porte sur le sujet maximum, et je n'ai pas été préparé à le comprendre »[1].

Parmi les lecteurs adeptes de sa thèse, Lacassagne compte Georges Dumas[2], André Raffalovich[3] et, bien sûr, le juge Fourquet. On a vu que le juge s'était rapproché du professeur de médecine légale à l'occasion de la mise en observation de Vacher pour l'expertise. Vacher exécuté, Fourquet sort de sa réserve et exprime publiquement son sentiment en affirmant que le rapport des experts est « très remarquable »[4]. En avril 1899, Lacassagne présente à la Société d'anthropologie de Lyon un travail sur le vagabondage en France dans lequel il fait une proposition extraite de son livre, consistant à « généraliser la méthode qui a permis à M. Fourquet d'identifier les divers crimes de Vacher ». Ainsi, il faudrait créer une institution à Paris, afin de placer « entre les mains d'un juge d'instruction, tous les renseignements se rapportant à des crimes dont les auteurs n'ont pas été trouvés. Ce juge pourrait facilement, ayant d'une façon permanente en main tous les dossiers, faire le travail que Fourquet a exécuté dans l'affaire Vacher, et pour lequel il a dû demander et compulser un nombre considérable de dossiers »[5].

En mai, la *Revue scientifique* publie un compte rendu critique de *Vacher l'éventreur*... La rédaction explique que si les conclusions de Lacassagne

---

1. Lettre de Joseph Garin à Lacassagne, 23 mars 1899, BM Lyon Ms 5283 (n° 55).
2. Lettre de Georges Dumas à Lacassagne, s.d., BM Lyon Ms 5283 (n° 56).
3. Lettre d'André Raffalovich à Lacassagne, 22 juin 1899, BM Lyon Ms 5283 (n° 60).
4. É. Fourquet, « Les vagabonds criminels », *Revue des Deux-Mondes*, 1899, p. 419.
5. A. Lacassagne, « Le vagabondage en France. Séance du 19 avril 1899 », *Bulletin de la Société d'anthropologie de Lyon*, t. 18, 1899, p. 87-88.

sont conformes à la «médecine légale classique» et au «code pénal officiel», elles ne le sont plus au regard des psychologues qui ont suivi les travaux de Lombroso et «elles seront peut-être, avant peu, en complète contradiction avec les prochaines pénalités édictées par les progrès de la psycho-physiologie»[1]. Lacassagne reçoit dans le même mois une lettre du docteur Ladame, collaborateur genevois qui tient la «chronique allemande» des *Archives d'anthropologie criminelle.* Ladame considère que l'ouvrage «est vraiment classique et aura toujours une grande valeur par les documents et les renseignements historiques que vous donnez aussi bien que par la description minutieuse de l'horrible personnage et de ses crimes abominables» mais, tout en affirmant qu'il comprend que Lacassagne n'ait pu se prononcer autrement dans son rapport, il désapprouve ses conclusions et s'en explique longuement: «Les tigres sont-ils responsables? Vous connaissez mon opinion sur la peine de mort que je ne puis admettre. En tout cas Vacher devait être retranché de la société et condamné à la séquestration perpétuelle dans un pénitencier ou tout autre établissement analogue car sa place n'était certainement pas dans un asile d'aliéné et je ne crois pas les directeurs d'asiles qui auraient accepté volontiers un semblable pensionnaire et je me demande si ceux qui le regardent comme un aliéné irresponsable le garderait pendant le reste de sa vie dans leur asile! La responsabilité n'est du reste au fond pas une question médicale – c'est une affaire juridique – nous pouvons juger de la maladie, de son degré de gravité, de son pronostic probable, mais c'est aux juristes qu'il appartient de doser le degré de responsabilité d'un criminel. Quant à moi, j'ai bien toujours trouvé ce dosage impossible et la question insoluble dans le cas de la folie lucide et raisonnante. Ce sont les individus les plus dangereux pour la société, il n'y a pas à hésiter. Responsables ou non, il faut à tout prix les sortir du milieu social et les enfermer pour le reste de leurs jours»[2].

Les conclusions des analyses réalisées par Laborde, Papillault, Manouvrier et Gellé sur le crâne et le cerveau de Vacher sont présentées à la Société d'anthropologie de Paris, dans sa séance du 15 juin 1899[3]. Le

1. «Causerie bibliographique. Vacher l'éventreur et les crimes sadiques», *Revue scientifique*, 15 mai 1899, p. 596-597.

2. Lettre de Paul-Louis Ladame à Lacassagne, 23 mai 1899, BM Lyon Ms 5283 (n° 62).

3. J.-B. Laborde, L. Manouvrier, G. Papillault et M.-E. Gellé, «Étude psycho-physiologique, médico-légale et anatomique sur Vacher», *Bulletins de la Société d'anthropologie de Paris*, 1899, p. 483-495. La revue ne fut publiée qu'en fin d'année 1899. L'article fut reproduit en 1900 en brochure indépendante.

résultat est paradoxal car les savants admettent qu'aucune anomalie pathologique n'a pu être relevée sur la tête de Vacher, en dehors d'une seconde balle logée dans le cou, ignorée lors de la radiographie faite par le docteur Destot. Les conclusions de leur étude s'inscrivent pourtant en faux contre les conclusions du rapport d'expertise, en décrivant un Vacher « dégénéré héréditaire, constitutionnel, atteint d'un état mental d'aliénation caractérisé par un délire maniaque, avec prédominance mélancolique, idées mystiques et de persécution, impulsion suicide et surtout homicide, dépravation sadique et inversive » et, qu'en conséquence, il ne peut « être considéré comme responsable des actes commis par lui en cet état anormal, maladif ; quelles que soient, d'ailleurs, la violence, l'horreur exceptionnelle de ces actes, et alors même que la préméditation consciente la plus avérée, la systématisation la plus constante y ont présidé »[1]. Proche de Lacassagne, Manouvrier aurait probablement souhaité nuancer l'attaque mais Gellé, en relation amicale avec le médecin lyonnais, n'hésita pas à lui confirmer par écrit qu'il était en désaccord complet avec la responsabilisation de Vacher[2].

En juillet, Lombroso prend à son tour position : « les experts ont été entraînés dans une fausse route parce qu'ils ont voulu, comme les juges, étudier le crime plus que le criminel chez lequel l'impulsivité, l'intermittence, les amnésies, les symbolismes dans l'écriture, l'étrange agilité musculaire auraient suffi, – quoiqu'on eût oublié d'étudier la sensibilité, le champ visuel, l'urine, la thermométrie, – à démontrer le fond épileptique ». Pour le professeur de Turin, qui a travaillé avec ses collègues Roncoroni et Bovero, le résultat de l'analyse de l'empreinte de l'hémisphère gauche du cerveau et d'un petit fragment du lobe frontal est sans équivoque possible : les cellules du cerveau présentent une organisation dont le caractère est typique des épileptiques et des criminels-nés[3].

Édouard Toulouse s'exprime enfin sur l'histologie du myencéphale lors de la séance du 31 juillet 1899 de la Société médico-psychologique. Le résultat des analyses de Klippel, Philippe, Rabaud, Lombroso, Marchand

1. J.-V. Laborde *et al.*, *ibid*, p. 494-494.

2. Gellé est plus direct dans sa correspondance que dans la note publiée : « [...] je combats à fond, pour les réfuter, vos conclusions du rapport de l'expertise » Lettre de Gellé à Lacassagne, non datée (août 1899), BM de Lyon, fonds ancien, Ms 5283 (n° 33).

3. C. Lombroso, « Le cerveau de Vacher », *Revue scientifique*, 8 juillet 1899, p. 56.

et Toulouse n'a rien livré de probant[1]. Seul Lombroso a trouvé des anomalies, Toulouse tient donc à mettre ces résultats à part. Philippe, Marchand et Toulouse ont trouvé dans leurs coupes traitées par la méthode de Nissl des « corpuscules amyloïdes » en grande proportion ainsi que des cellules semblant avoir perdu leur forme triangulaire. Ainsi que le concède Toulouse, « ces examens, un peu différents dans les détails, se rapprochent par une conclusion commune : on n'a pas découvert dans le système nerveux de Vacher de lésions pathologiques caractérisées »[2]. Ce constat ne modifie pas pour autant la position du psychiatre, qui avait prévenu, dès janvier 1899, qu'il ne fallait pas s'attendre, en cas de recherches négatives, à devoir contredire les « preuves cliniques de l'aliénation mentale de Vacher ». Ainsi, « ces examens histologiques » n'apportent « aucune lumière dans le débat » et Toulouse prédit que « chacun restera avec son opinion ».

L'avis critique de Lombroso est reproduit le 29 juillet dans *Le Progrès médical*, suscitant la réaction du docteur Paul-Boncour dans le numéro suivant, qui trouve que les assertions des experts italiens reposent sur des observations démenties par les travaux de Laborde et Toulouse[3]. Étienne Martin s'empresse alors d'écrire à Lacassagne : « Avez-vous lu les déclarations de Lombroso au sujet du cerveau de Vacher ? Quand on compare ces descriptions avec la réalité, on voit éclater la mauvaise foi la plus éhontée. Ne devrions-nous pas profiter de l'occasion pour dire et bien faire comprendre les procédés scientifiques de l'école italienne et les disqualifier d'une façon définitive ? »[4].

Cette levée de boucliers contre Lombroso ne peut faire oublier à Lacassagne la multiplication des avis critiques sur son rapport d'expertise. Probablement contrarié par la réception tiède de son ouvrage, le professeur lyonnais l'est plus encore de savoir que son expertise est attaquée à Paris sans pouvoir prendre connaissance des comptes rendus des travaux exposés par Laborde. Lacassagne s'inquiète durant l'été 1899 de

1. « Société médico-psychologique. Séance du 31 juillet », *Annales médico-psychologiques*, 1899, n° 10, p. 455-459, reproduit sous le titre « Histologie du myencéphale de Vacher », *Revue de psychiatrie*, août 1899, n° 8, p. 229-232.

2. E. Toulouse, « *Histologie…* », *Revue de psychiatrie*, août 1899, n° 8, p. 231-232.

3. G. Paul-Boncour, « Le cerveau de Vacher et M. Lombroso », *Le Progrès médical*, n° 31, 5 août 1899, p. 86. La critique émise par Lombroso fut rejetée en France. Gellé, intraitable sur le rapport, affirma à Lacassagne que le professeur de Turin était « un farceur » (lettre citée).

4. Lettre de Martin à Lacassagne, 22 août 1899, BM de Lyon, fonds ancien, Ms 5283 (n° 21).

la loyauté de ses proches collaborateurs. En réponse à une interpellation du professeur lyonnais, Manouvrier écrit à son ami pour l'informer sur les communications faites le 15 juin à la Société d'anthropologie. S'étonnant que Lacassagne en ait eu connaissance alors qu'aucun journal n'en a rendu compte, c'est un Manouvrier gêné qui confirme le 22 août à Lacassagne que Laborde « a jugé assez sévèrement les questions et conclusions des experts mais n'a pas plaidé pour cela l'irresponsabilité sociale. Il a insisté au contraire avec l'éloquence qui le caractérise sur la distinction à faire entre la responsabilité métaphysique ou médico-légale et la responsabilité sociale, distinction qui lui a paru être neuve ». Manouvrier assure Lacassagne de sa conclusion sur la normalité du cerveau et de celle de Papillault, qui conclut de même pour le crâne. Enfin, à l'instar du docteur Gellé, il pointe pour son ami la mauvaise critique de Lombroso : « Voilà, cher collègue et ami, les renseignements demandés, en attendant que je puisse, à la rentrée, m'occuper de la note Lombroso. Quel fumiste ! »[1].

Lacassagne ne fut probablement pas rassuré par la lettre de Manouvrier, qui confirmait la position critique du docteur Laborde, membre influent de l'Académie de médecine, après celle d'Édouard Toulouse, connue depuis novembre 1897. Il décida de prendre position en rassemblant dans les *Archives de l'anthropologie criminelle* tous les résultats des examens réalisés sur le cerveau de Vacher[2]. Laborde donna également son accord[3] mais la publication de son étude critique tarda trop et Lacassagne passa outre, en exposant sa réponse dans la dernière livraison de l'année des *Archives d'anthropologie criminelle*. La revue de criminologie lyonnaise reprend ainsi successivement l'article de Lombroso, la réponse de Paul-Boncour, qualifiée par le médecin lyonnais « d'appréciation sévère à laquelle nous ne croyons pas que Lombroso ait

1. Lettre de Léonce Manouvrier à Lacassagne, 22 août 1899, BM de Lyon, fonds ancien, Ms 5283 (n° 34). On ne trouve aucune trace de la note contre Lombroso promise par Manouvrier dans la revue de Lacassagne.

2. Note du professeur Jules Paviot, sans titre, 13 octobre 1899, BM de Lyon, fonds ancien, Ms 5283 (n° 23). Cette pièce est suivie d'une « Note sur les testicules de Vacher » (n° 24), non datée, signée du professeur Claudius Regaud, et qui ne fut pas publiée dans les *Archives* de Lacassagne. Regaud conclut ainsi son examen : « En résumé, ni l'un ni l'autre des deux testicules ne sont intacts ; l'un est complètement stérile, et la fécondité de l'autre est bien diminuée. Ces lésions sont manifestement le résidu d'une orchite ancienne bilatérale ».

3. En réponse à un courrier de Lacassagne, Laborde explique fin octobre que l'épreuve de la monographie sur Vacher est toujours en attente de correction et de mise en page, car Manouvrier a souhaité que la primeur en soit donnée dans le Bulletin de la Société d'anthropologie de Paris. Lettre de Laborde à Lacassagne 27 octobre 1899, BM de Lyon, fonds ancien, Ms 5283 (n° 36).

encore répondu»[1] puis l'examen histologique réalisé par le docteur Paviot, qui conclut à l'absence d'altération et, enfin, les travaux rassemblés par le docteur Toulouse. Lacassagne ne relève pas la critique formulée par Toulouse et préfère s'en tenir aux «documents histologiques qui établissent d'une façon incontestable que le cerveau de Vacher ne présentait rien d'anormal». Quant à Lombroso, il pointe son isolement et l'opposition «de plus en plus grande des esprits scientifiques» à sa «méthode d'observation [2].

Le 20 mars 1900, le docteur Laborde dans une séance de l'Académie de médecine fait à nouveau entendre sa lecture critique de l'expertise de Lacassagne. Son intervention fait polémique et le docteur Motet défend Lacassagne[3]. Début août 1900, le XIIIe congrès international de médecine se tient à Paris. Paul Garnier, médecin en chef de l'infirmerie spéciale du dépôt, revient sur le cas Vacher[4]. Il le considère, avec les experts lyonnais, comme un sadique responsable de ses actes en raison de l'absence d'obsession impulsive dans son passage à l'acte; en raison aussi, et peut-être surtout, de l'impression de simulation confortée par les «divagations mystiques» exprimées durant son procès[5]. Garnier affirme que «l'observation complète» du cas a été faite dans «la belle monographie» du professeur Lacassagne, publiée l'année précédente.

Le 9 septembre 1901 à Amsterdam, lors de la journée d'ouverture du 5e congrès international d'anthropologie criminelle, Cesare Lombroso campe sur ses positions et cite dans sa conférence inaugurale Vacher comme un type accompli du «criminel-né», en arguant de son cerveau défectueux[6].

Le livre de Lacassagne n'a donc pas fait l'objet d'une réception enthousiaste et on peut considérer que son but ne fut que très partiellement atteint. En dehors même des milieux médicaux, on ne prit guère la peine

---

1. A. Lacassagne, «Vacher l'éventreur. Recherches histologiques sur son cerveau», *Archives d'anthropologie criminelle*, 1899, p. 655.
2. A. Lacassagne, *ibid., Archives*..., 1899, p. 662.
3. Albert Prieur, «Y a-t-il une question Vacher ?», *La France médicale*, 25 mars 1900, p. 101-102.
4. Sur ce médecin voir Paul Garnier, *La folie à Paris (1890)*, présentation de Jean-Jacques Courtine, Grenoble, Jérôme Millon, 2018.
5. Paul Garnier, «Des perversions sexuelles obsédantes et impulsives au point de vue médico-légal», *Archives d'anthropologie criminelle*, 1900, p. 626-629.
6. Étienne Martin, «V^e^ congrès international d'anthropologie criminelle», *Archives d'anthropologie criminelle*, 1901, p. 601.

de l'analyser, à l'image de ce signalement de Gaston Richard, collaborateur de Durkheim, qui se bornait à pointer l'hétérogénéité des études contenues dans le livre en relevant qu'il n'y avait aucun lien entre le sadisme, qui est un état psychopathique, et le vagabondage, qui est une « maladie sociale »[1].

La responsabilisation de Vacher fit également l'objet de railleries dans le milieu anarchiste. On y insista sur la motivation religieuse de Vacher en considérant que la responsabilisation de cet aliéné devait plus à la défense de la morale bourgeoise qu'à l'application de la science[2].

L'affaire Vacher est sortie de l'actualité médiatique aussi rapidement qu'elle y était entrée. Elle avait déjà perdu de son lustre au moment du procès d'assises à Bourg-en-Bresse, pâtissant alors de la concurrence de l'examen de la demande de révision de l'affaire Dreyfus. Au XXe siècle, l'éventreur fut relégué dans les affaires passées pour laisser la place à de nouveaux crimes individuels et collectifs. Relégué mais jamais totalement oublié. L'affaire Vacher nous parle aujourd'hui encore au présent.

---

1. Gaston Richard, « Analyses. Anthropologique criminelle », *L'Année sociologique*, t. 3, 1898-1899, p. 486-487.

2. Émile Hamelin, *Le Flambeau* (Vienne, Isère), 19 janvier 1902 ; Laurent Tailhade, « Les châtiments de jadis », *La Plume*, 1902, n° 313, 1er mai, p. 551.

9. *Le présent du passé*

Dieu s'est servi de moi pour réveiller le monde.

J. Vacher[1]

Le tueur de bergers nous aura décidément instruit sur plus de choses qu'il ne croit.

E. Berr[2]

Sous réserve de nouvelles découvertes, toujours possibles, le bilan qu'on peut tirer de cette enquête au bout de l'archive est surprenant. Bien sûr, Vacher est coupable, il a été arrêté, jugé et condamné à la peine de mort, son cas a été controversé quant à sa responsabilité pénale. Cette trame était connue, elle n'est pas foncièrement modifiée par l'analyse des archives mais ce tableau général doit désormais être nuancé. Sur Vacher d'abord. On a décrit le tueur de bergers comme un accusé méfiant et roublard mais piètre simulateur, berné par son juge qui sut le mettre en confiance et le manipuler à souhait. Ce portrait est faux : Vacher n'a pas subi les manœuvres du juge. Il a fait plus que résister pendant l'instruction à charge de ses crimes. Il a su très vite instaurer un rapport de force alternant silence et parole et il a pris des initiatives qui ont surpris et déstabilisé l'enquête du juge Fourquet. Autre fait important, Vacher n'a jamais cherché à être reconnu comme un aliéné mais il a toujours affirmé qu'il était malade, innocent, irresponsable. Cette distinction essentielle pour saisir la psychologie de l'assassin semble avoir échappé à bien des commentateurs, au temps même de l'affaire. Sur Fourquet ensuite. On a montré combien il importait de distinguer le juge et le mémorialiste. Le premier fait face à l'opacité, il travaille sans filet et sans être toujours soutenu par sa hiérarchie, le second écrit pour la postérité plus que pour l'histoire. En 1897, Fourquet arrive sur l'affaire du tueur de bergers après une série d'enquêtes menées par d'autres magistrats qui ont permis de resserrer les mailles du filet autour de Vacher. Certes, Vacher n'est pas

1. PV d'interrogatoire de Vacher, 4 novembre 1897 (pièce 633).
2. Émile Berr, *Le Figaro*, 2 novembre 1897, p. 2.

encore arrêté, mais son signalement est connu et on lui attribue depuis plus de trois ans une série de crimes dont la liste est transmise à Fourquet, tant par voie judiciaire que par la presse. Ce constat permet d'inscrire le juge dans un processus de profilage plutôt que dans une démarche intuitive ou de déduction à la Sherlock Holmes. L'enquête, on l'a vu, n'a pas été de tout repos. L'affrontement entre le juge et l'assassin a connu de multiples rebondissements, et l'issue de ce duel est restée incertaine en raison de la longue mise en suspens de la responsabilité pénale de l'accusé. Fourquet, de surcroît, a cru d'emblée à la folie de l'assassin, contre l'avis même de ses collègues magistrats du parquet. Cette conviction initiale n'a été définitivement abandonnée que par la fréquentation du principal médecin chargé du rapport d'expertise sur l'état mental de Vacher. Ce rapport a, lui aussi, une histoire mouvementée. Le diagnostic de sadique sanguinaire responsable porté par Lacassagne a en effet suscité un débat dans la communauté médicale – et au-delà – et si ce débat n'a pas enrayé le cours de la justice, il a fait apparaître des lignes de fracture entre l'école de criminologie lyonnaise et une partie de la communauté médicale parisienne. Lacassagne a trouvé des appuis chez les médecins de l'infirmerie spéciale près du dépôt de la préfecture de police de Paris mais, du côté des critiques, il a vu se lever contre sa thèse l'académicien Jean-Baptiste Laborde et, plus encore, le docteur Édouard Toulouse. Ce dernier utilisa sa *Revue de psychiatrie* pour ériger le cas Vacher en exemple d'aliéné criminel pour lequel la France devait construire une nouvelle structure d'accueil, à mi-chemin entre prison et hôpital ; et même réviser le processus de prise en charge de ce type d'individu dangereux. Cet engagement permit à Toulouse de publier des textes d'auteurs partageant le projet de réformer la loi du 30 juin 1838 sur l'assistance aux aliénés et ce n'est d'ailleurs pas un hasard si la première unité pour malades difficiles fut effectivement créée un peu plus tard par son collègue Henri Colin à l'asile de Villejuif[1].

Ce n'est pas le moindre des enseignements de cette affaire que de constater qu'un tueur en série, qui apparaît de prime abord comme un coupable parfait – surtout s'il a avoué – constitue en pratique un cas difficile qui ne facilite pas l'exercice serein de la justice. L'instruction, le procès, l'exécution et l'autopsie portent la marque de la fébrilité des institutions et des hommes qui ont eu à connaître et à juger Vacher. Fourquet et

1. Sur cette unité, voir Véronique Fau-Vincenti, *Le bagne des fous : Le premier service de sûreté psychiatrique (1910-1960)*, Paris, La manufacture de livres, 2019.

Lacassagne ont dit l'expérience traumatique que leur causa cette affaire. S'inscrivant ainsi en faux contre sa légende, la véritable affaire Vacher illustre la difficulté de juger, de judiciariser les tueurs en série. Avec le tueur en série pourtant, tout semble au début très simple : il y a un crime, puis un autre et les crimes sont mis en relation pour dessiner en creux la figure d'un coupable en fuite. C'est le temps de la chasse à l'homme. La traque du criminel est alors la face légitime, le miroir de ce que le criminel fait à ses victimes : de chasseur, il devient à son tour une proie. Ce temps dont le but est l'arrestation du coupable est clair et facile à partager. Il est le motif privilégié des récits littéraires et cinématographiques. Le processus d'appropriation judiciaire qui suit est beaucoup plus aléatoire et sa complexité le rend moins accessible au public. Tout bascule et tout se brouille après l'arrestation. C'est alors un temps difficile qui s'ouvre pour les magistrats et, dans cette optique, l'instruction menée dans l'affaire Vacher constitue un cas d'école dont l'histoire dit à peu près l'inverse de ce qu'en a écrit le juge écrivain. L'affaire Vacher ne constitue pas une démonstration de maîtrise mais une illustration de la difficulté à appréhender un tueur en série, de la quête insatisfaisante des raisons du passage à l'acte et de la nécessaire adaptation de l'appareil judiciaire et policier à de pareils cas.

L'affaire Vacher conserve encore des zones d'ombre. Tout d'abord, sur le plan factuel, la plus évidente est celle du nombre de crimes imputables à l'éventreur. Vacher n'a été jugé que pour l'unique assassinat de Victor Portalier. L'instruction s'est renseignée sur les onze assassinats avoués par Vacher mais elle n'a pu les joindre à celui de Bénonces. Et les autres ? Les aveux de Vacher furent-ils complets et sincères ? L'accusé laissa entendre qu'il n'avait pas tout dit en affirmant, trois jours après sa demande de publication des pièces de l'instruction, que son affaire n'était « pas finie » (pièce 639, p. 218). Au procès encore, interpellé sur cette question par le président de la cour, Vacher refusa d'en dire plus. Pour le juge Fourquet, il ne faisait aucun doute que Vacher n'avait pas tout dit, et dans une note rédigée le 23 février 1898 en réponse à une demande du procureur général, le juge d'instruction considérait que, parmi les 86 crimes qu'il avait eu à examiner, il n'y en avait pas moins de 15 qui pourraient être attribués « les uns avec une quasi-certitude, les autres avec beaucoup de vraisemblance », à Vacher.

Ce serait une recherche à part entière que de tenter de faire la distinction des crimes commis par Vacher, de ceux qui furent exécutés par cet éventuel complice dont Fourquet envisagea un temps l'existence et de ceux qui furent commis par les émules qui imitèrent le mode opératoire du tueur de bergers. Le champ des possibles reste ici ouvert. Je me suis limité pour cet ouvrage aux crimes avoués. Et encore : il est un autre angle d'analyse tout aussi intéressant et qu'il a fallu délaisser ici. Il s'agit des procédures ouvertes à chaque crime. Ces enquêtes mériteraient d'être explorées car elles présentent la particularité commune et distinctive d'avoir été menées sans aboutir à l'arrestation du coupable. On pourrait ainsi écrire l'histoire des crimes de Vacher sans nommer leur auteur autrement que par sa qualité de suspect en fuite. Cette histoire des crimes de Vacher pourrait se pencher, plus que je l'ai fait ici, sur le terrible sort des accusés à tort, victimes des errements de la justice mais plus encore d'une vindicte émotionnelle, parfois attisée par la presse.

Si l'affaire Vacher est éclairée d'un nouveau jour par les pièces reproduites dans le dossier documentaire de cet ouvrage, le cas Vacher reste un mystère, et le nombre de crimes qu'on pourra lui attribuer à l'avenir n'y changera rien. La demande d'explication n'a pas été abolie par la distance du temps. Le cerveau du tueur est resté dans un statut improbable d'autopsie permanente et il semble qu'il puisse, telle une relique conservée dans un bocal de formol, être examiné périodiquement pour tenter d'y déceler la trace du geste criminel. Film fantastique de série B ? Non, mais volonté de comprendre, d'assigner les actes de Vacher à quelque chose d'intelligible : nous obéissons ici à la même demande que celle qui laissa les contemporains de Vacher désemparés face à ses crimes. Le diagnostic à poser sur le comportement du tueur reste ouvert au commentaire, tout autant que les raisons du passage à l'acte.

Vacher continue ainsi de susciter ponctuellement l'interrogation des criminologues et des médecins. En 1964, une étude préfacée par Edmond Locard tentait une relecture du cas Vacher dans le cadre d'une recherche plus générale sur dix assassins guillotinés dans la région lyonnaise. La conclusion restait prudente : « Il paraît difficile d'envisager chez Vacher une comitialité temporale, car ses actes et ses crimes furent conscients et mnésiques, et des hallucinations discutables ne sont pas en faveur d'une telle affection, même d'origine traumatique. En supposant qu'elle ait existé, la comitialité n'aurait fait que se superposer à une autre structure. Il semble en effet qu'on ait affaire à une psychose au long cours, évoluant sur un fond schizoïde, avec des phases de rémission après des bouffées délirantes de type paranoïde. Chez Vacher, l'instabilité n'est plus une désinsertion sociale, mais un délire migrateur au cours duquel apparurent des actes médico-légaux. Les meurtres ont un caractère stéréotypé : exentération, castration, une homogénéité qui les apparente aux sacrifices rituels. Personnalité psychotique sans doute, mais les antécédents vésaniques de Vacher sont peu précis, et il faudrait une étude plus poussée pour préciser le caractère de cette psychose, aussi nous garderons-nous de porter un diagnostic surtout rétrospectif»[1]. Plus récemment, une interprétation psychanalytique a été proposée par le docteur Lamothe, en s'appuyant sur la gémellité de Vacher et le décès précoce de son frère: «Les deux bébés sont si semblables qu'on ne sait lequel est vivant, lequel est mort. La suite ne sera que la confirmation de cette réalité de cette castration narcissique, de cette impuissance à vivre pleinement». Vacher n'assume pas la culpabilité du survivant. Probablement «violé par le garde-champêtre», ne pouvant mettre sa souffrance en mot, il la met en actes, «reproduisant sur des doubles ce qu'il a subi»[2].

Les spécialistes du cerveau continuent d'en faire un cas. Ainsi, en 2011, cinq médecins proposèrent de discuter l'état du cerveau de Vacher à partir des publications de l'époque, faute d'avoir pu retrouver les coupes ayant servi aux analyses publiées par Laborde, Toulouse et Paviot[3]. Prenant notamment appui sur les analyses menées par les docteurs Philippe, Toulouse et Marchand ayant mis en évidence la présence dans le cerveau et la moelle de Vacher d'un grand nombre de corps amylacés, cette étude suggère que ce constat, difficile à interpréter en 1899, apporte «des arguments en faveur d'une atteinte cérébrale. Celle-ci serait en priorité liée aux conséquences de la tentative de suicide par balle. La psychose schizo-affective diagnostiquée cliniquement pourrait, de façon moins vraisemblable, être symptomatique d'une exceptionnelle maladie à corps polyglucosan». Il apparaît évident pour ces auteurs que «cette réévaluation légitime a posteriori le combat de tous ceux qui avaient plaidé l'aliénation et l'irresponsabilité pénale»[4].

---

1. Pierre Morel et Pierre Bouvery, *Aspects anthropologiques et sociopathiques de dix assassins guillotinés au XIXe siècle, dans la région lyonnaise*, Paris, Masson, 1964.

2. Christine Lamothe, «Illustration clinique d'une problématique du double: Joseph Vacher, un serial killer à l'ancienne», *Psychiatrie française*, vol. 29, 1998, n° 4, p. 46-55 (p. 50-51)

3. J.-P. Luauté, N. Kopp, O. Saladini, C. Nespor, J. Luauté, «Le cerveau de Vacher et les savants: première partie. Des crimes au châtiment. Diagnostic clinique», *Annales médico-psychologiques*, 2011, n° 169, p. 545-551.

4. J.-P. Luauté, N. Kopp, O. Saladini, C. Nespor, J. Luauté, «Le cerveau de Vacher et les savants, deuxième partie. Résultats de l'autopsie», *Annales médico-psychologiques*, 2011, n° 169, p. 558.

L'insertion de Vacher dans la catégorie récente des « tueurs en série » ne nous apprend rien de plus sur son passage à l'acte tant il est vrai, à l'encontre de la théorie de Lombroso, que « pour tous les spécialistes, une seule certitude, on ne naît pas tueur en série, on le devient »[1]. Notion d'importation récente en provenance des États-Unis, cette catégorie de « tueur en série » embrouille plus qu'elle n'éclaire car elle est devenue, ainsi que le relève le psychiatrie Daniel Zagury, le « paradigme du mal contemporain ». Est-ce à dire qu'on ne peut rien y entendre ? Probablement pas, mais il faut suivre Zagury pour faire l'effort de se déprendre de la dramaturgie qui réduit le discours de l'expert à une caricature : « c'est la faute à la mère, au père absent, à l'éducation, à la maltraitance, aux abus sexuels subis, aux pulsions, aux gènes, à la police, à la justice, à la DDASS, aux psychiatres, aux éducateurs etc. ». D. Zagury a été expert psychiatre dans les affaires récentes de Guy Georges, Patrice Alègre, Pierre Chanal, Michel Fourniret… Ce qu'il livre dans l'analyse de ces cas, c'est d'abord une position. L'analyse du clinicien « révèle un homme et non un monstre ; un destin raté, non un surhomme ; un fonctionnement psychique en perdition, non la machinerie diabolique d'une intelligence du mal »[2]. En ce sens, on pourrait établir de nombreux parallèles entre la trajectoire et l'attitude de Vacher et Ted Bundy (1946-1989), le « Jack l'éventreur des États-Unis ».

Vacher nous parle encore aujourd'hui, plus d'un siècle après son exécution, parce que les causes de son passage à l'acte restent pour une large part non élucidées par la science passée comme par celle de notre époque. Si on tente de ressaisir sa trajectoire en écartant ses crimes, on est frappé de constater que ses choix d'insertion sociale sont toujours contrariés. Vacher est renvoyé des Frères maristes après deux années de présence, il est éconduit par la femme avec laquelle il croyait si bien faire sa vie qu'il avait vendu sa terre avant de lui faire sa demande, l'obtention de ses galons de capitaine est injustement retardée, parvenu au grade de sergent, il est finalement renvoyé de l'armée ; enfermé à l'asile, il en ressort dans un délai court sans avoir été opéré de son oreille droite dans laquelle est logée une balle. Vacher dès lors, ne se fixe jamais dans un emploi et, bien souvent, il le quitte avant son terme. Partout où il passe, il sollicite les habitants, demandant gîte et couvert mais il réclame l'aumône

---

1. Stéphane Bourgoin, *Serial killers. Enquête mondiale sur les tueurs en série*, Paris, Grasset, 2014, p. 123. Sur le transfert du concept en France, voir Aurélien Dyjak, *Tueurs en série. L'invention d'une catégorie criminelle*, Presses universitaires de Rennes, 2016.

2. D. Zagury et F. Assouline, *L'énigme des tueurs en série*, Paris, Pocket, 2010, p. 9.

comme un dû. Au bourgeois qui l'éconduit, il déclare la légitime violence anarchiste et à celui, plus modeste, qui referme la porte sur son mauvais jeu d'accordéon, il reproche son manque de charité. Vacher se réclame de l'anarchie, depuis sa sortie de la congrégation des Frères maristes. Sa participation à la première célébration internationale du 1er mai à Lyon en 1890, dans un défilé de 40 000 personnes, l'a rendu euphorique et peut-être a-t-il cru trouver là un nouveau milieu d'accueil. On se souvient que ses idées anarchistes et sa volonté de participer au premier mai lui ont coûté la perte d'un emploi (pièce 217). Vacher n'eut de cesse de tenir des propos anarchistes jusqu'à son arrestation en 1897. Il ne pouvait ignorer le principe de la propagande par le fait, largement diffusé à Lyon au début des années 1880 sous l'autorité de Kropotkine. S'il n'a pas connu directement la grande vague d'attentats qui a secoué Lyon, il avait déjà 13 ans et fréquentait l'école primaire lorsque se tint à Lyon le Procès des 66. « Je suis anarchiste, mais anarchiste à ma manière », déclarait-il. Lorsque Fourquet lui demandait de préciser la signification de cette formule, sa réponse était claire :

— Les camarades que j'ai rencontrés quelquefois, et qui s'entretenaient de ce sujet, résumaient leur théorie dans ces mots « ni Dieu ni maître » ; or moi, je les admets à condition qu'ils remplissent fidèlement leurs devoirs à l'égard des citoyens (pièce 632).

En complément de ses convictions anarchistes, Vacher est habité par une foi jamais démentie. Il n'a quitté la congrégation des Frères maristes qu'à leur demande et n'a cessé de donner des signes de son attachement au culte, comme lorsqu'il enfonça la porte de sa cellule à Lyon parce qu'on lui refusait l'accès à la chapelle pour assister à la messe dominicale.

En échec dans la vie religieuse, à l'armée, dans son projet de mariage, dans ses emplois, ayant échappé à la mort comme par miracle à plusieurs reprises, Vacher se raccroche aux idées anarchistes et à cette providence qui semble le protéger lorsqu'il se retrouve dans une situation de danger mortel ou qu'il rencontre des gendarmes qui sont à sa recherche, porteurs de son signalement, et ne le reconnaissent pas (pièce 604). Vacher l'a écrit à plusieurs reprises : sa tentative de suicide a été un sacrifice, beaucoup de sang a coulé et il est persuadé de devoir sa survie à une protection divine. Le survivant se considère à partir de juin 1893 comme un innocent (« celui qui ne sait pas »), un agneau épargné par Dieu. La confection tardive d'un bonnet et d'un plastron en poils de lapin blanc renvoie explicitement à cette symbolique de l'innocence. Lors de son errance meurtrière, il écrit au crayon, sur une petite feuille retrouvée dans son bagage, l'une des lettres destinées à Louise : « L'agneau dont on croirait encore revêtu d'une soutane. Oui c'est moi qui l'écris à cette Heure » (lot 686, sans numéro).

Pour espérer approcher la personnalité de Vacher, Il faut accorder à ses écrits une lecture à la lettre et entendre les mots qu'il emploie dans la signification de leur époque. Insoumis à cet ordre établi qu'il a tant cherché à intégrer, libéré des règles du commun, Vacher est à la fois un révolté social et, quoiqu'il s'en défende, un mystique dévot. Il incarne une forme d'anarchisme chrétien imprégné d'une mystique personnelle et de réactions anticléricales qui achèvent de l'isoler en le coupant des milieux anarchistes comme des communautés religieuses. « L'anarchiste de Dieu », ainsi qu'il finit par se nommer, trace seul son chemin de croix, sous la protection de la vierge Marie.

La pensée anarcho-mystique de Vacher n'est pas sans lien avec ses crimes, car s'il accommode l'anarchie « à sa manière », la pratique de propagande par le fait qui en découle est, elle aussi, très personnelle. Si ses victimes ne sont pas choisies – Vacher affirmait tuer au hasard de ses rencontres – elles appartiennent toutes aux classes sociales populaires. Eugénie Delhomme était ouvrière dans une fabrique de moulinage de fil de soie, Péronne Baud étair tailleuse d'habits, Victor Portalier était un enfant placé... L'anarchiste frappait ses frères et ses sœurs de condition sociale.

On peut appliquer à Vacher le jugement que l'abbé Bossard portait sur Gilles de Rais : « Son âme était croyante ; si la vertu s'y trouvait éteinte, la foi y brillait toujours »[1]. Ayant échappé plusieurs fois à la mort, Vacher estime que sa vie est dans les mains de Dieu, qui l'utilise pour un dessein supérieur. Ses crimes sont des « mystères », qui révèlent l'intention divine : « secouer le monde » où règne l'inégalité. Ainsi restituée dans son intelligibilité, la subjectivité de Vacher confirme qu'on a fait jusqu'ici un complet contresens sur ses écrits comme sur son attitude : Quel que soit son état mental, Vacher n'a jamais cherché à simuler la folie. Il n'a eu de cesse au contraire d'énoncer la logique de ses actes. Si on a réduit son attitude et ses paroles à une composition de simulation, c'est que ce dogme de la foi guidant le crime était inacceptable pour l'anarchie comme pour la religion. Vacher ne faisait pourtant, au fond, que justifier la mise à mort d'autrui au nom de la religion. Il ne fut ici ni le premier ni le dernier. Mais Vacher œuvrait en solitaire, de sa propre initiative et en dehors de toute institution.

1. Abbé Eugène Bossard, *Gilles de Rais. Maréchal de France dit Barbe-Bleue*, Honoré Champion, 1885 ; Grenoble, Jérôme Millon, 2018 (1res éd. 1992, 1997), p. 176.

Lorsque Dieu arme son bras sous un soleil aveuglant, provoquant de violents maux de tête, Vacher frappe, commet des attentats, à la vie, à la pudeur. Il tue des bergers, figure de pureté et d'innocence dans les croyances païennes comme dans la religion chrétienne. Il les tue comme on égorge l'agneau pascal et lorsqu'il s'acharne sur leur corps, on ne peut écarter le parallèle avec les opérations qui ont provoqué une ablation partielle de ses deux testicules. Vacher est déterminé dans le crime mais il n'est pas fataliste. Il passe à l'acte lorsqu'il se croit seul face à sa victime et lorsqu'il commet une erreur d'appréciation, le 4 août 1897 à Champis, il tente de se soustraire à son arrestation. Il lutte et se débat violemment, il simule l'existence de complices en sifflant leur venue, il se débarrasse discrètement de son couteau alors qu'il marche sous escorte et il tente d'amadouer les paysans qui l'ont arrêté. Vacher a qualifié sa série d'assassinats de «chemin de croix». Il s'est comparé à Jeanne d'Arc et s'est défini comme un «grand martyr fin de siècle». En cohérence avec ce discours, il a tenu à défendre son «innocence» jusqu'au bout de son procès, mais il a accepté la sentence de mort sans faire de tapage ni de protestation, à la grande surprise du public et des journalistes présents.

Si Vacher n'a jamais été relégué au rayon des ogres d'archives, c'est parce que ses crimes annoncent un nouveau régime d'interdits qui est devenu le nôtre. L'éventreur français assassine dans un temps charnière de basculement de la hiérarchie dans l'échelle des crimes : alors que le parricide est, pendant tout le XIXe siècle, le crime absolu ; c'est le meurtre d'enfants qui prend cette place, au XXe siècle[1]. Ajoutons encore qu'à la différence de l'éventreur de Londres, qui agit dans le fog d'une ville dont la dangerosité fait l'objet d'une perception spontanée, Vacher frappe au cœur d'une campagne calme et avenante. Il a répandu le sang dans des lieux aujourd'hui consacrés par le tourisme vert. Vacher a trouvé ses proies sur des chemins de randonnée près de sites remarquables. S'il sévissait aujourd'hui, il sèmerait l'effroi en attaquant de jeunes personnes pratiquant une activité récréative, sportive, culturelle ou scientifique, en pleine nature, loin des centres urbains délétères. Vacher a profané le sanctuaire de notre modernité et ses valeurs refuges : l'enfance, l'innocence, la nature. Tant pour le choix de ses victimes que pour la localisation de ses crimes, Joseph incarne, bien plus que Jack, la figure contemporaine du monstre criminel.

---

1. Sylvie Lapalus, *La mort du vieux. Une histoire du parricide au XIXe siècle*, Paris, Tallandier, 2004, 500 p.

Bien qu'on connaisse son identité et que sa courte vie soit assez bien informée, Vacher reste un cas pour les sciences humaines, illustrant comme toutes les grandes figures de déviance – individuelle ou collective – les limites de notre compréhension des comportements humains et des liens entre le collectif et l'individuel. Dans leur rapport médico-légal, les experts s'interrogeaient sur «la part de la collectivité dans la préparation ou l'élaboration d'un monstre pareil» (A. Lacassagne, 1899, p. 351) sans prendre le risque toutefois de discuter cette question qui, aujourd'hui encore, reste entière. Lacassagne avait d'ailleurs resserré sa théorie criminologique en une série de courts aphorismes. L'un des plus fameux fut énoncé en 1885 au congrès d'anthropologie criminelle de Rome, alors que le savant lyonnais s'opposait publiquement, pour la première fois, à la théorie du criminel-né de Lombroso. L'aphorisme énoncé ce jour résumait, selon Lacassagne, toute sa pensée: «À notre époque, la justice flétrit, la prison corrompt et les sociétés ont les criminels qu'elles méritent»[1]. Aphorisme que Lacassagne n'osa pas appliquer au cas de Vacher.

Mais Vacher, sans avoir lu Lacassagne, lisait de près les journaux et il n'était pas loin de penser comme son criminologue. Lors de l'instruction, il s'offusqua un jour devant Fourquet qu'on le surnomme «Vacher l'éventreur». Joseph Vacher aurait répondu ce jour, de manière explicite aux journalistes, et de manière implicite au criminologue: « Ils m'appellent un éventreur. Il vaut mieux être un éventreur que de faire des éventreurs... »[2].

---

1. A. Lacassagne, «Préface» in E. Laurent, *Les habitués des prisons*, Paris-Lyon, Masson-Storck, 1890, p. VIII.

2. E. Berr, «Chez l'assassin», *Le Figaro*, 2 novembre 1897, p. 2.

DEUXIÈME PARTIE

DOSSIER DOCUMENTAIRE

1. L'enquête par l'archive

Il n'est ni envisageable ni souhaitable de publier l'intégralité des documents existants en lien avec l'affaire Vacher. Ce n'est pas envisageable en raison de la volumétrie impliquée et ce n'est pas souhaitable, les pièces disponibles étant de valeur informative inégale. La seule affaire de Bénonces a produit un dossier de procédure de plus de 700 pièces qui ont été numérisées et mises à disposition sur le site des archives départementales de l'Ain et les bibliothèques numériques publiques telles que Gallica ou Numelyo proposent à la lecture en ligne les principaux ouvrages et titres de presse d'époque.

Parce qu'elle a impliqué de nombreux magistrats, médecins et personnels pénitentiaires, l'affaire Vacher a été particulièrement riche dans sa dimension judiciaire. Les documents reproduits ici permettent de saisir cette complexité et d'entendre la pluralité des voix d'une procédure qui ne s'est pas limitée à une confrontation entre un juge et un justiciable incarcéré. Les transcriptions concernent de la correspondance et des pièces inédites conservées dans les services du fonds ancien de la bibliothèque municipale de Lyon, des archives municipales de Lyon (fonds Locard) et des départements de l'Ain, de la Côte-d'Or et du Rhône. On y découvre le juge Fourquet agissant au temps de l'action, en prise avec les difficultés successives d'une enquête rugueuse et ce n'est pas le moindre intérêt que de prendre connaissance des aspérités et des aléas d'une instruction dans laquelle la question de la culpabilité du justiciable ne constituait pas un enjeu.

L'action du juge d'instruction de Belley conserve ici une place centrale mais elle s'y trouve dégagée, pour la première fois, du récit rétrospectif de 1931 dans lequel Fourquet écrivait la légende. Le temps de l'écrivain étant écarté, nous n'avons retenu que les écrits produits par le juge au temps de l'enquête. Il s'agit essentiellement de pièces de procédure, de la correspondance adressée aux magistrats chargés d'encadrer l'instruction (procureur de la République à Belley et procureur général de la cour d'appel de Lyon) et au médecin chargé du rapport d'expertise médico-légale sur l'état mental de Vacher, Alexandre Lacassagne. Ont été adjointes à ces 27 lettres inédites du juge Fourquet les réponses des intéressés lorsqu'elles étaient accessibles, 34 lettres et notes rédigées par Vacher, de la correspondance officielle relative à ses conditions de détention, à l'autopsie et quelques procès-verbaux extraits du dossier de procédure. La lecture de ces documents laisse apparaître un juge tenace et fragile, soucieux de bien faire, conduisant son enquête en dépit d'un manque de soutien évident de sa hiérarchie. C'est aussi une forme d'hommage que de restituer l'action du magistrat de terrain dans une adversité du quotidien qui n'a pas complètement disparu de nos jours.

L'enquête judiciaire est replacée ici dans une chronologie documentaire à laquelle ont été ajoutés des repères datés. La source des documents reproduits est systématiquement indiquée, en suivant la règle établie au début de l'ouvrage : toutes les pièces du dossier de procédure conservé aux archives départementales de l'Ain sont référencées par la simple mention du numéro de la pièce dans l'inventaire du dossier[1]. Le juge a parfois envoyé à d'autres juridictions des informations dont il n'a pas conservé la copie dans son propre dossier. À titre d'exemple, Fourquet fut sollicité par le procureur de la République de Dijon les 11 et 14 octobre 1897 pour interroger spécifiquement Vacher sur l'assassinat d'Augustine Mortureux (pièces 62 et 70). Le 6 novembre 1897, Fourquet questionna Vacher pour obtenir des précisions sur le crime du Bois-du-Chêne. Le procès-verbal de cet interrogatoire (signé par Vacher) fut envoyé au parquet de Dijon sans conservation d'une copie à Belley[2]. Bien que le dossier du crime de Bénonces soit remarquablement conservé, certaines lettres de Vacher n'y figurent plus. Ces lettres avaient fait l'objet d'un double classement par le commis greffier Jean-Marie Riche. Dix-sept lettres avaient été rassemblées dans un dossier spécifique (« Lettres diverses de Vacher ») sous la cote 686 avec, pour chacune, l'attribution d'un numéro suivant l'ordre chronologique de rédaction. Trois de ces documents ne sont plus classés sous cette cote[3]. D'autres lettres de Vacher avaient été annexées à des procès-verbaux : celle, par exemple, envoyée au gendarme Genin fin juillet 1897 (pièce 110) et, surtout, celle cruciale pour la compréhension du dossier, rédigée dans la matinée du 10 novembre 1897, dont la version originale est perdue (pièce 637). Enfin, deux lettres et des billets à Louise Barrand ont été versés au dossier « Lettres diverses » sans cotation ni enveloppe permettant de préciser les conditions de leur saisie : chez Genin, dans une poste ou chez la destinataire.

Les documents reproduits dans le livre d'Alexandre Lacassagne sont signalés aux pages de la présente réédition.

---

1. Les détails biographiques concernant Émile Fourquet sont tirés de Charles Léger, *Émile Fourquet. Magistrat et écrivain*, Besançon, Cariage, 1913 ; de [P. L.], « Nos collaborateurs. Fourquet », *Le pays comtois*, 1935, n° 61, p. 291-292 ; de l'*Annuaire rétrospectif de la magistrature* ; de recherches effectuées dans les registres d'état-civil et d'informations recueillies auprès de Georges-Émile Fourquet.

2. La pièce est conservée aux archives départementales de la Côte-d'Or (2U 561-3).

3. Dans l'ordre : n° 1, lettre au médecin de la maison d'arrêt de Belley (antérieure au 7 octobre 1897), absente ; n° 16, « lettre à M. le procureur », lettre datée du 31 janvier 1898 déplacée dans les pièces de forme de l'enquête de 1895 (pièce 16) ; n° 17, « lettre à M. le procureur général », en fait une lettre au docteur Lacassagne (20 avril 1898), déplacée dans les pièces de forme de l'enquête de 1895 (pièce 17).

8 septembre 1862

Naissance d'Émile Prosper Fourquet (1862-1936) à Lavans-Quingey, dans le Doubs.

16 novembre 1869

Naissance de Joseph Vacher (1869-1898) à Beaufort, en Isère.

La famille de Pierre Vacher compte 4 enfants d'un premier mariage avec Virgine Didier et 12 avec Marie-Rose Ravit. Joseph n'eut qu'un cadet (Louis, né en 1872) après le décès de son frère jumeau Eugène en 1870. Eugène est parfois dénommé « Eugénie ». Cette erreur a été commise une première fois dans le report du prénom sur la table alphabétique annuelle du registre d'état-civil de Beaufort puis, une seconde fois, dans une note de renseignement fournie en 1897 par le maire de Beaufort, Jean-François Réguillon, qui n'était plus, en 1897, celui qui avait enregistré les déclarations de naissance (pièce n° 169). Cette féminisation du jumeau est logiquement reconduite dans le livre d'Alexandre Lacassagne, *Vacher l'éventreur et les crimes sadiques*.

15 juillet 1870

Décès d'Eugène Vacher, frère jumeau de Joseph. Sur la cause de ce décès prématuré, Jean-François Réguillon rapporte 27 ans plus tard cette explication : « Un membre de la famille aurait déposé un pain dans un grand lit où reposait l'enfant et c'est ce qui lui a occasionné la mort » (pièce 169). Ce témoignage indirect est sujet à caution car le maire a commis deux erreurs avérées dans cette même note, sur le prénom du jumeau, qu'il féminise en « Eugénie », et sur le prénom de la mère, Marie Rose Ravit, qu'il associe à Rosalie Vacher. Cette dernière confusion vient probablement de la proximité des prénoms et des décès car la mère des jumeaux, Marie-Rose Ravit, est décédée le 12 mai 1882 (acte n° 4 du registre d'état-civil des mariages et des décès de Beaufort) tandis que Rosalie Vacher (fille d'un Joseph Vacher, mort en 1875) est elle-même décédée, veuve, le 13 octobre 1882 à l'âge de 56 ans (acte n° 9 du même registre).

1873-1881

Émile Fourquet est interne au « Petit lycée » de Besançon.

1882-1884

Fourquet suit une formation en droit à Paris. Pour payer ses études, il occupe différents emplois Il est successivement pion, enseignant et employé à la Société générale des téléphones..

8-19 janvier 1883

Procès des anarchistes de Lyon, dit «procès des 66».

20 novembre 1885

Joseph Vacher entre chez les Frères maristes de Saint-Genis-Laval comme novice.

1886-1887

Licencié en droit par la faculté de Paris, Émile Fourquet est avocat au barreau de Besançon.

Octobre 1887

Vacher est renvoyé de la communauté des Frères maristes.

Juin 1888

Thodure. Isère. Tentative de viol sur le jeune Marcellin Bourdes, 13 ans (pièces 194-197).

Août-novembre 1888

Des prostituées sont assassinées dans le quartier de Whitechapel à Londres. Ces crimes sont attribués à un inconnu signant «Jack the Ripper».

1er juillet 1889

Décès de Pierre Vacher, père de Joseph Vacher, à l'âge de 79 ans (acte 6 du registre d'état-civil des mariages et des décès de Beaufort).

1888-1892

Fourquet est conseiller d'arrondissement de la ville de Besançon.

29 mai 1889

Mariage d'Émile Fourquet à Besançon avec Alice Bertet (née en 1865). Fourquet est alors avocat à la cour d'appel de Besançon.

16 novembre 1889

Incorporation de Vacher au 60e régiment d'infanterie à Besançon (pièce 123).

28 janvier 1890

Fourquet est juge suppléant au tribunal de première instance de Saint-Claude (Jura).

6 mars 1890

Naissance de la première fille de Fourquet à Saint-Claude.

12 septembre 1890

Fourquet est nommé juge suppléant au tribunal de première instance de Besançon.

29 décembre 1891

Vacher est nommé caporal.

16 juin 1892

Fourquet, candidat républicain, est élu conseiller d'arrondissement dans le canton de Quingey.
Source : *Le Rappel*, 16 juin 1892, p. 2.

21 décembre 1892

Vacher est nommé sergent.

5 janvier 1893

Fourquet démissionne de la magistrature.

Jeudi 11 mai 1893

Le sergent Vacher se rend avec le caporal Louis Loyonnet à Beaume-les-Dames pour passer la journée chez Louise Barrand (pièce 170).

Le chemin rouge

Dimanche 25 juin 1893

Tentative d'assassinat de Louise Barrand par Vacher, qui retourne ensuite le revolver contre lui.

7 juillet 1893

Vacher est placé en observation à l'asile de Dole (Saint-Ylie).

30 juillet 1893

* Rapport sur le sergent Vacher, par Joseph Grandgury médecin major au 60e régiment d'infanterie (pièce 221).
Voir A. Lacassagne, p. 434.

* Lettre du lieutenant Greilsammer, commandant de la 2e compagnie du 2e bataillon, au colonel du 60e régiment d'infanterie, à propos de la conduite du sergent Vacher (pièce 219).
Voir A. Lacassagne, p. 439-440.

2 août 1893

La commission spéciale du 60e régiment d'infanterie de Besançon réforme par congé n° 2 le sergent Vacher pour « troubles psychiques caractérisés par des idées de persécution. Idées de suicide, grande irritabilité » (pièce 223).

20 août 1893

Émile Fourquet, conseiller d'arrondissement, est candidat à la députation dans la 2e circonscription de Besançon.
Source : *Le Matin*, 15 août 1893, p. 2.

25 août 1893

Vacher s'évade de l'asile de Dole.

3 septembre 1893

Fourquet est battu au second tour des élections législatives à Besançon par le député républicain sortant, le comte Joseph de Jouffroy d'Abbans. Il se réinscrit peu après au barreau de Besançon.

4 septembre 1893

Vacher est capturé à Besançon et renvoyé le 7 à l'asile de Dole.

12 septembre 1893

Rapport médico-légal constatant l'état mental du sieur Joseph Vacher, inculpé de tentative d'assassinat, par Léon Guillemin, médecin-adjoint de l'asile public des aliénés du Jura, à Saint-Ylie (pièce 249).
Voir A. Lacassagne, p. 435-439.

16 septembre 1893

Le juge Ganeval signe une ordonnance de non-lieu à poursuivre dans l'affaire de la tentative d'assassinat de Louise Barrand.

Octobre 1893

Tentative de suicide de Vacher à l'asile de Dole (pièce 250).

21 décembre 1893

Transfert de Vacher de l'asile de Dole à celui de Saint-Robert (pièce 256).

15 janvier 1894, 29 janvier 1894, 5 mars 1894, 30 mars 1894

4 lettres de Joseph Vacher au docteur Dufour, médecin directeur de l'asile public d'aliéné de Saint-Robert (pièces 255)
Voir A. Lacassagne, p. 440 et suiv.

1er avril 1894

Vacher sort libre de l'asile de Saint-Robert avec un certificat de complète guérison.

19 mai 1894

Beaurepaire. Isère. Assassinat d'Eugénie Delhomme.

8 juin 1894

Rapport médico-légal sur l'affaire de Beaurepaire (assassinat d'Eugénie Delhomme), par le docteur Claude Brottet.
Voir A. Lacassagne, p. 383-386.

25 juin 1894

Assassinat à Lyon du président Sadi Carnot par Caserio, anarchiste italien.

20 novembre 1894

Vidauban. Var. Assassinat de Louise Marcel.

21 novembre 1894

Rapport médico-légal sur l'affaire de Vidauban (assassinat de Louise Marcel), par Séraphin Roubaudy, officier de santé et le docteur Julien Balp.
Voir A. Lacassagne, p. 387 et suiv.

12 mai 1895

Étaules. Côte-d'Or. Assassinat d'Augustine Mortureux.

13 mai 1895

Rapport médico-légal sur l'affaire du Bois-du-Chêne à Étaules (assassinat d'Augustine Mortureux) par le docteur Jules Quioc.
Voir A. Lacassagne, p. 394-396.

18 mai 1895

Le procureur de Dijon Albert Fonfrède signe un avis de recherche dactylographié du principal suspect dans l'assassinat d'A. Mortureux pour diffusion dans les ressorts judiciaires proches. Cette extension de la recherche d'un vagabond en fuite sera réitérée à chaque assassinat commis par Vacher. Ce qui frappe dans ce signalement, c'est le soin apporté à la description des effets manquants de la victime, considérés ici comme des indices susceptibles de confondre un suspect s'il était trouvé en possession des boucles d'oreilles de la victime ou de ses souliers. L'apparence physique du suspect, son paquetage et sa tenue vestimentaire sont, de même, détaillés avec précision. L'ensemble vise à dresser un faisceau d'indices permettant l'identification du tueur. On note en particulier la description des vêtements, à une époque où il n'était pas si commun d'en changer.
Source : AD Côte-d'Or (2U 561-1)

Signalement important

Le dimanche, 12 mai 1895, vers 10 heures du matin, la jeune Mortureux, Augustine, d'Étaules, a été assassinée au lieudit Au Haut du Chêne, au bord de la route nationale de Paris à Dijon, à 8 kilomètres environ de cette ville.

L'enquête a établi que l'assassin avait cherché à violer sa victime, sans y réussir toutefois, et qu'il avait dû être dérangé par quelque passant ; il lui avait de plus arraché ses boucles d'oreilles, pris une somme de trois francs 50 dans son porte-monnaie et enlevé ses chaussures. Les boucles d'oreilles sont en or, avec une petite perle au milieu, maintenue par une agrafe sur fond guilloché ; elles sont bosselées par l'usage et avaient coûté 7 francs quand elles étaient neuves. Quant aux souliers, ils sont de forme dite Molière, montant jusqu'à la cheville et lacés sur le devant ; ils étaient en bon état, ornés de piqûres blanches sur le cou-de-pied (numéro de pointure : 40).

L'auteur présumé du crime, qui fait l'objet d'un mandat d'arrêt de M. le Juge d'Instruction de Dijon, est un homme âgé de 30 ans environ, de taille moyenne, portant des moustaches châtain-clair, et une barbe de plusieurs jours. Il était vêtu, le jour du crime, d'un vieux pantalon gris sombre et d'une blouse assez courte en toile bleu clair, usagée, cousue avec du fil blanc formant broderie sur les épaules et au-dessous des bras. Il était chaussé de bottes à semelles de bois garnies de gros clous ; le pantalon était enfoncé dans ces bottes dont les tiges sont très basses. Il était coiffé d'un vieux chapeau en feutre.

Il portait à l'épaule un petit paquet entouré d'un mouchoir bleu à carreaux, noué aux quatre coins, le bras passé en dessous de ces nœuds, les extrémités du mouchoir formant bretelles.

Il a déclaré venir du Midi de la France et chercher un emploi de vacher ou de domestique dans une ferme. Les témoins entendus disent qu'il a *l'air bête* ou *peu dégourdi*.

Prière de faire rechercher activement cet individu, de le mettre en état d'arrestation, s'il peut être découvert, de m'indiquer d'urgence s'il a été vu par quelque habitant du pays, me faire connaître la direction qu'il a pu prendre et, au besoin, me télégraphier tous renseignements utiles.

Au Parquet, à Dijon, le 18 mai 1895.
Le Procureur de la République
FONDRÈDE

24 août 1895

Saint-Ours. Savoie. Assassinat de la veuve Morand.

30 août 1895

Rapport médico-légal sur l'affaire de Saint-Ours en Savoie (assassinat de la veuve Morand) par le docteur Jules Carret.
Voir A. Lacassagne, p. 396-397.

31 août 1895

Bénonces. Ain. Assassinat de Victor Portalier.

1er septembre 1895

* Rapport médico-légal sur l'affaire de Bénonces (assassinat de Victor Portalier) par les docteurs Gaston Ravet et Pierre-François Louis (pièce 548 bis)
Voir A. Lacassagne, p. 397-399.

* Commission rogatoire de recherche envoyée par le procureur de Belley Mistler (pièce 2)
aux procureurs de Trévoux, Bourg, Nantua, Gex, Saint-Jullien, Annecy, Chambéry, Bourgoin, Vienne, Grenoble et aux commissaires spéciaux de Bellegarde et de Modane : « Assassinat commis sur Portalier Victor, domestique chez Berger Jacques. Bénonces le 31 août vers 2 heures 30 du soir auteur soupçonne mendiant en fuite âgé de 30 à 35 ans 1 mètre 65 environ cheveux sourcils et barbe noirs porte toute sa barbe taillée en pointe vêtu d'un gilet à manches en lustrine noire pantalon à rayures blanches et noires coiffé d'un chapeau paille blanche déjà usé chaussé

de souliers et galoches porteur d'un sac en toile grise et armé d'un bâton mandat d'arrêt».
Ce signalement à des fins de recherche adressé à plusieurs ressorts préfigure la demande de recherche envoyée par Fourquet, le 10 juillet 1897 (voir à cette date).

* Un signalement sur papier libre (pièce 20) non daté mais diffusé le 14 septembre 1895 par le procureur Mistler accompagné d'un courrier du juge d'instruction Juvanon du Vachat est plus précis encore sur le «signalement de l'auteur présumé» dont on recherche alors la présence dans les prisons de la région.

Age 30 à 35 ans
Taille 1m 65 environ
Barbe noire taillée en pointe, clairsemée sur les joues. Sourcils noirs et très fournis
Teint pâle maladif
Mains: blanches indiquant qu'il ne se livre à aucun travail.
Coiffure chapeau de paille dit panama, dont le bord antérieur recouvre toujours les yeux, surtout l'œil droit et à bords postérieurs relevés – est quelquefois coiffé d'un béret
Chaussures – galoches brodequins en bon état
Cheveux – noirs et coupés sur le derrière
Vêtements – gilet et manches en lustrine noire pantalon rayé gris noir
Signes particuliers – a une cicatrice ou rougeur sur l'œil droit, porte un petit sac en toile, et un bâton.
Il y a mandat d'arrêt.

2 et 3 septembre 1895

Rapports du procureur de la République de Belley au procureur général sur le crime de Bénonces.
Source: AD Rhône, 2U1-199 (correspondance 1895).

Parquet de Belley, 2 septembre 1895

Monsieur le Procureur Général,
Meurtre à Bénonces

J'ai l'honneur de vous informer qu'un homicide a été commis avant-hier à Bénonces sur la personne de Portalier Victor, 16 ans, domestique, dans des conditions de cruauté particulièrement horribles.
Le jeune homme qui était parti vers une heure avec son troupeau a été retrouvé deux heures après, le cou presque tranché, le ventre ouvert les parties sexuelles [enlevées?].

Aussi hier matin, je me suis aussitôt transporté et j'ai envoyé dans toutes les directions le signalement de l'auteur présumé du crime: j'ai ordonné des [illisible] dans tout mon arrondissement et je retournerai après demain à Bénonces d'où je reviens à l'instant. Je vous prie de vouloir bien m'excuser si je ne vous donne pas aujourd'hui des renseignements plus détaillés la fatigue éprouvée par suite de la chaleur excessive ne me le permettant pas.

Le Procureur de la République,
Mistler

Parquet de Belley, 3 septembre 1895

Monsieur le Procureur Général,
Affaire de Bénonces

Comme suite à ma dépêche d'hier, j'ai l'honneur de vous informer que l'auteur présumé du crime est un vagabond qui a passé à Bénonces les journées de vendredi et de samedi : on l'a vu, vers midi, se diriger du côté de la forêt où l'on devait, trois heures plus tard, retrouver le cadavre de la victime. Le mobile du crime n'a pas été le vol, ni un attentat contre nature.

Le signalement précis de cet individu a été envoyé dans toutes les directions, et des instructions très sévères ont été adressées dans l'arrondissement malheureusement le même individu semble avoir été vu samedi soir vers 6 heures franchissant le pont du Rhône, à Villebois. J'ai prévenu les parquets voisins et notamment celui de Bourgoin. Le procureur de Chambéry m'avise que de nombreuses similitudes existent dans le signalement de ce vagabond avec celui de l'assassin de Saint-Ours : nous nous communiquons les procédures.

Je retournerai demain à Bénonces et sans négliger cette piste, notre enquête se continuera de tous côtés.

Le Procureur de la République,
Mistler

22 septembre 1895

Truinas. Drôme. Assassinat d'Aline Alaise.

23 et 26 septembre 1895

Rapports médico-légaux sur l'affaire de Truinas dans la Drôme (assassinat d'Aline Alaise) par le docteur Martin Roch.

Voir A. Lacassagne, p. 399 et suiv.

29 septembre 1895

Saint-Étienne-de-Boulogne. Ardèche. Assassinat de Pierre Massot-Pelet.

1er octobre 1895

Lettre du juge d'instruction de Belley, Alfred Davaine au Procureur de la République de Privas (Joseph Gouazé) au sujet de l'assassinat commis à Saint-Étienne-de-Boulogne (pièce 48).

Davaine expose dans ce courrier les circonstances du crime de Victor Portalier et envoie la fiche de signalement du vagabond suspect en affirmant qu'il s'agit sans doute du même auteur. Pour Davaine, les marques de sévices faits au corps des victimes signent l'identité du criminel.

M. le Procureur de la République,

Les journaux de ce matin nous annoncent qu'un homicide volontaire aurait été commis hier à Saint-Étienne-de-Boulogne sur la personne d'un berger auquel le meurtrier aurait coupé la tête et ouvert le ventre.

J'ai l'honneur de vous faire connaître qu'un crime analogue a été commis dans l'arrondissement de Belley, à Bénonces, le 31 août dernier. La victime est également un berger de 16 ans. Surpris dans la montagne vers 1h 1/2 de l'après-midi, il a été égorgé à l'aide d'un couteau, puis traîné sur une certaine longueur. Quand le cadavre fut retrouvé quelques heures après, la chemise avait été enlevée ; le ventre était ouvert ; les [...] intestinales sortaient par une vaste plaie allant de l'extrémité inférieure du sternum au pubis ; les pantalons étaient étirés ; enfin les parties sexuelles avaient été enlevées avec un instrument tranchant. A quelques mètres du corps, se trouvaient un testicule bien dépouillé, des débris de scrotum et un lambeau de chair qui n'était autre chose que l'enveloppe cutanée de la verge.

L'auteur présumé de ce crime serait un vagabond qui le jour même et les précédents a été vu dans la localité. Je vous adresse le signalement qui en a été donné. Cet individu a franchi le Rhône à Villebois, non loin de Bénonces, le 31 août au soir, pénétrant ainsi dans l'Isère. Tout permet de supposer qu'il s'est dirigé ensuite vers l'Ardèche. Un autre crime a été commis dans des conditions assez identiques, le 24 août à Saint-Ours, arrondissement de Chambéry.

Je vous serais obligé de vouloir bien me tenir au courant du résultat de votre enquête. Nous avons affaire sans doute au même malfaiteur.

3 octobre 1895

Rapport médico-légal sur l'affaire de Saint-Étienne-de-Boulogne (assassinat de Pierre Massot-Pelet) par le docteur Martin Auguste.

Voir A. Lacassagne, p. 403 et suiv.

17 novembre 1895

Alfred Rambaud est élu sénateur du Doubs. Émile Fourquet s'est fortement investi dans sa campagne.

1er mars 1896

Rapport du procureur de la République de Belley (sans date) sur la tentative d'assassinat d'Alphonsine Marie Joséphine Derouet, âgée de 11 ans, à Noyen, dans la Sarthe.

Voir A. Lacassagne, p. 402-403.

9 mars 1896

Baugé. Maine-et-Loire. Condamnation de Joseph Vacher à un mois de prison pour vagabondage avec coups et blessures volontaires (pièce 171).

29 avril 1896

Alfred Rambaud entre au cabinet de Jules Méline comme ministre de l'Instruction Publique, des Beaux-arts et des Cultes. Émile Fourquet est son secrétaire particulier.

10 septembre 1896

Busset. Allier. Assassinat de Marie Moussier.

27 juin 1896

Émile Fourquet réintègre la magistrature comme juge au tribunal de première instance d'Ambert (Puy-de-Dôme).

11 septembre 1896

Rapport médico-légal sur l'affaire de Busset (Cusset) dans l'Allier (assassinat de Mme Moussier, femme Laurent) par le docteur Jules Perrin.

Voir A. Lacassagne, p. 406-408.

1er octobre 1896

* Varennes-Saint-Honorat. Haute-Loire. Assassinat de Rosine Rodier Rapport médico-légal du docteur Alfred Guelle.

Voir A. Lacassagne, p. 408-410.

14 avril 1897

Lettre de Vacher (pièce 686)

Cette lettre n'est pas adressée nominativement. Toutefois, l'analyse des pièces de procédure permet d'identifier le destinataire avec certitude : il s'agit d'Auguste Genin, gendarme à la retraite, employé à la recette des finances de Baume-les-Dames en 1893. Le couple Genin était lié à la famille Barrand et avait accueilli Vacher pour la première fois à dîner le 24 juin 1893, la veille de la tentative d'assassinat de Louise Barrand (pièce 289). Quelque temps après, le couple avait déménagé à Saint-Symphorien, en Touraine. Genin affirma lors de l'instruction qu'il n'était pas lié à Vacher qui lui avait fait mauvaise impression (pièce 289). Ce dernier lui avait envoyé trois lettres. La première, en mars 1897, postée de Vals-les-Bains (Ardèche) avait été adressée à son ancien domicile, à Baume-les-Dames. La seconde fut postée de Lyon. C'est celle qui est reproduite ci-dessous. La troisième fut envoyée fin juillet de la poste de Craponne. L'enveloppe sous affranchie fut refusée par Genin. Elle fut envoyée au bureau des rebuts et saisie lors de l'instruction menée par Fourquet (pièce 104). Elle contenait une lettre, une photographie de Vacher et celle d'une femme (pièce 110). Ce pli a disparu du dossier de procédure. L'identification du destinataire donne sens à la première partie de la lettre : les Genin ayant été témoins indirects du crime de Baume-les-Dames, Vacher suppose qu'il sera compris lorsqu'il se désigne comme un « agneau innocent », qui a versé son sang de manière « loyale » et courageuse. Ce sang versé lors de sa tentative de suicide est assimilé à une purification. Il faut rapprocher cet écrit de la longue lettre envoyée à Louise, le 9 juin suivant.

Lyon, le 14 avril 1897

Chers Amis,

Comme l'on dit souvent : « J'ai encore de la veine dans mon malheur ». Oui, si je n'avais eu à retourner à la poste, je crois que votre estimée que j'attendais avant le 20 de ce mois aurait pu y stationer longtemps, vu que pour toute rassurance je suis retourné au bureau le lendemain même de la dernière dâte que je vous avais fixer. Je ne puis m'expliquer ce léger retard quand pensant que vous avez du faire mettre votre lettre à la poste par une personne qui par oubli ne l'aurait mise que le 21 du mois, aussi me fais-je un devoir de vous faire une petite réponse.

Je vous remerci d'abords de m'avoir donné une nouvelle preuve de votre cher amitié et d'une obligeance aussi complète

Vraiment, cette belle *Image* que vous m'avez envoyée ressemble à une vraie Bretonne (de St Juan). On dirait plutôt une Lydia qu'une tête à faire verser le sang d'un innocent…

C'est vrai que, grâce à Dieu, il n'a pas tout versé le sang de cet agneau innocent, puisque, à cette heure même, dans ses veines il en coule un plus pur et plus puissant. Ce n'est donc qu'une forte purge que cette médecine de Baumes-les-Dames a voulu me donner et certes, elle ne pouvait dans de telles conditions rester infructueuse le sang dis-je, versé si loyalement du moins si courageusement et si abondament sous les yeux de cette ingrate et impassible nature a repris comme par miracle toute sa sève et je ne desesperais qu'à l'heure de la mort que celui qui ai répandu soit à jamais perdu….

Ah ! le Maitre des Maitres en a bien donné d'autres leçons qu'aux satyrs menteurs de couds de Baumes-les-Dames ! . . . .

Laissons-Le faire ce grand Maitre, Lui seul peut tout . . . .

Quand à mon nouveau programme, puisque personne de ma famille ne peut ou ne veut me prendre avec eux pour ne pas me tromper il me reste à ne pas le rectifier : « Continuer à servir notre unique Maitre en se laissant voguer sur les brises du hasard. . . . .

Rien autre, a vous faire savoir pour le moment si ce n'est que je ne puis comprendre qu'a St Symphorien pour les lapins de Mr et Mme Genin il n'en resterait un brin....

Je l'ai vu moi et a ma sortie du Cris-Cris (un mois d'arrêt (*2 ans de chine et une pareille frottée disait un gendarme a ma sortie du tribunal pas chèr)* et alors qu'elle était toute fleurie comme à ma sortie de l'asile St Robert 3 ou 4 jours de diffèrence) cette belle Touraine (le jardin de la France) plantée d'êtres si fiers et robustes et tout heureux aujourd'hui je suis d'y avoir à cette heure mes plus chers amis. Que la Providence vous y accorde de longs jours. N'oubliez pas, car j'en ai eu bien des preuves (ah! l'on ai bien que trop connus les uns disent.) que souvent ceux qui sont obliger, par contre, de rester dans leur pays ne sont pas les plus heureux du pays.

Je ne desespère pas d'y rester peut-être même cet automne dans ces riches et beaux pays. Ah si dans cette Touraine
J'y rencontrai ma Souveraine
Et que par le Dieu des amours
Sur le sol de la ville de Tours
Le hasard nous désarma de notre couroux

. . . .

Comme Jesus Christ notre seigneur disait à ses disciples: «Le Ciel et la terre passeront mais mes paroles ne passeront point....

Je termine ma lettre en vous serrant bien cordialement la main chers amis. Votre bon et vrai Ami Vacher J[h]

Même poste du 25 au 30 de ce mois.

17 avril 1897

Émile Fourquet est nommé juge d'instruction au tribunal de première instance de Belley (Ain).

Fin mai 1897

Tassin-la-Demi-Lune. Rhône. Assassinat de Claudius Beaupied.

8 juin 1897

Lettre de Vacher à Louise Barrand (pièce 686, sans numéro).

Rédigée quelques jours seulement après l'assassinat de Claudius Beaupied, cette lettre à Louise Barrand est la plus longue que l'on connaisse et elle donne de précieuses informations sur l'état d'esprit de Vacher moins de deux mois avant son arrestation. Elle confirme que Vacher se considère avec Louise comme un rescapé miraculeux du drame de Baume-les-Dames et, qu'à ce titre, le sang versé l'a purifié. Vacher est devenu un agneau innocent dans les mains de Dieu et de la vierge Marie, qui guide ses pas et le sauve à deux reprises d'une mort certaine. Quant à ses sentiments pour Louise, ils n'ont pas changé:

Vacher espère renouer avec sa bien-aimée et il implore Marie pour que Louise lui revienne «blanche comme neige». Dix jours plus tard, Vacher commettait son dernier assassinat.

Chère Louise,

Que d'affaires se sont passés depuis notre malheureux événement!...

De ton côté tu a du suporter comme moi avec courage beaucoup de péripeties mais combien devrions-nous nous trouver heureux que la Providence nous ai tous deux sauvés aussi miraculeusement!...

Ah! certes cette Providence qui veille et prends soin des plus petits oiseaux du ciel ne pouvait oublier de faire sentir sa main protectrice à *deux pauvres têtes* sans expériences et dont ni leurs Parents ni la Société n'avaient su leur donner tous les secours morales ou matérielles dont le cours de la vie nous demande . . . .

Après avoir été enfermé 6 longs mois dans ce triste et abominable établissement de Dole dont il me serait trop long de t'énumérer toutes les orgies infames que j'ai vu se passer j'ai été remis a mon pays. Le directeur m'avait fait promettre d'être tranquille en route, mais il savait le pourquoi.. Je leur ai bien fait la promesse mais dès la première gare de Dole à mon tour j'ai pris la parole et a Dijon Macon Lons-le Saunier j'y ai fait verser plus d'une larmes en dévoilant les cachettes que nul ne peu apprendre d'une autre manière vu que tout agens de ses maisons y ai compromis ou on le fait compromettre au plus tôt par quelques fautes pour leur securité mêmes. J'ai essayé de nouveau à m'échapper et j'avais de nouveau réussi en pleine gare de Dole si ce ne fût ma tête encore faible qui me devient lourde et me fit tomber car je croyais que dans l'établissement de mon pays s'était le même gachi mais grande a été ma surprise en rentrant dans ce riche et propre établissement éclairer à l'électricité, (car je suis arrivé la nuit) dans une petite vallée environné des plus hautes montagnes dont les sommets était encore couronnés de neige, quand déssandant du train je voyais en briller au clair de la lune dans la nuit. Arrivé à la grande porte de l'établissement on sonne on ouvre et me voilà entré entre mes deux amis que je croyais deux bouraux. Nous traversons un beau et grand jardins certes aussi bien entretenu que celui de la ville de Grenoble. On me fait rentrer dans un des bâtiments ou les fripouilles des batiments voisins venait le soir passer quelques heures avant d'aller au dortoir.

Là j'y ai vu le fond des choses et j'ai repris toutes rassurances mes fripouilles ne ressemblaient plus à des traine-la-mort et mes nouveaux gardiens ainsi que sur les boutons de leur tunique je voyais briller les deux plus grands mots pour un pays civilisés sur leur visage: Vigilance, Humanité... et alors que du matin au soir on étaient environné d'un troupeau de boureaux à l'asile de Dole je ne voyais plus qu'un homme à notre surveillance nouvelle et cela presque qu'aux moments des services. A mon premier repas mon cœur se sentait tèlement soulager que je n'ai pu abstenir de me lever tout à coup et de dire à mes nouveaux camarades ces quelques mot : Chers amis, rendez grâce à Dieu d'être né sur un sol humain. . . . .

Enfin au bout de trois mois j'ai eu ma sortir par M^r^ le Directeur Dufour, dont la place serait plus tôt de gouverner toute la France que d'administrer un établissement de fripouilles. . . . .

C'est vrai qu'aux yeux du vrai Dieu il n'en a pas moins de mérites.

J'ai été rejoindre ma sœur à Menton, car elle seule pouvait me venir en aide, mais les parents c'est souvent comme d'autres choses, ils demandent souvent qu'à se débarrasser des plus sacrés de leurs devoirs et ce grand mot aussi : la constance leurs font souvent défaut. Soit à cause de cette question de folie soit qu'elle n'avait pas le courage de suporter ce léger fardeaux dont la Providence avait voulu lui envoyer, sa première pensée a été de me renvoyer chez d'autres de mes plus pauvres parents du pays qui ne pouvaient m'assurer ni physiquement ni moralement, tout le soutien qui m'était nécessaire à la sortie d'une aussi bonne maison et avec cela j'étais de nouveau pris dans le foyer de cette folie qui règne plus souvent dans l'esprit des gens du pays que dans celui de ceux dont ils le leur ont transmis *depuis le père Adam.*

Me voyant donc à côté de pareils soutiens il m'a sembler de nouveau voir s'ouvrir les portes de ces bonnes maisons qui n'ont pas toujours les mêmes agents et que malgré tout sont encore bien tristes pour ceux qui vivent au milieu de ce tas de ramassi. J'ai donc eu l'idée de les quitter, de les fuir ces Chers Parents, car comme j'en ai vu bien des preuves à cette heure, il est plus que probable que j'y aurait fait plus d'une visites. Voici plus de trois années déjà que je suis parti et que plus que jamais je me sens protégé par cette Divine Providence et si par *nos fautes* je suis comme obligé de vivre dans une exile du moins Dieu me la fait-il libre....

Que de villes, que de villages, que de choses j'ai vu sur ma grande route, depuis que je parcours ce grand et instructif tableau (la terre). Il y a 2 ans avec une paire de galoche de 40 sous, j'ai été en Bretagne que j'ai toute vue (5 départements) la Normandie (5 départements) grandes et riches prairies et du bon cidre ainsi qu'en Bretagne là aussi et dans le Maine (deux dep) les gens y sont vraiment religieux et humain a y ajouter le Bourbonnais et surtout la Savoie ou les gens y sont particulièrement humble et loyale. Cet année j'y ai vu aussi la Touraine qu'on nomme le jardin de la France, mais non de l'humanité ainsi que la Bosse et la Brie ou les gens y sont si orgueilleux et par fois si insollents vis-à-vis des plus humbles qu'eux. L'automne passé je suis parti par contre dans les pays chauds. J'ai été même jusqu'en espagne le pays des bonnes oranges. De ce côté les gens y sont généralement brâves, mais je trouvé qu'en Bretagne ou en Savoie il y existe plus de vrai religion et moins d'hyppocrisie qu'aux environs de Lourdes et je ne suis plus le seul grand voyageur qui a fait cette remarque des plus importe causes. Moi aussi j'ai voulu faire plus d'une visite à notre grande-mère du Ciel, à cette grande médecine de notre corps comme de notre âme et pour cela je n'ai pris ni un train de plaisir ni je n'avais mon porte monnai bien garni… Que de grâces je lui ai demander pour cette *grande occasion* pour moi, pour mes Pauvres Parents, pour mes amis!…

Lourdes est environné de hautes montagnes et en ce moment-là; elles aussi, elles étaient couvertes de neige. Je les ai atteints quelques jours après une température plus douce et au somet de l'une des plus hautes couverte encore d'une nouvelle couche de neige j'ai écrit de ma main cette phrases sur le manteau blanc de son somet: O! Vierge Marie, mère du ciel, veillez sur Elle comme vous veillez sur moi et par votre Toute-puissance auprès de Dieu, rendez-la moi un jour aussi blanche que cette neige!……

Dire toutes les fois que cette bonne mère m'a tandu la main d'une manière aussi frappante depuis que je flotte sur ces dangereuses vagues du hasards, Chère Louise tu ne voudrais pas le croire sans l'avoir vu et il me serait trop long mais je veux cependant t'en dire une ou deux. En traversant l'Auvergne pour y aller, un soir que je n'avais pu trouvé d'abri, je suivai la route et là un moment donné soit que les jambes me devenaient faibles soit que la tête était comme endormi, je me suis approche du bord de la route en marchant et patapouf! me voila en bas sac au dos. Je me souviens qu'en l'air comme sur les brancarts de l'hospice de Beaume l… D je me pensait t'est perdu! Pas une seule égratignure pas plus que lorsque j'ai sauté en bas du train qui filait à toute vapeur lorsque j'ai voulu me sauver des mains de mes bouraux de l'asile de Dole. J'en ai été quitte pour le sacrifice de mon malheureux sac que je n'ai plus revu. Je l'ai cependant bien cherché mais macache bono beseff. J'ai regrimpé comme j'ai pu par des broussailles et arrivé près d'une tache blanche qu'il me semblait voir au loing j'ai pris un petit santier que je croyais s'y rendre. A un certain endroit j'ai voulu le quitter croyant couper plus court mais s'il fesait un contour c'était par aport à un précipice au font du quel coulait un petit ruisseaux et l'idée m'est venu de faire partir une allumettes en voyant devant moi plus sombre. Que n'ai-je été surpris en voyant que de nouveau Marie venait de tendre la main à son enfant un pas, mais un seul pas et cette fois macache bono Louise… et tant d'autres pas moins miraculeuses… attaqué par des bandes de brigands, etc… etc…

Beins! Louise, la purge donné à ce pauvre agneau sortant du couvent m'a-t-elle affaibli des ambes dit?…et crois-tu que dans de pareilles conditions elle me soit été infructueuse… Je reprends: Vrai Dieu, je ne pensais pas en revoir autant le 26 juillet 1893 vers 8 heures du matin.

Merci mon Dieu, mille fois merci…

Vacher J[h]

18 juin 1897

Courzieu-La-Giraudière. Rhône. Assassinat de Pierre Laurent.

26 juin 1897

* « L'assassinat du Berger de Courzieu-la-Giraudière », *Lyon Républicain*, 26 juin 1897, p. 2.

Cet article est essentiel car il démontre que le « profilage » d'un vagabond tueur de bergers impliqué dans un minimum de cinq assassinats est établi dans la presse à la date du 26 juin et que ce travail est le résultat d'un processus collectif auquel le juge Fourquet n'a pas pris part. Le premier rapprochement des crimes de Vacher réalisé par un juge de Belley doit être mis au crédit du prédécesseur de Fourquet, Alfred Davaine, qui écrivit dès le 1er octobre 1895 au procureur de Privas pour lui signaler que l'auteur de l'assassinat commis à Saint-Étienne-de-Boulogne était le même que celui des affaires de Bénonces et de Saint-Ours (pièce 48, reproduite plus haut, p. 158).

Non signé et probablement rédigé par Jean Fabry, cet article informe ses lecteurs que le juge d'instruction Adolphe Benoist, en charge de l'élucidation de l'assassinat commis à Courzieu, a établi un lien entre l'assassinat de Pierre Laurent et quatre autres affaires. C'est ce même magistrat qui recommandera quelques mois plus tard à Fourquet la nomination d'Alexandre Lacassagne pour l'expertise de Joseph Vacher. Les rapprochements établis par les magistrats Juvanon du Vachat, Davaine et Benoist sont passés sous silence dans le livre témoignage de Fourquet, qui ne retient que le nom du juge Fonfrède, son confrère de Dijon et ce, probablement, parce que l'affaire est ancienne et que Fonfrède ne pouvait établir le lien avec les affaires effectivement rapprochées par Benoist en juin 1897.
Pour cet article, l'orthographe exacte des patronymes a été rétablie.

« M. le juge d'instruction Benoist a passé une partie de la journée d'hier à feuilleter de volumineux dossiers concernant des crimes analogues à celui de Courzieu, commis dans la région depuis moins de deux ans.

Sur cinq, quatre au moins semblaient avoir pour auteur l'individu qui a tué à Courzieu. Le plus ancien remonte au 12 mai 1895. Le lendemain de ce jour, on trouva dans un champ, près de Lyon, le cadavre mutilé d'une bergère, Augustine Mortureux, âgée de 14 ans.

La malheureuse jeune fille avait été tuée d'un coup de couteau au cou, son assassin l'avait ensuite violée puis mutilée.

Les recherches ne purent faire découvrir le coupable, mais la gendarmerie recueillit certains indices qui permirent d'établir le signalement de cet individu, un vagabond dans la force de l'âge, misérablement vêtu, portant une barbe, inculte, l'air souffreteux.

A quelque temps de là, nouveau crime à Bénonces (Ain). Le 31 août, le jeune domestique de M. Berger, Victor Portalier, âgé de 16 ans, ayant disparu, on le rechercha et on le trouva dans un champ la gorge ouverte.

L'assassin avait opéré comme celui de Courzieu. Il avait tué le jeune garçon d'un coup de couteau au cou, puis emporté le cadavre à quelques mètres de là pour le mutiler. Détail absolument typique : quelques heures après l'enlèvement du corps, les gendarmes retrouvèrent à l'endroit où le crime avait été commis un lambeau de chair arraché à l'infortunée victime. On se souvient qu'à Courzieu on fit la même découverte.

L'assassin demeura introuvable, mais grâce aux témoignages de jeunes enfants qui avaient vu un individu étranger à la localité, causer la veille du crime avec la victime et s'attacher à ses pas on put avoir son signalement à peu près exact. Le voici :

« Âgé de 30 à 35 ans, taille 1m60 environ. Barbe noire en pointe clairsemée, teint clair, aspect maladif, mains blanches, sourcils noirs, cheveux noirs coupés ras, coiffé d'un panama, les bords rebattus sur les yeux pour dissimuler une cicatrice ou une rougeur sur l'œil droit, chaussé de galoches, un paquet sur l'épaule »

Ce signalement, on le voit, correspond à celui de l'assassin de Dijon.

Plus tard, troisième crime mis à l'actif du même individu. Cette fois, c'est en Savoie, à Saint-Ours, le 29 septembre[1], où une femme, Mme veuve Morand, est trouvée égorgée. La veille, on a vu rôder dans le pays, le vagabond au chapeau rabattu sur les yeux.

On le recherche inutilement et on ne retrouve ses traces que quelques mois plus tard, à Saint-Étienne-de-Boulogne, où un jeune berger de 14 ans, Massot-Pelet, a été découvert, le cou tranché, le ventre ouvert, outragé et mutilé comme l'ont été les précédentes victimes.

Cette fois, le crime est mis sur le compte d'un fou échappé d'un asile d'aliénés, mais cet homme réussit à démontrer son innocence, et il ne reste que la piste du mystérieux chemineau déjà accusé de trois assassinats.

L'année suivante, le 1er octobre 1896, c'est le parquet du Puy qui a à rechercher l'assassin de Rosine Rodier, âgée de 12 ans, bergère à Varennes-Saint-Honorat, tuée, violée et mutilée dans un champ où elle gardait son troupeau.

On ne découvre personne, mais les avis de la gendarmerie signalent dans le pays le passage d'un individu suspect qui ressemble fort à l'assassin de Victor Portalier.

C'est ce vagabond, nouveau Jack l'Éventreur, qui est accusé du récent assassinat de Courzieu. Sa façon de procéder, l'âge de ses victimes, les

---

1. Le journal commet une erreur de date : il s'agit en fait du 24 août.

atrocités qu'il a commises, son signalement que l'on retrouve partout où il y a eu du sang répandu constituent des preuves évidentes de sa culpabilité.

Malheureusement si on connaît sa situation sociale, on ignore son nom et le lieu de sa retraite. L'assassinat de Courzieu date de sept jours déjà, l'assassin a eu le temps de fuir, de quitter l'arrondissement, la région peut-être.

C'est pourquoi maintenant les recherches ne se limitent plus au seul département du Rhône. Les parquets dont dépendent les localités où les crimes que nous venons d'énumérer, ont été commis, vont reprendre leurs enquêtes classées, lancer partout le signalement du dangereux monomane, prescrire de minutieuses recherches, des battues.

Toutes les mesures de prudence et de protection que l'on croira nécessaires seront prises ; on espère qu'elles aboutiront et que les innocentes victimes de ce tueur d'enfants seront vengées. »

10 juillet 1897

* Rapport médico-légal sur l'affaire de Courzieu dans le Rhône (assassinat de Pierre Laurent) par le docteur Jean Boyer.
Voir A. Lacassagne, p. 349-350.

* Commission rogatoire du juge Fourquet à l'effet de rechercher l'inculpé qui correspond au signalement donné et qui a amené la découverte de Vacher (pièce 584)
Voir A. Lacassagne, p. 598.

13 août 1897

Premier courrier de Julien Garcin, juge d'instruction à Tournon, au juge d'instruction de Belley, afin de signaler l'arrestation de Joseph Vacher, accompagné de sa fiche anthropométrique établie le 12 août (pièce 156), comme pouvant être la personne recherchée à Belley (pièce 157).

30 août 1897

Lettre du juge Garcin au juge d'instruction de Belley (pièce 57) ;

Monsieur le Juge d'Instruction
Avant de faire exécuter votre commission rogatoire en date du vingt-sept courant, j'ai l'honneur de vous faire connaître que le seul photographe résidant à Tournon a refusé la mission que je voulais bien lui confier. Dois-je m'adresser à Valence ou à Lyon ? De plus, il sera impossible de faire coiffer l'inculpé de paille genre Panama ; car parmi les objets saisis et désignés ci-dessous il n'existe pas de chapeau genre Panama. Enfin, l'inculpé Vacher sera jugé par le tribunal correctionnel le sept septembre dans la matinée. Ne pourrait-il pas être transféré sans attendre l'expiration du délai d'appel ?

1/ Désignation des objets dont est vêtu l'inculpé :

Un chapeau de paille blanc à petits bords, une chemise couleur à carreaux blancs et noirs, un gilet drap sans manches, rayé gris et noir ; une veste velours à côtes, un pantalon velours à côtes, une canne recourbée, ferrée et [pointue]

2/ Désignation des objets trouvés en la possession de Vacher renfermés dans un sac en toile et portés en bandoulière à l'aide d'une corde :

1° Une caisse en bois de noyer. 0,40 x 0,30 environ avec couvercle fermant à l'aide d'un crochet. Le couvercle cassé en partie
2° Un torchon
3° Une paire de bottes
4° Une paire de guêtres en cuir
5° Un chapeau mou feutre gris
6° Une chemise flanelle-coton rayée bleue
7° Un tricot de femme (Jersey) couleur lie de vin
8° Un parapluie coton violet foncé
9° Un tricot gris clair – coton – avec manches
10° Une serpe
11° Un sac de voyage en cuir en mauvais état
12° Un couteau de table ne se fermant pas
13° Un petit plat fer blanc
14° Un accordéon
15° Un rasoir – Jacques Lecoultre – Au Sentier, n° 7
16° Une lime
17° Un mètre – en cuivre
18° Une boîte compas
19° Un porte-monnaie en cuir
20° Une lame de couteau
21° Deux dés à coudre
22° Une paire de ciseaux
23° Un portefeuille en cuir contenant plusieurs photographies

7 septembre 1897

Condamnation de Vacher par le tribunal correctionnel de Tournon à trois mois de prison pour tentative de viol sur Marie Plantier.

8 septembre 1897

Transfert de Vacher en train de Tournon à Belley via Lyon Perrache.

À Belley. La confrontation

10 septembre 1897

Procès-verbal d'interrogatoire de Vacher par le juge Fourquet (pièce 585). Il s'agit du premier interrogatoire de Vacher à Belley. La pièce est signée.

D. — Avez-vous subi des condamnations ?

R. — Oui monsieur

D. — Donnez-moi l'emploi de votre temps et indiquez-moi les pays que vous avez traversés depuis que vous avez quitté le régiment.

R. — J'ai quitté le régiment au mois d'août 1893. A cette époque à la suite de chagrin d'amour je m'étais tiré trois coups de revolver dans la tête après avoir fait feu sans l'atteindre sur une fille qui m'avait promis le mariage et m'avait ensuite congédié brutalement. A ce moment j'ai été interné à l'asile d'aliénés de Dôle où je suis resté six mois pendant lesquels je m'étais évadé une fois. En sortant de l'asile de Dôle j'ai été transféré à l'asile de Saint-Robert (Isère) là je suis resté trois mois au bout desquels on m'a remis en liberté, mais comme je craignais d'être réintégré dans ces maisons d'aliénés où j'avais beaucoup souffert, je me suis dirigé aussitôt à marche forcée vers la Bretagne où j'espérais en raison de l'éloignement être en sécurité. Depuis cette époque jusqu'à ce jour, j'ai presque constamment vécu d'aumônes et je n'ai travaillé qu'à de rares intervalles parce qu'à peine dans une maison on me tournait en ridicule ; soit à cause de l'infirmité de cette bouche qui a été beaucoup plus accentuée qu'elle n'est, soit à cause de la mauvaise odeur provoquée par une suppuration d'une de mes oreilles. Ces infirmités proviennent de deux balles qui sont encore logées dans ma face droite et qui par moments lorsque je fatigue rendent le blanc de mon œil droit injecté de sang.

Depuis mon voyage en Bretagne et avant, j'ai circulé dans les départements de Saône-et-Loire, Allier, Indre-et-Loire, Maine et Loire. Au retour, j'ai passé par Paris et l'an passé, je me suis dirigé de là vers le midi et l'Espagne en passant par le Loiret, le Cher, l'Allier, l'Auvergne, le Languedoc. J'ai traversé ces départements vers septembre et octobre. J'ai quitté l'Espagne au mois de février pour me diriger sur Lyon en passant par l'Isère, mais j'ai été arrêté dans l'Ardèche. Je dois vous dire qu'avant de partir en Bretagne, j'avais été en sortant de l'asile Saint-Robert voir une de mes sœurs qui habitait Menton. C'est à cette époque que j'étais venu par les Bouches-du-Rhône et le Var.

D. — Vous est-il arrivé de traverser les départements du Rhône, de la Loire, de l'Ain et de la Haute-Savoie et Savoie ?

R. — En 1897 j'ai traversé la Savoie et en allant en Bretagne je suis passé dans l'Ain, mais n'ai pas été dans l'arrondissement de Belley, je n'ai traversé qu'une partie de la Bresse.

D. — Vous êtes inculpé d'avoir à Bénonces dans le courant de l'année 1895 volontairement donné la mort à Victor Portalier demeurant dans cette localité.

R. — Je suis innocent de ce crime, j'en ai seulement entendu parler par les journaux. Du reste vous n'aurez qu'à me confronter avec les personnes qui auraient pu voir le meurtrier si toutefois on l'a vu.

Lecture faite l'inculpé a déclaré y persister et a signé avec nous et le commis greffier[1].

Em. Fourquet, A. Collet, Vacher

11 septembre 1897

* Confrontation de Vacher au témoin Marie Dubois, femme Morel Jean, âgée de 44 ans, cultivatrice à la Courrerie, commune de Bénonces (pièce 586).

Nous faisons introduire l'inculpé Vacher et nous le confrontons avec le témoin auquel nous demandons s'il le reconnaît pour le vagabond qu'il a vu au mois d'août 1895 et qui était l'auteur présumé de l'assassinat commis à Bénonces à cette époque sur la personne du jeune Victor Portalier.

Le témoin, après avoir examiné l'inculpé :

— L'individu ici présent n'est je crois pas celui que j'ai vu à Bénonces le 31 août 1897, cependant il lui ressemble beaucoup.

L'inculpé :

— Je ne suis jamais allé à Bénonces

Lecture faite, le témoin et l'inculpé ont persisté, le témoin a requis taxe à lui faite de six francs et signé avec nous juge et le commis greffier.

* Confrontation de Vacher au témoin Émile Bourdin, âgé de 33 ans, fermier à la Courrerie, commune de Bénonces (pièce 587).

Nous faisons introduire l'inculpé Vacher et nous le confrontons avec le témoin auquel nous demandons s'il le reconnaît pour le vagabond qu'il a vu au mois d'août 1895 et qui était l'auteur présumé de l'assassinat commis à Bénonces 8à cette époque sur la personne du jeune Victor Portalier.

Le témoin, après avoir examiné l'inculpé :

— Je ne reconnais pas l'inculpé pour être l'individu qui a commis à Bénonces le crime relativement auquel j'ai été appelé à témoigner. Je dois reconnaître toutefois qu'il a une certaine ressemblance avec lui, et parle à peu près de même.

L'inculpé :

— Je ne suis jamais allé à Bénonces

Lecture faite, le témoin et l'inculpé ont persisté [...]

1. Tous les PV de confrontation et d'interrogatoire sont signés par Vacher jusqu'au 8 octobre 1897, date du premier refus.

19 septembre 1897

* Rapport du docteur Bozonet, médecin de la prison de Belley, sur Vacher (pièce 588).
Voir A. Lacassagne, p. 449.

21 septembre 1897

Rapport du docteur Bozonet, médecin de la prison de Belley, sur Vacher.
Source : AD Rhône, 2U1-199.

Le docteur Bozonet, ancien interne de Paris, 61 Grand'Rue à Belley, a examiné le nommé Vacher, détenu ; il a constaté une débilité intermittente, quelques idées fixes voisines des idées de persécution, un dégoût profond pour la vie régulière. Vacher n'est pas aliéné mais sa responsabilité est atténuée considérablement : c'est un détraqué qui erre sur les frontières de la folie ; il a, paraît-il, deux balles de pistolet dans la tête.

Signé : Dr Bozonet

1er octobre 1897

Notes pour servir aux recherches du meurtrier de Bénonces.
Il s'agit d'une page manuscrite, rédigée par le juge Fourquet à partir du dossier que lui a fait parvenir Fonfrède, procureur de la République à Dijon. Cette note est reproduite en photographie (voir le cahier photo 3, figure 12).
Source : Fonds Fouquet-Voutay.

7 octobre 1897

* Interrogatoire de Vacher (pièce 589).

D. — D'où provient le sac de toile qui a été trouvé en votre possession ?
R. — Je l'ai acheté à un épicier à Valence. Je ne sais pas d'où vient la corde qui l'attache. Dans la même ville, j'ai acheté l'accordéon contenu dans le sac.

Lecture faite, l'inculpé a persisté [...]

* Confrontation de Vacher au témoin Joséphine Gaby, femme Caffon, âgée de 29 ans, cultivatrice demeurant à Onglas (pièce 590).

Nous confrontons Vacher Joseph avec le témoin auquel nous demandons s'il reconnaît dans l'inculpé présent, le vagabond qui a passé à Bénonces le 31 août 1895 et qui est l'auteur présumé de l'assassinat de Victor Portalier.

Le témoin après avoir considéré attentivement Vacher :

— L'individu que voici ressemble bien à celui que j'ai vu à Bénonces fin août 1895, c'était bien la même taille, la figure cependant était peut-être moins pleine et le teint plus jaune comme mes souvenirs datent de deux ans, je n'oserais cependant aller jusqu'à affirmer que c'est le même individu, les vêtements ne sont pas les mêmes, ni la coiffure.

L'inculpé :

— Le témoin doit se tromper

Le témoin :

— Je persiste

Lecture faite, le témoin et l'inculpé ont déclaré persister [...]

* Confrontation de Vacher au témoin Marguerite Gossin veuve Carron, âgée de 60 ans, cultivatrice demeurant à Onglas, commune de Bénonces (pièce 591).

Nous confrontons Vacher Joseph avec le témoin auquel nous demandons s'il reconnaît dans l'inculpé présent, le vagabond qui a passé à Bénonces le 31 août 1895 et qui est l'auteur présumé de l'assassinat de Victor Portalier.

Le témoin après avoir considéré attentivement Vacher :

— L'inculpé ressemble au vagabond que j'ai vu à Bénonces et qui était soupçonné d'être l'assassin de Victor Portalier, il me semble cependant que le vagabond était un peu plus grand, je ne sais si ce sont ses vêtements qui me produiraient cet effet.

L'inculpé :

— Je ne suis jamais allé à Bénonces

Le témoin :

— Je persiste dans ma déposition

Lecture faite, le témoin et l'inculpé ont déclaré persister [...]

* Confrontation de Vacher au témoin Catherine Sablon, femme Chevrot, âgée de 57 ans, cultivatrice demeurant à Onglas, commune de Bénonces (592).

Nous confrontons Vacher Joseph avec le témoin auquel nous demandons s'il reconnaît dans l'inculpé présent, le vagabond qui a passé à Bénonces le 31 août 1895 et qui est l'auteur présumé de l'assassinat de Victor Portalier.

Le témoin après avoir considéré attentivement Vacher :

— L'inculpé que voici a à peu de choses près la taille et les traits du vagabond que j'ai vu à Onglas le 31 août au matin. Je n'ose pas être plus affirmative parce que mes souvenirs datent de deux ans

L'inculpé :

— Je ne suis jamais allé à Onglas

Le témoin :

— Je persiste

Lecture faite, le témoin et l'inculpé ont déclaré persister [...]

* Confrontation de Vacher au témoin Antoine Mambotin, âgé de 37 ans, cantonnier demeurant à Bénonces (593)

Nous confrontons Vacher Joseph avec le témoin auquel nous demandons s'il reconnaît dans l'inculpé présent, le vagabond qui a passé à Bénonces le 31 août 1895 et qui est l'auteur présumé de l'assassinat de Victor Portalier.

Le témoin après avoir considéré attentivement Vacher :

— L'inculpé est de la même taille que celui que j'ai vu le 31 août au matin, seulement cet individu en passant alors près de moi a rabattu sur son œil droit un chapeau de paille à larges bords dont il était coiffé, je n'ai pu voir sa figure et n'ose par conséquence affirmer que celui-ci est celui que j'ai vu à Bénonces.

L'inculpé :

— Je ne suis jamais allé à Bénonces

Le témoin :

— Je persiste

Lecture faite, le témoin et l'inculpé ont déclaré persister [...]

* Confrontation de Vacher au témoin Joséphine Baudin, âgée de 12 ans, sans profession, demeurant chez ses parents à Onglas, commune de Bénonces (594).

Nous confrontons Vacher Joseph avec le témoin auquel nous demandons s'il reconnaît dans l'inculpé présent, le vagabond qui a passé à Bénonces le 31 août 1895 et qui est l'auteur présumé de l'assassinat de Victor Portalier.

Le témoin après avoir considéré attentivement Vacher :

— Je crois que cet inculpé est le même que le mendiant que j'ai vu à Bénonces le 31 août 1895, mais je ne puis dire si c'est lui-même. Cependant lorsque celui-ci parle sa bouche fait la même grimace et il y a quelque chose dans son œil droit que j'avais observé dans celui du mendiant, quelque chose comme une difformité

L'inculpé :

— Je ne suis jamais allé à Bénonces

Le témoin :

— Je persiste

Lecture faite, le témoin et l'inculpé ont déclaré persister [...]

* Confrontation de Vacher au témoin Françoise Gaitot, femme Bourdin Françoise, âgée de 57 ans, fermière demeurant à la Courrerie, commune de Bénonces (595).

Nous confrontons Vacher Joseph avec le témoin auquel nous demandons s'il reconnaît dans l'inculpé présent, le vagabond qui a passé à Bénonces le 31 août 1895 et qui est l'auteur présumé de l'assassinat de Victor Portalier.

Le témoin après avoir considéré attentivement Vacher :

— L'individu qui est devant moi est de la taille de celui que j'ai vu chez moi le 30 août 1895. Je remarque que lorsqu'il parle sa bouche fait rictus exactement comme celle du vagabond dont je viens de parler, le teint est le même.

L'inculpé :

— Je ne suis jamais allé à Bénonces

Le témoin :

— Je persiste

Lecture faite, le témoin et l'inculpé ont déclaré persister [...]

* Confrontation de Vacher au témoin Ambroise Girard, âgé de 31 ans, cultivateur demeurant à Bénonces (596).

Nous confrontons Vacher Joseph avec le témoin auquel nous demandons s'il reconnaît dans l'inculpé présent, le vagabond qui a passé à Bénonces le 31 août 1895 et qui est l'auteur présumé de l'assassinat de Victor Portalier.

Le témoin après avoir considéré attentivement Vacher :

— L'individu ici présent a la taille, le teint et la barbe du vagabond que j'ai vu à Bénonces le 31 août 1895, mais je ne puis dire si c'est lui-même. Cependant lorsque celui-ci parle sa bouche fait la même grimace et il y a quelque chose dans son œil droit que j'avais observé dans celui du mendiant, quelque chose comme une difformité

L'inculpé :

— Je ne suis jamais allé à Bénonces

Le témoin :

— Je persiste

Lecture faite, le témoin et l'inculpé ont déclaré persister [...]

* Confrontation de Vacher au témoin Gabrielle Saint-Loup, femme Babolat, âgée de 46 ans cultivatrice demeurant à Bénonces (597).

Nous confrontons Vacher Joseph avec le témoin auquel nous demandons s'il reconnaît dans l'inculpé présent, le vagabond qui a passé à Bénonces le 31 août 1895 et qui est l'auteur présumé de l'assassinat de Victor Portalier.

Le témoin après avoir considéré attentivement Vacher :

— Il me semble bien reconnaître l'inculpé ici présent pour être celui que j'ai vu à Bénonces fin août 1895. C'était bien la même physionomie, la même barbe et le même teint, seulement comme il y a deux ans je ne puis être plus affirmative.

L'inculpé :

— Je ne suis jamais allé à Bénonces

Le témoin :

— Je persiste

Lecture faite, le témoin et l'inculpé ont déclaré persister [...]

* Confrontation de Vacher au témoin Antoine Guiffray, âgé de 14 ans, berger chez le sieur Bourdin à la Roche, commune de Bénonces (598).

Nous confrontons Vacher Joseph avec le témoin auquel nous demandons s'il reconnaît dans l'inculpé présent, le vagabond qui a passé à Bénonces le 31 août 1895 et qui est l'auteur présumé de l'assassinat de Victor Portalier.

Le témoin après avoir considéré attentivement Vacher :

— Il me semble bien que cet individu est celui que j'ai vu à Bénonces le 30 août 1895. Il lui ressemble

L'inculpé :

— Je ne suis jamais allé à Bénonces

Le témoin :
— Je persiste
Lecture faite, le témoin et l'inculpé ont déclaré persister [...]

* Confrontation de Vacher au témoin Maurice Marcel, âgé de 60 ans, cultivateur demeurant à Bénonces (599).

Nous confrontons Vacher Joseph avec le témoin auquel nous demandons s'il reconnaît dans l'inculpé présent, le vagabond qui a passé à Bénonces le 31 août 1895 et qui est l'auteur présumé de l'assassinat de Victor Portalier.

Le témoin après avoir considéré attentivement Vacher :

— L'individu que voici ressemble bien à celui que j'ai vu à la Roche à la fin du mois d'août 1895 et qu'on a dit être l'assassin de Portalier. Cependant le vagabond avait une barbe rasée de huit jours au menton et sur les joues. C'était bien le même corps et la même taille. Le sac qu'il portait était un sac en toile du genre que celui que vous me présentez et que vous me dites être celui saisi sur Vacher, seulement il était plus grand

L'inculpé :
— Je ne suis jamais allé à Bénonces
Le témoin :
— Je persiste
Lecture faite, le témoin et l'inculpé ont déclaré persister [...]

Un instant après le témoin demandant à compléter sa déposition ajoute :

— En rassemblant mes souvenirs j'affirme que l'inculpé est l'individu que j'ai vu et auquel j'ai parlé à Roche à la fin du mois d'août et dont il est question plus haut.

L'inculpé :
— Je ne suis jamais allé à Bénonces
Le témoin :
— Je persiste
Lecture faite, le témoin et l'inculpé ont déclaré persister [...]

* Confrontation de Vacher au témoin Augustine Pironetti, femme Jean-Marie Vettard, âgée de 36 ans, cultivatrice demeurant à Coux, commune de Bénonces (600).

Nous confrontons Vacher Joseph avec le témoin auquel nous demandons s'il reconnaît dans l'inculpé présent, le vagabond qui a passé à Bénonces le 31 août 1895 et qui est l'auteur présumé de l'assassinat de Victor Portalier.

Le témoin (après avoir considéré attentivement Vacher) :

— L'individu ici présent quoique moins maigre que celui que j'ai vu à Coux le 30 août 1895 a bien les mêmes traits ; si ce n'est pas lui c'est assurément son frère et un frère lui ressemblant bien

L'inculpé :
— Je ne suis jamais allé à Coux
Le témoin :
— Je persiste
Lecture faite, le témoin et l'inculpé ont déclaré persister [...]

Le témoin après avoir vu passer Vacher dans la salle des pas perdus emmené par les gendarmes demande à compléter sa déposition et ajoute : pour moi Vacher est bien le vagabond que j'ai vu à Coux le 30 août 1895. Je dois ajouter que tout à l'heure en passant l'inculpé a dit en s'adressant à tous les témoins : « Quand on est vraiment innocent on n'a pas peur, on se reverra dans l'autre monde ».
Lecture faite, le témoin a déclaré persister [...]

* Confrontation de Vacher au témoin Joséphine Garin Michaud, femme Guiffray, 50 ans, cultivatrice à la ferme de Croze, commune de Bénonces (601)

Nous confrontons Vacher Joseph avec le témoin auquel nous demandons s'il reconnaît dans l'inculpé présent, le vagabond qui a passé à Bénonces le 31 août 1895 et qui est l'auteur présumé de l'assassinat de Victor Portalier.
Le témoin (après avoir considéré attentivement Vacher) :
— L'inculpé Vacher ne ressemble pas au vagabond que j'ai vu à Bénonces fin août 1895. Celui que j'ai vu alors avait la figure moins ronde et d'ailleurs il ne portait ni de la barbe sur les joues, mais seulement la moustache
L'inculpé :
— Je ne suis pas surpris que le témoin ne me reconnaisse pas puisque je ne suis jamais allé dans son pays
Le témoin :
— Je persiste
Lecture faite, le témoin et l'inculpé ont déclaré persister [...]

Le témoin après avoir vu passer dans la salle des pas perdus Vacher emmené par les gendarmes demande à compléter sa déposition et ajoute : maintenant je crois bien que l'inculpé Vacher est bien le vagabond que j'ai vu à Croze fin août 1895 et auquel j'ai donné du pain. Je l'avais mal vu tout à l'heure parce que j'étais émotionnée.
Lecture faite, le témoin a déclaré persister [...]

* Confrontation de Vacher au témoin Joséphine Dubiez, femme de Jean-Claude Vettard, âgée de 34 ans, cultivatrice demeurant à Coux, commune de Bénonces (602).

Nous confrontons Vacher Joseph avec le témoin auquel nous demandons s'il reconnaît dans l'inculpé présent, le vagabond qui a passé à Bénonces le 31 août 1895 et qui est l'auteur présumé de l'assassinat de Victor Portalier.

Le témoin (après avoir considéré attentivement Vacher) :

— Selon moi cet individu est celui que j'ai vu à Bénonces fin août 1895 et qui était l'assassin présumé du jeune Portalier, seulement cet individu n'avait pas les mêmes habits. Quoique deux ans se soient écoulés depuis, selon moi c'était bien la même physionomie et la même taille

L'inculpé :

— Je ne suis jamais allé à Bénonces

Le témoin :

— Je persiste

Lecture faite, le témoin et l'inculpé ont déclaré persister [...]

* Lettre d'aveux de Vacher adressée au procureur de la République de Belley (pièce 686, sans numéro). Cette lettre datée du 7 octobre par Vacher pourrait avoir été rédigée le 8, après l'interrogatoire de la journée. Cette question est discutée dans la présentation du dossier (chap. 2 « La lettre d'aveux »).
Voir A. Lacassagne, p. 449-450.

* Lettre du juge d'instruction de Belley au procureur général près la cour d'appel de Lyon.
Source : AD Rhône, 2U1-199.

Cette lettre est importante car il s'agit du premier compte rendu envoyé par Émile Fourquet à son procureur général, Pierre Moras. Sur la forme, cette lettre n'a pas suivi la voie hiérarchique car elle aurait dû être adressée au procureur de la République, qui aurait décidé ou pas de sa transmission. Il est d'ailleurs indiqué en marge de l'original « Autorisations accordées mais répondre au P.R. » et, de fait, la réponse du procureur général en date du 11 octobre n'a pas été adressée à Fourquet mais au procureur de la République du tribunal de Belley, Paul Aron (voir plus bas). Ce magistrat avait pris son poste le 13 septembre 1897 en remplacement de Reverdet. Autant les rapports de Fourquet avaient été cordiaux avec Reverdet et son suppléant Tufféri[1], autant ils allaient se tendre avec Aron au fil de l'enquête menée sur Vacher, jusqu'à apparaître au grand jour dans l'ordonnance de renvoi définitive de l'affaire, signée par Fourquet le 12 août 1898 (voir à cette date). Le contenu de cette lettre est également très intéressant en ce qu'il livre l'état des connaissances de Fourquet au début de l'information judiciaire. Ces précisions ne figurent pas dans les pièces de procédure. On note que Fourquet soupçonne d'emblée que Vacher est bien l'auteur de plusieurs assassinats et qu'il a relié les crimes par leur mode opératoire mais on ne trouve en revanche aucune allusion à la lettre d'aveux pas

1. Au point que Fourquet remercie Tufféri mais escamote le nom de Paul Aron dans son livre témoignage.

plus que la description par Vacher de son parcours à travers la France. Ces manques confirment la réception de la lettre d'aveu en soirée mais ils nous incitent à douter de la véracité de l'épisode durant lequel un Vacher par trop naïf aurait indiqué sur une carte l'itinéraire exact de ses trois années d'errance[1].

Monsieur le Procureur Général,

J'ai l'honneur de porter à votre connaissance les faits suivants :

Le 31 août 1895, un jeune berger âgé de 16 ans, Victor Portalier était assassiné à Bénonces (Ain) et son corps, mutilé par l'assassin était retrouvé au coin d'un bois, à peu de distance d'un chemin où un vagabond avait été vu passant quelques instants avant le crime. Les soupçons se portèrent alors sur ce vagabond qui avait demandé l'aumône le jour-même et la veille à Bénonces et dans les hameaux circonvoisins. Toutes les recherches faites alors pour retrouver le chemineau soupçonné restèrent vaines. Depuis cette époque des crimes ont été commis dans des conditions semblables dans les départements de l'Ardèche, de la Savoie, de l'Allier, de la Haute-Loire et du Rhône et l'assassinat de Victor Portalier avait été précédé de crimes commis dans des conditions analogues près de Dijon, dans l'arrondissement de Saint-Marcellin (Isère) et dans celui de Draguignan (Var).

Après avoir pris connaissance des données concernant ces différents assassinats, j'ai acquis la conviction qu'ils avaient pour auteur le même individu. La mort des victimes est invariablement due à une section de l'artère carotide au côté gauche du cou et le meurtre est suivi d'une éventration pratiquée de la même manière tandis que souvent les parties sexuelles sont enlevées. De plus les premiers éléments de l'information ont toujours révélé dans tous les arrondissements la présence, le jour du crime, à l'endroit où il était commis, d'un vagabond dont, sauf les vêtements dont l'étoffe et la couleur varient, le signalement est toujours le même. Après le crime commis à Courzieu-la-Giraudière le dossier de Bénonces ayant été remis à nouveau à l'instruction j'ai reconstitué à l'aide de témoignages précis des habitants de Bénonces, le signalement exact du vagabond assassin présumé, lequel signalement avait été donné lors du crime d'une façon incomplète en raison de la précipitation avec laquelle on avait dû agir. Une commission rogatoire où figurait le signalement a été envoyée par mes soins dans tous les départements de l'est, du centre, du midi et du sud-est et cet envoi a eu pour conséquence coup sur coup, le transfert à Belley de trois individus arrêtés pour vagabondage dans d'autres départements : toutefois les confrontations de ces individus avec les témoins de Bénonces ont établi que nous n'avions pas eu la main heureuse[2]. Enfin j'ai requis récemment le transfè-

1. Dans son livre témoignage, Fourquet situe clairement l'épisode de la désignation par Vacher de ses lieux de passage sur une carte murale avant la journée du 7 octobre (Fourquet, *op. cit.*, 1931, p. 18-22). Nous trouverons plus bas dans un courrier adressé à Lacassagne un second élément qui renforce le doute sur ce moment.

2. Fourquet n'a donc pas envoyé sa commission rogatoire de demande de recherches « à tous les parquets de France », contrairement à ce qu'on peut lire dans une presse qui contribue très tôt à écrire la légende du juge.

rement de Tournon à Belley d'un vagabond arrêté dans l'Ardèche en flagrant délit d'outrage public à la pudeur, le signalement qui m'en avait été fait par mon collègue de Tournon correspondant d'une façon frappante avec celui de ma commission rogatoire. Aujourd'hui, le nommé Vacher Joseph, confronté avec quinze témoins de Bénonces a été reconnu formellement par cinq d'entre eux pour être le vagabond désigné en 1895 comme l'assassin présumé de Victor Portalier. Quant aux dix autres témoins, ils déclarent que l'inculpé ressemble étrangement à ce vagabond mais tout en affirmant que ce sont bien les mêmes traits, la même taille, n'osent aller jusqu'à dire que c'est bien lui-même leurs souvenirs remontant à deux années déjà. J'ai pour mon compte la conviction profonde que Vacher est bien l'individu qui a été vu d'autre part à la Varennes-Saint-Honorat (Haute-Loire) et à Busset (Allier) le jour où des crimes ont été commis dans ces localités, et qui a été soupçonné d'en être l'auteur mais que l'on a vainement recherché ! Ces crimes ne remontant qu'à un an les témoins qui ont vu alors l'assassin présumé le reconnaîtraient sans doute mieux encore que ceux de Bénonces et leur témoignage serait un élément d'information des plus précieux. Aussi vous serai-je reconnaissant de vouloir bien me donner conseil en cette circonstance et m'autoriser au besoin si vous le jugez utile, à convoquer ici les deux témoins de Busset et les deux de la Varennes-Saint-Honorat qui ont le mieux vu l'auteur supposé des crimes dans ces localités. Neuf crimes commis vraisemblablement par le même mais étant restés jusqu'à ce jour impunis, l'affaire mériterait peut-être que l'on ne reculât pas devant les frais occasionnés par le déplacement de ces quatre témoins.

J'ajoute que l'auteur de tous ces assassinats a été supposé quelque fou par les magistrats et les auteurs d'articles de journaux qui se sont occupé des crimes ci-dessus, et que précisément Vacher a été détenu antérieurement à l'accomplissement de ces forfaits dans les asiles d'aliénés de Saint-Ylie et de Saint-Robert : dans tous les papiers saisis sur lui on trouve trace de violentes préoccupations érotiques exprimées en des élucubrations bizarres : il déclare se soucier fort peu des lois humaines, être anarchiste à sa manière et nie toutefois avoir commis le crime de Bénonces et tous autres.

Veuillez agréer
M. Le Procureur Général
l'hommage de mon profond respect

Le juge d'instruction
Em. Fourquet

8 octobre 1897

* Procès-verbal d'interrogatoire de Joseph Vacher (pièce 603).
Il s'agit du premier procès-verbal sur lequel Vacher a refusé d'apposer sa signature.

D. — Quels pays avez-vous successivement parcourus depuis votre sortie de l'asile de Saint-Robert ?

R. — Je n'en ai pas gardé le souvenir.

D. — Où avez-vous voyagé l'an dernier ? Vos souvenirs limités à cette époque pourraient être plus précis.

R. — J'ai quitté fin juillet 1896 Précy (Seine-et-Marne) où j'ai travaillé chez un propriétaire pendant trois semaines et de là, comme je vous l'ai dit je me suis dirigé sur l'Espagne en passant par les départements que je vous ai indiqués dans un précédent interrogatoire. Je ne puis préciser davantage.

D. — Qu'avez-vous reçu comme salaire à votre départ de Précy ?

R. — Un pantalon et quelque argent avec lequel j'ai acheté des médicaments.

D. — En quelle étoffe était ce pantalon et de quelle couleur ?

R. — En velours à côtes couleur marron.

D. — Vous niez avoir assassiné à Bénonces le jeune Victor Portalier et prétendez être étranger aux nombreux crimes commis dans les conditions semblables dans d'autres régions ; cependant il est vraisemblable de supposer que vous ne dites pas la vérité car d'une part le signalement de l'auteur de tous ces crimes désigné par les nombreux témoins entendus correspond d'une manière frappante au vôtre et d'autre part l'an dernier, au moment où de votre propre aveu, vous passiez dans l'Allier et Haute-Loire, deux crimes semblables à celui de Bénonces y sont précisément commis.

R. — J'ai pour habitude de suivre mon droit chemin et de ne pas dévier des principes de la loi morale.

D. — Il n'est cependant pas difficile de trouver dans votre passé, et sans chercher bien loin, des actes qui ne sont guère en harmonie avec les règles les plus élémentaires de la morale, ainsi je suppose que dans l'arrondissement de Tournon, il y a un mois environ, ce n'était pas au nom de ce principe que vous invoquez que vous avez essayé de violer une femme surprise par vous dans une forêt où elle était en train de ramasser des pommes de pin.

R. — Je vous ai déjà dit qu'il y a des moments où je n'étais pas maître de moi et où je courais comme un fou à travers le monde droit devant moi, me guidant sur le soleil et ne sachant où j'ai erré, ce n'est pas ma faute si l'on m'a empoisonné le sang.

D. — Au moment de votre transfèrement de Tournon à Belley vous vous précipitez brusquement par la portière du compartiment où vous vous trouvez alors, et les gendarmes vous retirant par les jambes ont grand peine à vous y réintégrer. Le train marchant à ce moment à une grande vitesse, c'était une tentative de suicide que vous commettiez : Pourquoi ?

R. — D'abord rien ne prouve que je me sois tué et puis oseriez-vous prétendre que je suis responsable de ce que je fais ? J'ai été mordu dans ma jeunesse par un chien enragé et maintenant que j'y réfléchis, je me demande si ce ne sont pas les remèdes que l'on m'a administrés alors pour éviter la rage qui ont fait de moi ce que je suis.

Lecture faite l'inculpé a persisté, interpellé de signer a déclaré savoir le faire, mais ne le vouloir, nous juge avons signé avec le commis greffier

Em Fourquet, A. Collet

9 octobre 1897

* Procès-verbal d'interrogatoire de Joseph Vacher (pièce 604).
Vacher a refusé de signer ce PV.

D. — Vous avez adressé au Parquet une lettre par laquelle vous déclarez que c'est vous qui avez commis tous les crimes que je vous ai reprochés, ajoutant que vous avez agi dans des moments de rage. Je vous ai dit, au cours d'un interrogatoire précédent, que la concordance parfaite existant entre votre signalement et celui de l'auteur des assassinats commis dans les arrondissements de Draguignan, Dijon, Belley, Chambéry, Privas, Cusset, le Puy et Lyon vous désignait comme l'unique auteur de tous ces crimes ; or depuis que quatorze témoins vous ont reconnu comme étant bien le vagabond auteur de l'assassinat de Portalier, le doute n'est plus permis. Indiquez-moi dans quelles conditions vous avez tué Victor Portalier de Bénonces.

R. — Je vous donnerai des détails à cet égard lorsque je verrai paraître dans *Le Petit Journal* et dans le *Lyon Républicain* et le *Progrès de Lyon*, la lettre que j'ai adressée à Mr le Procureur de la République et qui contient d'une façon générale l'aveu des crimes commis par moi. Je tiens à fixer l'opinion publique sur les mobiles qui m'ont poussé à commettre ces crimes. Je dois vous dire toutefois que si j'ai commis les meurtres des arrondissements que vous avez indiqués, je suis innocent de celui commis dans l'arrondissement de Saint-Marcellin, seulement il ne m'est guère possible de vous donner les noms des villages où j'ai accompli tous ces forfaits, je ne m'en préoccupais pas, car j'allais droit devant moi à travers le monde où me poussait ma fantaisie.

Je ne relève que de Dieu ; je faisais œuvre de justice : c'est la France qui est coupable, il y a trop d'inégalités et trop d'injustices ; on m'a fait trop souffrir à l'asile de Dôle : quand je voyais maltraiter les détenus à côté de moi, cela me révoltait et me faisait souffrir horriblement. La société est mauvaise, je ne préconise aucune forme de gouvernement, avec tous les mêmes abus se voient. Je suis anarchiste, mais anarchiste à ma manière. Ce qui prouve que je ne relève que de Dieu, c'est que pendant quatre ans j'ai parcouru toute la France, et n'ai jamais été arrêté : j'ai franchi les montagnes des Cévennes et les Pyrénées ; j'ai bien souffert, j'ai couché dans les bois. Si les gendarmes ne m'ont jamais arrêté, c'est que Dieu me protège. A la Côte Saint-André, je les ai rencontrés un jour qu'ils me cherchaient ; ils m'ont demandé mes papiers, ils avaient mon signalement, je leur ai montré mon livret militaire et ils m'ont laissé passer. Un instant après, s'étant ravisés, ils sont revenus en arrière, j'étais alors derrière une haie, satisfaisant un besoin naturel, et je leur ai ainsi échappé. J'ai toujours voyagé sous mon vrai nom. Je n'ai agi que par Dieu et je n'ai pas de remords, vous avez bien dû voir qu'en présence de vos témoins de Bénonces qui me reconnaissaient, je n'ai pas tremblé, je n'ai pas eu d'émotion, et mon visage a conservé tout le temps une grande sérénité, eh bien ! Ce calme, je le devais à la conscience de mon irresponsabilité. Une rage me poussait à marcher droit devant moi et à commettre mes crimes ; je ne cherchais pas les victimes : c'était le hasard des rencontres qui décidait de leur sort; les pauvres gens ne sont pas à plaindre: ils n'ont pas souffert à eux tous plus de 10 minutes, je les tenais d'une main à la gorge et les tuais de l'autre avec l'instrument que j'avais et que je vous indiquerai plus tard. Vous me demandez si je me suis servi de la serpe qui est dans mon sac, je vous réponds non, soyez tranquille, je vous dirai tout si je ne vous avais pas reconnu très juste et très loyal au cours de l'instruction, vous n'auriez rien su de moi, je n'aurais jamais parlé, si cela avait été un autre juge, je me serais entêté à ne rien dire.

Vous me demandez quelle sensation j'éprouvais après mes meurtres commis, je vous réponds que je ressentais comme un soulagement et que j'étais plus tranquille. Après chaque crime, je lavais mes vêtements tout tachés de sang aux ruisseaux ou fontaines que je rencontrais, mais je ne suivais pas les routes et me tenais prudemment à travers les champs et les bois.

Lecture faite l'inculpé a déclaré persister, interpellé de signer il a déclaré savoir le faire, mais ne le vouloir, nous juge avons signé avec le commis greffier.

Em Fourquet Riche J-M.

* Lettre de réponse du procureur général de Lyon au juge d'instruction de Belley autorisant la dépense du déplacement de deux témoins de Busset et deux autres témoins de la Varennes-Saint-Honorat (pièce 60).

* Lettre de Vacher adressée à sa famille (pièce 686, n°3 et 4).
Les initiales en tête «V.J.M.J.» signifient «Vive Jésus, Marie, Joseph». Cette mention en début de lettre est d'un usage rituel dans la correspondance des Frères maristes de Saint-Genis-Laval. On relève dans cette lettre que Vacher escompte un transfert prochain à l'asile de Saint-Robert. Vacher a réalisé une copie exacte de ce courrier, ce qui explique la double cotation dans l'inventaire. La lettre n° 3 semble destinée à Pierre Vacher ("frère" est au singulier) qui habite alors à Irigny tandis que la lettre n° 4 est destinée à la famille restée à Beaufort.

V.J.M.J Dieu – Droits – Devoirs

[en marge] Il faut oser (quand il le faut)

Chers frères, Chères sœurs, Chère nièces, chers neuveux

Certes, j'aurais eu beau jeu..., mais pourquoi faire attendre les autres pour attendre moi-même, puisque je me sens vraiment Innocent, irresponsable?....J'ai réfléchi sur tout et c'est en réfléchissant aussi que j'ai fini par comprendre les choses...

Ma rancune (pas toujours) secrète contre les frères m'a quitté au souvenir de la morsure de ce chien enragé, ou plus tôt peut-être des remèdes qu'on m'avait fait prendre à cet effet, deuxièmement, à certaines paroles que j'ai dites à Auguste plus tard Il y a des moments lui disais-je tranquillement que ça me ferait autant de tuer..., troisièmement, aux accès que je prenais étant seul à travailler chez M. Declérieux à Saint-Genis-Laval, en partant tout d'un coup à travers les terres, me lassant, ou plus tôt me soulageant et revenant ensuite reprendre mon travail.

Après ces réflections dis-je, mon esprit a tellement été frappé de ces événements, aussi bisares que hors du naturel que j'ai pensé à mon impérieux devoir pour tous *(même pour les incrédules car il y en a toujours...)*

J'ai cependant attendu quelques jours de plus au souvenir du mauvais monde qui pourrait essayer de faire retomber les fautes d'un Innocent sur vous, mais j'ai pensé aussi qu'on veille à tout sachant tout...et que Dieu surtout voit tout... ? Alors je leur ai faits savoir (pas en pleurant) ce qu'ils voulaient pour le malheur mais pour la tranquilité de tous... Ils l'ont su *(des bêtises, c'est vrai des grosses)* Qu'importe la question est qu'elles ne soient pas déshonorantes et que, malgré tout, l'on puisse marcher le pied ferme... (c'est vrai que pour moi plus guère en liberté) Quand à tout ce qu'on pourait vous dire de moi, répondez à vos interprètes ceci : *Il vaudrait mieux pour vous peut-être être à sa place, car au moins vous seriez sûr d'une chose...* Je ne veux pas étendre plus long mon romans, car mon silence plus ou moins limité vous a du apprendre mieux les choses que ne saurait l'écrire ma plume... J'écris la même lettre en ce moment à Beaufort pour fixer en général c'est vrai toute une grande générations qui malgré tout n'est et ne peut être souillé par moi.

Je m'attends à retourner à Saint-Robert, maintenant on fera ce qu'on voudra de moi. Je suis tranquille, je me sens innocent (bien qu'ayant fait des betises, que vous savez ou saurez mais dans le seul intérêt de ma maladie)

Rassurez-vous vous aussi et rappelez-vous surtout que, si j'avais dû faire autrement je l'aurais fais, mais mon devoir avant tout et plus de souffrances pour les chiens enragés... accentués de l'asile de Dole et de mon malheureux état...

. . . .

Je finis dans le ferme espoir de vous revoir ou tout au moins de vous récrire à St-Robert.

Heureusement que nous aussi nous sommes nés sur un sol humain et loyal (asile de St-Robert et autres administrations de l'Isère)

Votre frère et oncle affectueux pour la vie, et je l'espère pour vous pour le ciel

Vacher Jh.
Belley, le 9 octobre 1897

10 octobre 1897

Lettre du juge d'instruction de Belley au procureur général.
Source : AD Rhône, 2U1-199.

Cette deuxième lettre du juge d'instruction au procureur général de la cour d'appel à Lyon Pierre Moras apporte un complément très éclairant aux pièces de la procédure en cours car elle livre l'opinion du juge Fourquet. Elle révèle notamment qu'à cette date, Fourquet est persuadé que Vacher est « un fou ou un monomane ».

Monsieur le Procureur Général,

J'ai eu l'honneur de vous faire connaître, il y a trois jours, que quatorze témoins de Bénonces convoqués par moi et confrontés avec l'inculpé Joseph Vacher avaient reconnu celui-ci pour être le vagabond qui était passé à Bénonces les 30 et 31 août 1895 et qui avait été désigné alors comme l'assassin du jeune Victor Portalier: en même temps je vous priais de vouloir bien m'autoriser à convoquer à Belley les témoins des arrondissements du Puy (Haute-Loire) et de Cusset (Allier) dont les dépositions pourraient jeter un jour très grand sur l'information. Aujourd'hui je crois devoir en raison de l'importance de l'affaire dont il s'agit, porter à votre connaissance les faits nouveaux suivants.

Hier, j'ai interrogé Vacher qui dans une lettre adressée à M. le Procureur de la République manifestait le désir de faire des révélations complètes et se reconnaissait, de façon générale, l'auteur de tous les crimes commis dans divers départements et dont, tout en l'inculpant de celui de Bénonces, dans un précédent interrogatoire, je lui avais déclaré que je le croyais coupable. L'inculpé a confié qu'il était bien l'assassin des victimes des crimes d'Étaules (Dijon), 12 mai 1895 la Vacquière (Draguignan), 20 novembre 1894; Saint-Ours (Chambéry) 24 août 1895; Bénonces (Belley) 31 août 1895; Busset (Cusset) 10 septembre 1896; Saint-Étienne-de-Boulogne (Privas) 29 septembre 1895, et enfin Courzieu-la-Giraudière (Lyon) 18 juin 1897. Mais il ajoute « Je vous donnerai des détails complets lorsque je verrai paraître dans « Le Petit Journal », le « Lyon Républicain » et « Le Progrès de Lyon », la lettre que j'ai adressé à M le Procureur de la République et qui contient, d'une façon générale, l'aveu des crimes commis par moi. Je tiens à fixer l'opinion publique sur les mobiles qui m'ont poussé à commettre ces crimes. » Le présent pli contient cette lettre que j'ai l'honneur de vous adresser en vous priant de bien vouloir me faire connaître s'il y a lieu de déférer au désir de l'inculpé en la communiquant à la Presse. En interrogeant Vacher, nous avons acquis la conviction M. le Procureur de la République et moi qu'il s'entêterait dans son idée et que nous ne saurions rien de lui si son étrange fantaisie n'était satisfaite. L'inculpé que j'ai constamment pris par la douceur et pour lequel j'ai cru qu'il fallait avoir beaucoup de ménagements en raison de la bizarrerie de son caractère, m'a déclaré hier en début d'interrogatoire qu'il était d'une nature inquiète et soupçonneuse et que si je n'avais su lui inspirer « par mes procédés de magistrat loyal et droit dans l'instruction » (sic) une très grande confiance il aurait persisté dans sa résolution première de se renfermer dans un système de dénégation absolue. Ceci a pour but de vous éclairer, M. le Procureur Général sur l'importance qu'il peut y avoir de contrarier le moins possible l'inculpé si nous voulons obtenir des détails précis sur les huit crimes commis par lui. Il a d'ailleurs ajouté « il y a encore autre chose que vous ne connaissez pas et que je vous dirai » ce qui pourrait faire supposer qu'il a encore commis d'autres forfaits.

D'une façon générale, Vacher déclare qu'il a été poussé au crime par une force irrésistible, dans de véritables moments de rage et que la masse de ses victimes qui, dit-il toutes ensemble, n'ont pas souffert plus de dix minutes (sic) lui procurait un soulagement énorme et une grande tranquillité : il raconte tout cela avec un calme qui déconcerte. Il a violé quelques-unes de ses victimes mais ne précisera lesquelles qu'après la réalisation de la condition qu'il a mise à ses aveux. Il est hors de doute que nous sommes en présence d'un fou ou d'un monomane : Il débite des phrases dans le goût de celle-ci « C'est malheureux pour toutes mes victimes : tant pis : c'est la France qui est punie : Je suis irresponsable : c'est Dieu qui a permis tout cela : s'il ne l'eut pas voulu comment expliqueriez-vous que pendant trois ans j'ai pu circuler impunément à travers la France et commettre tant d'assassinats sans jamais être arrêté. Il ajoute que Dieu a arrêté son bras comme il se disposait à couper la gorge de la femme rencontrée par lui dans une forêt, près Tournon (Ardèche) – (il s'agit des faits qui ont motivé une condamnation à 9 mois et un jour de prison prononcée par le tribunal de Tournon il y a un mois, contre Vacher, pour outrage public à la pudeur. Vacher s'était en effet précipité sur cette femme et la tenait à la gorge, renversée à terre lorsque le mari attiré par le bruit de la lutte est survenu à propos pour obliger Vacher à lâcher prise.)

En conséquence je vous serais reconnaissant de vouloir bien me faire connaître la détermination que vous avez prise relativement à l'opportunité de la convocation à Belley de deux témoins de Busset (Allier) et de deux autres de la Haute-Loire : d'autre part et de la communication à la Presse de la lettre ci-jointe que je vous serais obligé de vouloir bien me retourner.

Il y aurait urgence car étant donné la bizarrerie de ses allures et de son tempérament on peut toujours craindre de voir l'inculpé revenir sur ses aveux : cette éventualité est d'autant plus à redouter que jusqu'ici nous avons seulement un aveu général sans le moindre détail et que d'autre part personne n'ayant été témoin des crimes commis et n'ayant vu l'assassin à l'œuvre son aveu est une chose capitale.

Veuillez agréer
Monsieur le Procureur Général
l'hommage de mon profond respect

Le juge d'instruction
Em. Fourquet

11 octobre 1897

Lettre du procureur général de la cour d'appel de Lyon (Pierre Moras) au procureur de la République à Belley (Paul Aron).
(pièce 61).

Lyon, le 11 octobre 1897,

Monsieur le Procureur de la République,

Je vous transmets la lettre, ci-jointe, qui m'a été communiquée par M. Le Juge d'Instruction de votre siège, lequel me demandait en même temps l'autorisation de communiquer cette lettre [voir 7 octobre 1897] à la presse, ainsi que le demande le nommé Vacher, qui fait de cette publicité la condition de ses aveux.

Le signataire de cette lettre est, à n'en pas douter, un fou ou un simulateur. Rien ne garantit donc qu'après avoir vu satisfaire à sa singulière demande, il ne formule pas de nouvelles exigences.

J'estime qu'il conviendrait tout d'abord de faire de nouvelles tentatives pour arriver à obtenir quelques déclarations qui, par leur précision, suffiraient à vous fixer sur la sincérité de ses aveux. On pourrait peut-être arriver à ces résultats, soit par un nouvel interrogatoire, soit à l'aide des confrontations auxquelles je vous ai autorisé à procéder avec des témoins éloignés.

Il y a lieu de remarquer que l'état mental de l'inculpé doit dès maintenant attirer toute votre attention, et que s'il est établi que nous sommes en présence d'un fou, il sera très suffisant d'être fixé sur sa participation aux différents crimes qu'il semble reconnaître, sans qu'il soit nécessaire de pousser au-delà l'information, qui ne deviendrait nécessaire, qu'autant que la responsabilité pénale du détenu pourrait être affirmée.

Que si, maintenant, vos efforts n'aboutissaient point à une lumière suffisante, et si vous pensiez que la mesure sollicitée fût réellement de nature à vaincre le mutisme de l'inculpé, je ne vois aucun inconvénient à ce que vous fassiez à la presse une communication qui cette fois n'aurait aucun caractère dangereux et ne serait même qu'utile.

Il va de soi, toutefois, qu'il serait fort inutile de faire connaître aux journalistes que cette communication intéressante est la condition demandée par l'inculpée pour prix de ses révélations.

Recevez, Monsieur le Procureur de la République, l'assurance de ma considération très distinguée.

Le Procureur général

12 octobre 1897

Cette journée compte deux interrogatoires et il est significatif que Vacher ait adopté une attitude différente sur ces deux pièces : il refuse de signer la première, mais accepte de signer la seconde.

* Procès-verbal d'interrogatoire de Joseph Vacher (pièce 605). Vacher refuse de signer ce PV.

D. — N'avez-vous pas dérobé des bijoux à quelques-unes de vos victimes ?

R. — Un jour, dans l'Allier, il est vrai, je me suis retourné en arrière pour enlever à la femme que j'ai assassinée, sa bague, mais réflexion faite, et comme honteux de l'avoir prise, et de risquer d'être considéré comme un voleur, j'ai jeté ce bijou dans les champs. Je n'ai jamais tué pour voler.

Vous me demandez si j'ai violé mes victimes, je vous réponds que j'en ai violé deux, j'obéissais alors à une sorte de folie érotique : les femmes des maisons publiques ne se laissaient pas aborder par moi à cause de la mauvaise odeur qui se dégageait de la suppuration de mon oreille droite, depuis que je me suis tiré deux balles dans la tête. J'étais donc très surexcité par la privation des femmes. En somme, j'ai mal agi, ce que j'ai fait est très laid (sic) aussi il est facile de voir que tout cela n'est pas naturel et que je n'agissais que par Dieu qui a permis que je ne sois pas arrêté et qui m'a protégé. Il est tellement vrai qu'il m'a protégé, qu'un jour où les gendarmes me ramenaient en chemin de fer de l'asile de Dôle d'où je m'étais échappé, je me suis jeté par la portière, sans me faire aucun mal.

La femme qui est passée vers moi, aux environs de Tournon, dans une forêt, au moment où je m'y reposais, l'a échappé belle. Ma rage m'a pris alors, je me suis jeté sur elle, je l'ai saisie à la gorge et l'ai renversée à terre. J'avais l'instrument tout prêt dans ma poche (cet instrument je l'ai jeté ensuite et on ne l'a même pas trouvé). Mais tout à coup, mes idées ont disparu, j'ai lâché cette femme, sans cela, elle aurait eu le sort des autres : ce n'est pas à moi qu'elle doit la vie, mais à cela seul que mes idées m'ont abandonné. Je suis si étonné de voir que j'ai pû me maîtriser en cette circonstance, qu'en y réfléchissant, j'ai la conviction que mon terrible mal disparaît. Ma grande préoccupation pour l'instant, est la crainte de voir le public faire retomber sur ma famille la responsabilité de mes crimes, alors que j'obéis surtout à une idée fixe depuis que j'ai été mordu par un chien enragé et traité pour cela avec je ne sais quels remèdes. Et voilà pourquoi je veux que les journaux publient ma lettre et que le monde soit mon juge ; on fera ensuite de moi ce que l'on voudra.

Je vous dirai plus tard avec quel instrument je frappais.

Lecture faite l'inculpé a persisté, interpellé de signer il a déclaré savoir le faire mais ne le vouloir ; nous juge avons signé avec le commis greffier

Em Fourquet
Riche J-M.

* Procès-verbal d'interrogatoire de Joseph Vacher (pièce 606). Vacher signe ce PV.

D. — Êtes-vous décidé à me donner aujourd'hui le détail des divers crimes dont vous vous êtes reconnu d'une façon générale l'auteur ?

R. — Je préciserai lorsque vous aurez fait publier ma lettre d'aveux dans les journaux que je vous ai indiqués, et auxquels je désire joindre *La Croix* : ou plutôt, je préfère que ce soit le *Petit Journal* et *La Croix* qui publient d'abord ma lettre d'aveux afin que tout le public soit bien renseigné sur les mobiles qui m'ont poussé à commettre « ces mauvaises actions » (sic)

Lecture faite l'inculpé a persisté et a signé avec nous juge et le commis greffier

Vacher
Em Fourquet
Riche J-M.

13 octobre 1897

Vacher est photographié, peut-être dans une position assise, tenant un livre dans sa main. Ce qui est certain, c'est que ce premier portrait ne sera pas à son goût (voir 20 octobre).
Source : « Le tueur de bergers. Nouveaux détails... », *Lyon républicain*, 13 octobre 1897, p. 2.

* Procès-verbal d'interrogatoire de Joseph Vacher (pièce 607). Vacher refuse de signer.

D. — Seriez-vous disposé aujourd'hui à me dire exactement dans quelles conditions et avec instrument vous avez assassiné vos victimes, et Victor Portalier notamment ?

R. — Je maintiens énergiquement tout ce que je vous ai dit lors de mes précédents interrogatoires, et je parlerai lorsque vous m'aurez donné satisfaction en communiquant à la presse la lettre qui contient d'une façon générale l'aveu de mes crimes.

Vous tenez à savoir me dites-vous de quels instruments je me suis servi pour tuer mes victimes : il m'est assez difficile de préciser, mes souvenirs ne sont pas toujours très nets, cependant je vous déclare que je me servais des couteaux que j'avais sur moi au moment du crime ou de ceux qui se trouvaient alors à ma portée. Vous me demandez ce que j'ai fait ensuite de ces couteaux, eh bien ! Je les ai perdus au cours de mes pérégrinations ou jetés après le crime.

D. — Les blessures ou plutôt les plaies observées sur vos victimes étaient profondes et à bords très nets généralement du moins, il s'en suit que vous deviez avoir à votre disposition des instruments à lame bien tranchante. On a vu souvent les gens qui se suicidaient en se coupant le cou à l'aide d'un rasoir, or toutes vos victimes ayant eu l'artère carotide tranchée, et des blessures très profondes au cou, ne vous seriez-vous pas servi quelquefois du rasoir dont vous avez été trouvé nanti lors de votre arrestation ?

R. — L'inculpé garde un instant le silence, est visiblement embarrassé, et finit par dire : je crois que je m'en suis servi une fois, mais je ne veux pas vous dire pour quelle victime.

D. — Tiendrez-vous réellement la promesse de me raconter ultérieurement vos crimes dans leurs moindres détails ?

R. — Je vous promets de le faire, j'ajoute que beaucoup de détails sans doute sont sortis de ma mémoire, mais je vous dirais sûrement ce dont je me rappellerai.

D. — J'ai là sur mon bureau une des coupures de journaux où je lis le récit d'un assassinat commis à Valence sur une jeune femme qui, au mois de juillet dernier, a été trouvée morte, le coup percé de coups de couteau. Ne seriez-vous pas l'auteur de ce crime dont la date semble coïncider avec celle de votre passage à Valence où selon vos déclarations lors d'un précédent interrogatoire, vous auriez acheté le sac trouvé sur vous lors de votre arrestation ?

R. — J'étais effectivement à Valence au moment où le crime dont vous me parlez a été commis, mais je n'en suis pas l'auteur ; l'assassin s'est parait-il suicidé en se jetant dans le Rhône.

D. — Vos victimes n'ont pas été seulement les personnes que vous avez assassinées, mais encore les malheureux que la rumeur publique a accusés injustement de les avoir tuées. Avez-vous jamais songé à cela ?

R. — Oui monsieur, mais comme personne n'était condamné pour moi, je ne songeais pas à me livrer à la justice.

D. — L'affaire Augustine Mortureux à Dijon notamment a eu des suites fâcheuses pour un malheureux désigné par la rumeur publique comme l'auteur de l'assassinat de cette jeune fille. Cet emprisonné à cause de vous a dû bien souffrir.

R. — Je n'ai pas ignoré cela, mais il y en a d'autres qui ont souffert ; et moi croyez-vous que je ne souffre pas ?

D. — Donnez-moi un détail de l'assassinat d'Augustine Mortureux auquel je puisse reconnaître que vous en êtes réellement l'auteur.

R. — Vérifiez voir si je ne lui ai pas enlevé ses souliers, de petits souliers Molière, que j'avais pris, espérant pouvoir les mettre et que j'ai dû jeter ensuite parce qu'ils étaient trop courts. C'était près de la grandroute que j'ai commis le crime. Je n'ai pas violé la jeune fille uniquement parce que je n'en ai pas eu le temps. J'avais peur en raison de la route d'être surpris par quelqu'un. Et puis, après tout, pourquoi voulez-vous m'obliger à manquer à ma promesse de ne parler qu'après l'insertion de ma lettre ? Je ne veux plus pour l'instant donner de détails. En ce qui concerne le crime de Varacieux (Isère) dont vous me reparlez, je vous ai déjà dit que je n'en étais pas l'auteur, vous prétendez que l'ouverture vaginale de l'enfant assassiné étant trop étroite, le meurtrier a ouvert le ventre pour assouvir sa passion, et bien, c'est là une chose que je n'ai jamais faite. Vous me dites qu'il s'agissait d'un crime commis dans mon arrondissement d'origine, et qu'à ce moment je n'étais pas encore parti pour le régiment où je ne suis arrivé que six semaines plus tard, je vous réponds que j'étais alors employé chez MM. Piquet frères papetiers à Lyon.

Lecture faite l'inculpé a persisté [...]

14 octobre 1897

* Procès-verbal d'interrogatoire de Joseph Vacher (pièce 608). Vacher refuse de signer.

D. — Persistez-vous à dire que vous n'êtes pas l'auteur du crime commis le 28 juillet 1894 à Varacieux, arrondissement de Saint-Marcellin (Isère) sur la personne de la jeune Olympe Buisson ?

R. — Je soupçonne que vous avez quelques desseins secrets en m'accusant de ce crime dont je suis innocent. D'abord, si l'étroitesse vaginale d'une de mes victimes ne m'avait pas permis de la violer, il ne me serait jamais venu à l'esprit d'agrandir cette ouverture avec un couteau pour assouvir ma passion. Si par hasard, j'ai jamais parlé de crime commis dans l'Isère, j'ai voulu faire allusion à l'assassinat que j'ai commis un jour dans l'arrondissement de Vienne.

D. — Donnez-moi les détails de ce crime. Des soupçons pouvant peser encore sur un innocent, vous commettriez encore une mauvaise action en ne les dissipant pas, et en souffrant que d'autres pâtissent pour vous.

R. — C'était en 1894, un mois environ après ma sortie de l'asile de Saint-Robert, au mois de mai, je crois. Je me trouvais à Saint-Genis-Laval et me disposais à aller retirer à la poste une lettre qui m'était adressée poste restante lorsque je fus averti que les gendarmes étaient à ma recherche, et que l'on se disposait à me réintégrer dans un asile d'aliénés. Aussitôt je pris la fuite dans la direction de Grenoble. En suivant un chemin entre Saint-Barthélemy et Beaurepaire (Isère) je rencontrai une jeune fille d'environ 18 ou 19 ans qui me paraissait revenir d'une fabrique de cette dernière localité. Ma rage de tuer me prit, je me précipitai sur elle, la renversai à terre et après l'avoir frappée à la tête à coups de revolver, je l'étranglai. Ce qui prouve qu'il n'y avait pas de préméditation de ma part, c'est qu'à ce moment, je me rendais très tranquillement chez mes parents à Beaufort. Vous devez après tout avoir connaissance de cette affaire; toutefois comme le crime n'a pas été accompli dans les mêmes conditions que les autres, il est possible, je le reconnais, qu'il n'ait pas encore été porté à votre connaissance, c'est pourquoi je ne persiste plus à dire que vous me trompez. Il est possible que mon couteau m'ait échappé.

D. — Puisque vous êtes sous le coup de bons sentiments et dans la voie des aveux où que je vous engage vivement à persévérer, dites-moi si dans les premiers jours de juillet dernier, ce n'est pas vous qui avez assassiné à Volvent (Drôme) une vieille femme réfugiée dans une bergerie.

R. — Non ce n'est pas moi. Je vois bien maintenant qu'on va mettre à ma charge toute sorte de crimes auxquels je suis étranger.

D. — Ne serait-ce pas vous qui, à la fin de décembre 1895, auriez commis à Bourg une tentative de viol, peut-être d'assassinat sur une femme de cette localité, rencontrée un soir dans la rue?

R. — En Bresse, j'ai bien eu un jour envie de me précipiter comme d'habitude sur une jeune fille d'environ 14 ans mais je ne suis pas l'auteur de l'agression commise à Bourg sur la femme dont vous me parlez.

D. — L'agresseur de cette femme lui avait mordu le nez; or ce fait rapproché de cette circonstance qu'il vous est arrivé aussi à vous de mordre le nez d'une ou deux de vos victimes, cette autre considération enfin que l'agresseur était de votre taille et paraissait de votre âge, tout cela pourrait permettre de supposer que vous pourriez bien être l'auteur de cette attaque nocturne.

R. — Ce n'était pas moi, et je ne puis vous dire les noms des pays que j'ai traversés en 1895, au moins d'une façon précise. Surtout, il m'est impossible de me rappeler les dates de mon passage dans telle ou telle région.

Lecture faite l'inculpé a persisté [...]

15 octobre 1897

* Procès-verbal d'interrogatoire de Joseph Vacher (pièce 609). Vacher refuse de signer.

D. — Des assassinats ont été commis à Belfort le 18 mars dernier, et dans l'arrondissement de Neufchâteau, à Vrécourt le 1er mai 1897, dans des circonstances à peu près semblables à celles qui ont accompagné la perpétration des crimes avoués par vous. N'en seriez-vos pas l'auteur? Dans le premier cas, il s'agissait d'une petite fille et dans le second, d'une jeune fille de 14 ans.

R. — Je ne suis jamais allé à Belfort ou dans les Vosges.

D. — Dans quelles conditions avez-vous commis le crime de Courzieu?

R. — C'était dans le courant du mois de juin dernier, je crois, pendant la nuit. Il était tard, peut-être bien 11 heures du soir. J'allais sur Lyon. Je vous dirai le reste plus tard

D. — Et à Bénonces, comment avez-vous tué Portalier?

R. — Je l'ai tué près d'un bois quand j'ai passé là-haut (cette expression de là-haut appliquée à Bénonces et employée à Belley, indique que l'inculpé connait la situation topographique de Bénonces) je ne savais où j'allais.

Je suis allé souvent dans des maisons seules où il n'y avait qu'une femme, et n'ai ni tué ni volé: c'est dans les champs surtout que ma rage me prenait.

Il faut que je vous dise que je ne m'explique pas pourquoi ce médecin de la prison de Belley m'a donné du papier pour gribouiller mes idées, je ne déraille pas (sic).

Lecture faite l'inculpé a persisté [...]

16 octobre 1897

Pour le juge Fourquet, la grande journée des aveux ne fut pas celle du 7 octobre mais bien celle du 16. Ce jour-là, Vacher a obtenu satisfaction par la publication de sa lettre d'aveux dans *Le Petit Journal*. L'inculpé tient donc parole: il livre au juge toutes les informations qu'il désire. Ces informations sont consignées, exceptionnellement, dans deux procès-verbaux d'interrogatoire, signés de la main de Vacher, alors qu'il avait refusé de signer les trois précédents (datés des 13, 14 et 15 octobre). Ces interrogatoires contiennent également des rectifications, réalisées à la demande de l'inculpé. On ne donne ici que la version finale validée par la signature de Vacher.

* Procès-verbal d'interrogatoire de Joseph Vacher (pièce 610).

D. — Est-ce aujourd'hui que vous tiendrez la promesse que vous m'avez faite de me raconter dans leurs moindres détails, les crimes que vous avez commis?

R. — J'y suis décidé, je vais tenir ma promesse.

Après avoir commis le crime de Beaurepaire en mai 1894, dans les circonstances que je vous ai racontées dans mon interrogatoire du 14 de ce mois, j'ai placé le corps de ma victime derrière une haie et l'ai violée. Je ne me rappelle pas si j'ai couvert la jeune fille d'herbes ou de mousse, ni s'il pleuvait. Tout ce dont je me souviens, c'est qu'en m'en allant ensuite à travers les champs et les bois, je m'étais tout mouillé.

De Beaurepaire, je me suis dirigé sur Grenoble. Je me suis placé comme domestique dans une ferme des environs de cette ville, à la Taillat [Meylan] je crois. Au bout de quelques jours, redoutant des questions indiscrètes relativement à mon internement dans une maison d'aliénés, j'ai quitté cette ferme et suis revenu vers la Bresse où j'ai trouvé du travail dans une ferme dépendant d'un château voisin : c'était non loin de Lyon et mon patron était le père du maire de la commune. Sous l'empire des mêmes craintes qui m'avaient déterminé à quitter la Taillat, je n'ai pas tardé à abandonner mes nouveaux patrons, après avoir pris la résolution de me rendre à Menton où j'espérais être recueilli par ma sœur Olympe qui habite cette ville. Chemin faisant, et en traversant le Var, j'ai rencontré une jeune fille qui m'a paru avoir environ 18 ans, elle venait en sens inverse sur le chemin : sans prononcer une parole, je me suis jeté sur elle et lui ai coupé le cou avec un couteau que j'avais trouvé dans une cabane isolée le long de ma route. Ce couteau était fraîchement aiguisé et coupait très bien. Je n'ai pas violé ma victime : c'était cependant une jolie fille, c'était malheureux (sic).

Après ce crime, je me suis mis en marche sur la direction de Grenoble, et arrivé non loin de cette ville, les tenanciers de la ferme de l'hospice m'ont pris à leur service. Je suis resté trois mois chez eux et cette fois encore, je les ai quittés en obéissant aux mêmes considérations qui m'avaient déterminé déjà à quitter le service de mes précédents patrons, à savoir la crainte d'être interrogé sur l'emploi de mon temps pendant les mois et les années précédents. Plus tard, vous me verrez encore quitter différents patrons, or je vous déclare dès maintenant que je m'en allais toujours pour les mêmes causes.

D'une façon générale, je dois vous déclarer qu'il ne m'est guère possible de préciser les dates auxquelles je me suis trouvé dans telle ou telle ferme, pas plus que les époques auxquelles j'ai traversé tel ou tel département. Il faudra vous contenter des indications que je vous donne très sincèrement telles qu'elles me sont fournies par ma mémoire, d'ailleurs au fur et à mesure que mes souvenirs seront plus précis, je pourrai compléter mes déclarations.

En quittant la ferme de l'hospice, j'ai pris la résolution de me diriger sur Paris. Arrivé non loin de Dijon, j'ai rencontré sur la route nationale une jeune fille de 14 ans environ. Sans rien dire, comme d'habitude, je me suis précipité sur elle et l'ai tuée comme les autres, avec un couteau, je ne sais lequel, on a dû retrouver le cadavre à deux ou trois mètres de la route : j'avais enlevé les souliers de la jeune fille. Je ne l'ai pas violée.

Je n'ai pas pris les boucles d'oreilles de ma victime, ni l'argent qu'elle pouvait avoir ainsi qu'on me l'a reproché. Au lieu de continuer ma route sur Paris, je suis revenu en arrière, me dirigeant sur Lyon, et aux environs de cette ville, je me suis engagé pour la saison des foins chez un fermier. Peu de temps après, je me suis dirigé sur Chambéry, Aix-les-Bains en passant par Bénonces, mais ce n'est pas lors de ce voyage que j'ai tué Portalier dans cette localité, c'est quelques temps après, en revenant de Saint-Ours où j'avais tué dans le courant d'août, avec un couteau, je ne sais lequel, une vieille femme qui m'a paru avoir soixante ans, et que j'ai violée après le meurtre. Si j'avais surtout à regretter un crime ce serait celui-là à cause du caractère loyal et hospitalier des gens du département.

Lecture faite, l'inculpé a persisté et signé avec nous, nous, juge et commis greffier.

Vacher, Riche J.-M. , Em. Fourquet

* Procès-verbal d'interrogatoire de Joseph Vacher (pièce 611).

D. — Sur quelles parties du corps avez-vous frappé les victimes dont vous venez de parler dans votre précédent interrogatoire ?

R. — Mes souvenirs ne peuvent être d'une grande précision : je frappais dans des accès de rage tellement violents ! Cependant d'une façon générale, je dois vous dire que je leur ai coupé la gorge et que je leur ai fait des blessures au ventre, du moins à quelques-unes. J'en ai mordu plusieurs.

D. — Continuez à m'expliquer dans quelles circonstances vous avez commis l'assassinat de Bénonces et tous ceux qui ont suivi, et dont vous vous êtes reconnu l'auteur.

R. — De Saint-Ours, je suis revenu à Bénonces où j'ai tué un jeune garçon que vous me dîtes s'appeler Portalier mais dont je ne savais pas le nom : il était debout, je crois, dans un pré où il gardait son bétail. Je suivais un chemin qui conduisait à la montagne et passait non loin du pré : je me suis approché du berger, je ne lui ai rien dit, il ne soupçonnait pas pourquoi je m'approchais de lui, je l'ai saisi brusquement à la gorge et l'ai tué avec un couteau, je ne sais pas lequel : l'enfant s'est débattu ; il a beaucoup crié, il y a eu lutte. Ce devait être tout près d'un bois. Si des souvenirs plus précis me viennent, je vous les dirai. Quoi qu'il en soit, après l'avoir tué, je ne l'ai pas souillé. Je l'ai mordu aux testicules.

De Bénonces, j'ai passé dans l'Isère puis dans la Drôme et dans ce département en traversant l'arrondissement de Die, trois semaines ou un mois environ après l'affaire de Bénonces, j'ai rencontré un soir sur ma route, une jeune fille d'environ 18 à 20 ans sur laquelle je me suis précipité comme je l'avais fait pour mes autres victimes, et à laquelle j'ai coupé la gorge. Ce crime une fois commis, j'ai passé dans l'Ardèche où quelques jours après, j'ai tué de la même manière un jeune berger que j'avais rencontré auprès d'une bergère. (Je n'ai pas violé la jeune fille dont je viens de parler.)

Quittant alors l'Ardèche, je me suis enfui jusqu'en Bretagne. Je ne saurais vous dire quelle a été la durée de mon voyage, quels départements j'ai traversés, ni combien de temps j'ai mis à revenir ensuite de là sur Paris ; ce qu'il y a de certain, c'est qu'au mois de juillet 1896, je me trouvais à Précy (Seine-et-Marne) où je suis resté pendant trois semaines chez un fermier. A la fin du mois de juillet, je quitte Précy avec la résolution de me rendre dans le midi pour y passer l'hiver ; vers septembre ou octobre, je traverse successivement l'Allier où je tue toujours de la même manière une jeune femme paraissant avoir 20 ans : c'était non loin de Vichy, comme je vous l'ai déjà dit, j'avais pris la bague de ma victime que j'ai ensuite jetée, je ne sais où. Après ce crime, je passe dans la Haute-Loire où je donne la mort non loin du Puy à une jeune fille d'une quinzaine d'années, en lui coupant la gorge et en la mutilant à l'aide d'un couteau.

Enfin, je me rends dans le Sud-Ouest et passe à Toulouse, Lourdes, Tarbes puis je reviens à Montpellier puis à Nîmes et enfin à Lyon et c'est au cours de ce voyage et avant d'arriver dans cette ville que j'ai assassiné le petit garçon de Courzieu-la-Giraudière. J'ai frappé l'enfant avec un couteau, j'ai essayé de souiller ma victime, mais je ne sais pas si c'était avant ou après le meurtre, je crois cependant que c'était après. J'ai placé le cadavre derrière une haie, puis je me suis rendu à Lyon, delà dans l'Isère, puis dans la Drôme, et enfin dans l'Ardèche où je me suis fait arrêter. Ce doit être dans le courant de juin que j'ai commis le crime de Courzieu. Je ne puis vous fournir aucun détail, ma mémoire ne me le permet pas.

Lecture faite, l'inculpé a persisté et signé avec nous, nous, juge et commis greffier.

Vacher, Riche J.-M. , Em. Fourquet

18 octobre 1897

* Procès-verbal d'interrogatoire de Joseph Vacher (pièce 612). Vacher signe. Reproduction partielle dans A. Lacassagne, p. 402.

D. — N'avez-vous pas en 1896, dans le département de la Sarthe, tenté de tuer et de violer une petite fille que vous aviez rencontrée sur votre route ?

R. — En effet quelque temps avant ma condamnation de Beaugé [Baugé], je me rappelle maintenant, parce que vous m'en faites souvenir, avoir rencontré sur une route une jeune fille paraissant avoir 13 ou 14 ans sur laquelle je me suis précipité comme d'habitude dans un accès de rage, mais un homme et une femme sont arrivés et m'ont forcé à lâcher l'enfant. Je me suis alors sauvé sur la route. J'ai rencontré une heure ou deux après, un gendarme en vélocipède qui me cherchait : il m'a demandé mes papiers et m'a laissé continuer ma route, parce qu'il n'a pas cru que c'était moi.

Lecture faite l'inculpé a persisté [...]

* Lettre du procureur général Moras à Émile Fourquet.

Cette lettre ne figure pas dans le dossier de procédure. Le juge Fourquet l'avait conservée et mise sous cadre.
Source : Fonds Fourquet-Voutay (2019).

Monsieur le Juge d'instruction

J'ai pris connaissance des rapports que vous avez adressés à mon parquet relativement à l'Instruction criminelle ouverte contre le né Vacher, inculpé d'assassinats.

L'arrestation de cet inculpé, qui s'est si longtemps soustrait aux recherches de la Justice en ne cessant de commettre les plus odieux forfaits, est due aux mesures que vous avez prises avec autant de zèle que de sagacité.

Je suis heureux de vous témoigner toute ma satisfaction. Je m'empresse, d'autre part, de signaler à Monsieur le Garde des Sceaux les mérites dont vous avez fait preuve dans cette affaire.

Recevez, Monsieur le Juge d'Instruction, l'assurance de ma considération très distinguée.

Le Procureur Général
P. Moras

19 octobre 1897

* Procès-verbal d'interrogatoire de Joseph Vacher (pièce 613). Vacher signe.

D. — Quelle est la provenance des objets trouvés dans votre sac ?

R. — J'ai acheté à un bazar de Valence, la canne, le parapluie et l'accordéon ; le tricot de femme, je l'ai trouvé de ce côté-ci de Lyon ; la chemise de flanelle de coton, je l'ai volée, je ne sais où ; je ne me souviens pas où j'ai pris le chapeau, les bottes et les guêtres ont la même origine, j'ai toujours eu la boite de compas, je l'avais trouvée sur la fenêtre d'une maison, je ne sais où. J'ai trouvé le rasoir devant une maison dans l'Ardèche ou le Lyonnais. J'ai trouvé le plus grand des deux couteaux, le petit provient je ne sais d'où, je l'ai sans doute trouvé aussi. J'ai pris la marmite devant un chien qui en avait deux (sic).

J'ai trouvé la serpe dans le Lyonnais à une époque voisine du crime de Courzieu, je ne saurais dire si c'est avant ou après. J'ai volé la sacoche près de Valence dans une maison où j'avais couché. J'ai fait faire à un menuisier près de Champis la caisse en bois ; mes habits et les brodequins que je porte, je les ai volés. J'aurais fini par tuer pour voler.

Je me plains de ce que les journalistes insinuent que je suis atteint d'une sorte de folie mystique. Je réponds à ces gens-là que si Dieu se sert de moi pour donner des exemples au monde, on ne peut pas appeler cela de la folie mystique. Si ceux qui parlent de ma folie mystique avaient passé par mon chemin de croix, ils comprendraient pourquoi je parle si souvent de Dieu, et réfléchiraient avant de parler de mysticisme.

Lecture faite l'inculpé a persisté [...]

* Lettre du Procureur de la République de Belley, Paul Aron, au Procureur général Moras.
Source : AD Rhône, 2U1-199.

Cette note répond à la demande en urgence de renseignement transmise par télégramme sur l'état de la procédure instruite contre Vacher par le procureur général de Lyon (pièce 77). Elle n'est pas signée du procureur suppléant Tufféri mais bien de Paul Aron, le procureur en poste depuis septembre, ce qui contredit une affirmation ultérieure de Fourquet, selon laquelle l'arrivée de Paul Aron serait «bien postérieure aux aveux de Vacher» (voir ci-dessous, à la date du 12 août 1898).

20 octobre 1897

* Procès-verbal d'interrogatoire de Joseph Vacher (pièce 614). Vacher signe.

D. — Indiquez-moi un détail de la topographie du lieu où vous avez commis l'assassinat de la Vacquière, auquel je puisse reconnaître que c'est bien à vous que ce crime doit être imputé.

R. — C'est bien moi qui suis l'auteur de ce crime. J'ai rencontré la jeune fille sur le chemin, je l'ai saisie au cou comme les autres et je l'ai emmenée dans la baraque qui se trouvait à quatre ou cinq mètres de ce chemin; là je lui ai fait comme aux autres (sic). A deux ou trois cents mètres de là, j'avais rencontré des gens qui cueillaient des olives, et un instant avant de les rencontrer, j'avais demandé à boire dans une maison. Je ne me rappelle pas à quel moment de la journée c'était.

Lecture faite l'inculpé a persisté [...]

* Lettre du juge d'instruction de Belley au procureur général.
Source : AD Rhône, 2U-199.

Le juge Fourquet signale à la fin de cette lettre qu'il a fait refaire un portrait photographique de Vacher. Ce nouveau tirage a été réalisé à la demande de l'inculpé, qui jugeait que la photographie du 13 octobre avait trop accentué la difformité de sa bouche. Peut-être s'agit-il du portrait représentant Vacher assis, tenant une bible dans sa main. Ce qui est certain, c'est que le portrait "canonique" de Vacher a été réalisé dans la cour de la prison par le même Favrat, photographe à Belley. Vacher tient un bâton d'une main et dans l'autre, des clefs qui symbolisent les clefs du paradis. C'est cette photographie qui a été diffusée aux parquets dans le cadre de l'enquête. Vacher a également été pris en photo à la sauvette à deux reprises le 20 octobre par Victor Bergery, secrétaire de la rédaction du *Petit Bourguignon*. Ces clichés illicites ont été contestés par Vacher et la justice en a interdit la publication. Sur l'une de ces photos volées, on voit Vacher discutant avec le juge. Cette vue fut conservée par le juge, qui en fit un tirage et la conserva sous cadre. C'est cette photographie non retouchée qui a servi pour la couverture du présent ouvrage.

Source : « Le tueur de bergers. Nouveaux détails », *Lyon Républicain*, 21 octobre 1897, p. 2.
BM de Lyon, Ms 7056 (album photos) et fonds Fourquet-Voutay (2019).

21 octobre 1897

* Procès-verbaux de confrontation de Vacher à Henriette Carton, cultivatrice à Busset, à propos du 10 septembre 1896 (pièce 615) ; Marie Moussier, femme Lorut, à propos du 10 septembre 1896 (pièce 616) ; François Durand, meunier à la Varennes-Saint-Honorat (pièce 617) ; Joseph Dessouffleix (pièce 618). Vacher signe ces quatre PV.

22 octobre 1897

* Procès-verbal d'interrogatoire de Joseph Vacher (pièce 619).
Cet interrogatoire révèle à Fourquet le crime jusqu'ici inconnu de Claudius Beaupied, un jeune roulant. La tournure de l'interrogatoire diverge fortement du témoignage du juge. Vacher révèle un seul crime et réfute tous les autres. Il n'y est fait aucune allusion au journal qui aurait accusé Vacher d'affabulations. Le procès-verbal est signé par Vacher.

D. — Je me rappelle encore avoir commis un crime que je ne vous ai pas avoué parce qu'il ne m'était pas encore revenu à la mémoire.

Voici de quoi il s'agit :

C'était 15 jours ou trois semaines environ avant le crime de Courzieu, à deux heures de marche au-delà de Fourvière en se dirigeant du côté des Cévennes. J'avais couché dans une maison inhabitée sur la gauche de la route. Le matin est entré dans cette maison, un garçon d'une quinzaine d'années que j'ai pris pour un roulant, je lui ai coupé le cou avec un rasoir que j'avais trouvé quelques jours auparavant et j'ai jeté le corps dans un puit qui se trouve dans la cour.

La maison dont je parle est à l'angle d'un chemin qui aboutit à la route et il y a derrière une haie de sureaux. C'est de là que je me suis dirigé sur Courzieu.

R. — Ne seriez-vous pas l'auteur des crimes ou de l'un des crimes ci-après : 23 octobre 1896, assassinat de la femme Venon âgée de 70 ans trouvée morte la tête fendue ou hâchée dans une maison qu'elle habitait au milieu des bois, à Sennely (Loiret).

D. — Non monsieur,

R. — 25 octobre 1896, Nîmes, assassinat du jeune Michel âgé de 9 ans, à trois kilomètres de cette ville ?

D. — Je ne suis pas l'auteur de ce crime, car autant que je puis me le rappeler, à cette époque j'étais dans l'Aveyron ou le Tarn ; c'est en effet la direction que j'ai suivie après le crime de la Varennes-Saint-Honorat.

R. — 18 mars 1897, Belfort, assassinat et viol de la jeune Adrienne Royard [Reuillard], âgée de 9 ans ?

R. — Ce crime ne peut m'être imputé, j'étais probablement dans le Gard à cette époque.

D. — 5 avril 1897. Varennes-en-Argogne, assassinat et viol de Thérèse Ply, âgée de 19 ans ?

R. — Ce n'est pas moi qu'il faut accuser de cela, j'étais alors dans le Tarn ou le Gard.

D. — Vrécourt (Vosges) 1er mai 1897 viol et assassinat par strangulation de Jeanne Henrion, âgée de 14 ans ?

R. — J'étais alors dans le Gard ou le sud de l'Ardèche.

D. — Crosserville-la-Vieille [Eure], nuit du 23 au 24 mai 1897, assassinat de Lefèvre Henri, cultivateur, artère carotide tranchée ; un pantalon et un paletot veston en drap coton vert bronze et une paire de souliers brodequins ont été pris à la victime.

R. — Je devais être dans le nord de l'Ardèche.

D. — 16 juin 1897, Aranbeau [Raimbaucourt ?] (Nord), Amélie Debruile [Debruille ?] a été trouvée assassinat et a été l'objet d'une tentative de viol.

R. — J'étais alors aux environs de Lyon sans doute.

D. —Volvent [Die, Drôme], nuit du 4 au 5 juillet 1897, assassinat de la veuve Lagier âgée de 60 ans, une plaie au ventre et l'autre au sternum.

R. — Je ne suis pas l'auteur de cet assassinat ; j'étais alors dans l'Isère ou la Drôme.

D. — Le Crouset [Coux], arrondissement de Privas, 24 juillet 1897, assassinat de la veuve Laville, 61 ans. Cette femme a été étranglée et on lui a ensuite coupé la gorge.

R. — J'étais peut-être dans l'Ardèche, mais ce n'est pas moi qui ai commis ce crime.

D. — Quel a été l'emploi de votre temps depuis le jour où vous avez quitté l'établissement des Frères à Saint-Genis-Laval jusqu'au moment de votre arrestation ?

R. — En quittant Saint-Genis-Laval, je suis allé voir ma sœur à Grenoble où je me suis placé quelque temps dans une brasserie ; de là je suis allé voir mon frère à Genève où je ne suis resté que pour quelques jours. De Genève je suis allé à Paris, c'était pour l'exposition au mois de septembre. En revenant de Paris, je suis allé voir les Frères à Saint-Genis-Laval pour me faire délivrer un certificat qui m'a permis de me placer à Lyon chez M. Piquet où je suis resté jusqu'à mon entrée au régiment.

Lecture faite l'inculpé a persisté [...]

23 octobre 1897

* Procès-verbal d'interrogatoire de Joseph Vacher (pièce 620). Vacher signe.

D. — Vous avez passé m'avez-vous dit à Bénonces, une première fois en allant du côté de Chambéry et c'est en revenant de la Savoie et en traversant une deuxième fois le territoire de Bénonces que vous avez tué Victor Portalier. Avec quoi lui avez-vous donné la mort ?

R. — C'est avec un couteau dont je ne me rappelle pas la forme et que j'avais sur moi.

D. — Quelles blessures avez-vous faites ?

R. — Je lui ai coupé la gorge, et je crois aussi lui avoir arraché les parties avec les dents.

J'aurais préféré abandonner certains détails en ce qui concerne certaines « vilaines choses » que j'ai faites, car je crains que l'exemple de ma maladie ne devienne nuisible à la moralité de la jeunesse (sic).

Vous me demandez comment j'étais habillé, je ne me souviens pas. Si je me suis lavé après le crime, je ne m'en souviens pas, mais je ne le crois pas, si je l'ai fait, ce devait être plus loin, car généralement, je partais comme un enragé.

J'ai traversé ensuite des bois. Au surplus, Il ne m'est pas possible de me rappeler d'autres détails en raison de l'état dans lequel je me trouvais.

Lecture faite l'inculpé a persisté [...]

* Procès-verbal d'interrogatoire de Joseph Vacher (pièce 621). Vacher signe.

D. — Quel a été l'emploi de votre temps antérieurement à votre sortie de l'asile Saint-Robert ?

R. — Après avoir été placé chez une dizaine de patrons à Saint-Genis-Laval où j'étais venu de chez mes parents vers l'âge de treize ans, je suis entré chez les Frères où je suis resté de deux à trois ans, je ne puis préciser mieux. Là au bout de six mois, on m'a donné l'habit religieux. Pendant un an, on a continué à m'instruire et au bout de ce temps on m'a envoyé à Vilechenève faire la petite classe. Je suis resté là jusqu'au moment des grandes retraites, soit environ six mois, après les grandes retraites, j'ai été envoyé dans un autre poste à Sainte-Foy-L'Argentière où je suis resté quatre ou cinq mois. De ce pays, comme la vie sédentaire ne me convenait pas, le directeur du poste a jugé à propos de me renvoyer à la maison mère parce que j'étais malade. A Saint-Genis-Laval, le Supérieur Général m'ayant fait passer la visite par un médecin, ce dernier a déclaré que je n'étais pas fait pour la vie sédentaire et on m'a renvoyé dans ma famille comme on l'a fait la même année pour plusieurs de mes camarades. C'est dans ces conditions que je me suis rendu à Beaufort pour de là aller à Grenoble voir ma sœur après quelques mois passés dans ma famille.

A Grenoble, je me suis placé pendant trois semaines ou un mois environ à la Brasserie des Nations, que ma sœur devait même acheter. Ceci se passait dans l'année où le président Carnot est venu à Grenoble. Pendant mon séjour dans cette ville, j'ai contracté une maladie vénérienne qui m'a obligé à entrer à l'hôpital d'où après un mois de traitement je suis sorti pour me rendre à Marcollin chez l'une de mes sœurs. Étant à Marcollin, je suis allé voir un médecin qui n'exerçait plus, et comme ma maladie trainait en longueur mes parents m'ont conduit aux Antiquailles à Lyon. Au bout de quelques mois, et après une opération douloureuse aux parties génitales, je suis allé voir mon frère à Genève où je suis resté pendant quelques jours au café International. De Genève, je me suis rendu à Paris où j'ai séjourné environ quinze jours, c'était pendant l'exposition au mois de septembre. Je ne me rappelle pas dans quel hôtel je suis descendu. Puis j'ai été en Savoie où je suis resté quelque temps à l'hôtel Folliet à Aix-les-Bains ; enfin je suis revenu à Lyon d'où je suis parti ensuite au Régiment.

Lecture faite l'inculpé a persisté [...]

24 octobre 1897

* Lettre de Vacher au juge d'instruction E. Fourquet (pièce 686, n° 5)

Vacher donne dans cette lettre des précisions sur sa période militaire. Il s'agit de sa plus longue lettre au juge Fourquet. Les informations livrées sont à rapprocher du témoignage de Louis Loyonnet, recueilli le 11 février 1898 (voir à cette date)

On lit dans la marge gauche du premier feuillet, sur l'axe vertical : « Passage au R^{gt} de l'ancien Frère-Sergent Vacher dit le chasseur de Bergers ou Bergères »

Dieu – Droits – Devoirs

Belley, le 24 octobre 1897

Monsieur le Juge d'Instruction,

Voici, Mr le Juge, les détails sur mon service militaire que, m'avez-vous dit, jugez utiles à mon instruction : Arrivé au 60e R^{gt} d'Inf^{rie} le 15 9bre 1890, Je fus d'abord détaché du groupe ainsi que plusieurs autres camarades pour aller rejoindre la 3me Cie du 3me B^{lon} de ce R^{gt} qui à cette époque était hospitaliser au sommet d'une haute montagne près de Besançon et qu'on nomme la cytadelle. Le rang de taille établi dans ma Cie, Celui que l'on devait plus tard appeller le chasseur de Bergers ou Bergères se voit placé sous les ordres d'un nommé Barbier caporal rengagé de la 9e escouade de la Cie. Dès le début mon plus grand malheur fut d'être sous les ordres de ce caporal, une vraie brûte et un fricoteur de 1ere classe. Moi, quoique ayant conservé une certaine timidité en sortant de chez les Frères, j'en avais pas moins conservé et peut-être même acquiers une droiture de caractère qui devait m'être fatal à côté d'un tel chef...

En effet dès les premiers jours de mon entrée à l'escouade, je voyais mon caporal se faire apporter au lit tous les matins une grande gamelle de café par un homme de l'escouade désigné à cet effet, se faire astiquer ses cuirs dans les mêmes conditions et sans avoir crainte de menacer de *foutre* dedans les victimes de sa paresse. J'en fus fort surpris et intérieurement plus qu'irrité ; il sentait lui-même que celui qui était placé en tête de l'escouade n'aurais jamais même oser (ce qu'il fait) trainquer avec lui comme certains pleureurs ; loin de là, il le voyait avec déplaisir inviter à boire avec lui un nommé Maire, caporal de l'Escouade voisine qui par contre me semblait un des brâves. Dès lors, la guerre éclate entre nous. Il commence à m'infliger quelques petites punitions, plus ou moins mérritées, moi ayant confiance au maitre des maitres, au chefs des chefs, je me laissais toujours faire... Bien que mon commencement paru au premier abords étrange à mon capitaine dit Rossignol, il n'ésita pas à me demander si je voulais suivre le peloton d'Instruction des élèves caporaux. Comme c'était en effet mon intention je m'empressa d'accepter sa demande. Le caporal Barbier a parti de cet époque ne m'avait plus guère sous ses ordres, bien que cela, c'était toujours mon ennemi, et c'était assez. Il fit tant qu'après 6 mois de service et au moment des examens je me vis avec 36 jours de salle de police. Plus tard le moment des nominations arrive et mon Vacher qui avait obtenu aux examens le n° 4 sur 102 *(24 sur 126 mais il y avait 20 jeunes caporaux dont le colonel avait jugé bon de leur faire reppasser de nouveau l'examen avec nous)* ne fut pas nommé grâce à Mr Barbier. Me voyant faire une telle injustice mon chagrin fut grand… Je tente même de me détruire car réellement je m'en étais donné la peine de gagner ce classement en m'efforcant à métriser de tout mon possible cette surexcitation qui a des moments donnés m'étaient impossible de vaincre. Après ce premier incident on juge bon de me faire passer une visite aux médecins majors du Rgt. Ceux-ci m'obligèrent à rester quelques temps à l'infirmerie mon état se rétabli ; alors l'idée me vient de demander à mon colonel *(dans une lettre qu'il a m'a-ton dit, conservé assez longtemps)* de changer de Cie afin d'être à l'abri des injustices du Cpl Barbier. Ce que je fis. Mon colonel de Mibiel le jugea bon en faisant suite à ma demande. Après trois mois de nouveau service dans ma nouvelle Cie, il demanda un rapport à mes nouveaux officiers sur ma conduite et mon commandement *(car pendant ces trois mois, bien que n'ayant pas encore les galons de Cpl, j'étais employé comme instructeur)*. Il faut croire que le rapport fut en rapport avec la lettre adressée au colonel, car le lendemain mon capitaine me faisant arrêter l'escouade m'averti de m'entendre à être nommer caporal le jour suivant. Ce qui arriva… Comme il n'y avait pas de place de caporal dans la Cie, je me vis donc obligé de quitter mes chers officiers dont je ne puis indiquer leur nom pour entrer de nouveau dans une autre Cie. Fort heureusement, je tombe sous le ordres d'un capitaine peut-être meilleur encore, le capitaine Cochinard, un vrai brâve alors !… Là après un mois ou deux de service, ce capitaine me nomme caporal d'ordinaire *(chargé de la surveillance de la cuisine et de la nourriture des hommes)*.

Bien que ce service doit être renouvelle chaque mois, vu que tous les hommes de la Cie étaient désireux de me voir continuer ce service, le capitaine Cochinard demanda au colonel à ce que je reste chargé de ce service à sa Cie. Sur de nouvelles instances de mon Cne je me vis quiter cette surveillance que pour accepter les galons de sous-officier. Tout en veillant à ce service je me suis vue plusieurs fois en face de grâves punitions de conseil de guerre et plus d'un de mes anciens soldats dont je ne veux nommer leurs noms me doivent à cet heure leur liberté. C'est vrai que je n'aurais jamais oser faire payer à un homme les conséquences d'une négligeance d'un service antérieur.

Me voici donc sergent (Barbier était encore caporal rengagé !) Je change de nouveau de Cie. Cette fois je tombe sous les ordres d'un espèce de Prussien… le lieutenant Gressamerds [Greilsammer] commandant à cette époque la Cie, avec cela j'avais pour camarade de chambre, un sergent nommé Grünefeldher [Grunfelder] des environs de Béfort mais de race prussienne. Dès le début je ne vis pas bien fixe avec ce premier accueil. A cette époque je fréquentais une jeune fille de Beaumes-les-Dames. Dans mes entretiens avec mes camarades je leur en avait même parlée, mais le sergent Grünfelder s'étant avancé un peu trop loing dans ce qui touchait mes interêt personnels je fus à plusieurs reprises fort irrité plusieurs fois, bien que cependant je ne me souvienne de les avoir menacé comme on l'a dit...

Je me souviens qu'à cette époque un jour que je me trouvais en ces chagrins, je me mis tout d'un coup à pleureur devant mes hommes. Un officier de Cie étonné de cet incident, me demanda ce qui me faisait pleurer, je ne lui répondit rien, car bien que me sentant dans des douleurs de surexcitation, j'étais toujours à me demander d'où elles avaient pu me naitre... et pourquoi que je ne pouvais comme mes camarades être maitre de moi...

Quelques temps après ayant eu un petit refroidissement j'obtiens un congé de trois mois et comme il me restait plus que 3 mois à faire je me trouve tout heureux non pas de quitter mon régiment mais de me soustraire aux malveillances des deux personnages indiquer ci-dessus.

. . . .

Voici, dis-je, monsieur le Juge d'Instruction à peut-près tous les détails dont je me souviens sur les différents états de mon service militaire qui pouraient vous êtres utiles dans mon Instruction.

Veuillez, Mr le Juge, agréer mes sincères salutations.

Signé : Vacher J^h^

* Lettre du juge d'instruction de Belley au Procureur général de Lyon.
Source : AD Rhône, 2U1-199.

25 octobre 1897

* Procès-verbal d'interrogatoire de Vacher (pièce 622). Vacher signe.

D. — En quittant Varennes-Saint-Honorat, où vous êtes-vous dirigé ?

R. — Sur le Cantal et je me rappelle même que quatre ou cinq jours après, je suis arrivé dans un hameau, à l'entrée du département, à la bifurcation de cinq ou six grandes routes et près d'une forêt de gros sapins : ce sont ces détails qui me font souvenir de mon passage à cet endroit. Là j'ai demandé l'aumône. Le patron de l'établissement, un homme d'une cinquantaine d'années lisait alors un journal, soit le Lyon Républicain, soir *Le Progrès* soit le *Journal du Puy* : il avait mis des lunettes pour lire, et il a semblé me regarder d'un œil soupçonneux.

De là j'ai continué mon chemin sur le sud est en passant par l'Aveyron et le Tarn, et suis allé jusqu'aux frontières des Pyrénées. Mon intention était bien d'aller en Espagne mais du côté de Tarbes, j'ai rencontré tellement de déserteurs Espagnols qui fuyaient leur pays pour éviter les enrôlements de la guerre de Cuba, qu'averti par eux que ce n'était pas le moment d'y aller, je suis revenu sur mes pas. A mon retour, j'ai repassé par le Tarn où je me suis arrêté quelques jours. C'était dans l'arrondissement de Castres, dans un hameau dépendant de Lacaune et au sud-ouest de cette localité. J'ai reçu là l'hospitalité dans plusieurs maisons, de grosses fermes où j'instruisais même les enfants des fermiers qui m'accueillaient ainsi.

J'ai oublié de vous dire aussi que lorsque j'étais dans les frontières d'Espagne, dans les Hautes-Pyrénées, j'ai été recueilli un soir que je n'avais pu trouver à coucher ailleurs dans un moulin, dans les montagnes. Du Tarn, je suis passé dans l'Hérault, de là je suis revenu dans l'Ardèche, puis sur Lyon et enfin je suis redescendu dans l'Isère, la Drôme et dans l'Ardèche où j'ai été arrêté.

Lecture faite l'inculpé a persisté [...]

* Télégramme (pièce 87)
25 octobre 1897. 8h28 du soir. Du procureur général de Lyon au procureur de Belley.

Prière aviser juge d'instruction qu'on vient de découvrir dans un puit près maison isolée à Tassin-la-Demi-Lune cadavre en putréfaction qui serait celui du chemineau tué par Vacher.

Parquet se transporte sur les lieux recevrez détails.

* Lettre du procureur général de Lyon au ministère de la Justice, bureau des affaires criminelles et personnel.
Source: AD 69 (2U1-199).

J'ai l'honneur de vous signaler un article intitulé «Le tueur de bergers. Interview avec le tueur» publié par le journal «Lyon Républicain» le 24 de ce mois.

Il résulterait de cet article que M. Fourquet, juge d'instruction à Belley aurait non seulement consenti à une interview entre l'inculpé Vacher et un journaliste mais encore que ce journaliste aurait, en présence du juge d'instruction, interrogé Vacher.

J'avais déjà appelé l'attention de M. Fourquet sur les abus de la publicité faite autour de l'affaire qu'il instruit en ce moment. Aussi s'est-il empressé de démentir sous le rapport que je crois devoir placer sous vos yeux, l'article du «Lyon Républicain». Il assure qu'il n'a autorisé aucune interview et qu'il s'est borné, sur la demande de l'inculpé, à prier une personne qui connaissait la région lyonnaise à assister aux recherches faites sur une carte d'état-major par l'inculpé lui-même pour retrouver et indiquer le lieu où il aurait commis un crime qu'il venait d'avouer.

M. Fourquet paraît comprendre tous les dangers d'une confiance excessive envers les reporters qui assiègent son cabinet. J'ai bien l'espoir qu'il fera preuve désormais de plus de prudence.

26 octobre 1897

* Procès-verbal d'interrogatoire de Vacher (pièce 623). Vacher signe.

D. — Sous l'emprise de quelles préoccupations vous êtes-vous précipité sur le jeune Portalier, à Bénonces, pour le tuer?

R. — Je n'avais à ce moment aucune préoccupation; les choses se sont passées pour cette victime comme pour les autres. Dès que ma rage m'a pris et que je l'ai aperçu, j'ai été pris, comme d'ailleurs toutes les fois que j'ai tué, d'un tremblement nerveux. Je devais être affreusement pâle, j'essayais de me contenir, mais la rage me tenait plus fort, je lâchais tout et je me précipitais sur ma victime. Si je n'avais pas eu de couteau, je les aurais tous tués en les mordant ; cela me soulageait tellement de mordre qu'en ce qui concerne plusieurs des personnes que j'ai tuées, je leur ai fait des morsures même après les avoir tuées avec un couteau.

D. — N'avez-vous pas jeté quelquefois vos vêtements tachés de sang après vos crimes ? notamment après celui de Bénonces ?

R. — Non monsieur. Je n'avais jamais beaucoup de sang sur moi vu que j'agissais très précipitamment, et si parfois il m'arrivait d'être par trop taché, je me lavais dès que j'avais l'occasion de trouver de l'eau sur mon passage.

D. — N'avez-vous jamais porté de traces de coups ou d'égratignures de vos victimes ?

R. — Non monsieur. Le hasard a voulu que jamais je ne fusse égratigné.

D. — N'avez-vous jamais laissé échapper aucune des personnes sur lesquelles vous vous étiez précipité ?

R. — Jamais aucune ne m'a échappé. Celle de Tournon n'a été épargnée que parce que mes idées malades m'ont abandonné à ce moment (sic).

Lecture faite l'inculpé a persisté [...]

27 octobre 1897

* Procès-verbal d'interrogatoire de Vacher (pièce 625). Vacher signe.

D. — Dans un de vos interrogatoires, vous m'avez dit que c'était non pas au mois de septembre 1890, mais bien au mois de janvier de cette même année-là, que vous étiez employé chez MM. Piquet frères ; or ceux-ci interrogés à ce sujet, prétendent que vous étiez à leur service au mois de septembre 1890 et que c'est peu de temps après les avoir quittés que vous êtes entré au Régiment. Lequel de vous commet une erreur ?

R. — MM. Piquet frères se trompent attendu que je me rappelle parfaitement avoir porté pour eux les éphémères (sic) aux clients le 1er janvier 1890 et avoir même reçu environ 190 frs d'étrennes. A cette époque, ayant eu l'influenza [grippe], je n'avais pu travailler que les quatre derniers jours de décembre, ce qui n'a pas empêché mes patrons de me payer le mois entier. C'est ce bon procédé qui m'avait déterminé à ma sortie du régiment, à rentrer chez eux. J'habitais pendant mon séjour chez MM. Piquet frères non loin d'une fabrique de pâtes alimentaires, à gauche du Cours Morand. Pendant ma maladie, ma sœur Marceline est même venue me voir

Ce qui peut tromper MM. Piquet frères, c'est sans doute qu'ils ont confondu l'époque de mon tirage au sort avec celle de mon départ, je veux dire par l'époque de mon tirage au sort, le moment de mon inscription au tirage, car lors du tirage lui-même, j'étais à Aix-les-Bains.

Lecture faite l'inculpé a persisté [...]

* Lettre de Vacher à ses « Anciens Collègues » (pièce 686, n° 6).

Dieu – Droits – Devoirs

Chers Anciens Collègues,

Excusez-moi de la liberté que je prends de vous écrire ce bout de lettre. Je crois qu'il serait bon de me faire parvenir au plus tôt la grande lettre que je vous ai adressée de Lyon ainsi que les deux photographies *si vous les avez encore*….

Pour quant à moi, je me réserve de vous en faire part d'une qui, quoique toute nouvelle représente l'homme dit d'abord : l'*Eventreur, le tueur de bergers, dit le Frère-Sergent, et en dernier lieu, Le chasseur de bergers* mais après sa maladie – Car il est prouvé par la dernière personne à qui j'ai eu à faire et que j'ai lâcher au moment ou mes idées de malades se sont envolées ; qu'il est très probable que par un grand miracle que chaqu'un est obligé de reconnaitre que cette maladie ou mieux cette râge à dû faire sous la seul protection du hasard, son cours.

J'ai toujours pensé que si Dieu à permis toutes ces choses en se servant à cet effet d'un instrument qu'il a comme fabriqué de ses mains, s'est qu'Il l'a cru bon… Lui, voit tout, Lui, Juge tout.

Envoyez-moi toujours cette tête qui dépient si bien l'esprit malade égaré sous cet uniforme galonné. En attendant votre envoie je reste malgré tout votre ancien ami.

Vacher Jh à la prison civil de Belley (Ain)

Je vous récrirai plus tard.

P.-S : Comme je viens de recevoir plusieurs de mes nouvelles photografie Voilà celle que je vous ai promis ci-desus.

28 octobre 1897

* Procès-verbal d'interrogatoire de Vacher (pièce 626). Vacher signe.

D. — Un sieur [Berrier ?] libraire à Grenoble prétend que vous êtes allé chez lui acheter du papier à cinq ou six reprises en 1895 ou 1896. Vous en souvenez-vous ?

R. — Je ne suis jamais allé dans le magasin du sieur Berrier, il doit se tromper.

D. — N'êtes-vous pas passé par le village de Venterol [Drôme], un peu avant votre arrestation à Champis, et n'avez-vous pas dit à quelqu'un que vous vous rendiez au monastère d'Aiguebelle ?

R. — Je ne me rappelle pas avoir passé au village de Venterol, mais en tout cas, je n'ai dit à personne que je me rendais à Aiguebelle.

D. —Aussitôt après avoir assassiné Aline Alaise à Bourdeaux, n'avez-vous pas dit à un voiturier qui passait et qui s'étonnait que vous fussiez couvert de sang, que vous étiez sujet au mal caduc [épilepsie] et qu'en tombant au cours d'une crise vous veniez de vous blesser ?

R. — Ce n'est pas exact. Lorsque le voiturier est passé, j'étais assis sur le talus de la route, je venais de me tordre le pied fortement en tombant avec ma victime. Le voiturier m'a demandé je crois si je voulais monter sur sa voiture, et je crois lui avoir répondu que j'avais le temps.

D. — Vous rappelez-vous avoir passé le 21 juillet dernier sur le territoire du village de Baix et y avoir eu une altercation avec un individu qui vous avait rencontré dans sa vigne ?

R. — Je n'ai jamais traversé de vignes où j'ai eu des altercations avec qui que ce soit, et je ne me rappelle pas ce nom de Baix.

D. — N'aviez-vous pas travaillé pendant une dizaine de jours, au commencement du mois de juillet dernier, chez un sieur Vallosse propriétaire à la Fare, commune de Gras, canton de Bourg Saint-Andéol (Ardèche) ?

R. — Je n'ai jamais travaillé chez une personne du nom de Vallosse, ni ne me rappelle être allé à la Fare.

D. — Le 30 octobre dernier à 7 heures du soir, n'auriez-vous pas frappé à la porte d'une personne de Montluel à laquelle vous auriez demandé s'il y avait une école de frères dans les environs et que vous auriez priée de vous indiquer la route conduisant dans Saône-et-Loire ?

R. — Le 30 octobre, j'étais du côté de Rodez, en tout cas dans le département de l'Aveyron. Je ne pouvais donc être à Montluel.

D. — A la fin de l'année dernière, ne seriez-vous pas entré dans une imprimerie papeterie à Alais (Gard) pour y acheter des chansons ?

R. — Non monsieur, à ce moment-là, j'étais du côté de Toulouse.

D. — Le 14 avril 1895, jour de Pâques, dans le quartier dit de Surville, à la limite de Saint-Fons et de la Guillotière, n'avez-vous pas tenté de violer et menacer d'un couteau une marchande d'oranges qui poussait une voiture devant elle ?

R. — Je n'ai pas eu à faire à une femme dans ces conditions, à Lyon, au mois d'avril 1895.

D. — Quelque temps après votre sortie de chez les frères Maristes de Saint-Genis-Laval, n'avez-vous pas tenté un acte de pédérastie sur un jeune garçon nommé Bourdes Marcellin, occupé avec vous aux travaux de la fenaison ?

R. — C'est un faux bruit qu'on a répandu sur moi, et qu'une personne hostile aux frères a exploité contre moi.

D. — Pendant la durée de votre service militaire, vous êtes-vous absenté quelquefois de votre régiment ?

R. — Je me suis absenté une première fois une huitaine de jours, quatre mois environ après mon entre au régiment. Plus tard, vers le 20 juin 1893 j'ai obtenu un congé de trois mois, et suis parti dans mon pays à Beaufort pour y vendre un morceau de terre. Je ne suis resté dans le pays que deux ou trois jours et je suis revenu à Beaume-les-Dames où m'est arrivé l'événement malheureux qu'a été cause de mon internement à Dôle.

Lecture faite l'inculpé a persisté [...]

30 octobre 1897

* Confrontation de Vacher à Gabriel Michel Broude (pièce 627), Ambroise Denis (628), Jean-Claude Baudin (629), Jean Guiffray (630), Pierre Guiffray (631). Vacher signe tous ces PV.

2 novembre 1897

* Procès-verbal d'interrogatoire de Vacher (pièce 632). Vacher signe.

D. — On a trouvé dans un portefeuille vous appartenant trois photographies, l'une représentant une petite fille paraissant avoir quatre ans, une autre représentant un homme de 30 à 35 ans et la troisième une femme de 20 à 25 ans. A quelles personnes se rapportent-elles et d'où les tenez-vous ?

R. — La première de ces photographies représente ma petite nièce fille de ma sœur Victorine, la deuxième mon frère Auguste mais je ne sais qui est la personne représentée par la troisième photographie que j'ai trouvée je ne sais où.

D. — Qu'est-ce que la reconnaissance du Mont-de-Piété de Lyon trouvée dans votre carnet ? Et d'où vient ce portefeuille ?

R. — C'est un récépissé constatant l'engagement par moi au Mont-de-Piété de Lyon de divers effets d'habillements m'appartenant et que je n'ai pas retirés. Le portefeuille (après quelques hésitations) je ne sais d'où il vient.

D. — Avez-vous porté antérieurement à votre arrestation la toque en fourrure blanche dont vous êtes actuellement coiffé, ou toute autre semblable ?

R. — Je ne porte la toque que j'ai que depuis mon arrivée à la prison de Belley, je l'avais fabriquée moi-même deux ou trois jours avant mon arrestation à Champis.

D. — Quelles coiffures avez-vous portées depuis votre sortie à Saint-Robert ?

R. — Successivement des chapeaux de feutres noirs et gris, un béret bleu et des chapeaux de paille ; je peux avoir porté d'autres coiffures mais je ne me souviens pas lesquelles.

D. — N'avez-vous jamais été assisté par des complices, dans l'accomplissement de vos crimes ?

R. — Non monsieur.

D. — Avez-vous jamais fait partie d'aucune association de malfaiteurs ou même d'anarchistes ?

R. — Non monsieur. S'il m'est arrivé à plusieurs reprises et dans plusieurs de mes voyages de crier « Vive l'Anarchie » c'était au souvenir des injustices que j'avais vu commettre contre des malheureux dans l'asile des aliénés à Dole.

D. — Pourriez-vous me donner sur votre victime de Tassin-la-Demi-Lune que vous avez jetée dans un puit des détails qui puissent permettre de découvrir son identité ?

R. — Je ne puis vous donner aucun détail précis. Tout ce que je puis vous dire, c'est que c'était un garçon paraissant âgé de 16 à 18 ans, de taille moyenne, plutôt mince que gros et imberbe…

D. — Ne lui avez-vous pas enlevé ses habits avant de le jeter dans le puit ?

R. — Ses habits s'étaient déchirés pendant que nous nous débattions ensemble, et c'est pourquoi je les ai enlevés.

D. — Quel est votre sentiment sur les théories anarchistes ?

R. — Les camarades que j'ai rencontrés quelquefois, et qui s'entretenaient de ce sujet, résumaient leur théorie dans ces mots : « Ni Dieu ni maitre » ; or moi j'ai toujours eu la croyance en Dieu, et quant aux maîtres, je les admets à condition qu'ils remplissent fidèlement leurs devoirs à l'égard des citoyens.

D. — Où avez-vous trouvé le rasoir dont vous étiez nanti lors de votre arrestation ?

R. — Dans l'Ardèche ou le Lyonnais quelque temps avant le crime de Courzieu. Je l'avais pris sur la fenêtre d'une maison ; peut-être bien un dimanche.

D. — Depuis votre sortie de l'asile Saint-Robert, avez-vous toujours voyagé à pied, et n'êtes-vous jamais allé en chemin de fer ?

R. — Je n'ai voyagé en chemin de fer qu'au moment où je suis allé voir ma sœur à Menton.

Lecture faite l'inculpé a persisté [...]

* Lettre du Procureur de la République de Belley, Paul Aron, au Procureur général Moras.
Source : AD 69 (2U1-199).

Monsieur le Procureur général

J'ai l'honneur de vous adresser, sous ce pli, conformément au désir que vous avez bien voulu m'exprimer le dossier de la procédure instruite contre le nommé Vacher. Vous remarquerez que l'information porte tantôt sur un point tantôt sur un autre dans un enchaînement bien logique. Cette méthode s'imposait en présence d'un caractère dissimulé et méfiant comme celui de l'accusé. Il suffisait d'insister sur un détail pour qu'il ne voulût pas plus parler.

Veuillez agréer, M. le Procureur général, l'hommage de mon profond respect.

Le Procureur de la République

Paul Aron

4 novembre 1897

* Procès-verbal d'interrogatoire de Vacher (pièce 633). Vacher signe.

D. — Avez-vous gardé un souvenir précis de la morsure qui vous avait été faite par le chien enragé dont vous avez parlé antérieurement ?

R. — Ce dont je me souviens parfaitement surtout, c'est d'avoir pris le breuvage qu'on m'a administré ensuite, parce que ce breuvage était désagréable à absorber. En tout cas, si mes parents m'ont parlé de la morsure, je ne m'en souviens pas.

D. — Quand avez-vous commencé à observer en vous des symptômes de nature à vous faire croire qu'il y avait quelque chose de changé en vous ?

R. — Quelques temps après l'absorption du remède dont [il] s'agit, j'étais devenu irritable, batailleur. Je menais paître le bétail et il m'arrivait de me cacher derrière les haies où je passais la nuit et où l'on me retrouvait que le lendemain matin. Lorsque j'allais à l'école, j'éprouvais le besoin de me battre sans raison avec mes petits camarades, c'est ainsi que je me suis battu avec mon jeune frère, les gens de Beaufort doivent s'en souvenir. Ces mêmes habitants ou tout au moins mes camarades d'école peuvent se rappeler aussi qu'un jour de promenade l'instituteur nous faisant visiter une chapelle, l'idée m'est venue tout à coup de monter dans la chaire et de me mettre à prêcher (sic).

Dès que j'ai eu fait ma première communion, quelques années plus tard, je suis allé me placer à Saint-Genis-Laval où j'ai été successivement chez une dizaine de patrons. Là encore j'éprouvais le besoin de quitter sans aucun motif les personnes chez lesquelles j'étais, l'envie de partir me prenait subitement et je m'en allais aussitôt. Ainsi que je l'ai dit dans ma lettre, lorsque j'étais chez Mr Declérieux l'une de ces personnes étant au travail, je quittais tout à coup mes occupations pour courir à travers les terres jusqu'à ce que je fusse harassé, et j'en éprouvais un soulagement puis je reprenais mon travail.

Une fois chez les frères, j'ai été un peu plus calme par l'effet soit du genre de vie, soit de la nourriture. Cependant un jour, je m'en souviens, j'ai tenté de m'évader avec l'habit religieux, en franchissant le mur, sans m'être préalablement demandé où j'irais. Après ma sortie de chez les frères, je suis revenu à Beaufort où je me suis battu souvent avec mes sœurs et frères.

A partir de ce moment-là, j'ai voyagé de divers côtés sans but déterminé. Dans l'intervalle comme je vous l'ai dit, j'ai subi à Lyon une douloureuse opération pratiquée sur mes parties sexuelles ; cette opération m'a certainement ébranlé le système nerveux, car après l'avoir subie, j'étais sujet à des soubresauts nerveux qui la nuit me faisaient sauter quelquefois hors du lit. Ces accès ont pu être observés sur moi par mes camarades ou mes chefs, pendant mon séjour au régiment.

D. — Avez-vous été l'objet de mauvais traitements à l'asile de Dole ?

R. — Arrivé à l'asile de Dole, affaibli par mes blessures, j'ai beaucoup souffert non seulement par suite des douleurs résultant des blessures que je m'étais faites, mais encore parce que la vermine à laquelle j'étais en proie ne me laissait pas de repos, et surtout enfin, parce que sans parler de la nourriture qui était détestable, je voyais de malheureux détenus en butte aux mauvais traitements les plus immérités de la part de leurs gardiens qui se partageaient les aliments de certains pensionnaires. Ce qui m'exaspérait le plus, c'était de voir de misérables détenus trainés à peine vêtus, d'un bâtiment à l'autre, à travers la neige. Il y en avait qui poussés à bout ne songeaient plus qu'à se détruire et en venaient en effet à cette extrémité.

D. — Le spectacle de toutes ces choses ne vous a-t-il pas donné la haine de la société ?

R. — A ma sortie de l'asile, j'aurais voulu voir couler le sang partout.

D. — N'avez-vous pas réfléchi quelquefois à toutes les déconvenues et à tous les malheurs dont vous aviez été victime et ne vous y êtes-vous pas appesanti au point d'en vouloir à la société ?

R. — Cela est certain.

D. — Vous avez répété quelquefois cette phrase : « Dieu s'est servi de moi pour réveiller le monde » Qu'entendez-vous par là ?

R. — Cela signifie dans mon esprit que Dieu qui voit tout a permis que je fasse ce que j'ai fait, pour attirer toute l'attention du peuple endormi sur les abominations qui se commettent dans certains asiles, principalement dans celui de Dole (sic).

D. — Avez-vous été agité par des sentiments différents, selon qu'il s'agissait de votre première victime ou des suivantes ?

R. — Il me semble que ma rage de tuer était moins forte pour la première que pour les autres. La façon dont j'ai commis le crime de Beaurepaire semblerait indiquer le contraire, mais si j'ai porté des coups nombreux à la victime, c'était pour hâter sa mort car ne trouvant pas mon couteau que je croyais avoir cependant, j'ai dû précipiter mes coups (sic).

Lecture faite l'inculpé a persisté [...]

5 novembre 1897

* Procès-verbal d'interrogatoire de Vacher (pièces 634). Vacher signe.

D. — N'êtes-vous pas venu à Marcollin, chez votre beau-frère Costang pendant l'automne 1894?

R. — En effet, j'y suis venu autant que je puis me souvenir, dans le courant du mois d'octobre 1894. Je revenais alors des environs de Grenoble où j'avais été placé dans des fermes, et au moment où ma sœur est rentrée à la maison où je me trouvais, j'étais en train de rechercher dans les lettres reçues par elle de mon autre sœur de Menton, si ce n'était point celle-ci qui avait fait donner l'ordre à la gendarmerie de me rechercher après ma sortie de l'asile Saint-Robert pour me réintégrer dans cet établissement. Je vous ai dit en effet précédemment qu'à mon retour de Menton, au moment où à Saint-Genis-Laval, je me disposais à aller à la poste retirer une lettre que j'attendais de la bonne amie de mon ancien camarade Loyonnet, j'avais été averti par une femme, par hasard, que les gendarmes étaient à ma poursuite. Après quelques heures passées chez mon beau-frère, j'ai pris la direction du Var où j'ai commis le mois suivant le crime de la Vacquière.

D. — Vous est-il arrivé quelquefois de rêver la nuit à vos victimes ?

R. — Il ne m'est jamais arrivé d'y rêver, cela peut vous étonner sans doute, mais c'est la pure vérité !

D. — Vous est-il arrivé de retourner sur le lieu de vos crimes ?

R. — Jamais.

D. — Vous est-il jamais venu à la pensée d'y revenir ?

R. — J'ai pensé quelquefois aux crimes mais jamais il ne m'est venu à l'idée de retourner à l'endroit où ils avaient été commis.

D. — N'avez-vous pas rencontré parfois pendant votre vie errante, des femmes qui se soient données à vous sans résistance ?

R. — J'en ai rencontré quelquefois avec lesquelles il m'aurait été facile d'avoir des relations, mais cela ne me disait rien. En Bretagne, notamment une fois je me rappelle, j'ai rencontré une jeune femme qui me demandait même à venir avec moi mais je lui ai dit de continuer son chemin, et moi j'ai suivi ma route.

D. — D'une façon générale étiez-vous timide en présence des femmes ?

R. — Plus ma maladie augmentait, notamment quelque temps après mon entrée chez les frères, plus je devenais sombre et timide non seulement en présence des femmes, mais en présence de tout le monde, plus aussi j'avais tendance à m'isoler. Pendant mon séjour au régiment, ces tendances se sont accentuées à tel point qu'un jour j'ai voulu couper le cou d'un sergent qui voulait m'empêcher de me détruire.

D. — Étiez-vous passionné par les femmes ?

R. — Je crois être à peu près comme tout le monde (sic). Il me semble cependant qu'après l'opération que j'ai subie aux Antiquailles j'ai été plus porté pour les femmes (sic).

D. — Vers quelle époque et quel âge avez-vous eu pour la première fois des relations avec une femme ?

R. — Lors de mon premier séjour à Grenoble, vers le mois de mars 1888.

D. — Lors de votre transfert de l'asile de Dole à celui de Saint-Robert, n'avez-vous pas commis des excentricités, et crié « vive l'anarchie », comme vous l'avez fait d'ailleurs plus tard, lorsqu'on vous a transféré de Tournon ici ?

R. — J'ai fait cela en effet, et en voici les raisons : comme je vous l'ai raconté précédemment j'avais souffert beaucoup à l'asile de Dole, mes camarades de cet asile m'ayant engagé à dévoiler autant qu'il serait en mon pouvoir les atrocités dont nous avions été témoins, je me suis fait un devoir de les dévoiler au public à mon passage dans les gares que je traversais.

A ma sortie de Dole, je me demande pourquoi, alors que j'avais des effets civils, le directeur m'a fait revêtir mes effets militaires – j'étais cependant réformé depuis quatre ou cinq mois – en me recommandant bien d'être tranquille pendant mon transfert. Je crois pour ma part, que c'était dans le but de flatter mon amour-propre et d'obtenir mon silence sur tout ce que j'avais vu dans cet asile. Je tiens à vous faire cette déclaration.

Lecture faite l'inculpé a persisté [...]

* Procès-verbal d'interrogatoire de Vacher (pièces 635). Vacher signe.

D. — Au cours de vos pérégrinations, n'avez-vous pas montré fréquemment votre livret militaire aux personnes auxquelles vous demandiez l'aumône ?

R. — Je l'ai fait chaque fois que l'on me demandait mes papiers, et souvent même quoiqu'on ne me le demandât pas.

D. — Ne s'étonnait-on pas parfois en raison de votre qualité d'ancien sous-officier, de vous voir vagabonder, et que répondiez-vous ?

R. — Je répondais que j'étais atteint d'une infirmité qui m'empêchait de travailler.

D. — Au cours de vos voyages, on remarque que Lyon est le point central où vous reveniez souvent. Où vous arrêtiez-vous à Lyon ?

R. — Lyon étant le pays que j'avais habité, est le point de départ de mes voyages à l'origine, il était naturel que j'y revinsse après mes tours de France accomplis. A Lyon, je logeais à la belle étoile, comme je le faisais le plus souvent ailleurs.

D. — Pourquoi en commettant vos crimes, vous êtes-vous surtout attaqué à des enfants ?

R. — C'est la maladie qui le voulait ; peut-être les enfants exerçaient-ils une sorte d'attraction sur moi.

D. — Comment expliquer alors qu'à Saint-Ours, ce soit une femme de 65 ans qui soit tombée sous vos coups ?

R. — C'est sans doute que ma maladie m'a pris plus fort, ou que je n'ai pas bien regardé ma victime ; en tout cas je ne puis expliquer tout cela.

D. — Croyez-vous que votre système de défense ne se trouve pas affaibli par les précautions dont vous semblez vous être entouré au moment où vous avez commis vos crimes, par exemple, le fait de vous adresser à des personnes isolées, faibles, sans défense, loin des habitations le plus souvent à proximité des bois, et celui de fuir ensuite à marches forcées ?

R. — Je vous répondrai alors qu'il m'est arrivé plus de cent fois, de me trouver précisément dans les conditions que vous indiquez, et de causer tranquillement parfois avec de jeunes personnes, sans que jamais l'idée me soit venue de leur faire du mal. Quoi que vous puissiez en croire, j'affirme que jamais aucun de mes crimes n'a été de ma part, un acte réfléchi. Ainsi, jamais qui que ce soit n'a pu me voir attendre une victime : je les ai toutes rencontrées sur mon passage, sauf celles de Saint-Ours et de Tassin-la-Demi-Lune, et encore, en ce qui concerne ces deux-là, n'ai-je fait qu'obéir à une rage de tuer qui m'a pris au moment où je les ai vues.

Lecture faite l'inculpé a persisté [...]

6 novembre 1897

* Procès-verbal d'interrogatoire de Vacher (pièce 636). Vacher signe.

D. — Si l'on se reporte à vos interrogatoires, on remarque que vous donnez sur certaines circonstances de votre existence vagabonde des détails minutieux et précis, tandis que s'il s'agit de préciser la manière dont vous avez tué vos victimes, vous déclarez que la mémoire vous fait défaut. Or comment concevoir que des actes qui devaient vous donner les émotions les plus violentes et laisser par suite des traces durables dans vos souvenirs vous échappent complètement ?

R. — Je comprends qu'un homme dont l'esprit serait lucide et qui aurait conscience de ses actes ait des émotions violentes après un crime, mais moi je n'ai jamais eu d'émotions violentes lorsque je tuais. J'éprouvais ensuite un grand soulagement à tel point que si d'une part ma physionomie avant le crime au moment où la maladie me prenait pouvait inspire des inquiétudes aux personnes qui me rencontraient, après le crime le contraire se produisait. Voilà pourquoi j'ai échappé à tant de recherches. Ajouter à cela que sous l'influence du soleil, de la marche et de la fatigue, mon affection de la tête devenant plus aigüe, une suppuration de ma blessure me tombant dans la bouche et m'empoisonnant, je marchais comme un homme ivre et n'avais jamais des idées nettes au même degré.

D. — Avez-vous à une époque quelconque de votre existence commis des actes de pédérastie ?

R. — Jamais avant l'affaire de Saint-Étienne-de-Boulogne. Je vous ai déjà dit qu'en cette circonstance j'avais commis un acte de cette nature sur ma victime, mais c'était le premier, bien qu'on ait fait courir le bruit qu'en sortant de chez les frères de Saint-Genis-Laval, j'avais essayé de violenter un jeune garçon, ce qui a déjà fait l'objet d'une question dans un précédent interrogatoire.

D. — Vous est-il arrivé parfois de regretter vos crimes ?

R. — Je ne puis répondre à votre question qu'en vous priant de vous reporter à cette phrase de ma lettre d'aveux, ainsi conçue : « Si je me suis cru coupable par moment, c'est que je n'avais pas encore réfléchi sur ces événements (la morsure du chien enragé, les remèdes administrés ensuite, suivis plus tard de l'aveu fait à mon frère, et de mes accès de divagation à travers champs. Il faut ajouter à cela ce souvenir des accès qui me prenaient au régiment et me faisaient la nuit sauter hors de mon lit). Les réflexions faites depuis ma lettre loin de modifier cette idée de mon état d'âme n'a fait que la confirmer de plus en plus. »

Lecture faite l'inculpé a persisté [...]

* Procès-verbal d'interrogatoire de Vacher à propos du crime du Bois-du-Chêne.
Fourquet agissant ici sur commission rogatoire de son collègue de Dijon.
Source : AD 21 (2U561-3).

* Lettre du juge d'instruction Fourquet au Procureur général Moras.
Source : AD 69 (2U1-199).

Belley le 6 novembre 1897

Monsieur le Procureur Général,

J'ai l'honneur de vous adresser sous ce pli les procès-verbaux des derniers interrogatoires de Vacher et de solliciter de votre haute bienveillance quelques indications de nature à me guider dans le choix des experts que je pourrais charger de rechercher si Vacher est ou non conscient de ses actes. Cette mesure d'instruction, en effet, me paraît s'imposer en raison des antécédents de l'inculpé, mais nouveau venu dans la région, je n'ai pas de données qui me permettent de faire un choix utile. Je vous serais aussi reconnaissant de vouloir bien me faire connaître si c'est à Belley que Vacher doit être mis en observation ou si au contraire il sera nécessaire de le transférer à Lyon dans l'hypothèse vraisemblable où les experts commis habiteraient cette ville.

Il me paraît que dès maintenant, doit intervenir l'ordonnance qui a trait à cet élément d'information ; ce serait le moyen d'éviter une perte de temps, les hommes de l'art se trouvant à même de vaquer pendant que se poursuivrait l'instruction et que seraient exécutées les commissions rogatoires. Je ne crois point en effet qu'il soit possible en l'état, d'obtenir de nouveaux aveux de Vacher. Il a sans doute commis beaucoup d'autres crimes, j'en ai la conviction, mais en dépit de mes efforts, il croit avoir intérêt à ne les point révéler. L'information a pu vous paraître décousue, dépourvue de méthode et la forme des interrogatoires imparfaite, mais les interminables réticences de l'inculpé, son caractère fantasque, ombrageux, méfiant à l'excès, le soin qu'il apportait à peser minutieusement chacun des mots dictés par moi au commis-greffier et à en prévoir les diverses interprétations possibles ; son refus de signer ou de parler si la tournure de phrase ne lui convenait pas, tout ceci joint à la constante préoccupation de ne jamais heurter cet être singulier dont seule une grande souplesse jointe à une extrême patience pouvait venir à bout, m'a mis dans l'obligation pénible de laisser aller l'information à bâtons rompus.

Les aveux étant une question capitale dans cette série de crimes toujours commis sans témoins, j'ai voulu surtout réaliser ce but et pour cela j'ai dû souvent me plier, non sans souffrir, aux exigences de l'inculpé d'autant que son affaire n'a pas la taille d'une affaire ordinaire.

Veuillez agréer,
Monsieur le Procureur Général
l'hommage de mon profond respect.

Le Juge d'Instruction
Em. Fourquet

8 novembre 1897

Lettre du procureur général Moras au procureur de la République de Belley, Paul Aron (copie).
Source : AD 69 (2U1-199).

Cette lettre marque le désaveu du parquet général sur l'enquête menée à Belley. Le procureur demande une reprise complète de l'instruction. Le 10 novembre, Vacher opposera au juge Fourquet une nouvelle condition extravagante à sa coopération et, par voie de conséquence, un silence définitif. On note que le plan indiqué par Moras sera scrupuleusement suivi par Fourquet. C'est en effet celui qui organise l'inventaire final des pièces du dossier de procédure.

Lyon, 8 novembre 1897,

Je vous renvoie le dossier de la procédure instruite dans l'inculpation contre le nommé Vacher.

L'information qui jusqu'à ce jour a suivi les aveux de Vacher, doit prendre dès à présent une marche méthodique. M. Le juge d'instruction de votre siège n'a sans doute à informer que sur le crime de Bénonces, mais il lui appartient de fournir aux médecins experts qui seront ultérieurement appelés à se prononcer sur l'état mental de l'inculpé tous les renseignements indispensables à leur examen.

M. le juge d'instruction devra en conséquence remonter aussi loin que possible dans la vie de l'inculpé et rechercher par voir de commissions rogatoires toutes les circonstances qui pourraient l'éclairer ainsi que les experts sur son état mental, sur ses antécédents ataviques, sur ses habitudes, sur sa moralité. Il importe à ce point de vue de savoir s'il a été chargé, après avoir été admis à l'établissement de Saint-Genis-Laval, de faire une classe à de jeunes enfants et de connaître exactement les causes pour lesquelles son renvoi a été décidé. Le dossier doit aussi renfermer non seulement l'appréciation portée sur la responsabilité de Vacher en 1893 par le médecin de l'asile de Saint-Ylie, mais encore toutes les notes relatives à son état mental qui ont été recueillies dans les asiles où il a été interné.

Les médecins experts désireront peut-être prendre connaissance avant de se prononcer de toutes les procédures relatives aux crimes avoués par Vacher. Il ne suffit pas cependant que la procédure instruite à Belley se contente de noter en termes plus ou moins vagues les aveux de cet inculpé. Il me paraît nécessaire que reprenant tous ces crimes par ordre chronologique, M. le juge d'instruction fasse de chacun d'eux l'objet d'une question dans laquelle seront rapportées toutes les circonstances du crime telles qu'elles résulteront de l'instruction et des procès-verbaux de constat.

Le dossier renfermera aussi après une étude de la vie de l'inculpé pendant la période où il n'a pas été criminel un exposé circonstancié de la série de ses forfaits. M. le juge d'instruction se contentera d'ailleurs des réponses que lui fera Vacher sans instruire sur les faits à raison desquels il n'est pas compétent.

L'inculpé paraît prétendre qu'il a toujours obéi à une impulsion subite et irrésistible. Il y aura lieu de rechercher tout spécialement à raison du crime de Bénonces s'il n'aurait pas séjourné plus ou moins longtemps dans cette localité, paraissant préparer son crime.

Il conviendra de noter les circonstances du même genre que pourrait révéler l'examen des dossiers. A ce point de vue, il serait utile de vérifier par voie de commission rogatoire une importante indication donnée par certains journaux, au sujet de l'affaire de Champis. Vacher aurait dit à un sieur Chabon, aubergiste chez lequel il était gardé à vue, qu'il ne s'était jeté sur la femme Plantier que parce qu'il n'avait pu rencontrer une jeune fille demeurant dans une ferme voisine, où pendant deux jours il était allé demander l'aumône.

En résumé, instruire à fond l'affaire de Bénonces, rechercher et indiquer toutes les circonstances qui seraient de nature à éclairer sa conscience sur la valeur du système de défense de l'inculpé, tel me paraît devoir être le rôle de M. le juge d'instruction. Ce magistrat voudra bien se consacrer à cette tache en y apportant une méthode rigoureuse.

10 novembre 1897

* Procès-verbal d'interrogatoire de Joseph Vacher (pièce 637).

Fourquet répercute sans délai à Vacher la demande du procureur général Moras : il faut reprendre l'instruction de manière méthodique. Fidèle à sa méthode, Fourquet informe Vacher dans la matinée de sa demande dans le cadre d'un échange informel qui n'a fait l'objet d'aucun procès-verbal. Vacher a donc le temps de préparer sa riposte en rédigeant une réponse à l'attention du procureur général. Cette lettre est une mauvaise surprise pour les magistrats.

D. — Maintenant que vous m'avez fait d'une façon générale l'aveu de vos crimes, nous allons reprendre successivement chacun d'eux, et vous voudrez bien m'indiquer en rappelant le mieux vos souvenirs, comment vous avez procédé pour chacun d'eux, et quelles sont les circonstances qui les ont précédées, accompagnées et suivis. Avez-vous cherché à vous rappeler tout cela comme je vous l'ai demandé ce matin ?

R. — Avant de répondre à vos questions, je désire que vous preniez connaissance de la lettre que je vous remets présentement, et qui contient les conditions auxquelles je consentirai à vous répondre. Si ces conditions ne sont pas acceptées, je ne me prêterai à aucune instruction nouvelle.

A l'instant, l'inculpé nous remet une lettre que nous signons et paraphons *ne varietur* avec Vacher le commis greffier et que nous annexons au présent interrogatoire.

Lecture faite, l'inculpé a persisté et signé avec nous, juge et le commis-greffier

Vacher, Em. Fourquet, J.M. Riche

* Lettre de Vacher au juge d'instruction E. Fourquet.
Sources : Archives municipales de Lyon. Fonds privé E. Locard (308-II-109).
P. Bouchardon, *Vacher l'éventreur*, Paris, A. Michel, 1939, p. 125-126.

Mystère : la lettre originale a disparu. Cette lettre est pourtant cruciale car elle permet de comprendre un tournant dans la confrontation de Vacher et Fourquet. Elle est peu connue et n'est présente ni dans le dossier de procédure conservé à Bourg-en-Bresse ni dans le dossier du parquet général de Lyon. Il en subsiste heureusement une copie dans le dossier constitué par Alexandre Lacassagne pour son rapport d'expertise. Cette copie datant du premier semestre 1898, c'est la plus proche de l'original et c'est cette version que nous reproduisons ci-dessous. La comparaison des écritures permet d'attribuer cette copie au docteur Étienne Martin, qui est un proche collaborateur de Lacassagne pour la constitution du rapport d'expertise. Martin a recopié de la même manière plusieurs extraits du dossier pour Lacassagne. Sa version indique en marge le numéro d'inventaire du dossier de procédure : 637. La pièce 637 correspond au procès-verbal du 10 novembre et ce document est percé par des trous d'épingle ou de ficelle typique d'une liaison à une pièce annexée. La lettre de Vacher a donc été sortie du dossier de procédure après sa remise au greffe du tribunal de Belley. Il est difficile de dater cette disparition. Le seul auteur qui mentionne l'existence de cette lettre est Pierre Bouchardon, qui l'a retranscrite dans une version abrégée dans son livre sur Vacher, paru en 1939. Bouchardon a travaillé sur l'affaire Vacher à partir du dossier de procédure complet, qui a été mis à sa déposition en décembre 1936, alors qu'il était procureur général près la Cour de cassation. Il est donc certain qu'il a travaillé sur la pièce originale, d'autant que sa transcription partielle semble respecter l'orthographe et la ponctuation, ce qui n'est pas le cas de la version d'É. Martin, qui rectifia l'écriture de Vacher.

C'est dans cette lettre que Vacher pose ses nouvelles conditions de collaboration avec la justice et c'est à partir de cette lettre qu'il opposera le silence à toutes les questions du juge d'instruction. Ni la copie de Lacassagne ni la transcription de Bouchardon n'indique une date de rédaction. Elle a probablement été rédigée par Vacher dans la matinée du 10 novembre, et présentée avec certitude à Fourquet lors de l'interrogatoire de l'après-midi du même jour. On notera également que cette lettre révèle l'importance que Vacher donne à ses propres écrits pour son système de défense.

Belley,
Dieu – Droits – Devoirs

Monsieur le juge d'instruction. (A remettre à monsieur le procureur général)

Vous m'apprenez que vous tenez à reffaire l'instruction de mes affaires et la remettre en ordre autant que possible. Je suis tout près à satisfaire votre désir en vous aidant autant qu'il le sera en mon pouvoir, car, moi aussi, je tiens à ce que les affaires soient en ordre et j'ajouterai dans un bon ordre. Mais, pour être victorieux dans notre dernière entreprise, faut-il que nous ayons constamment la main, car je le répète : ce qui relève de Dieu n'est point de la folie…..

Ainsi, dis-je, nous marcherons dans le droit et le bon ordre, dès que, sur « le Petit Journal », vous aurez fait insérer intégralement toute ma première instruction, accompagnée de plusieurs de mes lettres qui s'y rattachent telles que celle de mon passage au service militaire, celle écrite de ma vie errante à M. Genin gendarme retraité à laquelle était jointe mon ancienne photographie de sous-officier, ainsi que celle de mon infidèle et celle écrite à cette demoiselle lors de mon malheureux événement de Baume-les-Dames et enfin d'autres encore si on le juge bien dans l'intérêt de la justice pour bien fixer le jugement de l'opinion publique sur les sentiments et l'état d'âme de la personne, à qui on a donné le nom de « l'Eventreur », l'auteur, mais non la cause de ce grand événement dont la France, tôt ou tard, y verra la main de Dieu. A Elle, ou plus tôt à ses juges de réfléchir à temps sur ses fautes et d'avoir le courage de réparer des moments d'oublis et retirer sans crainte le pied qui se serait aventurer dans la mauvaise voie.

Il est vrai qu'aussi bien : les portes de l'enfer ne prévaudront jamais contre Elle, aussi bien, il vous serait impossible d'aller contre la volonté de Dieu.

Je termine ma lettre dans l'espoir que la Patrie que je n'ai même jamais eu l'idée d'abandonner saura supporter courageusement une leçon que Dieu seul peut donner dans de telles conditions et n'attisera sur Elle de nouveau la main de colère de Celui qui voit et jugera tout.

Joseph Vacher, dit « l'Eventreur »

13 novembre 1897

* Interrogatoire de Vacher par le juge Fourquet (pièce 639).

Il s'agit du premier interrogatoire de Vacher par le juge Fourquet depuis la lettre du 10 novembre. Premier interrogatoire conservé du moins, car il y est fait allusion à un interrogatoire en date du 12 novembre qui n'est pas présent dans les pièces de procédure. Il n'est pas possible de reconstituer le contenu de cet interrogatoire, probablement très bref puisque Vacher refusa de s'exprimer. Si le procès-verbal a été rédigé, il a disparu du dossier de procédure avant sa constitution définitive car il ne figure pas dans l'inventaire et n'a pas fait l'objet d'une numérotation. L'interrogatoire du 13 novembre démontre la détermination de Vacher à ne plus répondre. Vacher refuse de signer.

D — Persistez-vous toujours dans la résolution que vous avez manifestée dans vos interrogatoires en date des 10 et 12 novembre courant, de ne plus répondre aux questions qui pourraient vous être posées désormais, si la lettre par laquelle vous demandez à M. le Procureur Général, l'insertion dans le Petit Journal, de l'information suivie jusqu'à ce jour contre vous, et de vos lettres, n'est pas suivie de la réalisation du désir que vous y exprimez ?

R — Oui Monsieur, je persiste.

D — Vous demandez là une chose qu'il n'est pas au pouvoir de M. le Procureur Général de vous accorder, la loi l'interdisant formellement, de sorte qu'il est inutile de persister dans votre détermination.

R — S'il n'y a pas de loi qui permette que l'on reproduise dans les journaux les actes de l'instruction me concernant, que l'on en fasse une exprès (sic) ; mon affaire n'est pas ordinaire, elle en vaut la peine : d'ailleurs vous verrez qu'elle n'est pas encore finie (sic).

D — Vous avez tort de persister dans une résolution aussi ridicule qui ne rime à rien et ne saurait rendre votre situation meilleure.

R — Cela m'est égal : d'ailleurs je ne répondrai plus à vos questions.

Toutes nos remontrances ne venant point à bout de vaincre la résistance de Vacher, celui-ci se renfermant dans un mutisme absolu, nous avons clos l'interrogatoire.

* Rapport de M. le docteur Dufour, médecin directeur de l'asile d'aliénés de Saint-Ylie (pièce 256)
Voir A. Lacassagne, p. 444-448.

24 novembre 1897

* Constat de présence du docteur Madeuf à la prison de Belley, pour examiner Vacher (pièce 641).

L'an mil-huit cent quatre-vingt dix sept, le vingt-quatre novembre.

Nous Émile Fourquet juge d'instruction au Tribunal de première instance de Belley (Ain), assisté de Riche Jean-Marie Commis Greffier.

Nous étant rendu à la maison d'arrêt de cette ville pour y interroger le prévenu Charrad inculpé de banqueroute, avons constaté au greffe de cet établissement la présence d'une personne qui s'était présentée à nous le matin du même jour, dans notre cabinet, au Palais de justice, sous le nom du docteur Madeuf, et avait sollicité l'autorisation d'examiner l'inculpé Vacher, autorisation que nous n'avions pas jugé à propos de lui accorder.

Le docteur Madeuf assisté de M. le docteur Bozonet médecin de la maison d'arrêt, se trouvait en présence de Vacher dont selon l'inculpé il avait examiné l'oreille en y pratiquant des sondages. A notre arrivée, ce médecin qui avait pénétré dans la maison d'arrêt sans avoir obtenu préalablement notre autorisation, s'est retiré après avoir serré dans une trousse une certaine quantité d'instruments de chirurgie qu'il avait apportés.

De tout quoi, nous avons dressé le présent procès-verbal que nous avons signé avec le C^is^ greffier, et nous avons aussitôt informé à toutes fins utiles, monsieur le Procureur de la République des faits qui précèdent.

Em. Fourquet
Richet J.-M.

25 novembre 1897

Lettre de Vacher adressée au docteur Madeuf (pièce 686, n°9), interceptée le jour même par le juge Fourquet;

Dieu – Droits – Devoirs

Belley le 25 9bre 1897

Monsieur le Docteur Madeuf,

Bien que je n'ai pas l'honneur de connaître votre Personnalité et d'être à même d'apprécier vos talents pour votre spécialité, permettez-moi de vous faire part de ces quelques lignes au sujet de notre consultation.

Après le malheureux événement de Beaume-les-Dames *(drame d'A…)* vous ai-je dis ; vu le rapport de M^rs^ les médecins-majors de mon ancien régiment, j'ai été interné à l'asile d'aliénés de Dole. Dans ce tristre établissement où j'y suis entré dans un état réclamant les soins les plus sérieux, j'en ai été l'objet d'aucun… Mis sur un grabas *plein de p… hélas !* J'y ai été témoin à chaque instant de spectacles affreux. Ces belles choses m'avaient inspirer une telle confiance que j'ai jugé prudent de ne point me laisser faire une dangereuse opération, ou mieux *peut-être* de ne pas me laisser tuer… ! Six mois d'observations passés dans cet asile, j'ai été transférer en celle de mon département, mais avant mon départ, la veille ou ma bien prier d'être tranquille pendant mon transfer et pour en être plus sûr on m'a fait prendre mon uniforme de sous-off; bien que j'en avais plus le droit (*étant réformé depuis près de 6 mois et ayant un autre bon complet de*

Cyvile). Leur intention était bien de me rendre le plus joyeux possible croyant à cette occasion que je dévoile leurs méfaits, mais loing de me faire oublier ces mauvais jours mon uniforme m'a plutôt rappeller à mon devoir qui était de dévoiler au public les abominalités dont j'avais été témoins dans cette bonne maison… Arrivé à l'asile St Robert Mr le médecin Directeur, Dufourd [Dufour], qui a su lui dès son entrée dans cet établissements, brisez les instruments de ces bourreaux, a bien fait ce qui était en son pouvoir pour me soulager de mon infirmité, mais malheureusement il ne connaissait pas à cette époque la racine de ma maladie, *(morsure du chien enragé ou remèdes)* car je n'avais du encore fouiller tout le terrain. Si je suis d'avis que le malheureux état ou m'a réduit l'affection de mon Infidèle, a pu agraver ma maladie ; je jure que n'y à Mr Fourquet, juge d'Instruction, n'y a personne autre, j'ai dis que j'ai tuer, sous prétexte que j'étais repoussé des femmes (Il est vrai qu'en ce moment on aurait beaucoup à faire si on voulait ajouter foi à tout ce que les journaux disent). Je me souviens cependant que je me suis plain à Mr le Juge à ce sujet.

Voici Mr le Docteur Madeuf, ce qu'il faut avant tout bien savoir car pour aboutir à toute bonne entreprise, il faut commencer par la naissance des choses en évitant ainsi les reviens…

Je vous suis très reconnaissant de votre dévouement et de vos bonnes intentions à mon égard… Je comprends que c'est un peu tard hélas, que j'ai affaire à une Personne aussi compétante, mais espérons que par la grâce de Celui qui voit tout le proverbe qui dit : Il n'est jamais trop tard de bien faire nous sera à nous favorable.

S'il vous ai possible de faire insérer cette lettre dans le Lyon R. ou le Progrès le plus gros pour nous sera fait … car il faut absolument commencer par ça si on veut arriver à une bonne fin (intégralement) Agréer Mr Madeuf, mes remerciements et mes salutations emprésées Vacher Jh

30 novembre 1897

* Procès-verbal d'interrogatoire de Joseph Vacher (pièce 643).
Vacher refuse de répondre et de signer.

1er décembre 1897

* Procès-verbal d'interrogatoire de Joseph Vacher (pièce 646).
Vacher refuse de répondre et de signer.

* Procès-verbal d'interrogatoire de Joseph Vacher (pièce 647).
Vacher refuse de répondre et de signer.

* Procès-verbal d'interrogatoire de Joseph Vacher (pièce 648).
Vacher refuse de répondre et de signer.

* Lettre de Vacher au juge d'instruction (pièce 686, n° 10).

Cette lettre contient des «aphorismes» qui seront réutilisés par Vacher. Le quatrième aphorisme, le plus long, est une conséquence directe de la visite du docteur Madeuf à la prison. Les expressions utilisées désignent le docteur venu de Paris[1] et, probablement, son diagnostic puisque l'ozène est une maladie assimilée à un coryza nasale fétide appelé aussi «punaisie», en raison de l'odeur de punaise écrasée que dégage le patient qui en est atteint[2]. Un brouillon de cette note fut rédigé par Vacher sur enveloppe de petit format. Ou peut lire sur son rabat «voilà ce que vous pouvez lire et conserver ou vous en débarassé ce sont des relevés dans votre cellule / quand on appartient aux petits on ne souvent jamais trop connaitre (sic) / autrement j'ai mes raisons légitimes... Ce texte a été conservé par Fourquet et collé dans l'un de ses deux albums[3].

Dieu – Droits – Devoirs

Belley le 1er Xbre 1897

Monsieur le Juge d'Instruction

Dès le début de mon examen, Mr le Docteur X... à ma première visite désirait à ce que j'écrive sur une feuille les mots qui me venaient à la tête, moi sentant mieux que personne que si mon état mental avait été attaquée ; ce n'était qu'indirectement enfin mais plus fort par la réunion des misères... que momentanément ; je me suis refuser (comme c'était mon devoir) à son désir. Mais en voici des mots ou aphorismes qui me reviennent souvent à l'esprit, surtout depuis que je suis à la prison et qu'à cette heure je dois mettre à votre connaissance

---

1er – L'Intérêt ne primera jamais le Droit

2mt – Ne jamais vendre la pieau de l'ours avant de l'avoir tué

3mt Bien comprendre la signification des mots *Auteur – Cause*...

4mt Il vaut mieux avoir affaire au Grand Millionnaire qu'à tous les petits réunis. On est plus rassuré entre ses mains qu'entre toutes celles des Bi-licenciés es Science d'Otologie ; de Rynologie et de *Laryngologie* ; de Bi-Bi-Hautes sciences, des oreilles, de la gorge, de l'ozène et de la *Punaisie* !.... bien que je ne désaprouve pas les talents de ces derniers surtout pour les grands naturaliste. Quatre ans sans leurs secours sans presque donner à boire à mon oreille qui m'empoisonnait alors que différament je serais peu-être ! : mort

---

1. Le papier à lettres du docteur Madeuf indique les titres de «Bi-licencié ès sciences» et «professeur libre de Rhinologie, Otologie, Laryngologie» (AD 01, 2U300, chemise «Exécution et autopsie»)

2. Pour Madeuf, «l'ozène est la punaisie des gens du monde», F. Madeuf, *Guide médical pour l'hygiène et traitement des maladies de la gorge, du nez, du larynx et des oreilles*..., Paris, Troublé, 1893, p. 29.

3. Album de notes. Fonds Fourquet-Voutay (2019).

5^{mt} – On est bien fort quand on est Innocent et qu'on a la foi
6^{mt} – Les idées ne sont jamais trop fixes, lorsqu'elles sont droites
7^{v} – Ou un grand sauveur, ou un grand martyr, *un grand Elu du ciel*, puisque Dieu a demandé, a permis tant de sacrifices du pauvres monde pour me guérir de ma maladie
8^{mt} – Il y à des pays qu'on appelle *sauvages* et qui sont plus humain, plus loyal et plus brâves que souvent les dits civilisés (asiles etc..)
9^{mt} – Le ciel et la terre passeront mais mes paroles ne passeront point *(comme le disait N.S.J.Ch. à ses disciples.)*

Veuillez agréer, M^{r} le Juge, mes salutations

Vacher Jh

* Note de Vacher « Question de la Loulette (chien) » (pièce 686, n° 11). Vacher revient ici sur les circonstances de son arrestation et rappelle qu'il possédait peu avant un chien et une pie dont il s'est débarrassé.

Belley le 1er X^{bre} 1897

[En marge droite, puis gauche] Ils n'ont plus que la mort d'un chien à leur secours / car j'ai aussi tué un chien.

Question de la Loulette

Elle est d'autant moins la cause de mon arrestation, qu'à ce moment si j'avais eu l'idée de faire le sacrifice de mon sac, il est fort probable que ce jour là je n'aurais encore été pincé. C'est plus tôt la manière de mon arrestation qu'il faut qu'on considère bien car tôt ou tard la main de Dieu avait à se faire connaitre. J'ajouterais que j'avais même des motifs légitimes (comme bien d'autres supérieurs aux Loulettes et aux pies) pour m'en déffaire. Si je l'ai enterrer, c'est qu'une personne m'a invité à le faire (*à cause des chaleurs*). C'est d'ailleurs des idées encore assez bizares que de faire toutes ces singeries avec mes bêtes (une pie et un petit chien que je voulais faire danser avec mon accordéon) leur courir après au milieu des champs ; alors qu'elles mêmes comprenaient peut-être qu'elles avaient un espece de fou enragé devant elle…

C'est vrai, que c'était au début…

Pour bien vous renseigner sur ce grand évènement, ajoutons encore : ma maladie n'était pas encore là pour me faire comettre ce dernier accès (c'est le mot) nervosités etc.. Enfin, d'autres, aussi bien que moi; s'en sont tiré plus d'une fois à meilleur marché. Hein ! ressort-elle l'Innocence Francouet… ou mieux : Franc-Comtouet…du midi c'est vrai.

Signé : Vacher J^{h}

Lettre du juge d'instruction Fourquet au procureur général Moras.
Source : AD 69 (2U1-199).

Ce courrier confirme que Fourquet n'a pas de préférence de noms pour la désignation des experts. Considérant la difficulté pratique soulevée par Lacassagne et Pierret, il propose de solliciter à leur place les docteurs lyonnais Jean Boyer et François Eugène Brun, dont la notoriété n'est pas comparable à celle des experts qui refusent de mener leur observation à la prison de Belley.

Belley,
Monsieur le Procureur Général,

J'ai l'honneur de vous faire connaître que j'ai fait demander par M. le Procureur de la République à Lyon, MM. les docteurs Lacassagne, Pierret et Rebatel, s'ils accepteraient la mission que je me proposais de leur confier, d'examiner l'état mental de Vacher. Seul M. Rebatel accepterait même dans l'hypothèse où il s'agirait de vaquer à Belley même, à cette expertise. Quant à MM. Lacassagne et Pierret, ils déclarent que si l'examen doit avoir lieu à Belley, ils refuseront d'y procéder.

Dans de semblables conditions et étant donné que je n'ai pas qualité pour faire transférer Vacher à Lyon, d'une part, d'autre part que je ne saurais prendre la responsabilité d'une telle mesure, d'autant que l'absence de Vacher arrêterait le cours de l'instruction, je fais pressentir, par ce même courrier, MM. les docteurs Boyer et Brun que j'aurais l'intention d'adjoindre au docteur Rebatel s'ils acceptent de venir à Belley.

Monsieur le Procureur de la République, mon siège doit vous écrire ce soir que je me suis conformé rigoureusement aux prescriptions de la lettre que vous avez bien voulu lui adresser relativement à la méthode à adopter pour l'instruction de l'affaire Vacher[1]. Il ne m'a pas été toutefois possible d'obtenir de l'inculpé qu'il sortit de son mutisme.

Je continue le dépouillement des dossiers concernant les crimes avoués commis hors de mon arrondissement et je procède à l'interrogatoire de Vacher sans me préoccuper de son silence systématique.

Deux ordres de faits dominent toute l'affaire Vacher ainsi que vous pourrez vous en convaincre lorsque vous prendrez connaissance du dossier : faits d'érotomanie d'une part ; brutalité sauvage de l'agent, d'autre part.

Les éléments de l'instruction établissent d'une façon surabondante le premier ordre de faits, quant au deuxième, il n'y a peut-être pas un seul témoin entendu dans l'information et ayant connu Vacher à une époque quelconque qui ne le décrive comme un être foncièrement méchant, malfaisant et vindicatif.

EF

1. Voir plus haut, la lettre du procureur général, datée du 8 novembre 1897.

2 décembre 1897

* Procès-verbal d'interrogatoire de Joseph Vacher (pièce 650).
Vacher refuse de répondre et de signer.

* Procès-verbal d'interrogatoire de Joseph Vacher (pièce 651).
Vacher refuse de répondre et de signer.

* Procès-verbal d'interrogatoire de Joseph Vacher (pièce 652).
Vacher refuse de répondre et de signer.

3 décembre 1897

* Procès-verbal d'interrogatoire de Joseph Vacher (pièce 653).
Vacher refuse de répondre et de signer.

* Procès-verbal d'interrogatoire de Joseph Vacher (pièce 655).
Vacher refuse de répondre et de signer.

* Procès-verbal d'interrogatoire de Joseph Vacher (pièce 656).
Vacher refuse de répondre et de signer.

* Procès-verbal d'interrogatoire de Joseph Vacher (pièce 657).
Vacher refuse de répondre et de signer.

8 décembre 1897

Rapport médico-légal sur l'affaire de Tassin-la-Demi-Lune dans le Rhône (assassinat de Claudius Beaupied) par le docteur Jean Boyer.
Voir A. Lacassagne, p. 411 et suiv..

12 décembre 1897

Ordonnance de commission des trois experts (pièce 137).

Nous, Émile Fourquet, juge d'instruction de l'arrondissement de Belley (Ain)
Vu la procédure en instruction dirigée contre le nommé Vacher (Joseph), âgé de 28 ans, sans profession ni domicile fixe, actuellement détenu à la maison d'arrêt de Belley, inculpé d'assassinats ;

Attendu qu'à la suite d'une tentative de meurtre antérieurement commise par lui à Baume-les-Dames (Doubs), sur la personne de la nommée Louise Barrand, l'inculpé mis en observation à l'asile de Saint-Ylie, près Dôle (Jura), a été déclaré irresponsable de ses actes et a bénéficié d'une ordonnance de non-lieu ; qu'il a ensuite été transféré à l'asile de Saint-Robert dans son département d'origine, mais qu'après un court séjour dans cet établissement, il a été jugé conscient de ses actes et rendu à la liberté ;

Attendu qu'en présence des opinions contradictoires émises par les hommes de l'art qui ont eu à examiner l'état mental de Vacher, un doute peut s'élever sur le point de savoir si l'inculpé jouit de la plénitude de ses facultés mentales ;

Qu'il convient donc de le soumettre à l'examen de médecins spécialistes ;

Ordonnons que le dit Vacher Joseph sera soumis à l'examen de trois hommes de l'art ;

En conséquence commettons :

1° M. le docteur Lacassagne, professeur à l'université de Lyon ; 2° M. le docteur Pierre, médecin aliéniste, directeur de l'asile de Bron ; 3° M. le docteur Rebatel, médecin aliéniste tous trois demeurant à Lyon ;

A l'effet de procéder, après avoir prêté préalablement serment entre nos mains, à l'examen de l'état mental du sus nommé Vacher (Joseph) et de nous faire un rapport en honneur et conscience sur cet état mental ; de nous faire connaître notamment si l'inculpé jouit de la plénitude de toutes ses facultés intellectuelles, s'il a conscience des actes qu'il commet et s'il doit être considéré comme responsable et dans quelle mesure ; enfin de répondre à toutes autres réquisitions qu'il nous paraîtrait ultérieurement utile de leur adresser.

Fait à Belley, en notre cabinet, au Palais de Justice, le 12 décembre 1897.

Le Juge d'Instruction
Em. Fourquet.

14 décembre 1897

* Lettre de Vacher au gardien-chef de la prison de Belley.
Source : Supplément (gratuit) au *Lyon Républicain* du 26 octobre 1898. Fonds Fourquet-Voutay (2019).

Le jour de rédaction de cette note n'est pas lisible sur le fac-similé publié par le journal. La visite des experts étant annoncée pour un jour qui n'est pas le lendemain mais le jeudi 17 décembre, la rédaction se situe entre le 12 et le 14 décembre.

Dieu – Droits – Devoirs

Le [...] X^{bre} 1897

Monsieur le Gardien-Chef

Vous devez bien pensé qu'étant en présence d'une affaire spéciale, je ne puis agir comme un prisonnier ordinaire. Ainsi, dans ma mystérieuse affaire (pour moi-même aussi...) lorsqu'il me revient quelque chose à la mémoire et qu'il est de mon devoir de faire, il faut bien que je le relève le plus tôt possible si je ne veux point l'oublier de nouveau.

Tournez

De même j'ai appris avant-hier seulement que M[rs] les médecins venait jeudi pour me voir [mot illisible]. Il m'est venu à l'idée de leur adresser une lettre et quelques mots que j'ai à leur communiquer particulièrement (rien d'insultant). Je vous engage donc de me délivrer à cet effet 3 feuilles et une enveloppe.

J'aime à croire, qu'après cet avis vous ne vous engagerez point à de lourdes responsabilités.

Signé : Vacher J[h]

15 décembre 1897

Procès-verbal d'interrogatoire de Joseph Vacher. Vacher refuse de signer.

Cet interrogatoire est repris par Fourquet le 30 mai 1898 (pièce n° 671) et 16 juin 1898 sans plus de réponses (pièce 679).

Source : A. Lacassagne, p. 454 et suiv.

16 décembre 1897

Les trois experts commis par Fourquet le 12 décembre (Lacassagne, Pierret et Rebatel) sont à Belley pour prêter serment (pièce 138).

23 décembre 1897

* Lettre de Vacher aux médecins.
Il s'agit très probablement de la première lettre que Joseph Vacher adresse aux docteurs Lacassagne, Pierret et Rebatel. L'original est signalé dans l'inventaire des fonds de l'École nationale supérieure de police mais il n'a pas été retrouvé. La transcription ci-dessous reproduit un tirage papier de la lettre dépliée. Il manque le passage écrit au verso du premier feuillet, qui n'a pas été photographié.
Source : École nationale supérieure de police (fonds ancien, pièce 330).

Belley le 23 décembre 1897

Messieurs les Docteurs,

Je me suis abstenu de faire part à mes parents plusieurs affaires qui se sont passées depuis que je suis en prison, mais il est de mon devoir, à cette heure d'en faire part à mes nouveaux maitres, car à un moment donné de ses affaires, dis-je, restés au fond du sac pourraient m'être fatales : m'étant fait porté malade une fois (et y étant), [...]

[verso manquant]

[...] quant au second gardien, un brâve savoisin, que j'estime autant que son pays, je n'ai pas la moindre pecadille à lui reprocher Il est vrai qu'il y en a de bons aussi dans l'Isère. Un petit avis, dans ces <u>conditions</u>, ne gâte jamais- Quel malheur ! Quelle responsabilité de conséquences terribles messieurs (rien que, frères ou sœurs, 16 vivants, tous frères ou mère de famille hors 4) si les hommes, qui ne sont point parfaits ; si la France plustôt, comettait une faute sur moi !.. Je sais que personnellement, on ne peut que s'exposer à donner la mort qu'à la moitié d'un cadavre mais la faute n'en serait pas moins grande ?... Je termine en me demandant de nouveau qu'elles sont réellement les vues que la divine Providence a sur l'autre.

Veuillez, Messieurs ne pas oublier ce que j'ai cru bon vous faire savoir (affaires suspectes) en premier lieu et agréer mes salutations empressées

Vacher Jh

* Lettre du juge d'instruction Fourquet au procureur général Moras.
Source : AD 69 (2U1-199).

Cette lettre montre que la phase d'instruction à Belley est dans une impasse. Vacher ne répond plus depuis plus d'un mois à ses demandes et il refuse de signer les procès-verbaux d'interrogatoire. Fourquet admet qu'il a perdu le contrôle de l'enquête : le personnel du tribunal a pris ombrage de ses sollicitations et le procureur de la République lui-même est réticent à lui accorder l'aide indispensable qui aurait pu prendre la forme d'une décharge de service. Le juge expose ses difficultés matérielles et confie son état d'épuisement physique. Il passe la main aux médecins experts.

Belley, le 23 décembre 1897

Monsieur le Procureur Général,

Les experts commis à l'effet d'examiner l'état mental de Vacher, MM. les docteurs Lacassagne, Pierret et Rebatel, m'ont déclaré qu'il leur était matériellement impossible de se livrer à un travail sérieux si l'inculpé n'était transféré à leur disposition, à Lyon, où il leur serait plus facile de l'observer à loisir et à toute heure du jour.

D'autre part, j'ai procédé à tous interrogatoires utiles de l'inculpé – infructueusement il est vrai : depuis un mois – et me suis livré à toutes les recherches nécessaires à l'établissement de l'emploi de son temps du mois de mars 1885, date à laquelle il a quitté sa famille, au 4 août 1897, date de son arrestation.

La plupart des anciens collègues de Vacher au régiment ont été entendus par commissions rogatoires et ont donné ainsi que ses camarades d'enfance et ses anciens patrons des détails intéressants relativement à sa moralité, à son caractère, à son tempérament etc...

La question de l'hérédité mentale a aussi été de ma part l'objet de minutieuses investigations.

Enfin, en ce qui concerne les mobiles qui ont poussé l'inculpé au meurtre, rien à mon sens n'est plus suggestif que l'enquête très complète à laquelle s'est livrée M. le juge de Paix de Saint-Paray (Ardèche) en exécution de ma commission rogatoire.

Chaque jour quelque procès-verbal nouveau relate les dépositions de témoins interrogés sur ma demande dans diverses régions vient combler quelques lacunes en ce qui concerne l'emploi du temps de Vacher et ajouter quelques charges nouvelles à celles qui pèsent sur lui relativement à certains crimes impunis et non avoués par lui.

Ainsi une lettre de mon collègue de Castres m'informe que la présence à Lacaune de l'inculpé à la fin du mois de février 1897 et son entrevue le soir du crime, avec la victime, le sieur Gautrais, dans une auberge de cette localité sont des faits constants. Vacher d'ailleurs ne se défend pas d'être l'auteur de ce crime, sans toutefois l'avouer ; d'autre part, l'enquête à laquelle il a été procédé par M. le juge de paix de Clefmont (Haute-Marne), établit à l'encontre de l'inculpé en ce qui concerne une tentative de viol à Daillecourt et l'assassinat à Vrécourt (Vosges) le 1er mai dernier, les présomptions de culpabilité les plus graves.

J'ai envoyé cette enquête à mon collègue de Neufchâteau de qui dépend Vrécourt.

L'assassinat du jeune Louradour à Brives, le 11 novembre 1896 paraît bien être aussi l'œuvre de Vacher qui a reconnu être allé dans la Corrèze postérieurement au crime de Varennes-Saint-Honorat (Haute-Loire) – 1er octobre – et un témoin du crime auquel la photographie de Vacher avait été présentée a reconnu formellement dans le portrait de celui-ci l'assassin de Louradour.

L'assassinat de la veuve Laville à Coux paraît devoir être également imputé à Vacher : la déposition du témoin Malartre a établi – fait dénié par Vacher – que la veille du crime, Vacher se trouvait non loin de Coux.

L'assassinat de Valneuf (Drôme) le 5 juillet dernier est à mon sens imputable au même inculpé.

Il est fort probable, en outre, que Thérèze Ply, à Varennes-en-Argonne, en avril dernier, le 5, est tombée sous les coups de Vacher et que le crime de Belfort (18 mars 1897) est imputable au même meurtrier.

Un point très important, en effet, acquis aujourd'hui à l'information et qui n'avait pu être établi jusqu'ici c'est la présence de Vacher le 1er mai, à 11h du matin, près de Clefmont, à 18 kilomètres de Vrécourt et se dirigeant vers cette localité où il lui était essentiellement possible de commettre son crime le même jour à 6h du soir. Dès lors il est au moins prouvé qu'en avril et mai Vacher était dans la région de l'est, tandis qu'il a prétendu dans ses précédents interrogatoires qu'à cette époque il était dans l'Ardèche. Il est à noter qu'au dossier figure une lettre que j'ai fait saisir à Tours elle est adressée à un nommé Genin par Vacher, et que cette lettre porte la date à Lyon, du 14 avril. Ceci tendrait au moins à établir que le 14 avril l'inculpé n'était pas dans l'Ardèche, comme il l'a prétendu.

En somme j'ai acquis, après examen minutieux d'un grand nombre de dossiers qui m'ont été envoyés de tous côtés la conviction que le nombre des assassinats imputables à Vacher ne doit pas être inférieur à vingt et dépasse même vraisemblablement ce chiffre. – Je ne parle que pour mémoire des tentatives de viol et d'assassinats.

Il n'est pas douteux pour moi que l'information puisse aboutir en ce qui concerne un certain nombre de ces crimes, mais elle exigerait, indépendamment de la question de compétence un temps plus considérable que celui que me reste en dehors de l'instruction des autres affaires et du service de l'audience. D'autre part j'ai été obligé d'écrire presque toute ma correspondance, en raison du surcroît de travail qui existe au greffe selon le greffier et de la nécessité où je me suis trouvé d'ailler dix fois demander comme une aumône que l'employé chargé du service du Parquet me fut adjoint.

L'inculpé ne s'est pas départi de son mutisme sa présence à Belley n'est plus urgente pour l'instant. D'ailleurs surmené comme je l'ai été depuis quatre mois, je sens qu'un repos de quelque temps m'est absolument indispensable. Les douleurs de tête ne me quittent plus, une affection de l'estomac dont j'ai beaucoup souffert l'an dernier reparaît : dans cet état de fatigue morale où je suis, il m'est impossible de découvrir les lacunes que doit nécessairement présenter l'information de l'affaire Vacher et lorsque je me serai un peu détendu l'esprit, je pourrai récapituler mieux les détails de l'information et apercevoir mieux les oublis que j'ai pu commettre.

Je vous serais profondément reconnaissant, Monsieur le Procureur Général, de vouloir bien me faire connaître si vous estimez que Vacher peut être transféré à Lyon conformément au désir exprimé par les experts, et dans quelles conditions et si d'autre part vous verriez un inconvénient à me faire remplacer à l'Instruction par un de mes collègues pendant quelque temps.

Veuillez agréer
Monsieur le Procureur Général,
l'hommage de mon profond respect
Le Juge d'Instruction

EM. Fourquet

27 décembre 1897

* Procès-verbal d'interrogatoire de Joseph Vacher (pièce 662). Vacher refuse de signer.

Vacher est interrogé sur les circonstances du crime de Tassin-La-Demi-Lune. Il refuse de répondre et de signer. Cet interrogatoire sera repris à l'identique les 30 mai et 16 juin 1898.

28 décembre 1897

Le procureur général de Lyon fait savoir au procureur de la République de Belley qu'il autorise le transfert de Vacher à la prison Saint-Paul à Lyon.
Source : AD 69 (2U1-199).

Dans les prisons de Lyon

31 décembre 1897

Vacher est transféré de Belley à Lyon dans la matinée par une escorte dirigée par le brigadier de gendarmerie Buclet. Le débarquement à la gare de Perrache et l'incarcération à la prison Saint-Paul ne ne suscitent aucun incident. Les recommandations du procureur général ont été respectées : l'opération s'est déroulée en toute discrétion et en l'absence des journalistes.
Source : (pièces 141, 142), AD 69 (2U1-199).

7 janvier 1898

Lettre de Vacher aux docteurs Lacassagne, Pierret et Rebatel.
Cette lettre adressée aux médecins experts est intéressante car il s'agit du premier texte connu rédigé par Vacher depuis son arrivée à la prison Saint-Paul.
Source : J. Vacher, *Écrits d'un tueur de berger* (édition établie par Philippe Artières), Lyon, À Rebours, 2006, p. 90-91.

Dieu-Droit-Devoir
Lyon-Jérusalem le 7 janvier 1898
Monsieurs les Docteurs
Après tout réfléchi…

La Curiosité dit-on doit s'arrêter au commencement du danger national. S'il m'était possible de vous éclairer d'une manière précise sur toutes les phases de ma vie errante, sur le degré des idées plus ou moins bizarres qui me sont survenues à cette époque, par suite soit du mal qui germait en moi, soit des ressentiments de la douloureuse opération que j'ai eu à supporter à l'hospice des Anticailles de mon infirmité de la tête et de son infection qui par moment me rendait comme un homme soul, des douleurs momentanées des deux balles que j'ai dans la tête, des fatigues que je suportais au milieu de cette vie (de rage), des tristes souvenirs de la maison de Dôle… et du temps qui agissait, qui gouvernait par l'empire de la réunion de tous ces maux, les malheureux événements dont Dieu seul a été témoin et que lui seul je vous le répète encore en est, en sera le juge…

. . . .

Je m'engage, toutefois, à vous permettre de controler certains détails importants qu'à ma 1ere Instruction je me suis empressé de donner connaissance à M[r] le Juge d'Instruction vu leur netteté de précision et l'intérêt général qui s'y attachait, mais pas avant que ces premiers soient mis à la connaissance public.

. . . .

Je ne veux ni essayer de faire l'impossible, ni enfoncer le peuple dans des mystères que je ne pourrais jamais expliquer; dans des troubles moraux qui feraient de ma maladie un vrai fléau pour la Patrie que je n'ai jamais eu, même l'idée d'abandonner…

Signé: Vacher J[h]

PS : A la grâce de Dieu.

Rappelez-vous Mrs les Docteurs que je parle en ce moment de mon impérieux devoir pour tous...

10 janvier 1898

Le docteur Étienne Destot se transporte à la prison Saint-Paul à la demande des experts pour pratiquer l'examen radiographique de la tête de Vacher. Il s'agit alors d'une technique prometteuse et très récente, qui n'a pas trois ans d'existence. Destot procède avec une bobine et un tube de Crookes. Le rapport final confirme la présence d'une balle de plomb dans l'oreille droite (pièce 683).
Source: A. Lacassagne, p. 367.

13 janvier 1898

André Mure a publié en 1954 un livre sur Vacher s'appuyant sur une documentation transmise par le docteur Locard qui n'était autre que celle des notes rassemblées par le docteur Lacassagne et qui n'avaient pas été versées à la bibliothèque de Lyon. Ouvrage de vulgarisation, ce récit peut être considéré comme fiable lorsqu'il procède à des transcriptions littérales de notes. Mure affirme que «c'est quasi quotidiennement que M. Lacassagne allait s'entretenir avec l'éventreur, l'interrogeant sans relâche, enregistrant tous les détails, comme l'attestent d'innombrables notes griffonnées que nous avons sous les yeux». Ces notes confirment que Vacher chante souvent la *Marseillaise*, les *Peupliers* et de nombreux cantiques. Certaines notes seraient d'Émile Villedieu, le co-détenu placé dans la cellule de Vacher à la demande d'Alexandre Lacassagne. En l'absence de reproduction de ces documents par fac-similé, il est impossible de confirmer que les notes consultées par le journaliste en 1954 soient de l'écriture de Lacassagne ou de celle d'E. Martin, qui semble avoir participé activement à l'observation et qui servait très probablement à Lacassagne – ainsi que l'indique le détenu Villedieu, de secrétaire. A. Mure propose la transcription suivante pour la note du 13 janvier 1898.
Source: *Le monstre (Affaire Vacher)*, Paris, Éditions de la Flamme d'Or, 1954, p. 81-82.

«Jeu de prédilection: batailles.
Dentition: très bonne.
Il n'a jamais uriné au lit.

Réveil sexuel à 15 ans.
Alcoolisme : très sobre.
Sentiments religieux : très prononcés.
Esprit d'observation dans ses voyages.
Parle de l'hospitalité des Savoyards, de l'eau qu'il apprenait à apprécier au goût, des paysages, des volcans et des collines.

Il a lu la vie de Jeanne d'Arc et trouve qu'elle a avec la sienne beaucoup d'analogies. Il entend des voix, à Belley. On pleure sur lui dans la prison et au dehors et il l'entend.

A Saint-Genis, quand il portait le lait le matin, il s'arrêtait devant la croix et priait.

Vanité : il sait qu'il y a des gens qui pleurent sur son sort et que l'opinion publique s'inquiète beaucoup de lui.

Il est très peu précis sur les hallucinations qu'il prétend avoir eues. Il aurait entendu des gens. Voilà tout ce qu'il sait dire.

Il a dit à M. Rebatel à un moment donné qu'il n'avait jamais eu d'hallucination, et c'est depuis qu'on lui a suggéré cette idée, et qu'il a lu la vie de Jeanne d'Arc, qu'il s'est mis à parler d'hallucination… »

15 janvier 1898

Lettre du détenu Émile Villedieu au procureur général de la République à Lyon.
Source : AD 69 (2U1-199).

Monsieur le Procureur

L'accusé Vacher Joseph, avec qui je suis constamment en détention m'a dans une de mes questions confirmé qu'il avait dans l'Auvergne commis des crimes qu'il n'a pas révélé à l'instruction. Possédant toute sa confiance, mais ne pouvant me lancer carrément dans un questionnaire détourné, je vous prierais si vous croyez que ces révélations soient utiles me faire connaître les lieux ou ces crimes auraient été comis, je puis vous assuré qu'alors par mille détours j'arriverais a éclaircir plusieurs faits qui sont encore dans l'obscurité.

Veuillez Monsieur le Procureur général recevoir l'assurance de tout mon dévouement.

Votre serviteur

Émile Villedieu, maison d'arrêt de Saint-Paul.

* Note du détenu Émile Villedieu à l'attention des médecins.
Source : André Mure, *Le monstre*, 1954, p. 83.

15 janvier 1898

M. Lacassagne quitte, en compagnie de son secrétaire, Vacher. Aussitôt que je suis rentré dans la cellule, celui-ci me dit : « Dis donc, mon vieux, tu devrais me rendre un service. Ce serait d'écrire chacun une lettre signée où nous demanderions à être seuls, car tu comprends, moi, avec mon affaire, j'ai besoin de travailler, et puis, un seul mot pourrait me compromettre. Je vais devenir agité, je vais chanter, et je te dis que tu ne seras pas heureux avec moi… » Lui ayant répondu que c'était à lui de le demander, et non à moi, il ne m'en reparle plus. Vers six heures du soir, il me dit tout à coup : « L'on ne parle, je parie, pas autant du duc d'Orléans que de moi. Dans les plus grands salons existe mon portrait qui dit : "Voyez Vacher avec sa tête d'empereur, c'est un sauveur ou un grand martyr"… Car j'ai les mêmes aspirations que Jeanne d'Arc Ne trouverais-tu pas drôle qu'un jour je sois roi de France. Dans mon pays, il y a eu des grands hommes qui avaient des c… au C…, et moi aussi j'en ai. » Lui ayant répondu qu'il avait raison, nous n'avons presque plus parlé de la journée.

* Parole de Vacher consignée sur une note du détenu Émile Villedieu (extrait retranscrit par André Mure, *ibid.*, 1954, p. 84)

« Oui je suis un homme, moi, je le sens, je le vois. Ils n'ont pas voulu mettre mon instruction dans les journaux, mais faudra bien qu'ils la mettent s'ils veulent avoir la paix et éviter une révolution. Vois-tu, mon vieux, je suis sûr que le peuple s'occupe de moi. Et s'ils veulent, on s'occupera plus de moi que de Dreyfus… »

18 janvier 1898

Lettre de Vacher aux époux Plantier.
Source : Archives départementales de l'Ain (200 J 477).

Dieu – Droits – Devoir

Lyon Jérusa… le 18 janvier 1898

Cher Plantier ; Mme Plantier,

Si vous avez le droit de vous faire honneur de mon arrestation… ; de ce que la main de colère de Celui *qui avait tout vus* !.. a voulu s'arrêter, *dans son Œuvre*, sur une jeune et brâve mère d'une *honnête* famille ; n'oubliez pas le devoir que vous avez en présence de cet événement ; de cette Divine Providence ?..

Et si parfois, vous avez essayé à marcher, *en cette circonstance*, dans quelques intérêts personnels, en passant du devoir, de l'Honneur à *l'Orgueil* ; souvenez-vous qu'il est temps encore de revenir sur la ligne de la conscience ? En agissant, à mon égard, ainsi que Dieu l'a fait envers vous….

Rappelez-vous surtout ; que ce n'est point vous qui *avez paré sa main* ?.. (ainsi que vous l'aviez dit à votre (1ère) déposition)

De mon côté j'ai fait tout ce qui est en mon devoir pour éclairer le Peuple (avant 10 ans…) Malheur pour ceux qui lui auront répendu les ténèbres !

Quant à ~~votre f~~ vous, Mme Plantier, qui la première, *d'ici bas*, avez fait entendre votre voie, *non pas* de miséricorde, mais de Justice au tribunal des hommes, que Dieu vous rendre pour le passé, le présent et l'avenir tout ce qui vous est du….

Je n'oubli point le brâve Magistrat qui, à une heure aussi impérieuse s'est montré par sa clairvoyance, son sang-froid et son humanité à mon égard aussi digne de la confiance de ses concitoyens… et qui le premier a comme présenti mon irresponsabilité.

J'ai bien l'honneur de vous saluer.

P.S. Le Ciel et la terre etc.. Vacher Jh Ne pleurez pas sur etc…

24 janvier 1898

* Lettre du directeur de la circonscription pénitentiaire de Lyon à M. le procureur général à Lyon. La lettre de Villedieu signalée dans ce courrier est celle datant du 15 janvier 1898.
Source : AD 69 (2U1-199).

Lyon, le 24 janvier 1898

J'ai l'honneur de vous retourner sous ce pli la lettre du nommé Villedieu que vous avez bien voulu me communiquer.

Un détenu a été placé, à la demande des médecins experts, auprès de Vacher pour observer ce détenu d'une manière plus intime. Il paraît bien remplir son rôle et mérite la confiance qu'on lui a accordée.

Dans ses entretiens avec Vacher, il aurait saisi des allusions à des crimes autres que ceux qui sont avancés mais il ne pouvait provoquer des confidences précises sur ces faits parce qu'il ignore les lieux et les circonstances dans lesquelles les crimes ont été commis.

Il désirerait pour le guider, une note indiquant sommairement les lieux les dates et les renseignements généraux relatifs aux meurtres qui, dans l'esprit des juges, peuvent encore être imputées à son camarade de cellule.

J'estime que ces indications pourraient lui être données dans l'intérêt de l'instruction.

Le Directeur

* Note « Examen de Vacher ».
Cette note n'est pas signée mais la comparaison des écritures permet de l'attribuer au docteur Étienne Martin, proche collaborateur de Lacassagne[1].
Source : Archives municipales de Lyon. Fonds privé E. Locard (308-II-109).

Lyon, le 24 janv. 1898.
Examen de Vacher

Aujourd'hui changement complet dans son attitude. Il a écrit toute la nuit un long factum pour M. Pierret. Il est pâle et nerveux.

Il commence par nous avertir que puisqu'on veut le maintenir en prison et qu'on persiste à ne pas l'envoyer dans un hôpital, il se laissera mourir de faim. « J'ai vu me dit-il dans les asiles, les malheureux qui ne voulaient pas manger et

1. Voir par exemple la lettre de Martin à Lacassagne, 7 août 1899, BM de Lyon, Ms 5283.

qu'on nourrissait avec la sonde» car je ne dois pas rester en prison où je suis un déshonneur pour plus de 100 personnes qui constituent ma famille.

Il se met alors à pleurer et des larmes coulent sur ses joues.

Ces larmes ils les paieront chers ceux qui me les ont fait verser. Il va même jusqu'à nous menacer parce qu'il croit que ce sont les médecins seuls qui le retiennent en prison.

Cette crise passée, il est beaucoup plus animé que les jours précédents, il parle bien et nous présente sa défense comme un avocat.

Un homme comme moi qui a eu des impulsions étant jeune, des impulsions au régiment, qui a été mordu par un chien enragé, qui a des balles dans la tête et qui a été à deux reprises dans des asiles, est innocent et j'ai, dit-il, la conviction que je suis innocent. Avec des preuves comme celles qu'il vient d'énumérer, il est impossible qu'on me mène pas à l'hôpital.

* Lettre du détenu Émile Villedieu au gardien-chef de la prison Saint-Paul
Source : Archives municipales de Lyon. Fonds privé E. Locard (308-II-109).

Monsieur le Gardien Chef,

Veuillez s'il vous plait prévenir Mr le docteur Lacassagne que Vacher veut se laisser mourir de faim.

Il aurait commencé aujourd'hui si je ne lui avait remonté le moral c'est une idée bien fixe qu'il a en tête, voilà plusieurs fois qu'il me dit qu'il le fera si cela ne marche pas à sa fantaisie.

E. Villedieu

28 janvier 1898

Lettre du directeur de la circonscription pénitentiaire de Lyon à M. le procureur général à Lyon.
Source : AD 69 (2U1-199).

J'ai l'honneur de vous faire connaître que le détenu Vacher, transféré de la prison de Belley à la maison d'arrêt de Lyon pour être soumis à l'observation des médecins chargés de l'examiner au point de vue mental refuse énergiquement et depuis trois jours toute nourriture.

Avant de recourir à la contrainte pour l'obliger à prendre quelques aliments, je crois devoir vous informer de la situation pour dégager ma responsabilité : tant en ce qui concerne l'échec possible des tentatives qui seront faites par le médecin de la prison qu'en prévision des incidents que le recours aux moyens violents peut provoquer.

Je ne saurais passer sous silence la lenteur avec laquelle l'examen médical se poursuit, lenteur qui a poussé Vacher à demander d'abord son envoi dans un hospice et a refuser toute nourriture jusqu'à ce que satisfaction lui soit donnée.

Des trois médecins experts, M. le docteur Lacassagne seul vient à peu près tous les jours. M. Rebatel est venu quelquefois et M. Pierret deux fois seulement, cependant Vacher est à leur disposition depuis un mois.

L'expertise menace de s'éterniser et il n'y a pas à s'étonner que le détenu ait pris cette détermination.

Le directeur

29 janvier 1898

* On lit au crayon, en marge de la lettre précédente « 29 janvier Vu Vacher à la prison Saint-Paul avec les docteurs Lacassagne, Martin, secrétaire général etc… »

* Note d'un gardien à propos de l'attitude de Vacher dans sa cellule.
Source : Archives municipales de Lyon. Fonds privé E. Locard (308-II-109).

Note. Journée de 29 /1/1898

Je rend compte à Monsieur le Gardien chef que Vacher à but une goute de bouillon avec son codétenu villedieu au repas du matin.

J'ai fait comme celui qui avait quelques choses aller chercher c'et a cemoment qu'il s'est empresser d'absorbé une goute de bouillon. Plus, vacher ma donner a comprendre que si je voulet lui aporter une goute de vin servie avec un morceau de pain blan qui le prendrais le matin sans que personne ne le voix et commeça vous comprenez je leurs en boucherez un coing, et plutard un verre de lait à Belley on me donnait de temps entant commeça. C'est un grand sacrifice que vous ferier et dieu vous en sera reconnaissant de leuvre de charité que vous me ferer en cemomen car je me sent jaurais besoint de prendre quelques choses.

Je demande à ses messieurs si lon veux me permettre de lui apporté un verre de vin avec un morceau de pain blan je lui apporterez mai avec l'autorisation de Monsieur le Directeur ou de Monsieur le Gardien chef. Vacher ne voulet pas que je demande l'autorisation. En disant qu'il voulet que personne le sache que moi et dieu.

Je lui ai repondu pour obtenir le pain que oui je vairais sa lundi. Je lui et fait marquet a la cantine 1 vin 50 1 sucre chocolat pain blan que je lui donnerez comme si s'était moi qui lui laporte en faisant celui que personne nan sache rien que moi et lui.

Le gardien de service
(Signature)

Réponse ajoutée d'une autre main :

« Je viens de prescrire au gardien de donner à Vacher adroitement et tout de suite ce qu'il désire sans s'inquiéter de la dépense que la commission paierait.

Lyon, le 30/1/98 »

« Vacher vient de manger du bouillon avec pain, puis 0,30 de vin avec du pain blanc trempé. Il a fait jurer au gardien de garder le silence – au fond il doit jouer là encore une comédie, car il sait bien que le gardien nous prévient.

Je crois qu'il est bon cependant, jusqu'à nouvel ordre, pour les personnes qui le voient, d'avoir l'air de croire qu'il n'a rien pris.

Dimanche, 9 heures matin

31 janvier 1898

Lettre de Vacher au procureur (pièce n° 16).
Cette lettre n'est pas classée dans le dossier des lettres de Vacher (lot 686) mais curieusement insérée dans les pièces de forme de l'enquête de 1895.

Monsieur le Procureur,

Je vous crois capable de faire (de laisser) mourir un Innocent; car, aussi bien, vous n'avez pas le droit d'enfermer dans les murs des criminels *et avec les criminels !* … une Personne Innocente, ou suspect d'Innocence pour quelques raisons que ce soit, aussi bien Elle ne relève de vos Tribunaux, pas plus que de tous ceux de l'Univers…

Signé Vacher Jh
Lyon-Jérusalem le 31 janvier 1898
PS: Dieu me protège…

Ajout en marge à l'encre noire, rédigé par le directeur de la maison d'arrêt «Note du directeur. Vacher mange depuis dimanche matin; mais il croit toujours que médecins et directeurs ignorent qu'il prend de la nourriture. Il espère frapper les médecins par ce fait extraordinaire le maintien des forces d'un homme qui ne mange pas.

1er février 1898

Note «Examen de Vacher».
Cette note n'est pas signée mais la comparaison des écritures permet de l'attribuer à nouveau au docteur Étienne Martin. Martin était accompagné pour cette visite des docteurs Lacassagne et Rebatel.

Source: Archives municipales de Lyon. Fonds privé E. Locard (308-II-109).

1/2/-98 avec M. Rebatel.

Examen de Vacher

Vacher déclare qu'il n'a pas mangé depuis notre dernière visite. J'ai bu, dit-il, 2 ou 3 verres d'eau.

On déclare à Vacher qu'il a beaucoup maigri. Là-dedans, c'est solide répond-il, et le bon dieu me conserve toute ma force et [pour] ceux qui ne croient plus à la Providence je servirai d'exemple.

Et pour nous montrer que sa force est intacte, il soulève avec une vigueur peu commune les chaises qui sont dans sa cellule.

Il déclare qu'il veut vivre seul dans sa cellule et ne pas être au contact des criminels (Villedieu et autres) qui l'entourent. Il est innocent. M. Lacassagne lui propose des friandises des brioches. Il les refuse d'abord par vanité « on dirait que je suis gourmand » puis il est bien près de les accepter. Il est calme et nous nous quittons en bons termes.

2 février 1898

* Lettre du procureur général au ministère de la Justice et des cultes (bureau des affaires criminelles et des grâces).
Le procureur envoie deux articles parus dans *Le Progrès* et le *Lyon républicain*. Il précise qu'il s'est rendu à la prison Saint-Paul le 29 janvier avec le secrétaire général de la police, le docteur Lacassagne et le docteur Blanc, médecin des prisons. Il a rencontré Vacher sous le préau de la prison.

Source : AD 69 (2U1-199).

« Il nous a déclaré qu'il se laisserait mourir de faim si son innocence n'était pas reconnue et s'il n'était pas transféré dans un hôpital ou un asile. Je me suis borné à lui répondre qu'aucune décision ne pourrait être prise avant que l'examen médical ne fut terminé.

Nous avons appris d'ailleurs, immédiatement après cette visite, que Vacher feignait de ne pas se nourrir, mais qu'il acceptait les aliments et l'eau de ses co-détenus »

* Lettre de Vacher à Lacassagne.
Source : Archives départementales de l'Ain (200 J 477).

Dieu – Droit – Devoir

Monsieur Lacassagne,

J'accepte <u>de cœur</u> et par écrit l'offre que vous m'avez faite à votre dernière visite : je l'accepte au nom de la famille des brâves ; de la classe dont vous représentez un des principaux et célèbres membres et dont je relève depuis de longues années (après Dieu...)

Je m'engage à boire du bouillon et du lait (un peu de vin quelconque) pendant un mois encore, pour vous permettre de terminer votre rapport sans manquer de tenir ma parole...

J'ai bien l'honneur de vous saluer

Lyon le 2 février 1898 Vacher Joseph

5 février 1898

Lettre du juge Fourquet au procureur général Moras.
Source : AD 69 (2U1-199).

Dans cette longue lettre, le juge Fourquet livre plusieurs informations importantes. La première est relative à sa mauvaise santé durant les mois de décembre et janvier. La deuxième est relative à l'organisation du dossier de procédure, sujette à discussion depuis les observations émises par le procureur général le 8 novembre 1897. La troisième confirme l'absence de coopération au Tribunal de Belley entre le procureur Paul Aron et le juge Fourquet. Enfin, la dernière information est peut-être la plus importante sur le plan de l'enquête : Fourquet affirme pour la première fois qu'il croit à l'existence d'un complice dans les crimes avoués ou imputables à Vacher. Ce complice serait, comme Vacher, un chemineau. Cette hypothèse sera également avancée par plusieurs journaux.

Monsieur le Procureur Général,

J'ai l'honneur de vous informer que j'ai pris connaissance des instructions que vous avez bien voulu me transmettre, à la date d'hier 4 févier courant, par l'intermédiaire de M. le Procureur de la République, relativement à l'affaire Vacher.

Les pièces de l'information suivie contre cet inculpé vous ont été adressées alors que j'étais malade, contraint de garder le lit, et par suite, dans l'impossibilité de m'occuper de la constitution régulière du dossier : aussi plusieurs documents étaient restés au cabinet d'instruction parmi les quatre dossiers de procès-verbaux de recherches qui ne vous ont pas été envoyés. Très souffrant pendant la plus grande partie du mois de décembre et de janvier, j'ai été sur le point de solliciter un congé sur les pressantes exhortations de mon médecin, mais je me suis fait violence pour me traîner péniblement au cabinet d'instruction et aux audiences.

Votre dépêche du 4 courant prescrit le remplacement, par les documents qui ont servi à les rédiger, des notes écrites de ma main et contenant des indications utiles mais sans valeur probante. Je crois devoir porter à votre connaissance que ces notes n'étaient que des fiches de recherches destinées à faciliter le travail de messieurs les experts. Au surplus les documents de l'information qui avaient servi à rédiger ces notes figuraient eux-mêmes au dossier qui vous a été envoyé et y avaient trouvé place dans l'ordre chronologique même où se déroulaient les faits qu'ils relataient. Dès lors je n'ai plus qu'à supprimer purement et simplement les fiches de recherches.

Pour le surplus je m'occupe de la constitution du dossier dans la forme ordinaire.

En ce qui concerne la pérégrination de Vacher à travers la France j'ai cru devoir conserver la méthode que j'avais adoptée primitivement, de sorte qu'à moins d'instructions contraires, les documents qui ont trait à ces pérégrinations figureront dans une liasse spéciale et, pour plus de clarté, non, ainsi que cela a lieu pour l'information, dans l'ordre chronologique où ils ont été établis mais dans l'ordre chronologique où se sont accomplis les faits de passage auxquels ils se rapportent.

Le volume du dossier que j'ai constitué et dont la partie la moins considérable, au point de vue matériel, vous a été communiqué, vous prouvera, j'en suis convaincu, Monsieur le Procureur général, que je n'ai point ménagé mes efforts et qu'en dépit de mon état de santé, j'ai eu l'unique et constante préoccupation du devoir à accomplir.

Monsieur le Procureur de la République, étant en cela, dit-il, votre interprète, me fait observer que je n'ai pas saisi la portée des instructions contenues dans votre dépêche du 8 novembre sur la méthode à suivre : il ajoute que cet oubli de ma part a motivé la demande de notices, que vous lui avez adressées, relativement à chacun des crimes avoués par Vacher et commis dans d'autres arrondissements que celui de Belley. Le dispositif de votre dépêche est ainsi conçu : « Il me paraît nécessaire que reprenant tous ces crimes par ordre chronologique, M. le Juge d'Instruction fasse de chacun l'objet d'une question dans laquelle seront rapportées toutes les circonstances du crime telles qu'elles résulteront de l'instruction et des procès-verbaux de constat. M. le Juge d'Instruction se contentera d'ailleurs des réponses que lui fera Vacher sans instruire sur les faits à raison desquels il n'est pas compétent. » Or j'ai précisément fait de chacun des crimes dont s'agit l'objet un interrogatoire spécial dans lequel j'ai rappelé à l'inculpé toutes les circonstances qu'ont précédé et accompagné le crime. Je n'ai point cru, en effet, devoir inférer des termes de la dépêche qu'il s'agissait de rédiger sous forme de notice un historique de ces crimes ou que le récit devait être fait sous forme d'une seule question.

Je m'empresse de reconnaître toutefois que cette manière de procéder eût permis de se rendre compte d'une façon un peu plus claire des conditions dans lesquelles Vacher avait tué ses victimes.

Je tiens à ajouter, d'ailleurs, qu'en cette affaire j'ai été abandonné à moi-même, n'ayant, à Belley au cours de l'information, ni le concours permanent d'un secrétaire ou d'un greffier, ni les conseils du magistrat du Parquet, dont le rôle s'est uniquement borné à me communiquer vos instructions par voie de soit transmis.

Enfin je crois devoir vous faire connaître l'impression suivante restée profondément gravée en mon esprit au moment où les pièces de procédure vous ont été adressées et où je me suis alité et qu'un nouvel examen du dossier confirme en l'avivant encore.

1° Un chemineau qui, à maintes reprises a été vu en compagnie de Vacher, l'a assisté dans la perpétration de l'assassinat de la veuve Laville, à Coux, notamment et dans l'accomplissement d'autres crimes encore.

2° Une dizaine d'assassinats de petites filles, par strangulation, les dits crimes suivis de viols ou tentatives de viol sont l'œuvre de ce même chemineau agissant isolément et qui vraisemblablement est encore l'auteur du crime ayant fait récemment grand bruit à Marseille

J'ai la conviction que dans l'hypothèse où les affaires en cours et le travail des audiences m'en laisseraent le loisir et où j'aurais qualité pour me faire envoyer en communication une dizaine de dossiers j'arriverais à vous faire partager cette double impression qui pour moi résulte d'ores et déjà d'un rapprochement de certains documents du dossier Vacher.

Veuillez agréer [...]

Em. Fourquet

11 février 1898

Déposition du témoin Louis Loyonnet, recueillie par le juge d'instruction Antoine Girard à Moulins (pièce 170).

Cette déposition est reproduite en raison de la proximité de Loyonnet avec Vacher. Les deux hommes se sont connus chez les Frères maristes et ils se sont retrouvés au service militaire. Loyonnet fut un protagoniste involontaire du drame de Baume-les-Dames et le dénonciateur de Vacher lors de son évasion de l'asile en août 1893. Son témoignage a mis à mal le système de défense de Vacher, qui lui aurait confié d'avoir simulé la folie pour éviter les poursuites judiciaires après sa tentative d'assassinat sur Louise Barrand. Au moment de sa déposition, Loyonnet est installé dans la ville de Moulins depuis 14 mois. Il s'est marié le 26 avril 1897 non pas – comme semble le croire Vacher – avec Louise Barrand, mais avec Marie Claudine Busset[1]. Il a pris la succession du commerce de son beau-père et exerce comme coiffeur place d'Allier. Sa bonne réputation ne semble pas avoir pâtie du fait que la presse ait relayé dans un premier temps l'information qu'il aurait pu être considéré par la justice comme un complice de Vacher[2]. Loyonnet commet une erreur factuelle dans sa déposition, en situant sa dernière rencontre avec Vacher évadé de l'asile en août 1893. Son repère mnésique est la fête des Chaprais. Cette fête locale accueille chaque année marchands forains et saltimbanques. Elle est inaugurée le samedi en début de soirée par une retraite aux flambeaux exécutée par une fanfare de quartier suivie d'un concert donné au carrefour de la rue de Belfort et de la rue du Chasnot. En 1893, cette fête s'est déroulée le dimanche 3 septembre[3]. Vacher a donc probablement été arrêté le lendemain soir, lundi 4 septembre 1893.

J'ai été interne chez les Frères de Saint-Genis-Laval de fin 1884 au commencement de l'année 1886. Quand j'y suis arrivé : Vacher y était déjà, et je l'ai connu sans jamais être lié avec lui d'une façon particulière. Il a été chassé de cet établissement en 1885 ou 1886, sans que je puisse bien préciser[4] et j'ai ignoré le motif de son renvoi jusqu'au jour où l'ayant retrouvé au régiment il m'a confié qu'il avait été expulsé pour avoir masturbé des camarades.

C'est en décembre 1892 que je suis arrivé au régiment comme engagé volontaire. Je me trouvais être en retard d'un mois sur la classe, pour mon

1. Registre des mariages de la ville de Moulins, AD de l'Allier (2 MI EC 196 114, n° 51)
2. « Le tueur de bergers », *Le Moniteur du Puy-de-Dôme*, 19 février 1898, p. 2-3.
3. 1893 (*Le Petit Comtois*, 20 août 1893, p. 2)
4. Vacher a été interne chez les Frères Maristes du 20 novembre 1885 à octobre 1887 (pièces 163 à 165). La raison invoquée pour son renvoi par Victor Lesobre, procureur général des Frères Maristes, est l'indocilité et le caractère excentrique de Vacher (pièces 190-191).

instruction militaire, et l'on me confia pour me faire gagner le temps perdu à un sous-officier qui devait s'occuper exclusivement de moi. Ce sous-officier se trouva être Vacher que je n'avais pas revu depuis la sortie de l'école de Saint-Genis. Ce fut lui qui me reconnut, et au bout de peu de temps, nous devînmes très liés ensemble.

Le jour de l'Ascension 1893[1], il me proposa de l'accompagner à Baume-les-Dames, chez les parents d'une jeune fille qu'il avait connue dans un restaurant d'un faubourg de Besançon, le restaurant Battant je crois, situé dans le faubourg du même nom. Je refusai d'abord mais sur ses instances, je finis par céder. Nous passâmes la journée avec cette jeune fille Louise Baron [Barrand] chez ses parents. Tout se passa bien jusqu'au soir à dîner, où, à un moment donné, Louise Baron (sic) ayant bu dans mon verre, et refusé de boire dans celui que lui présentait Vacher, ce dernier est entré dans une violente colère qui s'est terminée par une crise nerveuse à la suite de laquelle nous manquâmes le train qui devait nous ramener à Besançon. Nous fîmes le trajet à pied (32 kilomètres) et nous arrivâmes à la citadelle à 2 heures du matin. En chemin, Vacher avait eu plusieurs crises de courte durée. Trois quart d'heure après notre arrivée, alors que je m'étais déjà couché, j'entends du tapage dans la chambre des sous-officiers. Au bout d'un instant, voyant que le bruit continuait, j'allai voir ce qui se passait et je vis Vacher debout gesticulant avec sa baïonnette. Les sous-officiers me dirent de me retirer, et ce n'est que le lendemain que je sus par les sergents Guyot, aujourd'hui voyageur de commerce à Vesoul, et Gonfelderr [Grunfelder], actuellement lieutenant à Langres, que Vacher avait eu une nouvelle crise et avait tenté de frapper ses camarades avec sa baïonnette. Ces faits furent portés à la connaissance du colonel et après une enquête Vacher fut interné à l'asile d'aliéné de Dole, après être resté environ trois semaines à l'hôpital militaire.

Je n'entendis plus parler de lui jusqu'au mois d'août 1893, date à laquelle je le rencontrai à la fête du Chaprais.

Il m'aborda, et me raconta qu'il venait de s'évader pour la seconde fois de l'asile; que la première fois, il en avait profité pour aller trouver Louise Barant [Barrand] sur laquelle il avait tiré plusieurs coups de revolver. J'essayais de lui faire comprendre la gravité de sa conduite. Il me répondit: « Que veux-tu, je l'aimais, elle n'a pas voulu être ma femme; elle te préférait à moi; il fallait qu'elle y passe. » Il ajouta qu'il avait fait le fou, pour éviter de passer aux assises et ne pas entacher sa réputation et son avenir, mais qu'il n'était pas fou du tout. Il me dit qu'il avait faim, qu'il était sans ressource: je lui remis alors 8 francs ou 8 francs 50 que j'avais sur moi.

Il voulut m'accompagner à la caserne, et chemin faisant il me demande de le mettre à nouveau en rapport avec Louise Barant [Barrand] me disant qu'il voulait une dernière fois en ma présence demander si cette fille voulait l'épouser, et que dans le cas où elle s'y refuserait il la tuerait devant moi. Il insista de la façon la plus vive pour que le rendez-vous ait lieu le lendemain à

1. Il s'agit du jeudi 11 mai 1893.

Chamars à 8 heures du soir. Comme je m'étais aperçu que Vacher était porteur d'un grand couteau et d'un révolver, et que je devais traverser pour me rendre à la citadelle, un tunnel qui passe sous des maisons, je me fis accompagner par deux soldats de ma compagnie que j'avais rencontrés et j'arrivai ainsi avec eux jusqu'à 200 mètres de la porte [...] où Vacher me quitta. Le lendemain matin je fis connaître ces faits à mon capitaine qui fit lui-même rapport au colonel. Le colonel décida que je devais aller au rendez-vous et prit les mesures nécessaires pour pouvoir faire arrêter Vacher. Le soir en effet je me rendis à Chamars accompagné de mon capitaine, de quelques soldats, du commissaire de police et quatre de ses agents qui se dissimulèrent dans les bosquets du jardin, et seul j'abordai Vacher qui se trouvait au rendez-vous. Nous échangeâmes quelques paroles : et me demandant pourquoi je n'avais pas amené Louise Barrand, me dit que puisque je ne l'avais pas fait, j'étais un traître. A ce moment-là je levai mon képi comme il avait été convenu, et les soldats et les agents se précipitèrent et arrêtèrent Vacher qui fut conduit au poste de police.

Je n'ai plus revu Vacher depuis cette époque, mais pendant tout le courant de l'année 1894 j'ai reçu une quantité de lettres dans lesquelles il me répétait toujours la même chose : « qu'il était sur la Côte d'Azur, qu'il était heureux, mais que je l'étais plus que lui ; car j'avais la femme qu'il désirait. Qu'après ma libération il saurait bien me retrouver : qu'il parcourait tous les départements pour y parvenir. Il écrivit un jour à ma mère à qui il envoya sa photographie, en lui disant qu'il la tuerait parce qu'elle était ma mère.

Je crois que Vacher est un épileptique. Je ne me souviens pas quelle était son attitude à l'école de Saint-Genis mais au régiment il était taciturne ne fréquentait personne, ne s'amusait pas comme on le fait généralement entre jeunes gens. Je ne l'ai jamais vu boire. Il paraissait ne pas aimer les femmes et lorsqu'il sortait avec moi, que nous allions dans des établissements, cafés ou autres qu'il s'en trouvait, je ne l'ai jamais vu chercher à se créer de liaisons, et je suis certain qu'il n'a jamais eu étant au régiment de rapport avec aucune femme.

Quand il était au quartier je me suis souvent aperçu qu'il se masturbait dans sa chambre.

Je n'ai pas conservé les lettres qu'il m'a écrites en 1894, mais je les ai fait lire à Grunfelder et à Guyot[1].

Lecture faite a signé avec nous et le commis-greffier.

---

1. La déposition d'Adhémar Guyot signale que la lettre de Vacher contenait une menace de mort à l'adresse du caporal Loyonnet (21 février 1898, pièce 160 bis)

15 février 1898

* Lettre de Vacher au procureur général.
Source: AD 21 (2U561-3).

D.D.D. Lyon, le 15 février 1898

Monsieur le Procureur,

Bien qu'étant irrégulièrement *et injustement enfermé* en observation dans les murs des vrais coupables; et cela, malgré tout ce que j'ai à l'appui de mon Innocence je ne veux point m'écarte de la ligne de ma conscience, ni de mon impérieux devoir en présence même d'une aussi grande et sainte Cause dans mon *humble* condition....

Je vous avais promis, Mr le Procureur, à votre visite de Belley, que si avec le temps, il me venait à l'esprit quelques souvenirs précis au sujet de l'affaire du bois du Chêne, je n'ésiterais pas alors de vous en fait part: Et bien, vous allez voir que je sai tenir à ma parole, et que pour cela, je n'attends pas d'être dans une maison d'aliénés, de saletées, plus souvent que de santé, ou dans l'une d'elle loing de reconnaître et de guérir ma terrible maladie qui n'attaquait qu'indirectement, que momentanément mon état mentales sous l'influence du temps et l'empire des souffrances d'un nouveau Christ mais heureusement toujours victorieux (ou souvenir de cette triste maison de Dole...) m'aurait plutôt donné l'idée du mal (Il est vrai que pour le bonheur de ma Chère Patrie (que je n'ai jamais même eu l'idée d'abandonner) il n'y en a peut-être pas deux en France asile de spectacles affreux !... de societé sur les peaux humaines)

. . . .

Je me souviens donc à cette heure, aux millieu de tout mes tracas en présence d'une affaire si mystérieuse et de douleurs aussi illégitime que j'ai particulièrement tâché de sang pour cette affaire de Dijon et que mon moment ou mieux mon accès de rage m'ayant quitté: j'ai à la vu du sang qui s'était répandu sur mes effets eu l'idée de m'en deffaire d'un ou de plusieurs en les cachant sous quelques pierres qui se trouveraient près de la rentrée du dit bois du côté de la lisière du midi ou je crois avoir vu tout près un espèce de château... Bois de sapin je crois... me souvenant plus facilement de certains points généraux que j'ai remarqué après qu'avant où au moment ou mon mal me prenait.

Vous voyez , Mr le Procureur, qu'il ne faut jamais (sous aucunes formes...) desesperer du secours de la grâce de Dieu, de Celui qui seul a été Témoins de tout...lorsqu'on se sent réellement Innocent !......

Laissons le faire Celui qui tient *lui seul*, et les clés et les guides... il doit avoir des vues sur son Instrument de Justice *que nul humain ne saurait sonder...* pour demander du pauvre monde tant de sacrifices d'une main Innocente au point guérir la terrible maladie du vrai Christ *(dont l'Innocence est par bonheur reconnu et controlé à l'avance...)* Que ceux qui croient voir en moi un criminel, sachent qu'au contraire que je suis leur plus grand Ennemi... qu'ils voit quel coup de filet je leur ai fait donner et aux plus

fins par ma vie mystérieuse ; et si on en a ramassé quelques bons, ils doivent être clair encore ne doivent-ils pas être la crème . . . . Qu'ils voit la leçon qu'à du mériter l'asile d'abomination et d'autres encore suspectes...
Et bientôt ceux-ci (qui doivent appartenir à la classe des méchants, apprendrons avec le temps que dans son œuvre la Divine Providence saura reconnaître et choisir, et la Famille des brâves et des Prudents, et les mauvais esprits, les mauvais langues,

. . . .

La classe *(si respectable souvent)* des journalistes n'exceptera pas assurément à la règle. . . . .

Et dire que dans de si humbles et telles conditions, ceux qui me tiennent ici, aussi injustement, me font pleurer même une feuille de papier lorsque tout à coup un souvenir important me revient à l'esprit et que je suis obligé de relever au plus tôt...Oh France ! O ! ma Patrie mérites-tu seulement *tant des sacrifiées, tant de dévouements !!!*

——————— je termine ———————

Dans l'espoir que ma nouvelle vous sera assez puissante pour mettre aux pièces de votre Innocence *(l'une des principale victime de la grande et sainte cause)* vos plus monstrueux ennemis ; j'ai bien l'honneur de vous saluer

J^h Vacher de Beaufort (Isère)

* Lettre du procureur général en réponse à une lettre du juge d'instruction, datée du 14, dans laquelle Fourquet soumettait au juge un projet de cartes établissant les itinéraires suivis par Vacher
Source : AD 69 (2U1-199).

Je vous renvoie le projet d'itinéraire relatif aux cartes de Vacher à travers la France pendant les années 1894 1895 1896 et 1897, que vous m'avez communiqué.

J'estime comme vous qu'il y a lieu d'établir une carte distincte pour chacune des années ci-dessus, mais il conviendrait aussi de dresser une carte dans laquelle vous réuniriez, en adoptant des couleurs différentes, les itinéraires des quatre années.

Pour rendre plus aisé la lecture de ces cartes, elles devront être établies sur papier blanc, avec la simple indication des limites des départements, de leurs noms, des préfectures et sous-préfectures tout au moins pour les régions traversées par l'itinéraire.

Je ne vois aucun inconvénient à ce que les procès-verbaux relatifs à ces itinéraires soient classés, comme vous le proposez, en trois liasses. Mais toutes les pièces en ces liasses devront être cotées et inventoriées.

Il me paraîtrait aussi très utile que vous établissiez, avec motifs à l'appui, une nomenclature des crimes imputables à Vacher[1].

---

1. Cette demande avait initialement été adressée le 18 janvier au procureur de la République Paul Aron, qui avait répondu qu'étant seul à accomplir les missions du Parquet, il lui faudrait un délai pour la réaliser.

Si la déposition du témoin Loyonnet offre un intérêt particulier, veuillez m'en adresser une copie que je ferais tenir aux experts. Toutefois, ne négligez pas de m'adresser le dossier dans les plus brefs délais possible.

En ce moment, il ne saurait être question d'une confrontation à Lyon avec ces témoins de Neufchâteau. Cette question sera examinée après le dépôt du rapport des experts.

17 février 1898

Note de Vacher à ses médecins;
Il existe une variante conservée aux archives départementales de l'Ain (200 J 477);
Source : A. Lacassagne, p. 440-444.

19 février 1898

Note de Vacher à ses médecins. Cette note a été rédigée au verso de la page sur laquelle a été recopiée la note originale du 17 février. Il est donc très probable qu'il s'agisse ici d'une copie réalisée par Vacher.
Source : AD 01 (200 J 477).

(Pi) L'((Affaire Vacher)) (a)

Honneur; à Celui (Mr Fourquet Juge d'In^{tions}) qui aura, sur la foi de sa conscience, accompli fidèlement sa lourde tâche en présence de l'affaire Vacher.
signé : J^{h} Vacher

Par ma vie errante, toute mystérieuse ; j'ai été : et suis le plus gd Ennemi des vrais malfaiteurs.
signé : J^{h} Vacher

Si je me suis cru coupable par moments, ai-je dis, sur ma lettre d'aveux ; c'est que je n'avais au cours de ma maladie réfléchi sur les événements qui me sont arrivés....
signé : J^{h} Vacher

PS : On est bien bien fort quand on se sent Innocent et qu'on a la foi.
Lyon, le 19 février 1898

2e PS : Nous espérons tous que la famille des brâves restera victorieuse sur celle des hypocrites !

23 février 1898

* Lettre de Fourquet au procureur général.
Source : AD 69 (2U1-199).

J'ai l'honneur de vous adresser sous ce pli un petit rapport relatif aux crimes imputables à Vacher et trois cartes indiquant l'itinéraire de l'inculpé à travers la France pendant les années 1894, 1895, 1896 et 1897. Par le même courrier vous recevrez également une grande carte où se trouvent réunis ces différents itinéraires. J'ai fait de mon mieux pour répondre à votre désir.

Ainsi que j'avais l'honneur de vous le faire connaître, le dossier régulièrement formé est entre les mains de M. le Procureur de la République qui vous l'expédiera dès qu'il ne lui sera plus utile.

* Rapport de Fourquet établi à la demande émise dans la lettre du 15 février du procureur général : « Quels sont, parmi les crimes commis depuis dix ans et restés impunis, ceux qui peuvent être, avec quelque vraisemblance, attribués à Joseph Vacher ? »
Source : AD 69 (2U1-199). Cette note a été révisée pour être incluse dans A. Lacassagne, p. 419 et suiv.

27 février 1898

Lettre de Vacher à Lacassagne (reproduction partielle).
A. Lacassagne, p. 365.

8 mars 1898

Lettre de Fourquet à Lacassagne.
Source : Archives municipales de Lyon. Fonds privé E. Locard (308-II-109).

Débute ici une séquence de 14 lettres offrant un éclairage inédit sur le déroulement de la procédure judiciaire menée contre Vacher en 1898. On y voit s'instaurer une relation entre le juge et le médecin, au détriment de l'assassin. Émile Fourquet cherche à établir une relation de proximité avec Alexandre Lacassagne, qui est le principal expert rédacteur du rapport d'expertise médico-légale. Début mai 1898, alors que le rapport n'est pas finalisé, Fourquet se rend avec sa femme à Lyon où il est accueilli par Lacassagne, en famille. Fourquet apparaît progressivement dans cette correspondance comme le demandeur, sinon l'obligé du médecin expert.

Belley, le 8 mars 1898
En marge : « urgence » (souligné deux fois)

Monsieur le Docteur,

Je vous serais obligé de vouloir bien me faire connaître si le travail d'expertise dont je vous ai confié le soin (affaire Vacher) doit bientôt prendre fin et de m'indiquer la date approximative à laquelle vous comptez déposer votre rapport.

Veuillez agréer, Monsieur l'expert, l'assurance de ma haute considération,

Le juge d'instruction
Em. Fourquet

12 mars 1898

Le docteur Pierret reçoit le dossier de l'affaire Vacher qui était jusqu'ici dans les mains du docteur Lacassagne.
Source : Archives municipales de Lyon. Fonds privé E. Locard (308-II-109).

25 mars 1898

Lettre du procureur général Moras au ministère de la Justice et des cultes (bureau des affaires criminelles et des grâces).
Source : AD 69 (2U1-199).

J'ai l'honneur de vous rendre compte d'une communication que viennent de me faire les docteurs Lacassagne et Rebatel, experts commis par M. le juge d'instruction de Belley, à l'effet d'examiner l'état mental du nommé Vacher, inculpé d'assassinat.

MM. les docteurs Lacassagne et Rebatel, d'accord avec le troisième expert, M. le docteur Pierret, m'ont fait connaître qu'il ne leur serait pas possible de déposer leur rapport avant cinq ou six semaines, pendant lesquelles ils voudraient conserver le dossier de la procédure que, suivant leur désir, j'ai remis entre leurs mains.

L'examen mental du nommé Vacher, paraît-il, présente des difficultés particulières et ce n'est qu'après une longue étude que les experts ont pu former leur conviction. Elle est arrêtée aujourd'hui mais la rédaction du rapport exigera de nombreuses conférences et un travail considérable.

J'ai dû, en conséquence, renoncer à l'espoir de faire passer l'affaire devant la cour d'assises de l'Ain à la prochaine session qui s'ouvrira le 20 avril.

Il n'est pas en effet en mon pouvoir de contraindre les experts à accomplir leur tâche avec plus de promptitude qu'il ne le fusse possible.

Vacher restera, jusqu'à ce que la procédure puisse être reprise, à la prison Saint-Paul, à Lyon. Il s'est récemment livré à des actes de violence qui auraient pu présenter de sérieux dangers dans une maison d'arrêt aussi dépourvue en gardiens que l'est celle de Belley. Il ne sera donc transféré qu'au moment où le juge d'instruction devra procéder à son interrogatoire final.

2 avril 1898

Lettre de Fourquet au procureur général Moras.
Source : AD 69 (2U1-199).

Monsieur le Procureur Général,

J'ai l'honneur de vous faire connaître que j'ai communiqué à M. Le Procureur de la République la lettre que vous avez bien voulu m'adresser à la date du 29 mars relativement au point de savoir si Vacher devrait être transféré à Belley.

J'estime, comme vous, M. le Procureur Général, qu'il y a lieu de laisser Vacher à Lyon le plus longtemps possible, d'autant mieux qu'à l'heure actuelle, le nombre de détenus à la maison d'arrêt de Belley n'étant pas inférieur à 28 ou trente, les deux gardiens pourraient difficilement exercer sur cet inculpé une surveillance suffisante.

Tel est aussi l'avis de M. le Procureur de la République

Veuillez agréer [...]

Em. Fourquet

19 avril 1898

* Lettre de Vacher au procureur général (pièce 686, n° 13).
Le détenu réclame une chaise et de quoi écrire. Il se plaint également de porter des entraves aux pieds. Vacher continuera d'écrire, pieds entravés et mains menottés durant neuf mois, jusqu'à son exécution[1].

Le 19 avril 98

D.D.D

Monsieur le Procureur G^le^,

Excusez-moi de la réclamation que je me vois dans le devoir de vous faire.

Voici déjà quelques jours que j'ai demandé à M^r^ le gardien chef (par bout de note..) une chaise vu que celle qui est dans ma cellule étant scellée contre le mur ne m'est pas facile pour écrire et que je suis obligé de m'acouder debout sur ma table pour écrire d'aussi longues et importantes lettres mais je n'en ai point recu encore ?

Hier dès la 1re heure j'ai fait remettre un autre bout de note par un de mes gardien à son départ sur lequel je demandais à M^r^ le gardien-chef quelques grandes feuilles et envelloppes, mais ceux-cis ne sont venu que quand on à vu qu'heureusement j'en avais quelques unes autres sur lesquel déjà je m'expliquais...

(Tournez S.V.P.)

1. J. Patroni, Vacher, *Le tueur de bergers : De l'arrestation à la condamnation, de la condamnation à l'exécution*, Bourg, impr. Dureuil, 1899, p. 140.

C'est à peu près tout pour le quart d'heure, si ce n'est que je me demande quelques fois à quoi me servent les entrâves que j'ai aux pieds

Veuillez, Mr le Procureur, agréer mes salutations

Jh Vacher

P.S. Si comme moi, vous le croyez juste et raisonnable, Veuillez Mr le Procureur faire part de ces deux brouillons aux maisons qui leur revient

. . . .

On ne peut pas plaire à tout le monde quand on relève surtout que du Grand Maitre...

Mr le médecin Madeuf spécialiste pour les infirmités de la tete qui m'a rendu visite à Belley était dans la bonne voix....

*Notes de Vacher sur les asiles de Saint-Ylie (Dole) et de Saint-Robert (pièce 686, n° 14 et 15).
Ces deux notes sont les «brouillons» signalés dans la lettre au procureur général. La première (n°14) est consacrée à l'asile de «saletées et d'abominations» de Dole, dans lequel Vacher a été placé à la suite de sa tentative d'assassinat sur Louise Barrand. La seconde (n°15) débute de manière identique mais elle porte sur l'asile de Saint-Robert, «asile bénie». Elle a été établie sans rature avec des effets de mise en page (italique, soulignement) sur la base d'un premier brouillon (n° 12, non reproduit). Vacher se trompe toutefois sur l'année de sa sortie de Saint-Robert: il indique 1895 (comme il le fera dans son mémoire de défense, en juillet 1898) alors qu'il s'agit de l'année 1894.

n° 14
On relève sur la première page, en marge gauche, rédigées sur l'axe vertical quatre lignes d'écriture effacées et, au-dessus: «à refaire réclamation péciale».

— V.J.M.J —

Dieu – Droit – Devoir

Terrible sentence de Mr de Bismark:
La force prime le droit (quand elle vient de Dieu)

. . . .

Et souvent, et dans certaines malheureuses circonstances exceptionnelles, est quelques fois même le droit.

Signé: Jh Vacher de Beaufort
Lyon, le 19 avril 1898.

Asile de saletées et d'abominations de Dôle (St Ylie..), Jura

Il parait que le sieur Joseph Vacher de Beaufort (Isère) ne passé rien que pour mourir dans un lit plein de punaises !... ?...

Bien ou mal, croit-il à cette heure il nous faut vivre notre temps sur la terre... en suivant chaqu'un le chemin que la nature, le hasard souvent (morsure du chien etc...) et la Divine Providence nous y trace ?

Monsieur Mamère mon ancien gardien (dans cette asile..) qui, vu le malheureux état dans lequel j'y étais entré, avait eu égard à ma personne en me faisant passer un certain nombre de nuits douloureuses sur une forniture propre dans sa chambre en attendant qu'il puisse brûler les saletées qui infectaient mon lit... Est-il toujours dans cette triste maison ? . . . .

. . . .

Le pauvre malheureux aveugle (pensionnaire) qui était dans un autre bâtiment à qui certains misérables...et gardiens mêmes... faisaient ou tollèraient tant d'injustices ; et d'autres qui étaient aussi quelquesfois même, l'objet de spectacles affreux !...sont-ils toujours aussi dignes de l'attention publique ?...

. . . .

C'était le bout... ou la force des choses ?...

Et c'est moi Vacher J^h^, qui devait faire une entrée (les armes encore à la main.. sous-officier) dans cette bonne maison et qui surtout devait en sortir.... emportant le gros et beau paquet aux quatre coins de la France.

. . . .

autre souvenir convainquant et à pique :

Pourquoi, lors de mon transfert de cette asile à celle de mon département, m'a-t-on délivré mes anciens effets militaires de sous-officier alors que j'étais réformé du service ml^re^ depuis près de 6 mois et qu'à cet effet j'en avais de de civils de tout prêts qui m'attendaient ?

. . . .

Ah ! c'était pour me tranquilliser d'abord devant les 2 gardiens de l'asile St Robert qui venaient me chercher et surtout pour tâcher d'éviter *les petites indiscrétions* qui s'apprêtaient à éclater en route ?... mais heureusement ; mon uniforme militaire n'a fait que de me rappeller à mon Devoir (en route) et que d'attirer d'avantage l'attention publique sur moi ?... Et je commence à être enfin connu

Fin de l'asile de Dole ou de destruction du genre humain

Signé : J^h^ Vacher de Beaufort (Isère)

n° 15

Dieu – Droit – Devoir

Terrible sentence de Mr de Bismark

La force prime le droit (quand elle vient de Dieu)

. . . .

Et souvent, *et dans certaines malheureuses circonstances exceptionnelles,* est quelques fois même le droit.

Signé : Jh Vacher de Beaufort

Lyon, le 19 avril 1898.

Asile de St Robert
Asile benie (par rien que de moi…)

La triste asile de Dôle (St Ylie..) à commis une (pour ne pas dire des, hélas !..) grande et vilaine faute qui est cause de bien des malheurs et de deuils à la France !... mais l'asile St Robert n'a commis qu'une imprudence dont la 1er est cause et responsable

Explication :

Lors de mon transfert à l'asile st Robert on m'avait délivré à celle de Dôle mes anciens effets militaires de sous.of.., bien que je n'avais plus le droit de les porter (étant réformé du service depuis près de 6 mois) et qu'à cet effet j'en avais de civils de tout prêts qui m'attendaient. Dernière et grande faute de l'asile de Dôle par laquelle on voulait m'assurer une tranquillité près des 2 gardiens de l'asile de St Robert qui venaient me chercher et *surtout* tâcher d'éviter les petites indiscrétions qui s'apprêtaient à éclater en route mais mon ancien uniforme militaire enroulé comme le publique a pu s'en appercevoir n'avais plus tôt rappeller à mon devoir et fait que d'attirer d'avantage son attention sur moi…et bien que le trajet ne fut pas des plus honorables on arriva enfin dans ma nouvelle asile ou plus tôt dans mon divin messi : . . . .

. . . .

Le lendemain de mon arrivée on me mis avec un groupe non pas de traine la mort mais d'humains qui faisaient honneur à leur maison et à leur pays, et moi qui m'attendais à rentré de nouveau dans une de ces tristes maisons, j'en fut tout étonné…

Je ne voyais plus ce tas de boureaux près de ces pauvres inconscients, de ces pauvres Innocents !... mais le plus souvent qu'un seul *homme* pour surveiller notre groupe, sur la physionomie duquel encore bien plus que sur les boutons de son uniforme *brillaient* ces deux beaux mots : *Vigilance ! Humanité !*

. . . .

A mon premier repas dans cet établissement, je n'ai pu m'empêcher à un moment donner de me lever de table et de lâcher a mes anciens et pauvres collègues ces quelques paroles de bénédiction pour leur maison

Remerciez et rendez grâce à Dieu (leur ai-je dis à haute voix) d'être nés sur un sol humain et loyal !…

. . . .

Trois mois se sont ensuite écoulés (et, ainsi que d'ailleurs Mr le Directeur de l'asile de Dôle m'en avait averti au départ) Mr Dufourd Médecin-Directeur de ma nouvelle asile, d'après ma conduite et vu que tout semblait implorer ma liberté : en fait la demande à Mr le Préfer qui me fut accordée pour le 1er avril (année 1895). C'est ici que nait comme par la force des choses cette grande Imprudence que j'ai fait connaitre au commencement de cette importante lettre et dont l'asile de Dôle de saletées plustôt que de santé est cause et responsable, ai-je dis : oui, car c'est à l'asile de Dôle qu'on devait connaitre la cause 1re (morsure du chien enragé) de ma 1re irresponsabilité. [insertion encadrée : « Mon infirmité seule ai-je dis dernièrement doit faire l'objet de ma seconde irresponsabilité explication (feuille spéciale et défense) »] et qui par la confiance que cette maison m'avait inspirée à fait que j'avais préférer me laisser aller à la grâce Dieu plutôt de me laisser extraire les balles que j'ai encore ans la tête, dans cette maison.

Signé J^h Vacher de Beaufort (Isère)

20 avril 1898

Lettre de Vacher à Lacassagne (pièce 17).

Cette lettre a été classée dans la procédure dans les pièces de forme de l'enquête de 1895 (tout comme celle adressée au procureur général, le 31 janvier 1898). Un passage signale un ancien collègue de régiment devenu « perruquier ». Il s'agit de Louis Loyonnet, ancien interne mariste avec Vacher puis compagnon de régiment, établi comme coiffeur à Moulins qui fut entendu tardivement, le 11 février 1898 (voir plus haut) mais dont la déposition accablante pour la défense de Vacher fut transmise par Fourquet à Lacassagne.

D D D

Monsieur le Docteur,

Dans les événements comme le mien, ou dans le mystère, il ne faut pas d'abord aller plus vite que les prophêtes…

Et se souvenir surtout de Celui qui les ammène et gouverne ?…

La confiance que vous n'avez pas eu de moi est celle que vous avez méritée : Vous souvenez du jour ou vous êtes permis jusqu'à choquer mon amour-propre et patriotisme en employant le ton que vous avez pris pour me parler des grandes et petites victoires de mes anciens collègues au régiment.

Si vous aviez encore raison de me demander mon oppinion sur le rapport de ces derniers… Vous n'aviez guère bien choisi le moment pour me parler de leurs grandes victoires (Perruquier à Moulin etc…) (qui ne me regardaient d'abord pas)

. . . .

De mes petits ennemis que j'ai déjà soit par mes lettres ou par le bon maitre (le temps…) mis sur la ligne de la conscience

. . . .

Signé : Jh Vacher de Beaufort
Lyon, le 20 avril 1898

22 avril 1898

Lettre de Vacher au procureur général.

Source : École nationale supérieure de police (fonds ancien, pièce 331).

V.J.M.J. Lyon, le 22 avril 1898
(avis particulier)
Monsieur le Procureur Général,

Monsieur le Docteur Madeuf (spécialiste sur les infirmités de la tête de Paris) seul est dans la bonne voie sur la cause qui doit faire l'objet de ma seconde irresponsabilité.

Signé : Jh Vacher

4 et 7 mai 1898

Lettre de Fourquet à Lacassagne.
Source : Archives municipales de Lyon. Fonds privé E. Locard (308-II-109).

Belley, les 4 et 7 mai 1898
Monsieur le Docteur,

Je vous envoie avec le dossier de Lacaune par l'intermédiaire du parquet de Lyon les quelques notes dont je vous ai parlé, relatives à Vacher anarchiste. Je pense que, sans y insister toutefois, il pourrait être utile de poser au moins la question comme vous l'avez fait en ce qui concerne le point de savoir si les récits des missionnaires parlant de sacrifices sanglants n'auraient point impressionné fortement l'inculpé. L'ordonnance vous commettant est dans le dossier. Je crois que la formule préliminaire est suivie du dispositif suivant : commettons MM. Lacassagne, etc. à l'effet de procéder, après avoir prêté serment entre nos mains et pris connaissance de tous documents présents dans le dossier de l'information à l'examen de l'état mental du dénommé Joseph Vacher et de nous faire un rapport en honneur et conscience sur cet état mental, de nous faire connaître notamment si l'inculpé jouit de la plénitude de toutes ses facultés intellectuelles, s'il a conscience des actes qu'il commet et s'il doit être considéré comme responsable et dans quelle mesure, enfin de répondre à toutes autres réquisitions qu'il nous paraitrait ultérieurement utile de leur adresser

Fait à Belley

Dans le dossier de Lacaune qui m'a été récemment adressé je trouve la déposition d'un témoin, la nommée Rosalie Grimal, 15 ans ½ qui s'exprime ainsi : « Je reconnais dans la photographie en Vacher que vous me montrez l'individu qui entre le 10 et le 15 juin (mois illisible) m'a assaillie dans le ruisseau appelé Réclot (commune d'Albi, Tarn)

Je précédais le troupeau de brebis que j'allais faire boire, vers 4 heures ½ du soir : au bas du ruisseau j'ai vu à ma droite, assis sur le sol, adossé contre un arbre, l'individu dont vous me montrez la photographie. A ma vue cet homme s'est levé, est venu se mettre en face de moi et m'a demandé d'où j'étais. Je lui ai répondu que j'étais domestique à Puech, aussitôt cette réponse faite, cet individu a sorti de sa poche un fort couteau et s'est mis à me déchirer le devant de mes vêtements. Prise de peur, j'ai crié au secours alors cet homme m'a mis son couteau sur le côté du cou en me disant: si tu cris, je te saigne « ci cridos, té sauné. » A ce même instant la voix d'un homme appelant son chien s'est fait entendre et mon agresseur a pris la fuite dans le bois voisin en me volant un corsage en cotonnade bleue à petites raies blanches que je portais sur mon bras et mes sabots que j'avais laissés sur le bord. »

Une confrontation de ce témoin avec Vacher serait peut-être intéressante en ce qu'elle aiderait à résoudre la question des fameuses crises subites et des mouvements de rage. Cette confrontation serait sans doute coûteuse en raison de l'éloignement du témoin. Pensez-vous que le jeu en vaudrait la chandelle ?

Votre bien dévoué
Em Fourquet

Impossible de rester hier pour profiter de votre si aimable invitation. Il faisait un bien vilain temps et Mme Fourquet très fatiguée était dans un état d'énervement impossible. Vous avez dû le constater: elle vous prie de l'excuser.

EF

7 ou 8 mai 1898

Lettre de Fourquet à Lacassagne.
Source: Archives municipales de Lyon. Fonds privé E. Locard (308-II-109).

En marge, une annotation de Lacassagne: reçu le 8, répondu le 9 mai

Monsieur le Docteur,

La lettre du maire de Bénonces reproduisant un propos qui aurait été tenu par Vacher au patron de Portalier, contient une énonciation inexacte. Je m'empresse de vous adresser la déposition que le sieur Berger, patron de Portalier a faite ce matin à l'instruction afin de vous permettre de rectifier dans votre rapport le passage visant le propos que Vacher n'a pas tenu au sieur Berger. Je vous serai obligé de vouloir bien joindre cette déposition au dossier.

Quelques jours avant mon départ pour Lyon – j'ai oublié de vous en parler lundi [2 mai] – j'avais écrit à M. Pierret pour lui demander s'il comptait bientôt déposer son rapport, m'imaginant qu'il était seul chargé de sa rédaction ainsi qu'il en avait été vaguement question lors de votre voyage à Belley.

Lorsque je recevrai votre rapport je me mettrai immédiatement à la besogne pour la rédaction de l'exposé des faits qui doit précéder mon ordonnance: je prévois que le procureur retiendra pas mal de jours votre travail avant de me donner son réquisitoire définitif aussi verrai-je arriver avec plaisir le plus tôt possible votre rapport.

Votre bien dévoué

Em. Fourquet

12 mai 1898

Lettre de Fourquet à Lacassagne.
Source : Archives municipales de Lyon. Fonds privé E. Locard (308-II-109).

Dans cette lettre, Fourquet donne le nom de l'auteur de l'ouvrage *Le tueur de berger*, paru anonymement. « Besse » est né Jules Besse, en 1873. Il a pris ensuite le nom de plume de Georges Clavigny. L'avis du juge est intéressant en ce qu'il valide la véracité d'une partie de ce récit, sur lequel il s'appuiera d'ailleurs pour la rédaction de son livre sur l'affaire, en 1931[1].

Belley, 12 Mai 1898

Monsieur le Docteur,
J'ai l'honneur de vous adresser sous ce pli, par l'intermédiaire du parquet de Lyon 1° deux exemplaires de la commission rogatoire que j'avais adressés à la plupart des parquets de France le 10 juillet dernier 2° un réquisitoire destiné à être joint au mémoire que vous produisez MM. Pierret, Rebatel et vous.
Le titre de l'histoire de Vacher de Besse est « Le tueur de Berger », par *** Schwarz éditeur, 9 rue Sainte-Anne, Paris ». Les 48 premières pages sont de pure fantaisie mais la suite est très intéressante en ce que l'imagination n'y a plus aucune place.
Votre bien cordialement dévoué

Em. Fourquet

13 mai 1898

Rapport d'expertise des médecins Lacassagne, Pierret et Rebatel (pièce 669).
A. Lacassagne, EO, p. 322 et suiv.

20 mai 1898

Transfèrement de Vacher à la prison de Belley, sans incidents.
Source : pièce 145bis, AD 69 (2U1-199).

1. É. Fourquet, *op. cit.*, 1931, p. 118.

La tête du tueur

22 mai 1898

Lettre de Fourquet à Lacassagne.
C'est un juge d'instruction pressant qui écrit à Lacassagne, lui demandant d'accélérer la remise du rapport tout en lui suggérant d'en corriger même un passage.

Source : Archives municipales de Lyon. Fonds privé E. Locard (308-II-109).

Belley, 22 mai 1898
Monsieur le Docteur,

J'ai l'honneur de vous prier de vouloir bien vous entendre avec M.M. Pierret et Rebatel pour opérer sans délai (je vous demande ceci comme un service personnel) le dépôt, entre les mains de M. Benoist juge d'instruction, que je commets à cet effet, par ce même courrier, du rapport Vacher.

La date à indiquer comme étant celle de ma réquisition (1ère page) non celle du 12 décembre 1897. Voulez-vous maintenant me permettre une observation. Il serait peut-être prudent de supprimer le 3e paragraphe de la page 12 parce que : 1° la lettre du maire de Bénonces que je viens de relire indique que Vacher s'était enquis non du petit berger du sieur Berger patron de Portalier, mais du berger du sieur Bourdin, 2° les époux Bourdin entendus deux fois dans l'information n'ont pas parlé de cette circonstance qui, dès lors, ne serait qu'un racontar que la rumeur publique aurait porté à la connaissance du maire de Bénonces dont l'instruction n'a pas confirmé la véracité. Vous pourriez peut-être remplacer ce paragraphe par telle réflexion que vous jugeriez en harmonie avec ce qui précède afin de n'avoir à redactylographier que cette page 12. On éviterait un retard que je redoute par-dessus tout. Ci-joints des mémoires dont vous trouverez les exemplaires chez M. Benoist qui vous donnera au moment du dépôt du rapport tous renseignements complémentaires utiles. Vous pourriez, si le libellé de ces mémoires doit vous prendre quelques temps indiquer d'abord à M. Benoist ce qui vous est dû sauf à m'envoyer ensuite les mémoires que seul à mon avis j'ai le droit de taxer, vous ayant délégués moi-même on éviterait encore ainsi une perte de temps. Vous avez un mot bien aimable pour moi dans votre très remarquable rapport. Merci mille fois. Mes hommages à Mademoiselle Lacassagne des caresses à vos si aimables garçons Affectueusement à vous

Em. Fourquet

29 mai 1898

* Remise du rapport des experts au cabinet du juge Benoist (pièce 668).

* Lettre de Fourquet à Lacassagne.
Source : Archives municipales de Lyon. Fonds privé E. Locard (308-II-109).

Belley 29 mai et 1er juin 1898

Depuis le jour où je vous ai renvoyé le rapport Vacher en vous priant de vouloir bien le déposer entre les mains de mon collègue M. Benoist commis par moi pour le recevoir dans le but de vous éviter un voyage peu commode et assez long, j'ai prescrit une enquête relativement à la lettre du maire de Bénonces dont nous avons parlé. Il en résulte : 1° sur Vacher, réellement, lors de son premier passage, un mois avant l'assassinat de Portalier était venu une première fois chez les époux Bourdin au hameau de la Courrerie ; 2° que lors de son deuxième voyage, – la veille du crime – il a effectivement demandé à la femme Bourdin « s'ils avaient encore leur petit domestique »

Mais il est à observer :

1° que le petit domestique dont il s'agit n'était pas Portalier

2° que Portalier habitait non pas le hameau de la Courrerie, mais celui d'Onglas et que ces deux hameaux sont séparés par Bénonces et Coux et se trouvent par suite assez éloignés l'un de l'autre

3° que personne ne se rappelle avoir vu Vacher à Bénonces ou à Onglas lors de son premier voyage, et qu'il n'est pas certain que, de la Courrerie, cette fois-là, il soit venu à Onglas car il avait une autre voie plus directe pour se rendre en Savoie : que dès lors rien ne prouve qu'il ait aperçu Portalier lors de ce premier voyage. Il est vrai que l'on peut interpréter dans le sens d'un projet de tuer, non pour Portalier lui-même, mais un berger quelconque, le fait par lui de demander à la femme Bourdin si elle avait encore le petit domestique, à quoi cependant Vacher pourrait répondre que sa question était toute naturelle puisqu'il demandait lui-même à être employé comme berger. Je vous serais personnellement reconnaissant à vouloir bien déposer au plus tôt le rapport que nous attendons avec impatience.

Pendant que je m'entretiens avec vous je vais vous demander de bien vouloir me rendre un service : il s'agirait de recommander aux bons soins du directeur de l'asile de Dole (Jura), un pauvre garçon auquel je m'intéresse tout particulièrement et qui se nomme Courgey Félicien, ancien garde-forestier à Pointvillers (Doubs). Je prends la liberté de solliciter votre intermédiaire parce qu'un mot de vous sera pris en grande considération.

Veuillez présenter à Mademoiselle Lacassagne avec mes respectueux hommages le souvenir affectueux de Madame Fourquet qui vous remercie du si gracieux accueil que vous avez bien voulu me faire ; caresses à vos deux sympathiques garçons et croyez, bien cher monsieur, à mes sentiments les plus affectueux et dévoués

Em. Fourquet

Ajouté en marge : Vacher ayant pris des accès de fureur en voyant arriver de Lyon deux gardiens en son honneur on a dû mettre avec lui deux détenus pour le calmer : il a proposé à ces individus de l'aider à tuer les gardiens lorsqu'ils entreraient dans la cellule. Ils ont refusé. Il s'est mis à nouveau en colère ; demandant qu'on remplace par deux autres détenus ses compagnons de cellule. Comme on ne déférait pas à son désir, il a brisé tout ce qui se trouvait sous sa main. Le gardien chef étant entré avec deux aides pour le menotter, il lui a sauté à la figure et l'a égratigné ; un de ses ongles a pénétré dans le blanc de l'œil. La blessure n'est pas grave. L'œil a toutefois saigné et le médecin de la prison a fait au gardien chef un certificat d'incapacité de travail de 12 jours[1].

30 mai 1898

* Procès-verbal d'interrogatoire de Vacher (pièce 671).
Vacher garde le silence, refuse de répondre et de signer. Le contenu de cet interrogatoire est identique à celui du 27 décembre.

* Procès-verbal d'interrogatoire de Vacher (pièce 672).
Le contenu de cet interrogatoire est identique à celui du 5 décembre 1897. La seule différence réside dans la phrase prononcée par Vacher, qui affirme être décidé à ne faire aucune réponse, « parce qu'on m'a fait des injustices ».

31 mai 1898

Lettre de Fourquet à Lacassagne.
Source : Archives municipales de Lyon. Fonds privé E. Locard (308-II-109).

Le ton de cette lettre nous informe sur la relation du juge d'instruction avec son procureur de la République, qui semble s'être dégradée au fil de l'enquête. Le procureur Paul Aron a renvoyé le rapport de Lacassagne pour des questions de forme. Lacassagne ayant déjà eu à produire de tels rapports, il est certain qu'on lui oppose ici des arguments qui relèvent de la « chinoiserie » procédurale, ainsi que l'indique Fourquet manifestement agacé.

Belley, 31 mai

Monsieur le Docteur,

Vous me voyez désolé de ne pouvoir vous donner immédiatement satisfaction avec les données que vous avez bien voulu me donner relativement à la taxe et à vos honoraires.

Le Procureur de la République dont les réquisitions sont prescrites par la loi préalablement à la délivrance des réquisitoires par le juge me dit que le mémoire

---

1. L'homme blessé par Vacher est Jean-Jules Stanislas Combacal, âgé de 46 ans au moment des faits.

doit être établi en triple expédition ceci est chose facile et vite réparable. Mais il faut aussi faire figurer les chiffres dans la colonne «date des opérations» et les mentions dans celle qui a pour titre «nature des opérations» puis remplir également les colonnes qui sont en regard: vacation de jour; vacation de nuit. Ces chinoiseries sont les côtés désagréables du métier mais il faut les subir et ce n'est pas moi qui m'en réjouis.

Je suis vous devez le comprendre dans l'impossibilité, à tous égards, de remplir les colonnes dont il s'agit.

Faites pour le mieux, voilà tout.

Je suis toujours bien affectueusement vôtre

Em Fourquet

Envoyez-moi au plus tôt les trois mémoires ainsi établis: je crois qu'il faudrait au moins une vingtaine de lignes pour chacun et vous, c'est-à-dire l'indication de 20 journées. Il faudrait, afin d'éviter le manque d'espace, prendre trois feuilles doubles papier grand format sur lesquelles on reproduirait les indications imprimées sur les mémoires que vous avez signés.

Si je n'étais en ce moment très absorbé par le règlement de l'affaire Vacher j'aurais fait volontiers ce petit travail.

Em. Fourquet

10 juin 1898

Lettre de Fourquet au procureur général.
Source: AD 69 (2U1-199).

J'ai l'honneur de vous transmettre la lettre ci-jointe qui m'est adressée par Vacher et de porter à votre connaissance les faits suivants:

Dès la réception de cette lettre j'ai fait connaître à l'inculpé que je ne croyais pas devoir demander aux journaux l'insertion de son factum et comme M. l'inspecteur général des services pénitentiaires, avec lequel je me suis trouvé à la maison d'arrêt, me faisait part ce soir, des réclamations que Vacher venait de lui adresser à cet égard, je me suis rendu dans la cellule de l'inculpé auquel j'ai déclaré que je persistais dans ma détermination. Il a alors demandé que cette lettre fût envoyée à sa sœur Olympe. J'ai répondu que si, d'une part il était possible d'adresser à sa famille une lettre par laquelle il la prierait de lui choisir un conseil, je ne pensais pas en revanche qu'il fût convenable de lui faire parvenir celle qui contient un appel aux avocats de trois barreaux par la voie de la presse.

Enfin, j'ai dit à Vacher que ce sentiment m'était personnel, mais qu'étant dessaisi par mon ordonnance de renvoi dont il lui a été donné connaissance par le commis-greffier en ma présence je ne pouvais que vous transmettre le document ci-joint.

Je profite de cette occasion pour vous faire connaître, à toutes fins, que la circulaire de M. le garde des Sceaux relative à l'application de la loi du 8 décembre 1897 et prescrivant la communication aux conseils des inculpés les ordonnances de commission d'expert, ne m'a été remise que postérieurement à mon ordonnance dans l'affaire Vacher.

Veuillez agréer [...]

Em. Fourquet

14 juin 1898

Lettre de Fourquet au procureur général.
Source: AD 69 (2U1-199).

J'ai l'honneur de vous faire connaître que l'arrêt d'annulation de la procédure dans l'affaire Vacher ayant été signifié à l'inculpé hier 13 juin, j'ai rendu, aujourd'hui même, 14 courant, conformément aux prescriptions de votre dépêche du 10 courant, mon ordonnance commettant MM. Lacassagne, Pierret, Rebatel, Destot et Lannois, ces derniers adjoints aux précédents en vue de l'examen radiographique de la tête et à l'examen de l'oreille de Vacher. Cette ordonnance a été notifiée régulièrement à l'inculpé et elle part à Lyon par ce même courrier, jointe à une commission rogatoire par laquelle je donne mission à mon collègue M. Benoist de recevoir le serment des experts.

Veuillez agréer [...]

Em. Fourquet

* Ordonnance de commission des médecins à fin d'expertise (pièce 145 ter) puis, datée du lendemain, prestation de serment des experts (145 quater)

16 juin 1898

* Procès-verbal d'interrogatoire de Vacher (pièce 678).

Vacher rappelle en propos préliminaire qu'il refuse l'assistance d'un conseil et qu'il ne répondra à aucune question tant que l'on n'aura pas inséré dans les journaux tous les actes de la procédure. Il refuse de répondre et de signer. Le contenu de cet interrogatoire est identique à celui du 30 mai (pièce 671) et du 27 décembre 1898 (pièce 662).

* Procès-verbal d'interrogatoire de Vacher (pièce 679).
Le contenu de cet interrogatoire est identique à celui du 5 décembre 1897 (pièce 661) et du 30 mai 1898 (pièce 672).

27 juin 1898

Lettre de Fourquet à Lacassagne.
Source: Archives municipales de Lyon. Fonds privé E. Locard (308-II-109).

Belley, 27 juin 1898

Bien cher Monsieur

Vous avez vu que pour une piètre chinoiserie de procédure la cour a annulé mon ordonnance vous commettant.

Mon sort, au point de vue de l'avancement, étant lié à la solution de l'affaire Vacher je vous serais fort reconnaissant de vouloir me faire connaître vers quelle époque vous proposez de me remettre à nouveau le rapport Vacher avec sa date nouvelle.

Votre bien dévoué

Em Fourquet

1er juillet 1898

Lettre de Fourquet à Lacassagne.
Source : Archives municipales de Lyon. Fonds privé E. Locard (308-II-109).

Belley, 1er juillet 1898

Bien cher Monsieur,

Il est entendu que mon greffier fera selon votre désir mais excusez-nous tous deux : comme j'ai eu trois affaires à renvoyer à la session d'assises qui va s'ouvrir à Bourg, notre temps a été bien absorbé à tous deux.

Je m'étonne que vous n'ayez pas été convoqués ces mémoires et vous chez M. Benoist auquel j'ai adressé, le 14 juin, avec ma nouvelle ordonnance vous commettant tous trois ainsi que MM. Lannoy et Destot, une commission rogatoire aux termes de laquelle vous deviez prêter serment entre ses mains.

Personnellement, j'estime que rien ne devrait être changé à votre rapport, sinon la date laquelle devrait être postérieure à mon ordonnance du 14 juin et postérieure aussi à votre prestation de serment, bien entendu. Si je ne vous ai pas envoyé votre rapport c'est qu'il doit rester au dossier, à sa date et que dès l'instant où vous envisagez un double, j'ai pensé qu'il ne vous serait d'aucune utilité. A mon sens, pour ne pas perdre de temps, vous pourriez prendre simplement aussitôt après votre prestation de serment un des exemplaires qui vous ont été dactylographiés, y mettre une date et le signer, puis m'aviser de cette opération afin de me permettre d'envoyer sans délai à M. Benoist une commission rogatoire le chargeant de recevoir le dépôt du nouveau rapport. C'est le seul moyen d'en finir promptement : autrement Vacher ne passerait pas encore en octobre et vous savez que d'un bout à l'autre de la France le public s'impatiente ferme. En somme pourquoi transférerait-on Vacher à Lyon ? Mon ordonnance primitive a beau être nulle et par contrecoup le rapport qui a suivi, la loi ni le législateur pas plus que les magistrats ne peuvent faire que vous n'ayiez examiné longuement Vacher, que vous ne l'ayiez jugé au point de vue mental et que vous n'ayiez les éléments nécessaires à la rédaction d'un rapport. Tout ce travail est acquis envers et contre tous et il ne s'agit plus dès lors de laisser s'écouler entre votre prestation de serment et la rédaction du rapport un délai quelconque sous prétexte de proportionner la durée de l'examen à la longueur du rapport et au nombre des vacations : car les vacations vous seraient acquises alors même que vous n'aviez pas été désignés de nouveau. Cela est incontestable – à moins que l'on prétende qu'elles sont à ma charge – auquel cas il faudrait d'abord proportionner les appointements aux risques.

A toutes fins voyez donc sans retard M. Le P.G. [procureur général] et si la théorie que je viens de vous soutenir n'a rien de contraire aux principes du droit, comme je le crois, je vous serais reconnaissant de vouloir bien, d'accord avec ces messieurs déposer votre rapport d'ici quelques jours. Madame Fourquet a été heureuse comme moi d'apprendre l'heureux résultat de l'opération de Mlle Lacassagne au bon souvenir de laquelle vous voudrez bien nous rapporter.

Bien cordialement vôtre,

Em. Fourquet

PS : je suis très pressé et vous donnerai incessamment des détails de l'affaire de Trévoux. Je vous envoie aujourd'hui par le parquet les rapports Destot et Lannoy [Lannois]

2 juillet 1898

Lettre de Fourquet à Lacassagne.
Source : Archives municipales de Lyon. Fonds privé E. Locard (308-II-109).

Belley, le 2 juillet 1898

Monsieur le Docteur,

M. Le procureur de la République me communique une lettre de M. le procureur général ainsi conçue : « Je prie instamment M. le juge d'instruction de presser la solution de l'affaire Vacher, et, dans ce but de se mettre en communication constante soit avec un collègue de Lyon, soit avec les experts. Il ne suffit pas que les commissions rogatoires soient délivrées : il faut encore en presser et surveiller l'exécution. »

Dans de semblables conditions je vous serais obligé de vouloir bien, au cas où vous n'auriez pas encore été convoqué par mon collègue M. Benoist pour prêter entre ses mains le serment que ma commission rogatoire du 14 juin lui donne mandat de recevoir, vous rendre chez ce magistrat après vous être entendu avec vos co-experts.

Veuillez agréer monsieur le Docteur l'assurance de ma haute considération

Le juge d'instruction

Em. Fourquet

6 juillet 1898

Lettre de Fourquet au procureur général.
Source : AD 69 (2U1-199).

J'ai l'honneur de vous faire connaître que, d'après les renseignements qui me sont fournis par mon collègue de Lyon, M. Benoist, M. le docteur Pierret, qui avait d'abord refusé de concourir à un nouvel examen de Vacher, a enfin consenti à signer le procès-verbal de prestation de serment.

Aujourd'hui, d'autre part, M. le docteur Lacassagne est venu examiner Vacher à Belley et je crois devoir porter à votre connaissance les faits suivants : cet expert a été frappé du changement qui s'était opéré dans l'état physique de l'inculpé après la dernière visite qu'il lui a faite à Lyon. Vacher a pâli et maigri dans des proportions anormales, la suppuration de son oreille augmente et sa santé se serait suffisamment altérée, selon l'expert, pour qu'une catastrophe soit, sinon certaine, du moins possible si Vacher reste jusqu'au mois d'octobre dans les conditions d'hygiène où il se trouve actuellement.

A la suite de l'acte de rébellion qu'il a commis à l'encontre de l'ancien gardien-chef dont il a égratigné fortement l'œil gauche, l'administration pénitentiaire a cru devoir, pour qu'il fût hors d'état de nuire, le menotter et lui mettre les fers aux pieds.

Or depuis qu'il est en cet état, il refuse de se lever et s'obstine à ne point vouloir sortir de sa cellule.

D'après M. le docteur Lacassagne, qui pourrait vous donner des renseignements techniques hors du domaine de mes connaissances, il y aurait lieu de remédier d'urgence à cet état de choses si l'on veut parer à l'éventualité d'une maladie infectieuse qui pourrait enlever l'inculpé en quelques semaines. Vous entrevoyez mieux que moi, Monsieur le Procureur Général de combien de polémiques de presse, de critiques de toutes sortes et par suite d'ennuis, une telle fin serait la source, aussi ai-je cru obéir à un devoir supérieur en vous faisant part, à toutes fins d'ailler, des craintes manifestées par M. le Docteur Lacassagne.

Ce même expert me fait connaître, d'autre part, que si MM. Rebatel, Pierret et Destot consentent à venir à Belley dans les huit jours qui vont suivre, le rapport pourra être déposé le 16 juillet. Le jour même où aura lieu le dépôt, je notifierai à Vacher l'ordonnance de soit communiqué et, si le lendemain M. le Procureur de la République consent à me remettre son réquisitoire, ce qui lui est très facile, le même jour interviendra mon ordonnance de renvoi qui sera communiqué aussitôt à Vacher.

Je me suis bien mis en rapport avec les experts notamment avec M. Pierret pour le prier de ne point nous priver de son précieux concours, puis avec ses co-experts pour les presser de hâter leur travail, mais à cet effet votre intervention serait sans doute autrement efficace au cas où vous la jugeriez opportune. Au surplus je m'empresserai de vous tenir au courant de tout ce qui pourrait survenir d'intéressant soit dans la marche de la procédure, soit dans l'état de santé de Vacher que j'irai désormais voir fréquemment.

Veuillez agréer [...]

Em. Fourquet

15 juillet 1898

Mémoire de Vacher intitulé «Affaire Joseph Vacher, sa défense par lui-même», reproduit p. 299 et suiv.
Source: BM de Lyon. Fonds ancien, MS 7055.

20 juillet 1898

Rapport du docteur Lannois sur l'examen de l'oreille de Vacher (pièce 680).
Source: A. Lacassagne, p. 367-369.

22 juillet 1898

Acte d'accusation contre Joseph Vacher (pièce 693).
Source: A. Lacassagne, p. 366.

23 juillet 1898

Lettre de Fourquet à Lacassagne.
Source: Archives municipales de Lyon. Fonds privé E. Locard (308-II-109).

Belley, le 23 juillet 1898

Monsieur le Docteur,

J'ai reçu hier un télégramme par lequel le docteur Destot me faisait connaître qu'il ne lui serait guère possible, sans danger pour son état de convalescent, de venir avant une huitaine à Belley. Je lui ai répondu télégraphiquement que j'acceptais huit jours comme limite extrême. En conséquence, si vous déposez votre rapport mardi [26 juillet], ainsi qu'il en a été question, il ne faudrait point parler comme d'une opération antérieurement faite sous peine d'anachronisme de la nouvelle radiographie. Peut-être pourriez-vous-même n'en point parler du tout. Je livre cette question à votre appréciation.

Votre bien dévoué

Em. Fourquet

Avez-vous une photographie de Vacher à 16 ans ? Sinon je vous en enverrai une.

29 juillet 1898

* Rapport d'expertise des médecins Lacassagne, Pierret et Rebatel (pièce 681).
Ce rapport est identique à celui du 13 mai 1898 (pièce 669).

* Rapport du docteur Destot sur l'examen de la tête Vacher aux rayons X (pièce 683).
Cet examen a été réalisé le 10 janvier 1898 à la prison Saint-Paul (voir à cette date).

* Remise du rapport des experts au juge d'instruction A. Benoist (pièce 683).

7 août 1898

Lettre de Vacher à l'avocat Félix Décori.

Cette lettre adressée à l'avocat Félix Décori (1860-1915) est une première prise de contact qui provoquera le déplacement de l'avocat à Belley, sans que la coopération s'engage car Vacher le renverra sans ménagement. Le choix de Félix Décori était moins lié dans l'esprit de Vacher à son frère comédien Louis (1858-1909), interprète du chemineau dans la pièce éponyme de Jean Richepin, qu'à la renommée acquise par l'avocat dans l'affaire Cauvin, très connue à l'époque, qui suscita pas moins de quatre procès entre 1892 à 1896. Il faut en rappeler brièvement les faits. Le 18 décembre 1891, une dame Mouttet, âgée de 82 ans, est retrouvée morte par strangulation, à son domicile situé dans le quartier de la Blancarde à Marseille. La victime vivait seule avec une bonne, Marie Michel, âgée de 15 ans, qui fut mise hors de cause en raison de sa constitution physique. Louis Cauvin, légataire universel, fut accusé du crime et en dépit de ses protestations, condamné en novembre 1892 par la cour d'assises des Bouches-du-Rhône aux travaux forcés à perpétuité. Le jugement fut cassé pour vice de forme et l'affaire fut à nouveau jugée devant la Cour d'assises de l'Hérault, qui confirma le jugement de culpabilité. Cauvin ne fut pas transporté outre-mer et resta à la prison d'Avignon pour raison de santé. Marie Michel s'accusa ensuite du crime mais un second procès à Riom conclua, une nouvelle fois, sur la nécessité de posséder une robuste constitution pour avoir infligée les blessures constatées sur la victime. Marie Michel fut donc condamnée par la cour d'assises du Puy-de-Dôme pour faux témoignage. Grâce à une nouvelle loi sur la révision des procès criminels dont Cauvin fut le premier bénéficiaire, la Cour de cassation décida d'un nouveau procès[1]. Ce procès se déroula du 10 au 13 août 1896 à Lyon. L'accusateur public qui prononça le réquisitoire de condamnation ne fut autre que Paul Moras, magistrat avec lequel Vacher était en relation pour sa propre affaire. Ce fait n'avait pu échapper à Vacher, pas plus que le verdict final de reconnaissance de l'innocence de Cauvin qui avait pris, pour défenseur, l'avocat Félix Décori. Vacher écrit donc à Décori, en ce début du mois d'août, en connaissance de cause.

Source : AD de l'Ain (200 J 477).

---

1. La loi du 8 juin 1895 modifiait les articles 443 à 447 du Code d'instruction criminelle en introduisant notamment les critères de doute et d'éléments nouveaux à l'appui des demandes de révision. Voir « Loi sur la révision des procès criminels et correctionnels et sur les indemnités aux victimes d'erreurs judiciaires », *Bulletin des lois de la République française*, Paris, Imprimerie nationale, premier semestre 1895, p. 1579-1581.

Dieu – Droit – Devoir
Belley, le 7 août 1898

Maitre Décori,
Excusez-moi de la liberté que je prends de m'avancer jusqu'à vous. . . . .
. . . .
Dans ma vie errante et toutes mystérieuse, un soir même que, chez un de mes hospitaliers, je rendais, moi aussi (dans de circonstances aussi misérables qu'exceptionnelles...) de services à notre pauvre Humanité et à nos jeunes citoyens en faisant l'école et à qui pour écriture appliquée, je leur ferais relevé cette phrase : *Parmis les pauvres, il y a quelques fois de grands esprits*... (phrase dis-je que j'ai écrite aussi maintes fois sur la neige) ; j'ai eu l'occasion d'entendre parler et de votre renommée et de l'importante et célèbre Cause-Cauvin que vous avez soutenu si vaillament dans notre Région ; laquelle a ébranlé, passionnée et fixée l'opinion Public, jusque dans nos plus humbles chaumières de nos plus hautes montagnes .
. . . . Comme mon affaire spéciale, sur certains importants détails (du moins) touché à celle de Cauvin et qu'elle a le même but ; que l'opinion et l'intérêt Public pour ne pas dire l'Humanité entière si trouve, sinon, en la forme attaché même dans de plus hauts degrés ; je n'ésite pas, à de souvenirs aussi heureux... de m'approcher, dis-je, de par mes propres inspirations, de votre Eloquence pour vous solliciter vo estimés, dévoués et célèbres services.
. . . . ;

Et comme témoignage de la sincérité et pureté des paroles que j'avance, ainsi que de la confiance que, par le hasard des choses j'ai déjà aquis sur votre Personne je vous joins les pièces ci-après qui en 1er lieu et dans le cas ou vous voudriez bien acceptés ma Défense, vous donneraient une 1ere idée des choses...

Vous avertissant par la seule lecture de ces 1eres et importantes pièces, dis-je (dont je possède d'autres relevé plus détaillés et récents et plus prore surtout...) qu'aussi bien j'ai tombé dans le mal et au milieu de la maladie et au milieu des infirmités et des grandes misères, aussi bien nous avons le droit de compter sur une Grande Victoire mais, je dois vous l'avertir avec le secours seul de courage et surtout de notre Honneur ? . . . .
. . . . ;

Et cela d'autant plus que ; (vu les nombreuses et vilaines fautes des asiles d.f.. et leur responsabilités.. particulière) mes propres Parents qui (il est vrai maintenant seulement...) heureusement pour eux n'ont voulu acceptés ma responsabilités à ma sortie de l'asile de santé, présentant que je ne pouvais être encore guéri de l'état inormal pendant lequelle j'ai été un si grand nombre d'années, ne sont à cette heure et depuis près d'un an (je parle de mes frères ou sœurs, j'ai malheureusement perdu mon père et ma mère) en communication avec moi que par la pensée ou qu'en Dieu . . . .

Et puisque l'intérêt semble complètement écarté, ainsi que d'ailleurs il en a toujours été en Celui qui fait l'objet d'une aussi Célèbre Cause ; n'est-ce pas là aussi un des principaux signes avant-coureurs d'une grande et pure Victoire. . .

Je sai, et j'en ai déjà eu des preuves ; il y aurait (et depuis longtemps même) certains de vos collègues et de hauts talents même de tout prêts à se mettre à l'ouvrage à ces mêmes conditions… mais quoique bien peiné à ce sujet… je n'ésite pas à écouter ma Divine inspiration et à vous en faire part avant tout par l'intermédiaire de notre honorable Juge d'Instruction Mr Fourquet.

A vous M^r^ et Maitre Décori à nous déterminer et fixer au plus tôt sur ma proposition ou plus tôt sur la tache que la Divine Providence semble comme vous imposer et qui vous revient si bien…

. . . . ;

Dans l'espoir de recevoir au plustôt l'heureuse nouvelle ; Veuillez Mre Décori agréer mes respectueuses et sincères salutations

J^h^ Vacher de Beaufort (Isère) à la maison d'arrêt à Belley (Ain)

P.S. Dans le cas contraire me renvoyer au plustôt les pièces ci-jointes.

12 août 1898

Ordonnance de clôture et transmission au procureur général (pièce hors cote, suivant le n° 685).

Cet acte de procédure marque l'aboutissement de l'information judiciaire menée par le juge Fourquet qui transmet ici le dossier de procédure d'instruction au parquet afin que l'affaire fasse l'objet d'un examen par la chambre des mises en accusation pour renvoyer Vacher devant la cour d'assises du département de l'Ain. Cet acte banal par sa forme l'est moins par son contenu en ce qu'il laisse apparaître la discorde entre le juge d'instruction et son procureur, Paul Aron, dont l'attitude est ici critiquée. La lecture de cette pièce permet de voir à l'œuvre les premières distorsions de la mémoire du juge Fourquet. Le juge d'instruction passe ici son silence les réactions de Vacher et affirme, à tort, que son collègue Paul Aron arriva à Belley « bien après les aveux de Vacher ». Il s'agit donc ici d'une pièce essentielle – curieusement hors cote – pour comprendre la réécriture de l'affaire, engagée *ab initio*, par le juge Fourquet.

Nous Émile Fourquet, juge d'instruction de l'arrondissement de Belley

Vu les pièces de la procédure suivie contre le nommé Vacher (Joseph) né le 16 novembre 1869, à Beaufort (Isère) de Pierre et Rosalie Ravit ;

D'où il résulte :

Que le 31 août 1895, vers 1 h ½ de l'après-midi, le jeune Portalier (Victor) âgé de 16 ans, domestique chez un sieur Berger, cultivateur à Onglas, commune de Bénonces, quitta la maison de son maître pour mener paître les bestiaux de celui-ci en un lieu appelé « Sous le Grand Pré », sis à 2 kilomètres et demi du village, sur le flanc d'un ravin ; – qu'une heure et demie plus tard, environ, un petit berger, Robin (Jean-Marie) conduisant son bétail vers le même pâturage et s'étonnant de ne pas voir Victor Portalier auprès de son troupeau, l'appela et se mit à sa recherche ; – qu'arrivé près d'un gros noyer, il aperçut sous l'arbre une flaque de sang, fit part de sa découverte à d'autres bergers qui se trouvaient de l'autre côté du ravin et, sur leur conseil, appela le garde champêtre qui travaillait non loin de là ; – que celui-ci, intervenant aussitôt observa, à deux mètres du gros noyer, une petite flaque de sang, à dix mètres plus loin, en descendant la pente, une deuxième flaque de sang plus large et des aliments non digérés, débris de poires et baies de cornouiller, puis un testicule dépouillé et énucléé et un lambeau de chair et enfin, à partir de cet endroit, une trace très visible d'herbes foulées et de sang tachant les pierres et les feuilles ; – que cette trace le conduisit jusqu'à un taillis, distant d'une cinquantaine de mètres, au bord duquel, dans une touffe de genévriers, gisait le corps de Portalier presque nu dépouillé de sa chemise, le pantalon étiré, laissant les cuisses et les mollets à découvert ; – que le docteur Ravet, de Lhuis, requis pour procéder à l'examen du cadavre, fit les constatations suivantes : une vaste plaie s'étendait sur le corps de la victime du sternum au pubis et laissait échapper les intestins ; les parties sexuelles avaient été enlevées avec un instrument tranchant, l'estomac était perforé ; au thorax existait une plaie qui, après avoir sectionné les fausses côtes, avait pénétré le poumon droit ; enfin au cou apparaissaient trois plaies profondes et l'artère carotide avait été tranchée ; que quatre des blessures observées par le docteur Ravet étaient mortelles ; que la rumeur publique désigna aussitôt comme étant l'auteur probable de l'assassinat du jeune Portalier, un vagabond qui avait été aperçu le matin-même du crime, à Bénonces puis à Onglas et qu'une petite fille, Joséphine Baudin, l'avait vu, vers 1 h 1/4 de l'après-midi, suivre le chemin qui conduit à 17 mètres du lieu du crime ; qu'une femme Richard, d'Onglas, à laquelle vers 1 h soit un quart d'heure auparavant ; le vagabond avait demandé l'aumône, aperçut, une demi-heure après le départ de celui-ci, Portalier s'engageant dans le même chemin avec son bétail ; – que toutes les recherches faites pour retrouver le vagabond assassin étaient restées vaines pendant deux ans, que le 20 juin 1897, à la suite de l'affaire de Courzieu, tous les parquets ne reprirent pas les informations suivies à l'occasion du crime commis par Vacher, comme semble le croire tort M. le procureur de la République, mais qu'informé par son prédécesseur de l'existence dans notre arrondissement d'un assassinat identique resté impuni, nous avons pris spontanément connaissance du dossier ; puis solliciter de ce magistrat la reprise de l'instruction ; que les renseignements puisés dans les procédures demandées par nous en communication aux parquets qui avaient ouvert des informations à l'occasion de crimes semblables, d'une part et les indications fournies par des témoins de Bénonces convoqués par nous d'autre part, nous ont permis de rédiger, à la date du 10 juillet suivant, et d'adresser à tous les parquets, trois cents commissions rogatoires contenant le signalement détaillé d'un vagabond dont la lecture des dossiers nous avait révélé le passage dans chacune des localités où Vacher avait commis des crimes ; que c'est précisément cette commission rogatoire qui, en dépit de l'opinion de M. le Procureur de la République dont l'arrivée à Belley est bien postérieure aux aveux de Vacher, amena la découverte de l'inculpé (voir lettre du collègue de Tournon, cote 57) ;

que le 9 septembre 1897, transféré, sur notre demande à Belley, de Tournon où il était détenu, Vacher a été inculpé par nous, non seulement du crime de Bénonces, mais encore de ceux de la Vacquière (Var), Étaules (Côte d'Or), Saint-Ours (Savoie), Saint-Étienne-de-Boulogne (Ardèche), Busset (Allier), Varennes-Saint-Honorat (Haute-Loire) et Courzieu (Rhône) que nous lui avons déclaré être nécessairement l'œuvre d'un seul et même individu ; que reconnu, par de nombreux témoins de Bénonces confrontés avec lui, pour être le vagabond qui avait été aperçu à Onglas le jour du meurtre de Portalier et était soupçonné de l'avoir commis, Vacher, visiblement impressionné par cette confrontation, adressa, dès sa réintégration à la maison d'arrêt, à M. Tufféri, juge suppléant faisant fonction de Procureur de la République, une lettre dans laquelle il faisait, d'une façon générale, l'aveu des crimes que nous venions de lui imputer ; qu'au cours d'interrogatoires ultérieurs, convaincu par nous de l'absence d'intérêt qu'il pourrait avoir à céler les autres crimes qu'il pourrait encore avoir commis, il fit l'aveu des crimes de Beaurepaire, Truinas et Pescheseul (tentative) ; que quelque temps après, au cours d'un des nombreux tête à tête que nous avons eus avec lui dans sa cellule et qu'il sollicitait, averti par nous que certains journaux lui reprochaient de nous laisser abuser par lui et prétendaient qu'il se vantait de crimes qu'il n'avait pas commis ; l'inculpé, piqué au vif, nous exposa, pour faire une démonstration éclatante de la sincérité de ses aveux, les circonstances dans lesquelles il avait jeté dans un puits après l'avoir tué, à Tassin-la-Demi-Lune, un jeune vagabond ; – qu'au cours d'interrogatoires ultérieurs il a déclaré, en ce qui concerne le crime de Bénonces que passant sur un chemin, il avait aperçu Portalier dans un pré voisin, s'était dirigé vers lui, l'avait saisi brusquement au cou et l'avait égorgé puis mutilé avec un couteau qu'il avait ensuite jeté ; que le fait d'avoir quitté le chemin qu'il suivait pour aller retrouver la victime, à 17 mètres de là, dans le pré où elle se trouvait, dénote de sa part, un acte réfléchi, prémédité ; – que l'inculpé soutient qu'au contraire il a obéi à une impulsion subite dont il n'était pas le maître et s'est trouvé sous l'emprise d'une surexcitation nerveuse ou d'une sorte de folie qui le poussait, par moments, à tuer les personnes qu'il rencontrait ; – que cet état mental, générateur des idées de meurtre était le résultat soit de la morsure qui lui avait été faite par un chien enragé, dans son jeune âge, soit d'un traitement empirique qui lui avait été administré ensuite comme préventif de la rage, soit de troubles cérébraux occasionnés par la présence dans sa tête d'une balle de revolver qu'il s'était tirée quelques années auparavant ; – que les docteurs Lacassagne, Pierret, Rebatel, Lannois et Destot, experts commis par nous pour examiner l'état mental de l'inculpé et dire s'il doit être considéré comme responsable de ses actes et dans quelle mesure, déclarent qu'à sa sortie de l'asile de Saint-Robert (Isère) le 1er avril 1894, il était complètement guéri des troubles observés antérieurement sur lui et concluent, à la suite d'un rapport longuement motivé, à la responsabilité de Vacher ;

Vu le réquisitoire qui précède ;

Attendu qu'il existe prévention suffisante contre ledit Joseph Vacher d'avoir, sur le territoire de la commune de Bénonces, le 31 août 1895, en tout cas depuis moins de dix ans, commis volontairement et avec préméditation, un homicide sur la personne de Portalier Victor, jeune berger demeurant audit lieu, fait qui constitue le crime prévu par les articles 296 à 302 du Code Pénal

Ordonnons que les pièces d'instruction, le procès-verbal constatant le corps du délit et un état des pièces de conviction soient transmis au Procureur-Général pour être procédé conformément à la loi.

A Belley, le 12 août 1897

LE JUGE D'INSTRUCTION,
Em. Fourquet

31 août 1898

Acte d'accusation rédigé par le procureur général près la Cour d'appel de Lyon.
Source : A. Lacassagne, p. 313-322.

14 septembre 1898

Lettre de Fourquet à Lacassagne.
Source: Archives municipales de Lyon. Fonds privé E. Locard (308-II-109).

Après une lettre datée du 24 août portant sur le règlement des honoraires de l'expertise, Fourquet envoie ce courrier qui s'avère très intéressant car le juge questionne le criminologue sur l'intérêt de réaliser une étude sur les vagabonds criminels. La tournure de la lettre rend très peu probable l'hypothèse que Fourquet mente et que son étude soit déjà rédigée à cette date. Cette information permet de douter rétrospectivement du début de l'enquête exposé par Fourquet dans son livre en 1931. Ce dernier y affirme en effet qu'il a pu confondre Vacher par ruse avant le 7 octobre en lui faisant croire qu'il préparait un ouvrage sur les vagabonds tout en l'assurant qu'il le croyait innocent du crime de Bénonces. Il s'agit de la fameuse scène de la carte de France sur laquelle Vacher aurait donné spontanément l'itinéraire de son errance, en incluant les lieux de ses crimes (Fourquet 1931, p. 19 22). La véracité de ce fait d'armes paraît désormais peu plausible: Vacher y joue le rôle d'un assassin naïf qui ne correspond guère à ce qu'il fera par la suite, l'échange n'a fait l'objet d'aucun procès-verbal et surtout, on n'y trouve aucune allusion implicite dans les PV des jours suivants et dans la correspondance de Fourquet au procureur général de Lyon. Il est donc bien plus plausible que l'idée de cette étude ne soit venue à Fourquet qu'un an après les aveux de Vacher, dans ses échanges avec un Lacassagne qui était toujours à la recherche de nouveaux auteurs pour sa revue.

Belley, 14 septembre 1898

Bien cher Monsieur,

Je vous envoie sous ce pli le mémoire en double de vos honoraires dans l'affaire Vacher : après avoir apposé votre signature sur chacun de ces deux documents vous me les retournerez afin que je les fasse signer au procureur et au président.

Vacher est à Bourg. Me Félix Décori appelé par lui est venu le voir à Belley mais le monstre après un entretien de quelques minutes n'a plus consenti à être assisté par lui et Me Décori en a été quitte pour 24 heures d'un voyage fatiguant et inutile. C'est Me Charbonnier de Grenoble qui défendra Vacher.

A propos de l'affaire Vacher ne pensez-vous pas que la question des crimes et délits commis par les vagabonds et de la difficulté d'aboutir sans une information lorsque le délinquant est un chemineau ne pourrait faire l'objet d'une petite étude ?

Je n'ai sous la main ici en fait de statistiques que le compte général de la justice de 1861 à 1894. Or je remarque qu'en 1861 le nombre des affaires laissées sans suite pour charges insuffisantes et auteurs inconnus était de 102 000 et que ce chiffre a suivi une progression constante jusqu'en 1894 où il se trouve être de 280 000 de telle sorte que ce chiffre aurait presque triplé en moins de quatre ans.

Je remarque également que le nombre des individus condamnés pour vagabondage était de 6000 en 1861 et de 20 000 en 1894. Le nombre des affaires laissées sans suite, spécialement parce que les auteurs en étaient inconnus s'est élevé de 30 000 en 1861 à 89 000 en 1894...

Il est assez curieux de constater que le nombre des infractions à la loi pénale dont on n'a pu connaître les auteurs a progressé exactement dans la même proportion que les vagabonds. D'autre part dans son rapport qui précède le grand compte de 1894, le garde des sceaux s'exprime ainsi[1] : « Il convient de remarquer que depuis quelques années le nombre total des quatre principales espèces d'homicide – meurtre, assassinat, parricide, empoisonnement – a subi une assez sensible augmentation. De 372 à 1889, il s'est élevé à 420 en 1890, à 429 en 1893 enfin à 441 en 1894 ». Mais tout ceci n'a peut-être pas grande signification, je suis tellement novice dans l'art des statistiques qui pourtant présente un très grand intérêt. Je suis en ce moment comme l'oiseau sur la branche, persuadé, à tort ou à raison, que l'on me doit quelque avancement, dans quelque mesure que ce soit et j'attends, pour donner suite à mon

---

1. En attirant ici l'attention de Lacassagne sur le rapport contenu dans le Compte général de l'année 1894, Fourquet ne sait probablement pas que l'auteur réel du rapport signé du ministre n'est autre que Gabriel Tarde, co-directeur des *Archives d'anthropologie criminelle* avec Lacassagne depuis 1893, et directeur de la statistique du ministère depuis janvier 1894. Il est donc possible que ce soit précisément ce courrier de Fourquet qui ait donné l'idée à Lacassagne d'inclure dans son livre sur Vacher un article sur l'évolution de l'impunité du crime, rédigé par G. Tarde (in A. Lacassagne, p. 473) ; ou encore de solliciter le député A. Bérard pour l'article sur le vagabondage (p. 461).

projet d'étude des questions d'anthropologie criminelle un peu plus de tranquillité d'esprit et de stabilité. A ce moment alors je prendrai la liberté de mettre à contribution votre aimable obligeance.

Veuillez croire, bien cher monsieur à mes sentiments très vifs d'affection et de dévouement

Em Fourquet

5 octobre 1898

Lettre de Charbonnier à Lacassagne.
Source : Fonds ancien de la BM de Lyon (Ms 5283).

Monsieur,

Le rejet du pourvoi a pour conséquence fatale de maintenir la fixation de cette affaire au 24 octobre. Ce résultat me met dans une situation pénible, car je crains bien de n'être pas prêt pour cette date, et je vous avoue que si je n'avais pas compté sur le renvoi, je ne me serais pas chargé de cette défense qui entraîne une si lourde responsabilité. Inutile de vous dire que je ne me suis pas offert au choix de ce terrible client. Vacher, qui a été employé dans une ferme de la propriété que je fais valoir à la Tronche, s'est trouvé en contact avec les ouvriers que j'emploie et qui, paraît-il, lui ont parlé de moi en termes bienveillants. De là sa confiance et sa désignation dont je me serais bien passé, car c'est à mes frais que je vais suivre le procès qui peut aboutir à la plus navrante déception si le jury ne concède pas les circonstances atténuantes.

Je vous prie, Monsieur, d'agréer l'expression de mes meilleurs sentiments.

Charbonnier

8 octobre 1898

Lettre de Fourquet à Lacassagne.
Source : Archives municipales de Lyon. Fonds privé E. Locard (308-II-109).

Belley, 8 octobre 1898

Bien cher Monsieur,

Votre mémoire d'honoraires Vacher est revenu approuvé de la Cour. Je viens d'en faire toucher le montant à l'enregistrement par mon greffier. Celui-ci aura à retenir 0,60 pour une feuille à timbre payé par lui. Dites-moi si, à défaut d'établissement financier à Belley, je dois vous adresser le montant de vos honoraires en billets de banque sous pli chargé ou de quelle manière.

Impossible de répondre à la question relative au point de savoir si Vacher passera le 24. Evidemment il y a lieu de se préoccuper de l'hypothèse d'un retard pouvant résulter de quelque chinoiserie de procédure mais à cet égard je suis sans renseigner.

Seuls l'avocat d'abord, et le Président des assises, peut, pourrait savoir à quoi s'en tenir. Je me garderai bien toutefois de pressentir l'avocat ne fût-ce que pour éviter de lever le lièvre, car il me tarde d'en finir avec cette histoire.

Maintenant voulez-vous me permettre de vous demander un renseignement qui m'intéresse. Une note parue dans un journal lors du séjour de Vacher à Lyon, disait que l'inculpé avait précisé l'endroit où, dans une foire près de Dijon, après le crime d'Étaules, il avait mis sous de grosses pierres ses vêtements tâchés de sang. Vous m'avez-vous-même confirmé ce récit des journaux : or je désirerais très vivement savoir, à qui Vacher a tenu le propos, si le propos a été enregistré par quelqu'un et quelles sont exactement les indications données par Vacher.

Vous me rendrez service en me renseignant à cet égard.

Mes amitiés à vos fils, mes hommages à Mlle Lacassagne et toujours bien cordialement votre dévoué

Em Fourquet

La source de l'information est Vacher lui-même. Voir plus haut sa lettre au Procureur de Dijon (15 février 1898).

11 octobre 1898

Lettre du 11 octobre qui accompagne l'envoi d'un mandat de 1141 francs pour régler les honoraires d'expertise.

18 octobre 1898

Lettre de Fourquet à Bernardin Bannier.
Source : *Journal d'Aubenas et de Vals-les-Bains*, 29 octobre 1898, p. 2.
Bannier, accusé à tort par la rumeur, fut persécuté avec sa famille par la population locale. Voir le témoignage recueilli par Albert Sarraut, p. 46.

Belley, 18 octobre

Monsieur,

Ayant terminé ma tâche dans l'instruction de l'affaire Vacher, je songe maintenant à réunir quelques souvenirs se rattachant à une affaire qui pendant de longs mois a été pour moi à la fois une source de tourments et de satisfaction.

Je place au premier rang parmi les souvenirs l'image des victimes qui ont, par le monstre, enduré les indescriptibles tortures morales d'une injuste accusation d'assassinat. Les victimes directes tombées sous les coups du bandit ont moins souffert.

Vous avez été, vous, un des plus maltraités, mais j'espère qu'après les aveux de Vacher, l'opinion désabusée a fait amende honorable.

S'il en est ainsi, je suis suffisamment récompensé des fatigues que je m'étais imposées volontairement pour tenter d'arrêter le monstre en reprenant, de ma propre initiative, une vieille affaire abandonnée par mes prédécesseurs.

Mais combien je désirerais avoir votre photographie pour la joindre à celle de MM. Grenier, Charles Roux, François et Dorier, victimes, comme vous, de l'emballement de la foule ou d'odieuses machinations, et pour la garder précieusement en souvenir d'un des principaux acteurs de l'horrible drame où il m'a été donné de jouer un rôle.

J'espère que vous ne me refuserez pas cette satisfaction, et il me serait agréable que vous ayez écrit sur votre photographie un petit mot de dédicace suivi de votre signature.

Vous avez eu, paraît-il, en M. Artige, maire de Saint-Étienne-de-Boulogne, un courageux défenseur: les gens loyaux et braves sont chose plus rare qu'on ne le pense, et il y a lieu de féliciter M. Artige de sa fermeté et de sa clairvoyance.

Agréez monsieur l'assurance de ma considération très distinguée.

Em. Fourquet.

26 octobre 1898

Texte des arrêts rendus par la cour d'assises relativement aux conclusions déposées par Me Charbonnier avant l'ouverture des débats.
Source : A. Lacassagne, note 1, p. 377-378.

28 octobre 1898

Vacher est reconnu coupable de l'assassinat avec préméditation de Victor Portalier. Il est condamné à mort.

30 octobre 1898

* Lettre d'A. Lacassagne au juge Fourquet.
Cette lettre nous apprend que Fourquet n'était pas présent à Bourg pour assister au procès de Vacher. Elle nous informe par ailleurs que Lacassagne est décidé à préparer un livre sur Vacher et qu'il compte sur le juge pour fournir une matière non négligeable de la documentation. Fourquet peut ainsi être considéré comme le second éditeur de l'ouvrage qui sera publié en 1899 sous le seul nom de Lacassagne. Le papier à-tête est celui des *Archives d'anthropologie criminelle, de criminologie et de psychologie normale et pathologique*. Cette revue est la première revue française de criminologie. Elle a été fondée par Lacassagne en 1886 à Lyon.

Source: Fonds Fourquet-Voutay (2019).

Le 30 octobre 1898

Mon cher juge,

L'affaire Vacher est comme vous le savez terminée. J'ai quitté Bourg vendredi soir jusqu'au moment où le président a prononcé les paroles: «Les débats sont clos». Je n'ai appris le résultat qu'hier matin.

J'ai dû entendre toute la plaidoirie de Me Charbonnier qui n'avait pas voulu laisser partir les experts. Il a été fort injuste pour vous et très malveillant pour moi. En revanche, le procureur de la République nous a rendu un juste et solennel hommage.

Je vais me mettre à la besogne et préparer un travail sur cette affaire.

Je vous prie de m'envoyer ce que vous m'avez promis :

1° les rapports médicaux des crimes à imputer à Vacher.

2° le récit des crimes commis par les chemineaux et restés impunis : procédés dans l'assassinat, circonstances, etc., etc. depuis l'arrestation de Vacher.

Je vous prie de ne pas me faire trop attendre votre réponse et de me dire sans retard, que vous m'adresserez les documents que je sollicite.

Mes respectueux hommages à Mme Fourquet et à vous, mon cher juge, bien cordialement

Vôtre

A Lacassagne

30 octobre 1898

* Brouillon de lettre du juge Fourquet au procureur de la République Ducher.

Source : Fonds Fourquet-Voutay (2019).

Belley, le 31 octobre 1898

Monsieur le Procureur de la République,

Mr le Dr Lacassagne m'écrit que le défenseur de Vacher a été fort injuste pour moi et malveillant pour lui mais qu'en revanche – je reproduis les expressions dont il se sert, – vous m'avez rendu « un juste et solennel hommage ». Permettez-moi donc, Monsieur le Procureur de la République

9 novembre 1898

* Note de Vacher sur un carton.
Le transcripteur de cette note est J. Patroni, gardien de Vacher à la prison de Bourg. Patroni est probablement un collaborateur du journal *Le Stéphanois* car on retrouve des formules de son livre sur Vacher dans les comptes rendus que ce journal fit durant le procès de Vacher. L'authenticité des documents transcrits par Patroni n'a pas à être remise en cause car il fut, avec l'avocat Charbonnier, le dernier confident de Vacher. Patroni a corrigé le style et l'orthographe de Vacher qui emploie toujours le mot « asile » au féminin. Comme souvent, Vacher a repris à plusieurs moments l'argumentation développée dans cette note. Une première version fut lue durant la première audience du procès (Patroni, 1899, p. 60-62). Ce texte est la deuxième version. La troisième fut remise comme souvenir à Patroni, sur une feuille de papier neuve, le 20 décembre 1898.

Source : J. Patroni, *Vacher, le tueur de bergers...*, 1899, p. 101.

V.J.M.J. Dieu-Droit-Devoir 9 9bre 1897

AFFAIRE VACHER

Les trois véritables coupables

qui avaient la renommée dans les environs de guérir la maladie de rage.

1° Un empirique du temps... qui a délivré à mes parents d'aussi dangereux que mauvais remèdes et dans une crainte plutôt peut-être qu'à un effet.

2° M Bécoulet, ancien médecin-directeur de l'asile de Dole, actuellement de St-Ylie, décédé... sous la direction duquel pendant les six mois d'observation que j'ai été, bien qu'ayant été reconnu malade et irresponsable, je n'ai été l'objet d'aucun soin.

Quand négligeant de fouiller le terrain de ma jeunesse, n'a trouvé cette terrible et cause première (morsure et léchure) qui joint à d'autres ressentiments nerveux, aux suites d'une douloureuse opération aux parties sexuelles, faisait assurément l'objet de ce dérangement et exaltation qu'on m'a surtout remarqués lors de vers la fin de mon service militaire, c'est-à-dire avant l'événement de Beaume-les-Dames, établissement où j'ai plutôt ramassé la terreur de la société.

3° M. Dufour, ancien-médecin, Directeur de l'asile de St-Robert (Isère) actuellement député, qui, par suite de ces lourdes et premières fautes de mon premier asile ou des mauvais renseignements à mon sujet et d'un effet trompeur qui s'était effectué en moi dans mon nouvel asile, à ma sortie de l'infernal établissement de St-Ylie, a commis la plus grande imprudence en me délivrant ma sortie de cet asile dans les conditions aussi dangereuses...(aussi déplorable à cette époque surtout), infirmité intérieure et faciale à la tête...et cela avant que ma famille qui semblait deviner que je n'étais encore guéri pas plus que je n'avais été soigné, ne veuille encore me retirer....

JOSEPH VACHER de Beaufort (Isère)

L'imprudent. L'origine des maux.

Le plus grand coupable... L'infernal asile de St-Ilie. La naissance de l'instrument de la volonté Divine et de notre société fin de siècle...

La sortie de l'instrument forgé à l'asile de St-Ilie (Jura), sorti, délivré comme par la force des choses... ou de la main de Dieu, qui ne sera arrêté que son œuvre accomplie et que par un simple paysan, le lendemain même qu'il a eu confectionné le symbole de son innocence, le signe avant-coureur des choses...

Gloire à Jésus, Marie, Jeanne, Joseph et autres grands martyrs et sauveurs du temps.

Dieu. – Droit. – Devoir. – Devise de celui qui a ressenti tant de douleurs de notre société fin de siècle, lors de son long chemin de croix de trois ans.

* Télégramme de Vacher au docteur Bécoulet.
Source : Patroni, 1899, p. 100.

Monsieur Bécoulet, asile de Dole (Jura)

Vous m'avez reconnu malade et irresponsable et vous ne m'avez pas même donné un bain à mon arrivée dans votre maison infernale.

Joseph VACHER

* Télégramme de Vacher au docteur Dufour.
Source : Patroni, 1899, p. 100.

Monsieur Dufour, député, à Paris.

Vous avez dit que j'étais guéri à ma sortie de l'asile, mais pouvez-vous seulement nous prouver que j'ai été soigné. Et quelle imprudence n'avez-vous pas commise en me laissant en sus sortir de l'asile avec une aussi déplorable infirmité et dans des conditions aussi dangereuses, sans que ma famille veuille encore s'occuper de moi.

Joseph VACHER

11 novembre 1898

Télégramme de Vacher au Président de la République.
Le gardien ne donne la transcription que des deux premières phrases.
Source : Patroni, 1899, p. 103.

A Monsieur le Chef de l'État.

La France criminelle aime les grands criminels. Elle m'a illustré dans le crime avec toutes les preuves à l'appui de mon innocence [...]

26 novembre 1898

Réception par Vacher du mémoire imprimé de Charbonnier intitulé *Documents sur l'état mental de Vacher, condamné à la peine de mort...*
Source : Patroni, 1899, p. 112.

29 novembre 1898

Lettre du procureur de la République de Belley au procureur général de Lyon. A cette date, Paul Aron a quitté le poste de procureur à Belley. Ce courrier est probablement signé par le président du tribunal, Joseph Malivin.

Source : AD 69 (2U1-199).

Monsieur le Procureur général,

J'ai l'honneur de solliciter vos instructions sur le point suivant.

Le bruit court en ville que le docteur Madeuf se proposerait au cas où Vacher serait exécuté de faire réclamer le corps par la famille et de pratiquer ensuite l'autopsie du cadavre. Les rares ouvrages que j'ai pu consulter ne m'ont fourni aucune indication sur la conduite que j'aurais à tenir en pareil cas, ni sur les réponses que j'aurais à faire aux prétentions de ce docteur.

Le fait par les parents de faire procéder à l'autopsie ne me paraît pas constituer une violation de sépulture et ce n'est pas suivant moi à ce titre que l'on pourrait l'interdire.

Mais de l'article 14 du Code Pénal, il semble bien que l'on puisse considérer que les corps des suppliciés ne doivent être remis à leurs familles que pour être inhumé et je pense qu'au cas où la famille de Vacher réclamerait le corps de ce condamné, j'aurais le droit de m'opposer à l'autopsie et d'exiger l'inhumation immédiate.

Cependant il se fait autour de l'affaire Vacher une évidente campagne de presse. A chaque instant paraissent des articles signés de nom connus et autorisés qui combattent violemment les conclusions des experts Lacassagne, Pierret et Rebatel et affirment la folie de Vacher. Si nous interdisons toute autopsie on ne manquera pas de dire que nous avons craint la lumière et que nous avons eu peur que cette autopsie ne démontrât que Vacher était irresponsable. Aussi ai-je jugé de mon devoir de solliciter vos instructions à ce sujet, en raison de la gravité de la décision à prendre.

On me dit aussi qu'au cas où la famille ne réclamerait pas le corps, M. le docteur Lacassagne serait dans l'intention de demander qu'il lui fût remis aux fins d'autopsie !

Veuillez agréer [...]

3 décembre 1898

* Lettre de Pierre Vacher et d'Olympe Vacher au procureur de la République de Bourg.
Source : AD 01, 2 U 300 (dossier Vacher / exécution-autopsie).

Monsieur le Procureur de la République à Bourg

Les soussignés Pierre Vacher, propriétaire à Irigny (Rhône)
Olympe Vacher commerçante demeurant à Menton ;
Frère et sœur de Joseph Vacher

Ont l'honneur de venir vous demander, conformément à l'article 14 du code pénal, que au cas où la sentence prononcée contre Joseph Vacher par la cour d'assises de l'Ain, le vendredi 28 octobre 1898, suivait son exécution, remise soit faite du corps de leur frère à la Société des Pompes funèbres de l'Ain qui a reçu d'eux pouvoir pour faire procéder à l'examen du corps par deux médecins, ou plusieurs, et opérer l'inhumation du cadavre. Cette inhumation aura lieu sans apparat, comme le veut la loi, et dans le cimetière de Bourg.

Ils vous demandent de bien vouloir faire connaître à M. le directeur des pompes funèbres, s'il devra prendre livraison du corps après l'exécution, dans une voiture autorisée par vous, ou s'il devra le prendre au cimetière, après simulacre d'inhumation. Ils donneraient en ce dernier cas les instructions à ce dernier pour opérer l'inhumation régulière nécessaire à l'examen du corps.

Ils s'opposent de façon absolue, à une opération sur le cadavre, fait en dehors de leur présence, ou de celle de médecins autorisés par eux.

Vacher Pierre
Olympe Vacher

* Lettre du procureur général de la Cour d'appel de Lyon au Garde des sceaux (brouillon).
Source : AD 69 (2U1-199).

J'ai l'honneur de vous faire connaître que je suis informé par mon substitut à Bourg que la famille du nommé Vacher, condamné à mort par la cour d'assises de l'Ain a donné mandat au directeur des pompes funèbres à Bourg de réclamer le corps du supplicié dans le cas où la condamnation serait exécutée. Il serait procédé à un simulacre d'inhumation et le corps serait ensuite transporté en un lieu où il serait procédé à l'autopsie.

Il est probable que la famille du nommé Vacher agit à l'instigation d'un médecin, le docteur Madeuf, qui s'introduisit au cours l'information dans la cellule de Vacher à Belley, sans y avoir été autorisé, qui s'est fait ensuite citer à la cour d'assises comme témoin à décharge et qui surtout a fait soutenir dans la presse médicale la thèse de l'irresponsabilité de Vacher.

Une autopsie opérée dans de semblables conditions, dans une idée préconçue n'offrirait aucune garantie et j'estime qu'il y aurait lieu de l'interdire, l'article 14 du Code pénal n'accordant aux familles que le droit de les faire inhumer sans aucun appareil.

Je me conformerai toutefois aux instructions que vous voudrez m'adresser.

7 décembre 1898

Lettre du docteur Auguste Marie au docteur Édouard Toulouse à propos de la folie de Vacher.
Source : « Tribune libre », *Revue de psychiatrie*, décembre 1898, n° 12, p. 378-380.

Dun-sur-Auron, le 7 décembre 1898.

Mon cher rédacteur en chef,

Le mouvement d'opinion soulevé par l'affaire Vacher, les efforts courageux de l'avocat en vue de faire triompher une appréciation plus juste des faits pour l'obtention de la grâce du dément dont on a voulu faire un assassin responsable, me déterminent à vous écrire.

Ayant été consulté à la première heure par mon ancien collègue du barreau de Grenoble, maître Charbonnier, je crois devoir vous communiquer les appréciations que j'avais, en l'adressant à vous, cru pouvoir émettre sur l'affaire en vue d'aider la défense. D'après l'acte d'accusation Vacher fait assez l'effet d'un nouveau sergent Bertrand, qui aurait pris soin de tuer lui-même les objets de sa passion maladive, au lieu de déterrer simplement les cadavres fraîchement inhumés; tous les livres spéciaux citent Bertrand comme type de cas pathologique du genre, bien qu'il n'eût pas reçu l'estampille manicomiale préalable[1]. Si Vacher, comme le dit l'expertise, a simulé la folie, cela ne prouve pas qu'il ne fût pas atteint de l'obsession morbide de l'homicide avec perversions sexuelles instinctives spéciales. L'un et l'autre de ces syndromes éminemment pathologiques s'expliquent parfaitement chez un dégénéré congénital convaincu de perversion sexuelle dès la phase initiale du développement pubère. Ce dégénéré se confirme homicide et suicide à l'occasion encore d'une question génésique, après des bizarreries qu'on ne peut mettre sur le compte d'une simulation à cette époque. Des aliénés avérés, simulant en outre grossièrement une folie autre que la leur ont été signalés souvent; j'en ai publié un cas très net avec le Dr Frièse (La Rochelle, Congrès de 1893) chez un vagabond homicide reconnu depuis persécuté persécuteur indiscutable. L'internement à Dôle, comme celui de l'Isère, signalait chez Vacher des réactions délirantes assez analogues, semble-t-il, à celles observées en prison depuis l'arrestation.

Les deux médecins spécialistes à Dôle ont trouvé ces symptômes concluants en faveur de la folie. A-t-on suffisamment scruté les antécédents héréditaires ? Et à l'asile de Saint-Robert les médecins avaient-ils connaissance complète du dossier criminel et de l'expertise première ? Furent-ils dans ce dernier asile, complétement d'accord sur la prétendue guérison ? Les registres de la loi y relatent-ils des notes concluantes en un sens ou dans l'autre? N'est-il pas permis de penser qu'en dégénéré réticent le malade a su dissimuler son délire un instant et en imposer pour un aliéné guéri, à un examen trop superficiel ? Ce sont là autant de points qu'une expertise doit éclaircir. Je ne sais rien de l'état actuel de Vacher, ni de son attitude en prison; mais je ne comprends pas bien les mots antisocial sanguinaire de l'expertise ni ce que signifie cette hypothèse de guérison quand il s'agit d'un débile congénital, dégénéré héréditaire avec syndromes épisodiques et perturbations de la sphère génitale. Mais n'est-ce pas le dégénéré cérébro-spinal de Magnan ! On ne guérit pas de la dégénérescence héréditaire; les épisodes pathologiques s'y succèdent à intervalles variables, comme les bouffées délirantes polymorphes et mal cohérentes de Vacher, alternant plus ou moins nettement avec les obsessions sexuelles auxquelles les crimes sadiques intermittents et stéréotypés de notre homme font de suite penser.

Serait-ce la balle qui dans les méninges ou le cerveau même aurait pu atténuer la dégénérescence mentale au lieu d'y ajouter une cause acquise de moindre résistance? Quant aux préméditations bien coordonnées, aux précautions préalables et ultérieures en vue de la satisfaction de l'obsession criminelle, puis de l'impunité, ce ne saurait être un motif sérieux d'écarter l'aberration mentale pathologique caractérisée. Telles sont les idées générales que suscite l'affaire avant même d'en connaître les détails minutieux. Ces lignes écrites quelques jours avant le procès n'ont reçu aucun démenti des débats. Des médecins aliénistes étrangers se

1. Sur l'aspect médico-légal de l'affaire du sergent Bertrand, voir M. Renneville, *Crime et folie*, Paris, Fayard, 2003, p. 133-138.

sont depuis associés à cette façon de voir (V. *Medecina contemporanea* de Lisbonne, 6 novembre 1898) et la croisade ouverte par la *Revue de Psychiatrie* ne peut qu'aboutir à la reconnaissance finale de la folie de Vacher. C'est pour aider à ce but que j'ai cru devoir vous adresser cette note.

Dr A. MARIE.
Médecin-Directeur de la colonie de Dun-sur-Auron

10 décembre 1898

Lettre du docteur François Madeuf au procureur de la République à Bourg.
Source : AD 01, 2 U 300 (dossier Vacher / exécution-autopsie).

Bordeaux, le 10 décembre 1898

Monsieur le Procureur de la République à Bourg
J'ai l'honneur de vous informer que je suis chargé par la famille Vacher d'opérer l'autopsie du crâne de Vacher, si l'exécution a lieu. Pour que toutes les garanties soient prises, ainsi que le veut la loi, je viens donc solliciter l'assistance d'un médecin en rapport. Verriez-vous un inconvénient quelconque à m'adjoindre M. Adam, directeur de l'asile Saint-Georges ; sa haute compétence offre toutes les garanties désirables et d'autre part, étant à Bourg, cela évite de déplacer un autre spécialiste.
Dans l'attente d'une réponse favorable, agréez, Monsieur le Procureur, l'assurance de ma considération distinguée.

D F Madeuf

12 décembre 1898

Lettre du docteur Adam au docteur Lacassagne.
Source : Archives municipales de Lyon. Fonds privé E. Locard (308-II-109).

Aloyse Adam (1854-1927) est alors médecin aliéniste à l'asile des hommes aliénés de Saint-Georges, près de Bourg. Il y sera ensuite médecin-chef.

Bourg, le 12 décembre 1892 [1898 en réalité]

Monsieur le professeur,
Le docteur Madeuf m'écrit qu'il est autorisé par la famille Vacher à réclamer le corps après l'exécution et à faire l'autopsie. Il joint à sa lettre un n° de « L'opinion médicale » du 20 novembre renfermant un article de lui dans lequel les experts de l'affaire Vacher sont violemment pris à partie ; et il me demande de lui prêter mon concours à l'autopsie[1]. Je lui ai répondu que dans l'état de choses, il serait convenable que les experts fussent invités à se faire représenter à

1. Ce titre n'est pas localisé dans les bibliothèques publiques. Madeuf contribua quelques années plus tard également au *Journal de la santé*.

l'autopsie, et que si cette invitation n'était pas faite, je ne pourrai prêter mon concours. Je me suis offert à faire l'invitation, le cas échéant, s'il croyait ne pas devoir la faire lui-même.

Comme l'exécution peu avoir lieu d'un jour à l'autre, je pourrais être obligé de vous prévenir par télégramme, si le docteur Madeuf, qui en fait représente la famille accepte ma condition. Si l'autopsie vous intéresse, ainsi que vos confrères, il me serait agréable d'y assister avec vous, ou avec un confrère délégué par vous et vos collaborateurs.

Le ton avec lequel le Dr. Madeuf a mis la discussion ne me permet pas de l'assister à moins que les experts ne soient représentés, ou au moins n'aient été invités à ce (sic) faire représenter.

Je tenais à vous mettre au courant de cette situation afin que, à l'occasion vous puissiez en connaissance de cause, me donner votre réponse, au télégramme que je pourrais être appelé à vous adresser.

Veuillez agréer, monsieur le Professeur, l'expression de mes sentiments les plus distingués.

Dr. Adam

13 décembre 1898

Lettre du docteur Lacassagne au docteur Adam.
Source : Archives municipales de Lyon. Fonds privé E. Locard (308-II-109).

Lyon, le 13 décembre 1898

Mon cher confrère,

Je suis vraiment touché de votre lettre si loyale et aussi confraternelle. Si les médecins n'avaient entre eux que de semblables procédés, la dignité de notre profession ne pourrait qu'y gagner, mais que penser des agissements de [illisible] Madeuf qui dit du mal de nous, sans nous connaître, et exclusivement sous le prétexte que nous sommes les experts officiels.

Il vous met même dans l'embarras..

Je savais déjà que Madeuf était autorisé par les parents à réclamer le corps mais croyez-vous que la famille elle-même ait un droit autre que de faire procéder à l'inhumation. Je crois savoir la [illisible] de ma situation officielle dans l'enseignement de la médecine légale qu'une autopsie quelconque ne se fait pas sans autorisation administrative.

Comme vous le dites si bien, « le ton sur lequel le Dr Madeuf a mis la discussion » nous oblige tous à une grande réserve et quel que soit mon désir de connaître la vérité, je crois qu'il convient d'attendre avant de prendre une décision.

Je vous renouvelle, mon cher confrère, l'assurance de mes sentiments de bien vive sympathie »

AL

18 décembre 1898

* Lettre de Charbonnier à Vacher.
Source : Patroni, 1899, p. 140.

Mon cher Vacher,

Je suis bien sensible à recevoir votre carte et aux sentiments de reconnaissance que vous exprimiez.

J'accepte volontiers vos remerciements, car j'ai conscience d'avoir rempli mon mandat de défenseur avec dévouement.

J'ai adressé il y a quelques jours un recours en grâce à M. Le Président de la République, au nom de votre famille, et j'ai fait à l'appui toutes les démarches et pris toutes les précautions que votre intérêt m'a suggéré.

Je suis convaincu que votre courage, fortifié par les sentiments religieux que vous exprimiez, vous permettra de subir toutes les épreuves avec résignation.

Veuillez agréer mes remerciements et l'expression de mes sentiments bien dévoués.

Charbonnier

* Lettre du docteur Adam au docteur Lacassagne.
Source : Archives municipales de Lyon. Fonds privé E. Locard (308-II-109).

Saint-Georges, le 18 décembre 1898

Monsieur le Professeur,

J'ai l'honneur de vous adresser ci-joint copie d'une lettre que j'adresse à vos collègues MM. Pierret et Rebatel de cette façon vous serez au courant de la situation qui m'est faite en ce qui concerne l'autopsie de Vacher. J'espère que vous voudrez bien comme moi, penser que je n'ai pas à m'arrêter à une querelle qui prend un caractère tout à fait personnel envers vous, pour refuser mon concours à une étude qui m'intéresse. Vous êtes bien au-dessus des attaques dirigées contre vous, et la curiosité scientifique qui me pousse à prêter mon concours à l'autopsie dans les circonstances que vous savez, justifiera ma manière d'agir à vos yeux, qui n'altérera en rien, je l'espère, les sentiments d'estime que vous avez bien voulu me témoigner dans votre réponse à ma précédente lettre.

Veuillez agréer, monsieur le Professeur, l'expression de mes sentiments les plus distingués.

A Adam

Copie de la lettre adressée à MM. Pierret et Rebatel.

M. et très honoré confrère,

Le 13 décembre, j'ai eu l'honneur de faire savoir à M. Le professeur Lacassagne que le Dr Madeuf m'avait demandé mon concours, pour faire, le cas échéant, l'autopsie de Vacher. A la lettre du Dr Madeuf était joint un article de «L'opinion médicale», dans lesquels les experts de l'affaire Vacher étaient violemment pris à partie. J'ai répondu, comme je l'ai fait savoir à M. Lacassagne, qu'en cet état de choses, je ne pourrais prêter mon concours, si les experts n'étaient pas invités à assister à l'autopsie ou au moins à s'y faire représenter, et je me suis offert pour fixer ces invitations, si le docteur Madeuf ne croyait pas devoir les faire lui-même. Aujourd'hui le docteur Madeuf m'écrit qu'il accepte cette condition, et me prie d'inviter MM. Pierret et Rebatel, faisant des réserves pour M. Lacassagne, pour des motifs que je crois devoir taire, puisqu'ils sont blessants pour l'honorable professeur de médecine légale, qui est bien au-dessus des attaques en question.

Quoi qu'il en soit, ayant eu satisfaction sur la question de principe (l'assistance ou la représentation des experts à l'autopsie) je crois, et j'espère que vous croirez comme moi, que rien ne justifierait le refus de mon concours à une étude qui m'intéresse, la restriction visant l'un des experts ayant le caractère d'une querelle personnelle. Je viens donc vous prier, monsieur et honoré confrère, de vouloir bien, s'il y a lieu, vouloir assister à l'autopsie de Vacher, ou vous y faire représenter, si vous estimez que l'attitude prise par le docteur Madeuf, qui en l'espèce est le fondé de pouvoir de la famille, vous permet de le faire.

Veuillez agréer etc.

20 décembre 1898

* Note de Vacher à l'attention de Patroni.
Source: Patroni, 1899, p. 139.
Rédigée sur une feuille de papier, cette note a été remise au gardien Patroni en guise de souvenir. Il s'agit d'une variante du texte rédigé sur un carton le 9 novembre 1898.

V.J.M.J. – D.D.D.

Petit souvenir à un cœur courageux et humain

AFFAIRE JOSEPH VACHER

Les vrais coupables.

1° Un empirique qui avait la renommée de guérir la maladie de rage, lequel a délivré à une de mes sœurs d'aussi mauvais que dangereux remèdes dans une crainte plutôt qu'un effet.

2° M. Bécoulet, médecin-directeur de l'asile de Dôle, qui, après mon entrée dans cet asile, et lors de ma première observation, ne s'est point occupé sérieusement de moi pour trouver le mobile de ce dérangement qu'on m'avait remarqué au régiment, lequel, ainsi que je l'ai toujours, ne pouvait provenir que de cette terrible et cause première (morsure, léché plutôt de ce chien enragé ou dangereux, remèdes dans le cas contraire qu'à l'âge de 8 ans pouvait bien me déranger), établissement où je n'ai été l'objet d'aucun soin soit au point de vue de mon état mental, soit du côté du grave état de ma tête.

Triste maison où j'ai ramassé la terreur de la société...

3° M. Dufour, médecin, directeur de mon nouvel asile (Saint-Robert, Isère), qui, par suite de cette seconde et grande faute et par un effet trompeur qui s'était effectué en moi à ma sortie de mon premier et triste asile, a commis la plus grande imprudence en me délivrant ma sortie de cet asile dans des conditions aussi dangereuses (avec une infirmité aussi déplorable) et malgré que ma famille ne veuille encore me retirer comme pressentant qu'une telle maladie ne pouvait encore être guérie.

Joseph VACHER
Le grand martyr et victime des fautes et imprudences
de notre société fin de siècle.

21 décembre 1898

* Vacher remet sa toque en poils de lapin blanc au gardien Patroni.
Source: Patroni, 1899, p. 139.

27 décembre 1898

* Lettre de Vacher au Président de la République.
Source: Patroni, 1899, p. 148.

Monsieur le président de la République française, Paris

Je profite de l'occasion du nouvel an pour venir vous renouveler les sentiments de reconnaissance que je vous dois et former tous les vœux et souhaits et vous demander dans mon douloureux et innocent martyr toutes les grâces et bénédictions qui y sont rattachés et que dans la haute et délicate mission que la divine providence seule vous a confiée, vous avez aussi dignement mérité, c'est-à-dire la couronne d'une longue et heureuse vieillesse ou les fruits de vos longs et dévoués labeurs pour notre humanité française.

Joseph VACHER.

29 décembre 1898

* Lettre de Vacher au ministre de l'Intérieur.
Il s'agirait du dernier courrier rédigé par Vacher.
Source: Patroni, 1899, p. 150-151.

Monsieur le Ministre de l'intérieur,

Au milieu de mille incidents et inconvénients sans avoir été (grâce à mon courage et à ma clairvoyance) dans l'obligation de recourir aux réclamations; mais à cette heure, et dans mon impérieux devoir je m'y vois contraint.

Par ces raisons aussi légitimes que prudentes, Monsieur le ministre, vous pouvez comprendre la circonstance aussi douloureuse que particulière qu'elle me suscite près des gardiens d'une administration sous les ordres de laquelle je suis illégalement, et par suite tous les inconvénients de cet état de choses suscite d'autre part pour la justice.

Les mains et les pieds liés depuis plusieurs mois, je dois supporter aussi courageusement que possible cet état de chose.

Voici, Monsieur le Ministre, la première réclamation depuis ma longue et douloureuse captivité que je me vois dans l'obligation de faire.

Je m'adresse directement à vous, car je comprends depuis de longs jours, hélas, que si je relève de votre compétence, je n'appartiens que par la force aux murs des vrais coupables : aussi que de sacrifices et que de souffrances n'ai-je pas eu à supporter pour défendre ma cause, mon innocence, hélas, et faire respecter cette phrase : chacun son métier.

Je veux dire que, ne pouvant relever de deux maisons dans l'intérêt général, mon observation, aurait dû se faire dans une maison de santé.

Voici donc, Monsieur le Ministre, ce que je tiens en outre et particulièrement à votre connaissance :

M'étant tenu hors les besoins du service, complètement neutre, avec mes gardiens de l'administration pénitentiaire ; par ce seul fait vous pouvez, Monsieur le Ministre, avoir une idée, dans les circonstances particulières où je suis, tout ce que j'ai eu à supporter jusqu'à ce jour.

Mais la spécialité de mon affaire, dis-je, ne veux pas cependant que je supporte les vilaines méchancetés de mes quatre gardiens sur la même note.

Ainsi me tenant sur mon droit chemin, pour faire passer leurs mauvais moments, ils cherchent à me blesser, en me rappelant certains vilains méfaits que j'ai eu à supporter de la part de quelques amis de leurs collègues qui ont dû me quitter pour ces motifs, et lorsque l'heure arrive, de se remplacer, les deux qui doivent quitter le service, restent quelquefois même tous deux pour continuer leur narration à mon égard.

Joseph VACHER.

* Lettre du directeur des affaires criminelles et des grâces au Procureur général de Lyon.
Source : AD 69 (2U1-199).

Monsieur le Procureur Général,

Il vient d'être décidé que la justice suivrait son libre cours à l'égard du nommé Vacher, condamné, à la peine de mort, le 28 octobre 1898, par la Cour d'assises de l'Ain, pour assassinat.

L'exécuteur en chef des arrêts criminels arrivera à Bourg le vendredi 30 décembre courant afin que l'exécution puisse avoir lieu le lendemain.

En raison de l'urgence, je viens d'en informer directement votre substitut de Bourg, en lui transmettant une expédition de l'avis de la Cour de Cassation qui a rejeté le pourvoi du condamné.

Par vos rapports en dates des 3, 7 et 14 décembre, en nous faisant connaître que le frère et la sœur de Vacher ont réclamé la remise du corps du supplicié et manifesté l'intention de faire procéder à son autopsie, vous m'avez informé que l'article 14 du Code pénal vous semblait s'opposer à ce qu'il soit faits droits, en ce qui touche l'autopsie, au désir exprimé par la famille de ce condamné.

J'estime, contrairement à votre opinion, que les termes dans lesquels est conçu l'article 14 précité ne donnent à l'autorité judiciaire que le double rôle suivant :

1° délivrer à la famille qui en fait la demande le corps du supplicié ;

2° veiller à ce que l'inhumation soit faite sans aucun appareil.

Notre substitut de Bourg auquel je transmets des instructions analogues en lui faisant parvenir les deux pièces que vous m'avez communiquées, devra en conséquence prendre les mesures nécessaires pour que le corps de Vacher soit remis après l'exécution à ses parents ou à leur mandataire, et veiller seulement à ce que l'inhumation ait lieu sans aucun appareil.

L'autopsie à laquelle la famille voudrait faire procéder, serait effectuée par le ou les médecins qu'elle croirait devoir choisir, et sans l'intervention d'aucun médecin désigné par le parquet qui doit y rester absolument étranger.

Je vous prie de veiller à l'exécution des présentes instructions.

Recevez, Monsieur le Procureur Général, l'assurance de ma considération très distinguée.

Le garde des Sceaux, Ministre de la Justice.

par autorisation : Le Directeur des affaires criminelles et des grâces

Petitier

31 décembre 1898

Procès-verbal d'exécution de Vacher.
Source : AD 01 (dossier « exécution et autopsie »).

Du trente un décembre mil huit cent quatre-vingt-dix-huit, à sept heures dix minutes du matin ;

Nous Greffier du tribunal de première instance de l'arrondissement de Bourg et de la Cour d'assises de l'Ain

Déclarons que ce jourd'hui, à l'heure sus-dite, en exécution de l'arrêt rendu par la Cour d'assises de l'Ain, le vingt-huit octobre mil huit cent quatre-vingt-dix-huit, qui condamne Vacher Joseph, âgé de 29 ans, sans profession ni domicile fixe, né à Beaufort (Isère), ce dernier a été extrait de la maison de Justice par les exécuteurs des arrêts criminels, conduit, escorté par la force armée, sur la place du Champ-de-Mars de cette ville, où il a été exécuté à mort.

De tout quoi nous avons conformément à l'article 378 du Code d'instruction criminelle dressé le présent procès-verbal à Bourg sur la place de l'exécution.

Fait à Bourg, les jour, mois et an que dessus.

Le Greffier de la Cour d'assises.

22 avril 1899

En avril 1899, la direction générale des domaines autorise la vente d'effets provenant du greffe du tribunal de Belley. L'annonce est faite par voie d'affiche et la vente est prévue le 22 avril en séance publique dans la salle des Pas-perdus du tribunal. Cette vente comprend 73 fusils, des montres en argent et en métal, des filets pour la pêche, une bicyclette et, pour le cinquième lot «l'accordéon, un paquet d'objets divers et les rasoirs ayant appartenu à Vacher»[1].

Le jour même de la vente, Fourquet écrit la lettre qui suit à Lacassagne.
Source: BM de Lyon. Fonds Lacassagne. (MS 5283).

Belley, le 22 avril 1899

Bien cher Monsieur,

Les cannes de Vacher dont vous m'avez parlé ne se trouvaient pas dans son bagage. Elles n'en ont jamais fait partie. Lorsqu'il est arrivé à Belley venant de Tournon, il était seulement porteur d'un parapluie et d'une canne [...] à poignée recourbée mais ne portant aucune inscription. Cette canne est en ce moment au parquet de Neufchâteau Vosges.

La friperie de Vacher a été adjugée en bloc aujourd'hui à un brocanteur quelconque pour le prix de 7fr50c: ce n'est pas brillant.

Bien affectueusement à vous

Em. Fourquet

1. «Une affiche sensationnelle», coupure de presse datée du 16 avril 1899, BM Lyon, (res. 140823, pièce 7).

2. Affaire Joseph Vacher, sa défense par lui-même (1898)

Source : Bibliothèque municipale de Lyon. Fonds ancien. Ms 7055.

Vacher écrit depuis longtemps, écrit partout : sur feuille volante, sur des cahiers d'écoliers, sur du carton, sur des portes, sur la neige... mais ce texte est pour lui crucial car il l'a rédigé avec beaucoup d'application. Il s'agit d'un mémoire de défense explicitant les causes de son irresponsabilité pénale. Daté du 15 juillet 1898, ce mémoire a été rédigé à un moment particulier de l'instruction.

Le 20 mai 1898, Vacher a été transféré de la maison d'arrêt Saint-Paul à Lyon à la petite prison de Belley. Quinze jours après son installation, Vacher a provoqué un incident en brisant le mobilier de sa cellule pour demander le changement de ses co-détenus. Lors de l'intervention des gardiens, il a blessé à l'œil gauche le gardien-chef Combacal, ce qui lui a valu d'être menotté et entravé aux pieds pendant tout le mois de juin. Ne pouvant plus sortir de sa cellule et n'écrivant qu'avec difficulté, Vacher s'est laissé aller et son moral est tombé au plus bas. Bien qu'il soit résolu à trouver un avocat pour le défendre, il n'a pas encore arrêté à cette date le nom de son défenseur. Venu à Belley le 6 juillet dans le cadre de la validation de la seconde version du rapport d'expertise, Lacassagne a rencontré Vacher et signalé au juge Fourquet le caractère alarmant de l'état physique de son prisonnier. Inquiet par les conséquences d'un possible décès avant jugement, le juge est intervenu auprès de l'administration pénitentiaire pour alléger les conditions de détention de Vacher et il lui rend la possibilité d'écrire en cellule. Les experts lyonnais sont revenus visiter Vacher les 13 et 17 juillet 1898.

Écrit à la plume sur 10 feuillets à petits carreaux, ce texte a donc été rédigé dans un moment de sursaut. Vacher vient d'obtenir l'amélioration de sa détention grâce à la visite de Lacassagne et apprend dans le même temps qu'un nouveau rapport d'expertise est en préparation, ce qui lui a probablement donné l'espoir d'en infléchir le contenu.

Le récit récapitule les arguments de sa défense en exposant les trois causes de son irresponsabilité : sa morsure par un chien, son séjour à l'asile de Dôle, sa vie criminelle comme instrument de Dieu. Ce mémoire a fait, suivant l'habitude d'écriture de Vacher, l'objet d'un brouillon. Si les arguments de sa « défense » sont connus, Vacher y décrit certains de ses déplacements et y ajoute un effort particulier pour décrire ce que Lacassagne appellera plus tard son « état d'âme ». Cet effort est très net lorsqu'il aborde les circonstances du crime d'Eugénie Delhomme, à Beaurepaire. La première version du brouillon est d'ailleurs plus directe, plus spontanée et moins soucieuse de justification que la version finale: «Je m'acheminais donc, dis-je, M^{rs}, vers mon beau-frère de Marcollin; après tous les désapointements qui m'étaient arrivés et chez les frères et chez ma propre sœur, au milieu de tous ces tristes (asile de Dole) et monstrueux (aff de B. les Dames) souvenirs; et comme je tenais à passer à Beaufort (mon pays de naissance) ; je me dirige sur St Bartelemy, comme une seule, que j'avais à traverser pour arriver à Beaufort.

L'âme et la morsure, dis-je, dans un état de révolte… je rencontre à un moment donné sur mon chemin une jeune fille de 17 à 18 ans; à ce moment une fièvre et un espèce de tremblement nerveux me prend; et, comme malgré moi, à notre rencontre, ou ce moment de rage, de révolte, de fièvre et enfin de folie étaient arrivés à son (…) Je me jette ou tombe plus tôt sur cette pauvre jeune fille, et lui donne dans cet accès de rage et de folie la mort (hélas !..) qu'il faut le croire l'attendait……. »[1].

Le texte définitif de ce mémoire est cité en plusieurs extraits commentés dans le livre que Raymond Hesse a consacré en 1912 aux autobiographies de criminels. Hesse classe le «tueur de bergères» dans la partie de l'ouvrage consacrée au sadisme mais cela ne l'empêche pas de considérer que Vacher était un aliéné[2]. La première transcription complète a été réalisée par Philippe Artières en 2006[3].

Les deux premières pages de ce cahier sont reproduites p. 297-298. La couverture est très soignée et réfléchie. J'ai eu à ce sujet un échange avec F. André Lanfrey, qui en propose l'analyse suivante:

«Je crois utile de commenter la page "affaire Joseph Vacher par lui-même" qui me paraît une mine de renseignements sur un pan de sa personnalité. Quant à la forme tout d'abord, on voit qu'il utilise plusieurs types d'écriture. Toute la page reflète l'art de la disposition d'une première page de cahier avec en haut le V.J.M.J., seul signe typiquement mariste utilisé par Vacher, que l'on faisait placer en tête des cahiers et devoirs. En revanche la devise *Dieu-Droit-Devoir* me semble venir de la propre théologie personnelle de Vacher. Elle est accompagnée de deux dessins très évocateurs: sous le mot "Dieu" un soleil avec le mot "son gouverneur". Près du mot "Devoir" un feuillet plié portant les mots "nourriture des âmes" surmontant peut-être un

1. Page volante écrite recto-verso et intitulée «suite et fin du brouillon de ma défense» (fonds Fourquet-Voutay, 2019).

2. R Hesse, *Les criminels peints par eux-mêmes*, Paris, Grasset, 1912, p. 106-125.

3. J. Vacher, *Écrits d'un tueur de bergers*, Lyon, À Rebours, 2006, p. 121-144. Sur les écrits de Vacher, voir également de P. Artières, «Le gendarme, le photographe et le graffiti: retour sur l'affaire Joseph Vacher» in J.-C. Farcy, D. Kalifa et J.-N. Luc (dir.), *L'enquête judiciaire en Europe au XIXe siècle*, Paris, Créaphis, 2007, p. 295-301.

chiffre (je lis "48") et "Ste Bible". Je pense que l'on peut interpréter ainsi ces figures : Dieu gouverne le monde ; la bible nous révèle qu'il est la source du droit (justice) qui impose à l'homme un devoir : suivre le décalogue. Si l'on y prend garde, ces trois mots sont la synthèse du catéchisme appris avant la première communion qui est un résumé de la théologie dogmatique ("qu'est-ce que Dieu. ?"...) et de la théologie morale : les commandements...

« Le symbolisme des deux clés me paraît plus difficile à interpréter. En tout cas, ces deux lieux, que Vacher a probablement visités au cours de ses pérégrinations, sont des symboles de force inexpugnable : ils n'ont jamais subi de reddition (le symbolisme des clés). Belfort, c'est la ville qui ne s'est pas rendue aux Allemands en 1870 ; et le Mont St Michel ne s'est jamais rendu aux Anglais durant la guerre de 100 ans. Les deux symboles sont guerriers ; le premier laïque ; le second plus ambivalent. En tout cas, Joseph Vacher paraît s'identifier à l'un et l'autre de ces hauts lieux. Et la formule finale résume l'ensemble en évoquant une trinité que Vacher fait sienne : force, innocence, foi. D'ailleurs cette trinité parcourt toute la page : en haut Jésus (force divine), Marie (innocence), Joseph (devoir) ; Belfort et Mont St Michel forteresses (force) ; inexpugnables (intégrité) fidèles (foi patriotique ou (et) religieuse). Ainsi, cette page, à elle seule, nous présente un Vacher projetant sa théologie et ses idéaux sans faire aucun cas d'actes qui, pour le moins, sont en contradiction avec eux.[1] »

Ce mémoire explicatif constitue pour Vacher l'ultime occasion d'influencer le rapport des experts, du moins le croit-il. Il est en effet fort douteux qu'il ait été sollicité par les médecins chargés de l'expertise puisque leur avis est arrêté depuis le premier rapport remis en mai. C'est un Vacher revigoré qui a pris l'initiative de cette rédaction. Un billet accompagnait d'ailleurs son envoi : « A recommender à la poste s.v.p. avec avis de reception ». La phrase est barrée, et Vacher justifie cette décision : « il n'y en avait pas de besoin ce à quoi j'ai réfléchi après ». Il continue : « C'est ma Défense par moi-même (que je ne crains de montre le brouillon). Ma photographie épinglé de ma médaille et plusieurs lettres principales ou particulières que j'ai eu l'idée un jour (dernièrement...) d'envoyer à M^r^ le Président du conseil des Ministres (comme mesure de précosion envers les célèbres Lyonnais) et c'est après que les grandes visites repiquaient... J'en attends le renvoit ici à on Bethleem... »[2].

La manœuvre de Vacher est inutile. Bien qu'il s'agisse de sa plus longue note rédigée à l'intention des trois médecins experts, ceux-ci la négligent. Ils y

1. F. André Langey, « Sur les documents Vacher » (correspondance avec l'auteur), 10 avril 2019.

2. Cette note de Vacher a été conservée par Fourquet qui l'a collée dans l'un de ses deux albums de « notes ». Fonds Fourquet-Voutay (2019).

accorderont si peu d'importance qu'ils n'en feront pas état dans la version définitive de leur rapport, datée du 22 juillet 1898. On ne saurait s'étonner de ce silence. Lacassagne lui-même n'a jamais porté beaucoup d'intérêt aux écrits de Vacher et il s'est déchargé de ce volet de l'expertise en le confiant à son collègue Fleury Rebatel[1]. Si Vacher s'est plus souvent adressé à Lacassagne qu'aux deux autres experts, ce n'est pas tant parce que ce dernier sollicitait ces missives que parce qu'il fut son visiteur le plus régulier à la prison Saint-Paul. Et contrairement à ce qu'affirmait le criminologue dans son entretien accordé le 12 janvier 1898 au journal *La France libre*, son avis sur Vacher fut probablement très vite arrêté, dès les premiers jours de détention à Lyon et peut-être même dès sa première observation de l'inculpé dans sa cellule, le 16 décembre 1897 à Belley.

1. J.B.D., « Vacher à Saint-Paul. Entretien avec le docteur Lacassagne », *La France libre*, 12 janvier 1898, p. 2.

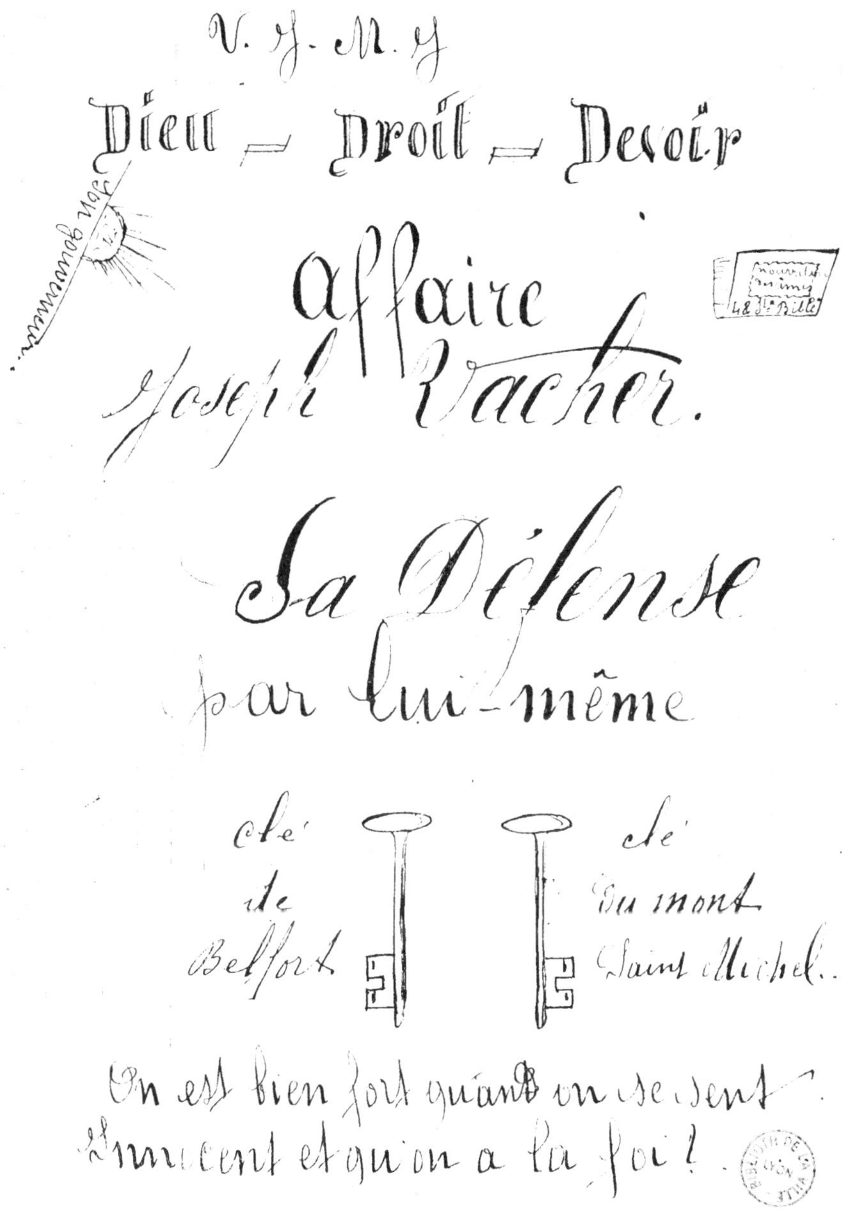
V. J. M. J
Dieu – Droit – Devoir
Son gouvernail...
Affaire Joseph Vacher.
Sa Défense par lui-même
clé de Belfort
clé du mont Saint Michel...
On est bien fort quand on se sent innocent et qu'on a la foi !

Les deux premières pages du cahier « Sa défense par lui-même », daté du 15 juillet 1898.

19 - 19 - 19

J'ai dis dernièrement Mrs Majolé plo l'objet de la p^ale cause de ma seconde
table infirmité à la tête, doit faire
irresponsabilité

Explication

Évènement de Beaumes-les-Dames

Pour vous fixer en g^al M^rs, sur ce malheureux évènement, il faut que je vous dise que pour cette affaire (s^al drame d'amour...) j'avais, (ainsi que M^r le Juge d'Instruction, Mr Fourquet a bien voulu me le faire remarquer dans un passage de son interrogatoire) l'opinion publique pour moi.

La jeune fille (la n^ée Louise Barraud) à qui j'ai eu à faire à cette époque, étant sous-officier au reg^t, n'a eu pour tout amant qu'un agneau, agneau M^rs, qui sortait d'une bergerie où il avait ramassé un peu trop de timidité, mais où la droiture de son caractère ne s'était point affaibli ! . . . . . .

V.J. M.J

Dieu — Droit — Devoir

Affaire *Joseph Vacher*

Sa défense
par lui-même

On est bien fort quand on se sent Innocent et qu'on a la foi ?

D-D-D

J'ai dis dernièrement Mrs : Ma déplorable infirmité à la tête,
doit faire l'objet de la p^{ale} cause de ma <u>seconde</u> irresponsabilité

Exeplication

Evénément de Baumes-les-Dames

Pour vous fixer en g^{al} Mrs, sur ce malheureux événement, il faut que je vous dise que pour cette affaire sp^{al} (drame d'amour...) j'avais, (ainsi que M^{r} le Juge d'Instruction, Mr Fourquet à bien voulu me le faire remarquer dans un passage de son interrogatoire) l'opinion publique pour moi . . . .

La jeune fille, la n^{ée} Louise Barrand, à qui j'ai eu à faire à cette époque, étant sous-officier au r^{gt}, n'a eu pour tout amant qu'un agneau, agneau M^{rs}, qui sortait d'une bergerie ou il avait ramassé un peu trop de timidité, mais ou la droiture de son caractère ne s'était point affaibli ? . . . .
ce qu'elle a due s'appercevoir (mais un peu tard...) malgré toute sa coquinerie ? . . .

Et si Dieu, dans sa Divine Providence nous a été a tous deux présente ; c'est qu'à cette heure fatale ni l'un ni l'autre ne devait encore succomber ? . . . .

Une quinzaine de jours passés à l'hospice de Beaumes-les-Dames après ce malheureux événement ; M^{rs} les Docteurs de cette hospice jugèrent bon (d'après les rapports de Mrs les médecins majors de mon R^{gt} qui constaient que depuis un certain temps surtout j'étais au service M^{tre} dans un état de dérangement et exaltation) et les craintes que d'ailleurs inspiraient le grâve état de ma tête de me mettre en observation dans une maison de santé – ce qui fut fait –

J'ajouterais que ces $\mathrm{M^{rs}}$ étaient certainement dans la bonne voie ; car je comprends parfaitement, à cette heure $\mathrm{M^{rs}}$, que ce dérangement ou exaltation que $\mathrm{M^{rs}}$ les majors de mon $\mathrm{R^{gt}}$ avaient particulièrement fait remarquer, ne pouvaient provenir que : soit d'une morsure d'un chien enragé ou plus tôt et ainsi que je l'ai toujours cru depuis que le souvenir de cette terrible 1ere cause m'est revenu à la mémoire, des remèdes plus ou moins bien administrés dans cette crainte plus tôt qu'à cet effet ?. . . . .
Mauvais et dangereux remèdes que je me souvient bien d'avoir pris et qui sans être même bien fixé sur cet événement dis-je, une de mes sœurs avait été chercher chez un simple empirique du temps, vu que l'Institut Pasteur n'existait probablement pas à cette époque ou qu'elle n'était pas encore bien connue ou enfin que mes pauvres Parents n'avaient pas les moyens de me payer un voyage pour Paris . . . .

Etat (exaltation) accentué de ressentiments nerveux d'une douloureuse opération que j'ai eu a supporter aux parties sexuelles à l'hospice dit les Anticailles à Lyon.

. . . .

Mais $\mathrm{M^{rs}}$ les Docteurs de l'hospice de Beaume-les-Dames ont eu tort de m'envoyer dans une asile de ~~santé~~ d'aliénés avant que de m'extraire ou tenter de m'extraire les projectiles que j'ai à cette heure encore dans la tête et mon passage ~~dans une de ces maisons~~ la triste asile de Dôle, ou je n'ai été l'objet d'aucun nouveau soin à ce sujet et on a fouillé qu'à moitié le terrain de ma jeunesse pour trouver cette terrible cause 1ere (morsure ou remède plus tôt ai-je dis) le prouvera ?. . .

Mon passage à l'asile d'aliénés de Dôle (actuellement St Ili)

Arrivé dans cet établissement 15 jours 3 semaines après l'affaire de B.les.D dans un état des plus douloureux on me dépose sur un lit dit : du $\mathrm{b^{t}}$ de l'infirmerie.

Ma sœur Olympe, qui d'Aix-les-Bains avait appris le malheur qui était arrivé à son frère, vient aussitôt me rejoindre ; Me rencontre à son arrivée à la gare de B. au moment même où j'allais quitter cette ville pour partir à l'asile de Dôle. Après un court entretient que nous eûmes cependant ; ma sœur se rendit près de la fille Barrand et de ses parents et revient ensuite me trouver à l'asile, ou elle pu bien juger par les quelques visites qu'elle m'y rendit tous les bienfaits que cette triste maison ai-je dis devait bien me rendre

. . . .

Excuser s.v.p. Puisqu'il faut expliquer les choses.
C'est ainsi que le lendemain de mon arrivée dans cette bonne maison – dis-je – je m'aperçus que mon lit comme ceux de mes camarades étaient rempli de vermine hélas ! . . .
. . . Mon gardien Mr Manère qui vu le malheureux état dans lequel j'étais arrivé, avait eu égard à moi….et pendant un assez grand nombre de jours m'avait fait reposer mes nuits douloureuses dans sa chambre en me délivrant quelques fournitures propres à cet effet . . . .

Mais comprenant que ce commerce ne pouvait continuer ainsi ; après m'avoir nettoyé de son mieu mon lit (pas sans faire bruller qu'un journal...) il m'y remis

Je m'y trouvais mieux ? . . . .
quelques jours après, Mr le Docteur me trouvant un peu plus debout prescrit à mon gardien d'introduire dans les blessures de mes balles une espèce de racine ; dite de la valériane qui devait s'y dillater et permettre après l'avoir retirée d'extraire mes balles plus facilement mais cette opération qui devait se faire chaque jour, je l'attendais encore trois semaines à partir du 1er jour dont on se servait de cette espèce de racine dis-je qui ; à chaque nouveau pensement quotidien qu'on me faisait me causait de nouvelles souffrances . . . Comprenant que mon plus grand malheur avait été assurément d'être obligé de quitter ma région (du moins) pour m'aquitter de ma petite dette envers l'Etat et surtout d'être tombé dans une aussi bonne maison lorsqu'un seul Docteur, accompagné d'un pauvre Interne de cet établissement est venu enfin pour me faire une aussi dangereuse opération à la tête ; j'ai ésité d'abord à me laisser opérer dans de telles conditions . . et enfin préféré me laisser aller à la grâce de Dieu ! . . . plutôt que de me laisser opérer dis-je, ou me laisser peut-être donner la mort dans une aussi triste maison ? . . . .

Et c'est dans cette haine pour cette maison dis-je Mrs, qu'un beau jour j'ai trouvé le moyen de m'en évader et de me révader en plein chemin de fer (au moment même ou le train fillait à toute vapeur !...) le jour que deux gardiens de ma dite asile était venu me retrouver à Besançon ou j'avais été remassé pour me renmener.

Les abominalités que j'ai vues se dérouler sous mes yeux à l'asile d'aliénés de Dôle ai-je dis, dans ma lettre d'aveux ont certainement accentué ma rage ou plus tôt ma maladie . . . .

Permettez-moi en passant M^rs^, de vous expliquer ~~en passant~~ cette phrases importante : par respect à notre grand pays la France je veux cependant être bref ? . . . .

. . . .

Sans vous parler Mrs, de nombreuses et vilaines injustices qu'il serait d'ailleurs ainsi que vous devez le comprendre Mrs, difficile à expliquer...) au sujet de la nourriture des pensionnaires <u>surtout</u> de cette maison, il y avait entr'autres de ces pauvres inconscient, un pauvre malheureux aveugle, qui non seulement dans la journée, mais presque chaque soir après le repas en était le principal sujet de ces abominations dis-je ou mieux de ces spectacles affreux ! . . . .

En présence des gardiens ; et, que dis-je, des gardiens mêmes le cernait entre les tables du réfectoire, le renversaient ce pauvre malheureux aveugle dis-je et hélas on allait jusqu'à lui cracher à la figure ! . . . .

Et cela dis-je presque chaque soir après le dernier repas de la journée C'était hélas !... la prière du soir de la dite mais : <u>là-même</u> ou il n'y a plus de crucifix !...

Enfin, six mois d'observation !.... Hélas !.... de passés dans cette maison, ou, non seulement ai-je dis on ne m'a prodigué aucun nouveau soin dans mon grâve état de la tête et ou on a fouillé qu'à moitié le terrain de ma jeunesse pour trouver cette terrible et cause 1ere morsure du chien enragé ou remèdes ai-je dis plus tôt qui étaient certainement la source et le mobile de ce dérangement ou exaltation qu'on avait particulièrement remarquer à mon service militaire, mais ou on m'a plustôt donné la Terreur de la société ; *on me transfert à l'asile de mon département.*

Transfert à l'asile St Robert, mon passage dans cette asile

Ainsi que d'ailleurs, le Public en a été témoins Mrs, mon transfert de l'asile de Dôle à celle de mon département ne fut pas très honorable, surtout pour les deux gardiens qui étaient venu m'enlever du lieu maudit…

Le lendemain de mon arrivée, qu'elle ne fut pas ma surprise de descendre non pas parmis un groupe de traine-la-mort mais d'humains qui fesaient honneur en même temps à leur maison qu'à leur pays.

Je ne voyais plus ce tas de bourreaux autour de ces pauvres Inconscients, mais quelques hommes seulement, sur la physionomie desquels encore bien plus que sur les boutons de leur uniforme brillaient *ces deux beaux mots :*

Vigilance ! – Humanité !

Comprenant, par mil autres détails des plus honorables pour cette maison (ainsi que l'ai dit plus haut) que mon plus grand malheur avait été de quitter mon pays pour m'acquitter de mon service militaire et surtout de tomber dans une aussi bonne maison à Dôle ; je ne puis à mon premier repas avec mes nouveaux compagnons, m'empêcher, à un moment donner à la table pour leur apporter plus tôt que de leur adresser ces quelques paroles de bénédictions pour eux oui, mais plus tôt pour leur maison et leur honorable Directeur, leur Bienfaiteur plus tôt et leur digne Représentant sur la terre : « Remerciez et rendez grâce à Dieu leur ai-je dis à haute voix (Chers amis ?…) d'être nés sur un sol humain et loyal ! . . . .

Trois mois de passés dans cette nouvelle asile ainsi que d'ailleurs Mr le Directeur de celle de Dôle m'en avait averti à mon départ ; Mr le Directeur Dufoure (actuellement Député du pays ou il a fait sentir un si grand nombre d'année sa main bienfaitrice dans) D'après ma conduite et vu que tout d'ailleurs semblait lui implorer ma liberté, en fait la demande de Mr le Préfet, qui fut accordée pour le 1er avril (année 1895.)[2]

. . . .

1. Dufour a gagné l'élection face à Charbonnier, qui l'attaquera durement lors du procès de Vacher.

2. Vacher commet ici une erreur de date : il s'agit de l'année 1894.

Imprudence hélas !… (Comme on le verra, au sujet de tout ce qui m'attendait dehors avec ma déplorable infirmité à la tête, dont je ne m'étais presque pas aperçue à l'asile….)

Imprudence dis-je ? Commise par la force des choses et dont l'asile, la triste asile de Dôle (aujourd'hui St Ylie.) est Cause et responsable ?. . . . .

. . . .

. . . .

D – D – D.

Cause pal de ma seconde irresponsabilité : Infirmité intérieure et faciale à la tête ; et balles dans la tête qui n'ont étées l'objet d'aucun soin pendant les 6 mois que j'ai passés à l'asile de Dôle, après l'événement de Beaumes-les-Dames.

. . . .

Exlication Directe

J'ai dis dernièrement Mrs que ma sortie de l'asile St Robert avait été fixée au 1er avril (année 1895.)

Lors de mon départ de cette asile, Mr le Directeur Dufour, m'avais délivré une petite recommandation pour me permettre de me placer plus facilement.

Ayant quitté que depuis quelques années seulement la communauté des frères Maristes ; j'avais pensé ; avant même mon départ de ~~cette~~ l'Asile ; que cette maison, mieux que tout autre, pouvait m'assurer toute la tranquillité et la protection que réclamait à cette heure surtout ma pauvre situation.

Ma 1ere idée à ma sortie de l'asile fut donc d'aller retrouver mes anciens supérieurs de cette communauté. Arrivé à St-Genis-Laval ; je commence à adresser une lettre particulière à mon ancien Directeur du noviciat qui ; lors de quelques visites que je rendais à mes pays étant petit domestique en fasse de cette communauté, m'avait invité à les rejoindre et qui plus tard à ma sortie de cette maison (motivée par ce que la vie cédentaire et de la classe surtout était contraire à ma santé ; ainsi qu'il en a été pour un gd nombre de mes anciens collègues) m'avait délivré des renseignements qui m'ont servi à me placer dans une bonne maison de commerce en papeterie, chez Mr Piquet et Cie à Lyon, et dans laquelle, ainsi qu'il en était convenu avec mon ancien patron ; je devais retourner après mon service militaire en qualité d'employé chargé de la surveillance du magasin et des ouvriers . . . .

. . . .

Lettre particulière dis-je adressée à mon ancien Directeur du noviciat à ma sortie de l'asile pour lui solliciter un petit emploi quelconque (vu qu'à cette époque il m'était encore impossible d'occuper un gros travail surtout aux rigueurs du soleil qui me causait surtout à cette époque de grâves douleurs à la tête ~~et~~ m'amenant tout à l'état d'un homme ivre) et dans laquelle je l'avoue, je m'étais un peu et beaucoup même trop abaissé au sujet de l'événement de B. les. Dames soit à cause que je n'avais pas eu 5 années de plus pour réfléchir, soit à cause que je ne m'étais pas encore tout défait de ce pauvre esprit ignorant qui raignait surtout à cette époque dans les communautés de Frères… Surtout . . .

. . . .

Bien qu'ayant ainsi que je l'ai expliqué plus haut, … quitté cette communauté dans les meilleures conditions ; je reçu pour toute réponse à ma dite lettre un bout de note *qui me faisait savoir que dans cette communauté on ne recevait comme employé aucune personne qui y avait resté comme novice ou Frère… et j'ajouterais même avec honneur ?* . . .

J'en fus très surpris, mais cependant pas découragé et c'est pour cela que l'idée me vient quelque jours après, d'aller rejoindre une de mes sœurs à Menton (Alpes-Maritimes) qui de tous mes parents pouvait le mieux me venir en aide . .

A cet effet, je prends le train et part pour Menton dis-je, ou ma sœur Olympe tient un établissement : café Monté-Carlo laquelle était à son tour venu me rejoindre à Be. les-Dames et ensuite à l'asile de Dôle.

A mon arrivée importune quoique un peu surprise, ma sœur ne tarda pas à comprendre toute l'imprudence que venait de commettre ma dernière asile… C'est alors, qu'après avoir passés trois semaines un mois environ avec elle, ne connaissant plus qu'un maigre remède aux fautes des asiles, elle me fait la proposition de retourner chez un de mes beau-frère qui ; ainsi qu'on peut le savoir, ne pouvait m'assurer ~~aucun~~ qu'un très faire appui ; surtout qu'il avait peut-être la tête moins solide que moi . . .

Je me décide cependant à aller trouver ce beau-frère, bien qu'ayant même eu à l'occasion de son mariage avec ma sœur un petit démélé : a cet effet, après avoir fermé pour quelques heures son établissement et donné un petit congé à son personnel, ma sœur Olympe vint m'accompagner à la gare de Menton ou après m'avoir garyni raisonnablement mon porte-monnaie, me prend elle-même mon billet pour Marseille ou lui avais dis je tenais à m'arrêter du oins quelques heures à cette occasion.

Arrivé à Marseille, après avoir rendu une 1ère visite à Notre Dame de la Garde j'en rendis une autre à la Nouvelle et Gde Cathédrale de cette ville, ainsi que je l'avais faits à celle du fort de Menté Carlo, un jour que ma sœur Olympe m'avait permis un petit congé pour aller voir cette petite Principauté connue du monde entier, ou, dis-je, j'y ai trouvé aussi un lieu sacré et de repos pour les âmes ; et j'ajouterais, malgré tant de malheurs aussi déplorables que justifiés pour les grandes âmes…

. . . .

Arrivé dans ce grand port dis-je, qui attire l'attention de ses plus humbles passagers… ; j'avais presque oublié mon retour chez mon beau-frère, quand tout en me promenant je vint tomber près de la garre C'est alors que l'idée me vient de quitter cette ville mais comme il se faisait tard, je me dispose à partir que le lendemain au 1er train. Le lendemain je reprends donc mon train pour Lyon ou je devais m'arrêter de nouveau d'abord pour changer de direction pour entrer dans l'Isère et aussi pour aller rendre une visite à cette même occasion à quelques proches parents que j'ai aux environs de cette ville et que ma sœur Olympe m'avait recommendé d'aller voir en passant m'ayant à cet effet, donné quelques petites commissions.

Après avoir accompli ma petite tâche je reviens donc à Lyon pour prendre en dernier lieu le train pour Beaurepaire (Isère) ou je devais m'arrêter pour aller rejoindre à pieds mon beau-frère à Marcollin, commune voisine et de Beaurepaire et de Beaufort mon pays natal.

Arrivé à Beaurepaire dans un état de découragement et de grande faiblesse après toutes ces défaites après ma sortie de l'asile (et vers les Frères et près de ma propre sœur) j'avais d'abord l'âme bien triste, surtout que pendant le long de ce long voyage j'avais été l'objet dans toutes les garres et les villes ou j'avais dû m'arrêter, d'airs bien comisérables oui ; mais aussi quelque fois moqueurs au sujet de ma déplorable infirmité dont je ne m'étais presque même encore pas apperçue (ai-je dis en 1er lieu) à l'asile . . . . . .

Et comme je tenais à passer à Beaufort mon pays de naissance avant de me rendre à Marcollin vers mon beau-frère ; je prends à mon arrivée à Beaurepaire le chemin de Beaufort. . . . .

Je m'acheminais donc, dans cet état dis-je, de découragement et de faiblesse au milieu de mil monstrueux souvenir vers mon pays de naissance ou j'allais être l'objet de mil questions aussi douloureuses qu'inutiles au sujet de ma déplorables infirmité (à cette époque surtout). Et si je comprenais que c'était un moment de folie qui me l'avais causé je ne doutais pas que s'en était un avant d'une fameuse coquine qui m'avait abandonné au moment même ou je m'y attendais le moins, et cela sans aucune explication quelconque et surtout sans vouloir me restituer certaines pièces sacrées : lettres particulières ou de mon ancien Patron et photographies qu'elle avait fort bien axptées ? . . . . . ; mais ce qui me chagrinait le plus au milieu de toutes ces tristes pensées dis-je, c'était de comprendre que la plus gde des folie avait été commise là même ou on avait été appellée si non à les guérir, du moins à les reconnaitre . . . . là ou je n'ai été l'objet d'aucun soin après le malheureux évenement de B. les-Dames, là ou ai-je dis en 1er lieu on m'a plus tôt donné la Terreur de la Société ! . . . .

. . . . .

Je <u>m'acheminais</u> donc dis-je vers mon beau-frère en passant par Beaufort dans cet état d'âme et de nature en révolte lorsqu'à un moment donné je rencontre sur mon chemin une jeune fille de 17 à 18 ans…. A ce moment une espèce de fièvre et un tremblement nerveux me sesi et bien que n'ayant aucunement l'intention de venir de Menton (frontières Italiennes…) comettre un crime aux portes de mon pays ; comme malgré moi ; à ma rencontre avec cette fille au moment ou cet accès de rage oui ; mais de révolte, de fièvre et enfin de folie était arrivé à son….

Je me jette, tombe et plus tôt sur cette fille et lui donne la mort hélas ! qui (il faut le croire..) l'attendait ?...

PS : Si je l'ai violé c'est autant que je puis m'en souvenir sur ses instences et dans l'espoir assûrement de calmer mon acces.

C'est à partir de ce triste et déplorable moment là Mrs, que commense cette terrible vie errante et mystérieuse, ou je ne sais presque jamais ou je vai... et qu'aussi bien jamais je ne pourrais expliquer ?... Pendant laquelle j'ai fait tant couler de larmes hélas !... Et qui aidé d'une Providence exceptionnelle... j'ai comme secouer au quatre coins de notre France le gros et beau paquet que j'avais plus tôt ramassé dans la triste et infernale maison de saletées et d'abominations de Dôle ou St Yli : Si non la source le cours de tant de maux, de tant de douleurs, de sacrifices et de larmes d'une telle malédiction en un mot /de Dieu/ pour /sur/ la France ! ! !. . . . .

. . . .

. . . .

Conclusions — *1ere Je ne suis ainsi que je l'ai dis bien souvent par suite de la 1ere cause de ma 1ere irresponsabilité :* morsure d'un chien enragé ou remèdes... *qu'un innocent ?...*

Et par suite de la cause pal de ma seconde *irresponsabilité que je viens de vous expliquer de mon mieux : qu'un Instrument (ai-je dis aussi si souvent...) de la volonté et de la Justice de Dieu ; suscité par la force des misères du siècle et du Peuple . . . .*

. . . .

En autres termes et pour ce dernier cas : *Si je n'avais pas été salit par la saleté et les abominations jamais je ne les aurais commise les saletées et les abominations ???*

Belley le 15 juillet 1898 *Signé Jh Vacher de Beaufort*

3. Vacher l'éventreur et les crimes sadiques (1899)

par Alexandre Lacassagne

AVERTISSEMENT

L'ouvrage d'Alexandre Lacassagne a été préparé pour cette réédition en appliquant les règles suivantes : les coquilles orthographiques, les noms de lieux, les patronymes et les prénoms ont été rectifiés lorsqu'ils comprenaient des erreurs. Au début de cette réédition, nous donnons au lecteur la possibilité de comparer l'acte d'accusation original et la version publiée par Lacassagne en signalant entre crochets les six passages présents dans la pièce judiciaire (pièce 693) et supprimés dans le livre. Nous proposons la même possibilité de comparaison pour l'article d'Émile Fourquet sur les crimes imputables à Vacher, pour lequel il existe une version manuscrite conservée dans la correspondance du parquet de la Cour d'appel de Lyon.

Dans cette partie, les notes ajoutées sont signalées par un astérisque.

M.R.

VACHER À 16 ANS.

VACHER SERGENT AU 60e.

VACHER EN PRISON.

LE BALUCHON DE VACHER.

PRÉFACE

Il y a un peu plus d'un an que nous avons commencé à nous occuper de Vacher.

Lorsque nous eûmes vu de près cet homme et que la lecture du dossier nous eut appris à quel genre de criminel nous avions affaire, nous nous livrâmes à une étude du Sadisme, réunissant tout ce que la littérature médico-légale avait produit de plus important.

Ayant à procéder à l'examen d'un des plus grands scélérats qui aient, peut-être, jamais existé, nous voulions faire cette étude, muni de tous les renseignements et au courant de ce que la science connaît sur ce sujet. Le travail que nous mettons aujourd'hui sous les yeux du public médical est composé des matériaux que nous avions réunis à cet effet.

Nous n'avons, il nous semble, rien oublié d'essentiel. Il est bon d'ailleurs que l'on puisse apprécier le scrupule et la méthode que nous apportons dans l'étude de semblables problèmes.

Aujourd'hui comme en octobre dernier, aux assises de l'Ain, nous sommes convaincus d'avoir dit la vérité, toute la vérité, rien que la vérité. Après s'être rendu compte de nos efforts on conviendra, nous l'espérons, que si nous nous sommes trompé, c'est certainement de bonne foi.

Ce travail ne sera pas infructueux si nous avons mis au point une des questions les plus troublantes de la médecine légale. Nous avons été aidé par la précieuse collaboration de nos amis Tarde, Bérard, Marciat, Étienne Martin dont le savant concours a étayé nos opinions et consolidé l'œuvre commune.

Dès le lendemain des débats, afin que le public médical compétent eût le temps de crier à l'erreur, nous avons publié le rapport des experts sur Vacher.

L'histoire de ce criminel, cette série de drames sont dignes par le nombre des forfaits d'être donnés comme un des plus étonnants exemples de la perversité humaine.

C'est fini.

Nous quittons la plume et sortons de ce long travail comme d'un cauchemar, c'est-à-dire écœuré et fatigué.

A. L.

Lyon, le 19 février 1899

BIBLIOTHÈQUE DE CRIMINOLOGIE
XIX

VACHER L'ÉVENTREUR

ET LES

CRIMES SADIQUES

PAR

A. LACASSAGNE

AUTOGRAPHES ET PORTRAITS DE VACHER
(14 FIGURES ET 2 PLANCHES)

LYON
A. STORCK et Cie, ÉDITEURS
78, Rue de l'Hôtel-de-Ville

PARIS
MASSON et Cie, ÉDITEURS
120, Boulevard Saint-Germain

1899

COUVERTURE DE L'OUVRAGE DE 1899.

I. — ACTE D'ACCUSATION

Le Crime de Bénonces (Ain)

Le 31 août 1895, fut découvert au lieu-dit le Grand-Pré, situé commune de Bénonces (Ain), le cadavre affreusement mutilé d'un jeune berger, âgé de seize ans, Victor Portalier. Vers une heure de l'après-midi, il avait quitté le domicile de son maître, le sieur Berger, cultivateur au hameau d'Onglas, pour conduire le bétail au pâturage. À trois heures environ, un autre berger, Jean-Marie Robin, âgé de douze ans, aperçut le troupeau de Portalier dans un champ de trèfle. Il appela en vain son camarade et s'efforçait de ramener le bétail quand il remarqua sur la terre des traces de sang. Effrayé, il héla d'autres pâtres qui lui signalèrent la présence du garde champêtre. Celui-ci se rendit sur les lieux et, suivant les traces de sang, se trouva bientôt en présence du cadavre de Portalier, caché sous des genévriers, presque nu et couvert de blessures. Une énorme plaie s'étendant de l'extrémité inférieure du sternum au pubis ouvrait entièrement le ventre les intestins s'en échappaient et se répandaient sur l'abdomen et sur une cuisse. [Les parties sexuelles avaient été enlevées avec un instrument tranchant; un testicule et un lambeau du scrotum auquel adhérait encore une partie de la verge furent retrouvés à quelques pas du cadavre].

Une autre blessure avait ouvert l'estomac et laissait se répandre sur le sol des matières alimentaires. Le thorax portait trois blessures, dont une de six centimètres de longueur sur trois de largeur, trois autres blessures existaient au cou: l'une d'elles, longue de trois centimètres, large de quatre, avait sectionné la carotide. Portalier avait donc été égorgé, éventré puis odieusement mutilé. Quatre des blessures qu'il avait reçues devaient entraîner la mort presque immédiate. L'état de la victime a permis de penser que le mobile du crime avait été l'assouvissement sur le cadavre d'une passion immonde. Le jeune Portalier avait été confié par sa mère à la Société lyonnaise pour le sauvetage de l'enfance qui l'avait placé, depuis trois ans, chez le sieur Berger, où sa conduite avait été exemplaire. Il avait su se faire aimer de tous.

Personne dans la région ne pouvait être son assassin, mais les soupçons se portèrent sur un vagabond d'allure sinistre qui avait rôdé dans le village la veille et le jour du crime. Les déclarations précises de plusieurs témoins qui l'avaient remarqué permirent de formuler son signalement. Il était âgé de trente ans environ, de taille moyenne, vêtu d'un gilet de lustrine noire avec manches, d'un pantalon à raies noires et blanches, coiffé tantôt d'un béret tantôt d'un chapeau de paille. Il était chaussé de galoches et portait un sac de toile grise et un bâton. La barbe noire comme ses cheveux était taillée en pointe et clairsemée sur les joues. La bouche était déformée, son œil droit était taché d'une rougeur et surmonté d'une cicatrice. La trace de ce vagabond fut suivie pendant toute la journée du 3 août jusqu'à six heures du soir, au moment où il traversait la ligne du chemin de fer, au passage à niveau de Villebois ; mais il fut impossible de savoir ce qu'il était devenu à partir de ce moment, et les recherches restèrent infructueuses pendant deux ans. Elles n'avaient pas cependant été abandonnées.

M. le juge d'instruction de Belley, frappé, comme plusieurs magistrats, de la similitude qui existait entre le crime de Bénonces et divers crimes commis dans des circonstances analogues sur plusieurs points de la France, s'était efforcé de préciser et de compléter le signalement de l'auteur présumé et avait rédigé une commission rogatoire qui, adressée à de nombreux parquets, amena enfin la mise sous la main de la justice de l'assassin de Victor Portalier. Le 4 août 1897, le nommé Joseph Vacher était arrêté dans l'arrondissement de Tournon à raison d'une agression significative commise sur une femme. Son signalement présentait une analogie tellement frappante avec celui du vagabond désigné par les témoins de Bénonces, qu'il fut après sa condamnation par le tribunal de Tournon (7 septembre 1897), transféré à Belley.

Il opposa d'abord à l'inculpation des dénégations énergiques, mais formellement reconnu par plusieurs témoins qui l'avaient vu à Bénonces dans les journées des 30 et 31 août 1895, il se reconnut coupable non seulement de l'assassinat du jeune Portalier, mais encore de plusieurs autres crimes semblables, par lui commis dans diverses régions de la France, qu'il avait parcourues en vagabond pendant les années 1894, 1895, 1896 et 1897 et à raison desquels l'opinion publique, surexcitée, avait injustement fait peser des soupçons sur des innocents.

Ces aveux n'étaient point inspirés par le remords. Convaincu d'être l'auteur du crime, Vacher a tenté d'échapper à l'expiation suprême en faisant surgir des doutes sur sa responsabilité et il a cherché son salut dans le nombre et l'horreur de ses crimes, se représentant comme un aliéné en proie à des accès subits et inconscients de rage furieuse, tuant alors au hasard, souillant parfois les cadavres de ses victimes et leur faisant subir d'affreuses mutilations sous l'empire de la folie.

La répétition et la monstruosité des crimes devaient être l'un des éléments de ce système de défense, et c'est pourquoi Vacher a fait certains aveux, s'arrêtant d'ailleurs dans cette voie, lorsqu'il ne lui a plus paru utile pour sa défense d'y persévérer.

Si incomplets qu'ils soient, ces aveux corroborés par une longue et patiente information, révèlent une véritable série de crimes qui dépassent en horreur tout ce que l'imagination humaine peut concevoir.

En ce qui touche le crime de Bénonces, Vacher l'a avoué au magistrat instructeur dans les termes suivants :

« De Saint-Ours, je suis revenu à Bénonces, où j'ai tué un jeune garçon que vous me dites s'appeler Portalier, mais dont je ne savais pas le nom ; il était debout, je crois, dans un pré où il gardait son bétail.

« Je suivais un chemin qui conduisait à la montagne et passait non loin du pré. Je me suis approché du berger. Je ne lui ai rien dit, il ne soupçonnait pas pourquoi je m'approchais de lui. Je l'ai saisi brusquement à la gorge. Je l'ai tué avec un couteau dont je ne me rappelle pas la forme et que j'avais sur moi. Je lui ai coupé la gorge et je crois aussi lui avoir arraché les parties sexuelles avec les dents. J'aurais préféré abandonner certains détails en ce qui concerne certaines vilaines choses que j'ai faites, et je crains que l'exemple de ma maladie ne devienne nuisible à la moralité de la jeunesse… Vous me demandez comment j'étais habillé, je ne m'en souviens pas ; si je me suis lavé après le crime, je ne m'en souviens pas non plus, mais je le crois. J'ai traversé ensuite des bois. Au surplus il n'est pas possible de me rappeler d'autres détails, en raison de l'état dans lequel je me trouvais. »

Ces aveux complétés par les constatations matérielles ne laissent aucun doute sur la culpabilité de Vacher. C'est bien lui qui a égorgé, éventré mutilé, pour satisfaire ses monstrueuses passions, le jeune Portalier. Et il a commis ce crime non dans un accès de folie furieuse comme il le prétend, mais avec préméditation et en pleine conscience.

Apercevant un enfant isolé, sans défense, il s'est détourné de son chemin et il s'est approché doucement de lui, sans éveiller sa défiance tenant ouvert dans la main son couteau pour lui couper la gorge. Puis brusquement, il l'a saisi par surprise et l'a frappé mortellement.

Obéissant ensuite à son effroyable perversité, il l'a déshabillé, éventré, mutilé, souillé. Sa passion satisfaite, avec la même présence d'esprit et le même sang-froid qu'il avait apportés à la préparation du crime, il cache le cadavre sous les buissons, change de coiffure, met son vêtement sous son bras afin de n'être pas reconnu et entreprend à grande allure une marche forcée à travers champs, qui le soustrait bientôt aux recherches. Ce crime prémédité, accompli en pleine conscience, est le seul que les règles de la procédure criminelle aient permis de comprendre dans la présente accusation. [Il importe cependant, afin qu'il soit statué en pleine connaissance de cause sur le système de défense de l'accusé, de rappeler ici ses antécédents, les faits qu'il a lui-même spontanément révélés en vue de sa défense et de faire connaître l'opinion qu'après de minutieuses observations les médecins experts ont formulée sur son état mental passé et présent.]

Les antécédents de Vacher *

Joseph Vacher est né à Beaufort (Isère), le 16 novembre 1869. Il est issu d'une famille de cultivateurs honorables et très nombreuse. Ses parents étaient sains de corps et d'esprit. Parmi ses ascendants, il n'en a jamais existé de fou, d'épileptique ou d'idiot. Il n'a souffert dans son enfance d'aucune maladie susceptible d'ébranler ultérieurement son système nerveux. Il allègue cependant que dans son jeune âge, il fut mordu par un chien enragé et que sa famille lui fit prendre un remède secret qui eut pour effet de l'hébéter et de lui vicier le sang. Ses crimes ne seraient, d'après lui, que des accès de rage dus à cette morsure et à ce traitement.

Il a été établi que Vacher n'a jamais été mordu par un chien enragé, il aurait été seulement léché par un chien suspect d'hydrophobie et aurait bu un breuvage préparé par un empirique. Les médecins experts affirment que ce fait ne peut avoir eu aucune influence sur son état mental. Il a grandi à Beaufort, laissant le souvenir d'un enfant sournois et méchant.

Plus tard, il essaya de se mettre en service, mais il ne put rester nulle part. À dix-huit ans, il entra comme postulant chez les frères maristes de Saint-Genis-Laval.

Il en sort deux ans après, pour s'être livré, d'après un témoin, à des actes infâmes** sur ses camarades. Peu après, il tente d'accomplir violemment sur un enfant un acte contre nature. Il contracte ensuite une maladie honteuse [vénérienne] pour laquelle il s'est soigné à Grenoble et à Lyon.

Après un séjour à Genève, il commence, le 18 novembre 1890, son service militaire au 60e régiment d'infanterie à Besançon. Les renseignements recueillis sur cette période de sa vie, auprès de ses camarades et de ses supérieurs, le représentent comme se livrant à des actes de violence et inspirant des craintes, pour leur sécurité, aux hommes qui devaient vivre auprès de lui. Il fut même, en octobre 1891, mis en observation à l'infirmerie comme atteint d'idées noires avec délire de la persécution. Il n'en obtint pas moins le grade de sergent. Mais en 1893, ses menaces, ses violences, certaines incohérences dans ses paroles entraînèrent son envoi à l'hôpital avec ce diagnostic « troubles psychiques ».

Quelques jours après, il était mis en congé de convalescence de quatre mois afin qu'il n'eût plus à reparaître au corps.

Pendant ce congé, il alla rejoindre, à Baume-les-Dames, une jeune fille qu'il avait connue à Besançon et avec laquelle il voulait se marier, dit-il. Ne

---

* Ce sous-titre n'est pas dans l'acte d'accusation. Il s'agit d'un ajout pour le livre de Lacassagne.

** À la place d'« actes infâmes », la pièce judiciaire indique : [à des actes de pédérastie sur ses camarades].

pouvant triompher de ses refus, il se rendit le 25 juin 1893 auprès d'elle, la blessait à la tête de trois coups de revolver, puis tournant son arme contre lui-même, il essayait de se suicider en se tirant plusieurs coups de revolver. L'une des balles pénétrait par l'oreille droite où elle se trouve encore, causant la surdité complète du côté droit, ainsi que la paralysie du nerf facial et du nerf auditif du même côté.

Les blessures reçues par la victime n'entraînèrent qu'une incapacité de travail de quinze jours. Quant à Vacher, il fut, à raison des signes de dérangement cérébral qu'il avait donnés au régiment, placé en observation à l'asile d'aliénés de Dole, le 7 juillet 1893. Le 2 août suivant, il était définitivement réformé avec congé n° 2, pour troubles psychiques, et le certificat de bonne conduite lui était accordé. Il s'évadait peu après de l'asile de Dole, était repris à Besançon et bénéficiait d'une ordonnance de non-lieu, basée sur son état d'aliénation mentale caractérisée par le délire de la persécution. Mais, s'il était considéré par la justice comme irresponsable à raison de son attentat de Baume-les-Dames, il devait, par cela même, être maintenu dans un asile d'aliénés. Aussi fut-il transféré comme aliéné dangereux à l'asile de son département d'origine, à Saint-Robert. Mais il y était à peine interné, que son état mental se transformait, tout indice de folie disparaissait, si bien que le 1er avril 1894, il sortait de l'asile de Saint-Robert entièrement guéri d'après la déclaration du médecin-directeur et ne présentant plus aucune trace de folie.

Il résulte donc des appréciations des médecins aliénistes, qui doivent être acceptées en leur entier comme l'expression de la vérité au moment où elles ont été formulées, que Vacher, après avoir été atteint d'une aliénation mentale transitoire à l'expiration de son service militaire avait quelques mois plus tard recouvré toute sa raison, qu'il sortait de l'asile Saint-Robert sain d'esprit, conscient et responsable. Les sanglants attentats auxquels il va se livrer ne seront donc que la manifestation toujours identique de la même passion sadique et sanguinaire. Ils seront l'œuvre d'un monstrueux criminel, ils ne seront pas celle d'un fou.

*Les aveux de Vacher**

En ne tenant compte que des révélations faites par l'accusé au magistrat instructeur et dont l'exactitude a été vérifiée, révélations qu'il a un jour brusquement interrompues, Vacher a, depuis sa sortie de l'asile Saint-Robert jusqu'au moment de son arrestation, tué quatre garçons, six jeunes filles et une vieille femme. Il a en outre tenté de violer une enfant de onze ans. Après avoir quitté le 1er avril 1894 l'asile Saint-Robert, Vacher se rendit

* Sous-titre ajouté par Lacassagne.

à Saint-Genis-Laval, puis il se dirigea vers Grenoble en passant à Beaurepaire (Isère).

C'est dans cette commune que le 20 mai 1894, il a assassiné, puis violé Eugénie Delhomme, âgée de 21 ans. Elle passait seule, le soir, dans un chemin isolé. Il se jeta sur elle, l'étrangla, puis lui coupa la gorge avec un couteau, la frappa violemment au ventre à coups de soulier et lui arracha une partie du sein droit. Il transporta ensuite sa victime, dont il avait déchiré les vêtements, derrière une haie et la viola.

Le corps ne fut découvert que le lendemain. Mais l'assassin avait pris la fuite à travers champs et allait se placer dans une ferme aux environs de Grenoble, tandis que les soupçons se portaient successivement sur plusieurs jeunes gens de Beaurepaire signalés à tort par l'opinion publique. Des environs de Grenoble, Vacher se rendit dans la Bresse, puis il eut la pensée d'aller à Menton auprès d'une de ses sœurs fixée dans cette ville et par laquelle il espérait être recueilli. Au cours de ce voyage qu'il effectuait en entier à pied, suivant son habitude, il rencontra le 20 novembre 1894 sur le territoire de la commune de Vidauban, une enfant de treize ans, Louise Marcel, fille d'un fermier. Elle était seule dans ce lieu isolé. Il la saisit au cou et l'entraîna dans une bergerie, puis il tenta de l'étrangler, lui coupa la gorge, l'éventra et lui arracha les seins. Il prétend ne l'avoir pas violée.

Dans cette affaire encore, un innocent fut injustement soupçonné. Quant à Vacher, s'éloignant à la hâte, capable, grâce à sa constitution physique de parcourir de grandes distances, inconnu dans le pays, s'écartant des chemins, sachant dissimuler sa marche, il était bientôt à l'abri des recherches. Il lui fut ainsi possible de revenir à Grenoble. Il y séjourna trois mois à la ferme de l'hospice, puis il prit la résolution de se rendre à Paris en passant par Dijon et Lyon. Il se trouvait aux environs de cette ville le 12 mai 1895. Il rencontra sur la route 71, vers 9 heures du matin, à proximité du lieu-dit le Bois-de-Chêne, une jeune fille de dix-sept ans, originaire d'Étaules, nommée Augustine Mortureux. Il se jette sur elle, l'égorge à coups de couteau, transporte son cadavre dans une friche longeant la route et essaye de mutiler ses seins. Le cadavre fut retrouvé dans une cavité du sol, les jupes relevées sur la poitrine et les jambes écartées. Il n'y avait pas eu viol. On constata que les souliers de la victime et ses boucles d'oreilles lui avaient été enlevés.

Ce crime causa une émotion profonde dans la région, plusieurs personnes furent inculpées, l'une d'elles-mêmes, dénoncée avec passion par ses ennemis, fut renvoyée devant la chambre des mises en accusation qui rendit une ordonnance de non-lieu. Or, ce crime était l'œuvre de Vacher qui l'avoue. Il reconnaît même qu'il a pris les souliers de la victime qui paraissaient convenir à ses pieds. Après l'assassinat d'Augustine Mortureux, Vacher au lieu de continuer son chemin vers Paris revient sur ses pas. Il se place chez un fermier pour la saison des foins, et prend ensuite la route de Chambéry et d'Aix-les-Bains en passant par Bénonces, où il reviendra plus tard et assassinera Victor Portalier.

Dans la matinée du 24 août 1895 à Saint-Ours (Savoie) il égorge dans sa maison la dame veuve Morand, âgée de 58 ans* et la viole, puis il s'enfuit après avoir fermé la porte à double tour et enlevé la clef. On voit sur les vêtements de la victime des taches d'huile. Or, dans le sac de Vacher on a trouvé un flacon d'huile dont il n'a pu indiquer l'emploi et les médecins experts ont pu se demander si Vacher, qui avoue le viol, n'avait pas en réalité pratiqué sur sa victime un attentat plus odieux encore. C'est quelques jours après ce crime que Vacher, revenant sur Bénonces, y assassina Victor Portalier le 31 août, dans les circonstances ci-dessus rapportées. Après avoir traversé les départements de l'Ain et de l'Isère, il passe dans la Drôme et le 22 septembre il égorge à Truinas d'un coup de couteau qui tranche le cou jusque la colonne vertébrale la jeune Aline Alaise, âgée de seize ans. Il pratique sur son corps quelques mutilations et un commencement d'éventration. Dérangé dans sa sinistre besogne, il dut abandonner sa victime et tandis qu'un berger atteint d'imbécillité était arrêté comme coupable de l'assassinat d'Aline Alaise, il se rendit dans le département de l'Ardèche où le 29 septembre il commettait à Saint-Étienne-de-Boulogne un nouveau crime sur la personne d'un berger de quatorze ans. Pierre Massot-Pelet. Ce crime est l'exacte répétition de celui de Bénonces. Surpris dans un lieu désert, le jeune Massot-Pelet est étranglé, égorgé, éventré, ses organes génitaux sont blessés, puis l'assassin se livre sur le cadavre à un immonde attentat.

Un innocent a été longtemps soupçonné d'être l'auteur de ce crime. Pour faire tomber ces soupçons injustes, il a fallu que les aveux de Vacher fussent l'objet d'une vérification qui n'a laissé aucun doute sur leur véracité. Après le crime de Saint-Étienne-de-Boulogne la trace de Vacher est perdue jusqu'au 1er mars 1896 où on le retrouve dans la Sarthe, essayant de violer à Noyen une enfant de onze ans, Alphonsine Derouet, qui fut sauvée par l'arrivée d'un garde particulier accouru à ses cris.

Frappé par Vacher d'un coup de pied au visage, le garde dut le laisser fuir. Un gendarme monté sur un vélocipède le rencontre, lui demande ses papiers, ne reconnaît pas en lui l'inculpé signalé et le laisse continuer sa route.

Tandis que le parquet de la Flèche instruisait cette affaire, le parquet de Baugé poursuivait Vacher pour vagabondage et coups et blessures, et le faisait condamner, le 9 mars 1896, à un mois d'emprisonnement. Cette peine et celle

---

* Cet âge est indiqué par erreur dans tout le dossier de procédure, il n'est donc pas étonnant que Lacassagne le recopie. Le décès de la veuve Morand, déclaré le 24 août sur le registre d'état-civil de la commune de Saint-Ours, renvoie à Péronne Baud, née le 12 juillet 1840. Elle avait donc 55 ans.

de trois mois d'emprisonnement prononcée par le tribunal de Tournon sont les seules que Vacher aient encourues.

On le retrouve en juillet 1896 à Précy (Seine-et-Oise). À la fin de ce mois, il prend la direction du Midi. Le 10 septembre, il assassine à Busset (Allier) une jeune femme âgée de dix-neuf ans, Marie Moussier, récemment mariée au sieur Laurent. Il l'étrangle, l'égorge comme ses autres victimes et lui enlève son alliance en or. La disposition des vêtements déchirés indique qu'il s'apprêtait à pratiquer l'éventration. Le corps fut trouvé dans des fougères, au pied d'une haie vive.

Quelques jours plus tard, le 1er octobre, dans la Haute-Loire, à la Varennes-Saint-Honorat, il donne la mort à la jeune Rosine Rodier, bergère, âgée de quatorze ans, dont le corps fut trouvé dans un fourré de pins, de genêts et de bouleaux. Il l'égorge, l'éventre et lui enlève les parties génitales externes par une incision qui entame les cuisses. Il prétend s'être dirigé immédiatement après ce crime vers l'Espagne et être revenu ensuite à Lyon, en passant par Montpellier et Nîmes.

Cette période de l'existence de Vacher n'est pas connue. Il est certain toutefois qu'il se trouvait en février 1897 dans le Tarn, à Lacaune.

Vers la fin de mai 1897, il tue aux environs de Lyon, à Tassin-la-Demi-Lune, un jeune vagabond, Claudius Beaupied, âgé de quatorze ans.

Cet enfant avait quitté sa famille qui avait cessé de se préoccuper de lui, son cadavre ayant été jeté par le meurtrier dans le puits d'une ferme abandonnée, sa mort fut ignorée.

Vacher a fait l'aveu de cet assassinat dans un moment de vanité et pour montrer la véracité de ses récits aux incrédules portés à penser qu'il se vantait de crimes qu'il n'avait pas commis.

Claudius Beaupied était entré le matin dans une maison inhabitée où Vacher avait passé la nuit. Ce dernier lui coupa la gorge avec un rasoir, déshabilla le corps et le jeta dans le puits où il ne fut découvert que le 25 octobre à l'état de squelette.

Quelques jours plus tard et encore dans le Rhône, à Courzieu-la-Giraudière, il tue, le 18 juin, un berger de treize ans, Pierre Laurent.

Entre onze heures et minuit, cet enfant ramenait des bœufs chez son maître. Il est assailli par Vacher qui tente d'abord de l'étrangler, puis l'égorge et lui fait au bas-ventre [sur les parties sexuelles] une large plaie [qui enlève un testicule]. Il traîne ensuite le corps derrière une haie et se livre sur lui un acte de pédérastie.

Après ce crime, il se dirige vers Lyon qu'il traverse et passe dans l'Isère, où il reste quelques jours. Il est enfin arrêté à Champis, dans l'Ardèche, au moment où il tentait de faire subir à la femme Plantier le même sort qu'à ses autres victimes. Grâce à la prompte arrivée du sieur Plantier, accompagné de deux autres personnes, il fut saisi malgré sa résistance acharnée mais rien n'indiquait à ce moment que le vagabond qui venait de renverser la dame Plantier, sans avoir d'ailleurs le temps de se livrer à d'autres violences, fût l'auteur de tant de crimes impunis.

Le présent acte d'accusation a rapporté sommairement les crimes avoués par Vacher, au cours de l'instruction ouverte au sujet de l'assassinat de Bénonces, du jeune Portalier. Il ne croit pas pouvoir rechercher si d'autres attentats du même genre, à l'égard desquels des charges pèsent sur l'accusé mais qu'il n'a pas avoués, ne lui sont pas aussi imputables.

[Dans le crime de Bénonces comme d'ailleurs dans tous ceux qui ont été exposés, rien ne semble démontrer que le coupable ait agi, ainsi qu'il le prétend, sous l'emprise de la folie. Le mobile de ces crimes est manifestement révélé par l'éventration des victimes, la mutilation de leurs organes, l'état de leurs vêtements, les souillures que, mortes ou vivantes, certaines ont subies. C'est la surexcitation d'une passion honteuse.

L'accusé obéit si peu à l'irrésistible impulsion de la folie qu'il assaille toujours des victimes sans défense; ses coups sont si habilement portés qu'il n'est presque jamais atteint par le sang qui jaillit de leurs blessures et qu'il n'a jamais été blessé ni même égratigné. Le crime commis, il cache le cadavre et s'assure ainsi plusieurs heures de sécurité pendant lesquelles, dissimulant sa marche, s'éloignant des chemins, il change de région, pouvant, dit-il effectuer en un jour un trajet de 60 à 80 kilomètres.

Lorsque la victime est retrouvée, si les soupçons se portent sur un vagabond que quelques personnes ont remarqué, c'est vainement qu'on le recherche. Vacher est muni d'effets de rechange et de plusieurs coiffures; son signalement ne répond déjà plus à celui du vagabond soupçonné. D'ailleurs, il est loin du lieu du crime; il se cache dans les bois; ne fréquente que les fermes isolées. Aucun indice ne peut mettre sur sa trace les agents de la police judiciaire.

Cette présence d'esprit, ce sang-froid dans la préparation et la perpétration du crime semblent exclure l'aliénation mentale. Toutefois, Vacher ayant été considéré déjà comme aliéné par la justice et ayant été interné, il a paru nécessaire de confier à des médecins spécialistes expérimentés l'examen de son état mental.]

Après de longues et minutieuses observations, les trois docteurs qui l'ont examiné ont formulé leur avis en ces termes: «Vacher n'est pas un épileptique, ce n'est pas un impulsif. C'est un immoral violent, qui a été temporairement atteint de délire mélancolique avec idées de persécution et de suicide.

«L'otite traumatique dont il est porteur semble n'avoir eu jusqu'à présent aucune influence sur l'état mental de l'inculpé.

«Vacher, guéri, était responsable quand il est sorti de l'asile Saint-Robert. Ses crimes sont d'un antisocial sadique, sanguinaire qui se croyait assuré de l'impunité grâce au non-lieu dont il avait bénéficié et à sa situation de fou libéré.

Actuellement, Vacher n'est pas un aliéné, il simule la folie. Vacher est donc un criminel. Il doit être considéré comme responsable, cette responsabilité étant à peine atténuée par les troubles physiques antérieurs.

[« En conséquence Vacher (Joseph) est accusé :

D'avoir, sur le territoire de la commune de Bénonces (Ain) arrondissement de Belley, le 31 août 1895, volontairement commis un homicide sur la personne de Portalier (Victor) avec cette circonstance aggravante que le dit homicide volontaire a été commis avec préméditation, crime prévu et puni par les articles 296, 297 et 302 du code pénal.

Au parquet de la cour à Lyon, le 31 août 1898,

Le procureur général »]

II. – RAPPORTS DES EXPERTS

Nous soussignés, Docteurs Alexandre Lacassagne, professeur de médecine légale ; Auguste Pierret, professeur de clinique des maladies mentales, médecin en chef de l'asile départemental de Bron, Fleury Rebatel, directeur d'une maison de santé.

Sur ordonnance de commise de M. Fourquet, juge d'instruction à Belley en date du 14 juin 1898, et après avoir prêté serment le 18 juin 1898, entre les mains de M. Benoist, délégué, pour recevoir ce serment par commission rogatoire du 14 juin 1898, nous sommes transportés à Belley, le 6, le 13 et le 17 juillet à la prison, à l'effet d'examiner le nommé Joseph Vacher, détenu, et dresser rapport de son état mental[1].

Issu d'une famille honorable et nombreuse, Vacher n'a pas souffert d'une seule de ces maladies d'enfance qui laissent si souvent dans le système nerveux des foyers d'irritation susceptibles de favoriser, le cas échéant l'explosion d'états convulsifs. Les parents étaient sains de corps et d'esprit, et toutes les dépositions concourent à établir que, parmi les ascendants de l'accusé il n'a jamais existé de fou, d'épileptique ou d'idiot.

Pour mémoire, il faut toutefois noter la mort en bas âge d'une sœur jumelle et l'incident du chien enragé*. Un jour, le petit chien d'un garde

1. Les experts ont eu à examiner Vacher le 16 décembre 1897 à Belley, puis à Lyon à la prison Saint-Paul pendant les mois de janvier, février, mars, avril et mai 1898.

* Lacassagne commet ici une erreur. Il ne s'agit pas d'une sœur jumelle mais d'un frère, Eugène, décédé le 15 juillet 1870 (état-civil de Beaufort, mariages, décès, AD de l'Isère, 9NIM/AC032/5). Cette erreur trouve son origine dans les pièces de procédure consultées par

s'élance sur Vacher enfant, le couvre de caresses et le lèche à la figure ; quelques jours après, ce chien est abattu comme hydrophobe. La famille Vacher s'émeut, une sœur sacrifie quelque argent gagné par son travail et va chercher un de ces remèdes secrets qui passent pour préserver de la rage. On fait absorber à l'enfant le mystérieux contenu d'une grande bouteille et, pendant assez longtemps, il en reste comme hébété. De là, toute une théorie sur laquelle l'accusé ne craint pas d'échafauder une bonne partie de son système de défense. La famille n'y contredit pas bien entendu, quoiqu'il soit avéré qu'il n'y a pas eu morsure. Soit par le virus du chien, soit par l'action des remèdes, le sang de Vacher aurait été vicié et, depuis ce temps, il n'était plus comme tout le monde, éprouvait de temps à autre le besoin de faire des fugues et, plus tard, se sentait comme enragé. Ces affirmations sont à la fois trop puériles et trop intéressées pour mériter une discussion scientifique. Nous laisserons donc ce fait entièrement et définitivement de côté.

Vacher grandit à Beaufort, dans sa famille, sans que rien fît bien prévoir sa sombre destinée. Sans être très intelligent, il fit des études primaires et son instruction, très probablement développée chez les Maristes et au régiment, peut être considérée comme passable. D'un caractère sournois et porté aux violences, il brisait volontiers, coupait même, paraît-il, les jambes des animaux confiés à sa garde, et, dans un accès de colère vindicative, aurait tiré à plombs, dans la direction de camarades qui avaient cherché à le faire tomber en tendant, la nuit, un fil de fer sur le chemin qu'il devait suivre.

Quand il fut grand, comme il ne se plaisait pas à la maison, il tenta de se mettre en service, mais ne put rester nulle part. Le côté menaçant de son caractère commençait à se manifester et la confiance qu'il inspirait était si faible, que M. Declérieux dit de lui, en 1885 « qu'à son avis, il n'aurait pas été prudent de le laisser seul avec des enfants ».

Ne réussissant pas à se caser, Vacher finit par échouer comme postulant chez les Maristes de Saint-Genis-Laval, le 20 novembre 1887. Il avait alors dix-huit ans. Au reste, il quitte bientôt l'établissement, parce que, disent les frères, « nous ne le trouvions pas suffisamment sérieux et trop excentrique pour la vie religieuse » ; parce que, dit le témoin Loyonnet, « il avait masturbé ses camarades » et en fut chassé. C'est du reste à la même époque, qu'obéissant aux impulsions d'un génitalisme irrégulier, Vacher tente d'accomplir sur le jeune Bourdes (1888) un acte contre nature qui n'était probablement pas un essai. Entre-temps, il contracte une maladie vénérienne pour laquelle il fut soigné dans le service du Dr Girard, à Grenoble, pour orchite blennorragiques

---

Lacassagne. En donnant le 29 décembre 1897 la composition de la famille de Joseph Vacher, le maire de la commune de Beaufort signale effectivement le décès d'une sœur jumelle et les circonstances de sa mort, survenue par le dépôt "d'un pain dans un grand lit où reposait l'enfant" (pièce 169).

(septembre 1888). Une récidive l'amène, plus tard, dans le service du Dr Gailleton à l'Antiquaille où il subit un traitement qui entraîne la perte d'une partie d'un testicule.

Guéri, il fait un voyage à Genève et tente encore de se placer, mais, en raison de son mauvais caractère de plus en plus aigri, chez Piquet ou chez Guinet, partout il se fait malvenir. Il sort même de la maison Piquet en 1889, après s'être gravement disputé avec le témoin Charpigny. Vacher, mis à la porte, menaça d'attendre un jour avec un couteau Charpigny qui ne s'en inquiéta pas et ajoute dans sa déposition «nous disions de lui qu'il devait avoir une araignée dans le plafond».

Avant d'entrer au régiment, Vacher avait donc donné des preuves certaines d'une tendance aux actes d'une immoralité avec inversion des instincts, en même temps que, par ses allures louches, il faisait naître la méfiance et justifiait l'opinion que peut-être il avait le cerveau quelque peu malade.

En 1891, Vacher arrive au régiment et se voit versé dans la 4e section de la 3e compagnie du 3e bataillon du 60e régiment.

Il se conduit d'abord assez bien, mais non sans laisser voir ses tendances sournoises et vindicatives: «Il ne cessait de se plaindre par lettre aux officiers des misères que, prétendait-il, on lui faisait» (Témoin Tissot). À vrai dire ses camarades auxquels il ne plaisait point, le brimaient volontiers en sorte que les officiers durent souvent intervenir (témoin de Gentile). En somme, il était mal considéré par ses camarades de chambrée, parce qu'il était craint (témoin Maigret).

En revanche, il ne buvait pas «on ne le voyait pas à la cantine» (témoin Bourquin) et il ne manifestait pas un goût excessif pour les femmes. Peu difficile dans ses choix, il ne fréquentait pas les maisons publiques, il allait avec n'importe qui, les rouleuses de remparts, rodeuses de trottoirs, femmes en chambre, etc. On le tenait pour un ours, «pour un fou» (témoin Obermesser). «Je savais, dit le lieutenant Grunfelder, qu'on l'appelait le fou et j'avais appris par la rumeur publique qu'étant élève-caporal, il n'avait pu obtenir sa nomination de caporal; que désespéré, il s'était entaillé la gorge avec un rasoir; que transporté à l'infirmerie, il avait écrit une lettre de réclamation au colonel et que ce dernier, après examen et interrogatoire, avait reconnu qu'il savait très bien sa théorie et l'avait nommé caporal.» Voici d'ailleurs comment le témoin Barbier raconte, avec quelques variantes le même incident: «En 1891, au départ de la classe, Vacher qui avait suivi le peloton, furieux, le soir des nominations de ne pas être nommé caporal, faisait en mon absence du tapage dans la chambrée en me menaçant. Étant arrivé à ce moment, je lui imposai le silence. Comme il tenait un rasoir dans ses mains, il a bondi sur moi pour m'en frapper, mais, aidé des hommes de la chambrée, nous l'avons désarmé, et, le même soir, sur l'avis de l'aide-major, Vacher a été conduit à l'infirmerie du corps où il a passé la nuit le lendemain, il a été dirigé sur l'hôpital mixte de Besançon où il est resté en traitement pendant huit jours. Il a ensuite obtenu, je crois, un congé d'un mois et c'est à sa rentrée au corps qu'il a été nommé caporal.»

Ainsi Vacher dans un accès de fureur, menace un supérieur, bondit sur lui, armé d'un rasoir et au lieu d'être conduit en prison, se voit mené à l'infirmerie et traité comme un malade. Cette indulgence mérite d'être remarquée.

Cette tendance meurtrière, toujours impunie, se retrouve dans l'incident Guyot. «Ce sous-officier ayant voulu plaisanter Vacher, le vit se lever de son lit, saisir un banc de troupe qu'il a soulevé en le menaçant de le frapper. Guyot pour se défendre, dut tirer son épée» (témoin Bourquin). Même note, émanant du sergent Obermesser. «Cet homme, dit-il, était un halluciné, nous le prenions pour un fou. Un jour, à propos d'une discussion très futile, Vacher me courut après, armé d'une paire de ciseaux de tailleur, me menaçant de me couper le cou. J'ai dû fuir devant lui.» Vacher, très vigoureux, aimait à faire parade de sa force et d'une sorte de stoïcisme vaniteux. «En ma présence, dit le lieutenant Grunfelder, il s'arrachait les poils des bras ou des cheveux pour me montrer combien il était insensible à la douleur.» Devenu caporal, l'accusé allait volontiers dans les chambrées se battre avec les soldats qu'il avait pris en faute. Il faillit même en étrangler un, s'il faut en croire le témoin Bailly.

On s'explique aisément pourquoi Vacher «inspirait une véritable terreur aux hommes qui couchaient dans sa chambre. Il les menaçait très souvent de leur couper le cou avec un rasoir qu'il portait toujours dans sa poche». On le craignait tellement «que le nommé Guinder, libéré de 1893, plaçait sous son oreiller la hache dont il avait la garde, pour se défendre de Vacher en cas d'agression» (témoin Griffault, adjudant).

«Un jour, dit le témoin Tissot, les hommes de sa chambrée accoururent me prévenir que Vacher, venant d'absorber un demi-litre d'eau-de-vie paraissait fou furieux et menaçait de tuer tous ses camarades avec son épée-baïonnette. Je me rendis aussitôt près de lui et lui arrachai des mains la bouteille qui contenait encore un peu d'eau-de-vie, et comme je faisais des observations à Vacher, pour toute réponse *il fouilla dans sa poche et sortit un rasoir* qu'il ouvrit en poussant un cri de bête fauve. Je n'ai jamais entendu un homme crier de cette façon.»

Le témoin ajoute avec simplicité «Je ne sais quelle était l'intention de Vacher à ce moment, mais pour éviter quoi que ce soit, je lui saisis les deux poignets et aidé de quelques hommes, je parvins avec la plus grande difficulté à lui enlever le rasoir qu'il serrait convulsivement dans sa main. Dès qu'il fut désarmé, Vacher tomba comme une masse à terre, où il demeura raide comme un morceau de bois. J'ai fait immédiatement prévenir le médecin-major qui a fait conduire Vacher à l'infirmerie; quelque temps après, il était versé dans la 3e compagnie du 1er bataillon et je le perdis de vue.»

Ces divers détails sont d'ailleurs confirmés par des lettres authentiques adressées par divers officiers au colonel du 60e en juin 1893.

Dans une de ces lettres, le lieutenant Greilsammer écrit les lignes suivantes : « Poursuivi par cette manie de la persécution, Vacher ne voyait autour de lui que des mouchards ou des gens qui cherchaient à lui nuire. L'état d'énervement dans lequel il se trouvait lui causait des insomnies pendant lesquelles il monologuait avec des gestes menaçants et le moindre froissement qu'il avait pu éprouver avec ses camarades ne faisait qu'augmenter cet état de surexcitation. Vacher parlait alors de leur *couper le cou avec un rasoir*. Ses camarades ne se couchaient plus alors sans craindre pour leur vie et plaçaient leur épée-baïonnette à côté d'eux. J'ajouterai que lorsque Vacher se trouvait dans cet état, il leur paraissait être un somnambule en proie à une idée fixe. Il exprimait alors le besoin qu'il avait de voir couler le sang. »

Les mêmes affirmations se trouvent confirmées par le témoin Grunfelder qui couchait alors dans la chambre de Vacher devenu sergent. « Pendant dix à quinze nuits consécutives, dit ce témoin, il s'éveillait, se levait ou restait accoudé dans son lit, prononçant des paroles incohérentes, accompagnées de gestes menaçants. Je distinguais ce mot toutefois : sang… ils ne savent pas ce dont je suis capable… Je le tuerai. Craignant qu'il ne pensât à me faire un mauvais parti, je me décidai à coucher avec mon sabre-baïonnette que je dissimulai sous mes draps ; puis j'informai de ces faits mon lieutenant M. Greilsammer. Ce dernier m'invita à consigner tous ces faits dans un rapport qui fut soumis au colonel. Quelques jours après, Vacher entrait à l'hôpital, passait à la commission et fut réformé pour troubles mentaux. »

La réforme de Vacher ne se fit pourtant pas aussi simplement. Le rapport du Dr Grandgury (postérieur à l'affaire de Baume-les-Dames) constate qu'à deux reprises Vacher fut mis en observation à l'infirmerie : le 9 octobre 1891 « il fut pendant quelques jours sous le coup d'idées noires avec délire de persécution ».

Envoyé en permission dans sa famille, Vacher ne fut plus revu par le Dr Grandgury jusqu'au moment où il fut nommé sergent. C'est alors qu'il fut pour la seconde fois dirigé sur l'infirmerie. Au début de son observation le Dr Grandgury, sans considérer Vacher comme effectivement malade, le « trouvait dans un état d'affaissement nerveux » mais depuis « cet état morbide ne cessa de progresser, les idées de persécution déjà observées en 1891, vinrent de nouveau tourmenter Vacher, à tel point qu'il fut nécessaire de l'évacuer sur l'hôpital, avec le diagnostic : troubles psychiques. »

La situation est donc bien nette et il semble qu'il suffisait d'envoyer Vacher en observation dans un asile spécial, mais cette décision pourtant si naturelle n'est pas prise. « En raison de la prochaine libération de ce sous-officier (Vacher), le médecin traitant (?) lui fit obtenir un congé de convalescence de quatre mois afin qu'il n'eût plus à reparaître au corps.»

C'est précisément pendant ce congé peu prudent que Vacher commit l'acte criminel qui motiva son internement. Dans son rapport, le Dr Grandgury émet l'opinion que cet acte fut motivé «par une nouvelle crise d'excitation cérébrale avec idées délirantes» et il conclut: «il est manifeste que le sergent Vacher est atteint du délire de persécution, qu'il est absolument hors d'état de continuer à servir et qu'il y a lieu de le proposer pour la réforme.» Vacher fut, en effet, réformé par congé numéro deux, par la commission spéciale de Besançon, dans sa séance du 2 août 1893 «pour troubles psychiques caractérisés par des idées de persécution, idées de suicide, grande irritabilité.» Il est à retenir que le certificat de bonne conduite fut accordé.

Nous n'avons aucune raison de mettre en doute la justesse de vue du Dr Grandgury, mais nous ne pouvons omettre de faire remarquer que son diagnostic semble n'avoir été définitivement posé qu'après l'affaire de Baume-les-Dames, ce qui prouve une certaine hésitation. Notre remarque est corroborée par ce fait que le médecin traitant de l'hôpital crut pouvoir envoyer Vacher en congé de convalescence, ce qui paraît très peu justifié vis-à-vis d'un soldat proposé pour la réforme, en raison de troubles psychiques qui le rendaient dangereux pour ses camarades. On peut donc supposer que les troubles psychiques observés chez Vacher se montraient par accès plus ou moins régulièrement espacés et qu'après son séjour à l'hôpital de Besançon, l'accusé allait sensiblement mieux. Il put, d'ailleurs, rejoindre sa fiancée, habiter chez les parents de celle-ci, sans attirer l'attention sur son état mental. Dans cet ordre d'idées, il eût été intéressant de savoir pourquoi Louise B… retira la parole qu'elle avait donnée.

Quoi qu'il en soit, la tentative d'assassinat suivie de suicide qui constitue l'affaire de Baume-les-Dames n'a pas très nettement le caractère d'un acte délirant. Il semble plutôt le fait d'un homme violent et vindicatif, rendu furieux par les dédains imprévus d'une fille qu'il croyait bien à lui et peut être aussi par l'alcool, si les dires du témoin Loyonnet sont exacts. L'acte d'ailleurs a lui-même été prémédité, comme le prouve nettement l'achat du revolver. On se trouve donc en présence d'un de ces crimes passionnels pour lesquels l'opinion publique se montre d'ordinaire assez indulgente. Dans l'espèce, et comme il l'a souvent répété depuis, Vacher pouvait d'autant mieux compter sur une condamnation bénigne, qu'il avait fait peu de mal à sa fiancée et que, par une tentative de suicide nullement simulée, il avait réussi à se loger une balle au moins dans l'oreille, en une région telle qu'un écart de quelques millimètres pouvait léser des vaisseaux importants et entraîner rapidement la mort. La balle y est encore et sa présence est une constante menace.

Il conviendrait, pensons-nous, d'arrêter en ce point la première période de la vie de Vacher. Deux éléments nouveaux ont fait leur apparition une tentative criminelle, un acte de suicide. Le résultat est double.

La tentative criminelle confirme les médecins militaires dans leur opinion, Vacher est réformé d'une part et de l'autre mis en observation à l'Asile de Dole, aux fins de savoir s'il doit ou non être poursuivi.

L'ébauche de suicide ajoute un traumatisme sous-cérébral aux causes mal connues qui mettaient le cerveau de Vacher dans un état d'équilibre instable. Elle fait d'un détraqué nuisible un cérébral, en fera-t-elle un véritable impulsif?

Recueilli, après son arrestation, par l'hôpital de Baume-les-Dames, et dans un état que nous ignorons, Vacher, blessé, réussit à s'évader, en emportant son revolver. Il se rend à Besançon où, dans la rampe de la citadelle on le reconnaît un jour, menaçant de son arme les hommes de son régiment. Vacher avait en outre écrit au caporal Loyonnet, son ami, une lettre où il lui donnait rendez-vous sur la place de Chamars. Le colonel du 60e, justement ému par le crime de Baume et l'évasion de Vacher, avait fait mettre au rapport «que tout militaire du régiment qui le rencontrerait devait tacher de l'amener près d'un poste pour le faire arrêter». On se servit de Loyonnet et Vacher maîtrisé non sans peine fut dirigé sur l'asile d'aliénés de Dole. Aux environs de la station de [La Barre] et avec une décision dont il a donné plusieurs exemples, Vacher sauta du train, se réfugia dans un bois et ne fut arrêté par la gendarmerie que cinq jours après.

Quelque parti pris que l'on puisse avoir, il est bien difficile d'admettre qu'une telle série d'aventures soit le fait d'un homme parfaitement sain d'esprit et l'on peut aisément se figurer quelles devaient être les préoccupations des aliénistes appelés à examiner Vacher qui jusqu'alors n'avait pour ainsi dire fait de mal qu'à lui-même.

Vacher entre à Saint-Ylie le 7 juillet 1893. Le certificat de vingt-quatre heures constate «qu'il est calme, répond docilement aux questions et regrette l'acte qu'il a commis. L'oreille suppure abondamment et le médecin juge que l'état psychique est très grave». Le certificat de quinzaine constate seulement un peu d'excitation. Vacher se plaint de ne pas être soigné et menace de faire une nouvelle tentative de suicide. Il n'est pas question de délire, mais le Dr Bécoulet conclut à la maintenue. Sur ces entrefaites, Vacher s'évade de nouveau le 25 août et n'est réintégré que le 11 septembre. Un rapport médico-légal rédigé par le Dr Guillemin et daté du 12 septembre 1893 conclut ainsi: 1° le sieur Vacher est atteint d'aliénation mentale caractérisée par le délire des persécutions; 2e il est irresponsable de ses actes.

Ces conclusions sont affirmées et corroborées par le Dr Bécoulet à la date du 6 octobre 1893, en ces termes: «Le nommé Vacher toujours en proie à des idées mélancoliques, sombre et taciturne, se croit en butte aux persécutions et à la jalousie de tout le monde. Il a dernièrement tenté de se suicider en se précipitant tête première contre un angle de mur. Nous sommes souvent obligés de prendre envers lui des mesures énergiques pour l'empêcher de se faire du mal. En conséquence nous estimons qu'il y a lieu de le maintenir à l'asile.»

D'autre part, le certificat fourni par le médecin de l'asile le 3 décembre 1893, à l'occasion du transfert, est ainsi conçu: «Vacher Joseph, militaire réformé, entré le 7 juillet 1893, est toujours hanté par des idées de suicide. A fait une tentative de suicide vers la fin d'octobre. Se jetait la tête contre les murs. En veut aux médecins parce qu'ils ne l'ont pas opéré et croit qu'autour de lui on le jalouse, on le persécute, etc. Peut être transféré, mais en raison de la ténacité des idées de suicide, exigera une surveillance rigoureuse et de tous les instants.» (Dr Chaussinand).

Ce certificat mérite d'attirer l'attention à deux points de vue différents. Vacher en voulait aux médecins qui ne l'avaient pas opéré et depuis, il est souvent revenu sur cette affirmation. Or, il est constant que la présence de la balle avait été reconnue ou soupçonnée par le Dr Lombard de Dole, qu'on avait tout préparé pour l'opération mais qu'il refusa, parce que, nous a-t-il dit depuis, il n'avait pas confiance.

Le second point vise les précautions qu'il paraissait nécessaire de prendre vis-à-vis de Vacher. Il apparaît que, trompés par le calme apparent de celui-ci, les agents de Saint-Robert négligèrent quelque peu de le surveiller, car Vacher prétextant un besoin se dirigea vers les cabinets et se mit à courir à toutes jambes. On le rattrape, on l'attache, ce qui ne l'empêche pas d'essayer encore de se précipiter par la portière au moment du départ du train. Dès lors, il crie à toutes les stations, accusant le personnel de l'asile de Dole de sévices et de négligences. À Ambérieu, changement à vue, il promet d'être tranquille si on le desserre et tient parole. Ces faits prouvent, dit le Dr Dufour dans son rapport, que Vacher était parfaitement maître de lui à ce moment.»

Nous ne possédons pas les certificats officiels de vingt-quatre heures, de quinzaine et de sortie que le Dr Dufour a sans doute fournis en temps et lieu, mais nous pouvons juger de leur contenu par le rapport spécial émanant de cet aliéniste expérimenté: «Nous ne pouvons, dit-il, nous prononcer sur l'état mental de Vacher avant son entrée à Saint-Robert, notre observation personnelle ne nous ayant jamais fait constater chez lui de signes bien positifs de folie.» Pour ne pas être positifs, les signes en question n'étaient sans doute pas nuls, puisque Vacher fut maintenu à l'asile.

En outre, la question de simulation n'eut aucun motif d'être posée pendant le séjour de Vacher à Saint-Robert, le Dr Dufour n'ayant pas eu à se préoccuper de sa responsabilité avant l'époque où il dut songer à sa sortie, le tenant, par suite des faits anciens, pour malade et par suite irresponsable à son arrivée. Vacher d'ailleurs était «doux, docile, inoffensif et convenable avec tout le monde, nullement incohérent et comme il mettait de l'insistance à obtenir et sa sortie et son transfert à l'Hôtel-Dieu de Lyon pour être opéré, M. Dufour le fit examiner par le Dr Comte, chirurgien en chef des hôpitaux de Grenoble, qui malheureusement ne vit pas la balle et conclut à une carie du rocher. Dans ces conditions, l'opération ne fut pas décidée. Que serait-il arrivé si elle avait été faite ?

« Considérant donc que Vacher ne donnait plus de signes de folie et constatant son état de conscience parfaite et par suite de responsabilité nous n'hésitâmes pas, ajoute le Dr Dufour, à proposer sa sortie qui fut ordonnée. »

En dépit de cette assurance, on retire à Vacher son revolver et son couteau « par précautions et dans la crainte de nouvelles tentatives de suicide ». Ce manque de confiance était d'ailleurs partagé par le gardien de Vacher, ainsi qu'il appert de cet extrait d'une lettre de ce dernier (29 janvier 1893). « Il y a quelques jours, je vous ai demandé, M. le Directeur, l'autorisation d'aller me reposer dans mon lit quand la tête me ferait trop souffrir. Vous me l'avez permis, mais le gardien me l'a refusé, il a peur que je me suicide. »

En résumé, Vacher a été maintenu à Saint-Robert, sur le vu des certificats antérieurs ; le Dr Dufour ne s'est pas demandé si Vacher avait simulé la folie ou si, ayant été aliéné et l'étant encore, il ne simulait pas la guérison. Il l'a fait sortir comme guéri ayant suivant le mot de Vacher lui-même trouvé à Dole le remède à son esprit et par conséquent responsable de ses actes.

Nous n'avons pas plus de raison de douter de la compétence du Dr Dufour que de celle de ses collègues de Dole ou du Dr Grandgury, ni de suspecter la sincérité des dépositions des officiers, sous-officiers et soldats sur l'état mental de Vacher quand il était au régiment. Certaines de ces dépositions ont été d'ailleurs écrites antérieurement à l'affaire de Baume-les-Dames, ce qui les rend indiscutables.

Nous considérons donc que Vacher atteint d'une aliénation mentale transitoire en a guéri et qu'à sa sortie de Saint-Robert il était, comme l'affirme le Dr Dufour, conscient et responsable.

L'étude minutieuse de son épopée sanglante nous permettra sans doute de savoir si cette épouvantable série de forfaits est l'œuvre d'un impulsif ou d'un criminel.

Nous passons à la *deuxième partie* de notre rapport.

ÉTUDE MÉDICO-LÉGALE DES CRIMES AVOUÉS PAR VACHER

Elle s'étend de la sortie de Vacher de l'asile de Saint-Robert à son arrestation à Champis, et comprend, par conséquent, les crimes commis par l'inculpé de 1894 1897.

Vacher a avoué onze assassinats.

Nous décrirons ceux-ci au point de vue médico-légal, d'après les constatations des premiers témoins sur les lieux du crime, les rapports des experts, les renseignements donnés par Vacher.

Cela fait, nous pourrons indiquer le manuel opératoire qu'il a répété d'une façon assez uniforme, au moins dans les grandes lignes : procédés d'attaque, strangulation, égorgement, parfois éventration ou mutilations diverses, cadavres plus ou moins bien cachés.

Vacher a refusé de nous faire connaître comment il tuait ses victimes, l'instrument employé, pourquoi sur la plupart des cadavres il a pratiqué d'horribles mutilations.

Il nous a répondu de nous reporter à tout ce qu'il avait raconté dans ses divers interrogatoires « Je n'ai rien à ajouter, et je ne dirai pas un mot de plus. » Et il prononce ces paroles sur un ton qui indique un parti pris que nos demandes réitérées ne parviennent pas à vaincre.

Il a donc fallu renoncer à entendre de sa bouche des renseignements qui, présentés sous une forme nouvelle, auraient pu avoir de l'intérêt. Nous n'avons cependant pas tardé à nous apercevoir que, servi par une mémoire fidèle, Vacher répète, même à plusieurs semaines d'intervalle, des phrases identiques, comme stéréotypées, soit dans les lettres qu'il nous adresse, soit dans les conversations séparées avec chacun de nous.

D'ailleurs, la lecture du dossier nous a donné des renseignements suffisants. Les nombreux documents réunis avec une patience et une habileté incomparables par le magistrat instructeur constituent un faisceau de preuves qui n'attendent qu'une explication médicale.

L'interprétation du tour de main de Vacher éclaire aussi la question.

Les actes sont des paroles et comme la manifestation d'un langage intérieur, la dernière conséquence d'un raisonnement.

Nous suivrons, pour ainsi dire, les étapes successives de la pensée de cet homme. Nous verrons s'il obéit à un plan préconçu, s'il suit un dessein délibéré d'une manière logique, d'après des idées systématisées ; ou si, au contraire, ses actes sont ceux du fou, de l'agité, de l'individu obéissant à une force irrésistible, à une impulsion dont il n'est pas le maître ; si, esclave de cette idée déraisonnable, il ne se préoccupe cependant que de celle-ci, sans en prévoir pour lui les conséquences et les dangers.

Or, on va le voir au récit et aux circonstances de ces onze assassinats, les victimes sont assaillies et tuées dans des conditions presque identiques. Vacher n'improvise pas il suit toujours la même méthode. Rôdeur infatigable, fuyant les cités et les villages, séjournant peu dans les agglomérations humaines quelconques, il va et vient sur les routes, à la lisière des forêts. Il s'avance sous bois «comme le chasseur de bergers et bergères» et attend du hasard ou de ses interminables pérégrinations la proie facile et qui, dans certaines conditions, ne peut lui échapper. Constamment en rut, il assouvit rapidement sa lascivité bestiale, aussi bien sur les routes ou les chemins que dans les endroits écartés.

Toute occasion qui se montre est une bonne fortune dont il veut profiter.

1re Affaire de Beaurepaire (Isère). – 19 mai 1894

Le cadavre d'Eugénie Delhomme, ouvrière, vingt et un ans, a été trouvé près d'une haie, à deux cents mètres d'une usine. À côté, sur les herbes et le sol, on voit des traces de lutte et des taches de sang; à quelque distance, on relève des vêtements de la victime: le corset et un fichu.

Voici les aveux de Vacher «Je me précipitai sur elle, la renversai à terre et après l'avoir frappée à la tête à coups de soulier, je l'étranglai... Il est possible que mon couteau m'ait échappé... J'ai placé le corps de ma victime derrière une haie et l'ai violée... Il me semble que ma rage de tuer était moins forte pour ma première victime que pour les autres, la façon dont j'ai commis le crime de Beaurepaire semblerait indiquer le contraire, mais si j'ai porté des coups nombreux à la victime, c'était pour hâter sa mort, car ne trouvant pas mon couteau que je croyais avoir cependant, j'ai dû précipiter mes coups (*sic*).»

Le récit de Vacher n'est pas tout à fait exact ou bien sa mémoire est en défaut. Les constatations du médecin expert montrent qu'il y a eu égorgement. Mais les blessures par le couteau ont porté un peu haut, à la partie supérieure du cou, derrière l'oreille droite. Probablement, Eugénie Delhomme, âgée de vingt et un ans, vigoureuse, d'une taille de 1 m 60, a lutté pour se dégager de la main qui la serrait à la gorge. Vacher dit vrai, cette fille a été étranglée.

En effet, il y a des ecchymoses sur le cou depuis l'os hyoïde jusqu'au sternum, à la peau, dans l'épaisseur des muscles, dans le larynx. En même temps, pour étouffer les cris de la victime, la main était appliquée sur la bouche, aussi la lèvre inférieure s'est-elle déchirée sur les arcades dentaires. La suffocation s'accuse d'ailleurs par des taches de Tardieu sur le poumon et le péricarde, l'écume dans la trachée.

L'égorgement, en haut du cou et à droite, a fait une blessure de huit centimètres de long qui a ouvert les vaisseaux du cou et les veines jugulaires : de là les hémorragies abondantes externes et internes. On relève des ecchymoses profondes des parois de l'abdomen et des empreintes de clous de soulier produites par les coups de pied portés au-dessus du pubis, à l'aine gauche, sur la rotule du même côté. L'aréole du sein droit a été arrachée par une déchirure à lambeau interne : cette blessure est peu profonde et mesure six à sept centimètres d'étendue.

En résumé, à la nuit commençante, Vacher s'est précipité sur Eugénie Delhomme, l'a saisie à la gorge avec les mains, l'a étranglée, égorgée, frappée à coups de soulier au ventre. Il a probablement ébauché une mutilation sur le sein droit. L'expert n'a pas trouvé de spermatozoïdes dans le vagin. L'anus n'a pas été examiné.

1re AFFAIRE DE BEAUREPAIRE – Eugénie Delhomme.

2e Affaire de Vidauban (Var). – 20 novembre 1894

Le cadavre de Louise Marcel, fille d'un fermier, âgée de treize ans, a été trouvé dans une bergerie couché sur le dos. Les vêtements étaient en désordre, il y avait des flaques de sang en deux endroits. « Il est probable, disent les experts, que la tête de Louise Marcel reposait d'abord sur ce dernier point et que son corps a été retourné et traîné là où il a été découvert de la sorte s'expliqueraient tout à la fois la direction des deux mares de sang, le relèvement des vêtements en arrière et la souillure du tablier. » On peut aussi supposer que le corps a été mis sur le ventre et que les vêtements ont été relevés en arrière pour pratiquer le coït anal.

Voici les aveux de Vacher « C'est bien moi qui suis l'auteur de ce crime. J'ai rencontré la jeune fille sur le chemin, je l'ai saisie au cou comme les autres et je l'ai emmenée dans la baraque qui se trouvait à quatre ou cinq mètres de ce chemin, là je lui ai fait comme aux autres. » Dans l'interrogatoire du 16 octobre, il dit qu'il se dirigeait vers Menton où il espérait être recueilli par sa sœur Olympe « Chemin faisant et en traversant le Var, j'ai rencontré une jeune fille qui m'a paru avoir dix-huit ans, elle venait en sens contraire de moi sur la route ; sans prononcer une parole, je me suis jeté sur elle et lui ai coupé le cou avec un couteau que j'ai trouvé dans une cabane isolée. Ce couteau était fraîchement aiguisé et coupait très bien. Je n'ai pas violé ma victime, c'était cependant une jolie fille… c'était malheureux. »

Le rapport médico-légal montre qu'il y a eu :

1° *Égorgement*, caractérisé par une large plaie en T dont la branche horizontale la plus longue est sous le menton et la branche perpendiculaire de trois centimètres est parallèle à l'axe du cou. Voici quel serait le procédé employé, d'après les experts La pointe de l'instrument piquant et tranchant a pénétré sous le menton et est allée ressortir sous l'oreille droite ; ensuite le manche de l'instrument ayant été relevé en haut, en décrivant un arc de cercle, le tranchant a sectionné les tissus de bas en haut et a produit la branche transversale de la blessure qui a huit centimètres. L'instrument a sectionné la veine jugulaire et la carotide externe, les vaisseaux laryngiens et thyroïdiens ; il a produit une large saignée du cou. Les experts ajoutent avec beaucoup de justesse : « La partie antérieure et supérieure des vêtements n'étant pas ensanglantée, il est probable que la victime était déjà étendue sur le sol quand le meurtrier couché ou incliné sur elle lui a porté ce coup qui a occasionné la mort en quelques minutes. »

2° *Des plaies de défense.* — La victime a lutté et résisté en voulant arrêter le couteau de l'assassin avec la main gauche, tous les doigts ont été coupés dans la face palmaire. La main droite présente deux plaies semblables au pouce et à l'index.

3° *Mutilation.* — Les seins sont détachés par de nombreuses incisions, le droit remis en place, le gauche jeté à 2 m 50 de distance loin du corps.

4° *Éventration.* — À l'abdomen il y a sept blessures : une dans l'hypocondre droit longue de vingt centimètres ; une autre, au-dedans de celle-ci, longue de trois centimètres ; une troisième parallèle aux précédentes, près de l'ombilic, c'est une incision pénétrante longue de douze centimètres avec perforation des intestins, la colonne vertébrale a été atteinte ; en bas l'angle de la plaie est très aigu les bords, sur une longueur de onze centimètres sont irréguliers. Cette plaie a donné lieu à une hémorragie interne ; à gauche de l'ombilic, il y a

2e AFFAIRE DE VIDAUBAN – Louise Marcel.

deux autres plaies profondes taillant un lambeau en V renversé sur l'aine gauche, cette plaie a saigné ; une autre plaie au flanc gauche ; en arrière autre plaie de quarante-quatre centimètres et profonde de douze, sur le côté gauche et descendant dans l'espace interfessier jusque près de l'anus ; dans cette large plaie, il y a quatre sillons, pas d'hémorragie ; sur la cuisse gauche, en avant, une longue plaie de l'aine au genou sans hémorragie.

En résumé, dans la matinée, sur un chemin, Vacher saisit au cou Louise Marcel et l'emmène dans une baraque. Il y a eu tentative de strangulation par les mains ou par un lien, résistance de la victime qui, en se défendant, s'en taille les mains sur le couteau, égorgement et, la mort n'étant pas encore venue, éventration, puis mutilation et ablation des seins.

L'hymen est intact, pas de viol, mais l'anus n'a pas été examiné et il y a des indices de coït anal.

3e Affaire du Bois-du-Chêne ou Étaules (Côte-d'Or). 12 mai 1895

Le cadavre d'Adèle* [Augustine] Mortureux, journalière, âgée de dix-sept ans a été trouvé dans une friche longeant la route 91 : la figure était ensanglantée, les jupes relevées sur la poitrine et les jambes écartées sur le sol, il y avait une large tache de sang indiquant l'endroit où la jeune fille avait été tuée. Le

* Le prénom d'Adèle est attribué par erreur. La victime se prénommait Augustine Ernestine Mortureux. Il est rectifié dans le reste du texte par le prénom d'usage [Augustine].

corps avait été trouvé à trois mètres plus loin dans une cavité du sol formée par l'extraction des pierres.

Vacher fait les aveux suivants : « Arrivé non loin de Dijon, j'ai rencontré sur la route nationale une jeune fille de quatorze ans environ. Sans rien dire, comme d'habitude, je me suis précipité sur elle et l'ai tuée comme les autres avec un couteau, je ne sais lequel. On a dû retrouver le cadavre à deux ou trois mètres de la route ; j'avais enlevé les souliers de la jeune fille, je ne l'ai pas violée. »

Plus tard (f° 646) le juge interroge Vacher sur ce crime.

« Quelqu'un a-t-il passé sur la route quand vous accomplissiez votre crime ? N'avez-vous pas aperçu des militaires passant à ce moment et n'était-ce pas pour vous abriter de leurs regards que vous vous êtes caché derrière un parapluie que vous avez ouvert ? Vacher ne répond pas.

3e AFFAIRE DE BOIS-DU-CHÊNE – Augustine Mortureux.

Le rapport médico-légal constate qu'il y a eu :

1° *Égorgement*, caractérisé par quatre plaies du cou. La plus importante, longue de 10 centimètres, oblique de gauche à droite et de haut en bas, a ouvert au niveau du cartilage thyroïde la trachée, la veine jugulaire et la carotide primitive droite. L'instrument a appuyé davantage du côté droit de la victime. Trois autres plaies sous la mâchoire, deux à droite et une à gauche : c'est presque la plaie en T.

2° *Mutilations et plaies au voisinage des seins.* — Sur le sein droit, une petite plaie très superficielle ; à trois travers de doigt au-dessous du sein gauche, plaie pénétrante de poitrine, mais n'intéressant ni le poumon ni le cœur.

3° *Circonstances accessoires: vols.* — Vacher reconnaît avoir pris les souliers de sa victime, qui paraissaient convenir à son pied. L'expert constate que les boucles d'oreille d'[Augustine] Mortureux ont été enlevées avec beaucoup de dextérité.

En résumé, dans la matinée, sur la route nationale, Vacher s'est précipité sur [Augustine] Mortureux. Bien qu'il n'en dise rien, il a dû la saisir au cou. Il y a eu manœuvres de strangulation avec les mains ou avec un lien. La jeune fille n'a pas résisté. La large plaie d'égorgement n'a pas permis à l'expert de constater les traces de cette strangulation. Il y a eu ensuite essai de mutilation du côté des seins.

Peut-être l'assassin a-t-il été dérangé dans sa sinistre besogne. L'hymen est intact, donc pas de viol. Mais il n'y a pas eu examen de l'anus.

4e Affaire de Saint-Ours (Savoie). – 24 août 1895

Le cadavre de la veuve Morand, pauvre ménagère, âgée de cinquante-huit ans, a été trouvé étendu au milieu de la cuisine, couché à la renverse; la robe et la chemise relevées laissaient voir les parties sexuelles. La cuisse droite et les genoux sont maculés de sang.

Vacher, énumérant les crimes qu'il a commis, dit: «En revenant de Saint-Ours, où j'avais tué, dans le courant d'août, avec un couteau, je ne sais lequel, une vieille femme qui m'a paru avoir soixante ans et que j'ai violée après le meurtre… Si j'avais surtout à regretter un crime, ce serait celui-là, à cause du caractère loyal et hospitalier des gens du département.»

M. Fourquet, dans un autre interrogatoire, rappelle à l'inculpé une conversation qu'il a eue dans son cabinet avec le juge d'instruction de Chambéry. Vacher a prétendu s'être servi de l'instrument qui lui était représenté, mais avoir aussi également frappé avec un autre couteau qui lui appartenait. L'expert fait remarquer que «l'horrible ouverture de la gorge résulte évidemment de plusieurs coups sauvages portés avec un instrument tranchant mal affilé». La peau et les muscles offrent plusieurs incisions: ils sont, pour ainsi dire, mâchés.

Il est possible que Vacher ait d'abord employé le couteau de cuisine couvert de sang et dont la lame était tordue. Mais les incisions et les mâchures peuvent tenir aussi à la résistance de la victime, mal saisie à la gorge en effet, la veuve Morand porte au médius de la main gauche une petite plaie de défense.

Quoi qu'il en soit, de l'aveu même de Vacher, il a employé un second instrument avec lequel il a déterminé l'*égorgement mortel.* C'est une plaie béante énorme, située au-devant du cou, parallèlement à la mâchoire inférieure. En passant sous le menton, l'instrument a tranché les tissus entre l'épiglotte et l'os hyoïde. Les gros vaisseaux latéraux du cou sont divisés.

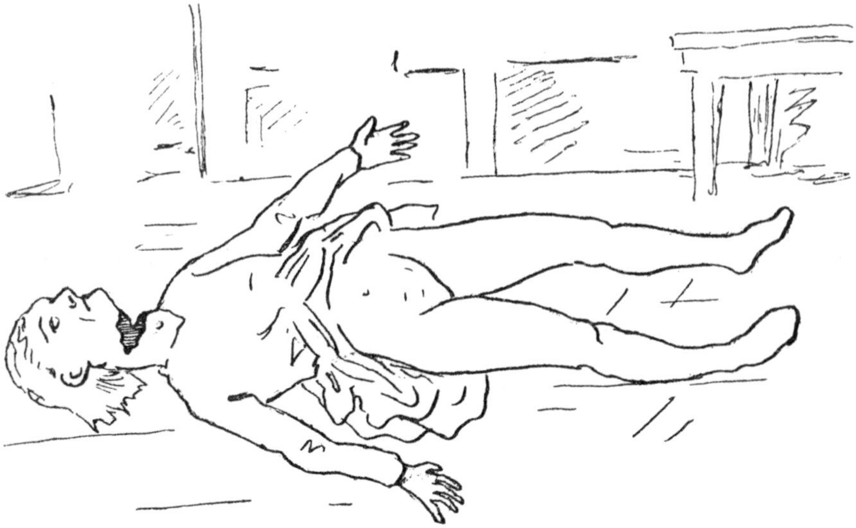

4e AFFAIRE DE SAINT-OURS – Veuve Morand.

Signalons encore une précaution prise par Vacher. En s'en allant, il ferme la porte et prend la clé qu'il a jetée.

En résumé, le matin, d'assez bonne heure, Vacher entre chez la veuve Morand, l'étrangle, l'égorge malgré ses résistances et emploie deux couteaux, peut-être le rasoir. Il n'y a pas eu trace de viol, dit l'expert. Vacher avoue l'avoir pratiqué. L'anus n'a pas été examiné. Peut-être y a-t-il eu coït anal, ainsi que sembleraient l'indiquer les taches d'huile sur les vêtements de la victime. Or, dans le sac de Vacher, on a trouvé un flacon d'huile dont il n'a pu indiquer l'emploi.

5e Affaire de Bénonces (Ain). 1er septembre 1895

La victime est Victor Portalier, jeune berger âgé de seize ans. Sur le lieu de l'événement on remarque d'abord près d'un noyer une flaque de sang et des excréments frais. Dix mètres plus loin une large flaque de sang et des débris d'aliments à peine digérés. Non loin, un testicule bien dépouillé, des débris du scrotum, l'enveloppe cutanée de la verge. Puis on trouve une chemise ensanglantée et dont les manches sont retournées, mais sans déchirure ni perforation par instrument tranchant. Enfin, à 60 mètres du noyer, entre deux genévriers, dans le décubitus dorsal, on arrive près du cadavre complètement nu, sauf les pantalons étirés, déchirés, qui ne tiennent qu'aux malléoles. Ce qui frappe tout d'abord, ce sont les anses intestinales qui sortent par une vaste plaie de l'extrémité inférieure du sternum au pubis, se répandant sur le côté droit de l'abdomen et sur la cuisse fléchie. C'est une éventration complète.

Voici la scène du crime telle que la raconte Vacher : « Ce jeune homme était debout, je crois, dans un pré où il gardait son bétail. Je suivais un chemin qui conduisait à la montagne et passait non loin du pré. Je me suis approché du berger, je ne lui ai rien dit, je l'ai saisi brusquement à la gorge et l'ai tué avec un couteau, je ne sais lequel ; l'enfant s'est débattu, il a beaucoup crié ; il y a eu lutte ce devait être tout près d'un bois. Quoi qu'il en soit, après l'avoir tué, je ne l'ai pas souillé ; je l'ai mordu aux testicules. »

5ᵉ AFFAIRE DE BÉNONCES – Victor Portalier.

Il est certain qu'après cette horrible scène de cannibalisme, l'égorgement, l'éventration et les mutilations, après avoir dépouillé le cadavre de ses vêtements, lui avoir enlevé la chemise ensanglantée et traîné le corps à une certaine distance, Vacher doit avoir du sang aux mains et sur ses vêtements. Un témoin raconte avoir vu un homme se laver dans un ruisseau ; Vacher dit qu'il ne croit pas s'être lavé et il ajoute avec un aplomb vraiment cynique : « J'aurais préféré abandonner certains détails en ce qui concerne certaines vilaines choses que j'ai faites, car je crains que l'exemple de ma maladie ne devienne nuisible à la moralité de la jeunesse. » Les médecins experts relèvent les blessures suivantes :

1° *L'égorgement.* — Sur le côté gauche du cou, il y a trois plaies ; deux sont peu profondes, la troisième, portée avec beaucoup de violence, large de quatre centimètres, longue de trois, a sectionné la carotide ;

2° *L'éventration.* — C'est une longue plaie en partie pénétrante s'étendant de l'extrémité inférieure du sternum au pubis ;

3° *Des mutilations et plaies.* — Les parties sexuelles ont été enlevées avec un instrument tranchant. Vacher, probablement pour montrer qu'il avait bien eu un accès de rage, prétendait avoir arraché les parties avec les dents. Il est utile de montrer l'exagération ou la fausseté des assertions de Vacher. Le Dr Ravet, spécialement interrogé sur ce point, maintient d'une façon formelle que la plaie faite pour enlever les parties sexuelles a été produite par un instrument tranchant ; il rappelle qu'il a trouvé la peau de la verge avec un lambeau du scrotum, un testicule bien dépouillé et énucléé ; il serait difficile d'admettre que cette blessure ait été faite avec les dents. « Enfin, ajoute l'expert, la plaie présentait un angle droit, résultat certain d'une section faite avec un instrument tranchant. Peut-être que cet instrument était un rasoir. »

D'autres blessures ont été relevées. Ainsi, une plaie de l'épigastre qui a ouvert l'estomac, une plaie de la poitrine, pénétrant jusqu'aux poumons, un peu au-dessous de l'appendice xyphoïde, à droite et ayant sectionné les fausses côtes ; une petite plaie du mamelon droit.

4° *Y a-t-il eu attentat pédérastique.* Les experts disent : l'anus paraît intact, nous n'avons observé ni égratignures, ni coups d'ongles, ni traces de lutte. Nous pensons au contraire qu'il y a eu coït anal *post mortem* : la présence des matières fécales près d'une flaque de sang, le cadavre mis complètement à nu comme celui de Tassin-la-Demi-Lune, ces blessures semblables à celles trouvées sur les jeunes bergers de Saint-Étienne-de-Boulogne et de Courzieu, pour lesquels, de l'aveu même de l'assassin, il y a eu coït anal. Tout constitue la grande mise en scène ou le paroxysme de l'extrême excitation génésique de Vacher.

En résumé, Victor Portalier, saisi à la gorge mais incomplètement étranglé, a d'après Vacher lutté et crié ; c'est, croyons-nous, peu probable. Le jeune berger a eu bientôt la gorge ouverte et la mort n'a pas tardé à venir. Il a été éventré, des blessures diverses ont été faites, il y a eu mutilation des parties génitales. Le cadavre a été mis à nu et l'assassin a souillé sa victime.

Dans tout cela, nous voyons une excitation portant à la fois sur l'instinct génésique et sur l'instinct destructeur. Cette association est extrêmement fréquente. Nous ne reconnaissons pas là les traits d'une impulsion irrésistible tenant à une vésanie quelconque : ce n'est pas le délire d'un épileptique ; Vacher dit : c'est un accès de rage, et pour le montrer, il prétend qu'il a mordu sa victime.

Vacher, c'est certain, n'a pas arraché avec les dents les parties génitales de Portalier. Son désir d'exagération n'ajoute pas à l'horreur du crime. Il est démontré d'une façon irréfragable que les blessures ont été faites par un instrument tranchant. Nous estimons même, contrairement à ce que dit Vacher, qu'il n'a pas employé un couteau quelconque, mais le rasoir. De plus, nous croyons que le crime a été prémédité. Vacher est passé plusieurs fois à Bénonces et sa mémoire remarquable n'avait pas oublié les jeunes bergers qu'il avait vus à un de ses précédents voyages. En effet le maire de Bénonces, le 4 septembre 1893, donne le signalement de Vacher d'une façon très caractéristique, il l'indique comme l'assassin probable de Portalier et ajoute : « Cet individu a été vu à Bénonces le jour du crime, il a été parfaitement reconnu par la famille Bourdin à qui il avait demandé le vendredi, veille du crime, s'ils avaient toujours le petit domestique qui allait aux champs avec leurs bestiaux. » (f° 150).

6e Affaire de Truinas (Drôme). 23 septembre 1895

La victime est Aline Alaise, âgée de seize ans, fille d'un propriétaire du pays. Le cadavre se trouvait dans le remblai du chemin, la tête en bas, la face couverte de terre. On aurait dit que le corps avait été précipité du haut du talus, ou même traîné jusqu'au fourré le plus voisin du chemin. Le cadavre était à demi couvert par des branches de hêtre et d'acacia.

Vacher donne les renseignements suivants : « De Bénonces, j'ai passé dans l'Isère, puis dans la Drôme et dans ce département, en traversant l'arrondissement de Die, trois semaines ou un mois après l'affaire de Bénonces, j'ai rencontré un soir, sur une route, une jeune fille d'environ dix-huit à vingt ans, sur laquelle je me suis précipité comme je l'avais fait pour les autres victimes et à laquelle j'ai coupé la gorge. Je n'ai pas violé cette jeune fille.

6e AFFAIRE DE TRUINAS – Aline Alaise.

semblable à celle qui a été constatée sur le cadavre de la veuve Morand (à Saint-Ours) plaie profonde allant jusqu'à la colonne vertébrale, à bords nets, avec une boutonnière à gauche. La section comprend la peau, les muscles, le larynx, les vaisseaux, les nerfs, l'œsophage. L'assassin a pu employer le rasoir.

2° *Mutilation.* — Ce sont des plaies, l'une à la cuisse gauche sur presque toute la longueur de celle-ci; une seconde plaie dans le flanc droit pénètre dans l'abdomen. C'est un commencement d'éventration probablement interrompu.

3° *État des parties sexuelles.* — L'examen direct des organes ne permet pas de dire s'il y a eu viol. Mais, ajoute l'expert, la disposition des vêtements permet de supposer une tentative. Il n'y a pas eu examen de l'anus. En résumé, sur un chemin, de bon matin ou le soir, Vacher a saisi à la gorge Aline Alaise, l'a égorgée, a pratiqué quelques mutilations et un commencement d'éventration. L'assassin a dû être interrompu dans sa besogne. En voici la preuve:

Dans un interrogatoire (f° 626), le juge demande à Vacher: «Aussitôt après avoir assassiné Aline Alaise, n'avez-vous pas dit à un voiturier qui passait et qui s'étonnait que vous fussiez couvert de sang que vous étiez sujet au mal caduc et qu'en tombant, au cours d'une crise, vous veniez de vous blesser? Le voiturier a encore dit que vous vous teniez la tête d'une main (probablement pour cacher une infirmité faciale) et que de l'autre vous rameniez la terre sur la flaque de sang.» Vacher répond: «Cela n'est pas exact. Lorsque la voiture a passé, j'étais assis sur le talus de la route, je venais de me tordre le pied fortement en tombant avec ma victime.

L'entorse était légère ou a vite guéri. Ceci se passait le 23 septembre, six jours après, le 29, Vacher était dans l'Ardèche, dans le canton d'Aubenas. Ce qui n'est pas douteux, c'est qu'après le crime, Vacher a toute la présence d'esprit nécessaire pour répondre à une question embarrassante.

7e Affaire de Saint-Étienne-de-Boulogne (Ardèche). 29 septembre 1895

La victime est Pierre Massot-Pellet, âgé de quatorze ans.

Le lieu du crime, situé à peu près à deux kilomètres de la commune de Gourdon, est absolument désert. Il y a là des bois et des rochers. On y trouve une grange auprès de laquelle on aperçoit le cadavre du jeune berger étendu sur le côté droit, la face presque contre terre. Les cuisses étaient à demi fléchies sur le ventre, les jambes complètement fléchies sur les cuisses, les pantalons déboutonnés et rabattus jusqu'aux genoux; le sol était abondamment imprégné de sang, la tête, la veste et la chemise étaient aussi imbibées de sang.

7e AFFAIRE DE SAINT-ÉTIENNE-DE-BOULOGNE – Pierre Massot-Pellet.

Vacher raconte ainsi ce crime. « Le crime de Truinas une fois commis, j'ai passé dans l'Ardèche où, quelques jours après, j'ai tué de la même manière un jeune berger que j'avais rencontré auprès d'une bergerie. » Dans un autre interrogatoire, il ajoute : « Il est inexact que j'aie surpris l'enfant au moment où il se livrait à la défécation. J'ai souillé aussi cette victime après le meurtre. »

Le rapport médico-légal relève :

1° *L'égorgement.* — C'est une blessure en T, la plaie transversale, de quinze centimètres, intéresse les tissus jusqu'à la colonne vertébrale. La plaie descendante, longue de dix centimètres, arrive jusqu'au sternum.

2° *L'éventration.* — Une plaie du ventre s'étendant du pubis à la pointe du sternum et laissant passer la masse intestinale. L'intestin grêle a été ouvert et laisse échapper un liquide jaunâtre, gluant, qui a coulé sur le ventre, les cuisses, jusqu'aux fesses.

L'expert dit : « Les bords des plaies sont nets, la section ayant été faite avec un instrument tranchant manié avec une grande vigueur par une main assurée. Nous pouvons nous demander si Vacher n'a pas employé le rasoir.

3° *Les parties génitales.* — Il y a une petite plaie intéressant la peau du scrotum ; elle est sans importance et paraît avoir été faite en même temps que la plaie du ventre.

L'anus n'a pas été examiné, mais nous savons que Vacher a avoué avoir souillé sa victime.

En résumé, dans un lieu désert, à la lisière d'un bois, le matin, Vacher saute à la gorge d'un jeune berger, l'étrangle, l'égorge, pratique sur lui une éventration, peut-être une mutilation des organes génitaux, puis sur le cadavre se livre au coït anal.

Voilà l'ensemble caractéristique du procédé de Vacher. C'est ce que nous avons relevé sur le corps de Victor Portalier à Bénonces, ce que nous dirons pour le berger tué à Courzieu, et, sans forcer une analogie, ce que nous pouvons supposer pour le crime de Tassin-la-Demi-Lune.

Ces jeunes pâtres allument chez Vacher les désirs les plus lubriques et les plus sanguinaires. Vacher dit en effet dans un de ses interrogatoires: «Je me suis attaqué à des enfants parce que la maladie le voulait. Peut-être les enfants exerçaient-ils une sorte d'attraction sur moi.»

Oui, voilà la vérité: de tout temps, Vacher a été pédéraste; plus tard, il est devenu assassin et sadique.

8e Affaire de Cusset (Allier). 10 septembre 1896

La victime est la nommée Marie Moussier, récemment mariée au sieur Lorut, âgée de dix-neuf ans, bergère.

Le cadavre fut trouvé dans les broussailles, étendu sur le dos, au bas d'une haie vive servant de clôture au pré. Les vêtements étaient déchirés, la chemise coupée jusqu'au-dessus du nombril, le corset décrocheté laissant la poitrine complètement à découvert.

Voici les aveux de Vacher: «À la fin de juillet, je quitte Précy (Seine-et-Oise) avec la résolution de me rendre dans le midi pour y passer l'hiver. Vers septembre ou octobre je traverse successivement l'Allier où je tue une jeune femme paraissant avoir vingt ans. C'était non loin de Vichy, comme je vous l'ai déjà dit; j'avais pris la bague de ma victime que j'ai jetée ensuite je ne sais où.»

Le rapport médico-légal relève les blessures suivantes.

1° *Égorgement.* — Sur le côté gauche du cou, il y a une blessure de cinq à six centimètres de long, à bords nets, à direction transversale; elle occupe la moitié antérieure du côté gauche du cou et s'avance jusqu'à la ligne médiane. Les tissus superficiels, le muscle sterno-cléido-mastoïdien, le bord inférieur du lobe gauche du corps thyroïde, la carotide et les trois quarts antérieurs de la trachée avaient été sectionnés d'un seul coup, en raison de la direction unique et rectiligne des bords de la blessure. À quelques mètres de la victime, il existait sur le sol une large tache de sang. À proximité du cadavre, on a ramassé un fragment de chair, de forme triangulaire, que l'examen histologique a démontré être un morceau du corps thyroïde. Ce fragment nous semble indiquer que la coupe de cet organe, et, par conséquent, la plaie d'égorgement résulte de l'action d'un instrument très aiguisé, tel qu'un rasoir;

2° Le nez présentait les caractères d'une morsure;

3° Du côté des organes génitaux, l'expert ne trouve pas trace de viol mais il suppose une tentative en raison de l'état des vêtements. Il n'y a pas eu d'examen de l'anus.

En résumé, à la fin de la journée la femme Laurut, qui gardait son bétail dans un pré, est assaillie par Vacher qui la tue de la même manière que ses autres victimes, c'est-à-dire qu'elle est égorgée et étranglée. La disposition des vêtements déchirés nous paraît indiquer qu'il s'apprêtait à pratiquer l'éventration et qu'il en a été empêché par une circonstance fortuite. Y a-t-il eu coït anal ?,Nous ne pouvons que poser la question.

Mais il est à remarquer que c'est la seule victime à laquelle Vacher ait fait une morsure. Nous avons dit à propos de l'affaire de Bénonces qu'il avait avancé avoir arraché les parties génitales de Portalier avec les dents. On sait qu'il n'en est rien ; les affirmations de M. le Dr Ravet, la description des caractères de la blessure montrent d'une façon indiscutable que les parties sexuelles de la victime ont été enlevées avec un instrument tranchant.

Or, Vacher, dans son système, tient à montrer que ses victimes ont été tuées dans des accès de rage et il veut faire jouer un grand rôle aux morsures. Ainsi, il dit dans différents interrogatoires :

« (611) J'ai mordu plusieurs de mes victimes ; (623) Je me précipitais sur ma victime ; si je n'avais pas eu de couteau, je les aurais eu tuées en les mordant ; cela me soulageait tellement de mordre, qu'en ce qui concerne

8e AFFAIRE DE BUSSET – Marie Moussier.

plusieurs des personnes que j'ai tuées, je leur ai fait des morsures, même après les avoir tuées avec un couteau. Je m'étonne qu'on ne m'ait pas parlé plutôt de ces morsures, attendu qu'on a dû en remarquer sur plusieurs de mes victimes.»

Il est fâcheux pour le système des «accès de rage» que nous n'ayons, dans tous les rapports des médecins légistes, relevé qu'une seule morsure.

9e Affaire de Saint-Honorat (Haute-Loire). 1er octobre 1896

La victime est la jeune Rosine Rodier, une bergère de quatorze ans. Le cadavre fut trouvé dans un fourré composé de pins, de genêts et de bouleaux. Dans le pré voisin, on remarque d'abord, avec un seul des sabots de la victime, une petite mare de sang, puis une traînée de sang de cet endroit au fourré où était le corps couché sur le dos. Les vêtements du bas étaient relevés au-dessus des genoux.

Vacher raconte ce crime de la façon suivante: «Après le crime de Busset, je passe dans la Haute-Loire, où je donne la mort, non loin du Puy, à une jeune fille d'une quinzaine d'années en lui coupant la gorge et en la mutilant à l'aide d'un couteau.»

Voici les constatations faites par le médecin-expert:

1° *Égorgement.* — Au cou, une plaie dirigée de gauche à droite et de bas en haut, d'une longueur de huit centimètres: tous les gros vaisseaux ont été ouverts.

2° *Éventration.* — Le ventre est ouvert à droite de haut en bas: par cette incision étendue de l'ombilic à la plaie de la vulve, il y a sortie des intestins. Cette blessure est consécutive à la plaie du cou qui a entraîné la mort.

3° *Mutilation.* — Les parties génitales externes sont enlevées par une incision qui a détaché ces organes et entamé les cuisses. Cette plaie a huit centimètres en hauteur et dix en largeur. Elle a été faite après la mort. Ces plaies peuvent avoir été faites avec un rasoir.

4° La question de tentative de viol, dit l'expert, peut être résolue en la déduisant de l'ensemble des faits, malgré la mutilation des parties génitales externes; elle paraît subsidiaire par l'effet même de cette mutilation. L'examen de l'anus n'a pas été fait.

En résumé, un matin, Vacher se précipite sur cette jeune bergère de quatorze ans. Il l'étrangle, l'égorge, procède à une éventration et des mutilations. Il n'est pas possible de dire s'il a violé sa victime ou pratiqué le coït anal. Toutefois, nous relevons dans l'exécution de ce crime tous les éléments qui se sont trouvés sur ses victimes masculines: égorgement, éventration, mutilation des parties sexuelles. Or, tout ce carnage est l'accompagnement de la lubricité de cet homme.

9e AFFAIRE DE SAINT-HONORAT – Rosine Rodier.

Un détail complémentaire montre bien que pendant ou après le crime Vacher observe ce qui se passe. Sa mémoire fidèle retrace plus tard une circonstance oubliée des autres personnes. Ainsi on confronte l'inculpé avec un témoin et Vacher rappelle à celui-ci, qui l'avait oublié, que le jour du crime il régnait un brouillard intense. Vacher ajoute « Je ne savais où aller après le crime. J'étais perdu dans le brouillard et ce jour-là, il faut bien croire que Dieu m'a sauvé puisque, tout à coup, je me suis retrouvé sur la route où je me suis reconnu ; puis, j'ai pris un chemin qui passe dans la voie ferrée et que j'avais suivi avant le crime. »

10e Affaire de Tassin-la-Demi-Lune. – Fin mai 1897

La victime est un vagabond de quatorze ans nommé Claudius Beaupied.

Vacher a fait l'aveu de ce crime dans un moment de vanité et comme pour montrer la véracité de ses récits à la presse incrédule qui affirmait qu'il endossait une série de crimes dont il avait entendu parler, mais n'avait pas commis. « Que diront les journalistes si je fais connaître un crime ignoré de tous ? » Et aussitôt, il fait la déclaration suivante : « C'était quinze jours ou trois semaines environ avant le crime de Courzieu, à deux heures de marche au-delà de Fourvière, en se dirigeant du côté des Cévennes. J'avais couché dans une maison inhabitée, sur la gauche de la route. Le matin, un garçon d'une quinzaine d'années, que j'ai pris pour un roulant, est entré dans cette maison. Je lui ai coupé la gorge avec un rasoir que j'avais trouvé quelques jours auparavant et j'ai jeté le corps dans un puits qui se trouve dans la cour. La maison dont je vous parle est à l'angle d'un chemin qui aboutit à la route et il y a derrière une haie de sureaux. C'est de là que je me suis dirigé sur Courzieu. »

Avec ces renseignements précis qui montrent la fidélité de la mémoire topographique de Vacher, il fut facile de trouver la maison située sur la commune de Tassin-la-Demi-Lune.

On retira du puits des ossements. Après examen, l'expert conclut que ces débris humains ont appartenu à un individu âgé de douze à quatorze ans, mesurant de 1 m. 38 à 1 m. 42 de taille. Le squelette ne présentait pas de trace de blessures. Les constatations faites sur les vêtements établissent que le porteur de ceux-ci a été atteint d'un certain nombre de blessures et que quelques-unes de ces blessures ont été produites dans la région postérieure au niveau des fesses, probablement dans la région anale.

Les parents affirment que les vêtements ont appartenu à Claudius Beaupied, né à la Charité, à Lyon, en 1883. La femme Beaupied a reconnu la mâchoire et la dentition de son fils.

Vacher a dit encore que sa victime, de la même taille que lui, était maigre, imberbe et paraissait avoir de seize à dix-huit ans. Vacher ajoute que s'il a dépouillé le cadavre de ses vêtements, c'est parce qu'ils étaient déchirés. Voilà une explication étrange et que nous ne saurions admettre. La vérité ! mais les aveux de Vacher, l'état des vêtements examinés par l'expert l'indiquent. Claudius Beaupied a été étranglé, égorgé, probablement éventré, mutilé aux parties génitales et probablement à l'anus, comme l'ont été les autres jeunes garçons, Portalier, Massot-Pellet, Pierre Laurent. Comme eux, cette victime a été souillée. Ce que la passion de Vacher le poussait à faire, dans les chemins, sur une route, pouvait-il hésiter à l'accomplir dans une maison abandonnée ; les actes si souvent répétés tiennent lieu d'aveux. Notre conviction est complète sur ce point.

11e Affaire de Courzieu. 18 juin 1897

La victime est un berger de treize ans, Pierre Laurent.

Le rapport médico-légal indique la position du cadavre. Dans un petit sentier et à côté du chemin d'intérêt commun n° 17, on a relevé une large tache de sang et des traces de piétinement. Un peu au-dessous, un débris souillé et piétiné qui était le testicule droit enlevé à la victime. Le corps se trouvait derrière une haie, la face contre terre, le bras droit engagé sous le corps, le gauche plié avec la main contre, le buste et le coude écarté ; la jambe droite allongée et la gauche légèrement ployée. Le pantalon était déboutonné et tous les vêtements en désordre.

Voici le récit de Vacher : « J'ai rencontré dans la nuit, sans que je puisse préciser l'heure, sur une route, un jeune garçon conduisant des bœufs non attelés à une voiture, je l'ai tué comme les autres en lui coupant le cou avec un couteau, je ne me rappelle pas lequel, puis j'ai placé le corps derrière une haie, non pour ne pas le laisser sur la route, mais parce qu'en se débattant, il m'avait entraîné vers la haie. Je crois avoir essayé sur lui un acte de pédérastie que je n'ai cependant pas consommé. Après le crime de Courzieu, je me suis dirigé sur Lyon et cette nuit-là j'ai traversé beaucoup de villages. »

Dans un précédent interrogatoire, parlant du petit garçon de Courzieu, Vacher avait dit : « J'ai essayé de souiller ma victime, mais je ne sais si c'était avant ou après le meurtre. Je crois cependant que c'était après. » Le Dr Boyer, médecin expert, relève les lésions suivantes :

1° *Égorgement.* — Le cou est sectionné en avant par une plaie transversale de huit centimètres et demi de long sur quatre de large, pénétrant jusqu'à la colonne vertébrale. Les bords de la plaie sont irréguliers, hachés, avec deux encoches très marquées à droite et en haut. Il y a une plaie secondaire à gauche. La section n'a pas été faite d'un seul coup et le meurtrier a dû procéder en deux ou trois temps pour accomplir cet égorgement. L'action de l'instrument a porté surtout sur la région médiane et un peu plus à droite.

L'état des vêtements indique aussi la lutte, mais le siège des taches ne montre pas si l'enfant a été frappé debout ou à terre, le cadavre ayant été trouvé derrière la haie.

2° *Mutilation.* — Le scrotum est ouvert par une plaie ayant neuf centimètres de haut et sept centimètres transversalement. Le testicule droit est enlevé :

11e AFFAIRE DE COURZIEU – Pierre Laurent.

on se le rappelle, il a été ramassé sur le chemin. Le cordon et tout le paquet vasculo-nerveux ont été coupés un peu au-dessus de l'anneau inguinal. La présence de caillots et de sang infiltré montre que cette blessure a été faite pendant la vie. La plaie du scrotum a ouvert la tunique qui enveloppe le testicule gauche, mais de ce côté pas de mutilation.

3° *Actes de pédérastie ou coït anal.* — Les constatations de l'expert sont importantes après les aveux de l'inculpé. Des matières fécales s'échappent de l'anus. En arrière de l'ouverture anale, près de la ligne médiane, on voit trois petites déchirures de la muqueuse, très nettes, de forme triangulaire, mesurant environ six millimètres de hauteur. «Il y a là les signes d'un acte de pédérastie récent et surtout d'actes pédérastiques anciens et répétés», dit le Dr Boyer.

En résumé, la nuit, entre onze heures et minuit, Vacher assaille un jeune berger de treize ans. Ses tentatives de strangulation ne produisent pas l'effet ordinaire; l'enfant résiste, lutte, et l'égorgement se fait en plusieurs temps. L'irrégularité de la plaie retarde probablement le moment de la mort, et celle-ci n'était pas encore venue quand Vacher fait au bas du ventre, sur les parties sexuelles, une large plaie, enlève un testicule.

Pourquoi n'a-t-il qu'ébauché une éventration? La plaie scrotale était-elle assez grande, l'énucléation d'un testicule suffisante? Il est plus simple de supposer qu'au voisinage d'un chemin, il a pu entendre quelque bruit suspect qui a interrompu la sinistre besogne.

Les aveux de l'inculpé et les observations du médecin nous montrent qu'il a souillé sa victime. Nous pouvons même dire, d'après les constatations de l'expert, que Vacher a pratiqué le coït anal brusque, c'est-à-dire sur l'enfant non encore mort. On a trouvé, en effet, les signes de l'intromission brutale d'un corps étranger dans l'anus, signes qui ne se produisent pas sur le cadavre, alors que les sphincters sont toujours relâchés.

Une question peut encore se poser. Avec quel instrument ont été faites ces blessures? Vacher répond: «Avec un couteau, je ne sais lequel.» M. le Dr Boyer dit: «À l'aide d'un couteau assez solide et d'un certain calibre.»

Nous pensons que Vacher a employé le rasoir. On sait qu'il avait déjà fait usage de cet instrument peut-être à Busset, à Saint-Ours, à Bénonces, à Truinas, à Saint-Honorat, mais de son propre aveu, quelques jours avant, à la Demi-Lune. Nous remarquons aussi que le juge demande un jour à Vacher où il a pris le rasoir qui est dans son sac, et celui-ci répond: «Dans l'Ardèche ou le Lyonnais, quelques jours avant le crime de Courzieu.» Sans doute, c'est peu décisif, mais nous trouvons des preuves plus péremptoires dans l'examen des plaies.

Les bords de la plaie irréguliers et hachés, avec encoches, se voient dans les blessures par coups de rasoir. De plus, il faut une lame remarquablement affilée pour tailler une plaie du scrotum semblable à celle dont il a été parlé, et il est plus facile de la faire avec un rasoir qu'avec un couteau.

Si nous insistons sur ce détail, c'est pour réfuter une fois de plus les assertions de Vacher, dont la mémoire merveilleuse ne lui fait jamais défaut, on s'en aperçoit par toutes les citations que nous avons faites, et de plus, pour détruire le système de défense de l'inculpé qui croit avoir intérêt à donner certains détails plutôt que d'autres.

Nous venons de passer une revue des onze assassinats avoués par cet homme. Il était indispensable d'examiner ce nécrologe pour bien connaître les procédés employés par l'inculpé, rechercher quel était le but poursuivi, la passion à assouvir. Il faut, enfin, se demander si la répétition constante de ce grand appareil de manœuvres sanguinaires et implacablement mortelles est l'œuvre d'un cannibale, mais d'un cannibale responsable, ou, au contraire, d'un fou inconscient, dont la société a quand même à rougir, car on est à se demander quelle est la part de la collectivité dans la préparation ou l'élaboration d'un monstre pareil.

Reprenons donc le problème sous une autre face, en récapitulant les façons de faire de Vacher, et en groupant systématiquement les coups qu'il porte à ses victimes.

D'abord, il est bien certain qu'il choisit celles-ci. Il les faut adolescentes : les enfants exercent sur lui une sorte d'attraction. La chair fraîche et jeune le fascine, l'attire. Vacher tue quatre garçons, six filles, une vieille femme.

Les premiers ont de treize à seize ans les autres ont seize, dix-sept, dix-neuf et vingt et un ans. Puis, comme pour faire contraste, Vacher avoue l'assassinat d'une femme de cinquante-huit ans, qu'il croyait même beaucoup plus âgée. ajoute-t-il, lorsqu'il l'a violée.

Comment trouve-t-il ses victimes ?

Il sort des bois et assaille bergers et bergères qui gardent leur bétail dans les prés. Il rencontre sur les grandes routes ou les sentiers de nombreux voyageurs, mais la rage ne le prend qu'en voyant devant lui, loin des habitations, un adolescent de sexe quelconque ; ainsi, le jour à Vidauban, à Étaules, à Bénonces, ou la nuit, comme à Beaurepaire, à Truinas, à Busset et à Courzieu. Si une baraque, une bergerie, une maison déserte sont près de là, Vacher remarque de suite cet isolement et y traîne la victime, Louise Marcel, Massot-Pellet et peut-être même Claudius Beaupied.

Il n'est donc pas douteux que Vacher choisit l'heure, le moment, le lieu. Quand le juge lui pose une question semblable sur cette préméditation évidente, l'inculpé répond : « Il m'est arrivé plus d'une fois de me trouver précisément dans les conditions que vous indiquez et de causer tranquillement avec de jeunes personnes, sans que jamais l'idée me soit venue de leur faire du mal.

Quoi que vous puissiez en croire, j'affirme que jamais aucun de mes crimes n'a été de ma part un acte réfléchi. Ainsi, jamais qui que ce soit n'a pu me voir attendre ma victime je les ai toutes rencontrées sur mon passage, sauf celles de Saint-Ours et de la Demi-Lune, et encore, en ce qui concerne ces deux-là, n'ai-je fait qu'obéir à ma rage de tuer qui m'a pris au moment où je les ai vues.» Et dans un autre interrogatoire: «Une rage me poussait à marcher droit devant moi et commettre mes crimes, je ne cherchais pas les victimes; c'était le hasard des rencontres qui décidait de leur sort; les pauvres gens ne sont pas à plaindre; ils n'ont pas souffert à eux tous plus de dix minutes; je les tenais d'une main à la gorge et les tuais de l'autre avec l'instrument que j'avais et que je vous indiquerai plus tard.»

Attaque et assassinat des victimes. — Les aveux précédents montrent la rapidité de la scène et le procédé employé. L'inculpé opérait vite. Il ose presque dire sans douleur, l'attaque était aussitôt suivie de mort. C'est qu'en effet, Vacher n'improvise pas, il procède méthodiquement. Il ne tue pas comme le fait un fou, en frappant d'une façon quelconque sa victime, s'acharnant sur elle, faisant des blessures de tous côtés, au hasard de sa furie.

Il étrangle d'abord sa victime, puis la saigne au cou. Toutes ont péri de la même manière: strangulation d'abord, égorgement ensuite.

La méthode de Vacher est la suivante: il se débarrasse de la personne vivante, pour prendre possession du cadavre qu'il mutile et souille. Après l'assassin, le vampire.

Étudions successivement ses procédés de strangulation, d'égorgement, de mutilation.

La strangulation. — Elle était produite par la constriction du cou avec les mains ou à l'aide d'un lien. Vacher est vigoureux, d'une force musculaire au-dessus de la moyenne, il portait les ongles très longs, ceux-ci ont laissé des empreintes manifestes sur le cou d'Eugénie Delhomme et les ecchymoses étaient bien visibles parce que l'égorgement mal pratiqué avait fait porter la plaie en haut et à droite, presque à la hauteur de l'oreille.

Dans les autres cas, les rapports médico-légaux ne parlent pas de coups d'ongles, d'ecchymoses superficielles ou profondes. Les lésions pouvaient cependant exister, mais elles disparaissaient dans la béance de la plaie du cou, et, d'ailleurs, l'égorgement ne tardant pas à être pratiqué, les ecchymoses n'avaient pas le temps de se produire à cause de l'abondance de l'hémorragie.

La strangulation pouvait encore être opérée à l'aide d'un lien.

Vacher connaissait très bien ce que dans l'argot des rouleurs on appelle «le coup du père François». Une corde, un foulard, une ceinture sont enroulés autour du cou de la victime qui, saisie d'effroi et inanimée, est, à l'aide d'un lien, facilement chargée sur l'épaule de l'agresseur. N'est-ce pas ainsi que Vacher a fait à Louise Marcel : « Je l'ai amenée par le cou dans une baraque. »

Ces procédés de strangulation empêchent la victime de crier, peuvent déterminer une syncope et même la mort. En immobilisant la personne étranglée, ils permettent toutes les violences et surtout l'égorgement. Mais quelquefois, la strangulation est incomplète, l'évanouissement peut n'être que passager. La victime se débat et lutte. Une seule a vraiment des plaies de défense : c'est l'assassinée de Vidauban. Une autre s'est débattue au moment de l'égorgement : c'est le petit berger de Courzieu. Sur les neuf autres, la béance du cou, la plaie énorme, comme disent plusieurs rapports, montrent que la gorge a été ouverte alors que la victime était encore immobile. Vacher l'indique lui-même : « Je les tenais d'une main à la gorge et les tuais de l'autre. »

Nous en avons assez dit et nous croyons avoir montré que pour agir ainsi, il fallait de l'audace, du sang-froid, une entière possession de soi-même, la conviction basée sur l'expérience que le manuel opératoire employé conduisait rapidement et fatalement à la mort.

En effet, tout cela se faisait si vite que Vacher avait peu de sang sur ses vêtements et qu'il n'a jamais été blessé ni égratigné par les victimes. Dans l'interrogatoire du 26 octobre, le juge demande à l'inculpé s'il n'a pas jeté ses vêtements couverts de sang. Vacher répond : « Non, Monsieur, je n'avais jamais beaucoup de sang sur moi, vu que j'agissais très précipitamment, et s'il m'arrivait parfois d'être par trop taché, je me lavais dès que j'avais l'occasion de trouver de l'eau sur mon passage. » Le juge reprend : « N'avez-vous jamais porté de traces de coups ou d'égratignures de vos victimes ? » Vacher répond : « Le hasard a voulu que jamais je ne fusse égratigné. » Voici la dernière question : « N'avez-vous jamais laissé échapper aucune des personnes sur lesquelles vous vous êtes précipité ? » Et l'inculpé de répondre : « Jamais aucune ne m'a échappé, celle de Champis n'a été épargnée que parce que mes idées malades m'ont abandonné à ce moment » (*sic*).

Cette dernière phrase renferme un mensonge et une sottise, Vacher, on se le rappelle, a tout fait pour échapper à Plantier, il a dit que c'était son camarade, enfui dans le bois, qui avait assailli sa femme, etc… Quant à la disparition instantanée de la maladie, dans les circonstances précédentes, voilà une théorie vraiment indigne, par son absurdité, de l'intelligence de Vacher.

En résumé, sauter à la gorge des victimes pour les égorger ensuite plus facilement constitue une manœuvre de choix. Son adoption montre la préméditation et, quoi qu'il en dise, c'est une suite d'actes délibérés.

L'égorgement. — Voici encore un acte mûrement réfléchi et nous allons le faire voir exécuté avec une précision et une habileté vraiment extraordinaires, prouvant jusqu'à l'évidence la mise en œuvre d'un calme et d'une volonté imperturbables.

Il est d'abord probable que pas une victime n'a été frappée debout. Toutes paraissent avoir été égorgées étant allongées à terre. Il y a de ce fait trois preuves démonstratives : l'absence de blessures ou contusions à la tête ou au dos des victimes ; l'examen des flaques ou mares de sang sur le lieu du crime ; la disposition des taches de sang sur les vêtements mêmes des victimes.

1° L'absence de blessures ou contusions à la tête ou au dos des victimes nous semble prouver que lorsque celles-ci ont été égorgées, elles devaient se trouver allongées à terre. Si elles avaient été frappées debout, elles seraient tombées brusquement, et, dans leur chute se seraient fait des blessures qui auraient fixé l'attention des médecins experts. Le cadavre de la veuve Morand à Saint-Ours présentait une ecchymose au front que l'expert a dit pouvoir être attribuée peut-être à la chute. Lorsque des blessures ont été relevées comme sur le corps d'[Augustine] Mortureux ou du jeune Laurent de Courzieu on peut croire que ces blessures proviennent des pierres ou des inégalités du sol sur lequel le cadavre a été traîné. Donc, la plupart des cadavres n'ont pas présenté de contusions en différentes parties du corps attestant, par leur présence, qu'après l'égorgement une chute brusque s'est produite.

2° Tous les rapports font mention d'une ou même de deux flaques ou mares de sang (Vidauban, Bénonces). D'après les descriptions qui en sont faites, il nous semble que les témoins veulent parler d'une abondance de sang répandu en un même endroit.

Si la victime avait été frappée debout et s'était débattue, le sang qui s'échappe brusquement et avec violence des vaisseaux du cou peut être rejeté à 1 m50 et même 2 mètres, les objets du voisinage sont arrosés et présentent des taches de projection tout à fait caractéristiques. Dans un pré ou dans un champ, cette constatation eut pu passer inaperçue, mais il n'en aurait pas été ainsi dans les endroits limités où les victimes ont été tuées, ainsi à Vidauban, à Saint-Étienne-de-Boulogne, à Saint-Ours, à Tassin-la-Demi-Lune. Dans ces espaces restreints, les murs ou objets quelconques auraient été éclaboussés par le sang projeté.

3° Dans leur rapport sur l'affaire de Vidauban, les experts font remarquer que les vêtements ne portent pas de sang en avant et ils disent avec raison que si la victime était restée quelque temps debout, après l'égorgement, le sang se serait répandu sur la partie supérieure et antérieure des vêtements. Dans la plupart des rapports, en effet, on constate que les vêtements sont surtout imbibés de sang en arrière, sur les côtés, soit que le corps ait séjourné près de la flaque de sang, ait été retourné, soit qu'il ait été traîné plus loin.

Vacher tenait sa victime d'une main et de l'autre lui ouvrait la gorge. La victime devait être allongée à terre presque insensible ou immobilisée par la strangulation. L'assassin la saignait en ouvrant largement le cou sur un côté. Le sang se répandait à terre sans atteindre même Vacher. On s'explique ainsi, comme il l'a dit d'ailleurs, qu'il eût, en général, peu de sang sur les vêtements.

Personne n'ignore que les plaies du cou donnent lieu aux hémorragies les plus abondantes. La plupart des victimes de Vacher, d'après l'état d'anémie des organes et la vacuité des cavités du cœur, ont été saignées à blanc[1].

Pour en finir avec cette question de l'égorgement, il faut indiquer quelles étaient les parties du cou atteintes par l'instrument de l'assassin.

La victime à terre, comme nous l'avons montré, Vacher choisissait la région à inciser. Le plus souvent, c'était une plaie transversale, au-dessous du menton, intéressant tous les tissus, jusqu'à la colonne vertébrale. C'est ce qui a été constaté sur les cadavres de Truinas, de Saint-Ours, de Saint-Honorat, de Courzieu. Il est probable que l'instrument incisait d'abord largement les vaisseaux d'un côté ; quand l'hémorragie diminuait, l'incision était continuée ainsi s'expliqueraient les irrégularités constatées dans la plaie sur les cadavres de Saint-Ours et de Courzieu. Il est certain que Vacher se trouvait en arrière de la tête ou sur un des côtés de la victime, sans cela il aurait été littéralement arrosé de sang.

La plaie du cou est parfois en T, ainsi sur le jeune berger de Saint-Étienne-de-Boulogne, ou bien la plaie siège surtout à droite et près de la mâchoire et est à peine transversale : C'est ce que l'on a constaté sur les victimes de Beaurepaire, de Vidauban, d'Étaules, Vacher devait alors se trouver en arrière ou à gauche.

L'assassin occupait une position contraire lorsqu'il égorgeait les victimes de Busset et de Bénonces qui portaient une plaie sur le côté gauche du cou.

En résumé, une fois la position choisie ou imposée par les circonstances, l'assassin faisait telle ou telle incision pour éviter de recevoir des jets de sang. Ce tour de main de Vacher montre toute sa présence d'esprit au moment où il égorgeait méthodiquement ses victimes.

L'éventration. — Celle-ci a eu lieu sept fois sur onze victimes. Cinq fois l'éventration a été complète.

Sur la victime de Vidauban, qui a été éventrée alors qu'elle n'était pas encore morte, on relève sept blessures à l'abdomen.

L'éventration par une longue incision du sternum au pubis a été pratiquée de la même manière sur les deux bergers de Bénonces et de Saint-Étienne-de-Boulogne.

---

1. On peut se demander quelle quantité de sang s'est ainsi écoulée. Autrefois on estimait la totalité du sang à dix litres aujourd'hui, on sait qu'elle est de six à sept kilos, c'est-à-dire six litres en moyenne pour un homme adulte. Nous pouvons évaluer à quatre ou cinq litres la quantité de sang répandue par chacune des victimes de Vacher.

La victime de Saint-Honorat a eu le ventre ouvert dans le flanc droit. Il en a été de même pour celle de Truinas. Quant aux victimes de Courzieu et de Tassin-la-Demi-Lune, nous savons que la première a eu les parties génitales externes mutilées et ouvertes par une large plaie remontant jusqu'au ventre. Le jeune Claudius Beaupied a été, comme Portalier, complètement mis à nu, et il est très probable que le cadavre jeté dans le puits présentait des blessures semblables à celles relevées, sur la victime de Bénonces.

Cette éventration ou ces mutilations qui terminaient la scène de carnage sont là comme pour montrer qu'en les pratiquant au hasard Vacher était arrivé au paroxysme de l'excitation. Il y a lieu de remarquer que les causes manifestes de cette excitation étaient la jeunesse et le sexe des victimes. Ce sont, en effet, les plus jeunes et les quatre garçons. Voilà probablement les vrais motifs de cette surexcitation passionnelle.

Les mutilations. — Notre explication est si vraie que l'on ne peut en trouver d'autre au sujet des mutilations diverses qui ont été relevées sur les jeunes garçons ; il y a ablation d'un ou des deux testicules, de la verge. Ces organes sont détachés et jetés au loin. À la victime de Saint-Honorat, âgée de quatorze ans, l'assassin a détaché les parties génitales externes.

Les seins sont enlevés sur la jeune Louise Marcel, âgée de treize ans. Le cadavre présente, en outre, des plaies du côté de l'anus et des cuisses.

En résumé, éventrations et mutilations sont des blessures produites dans les mêmes conditions psychiques : c'était la période d'acharnement pendant laquelle Vacher frappait avec une sorte de rage. La prise de possession du cadavre l'exaltait alors, mais seulement alors, il portait des coups un peu à l'aventure, bien que toujours localisés aux organes génitaux ou à leur voisinage. Même dans cet état d'agitation extrême, Vacher restait érotomane. Cette mutilation des organes génitaux est vraiment la marque sadique.

État des vêtements des victimes. — Il est tout aussi important de faire voir, puisque le grand nombre de crimes nous donne tous ces éléments d'information, que l'état des vêtements, la manière dont Vacher se comporte à leur égard, apportent aussi des preuves sur la nature des actes accomplis par l'assassin.

Les premiers témoins qui trouvent le cadavre sont tous impressionnés par les restes d'une mise en scène : l'état et le désordre des vêtements indiquant plutôt des déchirures faites par l'agresseur que le résultat d'une lutte.

À Beaurepaire, le fichu et le corset sont jetés à une certaine distance du cadavre. À Vidauban, les vêtements sont en grand désordre. La victime d'Étaules a les jupes relevées sur la poitrine, les jambes écartées. Le cadavre de la vieille femme de Saint-Ours a aussi la robe et la chemise relevées, laissant voir les parties sexuelles. À Bénonces, on trouve d'abord une chemise ensanglantée, dont les manches sont retournées, sans déchirure ni perforation, le cadavre du jeune berger est complètement nu.

Sur le corps de la victime de Truinas, la taille de la robe et la jupe ont été tirées et relevées violemment.

À Saint-Étienne-de-Boulogne, on constate que les pantalons de l'enfant sont déboutonnés et rabattus jusqu'aux genoux.

Sur la victime de Busset, les vêtements sont déchirés, la chemise coupée jusqu'au nombril, le corset décrocheté laissant la poitrine à découvert. De même à Saint-Honorat, les vêtements sont relevés au-dessus des genoux.

Rappelons que Vacher dit avoir dépouillé le cadavre de Tassin-la-Demi-Lune de ses vêtements parce qu'ils étaient déchirés. Enfin le petit pâtre de Courzieu avait les pantalons abaissés jusqu'au pli fessier et tous les vêtements en désordre.

En résumé, les vêtements sont des obstacles que Vacher écarte pour atteindre le but convoité la vue ou l'étalage de la chair.

Des instruments employés. — Nous ne dirons que quelques mots de l'instrument tranchant employé. Vacher au début de ses interrogatoires avait promis d'indiquer celui dont il avait fait usage. Or, quand il donne des renseignements significatifs sur chaque crime, il ne parle qu'une seule fois du rasoir, à propos de l'assassinat de Claudius Beaupied, et, pour les autres crimes, il dit le plus souvent: «Je me suis servi d'un couteau, je ne sais plus lequel.»

Nous pensons avoir montré que Vacher a dû se servir sûrement du rasoir dans les affaires de Courzieu, de Busset, de Saint-Honorat et probablement dans celles d'Étaules, de Saint-Ours, de Bénonces et de Truinas. C'est dire que Vacher, contrairement à ce qu'il raconte, a fait usage du rasoir au moins huit fois dans onze égorgements.

Le viol ou les attentats. — À propos de chaque victime, dans le récit qu'il fait de ses crimes, Vacher indique s'il a ou non commis un attentat quelconque. Il a avoué avoir pratiqué deux fois des viols (affaires de Beaurepaire et de Saint-Ours) et deux fois des manœuvres pédérastiques ou coït anal (affaires de Saint-Étienne-de-Boulogne et de Courzieu). Nous avons déjà dit que ce dernier genre d'attentat est probable ou certain pour les victimes de Bénonces et de Tassin-la-Demi-Lune et nous avons indiqué les raisons qui ont motivé notre opinion. Il nous a même été possible, d'après les constatations si nettement relevées par M. le Dr Boyer, d'affirmer que sur le jeune Pierre Laurent encore vivant, le coït anal avait été pratiqué et que c'était à une intromission brusque qu'il fallait probablement attribuer les trois déchirures caractéristiques de l'anus.

Nous savons aussi, puisqu'il a souillé de cette façon tous les jeunes garçons qui ont été ses victimes, que Vacher a eu de tout temps des habitudes pédérastiques. Il nie un attentat de ce genre dans son pays, mais il a avoué à Loyonnet (f° 170) qu'il avait été expulsé de Saint-Genis parce qu'il avait masturbé des camarades. Le même témoin ajoute : « Il est taciturne, paraissant ne pas aimer les femmes. Au quartier, je me suis souvent aperçu qu'il se masturbait dans sa chambre. »

Quoi qu'il en soit, il reste bien certain que Vacher est un génital. Le juge d'instruction lui demande un jour s'il est bien passionné pour les femmes. L'inculpé répond : « Je crois être à peu près comme tout le monde. Il me semble cependant qu'après l'opération que j'ai subie aux Antiquailles, j'ai été plus porté pour les femmes. » Cette réponse est un peu vague. Celle qu'il fait au témoin Dupré (f° 320), lors de son arrestation à Champis, est autrement caractéristique : « J'aurais préféré que la femme de ce matin fût plus jeune et qu'elle eût treize à quatorze ans de préférence. Toi, tu as ta femme, tu le fais quand tu veux, tandis que moi, je ne le fais que par hasard. Lorsque je vais dans les maisons publiques, elles me repoussent, du reste ce sont de sales femmes, j'aime mieux les bergères. »

Sur les cadavres de filles ou de femmes, les experts n'ont pas songé à examiner l'état de l'anus. Chez quelques-unes, Louise Marcel, [Augustine] Mortureux, l'hymen est trouvé intact et cependant ces victimes ont été éventrées et horriblement mutilées.

C'est peut-être même à cause de toutes ces blessures qu'il n'y a eu ni coït anal, ni coït vaginal. La mise en scène, la strangulation, l'égorgement, la vue du sang, l'entaille des chairs, tout cela était vraisemblablement suffisant chez ce sadique pour provoquer l'érection et l'éjaculation sans qu'il y eût intromission.

Nous nous sommes demandé quelle pouvait être *l'origine de cette perversion sexuelle*. D'où Vacher tire-t-il ses idées de sadisme ? A-t-il entendu parler de crimes analogues ? Est-ce de l'imitation ? A-t-il eu, comme cela se voit souvent à l'époque de la puberté une impression vive ou une secousse morale qui seront restées chez lui comme une obsession consciente d'abord, puis inconsciente ? Peut-être !

Vacher nous a raconté que, pendant son séjour chez les frères Maristes, il fut vraiment impressionné par le sermon d'un missionnaire exposant toutes les horreurs qui se passaient chez les sauvages, les mutilations et les supplices auxquels on soumettait les néophytes.

Vacher a ajouté que très longtemps ce sermon s'était présenté à son souvenir, sa mémoire fidèle lui retraçant toutes les péripéties de ces scènes sanguinaires. Sans ajouter plus d'importance qu'il ne convient à ce récit, il peut se faire cependant que le mélodramatique prédicateur ait eu quelque influence sur ce jeune cerveau.

C'est peut-être aussi un anarchiste. — À sa sortie du couvent, Vacher a adopté les idées les plus subversives. À Lyon, un de ses patrons le renvoie parce qu'il est effrayé par les théories émises par Vacher. Il est dès lors un révolté contre la société et d'autant plus excité qu'il est obligé de se contraindre pendant sa vie régimentaire. Lors de son arrestation à Champis et du transfert de Tournon à Belley, il tient des propos anarchistes, fait appel à des compagnons, se pose en ennemi d'une société défectueusement organisée. Dans ses voyages, d'ailleurs, il tient souvent des propos menaçants ; il exige l'aumône ou des secours plutôt qu'il ne les demande. En prison, il affecte un ton de commandement, il tutoie les gardiens, il est exigeant, impérieux.

En résumé, les idées que Vacher avait sur le milieu social, ses façons de vivre et de vagabonder lui donnaient une indépendance complète sur le choix des moyens pour subvenir à ses besoins ou satisfaire son extraordinaire passion génésique.

Après le crime. — Nous avons montré que Vacher choisissait le moment et le lieu du crime, préférait les jeunes bergers ou bergères, les tuait suivant une méthode infaillible et dans des conditions qui font de l'événement une suite d'actes réfléchis.

Il nous reste à faire voir qu'après le crime, il se conduit avec habileté et prudence pour échapper aux premières recherches dès la découverte de l'attentat.

Tout semble le désigner aux soupçons : sa mine patibulaire, son aspect évident de rouleur et, quelles que soient les précautions prises, le sang qui se trouve parfois sur les vêtements et toujours aux mains.

Cet assassin migrateur emporte dans son bagage des effets de rechange, des coiffures diverses. La lecture du dossier le montre portant la barbe ou n'ayant que la moustache, vêtu ou coiffé de différentes façons suivant les circonstances. De plus, Vacher est admirablement disposé par son squelette et son système musculaire à faire des courses à pied rapides et prolongées. Il peut parcourir, dit-il, sans s'arrêter des distances de soixante à quatre-vingts kilomètres. C'est sans doute un peu exagéré. Quoi qu'il en soit, il est établi qu'il a pu marcher toute la nuit. Il mettait donc une grande distance entre le lieu du crime et l'endroit où il pouvait se trouver huit ou dix heures plus tard.

Quand Vacher avait commis un assassinat, il changeait brusquement d'itinéraire ou revenait en arrière, dépistant ainsi les agents mis à ses trousses.

Remarquons encore que si Vacher tue sa victime sur une route, en un point où le corps peut être facilement découvert, il le traîne derrière une haie (ainsi à Beaurepaire, à Étaules, à Busset, à Courzieu) toujours une certaine distance du chemin. Il recouvre même de terre la mare de sang, comme à Truinas.

Le cadavre d'Aline Alaise placé dans un taillis est recouvert de feuilles ; le corps de la victime est mis à Busset dans des broussailles ; à Bénonces, dans des genévriers à Saint-Honorat, dans un fourré de pins, de genêts et de bouleaux. Des branches d'acacias ou d'arbustes dissimulent parfois le cadavre. Rappelons qu'à Saint-Ours, Vacher ferme la porte de la maison à double tour et enlève la clef et qu'à Tassin, il jette le corps dans un puits. Sont-ce là les façons de faire d'un impulsif, d'un fou qui, une fois l'acte accompli, ne se préoccupe pas de le dissimuler ?

Vacher cherche au contraire à effacer momentanément les traces du crime, afin d'avoir le temps de fuir. Ces précautions précises et méticuleuses sont la caractéristique d'une grande présence d'esprit, l'évolution implacable d'actes prémédités, combinés, réfléchis.

Le juge d'instruction interroge plusieurs fois Vacher sur ce sujet (f° 604) : « Vous me demandez quelle sensation j'éprouvais après un meurtre commis ; je vous réponds que je ressentais comme un soulagement et que j'étais plus tranquille. Après chaque crime, je lavais mes vêtements tout tachés de sang aux ruisseaux ou fontaines que je rencontrais, mais je ne suivais pas les routes et me tenais *prudemment* à travers les champs et les blés. » Cet adverbe « prudemment » est tout un programme (f° 636). « Je comprends qu'un homme dont l'esprit serait lucide et qui aurait conscience de ses actes, ait des émotions violentes après un crime. Mais moi je n'ai jamais eu d'émotion violente lorsque je tuais. J'éprouvais ensuite un gros soulagement à tel point que si, d'une part, ma physionomie avant le crime, au moment où la maladie me prenait, pouvait inspirer des inquiétudes aux personnes qui me rencontraient, après le crime, le contraire se produisait. Voilà pourquoi j'ai échappé à tant de recherches. »

Sans doute dans les phrases de l'interrogatoire précédent, il faut faire la part du rédacteur, mais on peut aussi deviner la pensée directrice de Vacher. Celle-ci est évidemment, depuis sa lettre d'aveu, de se montrer aliéné et irresponsable, d'après la formule qu'il cite à tout propos et où il énumère « tous les événements » : Morsure du chien, remède absorbé, aveux faits à son frère, accès de divagation dans les champs, accès au régiment, l'attentat de Baume-les-Dames, les balles dans la tête, le passage dans les asiles d'aliénés où on l'a déclaré irresponsable.

Tout cela montre en effet une intelligente systématisation et certes, si Vacher a été ou a paru être fou, à diverses époques de sa vie, il ne l'est plus au moment où, pour sa défense, il groupe les étapes successives de son existence.

L'arrestation à Champis, son attitude pendant le transfert de Tournon à Belley, ses premières réponses au juge d'instruction M. Fourquet, montrent qu'il ne s'est livré et n'a avoué que lorsqu'il a été convaincu par les confrontations et l'évidence des faits.

L'arrestation à Champis. — Nous voici au dernier acte de la vie errante, au fait qui a amené l'arrestation de Vacher.

La femme Plantier dit qu'elle était occupée dans le bois, à ramasser des pommes de pins lorsqu'elle fut saisie par-derrière par un individu qu'elle n'avait pas vu. Vacher la renverse à terre et, lui serrant le cou pendant une minute, l'empêchait de crier. Elle se débattit si bien que Vacher la quitta un moment pour aller vers une petite caisse qui se trouvait à environ deux mètres. La femme Plantier profite de ce moment pour se sauver, en criant au secours. Son mari arrive et lance des pierres à Vacher ; celui-ci lui dit : « Ce n'est pas moi qui ai attaqué votre femme, c'est mon collègue », et il se met à donner un grand coup de sifflet pour faire croire qu'il n'était pas seul. Plantier confirme la déposition de sa femme, il ajoute qu'il s'est longtemps battu avec lui et qu'il est parvenu à le terrasser. Vacher a voulu lui porter un coup avec des ciseaux, puis a cherché à s'échapper.

Rappelons la déposition de Dupré, dont nous avons déjà parlé plus haut et la réponse de Vacher à une question du magistrat instructeur, lui demandant s'il n'avait jamais laissé échapper aucune des personnes sur lesquelles il s'était précipité : « Celle de Champis n'a été épargnée que parce que mes idées malades m'ont abandonné à ce moment. »

État physique — Attitude dans la prison

Vacher est de taille moyenne, mais bien bâti et vigoureusement musclé. Le pied cambré, sec, nerveux, les orteils longs et séparés, la voûte plantaire élevée indiquent une très grande aptitude pour la marche, aptitude qui a été largement et souvent utilisée comme le démontrent l'énorme musculature des mollets et un commencement de varices précoces.

Les organes génitaux n'offrent à considérer qu'une atrophie incomplète du testicule gauche, conséquence de l'opération subie à l'Antiquaille. On ne constate aucun stigmate de dégénérescence. L'attitude de Vacher pendant la durée de notre observation a été uniforme, presque banale. Il se montre habituellement calme, dormant bien, mangeant régulièrement. Il ne commet pas d'actes extravagants. Parfois, pendant ses promenades au préau, il se met à chanter à tue-tête, mais il se tait dès qu'on le menace de le faire rentrer.

Il lit peu et passe son temps à réfléchir ou à écrire. Il apporte le plus grand soin à ses écrits, n'hésite pas à recommencer la même page plusieurs fois de suite et conserve toujours une copie. Autoritaire, très exigeant pour le personnel, il proteste avec aigreur contre tout ce qu'il considère comme un manque d'égards et tout ce qui tend à l'assimiler aux détenus ordinaires. « Que je sois en prison, dit-il textuellement, c'est bon pour l'instruction ; elle est finie aujourd'hui. Pour l'observation médicale, je dois être dans un hôpital.» On ne vit jamais aliéné réclamer l'asile avec tant d'insistance.

Très vaniteux, son désir évident est de jouer au personnage et d'attirer l'attention. Cette préoccupation semble avoir été la cause des deux seuls incidents qui sont venus troubler la monotonie de son attitude.

Un jour, se voyant un peu négligé, Vacher déclare brusquement qu'il veut se laisser mourir de faim et refuse absolument de manger. Dès le lendemain, il sollicitait en cachette et recevait des aliments de ses co-détenus et même du personnel de la prison. Ce jeûne apparent dura sept jours, sans grand dommage pour Vacher, qui en tirait toutefois un argument pour démontrer l'intervention de la Providence en sa faveur. Voyez, disait-il, si Dieu me protège, je n'ai rien mangé depuis six jours, et qu'un autre en fasse autant que moi.» Ce que disant, il se livrait à des tours d'hercule forain. Conscient du peu de succès de sa ruse, il rompit son jeûne et déclara qu'il avait agi de la sorte pour forcer les autorités à s'occuper de lui. Quel contraste entre cette tentative puérile, piteusement avortée, et l'obstination farouche des aliénés résolus à se laisser mourir de faim.

Vers la fin de notre observation, au moment où nos visites s'espaçaient, ce qui l'irritait visiblement, Vacher demanda un jour à assister à la messe du dimanche. Comme on ne lui donnait pas satisfaction, il fut pris d'une terrible colère et, d'un coup de pied rendu formidable par les lourdes bottes qu'il portait alors, il fit sauter le panneau pourtant solide de la porte de sa cellule. Il se glissa par l'ouverture, cherchant à s'enfuir. On l'arrêta d'ailleurs bien vite, non sans qu'il eût opposé la plus vigoureuse résistance.

État mental. — La première impression qu'on éprouve en considérant Vacher, coiffé d'un bonnet taillé dans la peau d'un lapin blanc, parce que, dit-il, le blanc est la couleur de l'innocence, c'est qu'on est en face d'un simulateur. Cette impression est immédiate et les personnes les moins expérimentées la ressentent aussi vivement que les spécialistes les plus méfiants. Elle se complète d'ailleurs et s'affirme par un examen attentif.

Toutefois, il est dès l'abord nécessaire de se mettre en garde contre une cause d'embarras, sinon d'erreur.

Vacher est atteint d'une paralysie faciale droite qui donne à cette moitié de son visage une expression morne et singulièrement gênante. De ce côté, l'œil mi-ouvert, pleurard et fixe, un regard paresseux au-dessus de la joue qui flotte et de la lèvre qui s'affaisse, constituent un demi-masque effrayant par sa nullité mimique. Pour parler à l'accusé tout en l'étudiant, il est indispensable de se placer à sa gauche et de telle sorte qu'on le voie de profil seulement. Dans ces conditions, il est aisé de suivre et d'interpréter des jeux de physionomie qui présentent tous les caractères de l'état normal.

De ce côté, le dessin des lèvres est précis ; la commissure, ordinairement abaissée en un rictus amer, se relève quelquefois pour esquisser un sourire railleur ; l'œil vif, très mobile, décoche un regard aigu, scrutateur, mais se voilant à propos lorsque l'interrogatoire devient embarrassant. À gauche, l'étude de la physionomie dénonce un homme attentif, intelligent, rusé, maître de sa mimique quand il s'agit de l'immobiliser, mais le plus souvent incapable de lui faire artificiellement revêtir un caractère approprié aux singulières idées qu'il émet et aux sentiments d'emprunt qu'il étale. Ainsi, quand il invoque la divine Providence qui aurait fait de lui l'instrument inconscient de ses décisions vengeresses. Vacher n'a pas, tant s'en faut, l'allure superbe et le sourire orgueilleux du mégalomane extatique et inspiré. Le sourire est contraint, le regard trouble, presque anxieux. Vacher n'est pas absolument convaincu, cela est visible, de la réalité de sa mission. En douterait-il s'il était fou ? D'ailleurs, cette mission qu'il sent douteuse, il la discute, cette intervention divine, il tente de la rendre vraisemblable par des arguments humains. Comment, s'il n'avait été protégé par le ciel, aurait-il pu commettre une si longue série de crimes sans être pris. Alors, il conte des aventures qui sentent le feuilleton ; sa rencontre nocturne dans une maison abandonnée avec une bande de brigands authentiques qui l'auraient certainement poignardé s'il n'avait été l'élu de la divine Providence, comme il le dit en son langage dévot, mais sans convictions, sur un ton faux, avec une physionomie discordante.

D'ailleurs, par intervalles, comédien novice, Vacher oublie son rôle, et de l'air le plus naturel, émet des propositions judicieuses, de fines répliques, des mots trouvés, ou bien, avec un sourire narquois, il rétorque les arguments insidieux ou esquive les questions pressantes. Souvent, lorsqu'il se voit entraîné en dehors du terrain sur lequel d'une façon très ferme et tout à fait délibérée il a décidé de se maintenir, Vacher se réfugie dans un mutisme prudent ou émet coup sur coup quelques affirmations volontairement déraisonnables derrière lesquelles il s'abrite. Serré de près, il se laisse aller à des emportements pendant lesquels le côté féroce de son caractère éclate sur son visage irrégulièrement convulsé.

Des renseignements sur ses crimes, il les annonce, les promet, mais à l'échéance, il se dérobe dans la crainte qu'il avoue d'être mis en contradiction avec lui-même. Il en réfère à sa lettre d'aveu, document fondamental dont il ne veut pas s'écarter. Son thème ordinaire est celui-ci : En raison de la morsure (?) du chien enragé, des remèdes qui suivirent, et de son traitement à l'Antiquaille, Vacher a le sang vicié et, par moments, il devient comme enragé.

Cette théorie s'accommode assez mal, il faut le dire avec son rôle d'instrument providentiel, mais il n'en démord point et ne se rend évidemment pas compte de l'incompatibilité de ces deux affirmations. Ces pseudo-conceptions mégalomaniaques si curieusement unies à des affirmations de caractère hypocondriaque n'ont été constatées par aucun aliéniste avant nous, et n'ont par conséquent, aucun rapport avec le délire de persécution diagnostiqué à Dole où Vacher a fait des tentations de suicide plus sérieuses que celle dont il a donné le spectacle dans la prison de Lyon.

En dehors de sa mission, et comme la plupart des criminels, Vacher tire vanité de sa force, de son intelligence. Il veut qu'on s'occupe de lui, et dès qu'il voit l'attention se refroidir, il fait un éclat pour ne pas se laisser oublier. Son écriture assez belle est pleine de fioritures et d'emblèmes orgueilleux ou menaçants. Dans sa lettre du 17 février, il dessine un couteau entre deux croix, le tout précédé d'un cœur; de la sorte, il voue à la mort le Dr Pierret, mais au verso de la page, il ajoute: «à effacer si je ne suis pas trahi par lui.» À Belley, il dessinait des coeurs sur ses chaussures ou s'ornait de décorations fantaisistes. Nous ne considérons pas ces actes comme maladifs, mais bien comme des procédés empruntés par Vacher à quelque vieux délirant d'asile. Avec l'achat du chien tué d'une manière théâtrale, en même temps qu'une pauvre pie, ils ne font leur apparition qu'au moment où Vacher inquiet commence, pensons-nous, à éprouver le besoin de laisser par place quelques preuves de dérangement mental. Malheureusement, il choisit mal et cherche à entrer dans la peau de quelque délirant chronique arrivant à la démence, dernière étape d'une longue et irrémédiable folie.

Dans le même ordre d'idées, les spécialistes sont immédiatement mis en garde par un très gros fait clinique. Cet ex-persécuté, devenu trop tôt mégalomane, déjà dément, et qui se prétend protégé, dirigé même par la divine Providence, qui l'aurait sans doute intoxiqué de diverses façons pour en faire un instrument irresponsable, Vacher n'a pas d'hallucinations. Porteur d'une balle dans le rocher[1], ayant le nerf facial et le nerf auditif non seulement coupés, mais irrités par une suppuration prolongée, Vacher, réformé pour troubles psychiques, ne se plaint que de maux de tête, de bouillonnements et de vertiges qui le rendent comme saoul. En cela, il dit vrai mais comme son état actuel de folie supposée deviendrait plus vraisemblable, si, de par cette irritation pathologique du plus intellectuel de tous les nerfs, il avait pu greffer sur d'anciennes poussées de délire de persécution quelques conceptions maladives motivées et entretenues par des hallucinations de l'ouïe. Mais on ne peut tout savoir.

Au reste, quand on demande à Vacher s'il est fou, il ne répond pas carrément, non comme il le devrait faire s'il était réellement aliéné. Il biaise et discute. Il est fou sans l'être absolument, mais il entend bien l'être assez et le faire voir pour qu'on soit amené à l'envoyer dans un hôpital ou à défaut dans un

1. La présence d'une balle dans le rocher a été constatée directement par le Dr Lannois et indirectement à l'aide de la radiographie par le Dr Destot. (Voir les rapports annexes.)

asile. Là est son but. Il pensait même être interné presque d'emblée, sans discussion, et grande a été sa déception quand il s'est vu maintenir en prison. Aussi, perdant patience, il se laisse un jour aller et dit au Dr Pierret : « Mais pourquoi ne suis-je pas encore envoyé dans un asile ? — Eh bien, je vais vous le dire : on craint que vous ne tentiez de vous évader. — M'évader, pourquoi ? maintenant, je suis tellement connu avec mon infirmité que, si je m'évadais, je serais repris immédiatement. Non, non, je ne m'évaderai pas. »

Ces propos ne sont pas d'un fou, ou tout au moins, ce fou serait bien peu conséquent avec le délire qu'il manifeste. Comment Vacher peut-il concevoir quelque inquiétude, redouter en quoi que ce soit les conséquences de ses crimes ? La Providence qui l'a conduit saura bien le protéger ou, s'il est réservé pour le martyre, il doit se soumettre et se glorifier.

D'ailleurs, voyant sans doute le peu de succès de toute cette mise en scène, Vacher a peu à peu négligé cette partie de son système de défense et renonçant ostensiblement à se faire passer pour fou, à l'heure présente, il nous écrivit l'intéressante lettre dont nous reproduisons quelques passages caractéristiques.

D. D. D. « Lyon, le 27 février 1898.

« Messieurs les docteurs,

« *Avis essentiel.* — Souvenez-vous surtout, Messieurs les Docteurs, dans votre lourde tâche et sainte mission, en présence de mon importante affaire, que votre devoir consiste plus à connaître l'état dans lequel j'étais lors de ma vie errante, que celui actuel… En effet, si on me veut responsable, comment expliquera-t-on et justifiera-t-on surtout cette responsabilité après qu'on a jugé bon de m'enfermer dans deux maisons d'aliénés et pour comble de malheur qu'on m'a laissé sortir dans d'aussi dangereuses conditions ? »

Vacher est tout entier dans ces deux formules Je suis irresponsable parce que j'ai été fou. La responsabilité ne pourrait être démontrée que par la connaissance de mon état mental réel pendant ma vie errante. Or, personne ne m'a jamais vu.

Cette quasi-certitude où il était de se faire passer pour aliéné très aisément a, nous le croyons du moins, puissamment contribué à affermir Vacher dans la sinistre indifférence avec laquelle il n'a pas craint d'accumuler crime sur crime. Nous ne craignons même pas d'affirmer après la plus mûre réflexion que dès son premier séjour dans un établissement d'aliénés, alors qu'après l'affaire de Baume-les-Dames il réclamait des juges, Vacher s'était dit que les fous peuvent tout faire presque impunément. Un internement pour folie est en effet, pour certains criminels, un brevet d'impunité. C'est une sorte d'alibi psychopathique dont ils apprécient bien vite l'importance et que beaucoup voudraient avoir à leur actif. Vacher a tablé là-dessus.

Qu'on réfléchisse avec sang-froid à ce qui serait arrivé si l'accusé avait été arrêté dès son premier crime. Ayant déjà bénéficié d'une ordonnance de non-lieu pour délire de persécution, reformé pour troubles psychiques, il eut certainement obtenu des circonstances très atténuantes, ou, déclaré fou de nouveau, eût été purement et simplement replacé dans un asile spécial.

La série si cruellement monotone de ses attentats, la répétition des mêmes violences et leur terminaison habituelle à un accès de sadisme sanguinaire prendraient mieux un certain caractère pathologique, si cette conclusion n'était infirmée par le certificat de guérison fourni par un aliéniste expérimenté, par les précautions dont s'entourait l'accusé pour préparer et dissimuler des crimes qu'il avait le pouvoir d'ajourner, par la réelle puissance avec laquelle il sait commander à sa pensée, soit pour simuler un délire, soit pour mesurer ou arrêter ses aveux, enfin et surtout par l'insistance qu'il met à se déclarer irresponsable, non plus au moment présent, mais pendant sa vie errante. Dans ce but, il va jusqu'à dire qu'à sa sortie de Saint-Robert, il était encore malade. Cette affirmation est trop habile, trop logique pour être le fait d'un aliéné. Vacher veut trop prouver et le seul résultat de toute cette diplomatie, c'est de mettre en pleine lumière son véritable état d'âme au moment où il se livrait sans frein à sa passion.

Conclusions

Vacher n'est pas un épileptique, ce n'est pas un impulsif.

C'est un immoral violent, qui a été temporairement atteint de délire mélancolique avec idées de persécution et de suicide.

L'otite traumatique dont il est porteur semble n'avoir eu jusqu'à présent aucune influence sur l'état mental de l'inculpé.

Vacher, guéri, était responsable quand il est sorti de l'asile de Saint-Robert.

Ses crimes sont d'un anti-social, sadique sanguinaire, qui se croyait assuré de l'impunité, grâce au non-lieu dont il avait bénéficié et à sa situation de fou libéré. Actuellement, Vacher n'est pas un aliéné : il simule la folie.

Vacher est donc un criminel, il doit être considéré comme responsable, cette responsabilité étant à peine atténuée par les troubles psychiques antérieurs.

Lyon, le 22 juillet 1898.

PIÈCES ANNEXES AU RAPPORT DES EXPERTS

Examen de l'oreille de Vacher
par le Dr Lannois

MM. les médecins experts Lacassagne, Pierret et Rebatel m'ayant demandé de procéder à un examen spécial de l'oreille de Vacher, je me suis à cet effet rendu à la prison Saint-Paul, le 6 janvier 1898. Sur la réquisition de M. le juge d'instruction Fourquet, je me suis également transporté à Belley le 10 juillet 1898 pour renouveler cet examen.

Les différents points qu'il m'était demandé de préciser étaient les suivants :

A. — Existe-t-il une balle de revolver dans l'oreille droite de Vacher ?

B. — Dans l'affirmative :

1° Quels sont les désordres locaux causés par le projectile ? D'une manière plus spéciale, y a-t-il eu suppuration et suppuration à odeur repoussante ?

2° Quels phénomènes à distance ont pu être provoqués par la lésion de l'oreille (pertes de connaissance, impulsions, vertiges épileptiques, etc.) ?

Les oreilles externes (pavillons) de Vacher sont normales, à lobule bien détaché, avec un faible déroulement de la partie inférieure de l'hélix. L'oreille droite ne présente aucune cicatrice indiquant la porte d'entrée d'une balle, mais il y a sur le lobule, et surtout sur l'antitragus, un tatouage bleuâtre, comme on en voit après les coups de feu tirés très près de la peau.

Léger suintement apparent à l'orifice du conduit auditif externe ; au lavage avec la seringue, débris épidermiques lamellaires et petits flocons de muco pus. Il n'y avait pas d'odeur à l'orifice de l'oreille avant le lavage et l'eau de lavage n'est pas spécialement odorante.

À l'examen avec le miroir, on constate que le conduit est large et présente à un demi-centimètre environ une petite excoriation granuleuse. Tout le fond du conduit est occupé par une masse d'un gris noir qui ne permet de distinguer aucun détail normal. En touchant cette masse noire et rugueuse avec un stylet, on a la sensation très nette et le bruit d'un corps métallique. Sans qu'on puisse se prononcer nettement sur son siège précis, il paraît être encastré dans la partie antérieure de la paroi interne de la caisse du tympan, car le stylet peut le contourner un peu en haut et en arrière.

À l'examen fonctionnel, Vacher dit ne pas entendre la parole par l'oreille droite. Il n'entend la montre, au contact le plus intime, ni sur l'oreille, ni sur la tempe, ni sur l'apophyse mastoïde.

L'existence de cette surdité complète à droite est corroborée par l'examen avec le diapason (*ut*3). En effet le son n'est pas perçu à l'entrée du conduit ; si le diapason est placé sur la ligne médiane (front et dents), le son est latéralisé à gauche et il en est encore de même si le diapason est placé sur l'apophyse mastoïde droite. L'expérience de Rinne est positive à gauche et naturellement négative à droite. Un résultat identique est obtenu avec un diapason plus élevé (*la*^{3}).

Ces résultats n'ont pas été modifiés par le cathétérisme qui a montré que les deux trompes étaient également perméables.

Vacher n'accuse aucune douleur du côté de l'oreille droite, ni actuellement, ni dans le passé (sauf au moment du traumatisme). Il dit également n'avoir aucun bruit subjectif (bourdonnement, sifflement, etc.) dans l'oreille droite. Si on insiste beaucoup, il dit avoir parfois une sorte de bouillonnement dans toute la tête, lorsqu'il est fatigué d'avoir beaucoup marché.

Jamais il n'a eu de vertige auriculaire ; il est toujours très solide sur ses jambes et peut faire aisément, l'un après l'autre, plusieurs tours sur lui-même en pivotant sur le talon gauche. Après plusieurs expériences, il se dit légèrement entraîné à droite, à la fin du tour, lorsqu'il repose le pied droit sur le sol.

On sait que Vacher est atteint de paralysie faciale du côté de l'oreille lésée. Cette paralysie, très apparente, est complète comme les paralysies périphériques : absence de rides sur la moitié droite du front dont le côté gauche présente trois plis transversaux, abaissement net de la commissure labiale droite, pas de pli naso-génien comme à gauche, inocclusion de la paupière dans le clignement normal, léger larmoiement. Quand il parle, la difformité s'accentue du fait des mouvements du côté sain et du soulèvement passif de la joue droite.

Dans l'effort pour fermer les yeux, il y a un très léger rapprochement des paupières, en même temps qu'il se produit une déviation de l'œil en haut et en dehors. Il peut aussi souffler et même éteindre une allumette. Pas de déviation de la langue, mais déviation nette de la luette à gauche, bien que les deux côtés du voile semblent se contracter également. Légère diminution de la sensibilité au tact, à la douleur et à la température, dans la moitié de la face hémiplégiée.

L'examen complémentaire de l'oreille gauche montre un tympan un peu gris, enfoncé, avec la courte apophyse saillante et une dépression évidente au niveau de l'ombilic ; le triangle existe, mais flou. La trompe est perméable, l'audition moyenne.

L'examen du nez a été également pratiqué. Il n'existe aucune odeur rappelant celle de l'ozène. Le nez, dans son ensemble, est légèrement dévié à droite, le lobule étant cependant resté sur la ligne médiane. À gauche, il existe une déviation de la partie antérieure de la cloison sous forme d'éperon : les cornets sont normaux, sans croûtes. À droite, concavité de la cloison correspondant à la déviation gauche. Les deux cornets, surtout le moyen, sont volumineux, sans croûtes.

Cet examen nous permet les considérations et conclusions suivantes :

1° Il existe dans l'oreille droite de Vacher un corps étranger métallique qu'en raison des circonstances du fait, on peut affirmer être une balle de revolver. Celle-ci a pénétré directement par le conduit auditif.

2° C'est très certainement à la présence de ce projectile qu'il faut attribuer :

a) *La surdité complète* du côté droit qui est due selon toute vraisemblance à une destruction du nerf acoustique dans le labyrinthe ;

b) *La paralysie faciale* par lésion de la septième paire nerveuse dans son trajet à travers le rocher (canal de Fallope) ;

c) *La suppuration* qui existe encore actuellement.

En ce qui concerne plus spécialement l'odeur de cette suppuration, il est possible qu'elle ait existé, car les écoulements d'oreille négligés, de quelque nature qu'ils soient, s'accompagnent parfois d'une odeur plus ou moins fétide et durable, exceptionnellement repoussante. Tout ce qu'on peut affirmer c'est que cette odeur repoussante n'était aucunement perceptible au moment de l'examen, ce qui démontre au moins qu'elle aurait facilement cédé à quelques soins élémentaires de propreté. Même lorsque Vacher était resté plus de deux mois sans faire de lavage de l'oreille à la prison de Belley, les débris épidermiques plus abondants n'avaient que l'odeur fade habituelle mais pas de fétidité spéciale.

Il faut noter en passant que cette odeur repoussante dont parle Vacher ne pouvait avoir son origine dans le nez qui ne présente aucune trace ni de rhinite atrophique, ni d'ozène.

3° La dernière question ne comporte pas, de l'examen actuel du fait, une réponse catégorique.

Une affection de l'oreille, surtout si elle est suppurative, peut déterminer des accès passagers de manie, de vertige avec impulsion : on a signalé l'épilepsie d'origine auriculaire. Les faits de ce genre sont extrêmement rares, mais il est évident que de tels troubles, lorsqu'ils existent, atténuent ou même font disparaître la responsabilité.

La présence d'une balle dans l'oreille de Vacher et la suppuration consécutive ont-elles déterminé chez lui des accidents comme ceux que nous venons d'indiquer ? Sans en nier la possibilité, on peut répondre que cela est très peu probable. C'est qu'en effet si on examine attentivement les cas publiés, on voit que les manifestations réflexes d'ordre cérébral ou psychique se sont presque toujours accompagnées de l'exagération des phénomènes locaux (exacerbation ou réapparition de la douleur, chaleur et pesanteur dans l'oreille, augmentation ou disparition de la suppuration, etc.) or, rien de pareil, d'après son interrogatoire, ne paraît s'être produit chez Vacher.

Lyon, le 20 juillet 1898, Dr Lannois

Radiographie

Je soussigné, docteur Destot, demeurant à Lyon, 46, rue Saint-Dominique, certifie m'être transporté à la prison Saint-Paul le 10 janvier 1898, pour pratiquer, sur la demande de MM. Lacassagne, Pierret et Rebatel, l'examen radiographique de la tête de Vacher, à l'aide d'une bobine et d'un tube de Crookes. J'ai pu me rendre compte qu'un seul projectile était apparent sous forme d'une tache plus sombre au niveau du conduit auditif externe droit, comme le montre l'épreuve photographique ci-jointe.

Le 22 mai 1898, Dr Destot

III. — VACHER DEVANT LA COUR D'ASSISES DE L'AIN

Vacher a comparu devant la cour d'assises de l'Ain le 26 octobre 1898. Les débats ont duré trois longs jours. Plus de 30 témoins ont été entendus, dont trente-huit à charge. Dix médecins étaient cités et sont venus donner leur avis les uns sur les crimes, les autres sur l'état mental de l'accusé. C'est en effet la question de responsabilité qui va dominer tous ces débats, c'est le seul point plus ou moins discutable que puisse plaider la défense représentée par Me Charbonnier du barreau de Grenoble. Les crimes, les atrocités commises sur ses victimes, Vacher les a avoués, et il les raconte encore pendant son interrogatoire avec le plus beau sang-froid, le plus épouvantable cynisme qu'il soit donné d'observer. Si bien qu'on se demande tout d'abord s'il est bien un être humain ou un monstre qui n'obéit qu'à des impulsions morbides, à des obsessions sexuelles, à la folie.

Cette idée préconçue s'efface vite de l'esprit lorsqu'on observe le personnage. L'impression qu'il a laissée après son interrogatoire conduit avec la plus grande habileté par M. le Président de Coston, c'est qu'on a devant les yeux un paysan madré, discutant point par point, comme tout bon dauphinois, les charges qui pèsent sur lui et armé d'un système de défense très habile, mûri pendant de longs mois dans le silence de la prison.

Vacher arrive à l'audience comme un défenseur à cela près qu'il est entouré de quatre gendarmes vigoureux. Il a sur la tête sa toque blanche, il s'est paré pour la circonstance d'un plastron en poils de lapin confectionné par lui, sous le bras une collection de papiers qui constitueront les pièces de sa défense, à la main droite un crayon pour prendre des notes et répondre ensuite à ses accusateurs.

FICHE ANTHROPOMÉTRIQUE DE VACHER

I. — Observations anthropométriques

Taille	1^{m}61.	tête	longueur	18.9	pied gauche	26.3	couleur de l'iris g. — n° de classification . 1-2	Agé de 28 ans.
Voûte	»	tête	largeur	16.3	médius gauche	11.5	Auréole impigmentée.	Né le 16 novembre 1869.
Envergure	1^{m}64.	oreille dr.	longueur	5.8	auriculaire gauche	9.4	Périphérie intermédiaire verdâtre clair.	à Beaufort, Département Isère.
Buste	0^{m}85.	oreille dr.	largeur	3.6	Coudée gauche	44.1	Particularités (1).	Age apparent : 30 ans.

II. — Renseignements descriptifs

front — arcades. inclinaison verticale. *haut.* grande. *larg.* grande. particularités.

nez — *racine* : profonde. *dos* : sinueux ; *base* : horizontale. Hauteur moy^{ne} largeur moy^{ne} saillie moy^{ne} part^{es} : bout pointu.

oreille droite — *Bord^{re}* Origine petite, *Supér^{re}* moy^{e}. *Post^{re}* pet^{te} *Ouv^{re}* ouv^{te} *Lobe*. *Contour* golfe. *Adhér^{ce}* moy^{e}. *Mod^{le}* uni. *Dim^{on}* moy^{n} *A trajus*. *Inclin*. horiz. *Profil* saillant. *Renv^{t}*. dr^{t}. *Dim^{on}* moy^{n} *Pli*. Infér^{r} intercméd^{e}. *Supér^{r}* effacé. *Forme* tr. *Ecart^{t}* moy^{n} Particularités.

barbe ch. f. / *cheveux* n. / *car^{re}* l. m. — colorat. pig^{re} pet. sanguine. /ceint; pet.

Traits caractéristiques : naso-labial petit, crâne haut, pariétaux écartés, *sourcils* drus et réunis, *sillon* jugal légèrement accentué.

NOTES. — (1) Iris droit relevé.

III. — Marques particulières et cicatrices.

I. — Léger nœvus à 7 dessus cubital gauche antérieur.

Nœvus milieu avant-bras gauche antérieur, cicatrice à cavité supérieure de 2.5 oblique interne sous 1re jointure index gauche postérieur, cicatrice rectiligne de 1re oblique externe sous 2me jointure index gauche postérieur.

II. — Cicatrice rectiligne de 1.5 oblique externe sur poignet droit antérieur.

III. — Cicatrice ovale de 2/1 oblique antérieure à 7 sous lobe droit.

En parlant tourne fortement la bouche à gauche.

IV. — Nœvus à 10 cm. sous aisselle droite.

V.

VI.

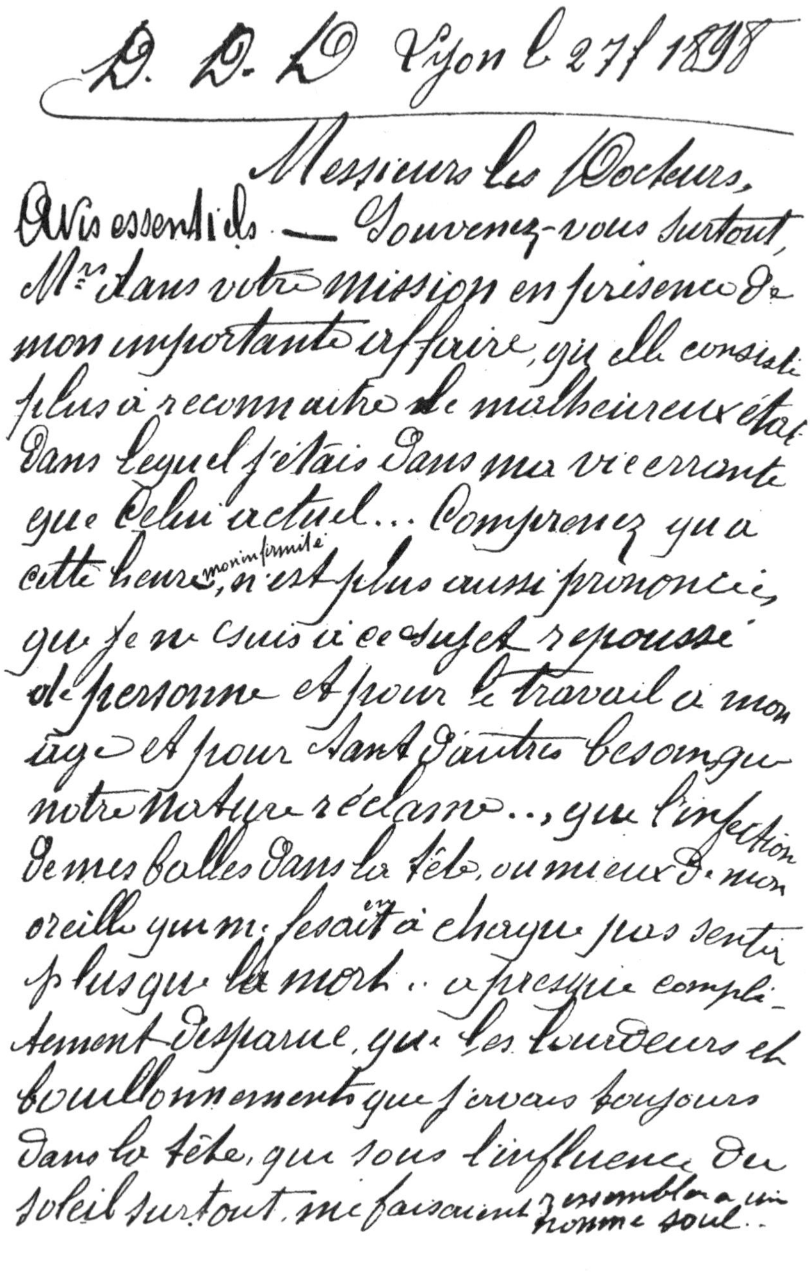

D. D. L. Lyon le 27/1 1898

Messieurs les Docteurs,

Avis essentiels — Souvenez-vous surtout,
Mrs dans votre mission en présence de
mon importante affaire, qu'elle consiste
plus à reconnaître le malheureux état
dans lequel j'étais dans ma vie errante
que celui actuel... Comprenez qu'à
cette heure, mon infirmité n'est plus aussi prononcée,
que je ne suis à ce sujet repoussé
de personne et pour le travail à mon
âge et pour tant d'autres besognes que
notre nature réclame..., que l'infection
de mes balles dans la tête, ou mieux de mon
oreille qui me fesaient à chaque pas sentir
plus que la mort.. a presque complè-
tement disparue, que les lourdeurs et
bouillonnements que j'avais toujours
dans la tête, qui sous l'influence du
soleil surtout, me faisaient ressembler à un
homme soul..

ne se sont que légèrement ressentis
au moment où le temps revient au doux,
que pour éviter chaque soir les risées de
pauvres esprits, je ne me voit plus obligé
de passer les nuits dehors, et qu'en
présence de tous ces fardeaux je ne suis
plus sous la crainte de rentrer de
nouveau dans quelques abominables
maisons de santé !..

Voici Mrs dis-je, ce qu'il importe
que vous n'oubliez pas dans votre
lourde Mission et ce que je me
fait un devoir de venir vous
rappeller Signé Jph Vacher

P.S. Si je ne mérite pas dans
de telles conditions à être recon-
irresponsable, qui méritera
jamais de l'être ?

Signé : Jph Vacher

Suite — C'est vrai, les responsabilités
sont lourdes, et il est tant que des esprit
droits et clairs-voyants sache les faire
retomber sur les coupables, afin que

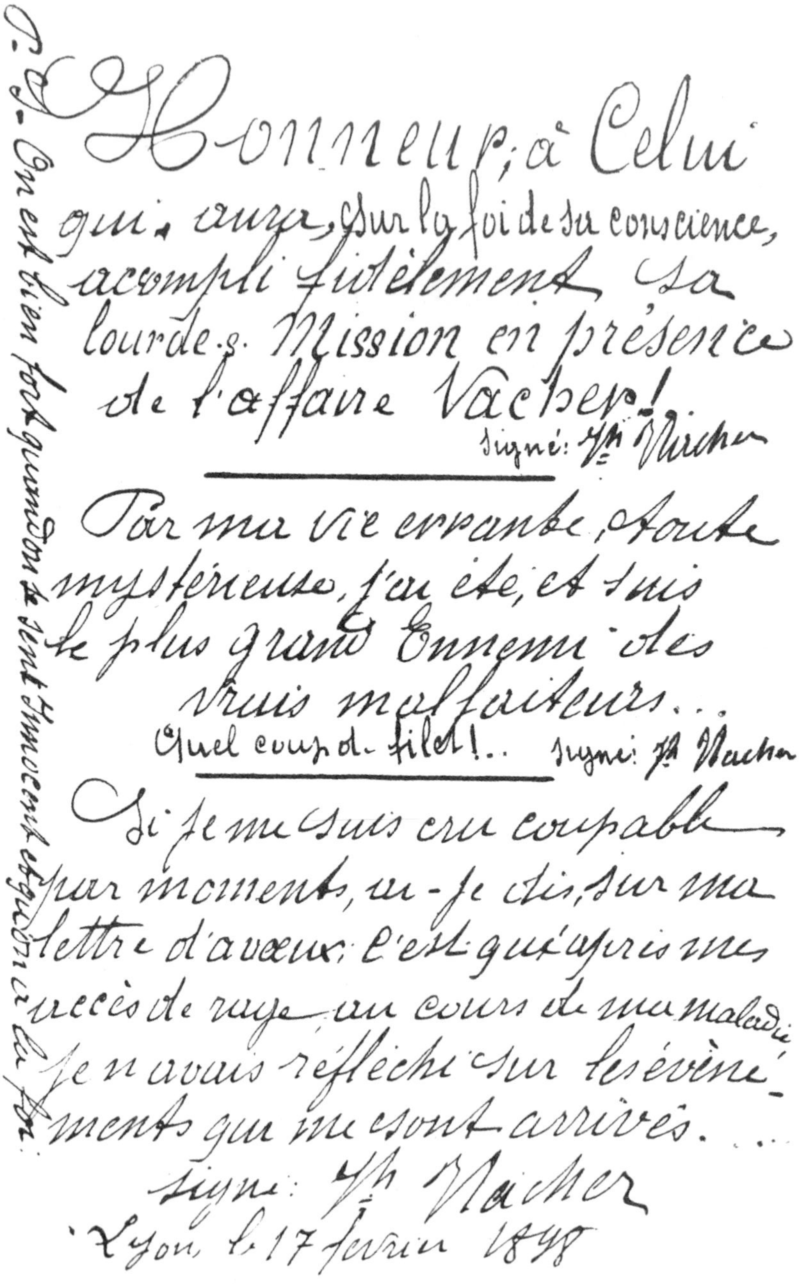

Honneur, à Celui qui aura, sur la foi de sa conscience, acompli fidèlement sa lourde mission en présence de l'affaire Vacher!

Signé: Jh Vacher

Par ma vie errante, toute mystérieuse, j'ai été, et suis le plus grand Ennemi des vrais malfaiteurs...

Quel coup de filet!.. Signé: Jh Vacher

Si je me suis cru coupable par moments, ai-je dis, sur ma lettre d'aveux, c'est qu'après mes accès de rage, au cours de ma maladie je n'avais réfléchi sur les événements qui me sont arrivés....

Signé: Jh Vacher

Lyon, le 17 février 1898

P.S. On est bien fort quand on se sent innocent et guéri de la fo[illegible]:

Chacun le sien — V. J. M. J. S^ces — H^eurs — Souvenir à Mr le Docteur Lacassagne

Dieu – Droit – Devoir

Les trois célèbres Drs;
M. Mrs:
Lacassagne, Pierret, Robatel

(+∫+)

D'ou dérive ma maladie:
D'une morsure d'un chien enragé.

Ses Compléments:

1er Ressentiments d'une douloureuse opération aux parties sexuelles (fait à l'hospice dit: les Antiquailles, à Lyon.

2me Balles dans la tête et infirmités survenues à la suite du malheureux événement de Beaumont-les-Dames

3me Mauvais souvenirs de la triste maison d'aliénés de Dole (Jura)

signé: Jh Vacher
de Beaufort (Isère
Lyon, le 17 février 1898

(+∫+) à effacer si je ne suis pas trahi par lui.

Dès qu'il voit le public, le comédien vaniteux dont il est doublé se réveille, il se met à crier suivant son habitude, quand il cherche à produire son petit effet. « Voilà le grand martyr, voilà l'envoyé de Dieu – qui n'entend qu'une cloche n'entend qu'un son. » Ce ne sont pas là propos incohérents émanant d'un cerveau en délire, nous verrons que tous ces effets sont préparés et que chacun d'eux a sa place marquée d'avance pour les besoins de la cause.

C'est en effet « le grand moment », comme il dit, où doit éclater son innocence synonyme pour lui d'irresponsabilité et dans la crainte de ne pas être entendu, il a écrit en grosses lettres, dans sa cellule, d'immenses pancartes contenant les propos que nous venons de rapporter ou d'autres identiques. Arrivé au banc des accusés, il les déploie et les promène lentement devant les spectateurs.

Ce n'est pas tout, il a trouvé une troisième forme du langage pour impressionner les jurés et mimer sa défense. Lorsqu'il veut expliquer le pourquoi de ses actes, pendant la déposition d'un témoin, il fait des gestes qui sont joliment bien étudiés. Il commence par se mordre le pouce pour faire comprendre qu'il a été mordu par un chien enragé, puis il se passe la main sur la partie droite du visage pour montrer sa paralysie faciale, il désigne du doigt son conduit auditif externe, pour indiquer la présence d'une balle de revolver et enfin il se frappe violemment la tête pour dévoiler le « siège de son mal ». Tout son système se résume en cela : Je suis irresponsable pour trois raisons qui sont celles que je viens d'énumérer.

Son attitude devant les assises est donc bien étudiée, bien recherchée. Il ne se présente pas avec les allures physiques de cette brute, telle qu'on la conçoit devant ses monstruosités, ni avec la mine du coupable repentant, honteux d'avoir été pris et de se voir exposé aux regards moqueurs de la foule. Il n'est impressionné par rien : ni par les robes des magistrats, ni par les gendarmes qui l'entourent et avec lesquels il cause aimablement, ni par la présence des jurés dont va dépendre son sort. L'arrivée de sa famille dans cette salle d'assises ne le touche pas d'avantage, il regarde défiler ses frères et sœurs sans éprouver pitié ou reconnaissance.

Avec les journalistes, son cynisme est encore plus révoltant. Il a préparé divers factums pour la presse, et il en a écrit un spécialement pour le *Petit Journal* parce que c'est, dit-il, le plus répandu dans les campagnes. À la seconde audience, il va jusqu'à échanger ses écrits contre la pièce de cent sous glissée dans sa main par le reporter, à l'insu du gendarme qui le surveille.

Tous ses actes, tous ses gestes sont donc étudiés pour arriver à produire l'effet *volontairement cherché* par lui. Si j'ajoute à cela l'absence complète de manifestations sentimentales spontanée, j'aurai donné, je crois, la caractéristique de ce tempérament dominé par les centres moteurs ; actif, intelligent, prévoyant comme tous les moteurs mais violent et emporté parce que l'activité de ces centres n'est pas enrayée et gouvernée par la moindre esquisse de cette sensibilité que l'on dénomme vulgairement le cœur.

C'est là, il me semble, la caractéristique de Vacher comme la caractéristique de tous les criminels. L'éducation, la vie irrégulière sont les facteurs évidents de cette anomalie. Chez Vacher elle a été exagérée encore par l'obligation dans laquelle il s'est trouvé à un moment donné de mener cette vie errante, où il n'avait comme compagnon que les arbres des forêts, comme but que celui de se satisfaire, comme règle que celle que lui dictaient ses impérieux besoins.

N'est-il pas aussi logique d'admettre que ces besoins eux-mêmes n'ont été que la conséquence poussée au suprême degré par les tendances égoïstes de ce tempérament uniquement moteur et violent que je viens de décrire.

Celui qui sent et chez qui l'éducation des centres sensitifs par les amitiés longues et durables, par les devoirs et les charmes de la famille a amené cette sensibilité exquise qui domine toute sa vie, a des règles en amour tout autres que le violent, le fort, le brutal. Chez le premier on remarquera l'amabilité, la douceur, « l'instinct caressant », chez le second le désir ne sera assouvi que par la brutalité d'un acte qui annihilera en même temps l'excitation de ces centres moteurs.

Poussez cette disposition au suprême degré et vous arriverez à la conception de l'être qui fait précéder l'acte sexuel de l'assassinat de la personne qu'il veut souiller et même de la mutilation des organes sexuels de ses victimes.

Voilà, je crois, une conception du sadisme tout à fait applicable à Vacher. Son insensibilité morale est curieuse à mettre en évidence et elle a éclaté à nos yeux avec tout son côté repoussant pendant l'interrogatoire et la suite des débats. C'est par cette particularité que Vacher est anormal mais il n'est pas pour cela irresponsable : c'est au contraire un raisonneur dont tous les actes sont prémédités et bien pesés.

Avant son interrogatoire, il a demandé la parole au Président pour la lecture de deux mémoires qu'il a préparés. Le premier est intitulé *Trois coupables* : l'empirique qui m'a donné le poison, le directeur de l'asile de Dole, le Dr Dufour de Saint-Robert. Le deuxième, *Trois événements dans ma vie*, qui a pour but de démontrer en un style très lucide son irresponsabilité.

Ces deux mémoires étaient rédigés dans le but d'appuyer les conclusions de son avocat qui réclame une contre-expertise médico-légale pour prouver l'irresponsabilité de son client[1].

1. Voici le texte des arrêts rendus par la cour relativement aux conclusions déposées avant l'ouverture des débats par Me Charbonnier

« 1er — Ouï le Ministère public, l'accusé et son défenseur en leurs observions considérant que pour que la Cour puisse statuer utilement et en pleine connaissance sur les conclusions déposées immédiatement après le tirage du jury, au nom de l'accusé Vacher et tendant à ce que

Vacher les lit d'une voix calme, scandant les phrases à effet ou les grands mots qu'il a intercalés.

Au cours de l'interrogatoire, il débitera avec emphase encore une ou deux de ces élucubrations pour éclairer, dit-il, les jurés sur certains événements de sa vie.

À part quelques réponses toujours les mêmes, simulant l'incohérence ; « je suis l'anarchiste de Dieu », etc., Vacher a discuté avec une précision de détails extraordinaire les divers événements de sa jeunesse : Interrompant parfois le Président pour le prier de répéter sa question : « Je n'ai pas très bien compris cette phrase, M. le Président. »

Arrivé au récit de son premier crime, son attitude change, il feint quelques troubles de la mémoire, il dit ne pas se souvenir des circonstances qui ont précédé les crimes alors qu'à l'instruction il a tout raconté avec détails.

C'est qu'il veut essayer d'éloigner l'idée de préméditation.

M. le Président lui explique ce que signifie le mot préméditation. Vacher répond qu'il connaît parfaitement les dispositions de la loi relatives à la préméditation. Son défenseur lui en a parlé.

Nous comprenons désormais ce changement complet dans ses aveux et aussi les contradictions apparentes de ces réponses. Il prétend par exemple

---

celui-ci soit soumis relativement à son état mental à une contre-expertise, et que, dans ce but, l'affaire soit renvoyée aune autre session, il est nécessaire qu'il ait été procédé aux débats. Par ces motifs, la cour, après en avoir délibéré, renvoie jusqu'après la clôture les débats à statuer sur les dites conclusions ;

« 2e Arrêt — Ouï le Ministère public, l'accusé et son défenseur en leurs observations.

« Considérant qu'il résulte des débats que l'expertise médico-légale à laquelle l'accusé Vacher a été soumis pendant l'instruction au point de vue mental et de la question de responsabilité a eu lieu dans toutes les conditions désirables et avec toutes les garanties possibles ; que cette experte a été faite par trois spécialistes dont la compétence est indiscutable ; que l'examen auquel a été soumis l'accusé a été effectué tant à Belley qu'à Lyon, où il avait été transféré pendant plusieurs mois pour rendre cet examen plus facile et plus fréquent, que chacun des trois experts pour examiner et étudier l'accusé a vu celui-ci un très grand nombre de fois et cela pendant plusieurs mois ; que tous ont eu sous les yeux la procédure pour y puiser tous les éléments nécessaires à l'accomplissement de leur mission ; que leur étude et leur examen ont été aussi soigneux et complets que possible, ainsi que leur rapport et les débats en témoignent manifestement ; que cette expertise offre toutes les garanties possibles.

« Considérant que, sur un point spécial touchant aussi à l'état mental et à la question de responsabilité de l'accusé, celui-ci a été soumis à une expertise médico-légale spéciale, et a été l'objet d'un examen de la part d'un spécialiste dont la compétence est également indiscutable.

« Considérant. en outre, que les débats ont fourni tous les éléments nécessaires pour permettre d'apprécier l'état mental de l'accusé et la question de responsabilité.

« Considérant, d'autre part, qu'il est constant que, non seulement la copie des pièces prescrites par la loi, mais encore toutes les pièces de l'information entière ont été, plus d'un mois et demi avant l'ouverture de la session des assises, à la disposition du défenseur, qui a eu ainsi le temps largement suffisant pour soumettre le rapport des experts à qui il pouvait estimer que cela était utile.

« Considérant qu'en cet état et dans ces conditions toutes garanties et dans la plus large mesure ont été fournies à la défense, et qu'une nouvelle expertise paraît inutile.

« Par ces motifs, la cour, après en avoir délibéré, dit qu'il n'y a pas lieu de soumettre l'accusé Vacher à un nouvel examen et, par suite, qu'il n'y a pas lieu de renvoyer l'affaire. ».

que « sa crise de rage » s'emparait de lui subitement et qu'il sautait sur le premier individu venu. Puis un témoin vient dire : Vacher s'est arrêté à ma porte et m'a réclamé une tasse de lait et Vacher de répondre : « je sentais que ça allait me prendre, le lait c'est le calmant ».

Plusieurs personnes établissent nettement que ses victimes étaient choisies par lui. On le voyait rôder quelquefois toute une matinée dans les environs du lieu où il devait accomplir son crime. Il attendait ainsi le moment opportun et employait souvent des artifices grossiers pour attirer les malheureux bergers dans un bois à l'abri des regards d'autrui.

L'incident si curieux à ce point de vue survenu entre le berger Léger et Vacher a été nié énergiquement par ce dernier. Cet enfant est pourtant venu renouveler devant la cour ses déclarations si précises corroborées par la déposition de la bergère X...

Vacher n'était donc pas poussé par une de ces impulsions irrésistibles qui se réveillent subitement et portent l'individu à accomplir son acte sans que la volonté et la raison aient le temps d'intervenir et de mettre un frein à cet emportement.

On ne peut pas dire qu'il soit atteint d'épilepsie psychique, d'épilepsie larvée[1]. Les précautions qu'il prenait pour l'accomplissement de ses crimes, le

1. En rapportant ces diverses particularités, mon intention est de démontrer qu'on ne peut pas classer Vacher parmi les épileptiques étudiés par les aliénistes et identifiés par Lombroso avec le fou moral et le criminel-né. Je crois qu'un grand nombre d'épileptiques sont prédestinés au crime à cause de leurs tendances impulsives, mais il est bien loin de notre idée de déclarer que tous les criminels du genre de Vacher sont des épileptiques.

Il n'est peut-être pas inutile de rappeler ici ce que Lombroso entend par épilepsie ou folie morale, paranoïa. Dans le long exposé qu'il a fait des caractères de l'épileptique (*Homme criminel*, 2e édit. franç., 1895) nous lisons à propos de Verzeni et Garayo : « Dans ces cas, nous trouvons les preuves de l'épilepsie latente dans les vertiges, dans les caractères physiques, dans l'hérédité alcoolique, dans le penchant à remplacer la cohabitation par le démembrement, dans le cannibalisme, dans les contrastes frappants de la vie antérieure, dans la périodicité constante des accès. »

Si je ne m'en tiens qu'à ces symptômes et pour moi ils ne suffisent pas à caractériser l'épilepsie (c'est-à-dire l'excitation partielle ou totale des zones corticales motrices sensitives ou psychiques), je pourrai réfuter chacun de ses points par les renseignements précis contenus dans le rapport des experts. Vacher n'a pas de tares héréditaires. Il n'a aucun stigmate physique de dégénérescence. Ces accès n'ont rien de périodique. Ce sont les circonstances favorables à l'impunité qui le décident.

Je ne veux pas passer en revue les autres caractères donnés par Lombroso de ce qu'il appelle les états épileptoïdes. Religiosité, amour des bêtes, obscénité, cannibalisme, vanité, suicide, tatouage, etc. (Voir l'*Homme criminel*).

En généralisant ainsi, on pourrait arriver à faire entrer dans le domaine de l'épilepsie les accès de colère que chacun peut présenter, la gaieté un peu trop franche, etc.

Il faut donc se garder des généralisations trop hâtives surtout dans un domaine aussi peu connu que celui de l'épilepsie et de la pathologie cérébrale. Pour nous, nous croyons que l'accès épileptique larvé ou franc a des stigmates bien établis : impulsion irrésistible, disproportion entre l'effort que peut fournir le sujet et l'acte accompli, absence de préméditation, absurdité des actions, puis après la crise, amnésie plus ou moins complète, torpeur cérébrale

souvenir précis du lieu, des circonstances dans lesquelles il se trouvait à ce moment, montre bien qu'il possédait toutes ses facultés.

En essayant pendant son interrogatoire de donner le change sur ces points bien mis en évidence pendant l'instruction et dans le rapport des experts, il a donné encore une fois l'impression d'un vulgaire simulateur.

Je ne rappellerai pas les dépositions des nombreux témoins. Ils sont venus raconter à la barre la conduite de Vacher avant et pendant son séjour au régiment. Je dois noter pourtant l'attitude de l'inculpé à leur égard. Les témoins à charge, il les menaçait du geste ou bien leur adressait un compliment désagréable, ceux qui lui étaient sympathiques, il les félicitait. On voyait passer sur son visage un sourire de contentement lorsqu'un éloge était fait de sa conduite au régiment. Son orgueil était flatté, sa vanité satisfaite lorsqu'on parlait du sergent Vacher.

Il a poussé le cynisme jusqu'à oser applaudir avec le public le vaillant cultivateur complimenté par M. le Président pour l'acte de courage qu'il avait accompli en arrêtant Vacher au moment où il essayait de violer sa femme.

Pas un mot de regret ne s'est échappé de sa bouche, pas un air de pitié n'a paru sur sa physionomie pendant que l'on parlait de ses victimes et que l'on narrait les cruautés accomplies. Il ne s'est pas exalté comme l'aurait fait un fou au souvenir de ses actions passées, il n'a pas essayé d'en tirer gloire. Cette insensibilité morale révoltante n'a pas même été mitigée par un de ses réflexes involontaires qui amènent des larmes dans les yeux du coupable comme dans ceux du spectateur le plus désintéressé au moment pathétique.

Pendant que le professeur Lacassagne développait devant le jury l'atroce manuel opératoire de Vacher, celui-ci s'est borné à dire en approuvant de la tête : « Il est très fort ».

M. Lacassagne dans sa déposition a étudié particulièrement la période criminelle de la vie de Vacher, de sa sortie de l'asile de Saint-Robert à son arrestation. Il a montré que la méthode employée par Vacher pour sacrifier ses

---

amenant le sommeil ou annihilant la volonté et ne permettant pas de juger les conséquences d'un crime. Si l'on ajoute à cela les stigmates physiques et moraux, les antécédents du sujet et l'hérédité, on aura des éléments probants de diagnostic.

Vacher n'a à son actif que le traumatisme du crâne consécutif à sa tentative de suicide, la présence d'une balle dans le conduit auditif externe, et en admettant même qu'il ait présenté à un moment donné des symptômes d'excitation mentale allant jusqu'aux idées de persécution, il n'est pas possible d'établir d'après la nature de ses crimes qu'il ait jamais été épileptique et encore moins qu'il le soit à l'heure actuelle. Une observation prolongée l'a démontré.

Pendant son séjour à la prison, il a été attentivement surveillé la nuit. Il n'a jamais uriné au lit. Son sommeil a été tout à fait tranquille. Il se livrait à la masturbation.

Il n'entre pas dans nos vues de faire de Vacher un individu normal, il présente des particularités psychologiques qui sont le propre des grands criminels, mais nous ne croyons pas que ces anomalies puissent suffire à le faire classer dans l'ordre pathologique. Je répéterai volontiers cette formule des conclusions du rapport des experts : C'est un immoral sadique sanguinaire.

victimes était toujours la même, que chacune d'elles portait pour ainsi dire la signature de son intervention, puis il a insisté sur les circonstances et les précautions prises dans l'accomplissement des crimes pour montrer que leur auteur n'agissait pas sous le coup d'une impulsion et qu'il était absolument conscient de ses actes et des conséquences qu'ils pouvaient entraîner.

Il a expliqué enfin aux jurés ce que l'on entendait par sadisme et il a établi que l'on pouvait être sadique et responsable, que le sadisme n'indiquait pas par lui-même l'irresponsabilité et la folie.

M. le professeur Pierret a exposé les antécédents héréditaires et personnels de l'inculpé. De tares héréditaires, Vacher n'en présente aucune, Il a donné ensuite son opinion sur cette morsure de chien enragé et sur le remède administré à Vacher. Il est prouvé, a-t-il dit, que Vacher n'a jamais été mordu, il a été simplement léché par un chien reconnu ensuite hydrophobe. Quant au remède empirique: «j'ai jugé, dit-il, que son effet ne méritait pas l'honneur d'une discussion». Vacher a-t-il été à un moment donné aliéné? M. le Dr Pierret conclut par l'affirmative. On ne peut mettre en doute les nombreux certificats des médecins militaires ou civils qui l'ont soigné. Mais à sa sortie de Saint-Robert où M. Dufour a pu le suivre pendant cinq mois, Vacher n'était pas fou.

Reste la question de l'otite traumatique causée par la présence d'une balle de revolver dans le conduit auditif externe. Si cette otite avait eu une influence sur l'état cérébral de Vacher, il aurait présenté des hallucinations auditives ; or, Vacher n'a jamais eu trace d'hallucinations. C'est une raison formelle pour conclure que l'otite traumatique n'a pas eu de conséquences sur son état mental.

En somme, le Dr Pierret conclut à la responsabilité de l'accusé sauf une légère atténuation résultant de son ancien état.

Enfin, M. le Dr Rebatel expose devant la cour quelle a été l'attitude de Vacher pendant la période durant laquelle il a été soumis à l'examen des experts et les résultats de l'examen physique pratiqué par eux. Au point de vue physique et anthropologique Vacher ne présente aucun stigmate dit de dégénérescence. Aucune anomalie du côté de la sensibilité. Il a eu nettement pendant son observation l'apparence d'un simulateur et non d'un aliéné. Ce n'est pas un épileptique. Les faits qui sont rapportés dans le rapport des experts sont la démonstration de ces conclusions. Je ne les répéterai pas ici.

M. le Dr Lannois, chargé du cours d'otologie à la Faculté de médecine, dit qu'il a examiné Vacher pour déterminer l'état de son oreille droite. Il existe une balle dans le conduit auditif, elle est facile à voir et à sentir, elle est encastrée dans le rocher. Elle a déterminé la surdité complète par section du nerf auditif et la paralysie faciale en même temps que de la suppuration. Cette suppuration n'exhalait pas une odeur anormale.

M. Lannois ne croit pas que la balle ait pu produire des troubles cérébraux. Vacher n'a ni bourdonnement d'oreille ni vertige. Cependant il existe dans la science des cas, extrêmement rares d'ailleurs, où ces accidents du côté de l'oreille ont amené des crises impulsives.

Parmi les témoins à défense, un certain docteur de Paris, dont je tairai le nom, est venu contredire l'éminent spécialiste lyonnais. Il est venu, dit-il, pour éviter une erreur judiciaire comme celle que l'on a commise avec Menesclou. Menesclou avait une otite moyenne et cette affection avait amené un «ramollissement du cerveau», que l'on a constaté à l'autopsie. Je ne m'attarderai pas à relever les inexactitudes affirmées par ce témoin. M. le Président a qualifié en public les procédés de ce docteur qui, sans mission judiciaire, a pu s'introduire dans la prison de Belley, examiner Vacher et profiter de ces circonstances pour venir contredire les experts officiels.

Les dépositions de MM. Pechaud et Franck, médecins à l'Hôpital militaire de Besançon, au moment où Vacher y fut soigné, du Dr Grandgury, médecin-major au 60e d'infanterie, de M. le Dr Baeterlin, médecin à Baume-les-Dames qui a donné des soins à Vacher et à sa fiancée après sa tentative d'assassinat et de suicide tendent à prouver qu'à cette époque Vacher était atteint de mélancolie et d'idées de persécution. Il eut, dit le Dr Baeterlin, consécutivement à sa tentative de suicide, des accès comme de folie furieuse qui le rendaient dangereux.

Il résulte de tous ces témoignages deux points importants. Tout d'abord que l'otite traumatique dont a été atteint Vacher n'a pas eu d'influence sur son état mental et ne peut pas être la lésion causale d'une épilepsie traumatique. Vacher n'a jamais eu d'hallucinations et s'il en avait eu il n'aurait pas oublié de les raconter. Il n'a présenté ni bourdonnement d'oreille, ni vertige, on peut donc conclure que les centres nerveux n'ont pas été jusqu'à présent influencés par la présence de cette balle.

En second lieu, qu'il a été atteint d'excitation mentale mal caractérisée, causée par des ennuis et des peines de cœur. Ces troubles psychiques n'ont été que passagers et le Dr Dufour est formel pour dire qu'au moment de son séjour à Saint-Robert, Vacher n'était plus un aliéné.

Malgré ces dépositions accablantes, Vacher lutta jusqu'au dernier moment, posant des questions aux médecins, essayant même de les discréditer en affirmant qu'ils ne l'avaient pas examiné comme ils auraient dû le faire.

L'éloquent réquisitoire du ministère public eut le don de l'exciter un peu, il fit des gestes inconvenants, menaça l'éminent magistrat requérant. Il ne cessa sa comédie que lorsque son avocat prit la parole. Il écouta les bras croisés avec recueillement.

Il m'est impossible, vu mon incompétence, de porter un jugement sur le système de défense adopté par le défenseur de Vacher. Je crois cependant qu'il était difficile de renverser les arguments scientifiquement établis par des médecins dont l'honorabilité et la probité scientifique sont au-dessus de toute critique en essayant de tourner en ridicule et de dénaturer leurs écrits et leurs travaux. Même par les gens peu au courant, la méthode fut jugée à sa juste valeur, et la plaidoirie de Me Charbonnier n'a pas produit d'effet sur les jurés de l'Ain[1].

Vacher a été condamné à mort. Il a entendu la sentence qui le condamnait à la peine capitale avec le même sang-froid dont il ne s'est pas départi. Trois longues journées d'audience pendant lesquelles son attention a été constamment en éveil, une prévention de près d'une année accompagnée de toutes les émotions que doit produire l'instruction de si nombreuses affaires, les visites des experts n'ont pas eu pour résultat d'adoucir ce caractère si dur, d'accabler son énergie morale et de diminuer sa vigueur physique.

Étienne Martin.

IV. — LES RAPPORTS MÉDICO-LÉGAUX SUR LES CRIMES AVOUÉS

1. Affaire de Beaurepaire (Isère)

Nous soussigné Claude Brottet, docteur en médecine à Vienne, ancien interne des hôpitaux de Lyon, médecin expert près le tribunal de 1re instance de Vienne, à la requête de M. le juge d'instruction, en date du *24 mai 1894*, serment préalablement prêté, nous nous sommes transporté à Beaurepaire pour examiner le cadavre de la nommée Eugénie Delhomme, trouvée morte dans la journée du dimanche 20 mai, victime d'un assassinat, et avons fait en présence de M. le procureur de la République et de M. le juge d'instruction qui nous accompagnaient les constatations suivantes :

Le cadavre de la nommée Eugénie Delhomme âgée de vingt et un ans, ouvrière à l'usine Levrier, à Beaurepaire, a été trouvé dans une haie à 200 mètres environ de cette usine. Nous relevons en cet endroit *des traces de lutte, et des taches de sang* sur les herbes et sur le sol ; des vêtements de la victime, notamment un corset et un fichu ont été trouvés à quelque distance du cadavre plus loin des traces de pas partant du lieu du crime et se dirigeant à travers

1. Vacher s'il n'a pas encore eu d'imitateur, a tout au moins des défenseurs. Il paraît que Me Charbonnier a reçu plusieurs lettres de gens bien intentionnés s'offrant pour défendre la cause de Vacher. Inutile d'ajouter que certaines de ces lettres indiqueraient de la part de leurs auteurs un certain degré de dérangement cérébral.

champs ont pu être suivies et remarquées par nous, nous avons reproduit ces empreintes sans avoir pu en prendre le moulage à cause de la mollesse du sol détrempé par la pluie.

Le cadavre d'Eugénie Delhomme avait été transporté à l'hôpital de Beaurepaire, et c'est là que nous avons procédé à l'autopsie en présence de M. le procureur de la République.

Examen du cadavre. — Eugénie Delhomme, vingt et un ans, taille 1 m. 60, assez bien constituée, vêtements déchirés et souillés de boue; chemise de toile, tricot coton gris, taille carreaux bleus, jupe tricot rouge, jupon rouge à galon noir, robe à rayures rouges et blanches, petit fichu laine loutre, bas de laine rayés rouge et blanc, souliers Molière; à la semelle adhère une couche épaisse de boue argileuse.

Le corps porte des traces de lutte dans la boue qui souille les parties inférieures jusqu'à la ceinture, ainsi que la partie supérieure de la poitrine, les avant-bras et les mains. Toute la face à droite, la région du cou, la paume des mains sont maculées de larges taches de sang. La *région mastoïdienne droite* est le siège d'une vaste plaie à direction verticale en forme de croissant, mesurant 8 centimètres de longueur. Le sang qui s'en est échappé a souillé et agglutiné les cheveux qui sont épars et retiennent dans leurs mailles des fragments de terre humide.

L'aréole du sein droit a été arrachée par une déchirure à lambeau interne, cette blessure est peu profonde et mesure 6 à 7 centimètres d'étendue.

Rigidité cadavérique.

Face. — Les paupières sont fermées, l'œil est terne, non affaissé, la bouche est entr'ouverte, la langue est serrée entre les arcades dentaires,

Dissection de la plaie mastoïdienne. — Cette plaie en arrière de l'oreille droite est longue de 8 centimètres, elle est profonde et a mis à nu l'apophyse mastoïde, et par décollement la surface antérieure de l'os temporal. Les bords sont nets et ont été produits par un instrument tranchant, le sang qui a coulé en abondance a agglutiné les cheveux et taché toutes les parties voisines. De chaque côté du cou, suivant le tracé des veines jugulaires la peau présente une teinte bleuâtre ecchymotique sur une largeur de deux travers de doigt.

Nous prolongeons pour retrouver sa direction cette plaie en incisant verticalement. Peu de caillots, et nous trouvons des ecchymoses profondes sur toute cette étendue.

Dissection de la bouche. — La lèvre inférieure a été déchirée à sa face interne par une violente pression sur les arcades dentaires. Nous incisons verticalement la symphyse du menton et nous découvrons successivement des ecchymoses : 1° au niveau de la symphyse ; 2° à la hauteur de l'os hyoïde, et deux autres étendues jusqu'à la fourchette du sternum. En un mot ces ecchymoses occupent toute la face antérieure du cou.

Rien de particulier dans la bouche et le pharynx. L'os hyoïde n'est pas fracturé ; d'une façon générale tous les tissus et les organes du cou sont ecchymosés et infiltrés de sang noir.

Thorax. — Le larynx présente des ecchymoses disséminées sur toutes ses faces.

Ouverture du larynx. Taches ecchymotiques dans les cavités.

Écume légèrement rosée. — Nous retrouvons des taches ecchymotiques tout le long des gros vaisseaux. Les ganglions bronchiques sont volumineux et colorés en noir.

Le cœur est de volume ordinaire, graisseux à sa base, traces d'ulcérations cicatrisées à la pointe du ventricule gauche (péricardite ancienne).

Poumon gauche. — Cavité pleurale remplie de sang noir. Adhérences à la base suite de pleurésie ancienne, congestion intense du lobe supérieure.

Nous trouvons quelques *ecchymoses sous-pleurales* masquées en partie par la teinte générale ecchymotique du tissu pulmonaire.

Poumon droit. — Adhérences multiples, *ecchymoses sous-pleurales* ; très nombreuses et très faciles à distinguer sur le fond qui est moins congestionné que du côté opposé. Pas de sang dans la plèvre.

Nous retrouvons également quelques ecchymoses épaisses sous l'enveloppe péricardique.

En poursuivant la dissection de la trachée et des grosses bronches, vers les bifurcations, nous retrouvons une quantité *notable d'écume rosée.*

Région abdominale. — Vers la partie pubienne supérieure nous constatons des traces de piétinement par une semelle de soulier ayant imprimé dans la peau de petits points symétriques. L'empreinte a un bord convexe de 6 centimètres de hauteur sur 6, 1/2 de largeur correspondant comme forme à celle de la semelle d'un soulier à bout arrondi. Le pli de l'aine à gauche est également le siège d'empreintes irrégulières sur une longueur de dix centimètres et une largeur de cinq centimètres environ.

Sur ces deux empreintes, la saillie des clous a excorié l'épiderme. Sur la rotule gauche et sur la face externe du genou droit, nous relevons également un certain nombre de ces empreintes.

Abdomen. — À mesure que nous incisons les parois abdominales, et que nous découvrons les parties profondes nous trouvons un lac de sang noir épanché, ainsi que des ecchymoses étendues à la région cardiaque de l'estomac, et à la face antéro-supérieure du côlon transverse.

Estomac. — Cet organe est volumineux et dilaté, il renferme les restes abondants d'un repas récent à peine digéré où nous reconnaissons facilement les aliments suivants : pâtes alimentaires, en forme de lettres d'alphabet, fragments de pain et de fromage, pas de trace de vin.

Foie assez volumineux, sain.

Reins et rate normaux.

Organes génitaux. Poils châtains, vulve largement ouverte, défloration ancienne, absence de fourchette, muqueuses décolorées, pas de blessures de ces organes ni du périnée. Rien d'anormal à l'examen des organes génitaux internes.

Nous avons retiré du vagin un liquide blanchâtre granuleux, que nous avons examiné au microscope et dans lequel nous n'avons pas trouvé de spermatozoïdes, mais seulement des débris épithéliaux et des vibrions du genre *trichomonas*.

L'examen que nous avons fait du cadavre d'Eugénie Delhomme et des circonstances du crime nous permet d'en retracer les péripéties et d'en tirer les conclusions suivantes.

La victime a lutté contre son agresseur qui l'a étendue à terre, a relevé ses vêtements, et en présence de sa résistance a d'abord cherché à étouffer ses cris en comprimant la bouche et en serrant violemment le cou, pendant que couché ou agenouillé sur elle, il appuyait son pied et son genou sur le corps (ecchymoses et empreintes du ventre et des genoux).

La suffocation, l'asphyxie était à peu près complète quand il a, pour achever cette résistance, plongé un couteau (tenu dans la main gauche) dans le cou de la fille Delhomme. (la main droite appuyant sur la bouche et sur le cou).

Une abondante hémorragie produite par la section des vaisseaux du cou et notamment des veines jugulaires a rempli la cavité thoracique, et a filtré jusque dans l'abdomen où nous avons retrouvé ses traces.

En résumé.

Eugénie Delhomme est morte :

1° Par suffocation et par strangulation avec compression des parois de la poitrine ;

2° Par hémorragie externe et surtout interne très abondante.

Cette mort est le résultat d'un crime, elle remonte au samedi 19 mai à 8 heures *du soir*, à peine 1 heure après le repas du soir que la fille Delhomme avait pris l'usine.

Vienne, le 8 juin 1894.

2e Affaire de Vidauban (Var)

Nous soussignés Séraphin Roubaudy, officier de santé demeurant à Vidauban et Julien Balp, docteur en médecine, médecin expert devant les tribunaux, demeurant à Draguignan, sur la réquisition de Me Guichon de Grandpont, juge d'instruction près le tribunal de première instance de Draguignan, après avoir prêté le serment exigé par la loi nous nous sommes transportés, ce 21 novembre 1894, au quartier de Blaïs, territoire de la commune de Vidauban, « à l'effet de procéder à l'autopsie du cadavre de la nommée Louise Marcel, de constater le nombre et la nature des blessures qu'elle porte ; d'indiquer le ou les instruments qui paraissent les avoir produites, de déterminer les causes de la mort ainsi que l'époque à laquelle elle paraît remonter, d'indiquer en outre dans quelle situation devait se trouver la victime lorsqu'elle a été frappée par l'assassin, celle de ce dernier par rapport à elle et si les mutilations que l'on constate sur son corps ont été faites avant ou après la mort ; de vérifier et faire connaître si la jeune Louise Marcel ne porte pas sur les bras ou autres parties du corps des ecchymoses ou autres traces de violences, indiquant qu'il y aurait eu lutte entre elle et le meurtrier, avant le crime, et si elle n'a pas été l'objet de viol, ou de tentative de viol de la part de son meurtrier ».

Nous avons trouvé le cadavre de L. Marcel étendu sur le sol, à 3 m 50 environ de la porte d'entrée, dans la bergerie où on l'a découvert. Le corps de cette fille, qui avait treize à quatorze ans, est très précocement développé ; par sa taille, ses dimensions et ses formes on dirait en effet celui d'une jeune femme de dix-huit à vingt ans. Elle devait être lourde et robuste.

Son cadavre est couché sur le dos, la tête est en quart de rotation de façon que le visage est tourné à gauche regardant vers le fond de la bergerie dans la direction opposée à la porte d'entrée ; le membre supérieur droit est dans l'extension, écarté du corps, à angle droit, c'est-à-dire perpendiculaire à son axe, et dans la direction de la porte, la face palmaire de la main regardant en haut, les doigts à demi fléchis ; le membre supérieur gauche est allongé le long du corps avec la face palmaire de la main tournée vers la cuisse gauche, les doigts à demi fléchis ; la jambe droite à demi fléchie sur la cuisse du même côté est repliée sous le membre inférieur gauche qui est allongé, de sorte que les cuisses chevauchent l'une sur l'autre.

Les vêtements sont dans le plus grand désordre, ils se composent d'un tablier, d'un jupon de laine, d'un corsage à manches, d'un corset à baleines, d'une chemise, de bas et de bottines. En avant et en haut ils sont peu souillés de sang, mais ils ont été coupés à grands coups d'instrument tranchant, et déchirés un peu à gauche de la ligne médiane depuis le cou jusqu'au-dessous de la ceinture, puis écartés de droite et de gauche de façon à bien découvrir toute la poitrine ; à la partie inférieure les vêtements sont relevés presque jusqu'en haut des cuisses, ensanglantés sur une large surface, la chemise surtout, et présentent quelques coupures très nettes. En arrière ils sont relevés jusqu'au-dessus des reins et tout ensanglantés presque du haut en bas.

Le sol sur lequel est étendu le cadavre est disposé en pente légère dans la direction des pieds, il est tout imprégné de sang depuis le dessus de la tête jusqu'à vingt centimètres plus bas que les pieds, une autre vaste tache de sang, au niveau de laquelle la terre est également imbibée de ce liquide, remonte à l'endroit où repose la cuisse droite jusque vers un point situé à trente centimètres environ de la main droite du côté de la porte de la bergerie. Il est probable que la tête de L. Marcel reposait d'abord sur ce dernier point et que son corps a été retourné et traîné là où il a été découvert, de la sorte s'expliqueraient tout à la fois la direction des deux mares de sang, le relèvement des vêtements en arrière et la souillure de terre du tablier.

Les pieds de L. Marcel sont environ à trente centimètres de distance de l'un des supports ou pieds d'une table qui se trouve dans l'angle de la bergerie, à droite de la porte d'entrée. Sur la table nous constatons plusieurs taches de sang et sur le support arrondi, qui est le plus rapproché des pieds du cadavre, nous relevons des taches de sang produites par une main droite qui, à deux reprises, a saisi ce support, le pouce en avant, les autres doigts en arrière.

Nous allons successivement décrire les nombreuses blessures que nous constatons sur le cadavre de L. Marcel.

1° *La tête* présente deux blessures siégeant à la face. Ce sont deux plaies linéaires et transversales de la lèvre supérieure et de la joue droite ; elles sont parallèles l'une à l'autre et distantes de deux à trois millimètres ; elles s'étendent du milieu de la lèvre supérieure au milieu de la *joue droite* et mesurent quatre centimètres et demi de longueur leurs bords et leurs angles, au sommet sont très nettement sectionnés ; la plaie supérieure n'intéresse que les parties molles, la plaie inférieure pénètre dans l'os maxillaire supérieur sur une longueur de deux centimètres et traverse même cet os de part en part sur une longueur d'un demi-centimètre, au niveau de la racine de la première grosse molaire, en produisant une fente osseuse très étroite, linéaire à travers laquelle la lame du bistouri pénètre à peine. Ces deux plaies n'ont donné lieu à aucune hémorragie, elles ont donc été faites quand la circulation du sang avait cessé, au moment même de la mort ou après la mort. Elles sont la conséquence de deux coups portés à l'aide d'un instrument tranchant à lame assez forte puisqu'elle a sectionné un os, et très finement aiguisée puisque la section osseuse reçoit à peine la lame du bistouri. Le meurtrier était au côté droit de la victime quand il lui a porté ces deux coups et celle-ci était déjà exsangue et étendue sur le sol.

2° *Au cou* nous constatons une vaste plaie transversale et béante, pénétrant dans le larynx et le pharynx; si on en rapproche les bords maintenus écartés par la rétraction des tissus et la légère extension de la tête, on constate qu'elle est formée par deux plaies linéaires se réunissant à angle droit tout à fait au-dessous du menton; de ce point une branche de la plaie, longue de trois centimètres, dont l'angle inférieur est très émoussé, descend verticalement en bas vers le sternum, l'autre branche est transversale et se dirige à droite jusque au-dessous de l'angle de la mâchoire (angle postérieur et inférieur du maxillaire supérieur) et mesure huit centimètres. Sur la même ligne que cette dernière branche, à deux centimètres au-dessous du lobule de l'oreille droite, existe une plaie linéaire à bords et à angles très nets qui semble faire suite à la précédente par sa direction et par la communication qu'elle a avec elle, cette petite plaie mesure un centimètre. Cette vaste plaie dont les bords sont très nets, ainsi que les angles, à l'exception de celui que nous avons signalé comme étant très émoussé, et la petite qui en est le prolongement sont les conséquences d'un coup porté à l'aide d'un instrument piquant et tranchant dont la lame a été enfoncée son tranchant dirigé en haut, son talon en bas, obliquement de gauche à droite et d'avant en arrière du milieu du cou jusque sous l'oreille droite. La pointe a pénétré sous le menton et est allée ressortir sous l'oreille, ensuite le manche de l'instrument ayant été relevé en haut en décrivant un arc de cercle, le tranchant a sectionné les tissus de bas en haut et a produit la branche transversale de la blessure qui a huit centimètres.

C'est selon toute probabilité un fort couteau, un coutelas, qui a produit ces blessures du cou: sa lame doit mesurer au moins dix centimètres de long et trois centimètres de largeur près du manche. L'instrument a sectionné la veine jugulaire et la carotide externe ainsi que les vaisseaux laryngiens et thyroïdiens, il a produit une large saignée du cou. C'est par cette plaie que le sang de L. Marcel s'est écoulé.

La partie antérieure et supérieure des vêtements n'étant pas ensanglantée, il est probable que la victime était déjà étendue sur le sol quand le meurtrier, couché ou incliné sur elle, lui a porté ce coup qui a occasionné la mort en quelques minutes.

3° *La main gauche* est ensanglantée sur toute sa face palmaire, tous les doigts sont coupés sur une profondeur variant d'un demi-centimètre à un centimètre, obliquement du haut en bas, à la face palmaire de la première phalange, ces coupures sont irrégulières par suite probablement des différences de pression des divers doigts et aussi des mouvements imprimés à l'arme par le meurtrier pour la dégager, car la coupure du pouce est opposée à celles des doigts et toutes ces plaies digitales proviennent de ce que L. Marcel a saisi à un moment donné de la scène du meurtre la lame de l'instrument dont la frappait son meurtrier. Nous avons d'abord pensé que cette lame devait avoir deux tranchants mais nous pensons qu'en dégageant la lame très pointue d'un couteau, la pointe finement aiguisée peut-être des deux côtés a pu produire toutes les coupures des doigts. Ces plaies ont largement saigné et elles ont été produites quand la circulation était encore active, que la victime avait encore la force de serrer fortement. Le meurtrier était en face de L. Marcel quand celle-ci a saisi l'arme ; ils pouvaient être debout l'un et l'autre ou bien le meurtrier était incliné sur sa victime renversée à terre.

4° *La main droite* n'est pas ensanglantée, elle porte cependant deux coupures d'un centimètre et demi de longueur, l'une à la face palmaire de la première phalange du pouce, l'autre également sur la face palmaire de la première phalange de l'index. Elles sont opposées l'une à l'autre, bien que celle du pouce soit assez profonde, elles n'ont saigné ni l'une ni l'autre. Elles ont dû être produites, selon le même mécanisme que celles de la main gauche, par l'instrument tranchant saisi par L. Marcel durant la lutte, mais à un moment où la circulation cessait et où les forces lui manquaient pour serrer vigoureusement l'arme en se défendant. Les positions du meurtrier et de la victime devaient être les mêmes que lorsque se sont produites les coupures de la main gauche.

5° *La poitrine*, à sa partie antérieure, n'est qu'une vaste plaie s'étendant d'une aisselle à l'autre et allant du cou au creux de l'estomac. *Les deux seins* déjà très développés ont été complètement détachés par un instrument tranchant et piquant manié de façon à pénétrer obliquement de dehors en dedans, et d'avant en arrière de leur circonférence jusqu'au-dessous de leur partie centrale et promené en cercle tout autour, en rasant les côtes. De cette façon chaque sein a été enlevé en une fois, mais il y a eu un assez grand nombre de reprises dans le maniement de l'instrument ainsi qu'en témoignent les irrégularités et les encoches des bords de la section, parfois l'arme violemment conduite s'est échappée et a produit de profondes entailles dans les chairs voisines. Entre les deux seins l'instrument tranchant d'abord laboure profondément les tissus depuis le cou jusqu'au creux de l'estomac, divise la peau et le tissu circulaire jusqu'au sternum. Le sein droit renversé était replacé sur la plaie circulaire résultant de son enlèvement, le sein gauche avait été jeté à deux mètres cinquante de distance loin du corps, sous la table qui est dans le voisinage. Les deux énormes mutilations pratiquées ainsi sur la poitrine n'ont donné lieu à aucune hémorragie : elles ont été faites après la mort.

6° *À l'abdomen* nous constatons sept blessures que nous décrivons ci-après.

A. — La première de ces blessures, en allant de droite à gauche, est dirigée de l'hypocondre droit vers le bas de la région iliaque droite, elle mesure vingt centimètres de longueur, trois de profondeur, elle n'est pas pénétrante, ses deux sommets sont à angles très aigus et se prolongent par de fines sections épidermiques sur une longueur d'environ un centimètre en haut comme en bas, ce qui indiquerait que la lame tranchante a été promenée comme pour découper, de haut en bas, avec des pressions variables; les bords très nets n'ont donné lieu à aucune hémorragie.

B. — À deux centimètres plus en dedans de la plaie précédente existe une blessure non pénétrante de 3 centimètres en longueur et en profondeur, à bords nets, à angles très vifs, et n'ayant pas saigné, dirigée de haut en bas.

C. — Parallèlement aux deux plaies précédentes, à 1 centimètre à droite de l'ombilic, nous constatons une troisième plaie abdominale à section nette, décrivant une ligne légèrement brisée de 11 cent. 1/2 de longueur, pénétrante en haut seulement sur une longueur de 4 à 5 centimètres, son angle supérieur est légèrement émoussé, l'angle inférieur est très aigu. Plusieurs anses intestinales et le mésentère ont été traversés par l'instrument dont la pointe est allée s'arrêter contre la colonne vertébrale. Cette blessure paraît être le résultat d'un coup porté par un instrument tranchant et piquant, agissant obliquement de haut en bas et de droite à gauche, l'instrument ayant été ensuite promené dans la plaie en changeant de direction à chaque effort. L'arme a pénétré à 12 centimètres de profondeur. Le meurtrier devait être en face de sa victime qui était sans doute déjà couchée à terre quand il a porté ce coup. Elle a donné lieu à une hémorragie interne.

D. — Une quatrième plaie, peu profonde, siège à 2 centimètres au-dessus du mont de Vénus; elle est verticale, à bords et angles nets et mesure 3 centimètres de long, sans hémorragie.

E. — À la région abdominale gauche existe une grande blessure presque triangulaire de l'un de ses angles situé environ à 5 centimètres à gauche de l'ombilic, descendent deux plaies linéaires, pénétrantes, mesurant chacune 15 centimètres de longueur, l'une vers le milieu du pli de l'aine gauche, l'autre à l'extrémité externe de l'aine un troisième coup a sectionné à peu près complètement la base de ce V renversé, de sorte qu'un large lambeau de paroi abdominale flotte sur une masse d'intestins sortis par cette plaie béante. Cette plaie a saigné.

F. — À 4 centimètres plus en dehors, siège une sixième plaie abdominale, non pénétrante, n'intéressant qu'une partie de la peau, verticale, de 12 centimètres de longueur.

G. — Une septième plaie de l'abdomen existe encore à 2 centimètres en dehors de la précédente, au flanc gauche elle est à peu près verticale, mesure 8 centimètres de longueur et profonde de 3 centimètres; elle est peu pénétrante, ces deux dernières blessures n'ont donné lieu aucune hémorragie.

7° En arrière du corps, nous constatons une incision mesurant 44 centimètres de longueur et 12 centimètres de profondeur, descendant depuis l'hypocondre gauche jusque dans le milieu interfessier dans le voisinage de l'anus qui est intact. Cette blessure est oblique de dehors en dedans dans le sens de la direction et dans le sens de la profondeur. Les bords et les deux angles sont très nettement sectionnés. Dans la profondeur des tissus l'instrument tranchant, manié toujours comme pour découper, a été promené à quatre reprises différentes tout le long de la blessure, traçant quatre sillons en sections très reconnaissables. Le périoste de l'os iliaque a été légèrement entamé sur une longueur de 1 centimètre; sa section est très nette.

Cette immense plaie n'a donné lieu à aucune hémorragie. Elle doit être la conséquence d'une tentative faite par le meurtrier, après la mort de sa victime, pour dépecer le cadavre et désarticuler la cuisse. L'instrument tranchant qui a produit la blessure doit avoir une lame très forte, ayant environ 12 centimètres de longueur et bien aiguisée. Le meurtrier a dû retourner le cadavre sur le ventre pour pratiquer cette blessure, et se trouver à droite du corps.

8° Sur le devant de la cuisse gauche, un énorme lambeau de peau, de tissu cellulaire et de muscles, s'étendant presque du pli de l'aine jusqu'à 5 centimètres au-dessus du genou, d'une épaisseur variant de 1 centimètre en bas à 3 centimètres en haut, ayant en bas, où il est arrondi une largeur de 3 centimètres et en haut 12 centimètres, a été détaché par des sections multiples opérées à l'aide d'un instrument tranchant manié de bas en haut et de gauche à droite par le meurtrier placé à droite de sa victime. Les bords de la plaie présentent de nombreuses encoches provenant de nombreuses reprises dans les efforts de section. Cette mutilation n'a donné lieu à aucune hémorragie.

La région vulvaire ne présente aucune trace de violences, elle n'est souillée ni de sang ni d'autre liquide: la membrane hymen est intacte et l'anneau vulvaire ne paraît avoir subi aucune dilatation. Il n'y a pas traces d'autres attentats à la pudeur. Nous recueillons néanmoins par des tampons de coton hydrophile tout ce qui paraît lubrifié, sans être apparent, la vulve et le vagin.

L'estomac ne contient que deux ou trois cuillerées de matière demiliquide en voie de chymification dans lesquelles nous avons reconnu du pain qui avait été mangé depuis peu.

Nous ne constatons aucune ecchymose, aucune trace de violence sur les autres parties du corps, il pourrait se faire que les légers épanchements sanguins qui constituent les ecchymoses et les meurtrissures, la circulation ayant été rapidement, presque dès le début de la lutte qui a dû se produire à un moment donné, ralentie et éteinte, n'aient pas eu l'importance qu'ils ont d'habitude et que leur production ait été troublée et tout à fait incomplète. Néanmoins nous avons pratiqué quelques incisions aux lèvres pour vérifier si la jeune L. Marcel avait subi des pressions violentes, si elle avait été bâillonnée, et nous n'avons rencontré aucune trace d'épanchement dans les tissus des lèvres; il n'y a donc pas eu de pression violente sur la bouche.

La rigidité cadavérique est complète : elle l'était déjà ce matin à 10 h. 1/2 quand l'un de nous est venu faire les premières constatations. Il est 4 heures du soir quand nous procédons à l'autopsie. Il y a déjà quelques larves dans la plaie du cou.

De toutes ces constatations nous concluons en déclarant :

1° Que la jeune Louise Marcel qui devait être très robuste a été terrassée et a reçu d'abord un coup d'instrument tranchant qui a produit la plaie du cou, coupé de gros vaisseaux, ce qui a donné lieu à une hémorragie rapide et abondante ayant entraîné la mort en quelques minutes (de 5 à 10 minutes) ;

La partie antérieure et supérieure de ses vêtements n'ayant pas été largement ensanglantée, il est à peu près certain qu'elle était à terre quand elle a reçu ce coup mortel ;

2° Que Louise Marcel, dans la lutte, a saisi à deux reprises l'arme du meurtrier, la première fois de la main gauche quand elle avait encore beaucoup de force et que la circulation était encore entière, la seconde fois de la main droite quand les forces l'abandonnaient et quand la circulation du sang ne se faisait plus ;

3° Que c'est au moins quinze minutes après que la saignée du cou a été faite que le meurtrier a pratiqué les nombreuses blessures et s'est livré aux mutilations décrites ci-dessus et c'est à la région abdominale qu'il a dû frapper d'abord, deux des plaies de cette région ayant donné lieu à de légères hémorragies internes ;

4° Que l'instrument qui a dû servir à commettre le crime est probablement un coutelas dont la lame forte et bien aiguisée, surtout à la pointe qui est peut-être à double tranchant, mesure environ 12 centimètres de longueur et 3 centimètres de largeur près du manche ;

5° Que le meurtrier doit être assez fort et assez bien musclé pour terrasser Louise Marcel et pratiquer sur elle les blessures et les mutilations que nous avons constatées ; qu'il a occupé successivement diverses positions par rapport à sa victime qu'il a frappée tantôt de face, tantôt du côté droit avec des obliquités variables ; qu'il a relevé les vêtements avant de frapper sur le ventre

6° Qu'il n'y a pas eu viol ; que s'il y a eu tentative de viol ou d'autres attentats à la pudeur, ces tentatives n'ont pas laissé de traces que l'examen microscopique du peu de liquide recueilli dans le vagin et à la vulve démontre qu'il n'est pas composé de sperme ;

7° Que la mort de Louise Marcel remonte à plus de douze heures et à moins de vingt-quatre heures.

Vidauban, novembre 1894.

3. Affaire d'Étaules ou du Bois-du-Chêne (Côte-d'Or)

Je soussigné, docteur en médecine à Dijon, certifie m'être transporté, le 13 mai 1895, à Étaules sur la réquisition de M. le Juge d'instruction Tondut, à l'effet de pratiquer l'autopsie de Mlle Mortureux Augustine, âgée de dix-sept ans, assassinée la veille au *Bois du Chêne*, commune de Douai.

Il résulte de l'examen les faits suivants : en premier lieu, j'ai cherché à savoir si la victime avait été violée. La position des vêtements autorisait, en effet, cette hypothèse. Les jupes étaient relevées jusqu'au-dessus du genou de plus, le pantalon avait été écarté et la chemise remontée à un travers de main au-dessus du pubis. En outre, sur la peau de la partie inférieure du ventre, et sur le pantalon, on trouvait des traces légèrement rougeâtres, comme si une main incomplètement lavée du sang qui la tachait avait été promenée en ces points ; cependant les parties génitales externes n'offraient aucune trace de violence et d'écartement, la membrane hymen était intacte tout en étant largement ouverte à son centre. Il ne paraît donc pas y avoir eu de défloration, ou même d'intromission d'un doigt dans les parties génitales. En second lieu, j'ai cherché la cause de la mort.

La victime présentait au cou quatre plaies : la plus importante, d'une longueur de 0 m,10 environ, oblique de gauche à droite et de haut en bas, avait tranché incomplètement la trachée-artère au-dessus du cartilage thyroïde et presque complètement la veine jugulaire et la carotide primitive droite. Cette plaie avait dû amener la mort très rapidement et immédiatement la chute de la victime, si elle ne s'était pas produite auparavant. Cette plaie a été évidemment causée par un instrument tranchant, appuyant davantage du côté droit de la victime ; au-dessus et à droite de cette plaie principale on en trouve deux autres, sous la mâchoire inférieure droite, de quatre centimètres environ de profondeur, n'ayant lésé aucun organe essentiel, et produites par un instrument tranchant et piquant enfoncé perpendiculairement dans le cou. Or, ces deux plaies s'adaptent exactement au couteau trouvé sur le lieu du crime, le meurtrier avait dû chercher à enfoncer celui-ci dans le cou, mais étant peu pointu, l'effet a été peu considérable, sauf beaucoup de sang. La quatrième plaie se trouve à l'angle de la mâchoire inférieure gauche et elle a été produite de la même manière que les deux précédentes dont elle présente du reste toutes les apparences. Il est probable que le meurtrier a attaqué la gorge de la victime par les coups dirigés de haut en bas, puisque celle-ci ayant été renversée, il a tranché la gorge par un deuxième coup à direction se rapprochant de l'horizontale.

La face porte du reste une plaie confuse superficielle au front et à gauche et une deuxième de même nature au bas de la joue gauche. Ces deux plaies contuses se sont produites par la chute de la victime sur les pierres plates que l'on trouve entremêlées à l'herbe, au niveau de la première mare de sang.

À la poitrine on constate deux plaies, l'une n'ayant été que très légère puisqu'elle ne consiste qu'en une éraillure de la peau à direction transversale, en arrière du sein droit; la deuxième a pénétré jusque dans la cavité thoracique en perforant la plèvre, mais non le poumon et le coeur; il y avait dans la cavité pleurale du côté gauche 250 grammes de sang environ dû à l'ouverture d'une artère intercostale. Cette plaie de poitrine à gauche, ainsi que la perforation du vêtement et du corset, avait les mêmes dimensions que le couteau mentionné plus haut, et qui s'y adaptait parfaitement. Il est probable que celui-ci a dû se casser sur une lame de corset, dans le coup porté à droite, puisque la plaie de ce côté a été très superficielle. Il est probable aussi que ces deux plaies de poitrine n'ont été effectuées qu'après celles du cou, étant donné que l'une se trouve en arrière du sein droit, l'autre à trois doigts au-dessus du sein gauche. Elles n'ont du reste pas entraîné de conséquences immédiatement graves vu leur peu de profondeur. On peut affirmer, du reste, qu'elles ont été faites la victime étant couchée, car le poumon gauche ne présentait aucune coloration dans toute sa moitié antérieure, tandis que la partie postérieure était teinte de sang venant de l'artère intercostale. Les doigts des mains ne présentent aucune blessure quelconque. Au poignet droit, deux petites plaies contuses de la dimension d'une pièce de 0 fr. 20, superficielles et symétriques, siégeant l'une dans la direction du pouce, l'autre, dans celle du petit doigt. Au bras droit on trouve également trois contusions au niveau du coude et de la face postérieure du bras. Ces deux petites plaies et les trois contusions nous paraissent avoir été produites soit par le choc contre les pierres dans les convulsions de l'agonie soit par les mouvements de la victime en se débattant contre son meurtrier.

Les deux oreilles présentaient des orifices pour boucles d'oreilles; celles-ci avaient été enlevées avec beaucoup de dextérité car on ne voyait à droite aucune lésion, et à gauche une très légère écorchure en avant du lobule, et rien en arrière de celui-ci.

L'estomac contenait environ 50 grammes de liquide blanchâtre paraissant constitué par du café au lait.

La mort est donc due à des coups de couteau portés au cou d'abord de haut en bas et d'avant en arrière, puis, la victime ayant été renversée, à un dernier coup qui a tranché la gorge presque horizontalement.

Dijon, le 14 mai 1895. Dr J. Quioc

P.S. — J'ai examiné très attentivement les cheveux saisis entre les doigts des deux mains de la victime. Ces cheveux par leur longueur et leur finesse sont certainement des cheveux de femme et par leur couleur, leur finesse et leur aspect, ils m'ont paru, ainsi qu'aux personnes présentes, appartenir à la victime dont les cheveux avaient été dénoués dans la lutte.

4° Affaire de Saint-Ours (Savoie)

Nous soussigné, lauréat des Hôpitaux et membre de la Société de médecine légale de Paris, sur l'invitation en date du 24 août 1895 de M. Henry du Gardin, juge d'instruction, à l'effet de visiter le cadavre de la veuve Morand, d'en faire l'autopsie et de dire :

1° Quelles sont les blessures et lésions qui ont été remarquées ;

2° À l'aide de quel instrument elles ont été faites ;

3° Quelle a été la cause de la mort et à quel moment elle remonte ;

4° S'il y a des indices de viol ou de tentative de viol ayant précédé ou suivi l'assassinat,

Nous nous sommes transporté le dit jour, en la commune de Saint-Ours, au domicile de la veuve Morand, et là, à 6 heures du soir, en présence des magistrats, avons constaté ce qui suit.

La veuve Morand est âgée de cinquante-huit ans ; elle est étendue sur la terre nue dans la première pièce de sa chaumière, la tête un peu déclive à cause des inégalités du sol. Auprès du cadavre est une assiette brisée avec une cuiller et des restes de soupe. Sa robe est relevée sur l'abdomen. La jambe droite est étendue ; la jambe gauche est demi-fléchie, en abduction. La cuisse droite et les genoux sont maculés de sang, bien qu'il n'existe aucune plaie dans ces régions.

Le doigt médius gauche porte à sa face palmaire une petite plaie transversale qui paraît avoir été faite avec un instrument tranchant. Mais la lésion principale, qui a été la cause de la mort, consiste en une plaie béante énorme située au-devant du cou, *parallèlement* à la mâchoire inférieure. L'instrument vulnérant a rasé le menton et tranché les tissus entre l'épiglotte et l'os hyoïde, en découvrant entièrement le larynx et le cartilage thyroïde. La peau et les muscles offrent plusieurs incisions ; ils sont pour ainsi dire mâchés, et l'horrible ouverture résulte évidemment de plusieurs coups sauvages portés avec un instrument tranchant mal affilé, comme le mauvais couteau qui nous a été présenté. Les parties molles paraissent plutôt déchirées que coupées. Les gros vaisseaux latéraux du cou sont divisés, et une hémorragie considérable en a été la conséquence.

Le cadavre apparaît pâle et exsangue.

On trouve deux contusions sur la bosse frontale droite, des éraillures et de la terre au genou droit, beaucoup de sang au genou gauche.

Les poumons sont normaux. Le cœur est vide. L'estomac contient un demi-litre environ d'une soupe de farine et une certaine quantité de prunes.

Les autres organes n'offrent rien de particulier à noter.

Nous avons disséqué avec soin les organes génitaux, et spécialement le vagin et l'utérus dans toute leur étendue, nous n'y avons rien trouvé ressemblant au sperme, ou à une violence quelconque. Néanmoins nous avons recueilli le peu de mucus qui se présentait et nous l'avons mis entre deux plaques de verre, pour de là être soumis à l'examen histologique, suivant le cas.

Malgré la saison chaude, on ne remarque aucune trace de putréfaction.

En somme la veuve Morand a succombé à l'hémorragie causée par l'instrument tranchant de son agresseur.

La mort remonte à peu d'heures. Nous ne trouvons pas de traces de viol.

En foi de quoi, nous avons rédigé et signé le présent rapport que nous déclarons conforme à la vérité.

Chambéry, 30 août 1895.

Dr Carret.

5e Affaire de Bénonces (Ain)

Nous soussignés, Ravet Gaston, docteur en médecine résidant à Lhuis (Ain), et Louis Pierre-François, docteur en médecine résidant à Belley (Ain), sur la réquisition de M. le Procureur de la République à Belley, en date du 1er septembre 1895, serment préalablement prêté, certifions nous êtres rendus le 1er septembre 1895 à Bénonces au hameau d'Onglaz, à l'effet de visiter un cadavre trouvé en ce lieu la veille, et de rechercher quelle est la date de la mort et avons constaté ce qui suit.

En quittant le chemin de desserte nous arrivons sous un gros noyer situé dans une clairière près d'un champ de trèfle, à deux mètres de ce noyer nous observons une flaque de sang peu considérable ; il existe aussi à cette place des excréments frais et petit chiffon d'étoffe pareil aux pièces qui raccommodent le pantalon que nous avons examiné plus tard.

À 10 mètres plus bas que le noyer existe une deuxième flaque de sang beaucoup plus large et plus importante que la première. Là, nous observons sur la terre des aliments à peine digérés où l'on reconnaît des baies de cornouilles, pulpe rouge et graines oblongues avec des débris de poire. Entre la flaque de sang située à 2 mètres du noyer et celle située à 10 mètres, il n'existe ni trace appréciable ni taches de sang. Mais à partir de la flaque de sang située à 10 mètres du noyer il existe une trace très visible d'herbes foulées, de cailloux et feuilles ensanglantés et de matières alimentaires.

Cette trace existe jusqu'à la place où a été trouvé le cadavre, c'est-à-dire à environ 60 mètres du noyer. Le terrain présente une déclivité très marquée du noyer à la place où est le cadavre. À 2 mètres plus bas que la deuxième flaque nous trouvons un testicule bien dépouillé, des débris du scrotum, plus un lambeau de tissu, offrant à l'une de ses extrémités des poils du pubis. Ce lambeau n'est autre que l'enveloppe cutanée de la verge et une partie du scrotum

En suivant la trace toujours appréciable nous arrivons en vue du cadavre, cependant à 4 mètres avant le cadavre nous trouvons une chemise ensanglantée dont les manches sont retournées. Nous n'observons sur cette chemise aucune déchirure, ni trace d'instrument tranchant.

Enfin nous arrivons près du cadavre. Il est entre deux genévriers dans le décubitus dorsal légèrement incliné à droite. Le corps est nu, sauf des pantalons étirés, déchirés qui ne tiennent qu'aux malléoles, laissant à découvert les cuisses et les mollets, les pieds sont chaussés de vieilles chaussures, ils sont écartés l'un de l'autre d'environ 70 centimètres. Le membre inférieur gauche est allongé, la cuisse droite est en flexion forcée, le genou en l'air butant contre le tronc, le bras gauche fléchi à angle droit sur la poitrine, la paume de la main étendue sur une branche de genévrier non saisie par les doigts, le bras droit relevé verticalement, la joue droite appuyée contre le bras. Nous estimons que c'est un jeune homme âgé d'environ seize ans, les yeux sont ouverts, le globe de l'œil indemne, la mort paraît récente, les tissus sont encore frais, la putréfaction non encore commencée.

Ce qui frappe tout d'abord, ce sont les anses intestinales qui sortent par une vaste plaie, de l'extrémité inférieure du sternum au pubis, et se répandent sur le côté droit de l'abdomen et sur la cuisse fléchie.

C'est une éventration complète. Les parties sexuelles ont été enlevées avec un instrument tranchant, les bords de la plaie sont assez nets, sans hachures.

Dans une partie de cette plaie sur une surface d'environ 14 centimètres de longueur sur environ 5 centimètres de largeur, la peau seule est enlevée, les muscles abdominaux sont à nu, plaie faite vraisemblablement pour enlever les parties sexuelles. Dans l'autre partie de la plaie la paroi abdominale est nettement coupée. C'est par cette plaie que font issue les anses intestinales.

À l'épigastre existe une autre plaie qui pénètre dans l'estomac et dans laquelle on voit aussi des débris de poires. C'est vraisemblablement par cette plaie que sont sorties les matières alimentaires. Cette plaie est à bords nets, paraît produite par un instrument tranchant bien affilé et lancé avec violence, elle a environ 7 centimètres de long sur 4 de large. Au thorax nous observons une autre plaie d'environ 6 centimètres de long sur 3 centimètres de large, ayant sectionné les fausses côtes près du sternum en pénétrant dans le poumon un peu au-dessus de l'appendice xyphoïde, à droite. Un peu plus haut à la hauteur du mamelon, près du sternum à droite, existe une petite plaie linéaire d'environ 2 centimètres de long sur 8 millimètres de large, non pénétrante.

Au cou nous observons trois plaies ; à gauche à la partie moyenne du cou, il y a deux petites plaies rondes peu profondes, d'environ 1 centimètre de large, distantes l'une de l'autre d'environ 1 centimètre. La troisième plaie du cou est très profonde et a été portée avec beaucoup de violence.

Elle est ovalaire, large d'environ 4 centimètres, longue de 3 centimètres, située entre le larynx et le muscle sterno-cléido-mastoïdien dont elle intéresse une partie des fibres. L'artère carotide est sectionnée Enfin à la partie inférieure et interne du bras droit, au-dessus du coude, existe une contusion jaune dure qui n'est autre qu'une sigillation cadavérique. Il y a aussi à droite du thorax à un travers de main de l'angle inférieur de l'omoplate une petite plaie superficielle, ronde, d'environ 1 centimètre de diamètre.

L'anus paraît intact. Nous n'avons observé ni égratignures, ni coup d'ongles, ni traces de lutte.

De ces faits nous concluons ce qui suit.

Ce jeune homme a été victime d'un assassinat consommé avec violence et à l'aide d'un instrument tranchant.

Il a dû recevoir une ou plusieurs blessures à 2 mètres du noyer a vraisemblablement pu marcher jusqu'à la deuxième flaque où il a dû recevoir la blessure perforant l'estomac puisque ce n'est que là qu'on observe la trace de matières alimentaires et les traces laissées par le corps vraisemblablement traîné à partir de là. C'est également à partir de cette flaque de sang qu'on trouve le testicule, absolument énucléé, et le lambeau de scrotum auquel adhère encore une partie de la verge. Le deuxième testicule n'a pas été retrouvé.

Nous estimons que quatre des blessures que nous avons observées sont capables d'entraîner la mort presque immédiate.

Fait à Bénonces le 1er septembre 1895.

6° Affaire de Truinas (Drôme)

RAPPORT

Je soussigné Roch Martin, médecin, domicilié à Bourdeaux (Drôme), déclare m'être rendu aujourd'hui, 23 septembre 1895, vers midi, sur réquisition de M. le juge de paix du canton, sur le territoire de Truinas à l'effet de constater le décès de la nommée Aline Alaise.

Après avoir soulevé le drap dont on avait recouvert le corps gisant sur le talus de la route, au levant, et à une profondeur de quatre mètres environ, au milieu d'arbustes et de ronces, nous avons procédé à l'examen du cadavre et constaté que cette jeune fille, étendue la face contre terre, portait sur la région temporale droite et les paupières de l'œil correspondant une ecchymose résultant d'un coup sur cette région. La joue droite était tachée de sang.

Les bras ramenés sur le dos, et les jambes à demi pliées indiquaient une lutte violente entre l'assassin et sa victime. Le commencement de putréfaction du corps devait faire remonter la mort à vingt-quatre heures au moins.

Devant la gravité du cas, nous avons cru prudent, de concert avec M. le juge de paix, de ne pas pousser plus loin notre examen, et de laisser le cadavre dans la même position en attendant l'arrivée du Parquet.

Bourdeaux, le 23 septembre 1895.

Je soussigné, docteur en médecine, demeurant à Die (Drôme), à la requête de M. Dombey-Beaupré, en date du 23 septembre 1895, par laquelle M. le juge d'instruction de l'arrondissement de Die me prie de me transporter, après serment préalable, dans la commune de Truinas, canton de Bourdeaux, pour procéder à la visite et à l'autopsie du cadavre de la nommée Aline Alaise, me suis aussitôt rendu sur les lieux et ai procédé aux constatations suivantes :

Nous sommes arrivés sur le lieu du crime à une heure assez avancée et avons dû nous servir de lanternes pour procéder aux premières constatations et à la première visite. Le cadavre d'Aline Alaise avait été découvert le matin même, dans un taillis épais d'acacias plantés sur le talus très en pente de la route et à 5 ou 6 mètres en contrebas de cette dernière. Nous soulevons un drap dont on l'avait recouvert, sans le déplacer ; et à ce moment un véritable essaim de mouches s'en échappe. Nous devons enlever encore des branches d'arbres dont l'assassin avait recouvert pour le dissimuler le corps de sa victime et il nous apparaît dans la situation suivante La tête est en bas, la face contre le sol, les jambes fléchies sur les cuisses, la main gauche derrière le dos et la droite engagée sous le corps. La rigidité cadavérique persiste. Il est nuit noire. Nous ordonnons le transport du cadavre à la mairie située à une heure de là et où l'autopsie sera pratiquée demain matin.

24 septembre, 6 heures du matin. Dans une des salles de la mairie de Truinas, assisté de MM. le procureur de la République, le juge d'instruction et un greffier, je dépouille le cadavre de ses vêtements et je mets à nu le corps d'une jeune fille de quinze à seize ans, forte et bien développée. La rigidité cadavérique a disparu ; la peau du ventre est bleuâtre sur les côtés ; tous les orifices naturels et les blessures sont pleins d'asticots. La mort paraît remonter à environ quarante-huit heures.

1° A la première inspection on est frappé par la vue d'une plaie linéaire, transversale, située immédiatement au-dessous du menton, intéressant toutes les parties molles de la région antérieure du cou jusqu'au corps de la vertèbre correspondante, sectionnant ainsi la peau, les muscles, le larynx, les vaisseaux, les nerfs et l'œsophage. Les bords en sont assez nets et la section assez franche ; cependant à son extrémité gauche, la peau porte une boutonnière, trace du passage d'une lame de couteau qui indique que l'assassin s'y est pris à plusieurs fois pour scier littéralement le cou de sa victime.

2° Sur presque toute la longueur de la cuisse gauche et dirigée un peu obliquement en bas et en dedans, parallèlement au muscle couturier, siège une vaste plaie linéaire intéressant toute l'épaisseur de la peau et une partie des muscles de la cuisse, sans toutefois aller jusqu'à l'artère fémorale.

3° Dans la région latéro-postérieure du flanc droit et au-dessous de la dernière côte, on remarque une plaie pénétrante de l'abdomen, linéaire, transversale, large de trois centimètres, paraissant produite par un coup de couteau et que nous retrouverons tout à l'heure.

4° Je ne relève sur le corps aucune trace de lutte ni de souillure autre que du sang.

5° L'examen de la vulve et de l'hymen, à cause de l'état de décomposition avancée dans lequel se trouvent ces organes, par suite de la présence des vers, est absolument négatif.

6° La nature de la cause de la mort n'étant pas douteuse, l'ouverture des cavités splanchniques n'offre que peu d'intérêt. Toutefois cette opération nous apprend que les organes internes sont sains et bien conformés.

L'estomac est vide.

La plaie du flanc droit pénètre dans l'abdomen juste au-dessous du foie sans le léser et va jusqu'à la paroi postérieure de l'estomac sans perforer cet organe.

7° Aline était vêtue, au niveau de la blessure du flanc, au moment où elle a été surprise, en allant de dedans en dehors : 1° d'une chemise ; 2° d'un corset ; 3° d'un cache-corset ; 4° d'une taille en drap, et 5° de la taille de sa robe. Or, tous ces objets portent la trace d'un coup de couteau au niveau de la blessure du flanc excepté la taille de la robe, ce qui semble indiquer nettement que ce dernier vêtement avait été tiré par la jupe et relevé violemment, au point que, quoique bien ajustée et serrée au corps, la taille elle-même avait été déplacée. La chemise porte trois ouvertures : l'une au niveau de la plaie du flanc, comme les autres vêtements, les autres, dans le bas. Cette particularité s'explique en admettant que ce vêtement s'est trouvé replié sur lui-même an niveau de la blessure au moment où le coup a été porté.

De toutes ces constatations, je conclus :

1° Aline Alaise est morte de trois blessures profondes, accompagnées d'hémorragie abondante et dont chacune devait suffire à amener la mort.

À cause de la forme des blessures, à cause de la boutonnière de la plaie du cou et surtout de la plaie pénétrante de l'abdomen, je pense que l'instrument qui a servi à produire les blessures est un instrument tranchant et pointu, tel qu'un couteau.

2° L'examen direct de la victime ne permet pas de dire s'il y a eu viol mais l'étude de la disposition de ses vêtements permet de supposer qu'il y a eu du moins tentative de viol.

Die, le 26 septembre 1895.

Tentative de viol

Sur Alphonsine-Marie-Joséphine Derouet, âgée de onze ans, domestique à Noyen (Sarthe).

Le 1er mars 1896, Alphonsine-Marie-Joséphine Derouet, âgée de onze ans, domestique à Noyen (Sarthe), chez les époux Robert, se rendait à la messe vers huit heures et demie du matin. L'enfant était partie depuis quelques minutes à peine, quand ses maîtres l'entendirent crier. M. Robert, qui est garde particulier, sortit aussitôt et aperçut sur le chemin vicinal de Noyen à Avoise, à 150 mètres de chez lui, un individu désigné par lui sous le nom de rôdeur. L'inconnu avait de vingt à vingt-cinq ans, était de taille moyenne, de corpulence assez forte. Il était porteur de moustaches et vêtu d'une blouse bleue, d'un pantalon de velours marron, son chapeau était en feutre noir mou, il avait aux pieds des sabots. L'homme tenait la petite servante couchée à côté de lui contre le talus du fossé de la route. Le sieur Robert se précipita sur lui, mais reçut un violent coup de pied sur la joue droite. Cet acte de violence permit au vagabond de prendre la fuite et d'échapper au garde. Il abandonnait sur le lieu de la lutte un bâton et un sac rempli d'effets.

Ces objets représentés le lendemain par la gendarmerie aux consorts Commère Alexandre, cultivateurs à Avoise, furent reconnus comme appartenant à un individu qui la veille avait couché chez eux. Leur hôte leur avait raconté qu'il s'appelait Vacher Joseph, né en 1869 ou 1870, dans l'Isère, ex sous-officier au 60e ou 66e régiment d'infanterie. Il ajoutait avoir été réformé à la suite d'un coup de pied reçu à la figure. M. Commère avait remarqué la déformation de la bouche chez cet homme ; il avait vu sa tunique de sergent. Le signalement et des mandats d'arrêt furent bien lancés par le Parquet de la Flèche, mais sans résultat. Ils ne portaient pas le nom de Vacher. La petite Derouet n'avait eu aucun mal.

Un non-lieu intervint le 9 mai 1896 motivé sur l'impossibilité d'établir l'identité de l'inculpé :

Vacher a reconnu dans les termes suivants (interrogatoire du 18 octobre 1897) que ces faits criminels lui étaient imputables.

« En effet, quelque temps avant ma condamnation de Baugé, je me rappelle maintenant, parce que vous m'en faites souvenir, avoir rencontré sur une route une jeune fille paraissant avoir treize ou quatorze ans ; je me suis précipité comme d'habitude sur elle, dans un accès de rage ; mais un homme et une femme sont arrivés et m'ont forcé à lâcher l'enfant.

« Je me suis alors sauvé sur la route, j'ai rencontré une heure ou deux après un gendarme en vélocipède qui me cherchait ; il m'a demandé mes papiers et m'a laissé continuer ma route parce qu'il n'a pas cru que c'était moi. » [pièce 612]

Fait au Parquet de Belley,

Le Procureur de la République.

7° Affaire de Saint-Étienne-de-Boulogne (Ardèche)

Nous soussigné Auguste Martin, docteur en médecine, demeurant à Aubenas, sur la réquisition qui nous a été faite par M. le juge de paix d'Aubenas après avoir préalablement prêté serment, nous nous sommes transporté en compagnie de cet officier de police judiciaire, le lundi 30 septembre 1895, à Saint-Étienne-de-Boulogne, canton d'Aubenas. à l'effet de procéder à la visite, examen et autopsie du cadavre du nommé Massot-Pelet, Pierre, âgé de quatorze ans, berger chez le sieur Pontal, propriétaire au dit lieu, dont la mort paraît tenir à un crime, lesquels visite, examen et autopsie auront pour objet de constater :

1° L'état général et extérieur du cadavre, et à quelle époque approximative remonte le décès ;

2° Quels sont les organes essentiels qui ont été lésés, la mort a-t-elle été instantanée ;

3° Est-elle le résultat des lésions faites ou des coups portés ;

4° Dans ce cas déterminer le nombre, l'étendue, le siège, la gravité et la nature des lésions constatées ;

5° Indiquer celles qui ont dû occasionner la mort et qui montrent qu'en frappant la victime, le meurtrier avait intention de tuer.

6° A l'aide de quels instruments les coups ont-ils été portés, les blessures faites et la mort donnée ?

7° Est-il possible d'après la direction et la forme des blessures, la position du cadavre après le crime, de reproduire la lutte et de dire comment la victime a été frappée, par surprise, inopinément, par-derrière, assise ou debout ; a-t-elle dû se redresser ou se retourner avant de tomber ?

8° Les parties génitales de la victime ont-elles été lésées ?

Procéder en outre à l'examen des linges, hardes, effets et chaussures saisies sur la victime, décrire leur état, les froissements et les déchirures qu'elles peuvent porter et déterminer la nature, le caractère et l'origine des taches de sang qu'on y remarque.

Arrivé dans la commune de Saint-Étienne-de-Boulogne nous avons été conduit immédiatement au lieu où le cadavre avait été trouvé la veille vers 11 heures du matin, près d'une grange isolée appartenant au sieur Pontal gardien de l'enfant Massot, grange située à l'extrémité nord de la commune non loin du village de Gourdon et des confins de la commune du même nom. Le cadavre de la victime avait été gardé sans être dérangé, par les soins de M. le maire de Saint-Étienne-de-Boulogne, depuis le moment de sa découverte jusqu'à celui de notre arrivée.

Il gisait sur le sol étendu sur le côté droit, la partie antérieure du corps tournée vers le mur de la grange, un peu obliquement à la face de ce mur et à 25 centimètres environ, près de son extrémité nord. La tête au sud, les pieds au nord ; du côté de la tête le sol caillouteux était abondamment imprégné de sang. La tête, la veste et la chemise étaient fortement imbibées de sang aussi ; les pantalons étaient déboutonnés et tombaient sur les genoux, les pieds étaient chaussés de forts souliers ; un morceau de pain intact et taché de sang gisait à côté du cadavre. Ce cadavre avait les cuisses à demi fléchies sur le ventre, les jambes complètement fléchies sur les cuisses. À un examen plus attentif et en se penchant fortement sur le cadavre on constatait :

1° Une large plaie, occupant toute la région antérieure du cou et intéressant les tissus jusqu'à la colonne vertébrale ;

2° Une autre plaie intéressant toute l'épaisseur des parois du ventre du pubis au sternum, laissant passer toute la masse intestinale ;

3° Une petite plaie intéressant la peau du scrotum non ouvert. Ni le pantalon, ni la chemise, ni la veste n'étaient déchirés ou coupés, mais seulement souillés de sang. À l'anus on voyait un morceau de matière fécale de la grosseur d'une cerise, cet organe dilaté par l'écartement des fesses était rempli de matières fécales. Pas de ces matières sur le sol autour de l'endroit occupé par le cadavre. Un vieux chapeau de paille appartenant à la victime se trouvait à deux pas du cadavre.

Cet examen étant fait, le cadavre a été enveloppé dans une couverture, qui le couvrait à notre arrivée, et transporté par quatre hommes sur un brancard improvisé, jusqu'à la salle de la mairie de Saint-Étienne-de-Boulogne où nous avons procédé à l'ouverture du corps sur une table improvisée.

Nous avons commencé par dépouiller le cadavre de ses vêtements : Une veste, un pantalon, une chemise et des souliers. Dans la poche du pantalon, poche déchirée, se trouvait un petit couteau fermé et un mauvais mouchoir. Le tout a été remis, ainsi que le chapeau, le morceau de pain et une des pierres teintes de sang prise parmi celles qui entouraient le cadavre, à M. le greffier de la justice de paix.

AUTOPSIE

On remarque : 1° une plaie béante occupant toute la face antérieure du cou commençant en bas à 3 centimètres au-dessus du bord supérieur du sternum et allant en haut jusqu'à une ligne transversale passant à 4 centimètres au-dessous des oreilles, cette plaie mesure 15 centimètres de longueur sur 10 de hauteur, le fond est constitué par des muscles qui recouvrent en avant la colonne vertébrale. Les bords sont nets la section ayant été faite par un instrument tranchant manié avec une grande vigueur par une main assurée ; car la peau, la partie inférieure du larynx, l'œsophage, les artères carotides, les muscles de la partie antérieure du cou ont été coupés (vraisemblablement d'un seul coup). Une pareille blessure amène la mort instantanément.

2° Une seconde blessure occupe le ventre. Toute l'épaisseur des parois abdominales a été sectionnée, du pubis à la partie inférieure du sternum, c'est-à-dire que le ventre a été ouvert du haut en bas. L'intestin grêle a été sectionné et a laissé échapper un liquide jaunâtre, gluant qui a coulé sur le ventre et les cuisses, jusqu'aux fesses. L'estomac ouvert, par nous renfermait un peu de liquide épais, blanchâtre, résidu de la digestion de la veille. Les autres organes abdominaux n'étaient pas blessés, le rectum était plein de matières fécales.

3° Une troisième plaie de la grandeur d'une pièce de deux francs intéressant la peau du scrotum, mais la vaginale était intacte, les testicules n'ont pas été enlevés, c'est un cas d'ectopie testiculaire.

La poitrine ouverte laisse voir des poumons sains, très pâles, à la section on trouve du sang liquide en abondance dans la cavité pleurale. Les cavités du cœur sont absolument vides. Le crâne ne présente aucune lésion, ouvert il laisse voir le cerveau et ses enveloppes à l'état normal. La substance cérébrale sectionnée est un peu pâle.

De cet exposé nous devons conclure que :

1° L'enfant ayant été surpris au moment précis où il s'accroupissait pour se livrer à la défécation a été éventré de bas en haut après avoir été couché sur le dos, puis on lui a coupé la gorge. Cela fait on l'a roulé sur le côté dans la position où il a été trouvé. Tout cela s'est passé peu de temps après son arrivée sur les lieux du crime, car il n'a pas mangé son déjeuner ainsi que le montre son pain laissé intact et son estomac ne renfermant aucun aliment récemment ingéré. Ce sont des présomptions mais des présomptions très probables.

2° Les organes essentiels lésés sont 1° Les intestins et le péritoine ; 2° le larynx, l'œsophage, les deux artères carotides dont la section a amené la mort instantanément.

3° La mort a été produite par la section des artères carotides ; mais elle aurait été amenée également et sûrement par l'ouverture du ventre et la section de l'intestin et de l'œsophage.

4° Des blessures pareilles ne peuvent être faites accidentellement et elles prouvent clairement que celui qui les a faites voulait tuer.

5° Elles ont été faites avec un instrument tranchant manié avec une grande vigueur.

6° Il est probable que la victime a été surprise au moment où elle allait se livrer à la défécation, qu'on l'a couchée sur le dos, qu'on lui a ouvert le ventre, puis la gorge.

7° Les parties génitales ont été blessées mais accessoirement, et ces lésions sont légères.

8° Les vêtements sont tachés, maculés, mais non sectionnés, ni déchirés. Le bouton principal du pantalon manque, mais il a été arraché par nous en voulant boutonner le pantalon quand on a transporté ce cadavre. Ce vêtement a aussi une pièce un peu décousue, mais cela paraît devoir être attribué à l'usure.

En résumé Massot a succombé à des blessures qui séparément auraient sûrement amené la mort, mais c'est celle de la gorge qui l'a déterminée. Ces blessures ont été faites par un instrument tranchant manié par une main forte et assurée.

Aubenas, 3 octobre 1895.

Dr Martin.

8° Affaire de Cusset (Allier)

Je soussigné Jules Perrin, docteur en médecine, sur la réquisition de M. le juge d'instruction près le tribunal de Cusset, en date du 4 septembre 1896, me suis transporté le même jour en compagnie de ce magistrat et de M. le procureur de la République, au lieu-dit les Blétières, commune de Busset, pour examiner le cadavre de Mme Moussier femme Laurent, qu'on avait trouvé dans un pré la veille à huit heures du soir, faire connaître la nature des blessures que portait ce cadavre, déterminer les causes de la mort, rechercher s'il y avait viol ou tentative de viol, en un mot procéder toutes les recherches médico-légales ayant pour but d'éclairer la justice sur les circonstances de cette mort.

Lorsque j'arrivai sur les lieux en compagnie des magistrats désignés ci-dessus, je trouvai le cadavre couché sur le côté gauche dans des broussailles au pied d'un chêne, le long d'une haie servant de clôture au pré. Un examen sommaire me fit constater les faits suivants :

Une large plaie existait au côté gauche du cou, une autre blessure siégeait à l'extrémité du nez. Il y avait du sang desséché sur les lèvres et sur le bas du visage. Une vaste tache de sang encore humide imprégnait la partie des vêtements correspondant au côté gauche de la poitrine. Le corsage, la camisole et le corset étaient dégrafés.

Une des extrémités de la ceinture du corsage avait été rompue violemment ou coupée; elle a été retrouvée par terre près de la victime. Les jupes et la chemise fendues sur le devant presque complètement de haut en bas étaient relevées au-dessus des cuisses. Les pieds étaient déchaussés un des sabots était près du corps et l'autre à une certaine distance. À quelques mètres de la victime il existait sur le sol une large tache de sang. Enfin j'ai ramassé à proximité du cadavre un petit fragment de chair de forme triangulaire que l'examen histologique pratiqué le surlendemain a démontré être un morceau du corps thyroïde, glande située sur le devant du cou.

Après ces constatations faites sur les lieux du crime, le corps a été transporté dans une des salles de la mairie de Busset où j'ai procédé à l'autopsie.

En dépouillant la victime de ses vêtements, j'ai remarqué qu'outre la large tache de sang encore humide provenant de la blessure du cou que présentait la chemise à sa partie supérieure gauche, elle était encore marquée à sa partie moyenne, sur le devant et sur le derrière, de taches sanguines sèches et paraissant plus anciennes. Une assez large surface de linge non maculée de sang séparait ces taches sèches de la tache humide du haut. Il est probable que ces taches de la partie moyenne de la chemise provenaient de ce que la femme Lorut avait eu ses règles quelques jours avant.

Je n'ai trouvé de taches de sperme ni sur le linge, ni sur le ventre et les cuisses de la victime.

La blessure du cou, longue de 5 à 6 centimètres, avait des bords nets qui indiquaient qu'elle avait été faite à l'aide d'un instrument tranchant. Sa direction était transversale.

Elle occupait la moitié antérieure du côté gauche du cou et s'avançait jusque sur la ligne médiane. La peau, le tissu cellulaire sous-cutané, le muscle sterno-mastoïdien, le bord inférieur du lobe gauche du corps thyroïde, l'artère carotide et les trois quarts antérieurs de la trachée avaient été sectionnés par l'instrument vulnérant. Il est probable que cette blessure avait été faite d'un seul coup en raison de la direction unique et rectiligne de ses bords, mais il est vraisemblable que l'instrument avait dû exécuter un mouvement de va-et-vient pour pouvoir détacher le petit fragment du corps thyroïde qui a été trouvé par terre.

La blessure du nez offrait les caractères suivants: La peau de l'extrémité de cet organe et le cartilage sous-jacent étaient divisés par une section à bords légèrement déchiquetés, descendant jusque près du milieu des ailes du nez. Le cartilage de la cloison était comme écrasé et présentait une section irrégulière dirigée d'avant en arrière et de haut en bas à la rencontre de la plaie dorsale. Tous ces caractères indiquent qu'il s'agit probablement d'une morsure.

Rien à signaler du côté des organes contenus dans la poitrine si ce n'est l'état de vacuité des cavités du cœur et des gros vaisseaux et la pâleur des poumons comme celle, du reste, de tous les autres organes.

Cette pâleur était due à l'hémorragie résultant de la blessure du cœur.

Le doigt annulaire de la main gauche était privé de son alliance. Une zone circulaire blanchâtre à la première phalange de ce doigt indiquait la place qu'avait occupée cette alliance peu auparavant. À la partie inférieure du tronc, en arrière des hanches, il existait deux ou trois éraillures superficielles.

L'examen des organes génitaux n'a rien révélé d'anormal. Il n'y avait aucune trace de violence de ce côté. Le vagin ne contenait pas de sperme L'utérus était vide.

De l'exposé qui précède je conclus :

1° Que la mort de la femme Lorut a été occasionnée par l'hémorragie abondante résultant de la blessure du cou ;

2° Que cette femme n'a pas été violée, mais que la tentative de la part du meurtrier d'accomplir le viol paraît évidente en raison de l'état des vêtements de la victime, dont le corsage, la camisole et le corset étaient dégrafés, et dont les jupes et la chemise étaient fendues sur le devant presque complètement depuis la ceinture jusqu'au bas.

En foi de quoi j'ai signé le présent rapport.

Cusset, le 20 septembre 1896.

9° Affaire de Saint-Honorat (Haute-Loire)

Nous soussigné Guelle Alfred, docteur en médecine à Allègre, sur la réquisition de M. le juge de paix d'Allègre, nous nous sommes transporté aujourd'hui 1er octobre 1896 à Cheneville, commune de Varennes-Saint-Honorat, à l'effet d'aller inspecter sur le lieu du crime le corps d'une jeune fille de treize à quatorze ans, Rosine Rodier, venant d'être trouvée assassinée et affreusement mutilée, dans un fourré de bois près de Cheneville, et de vérifier par conséquent l'état du corps, constater le genre et la nature des blessures de la victime, et faire un rapport sur le tout.

Nous sommes donc partis d'Allègre avec M. le juge de paix, un peu avant la nuit et par un temps très brumeux, à notre arrivée sur les lieux du crime, il y avait une telle obscurité qu'on a été obligé de faire les constatations ainsi que la levée du corps avec un assez grand nombre de lanternes, et cela encore très difficilement.

État des lieux, situation de la victime et ses vêtements. — À 400 ou 500 mètres de Cheneville, dans un pré dit des Sagnes, en contrebas du chemin des Croses à Vernassal, on a trouvé d'abord avec un seul des sabots de la victime une petite mare de sang encore assez visible malgré l'obscurité de la nuit et la grande humidité du jour ; il y avait encore une traînée de sang, allant du point signalé plus haut au fourré composé de pins, genêts et bouleaux où l'on a trouvé le corps de la victime.

Elle était couchée sur le dos, ayant le visage seulement ensanglanté à droite, par le sang sortant de la bouche; la face était inclinée à droite et les deux bras étaient étendus; le bras droit était perpendiculaire au reste du corps, tandis que le gauche était allongé le long du corps. Les mains étaient à demi fermées des deux côtés, les deux jambes étaient couvertes de bas, et les pieds sans chaussure; les vêtements de la poitrine n'étaient pas ouverts et son caraco était complètement boutonné. La direction du corps était du nord-est au sud-ouest. Elle avait un tablier rouge, légèrement ensanglanté, robe, tablier, fichu; ainsi qu'une robe verte étant décousue sur certains points; le fichu de laine qui lui servait de coiffure pour la tête était de couleur de sang de bœuf, et légèrement ensanglanté également; il se trouvait à côté d'elle. Elle avait des pendants noirs en corne. Les vêtements d'en bas baissés jusqu'aux genoux, avaient été trouvés relevés.

Aspect du visage. — La langue reposait par la pointe sur les dents inférieures; le visage non ensanglanté, à part la commissure des lèvres à droite, respirait un air frappant de placidité, et avait l'aspect souriant; les yeux étaient complètement ouverts et comme non encore éteints.

Conformation de la jeune fille. — La jeune fille assassinée avait de treize à quatorze ans et était robuste, elle avait une taille bien au-dessus de l'ordinaire pour son âge, et était un vrai type de la fille de campagne dans la bonne acception du mot.

Quelques détails. — Cette jeune fille s'appelait Rosine et était la fille du nommé Félix Rodier de Sursac vachère depuis trois semaines environ, chez M. Chossegros fils, elle était partie à 8 heures 1/2 du matin pour rentrer vers midi; elle a été très probablement assassinée entre 9 et 10 heures du matin; mais le point que je veux signaler est celui-ci:

Le pré dit des Sagnes étant en pente et vis-à-vis de Cheneville, c'est la malheureuse brume du 1er octobre qui a favorisé et facilité en quelque sorte l'atroce assassinat de ce jour à Cheneville, et après avoir inspecté soigneusement tout le corps autant que pouvait le permettre la nature des lieux et un éclairage presque insuffisant, je n'ai pas trouvé d'autres lésions à signaler que les trois suivantes qui sont essentielles.

1° *Plaie du cou.* — Cette plaie qui aurait été produite de gauche à droite à l'aide d'un couteau bien coupant est oblique par rapport à la direction du cou, et va de gauche à droite et de bas en haut; c'est une plaie largement béante; elle a environ 8 centimètres de long sur quatre de large; les gros vaisseaux ont été atteints et l'hémorragie a été rapidement mortelle.

2° *Plaie de l'abdomen.* — Cette plaie se trouve à droite et à environ 8 centimètres de l'ombilic; elle est à peu près dirigée de haut en bas; son extrémité inférieure est à 4 centimètres environ de la partie supérieure de la vulve qui a été enlevée, et par conséquent de la plaie qui l'a remplacée; elle se termine à droite de l'ombilic qu'elle touche presque. Par cette plaie s'échappe un paquet intestinal, composé d'une partie du gros intestin, d'une partie de l'intestin grêle, et d'une partie de l'épiploon, ce paquet formerait actuellement une masse d'environ 8 centimètres de bas en haut, de 10 en largeur ; quant à l'épaisseur, elle serait de 5 en haut vers le gros intestin, et de 3 en bas vers l'intestin grêle.

Cette plaie qui aurait été mortelle consécutivement, n'a pu l'être d'elle-même celle du cou l'ayant été déjà.

3° *Plaie de la vulve.* — L'affreuse plaie de la vulve ou autrement dit des parties génitales externes est encore une plaie largement béante, malgré les cuisses rapprochées la partie supérieure de cette plaie met complètement à nu le tissu adipeux, dans sa partie inférieure, la vulve a été enlevée au point d'entamer les deux cuisses également. Cette plaie a à peu près 10 centimètres de largeur au milieu et 8 centimètres en hauteur ; cette plaie toujours produite avec le même couteau n'a pu contribuer à la mort de la jeune fille ; elle l'a plutôt suivie, elle constitue un acte *post mortem.*

4° *Viol ou tentative de viol.* Quant à la question de viol qui se pose tout naturellement malgré l'enlèvement des parties génitales externes, si elle ne peut être résolue affirmativement par l'effet même de cet enlèvement, elle n'en subsiste pas moins, et sa solution pourrait se déduire de l'ensemble des faits exposés ; mais elle semble pour ainsi dire devenir une question subsidiaire devant la mutilation atroce des parties génitales, telle que nous venons de la faire ressortir.

En nous appuyant sur tous les éléments qui précèdent, nous pouvons tirer les conclusions suivantes :

1° La mort de la nommée Rosine Rodier a été une mort violente dans toute l'acception du mot.

2° Elle a suivi de près la plaie du cou ayant entraîné une hémorragie foudroyante.

3° La plaie de l'abdomen, ayant été postérieure à celle du cou, perd de son importance, bien qu'elle eût pu être d'une haute gravité par elle seule.

4° La mutilation des parties génitales n'a été qu'un acte de férocité *post mortem.*

5° L'arme qui a servi pour faire ces trois plaies a été une arme évidemment bien tranchante, telle qu'un fort couteau.

6° Le meurtrier a dû manier son arme sans hésitation, et même en quelque sorte avec une véritable rage.

7° Bien que la question de tentative de viol puisse être résolue, en la déduisant de l'ensemble des faits, malgré la mutilation des parties génitales externes elle me paraît subsidiaire par l'effet même de cette mutilation.

En foi de quoi nous avons dressé le présent rapport que nous déclarons sincère et véritable.

Fait à Allègre, le 1er octobre 1896.

10° Affaire de Tassin-La-Demi-Lune (Rhône)

Je soussigné Jean Boyer, etc., me suis transporté ce même jour, à la Demi-Lune, le lendemain et jours suivants au Laboratoire de médecine légale de la Faculté, pour examiner les débris humains qui ont été retirés d'un puits de la maison Dalmais et qui paraissent être ceux d'un jeune homme tué par le nommé Vacher.

La réquisition de M. le juge d'instruction stipule que:

«L'expert déterminera dans la mesure du possible, eu égard à toutes les circonstances certaines au préalable, le minimum et le maximum du temps qui paraît s'être écoulé depuis la mort. Il recherchera par tous les moyens les traces certaines ou probables de section ou de blessures paraissant avoir été faites sur le vivant ou à une époque contemporaine de la mort

«Il déterminera le sexe, l'âge et la taille probable de l'individu dont les restes sont à examiner. Il relèvera minutieusement toutes les particularités quelconques qui seraient susceptibles d'aider à son identification.

«Il examinera les vêtements saisis dans la maison dont dépend le puits, il dira s'ils semblent pouvoir être ceux de l'individu trouvé dans le puits. Il recherchera dans toutes les taches de sang et aux particularités présentées par ces vêtements tout ce qui paraîtra correspondre à une lutte ou à des blessures; enfin, il procédera à toutes constatations propres à la manifestation de la vérité.»

I. Débris humains

1° *Description.* — Les débris qui ont été retirés du puits Dalmais consistent en différentes pièces du squelette dont voici l'énumération:

29 vertèbres; 23 côtes ou fausses-côtes; 2 omoplates; 1 bassin complet; 2 humérus; 2 radius; 3 cubitus; 9 os de la main: à savoir un os crochu, 8 phalanges; 2 fémurs; 2 tibias; 2 péronés; 28 os du pied, à savoir: 3 astragales, 2 calcanéums, 1 os du tarse, un gros métatarsien, 2 premières phalanges du gros orteil, 14 métatarsiens ou phalanges des orteils.

Le crâne avec un maxillaire inférieur.

Le maxillaire inférieur présente *à droite*: 2 grosses molaires dont 1 cariée, 1 canine et 1 incisive, entre ces deux dents une alvéole effacée et un intervalle très apparent dans lequel on voit le bord tranchant de l'incisive inclinée obliquement vers la canine;

À gauche: la 2e grosse molaire; à la place de la première une alvéole irrégulièrement excavée.

Le trou mentonnier est très bas. L'angle formé par les deux branches mesure 140 degrés, Ce sont là deux caractères de jeunesse très marqués.

La plupart des os sont dépouillés des parties molles. Cependant les cuisses et les jambes sont encore recouvertes de masses en pleine décomposition arrivées à la quatrième période de la putréfaction et se présentant sous l'aspect du gras de cadavre adipocire.

Dans ces masses saponifiées, on reconnaît encore des lames de peau friable, humide, chagrinée, granuleuse, blanchâtre et quelques vestiges de tissu musculaire lardacé.

Les os sont concavés, quelques-uns noirâtres. Les ligaments ont disparu. Les membres, les côtes, les vertèbres et le bassin sont désarticulés.

Le cerveau est réduit à un petit volume d'une masse gris-verdâtre et fluide. Tous les autres viscères ont disparu.

2° *Date de la mort.* — L'état de décomposition de ce cadavre ne saurait fournir des renseignements très précis sur la date de la mort.

Les premières phases sont soumises à de nombreuses variations et une fois détruits les viscères et les parties molles, la longue résistance du squelette ne permet plus de faire des calculs chronologiques.

Cependant en tenant compte du milieu dans lequel la putréfaction s'est effectuée, de la température certainement peu élevée de ce milieu, malgré la saison d'été que nous venons de traverser; étant donné que la production du gras de cadavre dans l'eau ne commence guère qu'à la fin du deuxième mois par le tissu cellulaire sous-cutané, que ce produit n'envahit et ne détruit le tissu musculaire qu'après le troisième mois étant donné d'autre part, que les destructions massives des viscères et des parties molles et notamment des ligaments ne sont réalisées le plus souvent que vers le quatrième mois, on arrive à présumer que la mort peut remonter à une période comprise entre trois et quatre mois au minimum sans qu'on puisse fixer même approximativement un maximum.

3° *Traces de blessures.* — L'examen le plus minutieux de chacune des pièces du squelette et surtout des vertèbres cervicales et du crâne ne m'a permis de constater aucune section, aucune fracture, aucune trace de blessure.

4° *Âge.* — Les extrémités épiphysaires des os longs sont pour la plupart détachées, celles qui persistent sont nettement séparées de la diaphyse par une ligne très apparente d'ossification. Plusieurs pièces du squelette sont encore divisées en leurs éléments primitifs de la vie fœtale. C'est ainsi que j'ai noté le défaut de soudure des trois parties de l'os iliaque, de l'apophyse coracoïde de l'omoplate, du grand trochanter, du fémur, de l'extrémité inférieure de l'humérus et des fémurs; la non-ossification du calcanéum, l'absence des épiphyses du radius et de l'épiphyse supérieure d'un fémur.

Ce sont là des indices caractéristiques démontrant que le développement du squelette est encore incomplet et n'a pas franchi les dernières phases. Bon nombre de ces soudures s'effectuent entre quinze et dix-huit ans. Mais il en est quelques-unes plus précoces. C'est ainsi que l'apophyse coracoïde est réunie à l'omoplate à l'âge de quinze ans, que l'extrémité inférieure du radius est soudée et les trois pièces de l'os iliaque réunies à quatorze ans.

Or, ici elles ne l'étaient pas. L'individu dont le squelette a été retiré du puits de la Demi-Lune n'avait donc pas ou avait à peine quatorze ans.

D'autre part, l'état de la dentition nous fournit un minimum d'âge.

En effet, ses deux premières grosses molaires étaient sorties, ainsi que je l'ai signalé plus haut. Or, l'éruption de ces deux dents a lieu de douze à quatorze ans. Il avait donc *au moins douze ans.* Donc l'âge de ce sujet devait être *compris entre douze et quatorze ans.*

5° *Taille.* — Pour reconstituer la taille, j'ai pratiqué sur la planche ostéométrique de Broca la mensuration des os longs, en faisant aussi exactement que possible, par les comparaisons, l'équivalence des épiphyses absentes. J'ai ensuite rapporté les longueurs aux moyennes des tables de Rollet. J'ai obtenu les chiffres suivants :

LONGUEUR		TAILLES CORRESPONDANTES	
Fémur	40,8	de 1,48 m	à 1,50 m
Tibias	32	1,45	1,47
Péronés	29	1,35	1,37
Humérus	28	1.41	1,45
Radius	19	1,30	1,36
Cubitus	21	1,34	1,39
	TOTAUX ..	8,33	8,54

$$\text{Moyenne : } \frac{8,33}{6} = 1,38$$

$$\frac{8,54}{6} = 1,42$$

D'où il résulte que la taille de l'individu était comprise entre *1,38 m* et *1,42 m.* Cette taille pouvait naturellement se rapporter à l'âge indiqué ; j'ai pu, dès les premiers jours de mon expertise, communiquer ces deux résultats à M. le juge d'instruction. J'ajoute que ces deux données d'une part, et d'autre part, la conformation particulière des dents du maxillaire inférieur, la déviation de l'incisive inférieure gauche, l'intervalle triangulaire séparant cette incisive de la canine voisine ont été reconnus plus tard comme s'adaptant au signalement du jeune Beaupied.

6° *Sexe.* — Le squelette de l'enfant et de l'adolescent présente toujours des caractères féminins quel que soit le sexe réel, de même que le squelette du vieillard prend plutôt des caractères masculins ; à l'âge adulte seulement le diagnostic est le plus souvent facile à établir. Je ne pouvais par conséquent fournir à ce sujet, aucun renseignement utile.

II – Vêtements

Voici une description résumée des vêtements qui ont été soumis à mon examen :

1° *Une blouse* à carreaux bleus et blancs se boutonnant en avant, longueur 76 centimètres, tour du cou 44 centimètres, longueur des manches 54 centimètres, une déchirure longitudinale du côté gauche sur une longueur de 30 centimètres, en bas et à gauche déchirure longitudinale du côté gauche, sur une longueur de 30 centimètres, en bas et à gauche déchirure triangulaire, au poignet déchirures irrégulières, déchirures peu étendues au milieu de la manche gauche et sur l'épaule gauche, bouton arraché au poignet droit.

Taches de sang certaines au-dessous du col près de la déchirure, au-dessous de la quatrième boutonnière, au niveau des 7ᵉ et 8ᵉ boutons en avant.

Taches probablement sanguines au-dessous de la déchirure transversale, dans la région dorsale, vers le tiers inférieur au bord inférieur en arrière, sur le devant à droite, sur la manche à droite.

Taches probablement de matières fécales sur le revers en arrière.

Taches de boue disséminées.

2° *Gilet gris perle.* — Hauteur prise sur la couture dorsale 50 centimètres, tour de taille pris au milieu du gilet, 82 centimètres, tous les boutons sont enlevés ; dans la poche gauche débris de tabac.

Taches très probablement sanguines en dedans du col, un peu à droite.

3° *Gilet bleu.* — Hauteur 52 centimètres. Tour de taille pris au milieu 85 centimètres. Ce gilet est donc un peu plus grand que le précédent, il est en assez bon état. Taches de boue et de poussière sur le drap et la doublure. Taches de sang sur la doublure à droite près du revers, sur la doublure autour du col, sur la doublure en bas. Celles situées près du revers ont plutôt les caractères de taches d'essuiement.

Un morceau de bougie dans la poche de montre, un bouton en métal blanc dans la poche droite.

4° Chemise à carreaux *bleus et blancs* présentant en bas et un peu en arrière un morceau rapporté à fond blanc et à raies rouges, longueur, non compris le col, 94 centimètres, tour de cou 38 centimètres. Longueur des manches 45 centimètres. Cette chemise est fendue au milieu, en avant jusqu'en bas ; elle est décousue à gauche.

Taches probablement sanguines sur le plastron à gauche ; près du col taches certainement sanguines, au dos, vers le milieu, sur la manche gauche. Taches de boue et taches probablement végétales sur la manche gauche.

Taches de matières fécales en arrière et en dedans, sur la peau, au même point un noyau de cerise.

5° *Pantalon* gris souris en mauvais état en partie rongé par les parasites ; boutons arrachés en avant.

Taches de sang sur la jambe droite, sur la doublure en dedans et en arrière au niveau des fesses.

Taches probablement sanguines sur la jambe gauche en arrière, sur la jambe droite en bas et aux environs de la poche, dans la poche droite. Taches de boue et probablement taches végétales près de la jambe droite.

Taches de matières fécales sur la doublure en dedans, au niveau des fesses. Nombreux noyaux de cerises et couche épaisse de poussière dans la poche droite.

6° *Béret* bleu sombre, couvert de moisissure, de poussée et de quelques toiles d'araignée en dedans et en dehors, quelques taches rougeâtres suspectes, peut-être de nature sanguine.

Diamètre 28 centimètres, tour de tête 0.55 centimètres.

7° *Galoches* à gros clous rouillés couvertes de moisissures.

8° Un *foulard* encore noué, laissant une anse très grande, fond rouge rayé noir.

III. — Résumé

De cette description et de ces mensurations on peut déduire que les vêtements qui ont été trouvés dans la maison Dalmais ont pu appartenir à l'individu dont le squelette a été retiré du puits. Pour plus de précision, il eût été utile de faire endosser ces vêtements à un garçon du même âge et de la même taille.

Mes constatations établissent, d'autre part, que le porteur de ces vêtements a été atteint d'un certain nombre de blessures et que quelques-unes de ces blessures ont été produites dans la région postérieure, au niveau des fesses, probablement dans la région anale.

Ces constatations établissent enfin que le squelette retiré du puits appartenait à un individu de douze à quatorze ans, d'environ 1 m 40 de taille, et ayant succombé environ quatre mois auparavant.

IV. — Conclusions

1° Les débris humains retirés du puits de la maison Dalmais, à la Demi-Lune, ont appartenu à un individu âgé de douze à quatorze ans, mesurant de 1 m 38 à 1 m 42 de taille et dont le sexe ne pouvait être déterminé.

2° Il s'est écoulé depuis la mort au moins trois ou quatre mois.

3° En l'absence des parties molles de la tête, du cou et du tronc il n'a pas été possible de retrouver des traces de blessures. Le squelette n'en présentait pas.

4° Sur les vêtements soumis à mon examen existaient des taches de sang assez nombreuses et assez caractérisées pour indiquer que le porteur de ces vêtements a été atteint de blessures multiples.

5° Il n'était pas possible de dire s'il y a eu lutte et de déterminer les circonstances dans lesquelles les blessures ont été produites.

6° Les vêtements en question ont pu appartenir à l'individu dont le squelette a été retiré du puits.

Lyon, le 8 décembre 1897.

11° Affaire de Courzieu (Rhône)

Je soussigné J. Boyer etc., etc., sur la réquisition de M. Benoist juge d'instruction, en date du 19 juin 1897, me suis transporté le 20 juin au hameau de Vachère, commune de Courzieu, pour procéder à la levée de corps et à l'autopsie du cadavre du nommé Pierre Laurent, paraissant avoir été assassiné dans la nuit du 18 au 19 juin; décrire toutes blessures ou lésions, toutes traces de violences ou attentats quelconques; dire à quelle heure et dans quelles conditions la mort paraît s'être produite et quelles en paraissent être les causes, si les violences et blessures paraissent être l'œuvre d'une seule ou de plusieurs personnes, avec quelles armes ou objets elles paraissent avoir été produites.

I. — Le cadavre a été transporté derrière une haie, dans un champ élevé, au-dessus d'un petit chemin. Dans ce chemin qui aboutit à la route, nous trouvons des flaques de sang en partie desséché. Vers l'une de ces flaques nous remarquons un corps mou, gris blanchâtre couvert de terre, qui, nous le constaterons tout à l'heure, n'est autre chose qu'un testicule avec une petite partie de son cordon. En passant du chemin dans le champ où est étendue la victime nous voyons des traces de pas qui ont glissé et piétiné.

Le cadavre est couché sur le ventre, derrière la haie, la tête enfoncée du côté des buissons. C'est celui d'un petit garçon de douze ans. Son pantalon est abaissé jusqu'aux plis fessiers. Des matières fécales s'échappent de l'anus. Les vêtements sont souillés de boue et de sang. En retournant le sujet, on découvre, à la face antérieure du cou, une large plaie transversale qui a sectionné tous les tissus de la région, et pénètre profondément.

II. — Pour procéder à un examen plus complet et à l'autopsie, nous faisons transporter le cadavre dans une maison isolée située à environ 300 mètres.

Nous complétons d'abord les constatations extérieures.

La rigidité cadavérique persiste aux quatre membres. Les vêtements, blouse, gilet, chemise, pantalon, sont maculés de sang et de boue.

1° Au moment de déshabiller le corps, nous remarquons, au niveau des bourses, une grande plaie de forme ovalaire, mesurant dans son grand axe vertical 9 centimètres, et dans le sens transversal 7 centimètres. Le scrotum est ouvert. Le testicule droit est enlevé ; c'est celui qui a été ramassé dans le chemin. Le cordon et tout le paquet vasculo-nerveux ont été coupés un peu au-dessous de l'anneau inguinal.

Toute cette région est infiltrée d'une ecchymose contenant des caillots adhérents, indiquant que la blessure a été faite pendant la vie.

La tunique qui enveloppe le testicule gauche a été découverte par la plaie du scrotum, mais de ce côté aucune mutilation n'a été faite.

2° En raison de ces premières constatations, de l'âge du sujet, de l'attitude dans laquelle il a été trouvé, et des premières présomptions de l'enquête, nous procédons à l'examen de la *région anale*. L'orifice étant au préalable débarrassé des matières fécales qui s'en échappent en assez grande quantité, nous constatons, en arrière, près de la ligne médiane, trois petites déchirures de la muqueuse, très nettes, de formes triangulaires, mesurant environ 6 millimètres de hauteur. L'orifice est fortement dilaté les plis sont effacés il y a un commencement de déformation en *infundibulum*. Tout en tenant compte des relâchements cadavériques, il est évident que ces relâchements indiquent un acte pédérastique récent et surtout des actes pédérastiques anciens et répétés.

3° Le cou est sectionné en avant par une plaie transversale, mesurant 8 cent. 1/2 de longueur et 4 centimètres de largeur, pénétrant jusqu'à la colonne vertébrale, ou du moins jusqu'aux muscles pré-vertébraux.

Les bords de cette plaie sont irréguliers, hachés par plusieurs encoches, dont deux très marquées à droite et en haut. Une plaie *secondaire* de 2 cent. s'étend transversalement à gauche et au-dessus de la plaie principale. Cette petite plaie et les encoches de la grande blessure indiquent que la section n'a pas été faite d'un seul coup et que le meurtrier a dû procéder en deux ou trois temps pour accomplir cet égorgement.

La recherche et l'examen des principaux organes du cou dans la profondeur et au pourtour de la grande plaie dénotent les lésions suivantes.

L'instrument tranchant a coupé le larynx au niveau de la glotte, l'œsophage, une partie des muscles des régions latérales du cou, et les jugulaires externes. La carotide gauche est intacte. La carotide droite est ouverte mais non sectionnée. Les nerfs pneumogastriques sont indemnes.

L'action de l'instrument a donc porté surtout sur la région médiane et un peu plus à droite. Cette intégrité relative des régions latérales du cou permet de croire que le couteau a été plongé d'abord par un coup direct d'avant en arrière un peu abaissé transversalement ; ces deux temps joints aux mouvements de la victime peuvent expliquer les encoches. Mais la petite plaie secondaire a dû être faite par un premier coup mal appliqué.

Les autres régions du corps ne présentent pas de lésion. Je note seulement dans un espace interdigital une petite érosion ayant l'aspect d'une crevasse au coude droit une éraflure de 3 centimètres, et sur le nez, qui a été aplati par le décubitus, une petite plaque parcheminée.

III. — L'ouverture du thorax et de l'abdomen ne révèle rien de particulier.

Les organes, poumons, cœur, foie, reins présentent les altérations habituelles aux grandes hémorragies.

Dans l'estomac, je trouve une assez grande quantité d'aliments, légumes, cerises, salade; leur demi-digestion peut indiquer qu'ils ont été ingérés environ deux heures avant la mort. Or les témoins nous apprennent que la victime avait fait un repas vers neuf heures du soir, ce qui placerait l'heure du meurtre vers *onze heures*, ou même, pour éviter toute précision en pareille matière, *entre onze heures et minuit.*

IV. — *Vêtements.* Les vêtements de la victime, pantalon, gilet, tablier, blouse, chemise, chaussures, chapeau ont été soumis à un examen spécial.

Pantalon: taches de sang en arrière de la jambe droite avec des taches de boue, sur la doublure du fond taches de sang et de matière fécale; en un point de cette doublure je remarque une large tache d'aspect blanchâtre n'empesant pas l'étoffe, n'ayant pas de contours accusés, cette tache a été découpée et après une macération prolongée soumise à une série d'examens microscopiques en vue de la recherche des éléments du sperme. Je n'y ai pas trouvé, par la réaction tri-iodurée, trace de cristaux de virispermine; par l'effilochage et la coloration à la crocéine il m'a été impossible de découvrir aucun spermatozoïde.

Les constatations microscopiques confirment les résultats de l'examen à l'œil nu. Cette tache n'a pas les caractères d'une tache de sperme.

Dans la poche droite du pantalon se trouve un couteau ordinaire à manche noir, à deux lames couvertes de taches rouge clair.

Ces taches ont été traitées par la méthode des empreintes de Taylor et ensuite par le réactif de Van Déen. Le résultat a été négatif. Traitées ensuite par l'acide chlorhydrique et le ferrocyanure elles ont donné immédiatement la réaction de la rouille.

La doublure de la poche est occupée par une tache d'aspect rouillé. Découpée, macérée et soumise aux mêmes manipulations que les taches du couteau, elle a donné, elle aussi, la réaction de la rouille et non celle du sang.

Même résultat pour une tache trouvée sur le *mouchoir de la victime*, tiré de la poche droite. Je note que ce mouchoir est assez fin.

Sur le revers de la poche gauche, taches de sang.

Gilet: taches de sang: à gauche en dedans et en dehors à droite en dehors, et en avant, enfin sur le col en dehors.

Blouse: au cou larges taches de sang surtout à gauche au niveau de l'épaule, taches de sang et de boue au-dessous de l'épaule; taches de sang et de boue au-dessous de l'épaule gauche, et sur la partie droite des vêtements; la manche gauche est couverte de sang jusqu'au poignet ; la manche droite présente des taches de boue et de terre.

Chemise : Sur le plastron à gauche large traînée de sang, au poignet droit taches hémorragiques assez nombreuses, au poignet gauche peu de sang, quelques taches vertes.

Tablier couvert de boue et de sang ; une *ceinture multicolore*, en trois points maculée de sang.

V. *Conclusions.* — Le cadavre du nommé Pierre Laurent portait *au cou* une grande blessure fatalement mortelle – à l'anus trois déchirures récentes et des déformations révélant des actes sodomiques anciens – aux bourses une mutilation ayant enlevé le testicule droit.

2° La mort a été produite par égorgement, elle a été la conséquence nécessaire de la section d'organes essentiels et d'abondantes hémorragies.

3° Ces blessures ont été faites à l'aide d'un couteau assez solide, et d'un certain calibre, plongé à deux ou trois reprises dans le cou.

4° Une seule personne a pu les produire.

Lyon, le 10 juillet 1897.

V. — QUELS SONT, PARMI LES CRIMES COMMIS DEPUIS DIX ANS ET RESTÉS IMPUNIS, CEUX QUI PEUVENT ÊTRE, AVEC QUELQUE VRAISEMBLANCE, ATTRIBUÉS À JOSEPH VACHER ?*

CONSIDÉRATIONS GÉNÉRALES

Les crimes avoués par Vacher ne sont vraisemblablement pas les seuls qu'ait accomplis cet inculpé ; si l'on songe, en effet, qu'il reconnaît avoir commis cinq assassinats dans la seule période comprise entre le 12 mai et le 29 septembre 1895, tout porte à croire que, depuis cette date du dernier crime avoué pour l'année 1896, jusqu'au 10 septembre de l'année suivante, date du

* Ce texte est une version mise à jour de la note « Crimes pouvant être attribués avec vraisemblance à Joseph Vacher entre 1888 et 1897 » rédigée par Fourquet à l'attention du procureur général, le 23 février 1898. On a inséré entre crochets pour cette édition les passages de la version manuscrite conservée dans la correspondance du parquet lorsqu'ils permettaient d'ajouter une information complémentaire. Nous n'avons pas retenu les variations qui ne changeaient pas le sens du texte (AD 69, 2U1-199).

premier crime avoué pour 1896, c'est-à-dire dans un intervalle de près d'un an, l'assassin a dû, plus d'une fois, se livrer à son monstrueux penchant.

De même, il n'est guère possible d'admettre que du 1er octobre 1896, date avouée du dernier crime pour l'année 1896, jusqu'au mois de juin suivant, époque où se place le premier crime qu'il avoue avoir commis en 1897, c'est-à-dire pendant un espace de huit mois, Vacher soit resté inoccupé. Notons enfin ce propos de l'inculpé au magistrat instructeur «Mon affaire n'est pas encore finie», propos qui peut parfaitement être interprété en ce sens qu'à l'heure par lui jugée opportune, l'inculpé Vacher fera de nouvelles révélations. [Semblablement ce propos de Vacher monologuant dans sa cellule «Et ils ne savent pas tout! » propos entendu par le gardien Miguet, corrobore l'opinion que nous venons d'exprimer].

Il convient donc de rechercher, en consultant l'itinéraire suivi par l'assassin pendant les intervalles dont nous venons de parler, quels sont les crimes qui pourraient lui être imputés, eu égard aux similitudes existant entre le mode d'opérer adopté par lui et les circonstances dans lesquelles ont été accomplis certains assassinats perpétrés dans certaines régions au moment même où Vacher traversait précisément ces régions.

Cette méthode est rationnelle et nous l'avons suivie avec succès antérieurement.

Une question préjudicielle, cependant, se pose dès maintenant: celle de savoir si Vacher a commis des crimes antérieurement à sa sortie de l'asile Saint-Robert.

L'importance de cette question est manifeste; s'il était possible, en effet, d'établir d'une manière certaine qu'avant de tenter de tuer Louise Barrand et de se suicider, Vacher avait déjà quelque crime sur la conscience, le point de savoir si la balle qu'il s'est logée dans la tête a pu provoquer un dérangement cérébral, cause déterminante possible des crimes ultérieurs, ne ferait plus question et les experts élimineraient ainsi une cause de perplexité.

Pour nous, nous avons la conviction profonde que Vacher, à son arrivée au régiment, était déjà un assassin et nous indiquons comme suit les considérations qui nous ont amené à le penser et qui sont la déduction logique du système de défense de l'assassin.

Il est certain, d'abord, qu'à aucun moment de l'information l'inculpé n'a songé un seul instant à attribuer à la présence d'une balle dans sa tête les idées homicides qui, dit-il, le hantaient: Il n'a cessé au contraire d'attribuer à ses idées une origine plus ancienne puisqu'il les fait remonter d'abord à l'année 1889 et leur assigne comme cause la morsure qu'un chien enragé lui aurait faite dans son jeune âge ou le traitement empirique qu'il aurait suivi à cette occasion. Si l'inculpé s'est placé sur ce terrain, alors qu'il était plus rationnel et élémentaire pour lui d'invoquer l'excuse tirée de la tentative de suicide, c'est de deux choses l'une, ou bien qu'il est sincère, ou bien que, redoutant d'être ultérieurement convaincu de crimes commis avant cet accident il n'a pas voulu s'exposer à être convaincu, du même coup, d'un mensonge préjudiciable à sa cause; nous avons suffisamment observé Vacher pour être persuadé qu'un tel raisonnement n'est pas hors de la portée de son intelligence.

Si l'on se reporte, maintenant, à cette partie de l'information qui a trait au tempérament, au caractère et aux habitudes de Vacher, on est frappé de l'unanimité des témoignages qui le représentent, dès l'enfance, comme un être profondément dissimulé et méchant. «Il n'eût pas été prudent, dit Mme Déclérieux, de Saint-Genis-Laval, qui l'a eu à son service, de le laisser seul avec des enfants.» Et quand on demande au témoin de préciser ce qui entend par là, il répond: «Il leur aurait fait du mal.» [Enfin, en plusieurs circonstances, et ceci est important pour rechercher si Vacher a commencé son œuvre sanglante avant sa sortie de Saint-Robert, l'inculpé apparaît dans l'attitude d'un homme familiarisé avec l'idée du crime: c'est ainsi qu'un jour, l'air égaré, il dit à son frère: «j'ai des envies de tuer» ; qu'au régiment, parlant en rêve, il profère ces paroles: «du sang... ils ne savent pas ce dont je suis capable...»; qu'il se jette sur un camarade rasoir à la main et que plus tard saisissant Louise Barrand à la gorge il cherche à l'égorger avec un couteau dérobé chez les parents de cette fille.]

On en arrive dès lors à se demander si le vagabond âgé d'environ 16 ans, aperçu à Éclose (Vienne) le 18 juillet 1884, le jour où le jeune Amieux Joseph, de cette localité, âgé de 10 ans, est trouvé étranglé dans une grange, le corps dissimulé sous de la paille, ne serait point déjà Vacher, mais ce n'est là qu'une hypothèse.

1888 — Juin-Août

C'est en novembre 1887 que Vacher quitte l'établissement des frères de Saint-Genis-Laval. De là, il se rend à Beaufort, son village natal, où il se trouve encore au mois de juin 1888, pendant la saison des foins: C'est à ce moment qu'a lieu l'acte de pédérastie tenté par lui sur le jeune Bourdes Marcellin [Thodure].

L'information n'a pu établir le moment précis où quittant alors Beaufort, il s'est rendu à Grenoble; ce qu'il y a de certain, c'est qu'il se trouvait en cette ville au moment où le président Carnot la visita et il est probable que c'est en août qu'il y arriva; d'où la possibilité de supposer qu'il a pu commettre deux crimes accomplis dans la période comprise entre le mois de juin et le mois d'août de cette même année, voici ce dont il s'agit:

1° Dans les derniers jours de juin, une femme inconnue, paraissant âgée de 35 ans est assassinée à Joux (Rhône) : la tête a été séparée du tronc: un couteau de boucher qui a servi au crime est à côté; le cadavre est dissimulé sous des fougères dans un bois, à trois mètres d'un chemin, or, la section du cou et la dissimulation du cadavre à trois mètres d'un chemin dans un bois sont bien des procédés familiers à Vacher.

2° Le 1er juillet, à Chambérac (Haute-Loire), la jeune Clémence Grangeon, âgée de 14 ans, est assassinée, une large et profonde blessure intéresse la partie gauche du cou; l'artère carotide est tranchée, pas de viol. Ici, la manière d'opérer est bien celle qu'emploie Vacher; l'emplacement de la blessure est bien celui que l'on observe sur la plupart de ses victimes et dès l'instant où ni le vol, ni le viol n'ont été le mobile du crime, une présomption s'établit en faveur de la culpabilité de Vacher. L'inculpé est en effet un pédéraste avéré; or, l'examen des médecins au rapport, lorsqu'il s'agit de meurtre d'une femme, porte sur les parties sexuelles mais a rarement [n'a jamais] pour objet l'état de l'anus. On a pu voir que les expertises médico-légales n'ont conclu au viol que pour une seule des sept femmes tuées par Vacher (crimes avoués), mais comme celui-ci n'a été guidé ni par la vengeance, ni par l'appât du gain, la conclusion qui s'impose c'est qu'en raison de ses instincts pervers, il a tué pour se livrer à des actes de pédérastie et faire disparaître les seuls témoins de ces actes. Au surplus l'imputation à l'inculpé des deux assassinats ci-dessus n'est qu'une hypothèse mais il faut convenir que cette hypothèse n'est pas dépourvue de vraisemblance.

1889 — 25 avril-novembre

Du 24 septembre 1888 au 25 avril 1889, Vacher est successivement à Grenoble, à Marcollin (Saint-Marcellin), à Lyon, mais à partir de cette dernière date on perd sa trace jusqu'en novembre 1889: C'est pendant cette période (avril-novembre) qu'au cours d'un voyage à Genève, il déclare à son frère Auguste, qu'il lui «prend par instants des envies de tuer». De fait, son frère lui trouve un air étrange, égaré. Il est malheureusement probable que ces funestes envies dont il parle avaient déjà été satisfaites au moment où il en fait part à son frère. Ce propos ne semble-t-il pas révéler le besoin d'un aveu de quelque chose qui obsède sa conscience?

Pendant cette période si l'on ajoute foi à ses déclarations Vacher aurait séjourné deux mois à Aix-les-Bains et fait un voyage à Paris, puis serait revenu à Lyon où, en novembre, il serait entré au service de MM. Piquet frères, papetiers.

Le 25 avril 1890, Vacher qui a quitté le service de MM. Piquet pour se placer chez un sieur Guinet, à Saint-Genis-Laval, abandonne cette petite ville après avoir manifesté l'intention d'aller à Lyon fêter le 1er mai avec les socialistes.

Que devient-il du 1er mai au 20 octobre 1890? on l'ignore.

1890 — 1er mai-2 octobre

Pendant cette période (1er mai-2 octobre) se place l'assassinat, à la date du 30 juin, à Moirans (Isère), de Perrin (Augustine-Mélanie), âgée de 23 ans, fille de mœurs légères qui fréquentait les roulants et dont on trouve le cadavre dans une cabane. Cette fille portait une blessure à la tête et avait été étranglée. Serait-ce là encore une victime de Vacher, on peut le supposer mais rien ne l'établit.

Nous en arrivons maintenant à l'examen d'un crime dont, parmi tous les assassinats sur lesquels ont porté nos recherches, le mode de perpétration ressemble le plus à la manière d'opérer de Vacher. On y retrouve d'une manière frappante le tour de main de l'accusé.

Olympe Buisson, Varacieux (Isère) — 29 septembre 1890

Dans la soirée du 29 septembre 1890, jour de la fête de Varacieux (Isère) la jeune Olympe Buisson, âgée de 9 ans, sortit vers 9 heures du soir pour aller visiter les baraques foraines ; vers dix heures, ses parents, ne la voyant point revenir, s'émurent et on finit par trouver le cadavre de l'enfant horriblement mutilé, dans un ruisseau au pied d'un talus escarpé contre lequel le crime avait eu lieu. L'enfant avait reçu au cou plusieurs coups de couteau qui avaient fait des plaies affreuses et terribles ; son visage était couvert d'égratignures et de sang, le ventre était largement ouvert et par l'horrible blessure s'échappaient les entrailles. L'assassin avait pratiqué une entaille au couteau dans le corps de la victime et y avait introduit son membre viril pour assouvir sa passion. À côté du cadavre se trouvait un verre ayant contenu des pralines ainsi qu'en vendent les marchands qui fréquentent les foires. Olympe Buisson avait été vue à côté d'une baraque foraine un peu après 9 heures. Les soupçons se portaient sur un jeune homme qui avait été aperçu causant avec la victime entre 9 heures et 10 heures. Des charges graves pesaient sur lui : son pantalon était maculé de boue aux deux genoux : on trouva caché dans le grenier où il couchait un tablier qui avait été l'objet d'un lavage récent et portait quelques taches de sang ; enfin, il ne put indiquer la raison pour laquelle il avait gardé un couteau qui lui avait été prêté la veille. Cet individu ne cessa de protester de son innocence : La chambre des mises en accusation de la cour de Grenoble ordonna successivement deux compléments d'information et l'inculpé finalement fut remis en liberté. La lecture du dossier nous ayant révélé que cet individu était un roulant arrivé à Varacieux quelques semaines avant le crime, nous avons appelé l'attention de notre collègue de Saint-Marcellin sur le point de savoir si cet individu n'était point Vacher lui-même mais il paraît que l'identité du roulant dont il s'agit a pu être établie et qu'il n'y a pas lieu de le confondre avec Vacher.

Ce crime était commis le 29 septembre ; or, le 2 octobre, trois jours après, on constate, pour la première fois depuis le mois de mai, la présence de Vacher à Lyon, chez un logeur du nom Piaso, demeurant rue Grolée, 26. Vacher a nié être l'auteur de ce crime, mais nous avons de sérieuses raisons de penser qu'il ne dit pas la vérité sur ce point. L'âge de la victime, l'éventration, la section du cou constituent, nous semble-t-il, de graves présomptions à l'encontre de Vacher. Il convient aussi de rapprocher de la circonstance que l'enfant avait été attirée par l'appât d'un verre rempli de bonbons cette particularité qu'à la fin du mois de juin dernier, Vacher, à Valence chez un sieur Gérente, tenancier d'un bar, a été occupé une après-midi à remplir de pralines un certain nombre de verres sur lesquels il collait ensuite des ronds de papier.

Enfin, et ce détail a son importance, un sieur Harter, entendu sur commission rogatoire par le juge d'instruction de Marmande, a déclaré que se trouvant en compagnie de Vacher dans une auberge de l'Isère où il était question de ce crime, l'inculpé lui avait confié que le jour de l'assassinat d'Olympe Buisson il se trouvait précisément à la vogue de Varacieux en compagnie d'un vagabond du nom de Jean Faure.

Le 16 novembre, Vacher part pour le régiment. On sait que dans les moments de fureur où il s'emportait contre ses camarades, son premier mouvement consistait toujours à saisir un rasoir qu'il portait dans sa poche en même temps que sa menace favorite consistait à dire à son adversaire qu'il lui couperait le cou. Or, si l'on se rappelle le propos de Mme Declérieux relaté plus haut, puis la confidence faite par Vacher à son frère Auguste et que, d'autre part, on rapproche des circonstances qui précédent les paroles proférées par l'inculpé au régiment, une nuit qu'enfiévré par la colère, il ne pouvait s'endormir : « Du sang… Je le tuerai… Ils ne savent pas ce dont je suis capable… » on est bien, il faut en convenir, tenté d'admettre que Vacher avait déjà fait des victimes. Nous estimons qu'ainsi doit être interprétée cette dernière phrase de Vacher et nous avons la conviction que cet inculpé était déjà un assassin lorsqu'il est arrivé au corps le 16 novembre 1890.

Aucun des crimes qui nous ont été signalés et ont eu lieu pendant les années 1891, 1892, 1893, période pendant laquelle Vacher accomplissait son service militaire, ne nous paraît lui être imputable.

Du 1er avril 1894, sortie de Saint-Robert, au 4 août 1897, arrestation à Champis
Deux tentatives de viol ou meurtre de Beaurepaire 17, 18 mai 1894

Le 1er avril 1894, Vacher quitte l'asile de Saint-Robert et le premier crime qu'il commet ensuite (19 mai) est celui à Beaurepaire mais le 17 et le 18, il avait tenté d'assaillir aux environs de cette petite ville, deux femmes qui se trouvaient dans les champs. Notre collègue de Vienne avec lequel nous avons correspondu relativement à ces deux tentatives nettement caractérisées et que nous n'avons pas hésité à attribuer à l'inculpé, possède les procès-verbaux qui en relatent les circonstances et d'où il résulte que les victimes auxquelles la photographie de Vacher a été représentée l'ont reconnu sans hésitation pour être leur agresseur des 17 et 18 mai 1894.

Aucun fait imputable à Vacher ne nous a été signalé pendant la période qui s'étend du 19 mai au 20 novembre, date du crime de Vidauban (Var) avoué par Vacher.

Le 6 décembre 1894, c'est-à-dire seize jours après le crime de Vidauban, deux vieillards, les époux Honorat, habitant Châteaudouble, même arrondissement, le mari âgé de soixante-quinze ans et la femme de soixante et onze ans, étaient trouvés dans leur habitation. Le cadavre de la femme était étendu au milieu de la cuisine ; les assassins l'avaient recouvert d'un vieux manteau. Quant au corps du mari, il avait été placé entre son lit et la muraille : le mari avait été vraisemblablement surpris au moment où il se mettait au lit, car il était à moitié déshabillé et l'un de ses pieds était déjà déchaussé : les deux victimes avaient été assommées à coup de barre de fer. On a vu, dans la journée du crime rôder deux individus ; l'un, brun, répondait à peu près au signalement de Vacher ; l'autre était blond et plus grand. Il est probable que ces deux individus sont les auteurs du crime de Châteaudouble si l'on songe que, leur forfait une fois accompli, les assassins ont bu et mangé dans la maison de leurs victimes et que dans l'une des deux assiettes restées sur la table se trouvaient des poils blonds.

Mais Vacher était-il l'un des deux individus ?

Il est difficile de se prononcer sur ce point, ce que l'on peut affirmer seulement, c'est que Châteaudouble se trouve sur le chemin que Vacher devait suivre pour revenir ; par les Basses-Alpes et les Hautes-Alpes, à Saint-Ismier, près Grenoble, où nous le voyons arriver chez le sieur Rey-Perolle, le 30 décembre. Notons enfin cette particularité que de 1894 à 1897, nous retrouvons Vacher, à différentes reprises, en compagnie d'un jeune blond vendant des chaussons : on le voit avec cet inconnu notamment à Lhuis, trois jours avant l'affaire de Bénonces (28 août 1895), à Brives, le jour de l'assassinat de Louradour (11 novembre 1896), à Valence, chez Gérente, tenancier d'un bar où tous deux remplissent de pralines des verres sur lesquels ils collent ensuite des ronds de papier (fin juin 1897).

Ici se place la question intéressante de savoir : 1° si, indépendamment des crimes qu'il a commis pour satisfaire ses goûts de perversion sexuelle, Vacher n'a pas tué pour voler ; 2° s'il a été quelquefois assisté par quelque complice dans l'accomplissement de ses crimes. L'intérêt de la question est manifeste, car tout à l'heure nous attribuerons à Vacher certains crimes suivis de vol et d'autres dans lesquels il a eu des complices. Selon nous il est arrivé à Vacher de dépouiller ses victimes et il n'est pas impossible qu'il ait agi avec l'assistance de quelque complice.

Seulement le souci de ne pas compromettre son système d'une impulsion subite et irrésistible le poussant au crime a été un obstacle à l'aveu par lui des assassinats suivis de vol. [D'abord les tendances de Vacher, dans ses réponses au cours de l'information, à circonscrire cette information aux crimes ayant sa passion honteuse pour mobile et à se renfermer dans un mutisme absolu dès qu'il a craint que l'instruction en se prolongeant finit par le convaincre d'autres crimes nés d'autres mobiles, ce fait qu'il a été convaincu du vol des boucles d'oreilles d'Augustine Mortureux, de ses souliers, de l'alliance de Marie Moussier, les habits qu'il portait, les objets contenus dans son sac.]

L'information établit d'ailleurs qu'il a volé les objets contenus dans son sac et qu'il a volé 200 francs à un M. Gautrais assassiné par lui dans le Tarn.

C'est le 12 mars 1895 que Vacher quitte le service du sieur Rey-Pérolle pour prendre la direction de Lyon ainsi qu'il l'a déclaré lui-même dans l'un de ses interrogatoires et c'est de Lyon précisément qu'il s'achemine ensuite vers Dijon.

Tentative de viol et de meurtre sur une marchande d'oranges 14 avril 1895

Le 14 avril, une marchande foraine vendant des oranges, était assaillie dans le quartier de Surville, par un individu dont le signalement est bien celui de Vacher. L'agresseur tente de violer cette femme et la menace de son couteau. Celle-ci a toutes les peines du monde à lui échapper. Il est fort possible que cet agresseur soit Vacher.

Une confrontation serait de nature à faire la lumière sur ce point.

Le 12 mai, Vacher est à Dijon (voir le crime d'Étaules) et le 13, à Semur. Il prétend ensuite être revenu sur Lyon ; ce qu'il y a de certain, c'est qu'en juillet il essaie d'attirer dans un bois à Corbonod (Belley) un jeune garçon qui le reconnut formellement au cours d'une confrontation récente. Le 24 août a lieu le crime avoué de Saint-Ours et le 31, celui de Bénonces, On sait que de Bénonces Vacher passe dans l'Isère.

Autun : 6, 7 septembre 1895. Francine Rouvray, assassinat, viol ou tentative.

Cependant vers cette époque, se place dans l'arrondissement d'Autun, un assassinat commis dans des circonstances telles que l'on serait tenté de l'attribuer à Vacher. Dans la nuit du 6 au 7 septembre, une fille d'une trentaine d'années, Francine Rouvray, est trouvée morte la gorge coupée, la tête presque détachée du tronc. Le meurtrier avait tenté de violer la victime, sur les cuisses de laquelle on observait des traces de doigts humectés d'huile. L'une des victimes de Vacher, la veuve Morand portait aussi des empreintes de doigts sur les cuisses, et il est à noter que Vacher était toujours porteur d'un petit flacon d'huile, il en reste encore un actuellement dans son bagage.

S'il est l'auteur de ce crime, ce qui n'est pas absolument impossible, il serait revenu de là dans l'Isère et la Drôme.

Hauterives (Drôme) : septembre 1895. Assassinat d'une vieille femme, incendie

Peut-on lui imputer un crime commis dans ce même mois de septembre le 22 à Four (Vienne) sur Madeleine Martelat, Ve Bacconnet, 64 ans, assommée à coups de pierre et volée ? La déposition du sieur Harter dont il a été question plus haut tend à le faire croire. Il résulte de cette déposition que Vacher connaissait la veuve Bacconnet, qu'il était passé de son propre aveu à plusieurs reprises près de la maison et que le susdit Harter entretenant Vacher de ce crime, celui-ci véritablement embarrassé lui aurait dit : « Ne parlons pas de cette affaire. » On pourrait avec non moins de vraisemblance, semble-t-il, supposer que Vacher est l'auteur d'un assassinat commis à la même époque à Hauterives (Drôme) sur la personne d'une vieille femme, assassinat non suivi de vol ni de viol, mais d'incendie. Le maire de la localité, en effet, a fait l'aumône à un roulant qui passait ce jour-là et qu'il prétend aujourd'hui être Vacher, depuis qu'il a vu la photographie de l'inculpé. Ce qui ne peut être mis en doute toutefois, c'est la présence de Vacher dans la Drôme en septembre, puisque le 24 de ce mois a lieu à Truinas (Die) l'assassinat d'Aline Alaise (crime avoué).

Parnans (Drôme) : 29 octobre 1895, Veuve Donger (Marie Ageron), 66 ans, assassinat

Le 29 octobre, a lieu l'assassinat à Parnans, même région, de Marie Ageron, Veuve Donger, soixante-six ans, dont le cadavre est trouvé dans un bois, à trois cents mètres de son habitation et à trois mètres d'un sentier, la tête séparée du tronc, le cœur enlevé. Si l'on considère que, d'une part, Vacher est dans la région, que d'autre part à Parnans même, la veille du crime les sieurs Jassoud, rentiers, et Gauthier, directeur d'usine, donnent quelque menue monnaie à un roulant dont le signalement correspond exactement à celui de Vacher ; que de plus le mode de perpétration du crime est celui-là même que l'on retrouve dans les crimes avoués, ni vol, ni viol, section du cou, mutilation, cadavre dissimulé sous bois, à trois mètres du chemin

(Eugénie Delhomme à Beaurepaire est portée à quelques mètres du chemin il en est de même du cadavre de Louise Marcel à Vidauban, de celui d'Augustine Mortureux à Dijon; de celui d'Aline Alaise à Bourdeaux; de celui de Pierre Laurent, à Courzieu) on est fortement tenté d'attribuer ce crime à Vacher.

La Beaume-d'Hostun 23 septembre 1895. Assassinat d'une vieille femme, incendie

Semblablement, l'assassinat par strangulation, le 23 septembre, à la Baume-d'Hostun, même arrondissement, d'une vieille femme, assassinat suivi d'incendie, ni vol, ni viol, pourrait encore avec quelque vraisemblance être attribué à Vacher, lequel répétons-le se trouve précisément dans les environs à la même époque.

Il est assez difficile de savoir à quel moment Vacher a quitté la région de la Drôme et de l'Ardèche, mais il a déclaré que de là il s'était dirigé vers la Bretagne.

De fait, le 1er mars, on le retrouve au Mans où il tente de violer, peut-être de tuer la jeune Alphonsine Derouet et, le 9 mars, il est arrêté à Baugé où il subira une peine d'un mois d'emprisonnement. Est-ce encore Vacher qui, en décembre 1895, se dirigeant vers le Mans, et avant son arrivée à Loches, avait assassiné à coup de poinçon, une vieille femme à La Baronnière, arrondissement de Guéret? les plus graves présomptions ont pesé sur un autre inculpé et l'absence de similitude entre le mode de perpétration de ce crime et la manière d'opérer de Vacher permet d'en douter[1].

Du 8 avril, date de sa sortie de la maison d'arrêt de Baugé, au 9 juillet, Vacher parcourt successivement les départements de Maine-et-Loire, Sarthe, Orne, Eure, Seine-et-Oise; il passe à Paris, et entre, le 9 juillet au service du sieur Lecoq, cultivateur à Précy-sur-Marne.

Maria Clément, 17 ans: assassinat, Reims, 24 août 1896

Le 23 juillet, l'inculpé quitte la maison du sieur Lecoq: L'assassinat par lui le 24 août suivant, à Reims, de Maria Clément, 17 ans, jetée dans un canal après avoir été assommée à coup de souliers (cas d'Eugénie Delhomme, crime avoué) est tout ce qu'il y a de plus vraisemblable surtout si l'on rapproche de cette circonstance que Vacher était un pédéraste avéré ce fait que la victime portait des traces de violence à l'anus; d'ailleurs, parti de Seine-et-Marne le 23 juillet, Vacher pouvait très bien se trouver à Reims un mois plus

1. Le voyage dans la Loire-Inférieure, le Morbihan et la Mayenne est antérieur à l'affaire de la forêt de Pescheseul.

tard et il avait ensuite le temps nécessaire pour se rendre le 10 septembre dans l'Allier. Vacher accomplissait aisément dans un seul jour une marche de 80 kilomètres : les experts en présence desquels il nous a tenu ce propos ne l'ont point contredit après avoir examiné l'état de ses jambes : Or les 14 jours qui séparent la date du crime de Reims de celle du crime avoué de Busset étaient un espace de temps largement suffisant pour lui permettre de se rendre de Reims à Busset.

Vacher serait-il l'auteur du meurtre d'une vieille femme, la veuve Charlot, assommée à l'aide d'un instrument contondant, à Moux (Nièvre), le 26 septembre, époque à laquelle il passe dans la région. Si l'on en croit le fils de la victime – d'ailleurs accusé de ce crime – qui a prétendu formellement reconnaître dans la photographie de Vacher un roulant qu'il avait aperçu chez lui la veille de la mort de sa mère, on serait peut-être tenté d'attribuer ce crime à Vacher. Mais il ne faut pas oublier que cinq jours après, seulement, a lieu le crime avoué de Varennes-Saint-Honorat (Le Puy). Vacher a vraisemblablement, de Busset, continué sa route vers le sud au lieu de revenir en arrière.

Vacher a prétendu que de Varennes-Saint-Honorat, il s'était acheminé vers Lourdes, en passant par le Cantal, la Corrèze, etc.

Assassinat d'un sieur Louradour, à Brives, novembre 1896

L'assassinat du jeune Louradour à Brives, dans les premiers jours de novembre, par un individu répondant au signalement de Vacher, que des témoins ont cru reconnaître dans la photographie qui leur a été adressée, paraît imputable à l'inculpé.

Il s'agit là, toutefois, d'un coup de couteau donné dans une rixe et non d'un assassinat selon la méthode de Vacher.

Célestin Gautrais, quarante ans, assassinat et vol, Lacaune (Tarn), 23 février 1897

Mais il est un crime qui est manifestement l'œuvre de Vacher ; c'est l'assassinat de Gautrais Célestin, âgé de quarante ans, assommé à Lacaune à cette époque ; de plus, dans la soirée du crime, il a été vu buvant avec la victime dans un café de cette localité et le lendemain de cet assassinat il disparaissait brusquement du hameau de Couloubrac (commune de Lacaune) où il était installé depuis un certain nombre de jours. Gautrais avait été dépouillé d'une somme de 200 francs.

Nous avons reçu de notre collègue de Castres les pièces d'exécution d'une commission rogatoire que nous lui avions adressée, desquelles pièces il résulte que Vacher assistait à l'autopsie du corps de Gautrais et se répandait en invectives contre les habitants de Lacaune qu'il accusait du meurtre de la victime. De plus, un sieur Goxe, négociant à Castres, a vu la veille du crime Gautrais en compagnie de Vacher.

Enfin l'inculpé, auquel nous avons déclaré au cours d'une visite que nous lui avons faite à la maison d'arrêt que nous le considérions comme l'assassin de Gautrais et qu'antérieurement il avait déclaré ne pas connaitre d'individu. de ce nom, nous a répondu « C'est sans doute parce que je suis revenu avec lui de Lourdes que l'on prétend que je l'ai tué. Sait-on s'il a été victime d'un vol ? » Sur notre réponse affirmative : « Alors je n'avoue rien. »

Adrienne Reuillard, neuf ans, assassinat, tentative de viol
Belfort, 18 mars 1897

Le 1er mars on retrouve la trace de Vacher à Cublize et à Anse (Rhône), et il aurait été vu ensuite à Sigy-le-Chastel, arrondissement d'Autun, par le curé de cette commune : dès lors il ne serait pas impossible qu'il fût l'auteur de l'assassinat et viol commis à Belfort le 18 du même mois, sur Adrienne Reuillard, âgée de neuf ans. Cette enfant a été étranglée et violée. Le bruit a circulé à Belfort qu'un individu de taille moyenne, moustache noire, coiffe d'un chapeau gris, portant un bâton blanc recourbé, aurait été aperçu au moment du crime vers le lieu où il avait été commis, c'est-à-dire près d'un hangar. L'enfant a été violée après avoir été dépouillée de ses vêtements ; son béret portait une longue tache d'huile ; les ecchymoses observées sur le corps indiquaient que le meurtrier devait avoir des ongles assez longs. La présence dans le bagage de Vacher d'un chapeau gris, d'un bâton blanc recourbé, d'une petite fiole d'huile et cette circonstance qu'il portait les ongles très longs, tout cela peut être une indication. À noter également ce point important que des excréments s'échappaient du rectum de la victime, détail observé déjà sur Victor Portalier, la victime de Bénonces et sur Massot-Pelet, la victime de Saint-Étienne-de-Boulogne. [Toutefois un élément d'appréciation important fait défaut : l'absence de preuve de passage de Vacher à Belfort à cette époque.]

Geneviève Cadet, femme Heymain (vieille femme), assassinat.
Les Haies, près Condrieu (Rhône), 11 avril 1897

Geneviève Cadet, femme Heymain, fut trouvée morte dans son habitation, l'artère carotide et la colonne vertébrale tranchées : les sections paraissaient avoir été faites avec un instrument volumineux, tranchant et contondant, tel qu'une hache ou un fort couperet. Il est à remarquer que Vacher a été trouvé nanti, lors de son arrestation, arrivée trois mois plus tard, d'une hachette ou goyarde et de plus il était bien dans la région, puisque le 14, il écrivait de Lyon la lettre au sieur Genin, à Saint-Symphorien, près Tours, et que le 18, il était vu à Tartaras, près de Rive-de-Gier. Enfin de nombreux témoins auxquels sa photographie a été présentée affirment avoir vu Vacher aux Haies le jour du crime.

Léonie Soyer (jeune fille), tentative de meurtre et viol
Graffigny (Haute-Marne), 26 avril 1897

Il paraît établi d'une façon à peu près certaine que l'inculpé se trouvait dans l'arrondissement de Chaumont (Haute-Marne), à la fin d'avril. Le 26, à Graffigny, même arrondissement, la jeune Léonie Soyer, qui garde son bétail dans un pré-bois, est brusquement assaillie par un roulant sorti de la forêt, qui la saisit au cou, passe une main sous ses jupes, puis la voyant résister la menace d'un tranchet, et prend enfin la fuite à la vue de paysans qu'il aperçoit non loin de là.

Blanche-Marie Humbert (jeune fille), tentative d'assassinat et viol.
Daillecourt (Haute-Marne), 1er mai 1897

Cinq jours plus tard, le 1er mai, la jeune Blanche-Marie Humbert, de Daillecourt, même canton, gardant son bétail dans un pâturage, est également victime d'une semblable tentative de la part d'un vagabond sorti brusquement du bois. Un certain nombre de témoins de Daillecourt et Clefmont (le chef-lieu du canton), qui ont aperçu le vagabond se dirigeant vers Vrécourt, l'ont reconnu formellement dans les photographies de Vacher qui leur ont été représentées. L'inculpé a été vu alors vêtu d'un pantalon gris qu'il a raccommodé au-dessous de la braguette, en présence d'un témoin auquel il avait demandé du fil à cet effet ; coiffé d'un chapeau de feutre mou de même couleur. Or dans le bagage de Vacher, se trouve un chapeau de feutre mou gris et l'inculpé porte, sous son pantalon de velours, un pantalon gris qui a été précisément raccommodé près de la braguette.

C'est à 11 heures 1/2 du matin, le 1er mai, qu'un témoin aperçoit le vagabond, qu'il déclare aujourd'hui être Vacher, se dirigeant vers Vrécourt distant de 18 kilomètres.

Jeanne Henrion, quatorze ans, assassinat et viol.
Vrécourt (Vosges), 1er mai 1897

Or le soir même du jour vers 6 heures, en cette dernière localité, Jeanne Henrion, âgée de quatorze ans, a été victime d'une tentative de viol et d'un assassinat. Elle a été étouffée et portait au cou des traces d'égratignures. Une confrontation de Vacher avec les témoins de Clefmont nous a permis d'imputer avec quasi-certitude à l'inculpé les tentatives de Graffigny et Daillecourt, et l'assassinat de Vrécourt. Ces témoins ont reconnu à la fois l'inculpé, son chapeau gris et sa grosse canne recourbée.

Les procès-verbaux de l'information que nous avons prescrite à Clefmont et qui nous ont révélé ce qui précède ont été envoyés par nos soins à notre collègue de Neufchâteau.

Le 20 mai, Vacher est aperçu Clinchamp (Chaumont), par un sieur Leseur. Le 8 juin, il est à Craponne (Rhône), d'où il écrit au sieur Genin ; du 7 au 14 on le voit à Chaponost ; le 18 il est à Courzieu où il tue Pierre Laurent ; dans l'intervalle il a commis le crime de Tassin-la-Demi-Lune ; puis on le voit successivement à Anse (Rhône), à Auberives (Vienne, Isère), à Valence, à Montel-de-Gelat (Riom, Puy-de-Dôme), où il poursuit plusieurs femmes et jeunes filles qui lui échappent à grand-peine.

Les renseignements donnés par les nombreux témoins de Montel-de-Gelat établissent nettement qu'il s'agit bien de Vacher lui-même ; au surplus, de cette localité, le vagabond que l'on croit être Vacher se dirige vers l'ouest, or, un témoin confronté à la maison d'arrêt de Belley avec ce dernier l'a reconnu nettement pour être un vagabond qui avait travaillé une journée à la fin de juin chez M. de Vars son patron, à Lascamp près Brives (Corrèze). Le 1er juillet on retrouve Vacher à Taponas, arrondissement de Villefranche (Rhône),

Veuve Lagier, soixante ans, assassinat Volvent (Drôme) 4-5 juillet 1897

Le 8 et le 9, sa présence est constatée à Arras, canton de Tournon (Ardèche). Or, dans la nuit du 4 au 5, une certaine veuve Lagier, âgée de soixante ans, est assassinée dans une bergerie, dans un ravin, porte au ventre une large plaie laissant passer les intestins, et au sternum une autre plaie. C'est bien là le genre de blessure que l'on observe sur le corps de la plupart des victimes de Vacher : d'autre part, ni vol, ni viol, et enfin il faut admettre que l'inculpé, qui se trouvait le 1er dans le Rhône et le 8 dans l'Ardèche, a très bien pu être dans l'intervalle, le 5, dans la Drôme. Toutefois ce n'est encore là qu'une hypothèse, mais combien vraisemblable. Le moment de l'arrestation est proche : du 13 au 20, Vacher circule entre Tournon et Valence, en se dirigeant toutefois vers le sud ; le 21 il est vu à Baix, par le sieur Malartre qui l'a reconnu au cours d'une confrontation à la prison de Belley, et tout porte à croire qu'il sera l'un des auteurs de l'assassinat commis à 20 kilomètres de là au Crouzet, commune de Coux (Ardèche) ; trois jours plus tard, le 24 juillet, sur la personne de la veuve Laville, âgée de soixante et un ans.

Veuve Laville, soixante et un ans, assassinat et viol
Le Crouzet, commune de Coux (Ardèche), 24 juillet 1897

La victime a été assommée avec un caillou, étranglée avec un cordon de son tablier et elle a eu la gorge tranchée.

L'assassinat a été suivi de viol. Les soupçons se sont portés sur quatre individus aperçus dans les environs le jour du crime. Or le signalement de l'un d'eux paraît s'appliquer à Vacher.

L'inculpé nous a déclaré qu'un jour, dans l'Ardèche, au moment où il venait d'entrer, pour y passer la nuit, dans une maison abandonnée, il s'était tout à coup trouvé en présence de trois individus, dont la masure était le refuge habituel. L'aîné, qui semblait plus âgé que les deux autres et paraissait être le chef de la bande, se serait disposé à tuer Vacher avec un revolver, lorsque l'intervention du plus jeune disant: «laisse-le donc, c'est un trimard comme nous» aurait sauvé la vie audit Vacher. Le signalement que Vacher nous a donné de ces trois individus, un jour qu'étant seul à la maison d'arrêt, nous essayons d'obtenir de lui les éclaircissements qu'il refusait de nous donner en présence de notre greffier, et le trouble dans lequel l'inculpé nous a paru être lorsque nous lui avons annoncé notre intention de faire rechercher les trois individus, nous ont amené à penser que Vacher pouvait bien assister, comme quatrième complice, les trois individus dont il s'agit dans l'assassinat de la veuve Laville. Mais Vacher était alors entré dans la période du mutisme à l'instruction: un interrogatoire eût été vain; il a pris soin de nous en avertir, et songeant au bon résultat que nous avions obtenu en ne le contrariant jamais, nous avons préféré attendre une occasion plus favorable et pousser plus avant notre investigation relativement à l'assassinat dont il s'agit.

En résumé, le nombre d'assassinats qui, parmi les 86 crimes que nous avons eu à examiner, pourraient avec quelque vraisemblance être attribués à Vacher ne serait pas inférieur à 16, sans parler des tentatives [Beaurepaire, Graffigny, Daillecourt, Corbonod] auxquelles il convient d'ajouter une tentative de viol nettement caractérisée, dont a été victime une femme habitant Brioude.

Les procès-verbaux de gendarmerie, relatifs à cette affaire figurent au dossier de l'affaire Vacher (liasse des P.-V. relatifs à des crimes qui nous ont été signalés, à la fin de l'année 1896, dans les environs de cette ville).

Cette femme, dont le nom nous échappe en ce moment, voyant une photographie de Vacher l'a reconnu sans la moindre hésitation pour son agresseur de 1896.

Le juge d'instruction,
Émile Fourquet

VI. — PIÈCES EXTRAITES DU DOSSIER

7e Corps d'armée – 3e Division – 25e Brigade – Place de Besançon.

60e RÉGIMENT D'INFANTERIE

Rapport sur le sergent Vacher, établi le 30 juillet 1893, par le médecin-major de 1re classe Grandgury, chef de service au 60e régiment d'infanterie.

Le sergent Vacher, incorporé au corps le 15 novembre 1890, fut mis à l'infirmerie pour la première fois le 9 octobre 1891. Il était en ce moment soldat à la 3e compagnie du 3e bataillon.

À la suite de vives contrariétés il avait, dans un accès d'excitation alcoolique, paraît-il, cherché à se couper la gorge avec un rasoir

Observé à l'infirmerie, il fut pendant quelques jours sous le coup d'idées noires avec délire des persécutions.

Envoyé en permission dans sa famille, je n'avais plus eu occasion de le revoir jusqu'au moment où il fut nommé sergent. C'est alors qu'il fut envoyé à l'infirmerie pour la seconde fois. Je remarquai que le sergent Vacher sans être effectivement malade était dans un état d'affaissement nerveux que j'attribuai au travail fourni par lui au moment de ses examens pour le grade de sous-officier.

Depuis ce jour, cet état nerveux morbide n'a cessé de progresser, les idées de persécutions déjà observées en 1891 viennent de nouveau tourmenter Vacher à tel point qu'il fut nécessaire de l'évacuer sur l'hôpital avec le diagnostic de troubles psychiques.

En raison de la prochaine libération de ce sous-officier, le médecin traitant lui fit obtenir un congé de convalescence de quatre mois afin qu'il n'eût plus à reparaître au corps. C'est pendant ce congé que, sous le coup d'une nouvelle crise d'excitation cérébrale avec idées délirantes, il commit l'acte criminel qui motiva son internement.

Il est manifeste actuellement que le sergent Vacher est atteint de délire des persécutions, qu'il est absolument hors d'état de continuer à servir et qu'il y a lieu de le proposer pour la réforme.

Vu le chef de corps [signature illisible]

Signé : Grandgury.
Pour copie conforme,
Le médecin-major de 1re classe,
D. Ravenez.

//

Rapport médico-légal constatant l'état mental du sieur Vacher Joseph inculpé de tentative d'assassinat.

Je soussigné, Guillemin Léon, médecin-adjoint de l'asile public des aliénés du Jura, domicilié à Saint-Ylie, commis par M. le juge d'instruction de l'arrondissement de Baume-les-Dames à l'effet d'examiner l'état mental du sieur Vacher Joseph, âgé de vingt-trois ans, sergent au 60e régiment d'infanterie, actuellement en congé, inculpé de tentative d'assassinat, faire connaître si l'inculpé jouit de la plénitude de ses facultés intellectuelles ; s'il a conscience des actes qu'il commet et s'il doit être considéré comme responsable et dans quelle mesure.

Après avoir pris connaissance des pièces de la procédure et avoir interrogé le prévenu à plusieurs reprises, serment préalablement prêté, ai rédigé le rapport suivant.

FAITS ET RENSEIGNEMENTS

Étant au régiment l'inculpé fit la connaissance de la nommée Barraud Louise et des promesses de mariage furent échangées entre eux. Vacher fut envoyé en congé de convalescence ; il se rendit dans sa famille mais revint bientôt à Baume-les-Dames, pays de la fille Barraud, et sur les instances de celle-ci. Le prévenu vivait chez les parents de sa fiancée depuis quelques jours, quand cette dernière le congédia sans aucun motif, en refusant de lui rendre les cadeaux qu'elle avait reçus. Rendu furieux, Vacher tira sur elle plusieurs coups de revolver.

Au régiment, l'accusé a donné à différentes reprises des inquiétudes au point de vue de son état mental. À deux reprises différentes il fut envoyé en congé de convalescence, comme ayant des propensions au délire des persécutions.

Cet état maladif s'était montré chez le prévenu depuis son arrivée au corps. Un des capitaines s'exprime en ces termes : « Vacher a souvent fait preuve d'une grande surexcitation qui se traduisait par des querelles sans motif avec ses camarades. Il avait la manie de la persécution. À cet état nerveux a succédé un affaissement moral qui dura un certain temps. Il m'écrivait des lettres où il m'exposait ses soi-disant malheurs. À plusieurs reprises, il a témoigné de son dégoût de la vie et il laissait volontiers hanter son esprit par l'idée de suicide. »

Un peu plus tard il essaya de se précipiter par une fenêtre du deuxième étage.

M. le lieutenant Greilsammer commandant la compagnie où Vacher était sergent n'est pas moins catégorique sur l'état mental de l'inculpé. Celui-ci était d'un caractère concentré, peu communicatif avec ses camarades ; ceux-ci cherchaient à le faire sortir des idées mornes qui le hantaient mais sans y parvenir. (Voir *lettre jointe.*)

Ses chefs reconnaissent qu'il était d'une conduite régulière, sa moralité était parfaite, son honorabilité et son honnêteté ne peuvent être mises en doute, il était d'une grande sobriété.

Cette tendance d'esprit se manifestait déjà chez l'inculpé dès son jeune âge, dans sa famille, il se montrait tel qu'il est aujourd'hui, violent, emporté, soupçonneux, mécontent ; à six ans il est mordu par un chien enragé. Dès l'âge de neuf ans, il se fait remarquer par des extravagances. On lui confie une voiture, il la met en pièces pour se distraire ; il s'amuse à couper les jambes aux bestiaux dont il a la garde. Plus tard, que sa famille lui adresse une remontrance, un faible reproche, il s'emporte, accuse ses parents de lui vouloir du mal, leur reproche de lui avoir refusé les moyens pour continuer ses études, part de chez lui et on ne le revoit pas de huit jours. Il occupe plusieurs places et partout ce sont des querelles.

À quinze ans, il entre comme novice dans la congrégation des frères de Saint-Genis-Laval près de Lyon. Il y reste trois ans. Vacher voulait entrer dans l'enseignement, devenir une autorité, un chef dans le couvent mais pour des motifs pécuniaires ses supérieurs se bornaient à l'occuper aux travaux des champs. Il en conçut un vif chagrin, il s'adressa alors à sa famille qui ne put ou ne voulut pas adhérer à ses désirs. De là ces idées de haine contre sa famille.

Comme antécédents héréditaires, une de ses sœurs aurait eu des accès de lypémanie avec idées de suicide, un de ses oncles aurait fait des extravagances.

EXAMEN DIRECT

Lors de son entrée à l'asile, Vacher se présente à nous dans l'état suivant :

De constitution robuste, malgré un amaigrissement assez marqué. Nous observons une dépression au niveau de la suture lambdoïde, une asymétrie faciale produite par la paralysie de la septième paire du côté droit. De ce côté nous notons un abaissement de la commissure labiale ; la joue est flasque et cédant dans les expirations à la pression de l'air du dedans au dehors, s'enfle pour retomber ensuite par suite de la paralysie de l'orbiculaire des paupières, l'œil ne peut se fermer complètement. À l'angle de la mâchoire inférieure existe un orifice par lequel on conduit un stylet jusqu'au maxillaire inférieur, suivant un trajet perpendiculaire à cet os et d'une longueur de trois centimètres environ. Cette plaie est le siège d'une suppuration abondante. Au lobe de l'oreille est aussi un orifice, mais qui ne conduit dans aucun trajet. La bouche ne peut s'ouvrir, la voix est nasillarde et peu distincte, la parole traînante, la mastication très difficile. L'état de l'inculpé est si précaire que nous sommes obligés de le placer à l'infirmerie.

Les premiers jours il est abattu, bouleversé; la plaie l'occupe seule et il faut le panser à chaque instant sous peine de subir ses doléances. Puis viennent des plaintes continuelles; il nous accuse de vouloir le faire mourir, de ne pas nous occuper de lui alors que nous nous intéressons plus à lui qu'aux autres malades. Chaque matin à la visite il nous demande si on veut bientôt l'opérer. Accédant à ses désirs nous préparons tout pour le 15 juillet. Amené dans la salle d'opération, Vacher se débat, il ne veut pas respirer le chloroforme et refuse de se laisser opérer. Le lendemain il écrit à sa sœur une lettre dans laquelle il s'exprime en ces termes: «Comme je peux encore supporter mes souffrances, j'aime mieux attendre parce que je sais bien qu'ils veulent me tuer, mais non me guérir, car il y a longtemps qu'ils auraient fait cette opération, s'ils avaient voulu me soulager.» Dans cette lettre il menace d'attenter à ses jours si on le retient à l'asile après sa guérison. D'ailleurs, sans l'amitié qu'il avait pour cette fille il se serait déjà détruit, car il y a des moments où il ne sait ce qui le retient sur terre.

À nous il se plaint d'avoir un caractère porté à l'ennui, on lui en veut, mais là se bornent les confidences qu'il consent à nous faire.

Le 20 juillet un véritable accès d'agitation se déclare. Au réveil il est un peu excité, accuse les médecins de le négliger, de vouloir le laisser mourir ses balles dans la tête, aussi demande-t-il son transfert à l'hôpital militaire de Besançon. À la visite il s'assied sur son lit, parle avec animation, réclame des juges, peu lui importe la peine qui lui sera infligée, il connaîtra au moins le jour de sa liberté.

Il n'est pas fou, il ne doit pas rester à l'asile; si cependant on continue à le tenir enfermé, l'ennui le gagnera et il mettra fin à ses jours malgré la surveillance dont il sera l'objet. Puis il entre dans des récriminations contre sa fiancée; celle-ci l'a indignement trompé, mais elle a dû être poussée par un autre.

Il n'avait cependant pas l'intention de la tuer, mais celle de se tuer en chemin de fer.

Nous parvenons cependant à le calmer et nous obtenons de lui les aveux suivants: au régiment son caporal lui en voulait et cherchait par tous les moyens à l'empêcher de parvenir. Quand on passait à côté de lui on chuchotait, on le regardait d'un mauvais œil, on le dénigrait auprès de ses supérieurs pour retarder son avancement. Il ignore depuis combien de temps il est à l'asile et à quelle époque il a commis sa tentative d'assassinat. À partir de ce moment l'inculpé se maintient devant nous, il avoue même qu'au régiment il s'était fait de fausses idées. Les frères deviennent ses ennemis. Les trois ans passés dans leur maison sont la cause si sa vie est remplie de malheurs. C'est à eux qu'il doit le caractère sombre, inquiet, porté la tristesse qui lui interdit un instant de bonheur ; s'il n'avait pas été chez les frères il ne serait pas comme ça.

Telle n'est pas sa conduite devant les surveillants et les malades. Il leur raconte que nous nous moquons de lui, que nous passons devant son lit sans le regarder, le négligeant plus que les autres malades, que nous serions heureux de l'envoyer au cimetière, que nous ne voulons pas l'opérer.

Pendant la nuit il se relève pour écrire, accuse deux malades de vouloir le perdre dans l'estime du surveillant, les menace même ; à certains moments il lève la tête, fixe les yeux comme s'il entendait des voix invisibles. Le 25 août on le voit s'élancer plusieurs fois en avant, comme s'il voulait tomber sur quelqu'un ou prendre sa course, il lève les yeux comme si quelqu'un l'interpellait, ses traits sont troubles.

DISCUSSION

Il importe maintenant d'établir sur quel terrain morbide se trouve placé Vacher. Celui-ci est un délirant par persécution à la première période.

Cet état maladif remonte déjà à plusieurs années. Dans sa famille il était violent, emporté, soupçonneux, au couvent il a l'ambition de devenir supérieur, mais ses moyens pécuniaires ne lui permettant pas de continuer ses études, il est obligé de quitter cet établissement ; de retour dans sa famille il accuse ses parents d'avoir entravé son avenir ; viennent-ils à lui adresser une observation, il prétend qu'ils lui en veulent. L'inculpé se rend à Lyon entre dans différentes places qu'il quitte bientôt. À peine arrivé au régiment il manifeste les mêmes idées de persécution ; simple soldat, un caporal le persécute, veut l'empêcher de parvenir ; sergent, ses camarades parlent mal de lui, le regardent d'un mauvais œil, chuchotent quand il passe à côté d'eux ; tous le dénigrent auprès de ses supérieurs, aussi écrit-il plusieurs lettres à ses chefs pour se disculper. Sur ces entrefaites il fait la connaissance de la fille Barraud, son état s'aggrave, il profère des menaces contre les sergents qui habitent la même chambre que lui.

À l'asile cet état maladif suit la marche progressive. Tout le monde s'est ligué contre lui. Nous avons pour lui toute sorte de bontés, loin de nous en savoir gré il nous accuse de vouloir le tuer et non le guérir. Nous nous moquons de lui, nous passons devant son lit sans le regarder, nous serions heureux de l'envoyer au cimetière.

Les malades sont ses ennemis, ils le mouchardent, aussi profère-t-il des menaces contre eux. Quoique l'inculpé nie les actes désordonnés auxquels il s'est livré le 25 août dernier, nous estimons qu'alors Vacher agissait sous l'influence d'hallucinations de l'ouïe.

CONCLUSIONS

De ce qui précède nous concluons : sieur Vacher Joseph est atteint d'aliénation mentale caractérisée par le délire des persécutions.

Saint-Ylie, le 12 septembre 1893.

Signé : Guillemin.

Lettre du lieutenant Greilsammer, commandant la 2e compagnie du 2e bataillon, au colonel du 60e régiment d'infanterie

Besançon, le 30 juin 1893[1].

La conduite du sergent Vacher pendant son séjour dans la compagnie a toujours été très bonne ; jamais aucune irrégularité n'a été constatée, sa moralité était parfaite, son honnêteté et sa probité ne peuvent être mises en doute, il était d'une grande sobriété.

D'un caractère concentré en lui-même, il était peu communicatif avec ses camarades ; ceux-ci cherchèrent au début à le faire sortir des idées noires qui le hantaient mais sans parvenir.

Poursuivi par cette manie de la persécution, Vacher ne voyait autour de lui que des mouchards ou des gens qui cherchaient à lui nuire.

D'une force musculaire considérable, Vacher sentait le besoin de la dépenser au dehors et il éprouvait un plaisir sauvage à soulever à bras tendu des objets mobiliers du casernement (bancs de troupe, chaises attachées ensemble) ; il serait allé autrefois, avant son arrivée à la compagnie, lutter dans les foires, poussé par le seul besoin de faire agir sa force.

L'état d'énervement dans lequel il se trouvait lui causait des insomnies pendant lesquelles il monologuait avec des gestes menaçants et le moindre froissement qu'il avait pu éprouver avec ses camarades ne faisait qu'augmenter cet état de surexcitation ; Vacher parlant alors de leur couper le cou avec un rasoir, ses camarades ne se couchaient plus sans craindre pour leur vie et plaçaient leur épée-baïonnette à côté d'eux.

J'ajouterai que lorsque Vacher se trouvait dans cet état, il leur paraissait être un somnambule en proie à une idée fixe, il exprimait alors le besoin qu'il avait de voir couler leur sang.

Depuis son arrivée à la compagnie, Vacher avait fait connaissance d'une femme habitant Baume-les-Dames.

L'amour qu'il éprouvait pour elle semble encore avoir augmenté son état en le compliquant de jalousie. C'est sous l'influence de cette jalousie qu'il a

1. Se rappeler que Vacher a commis la tentative d'assassinat de Baume-les-Dames le 24 juin.

menacé de mort le soldat Loyonnet (actuellement caporal à la compagnie et qu'il soupçonnait de vouloir lui enlever sa femme).

Lorsque Vacher proféra ces menaces de mort contre ses camarades, le commandant de la compagnie demanda qu'il fût mis en observation, et le résultat de cette surveillance fit l'objet d'un rapport spécial de M. le médecin-major, chef de service.

Signé : Greilsammer.

ASILE PUBLIC D'ALIÉNÉS DE SAINT-ROBERT

Copie de lettres adressées et écrites par le nommé Vacher Joseph à M. le médecin-directeur du dit asile.

Asile de Saint-Robert, le 15 janvier 1894.

Monsieur le Directeur,

Je vois que vous êtes un peu dans l'indécision pour me faire l'opération, c'est pour le motif que je me fait un devoir de m'approcher aujourd'hui de vous pour vous causer à ce sujet et vous rassurer par mon courage sur le danger et les souffrances que je dois m'attendre.

À mon idée, M. le Directeur, il y a certainement une grande porte laissée ouverte pour me sauver, mais faut-il pour cela que je ne sois pas abandoné, comme je l'ai été pendant 6 mois à l'asile de Dole.

L'opération est dangereuse, je le reconnais, mais je vous dirais, M. le Directeur, que j'ai déjà suporté une toute aussi délicate que celle-là : c'est vrai j'avais affaire à des hommes qui s'occupaient sérieusement de moi, qui étaient capables et qui ne se contentaient pas de regarder et laisser grandir le danger.

Fort heureusement, M. le Directeur je suis loing d'avoir affaire aujourd'hui aux personnes qui mon négligé pendant 6 mois. Je puis même vous dire, avec plaisir, que depuis mon arrivée j'ai été surpris d'être entré dans une nouvelle asile aussi bien administré, aussi je puis le répéter ; j'ai cru rentrer *dans un Paradis* lorsque pour la première fois j'ai senti sous quelle direction jallais nouvellement vivre.

Dans votre dernière visite, M. le Directeur, je vous ai dis que je serais bien heureux si vous pouviez me faire envoyer à l'Hôtel-Dieu, à Lyon, pour me faire faire cette dangereuse opération, car là, je l'espère, jaurai affaire à quelques bons spécialistes chirurgiens, et ce qui me ferais encore plus plaisir, je pourrais, en les avertissant, *revoir certains Parents qui me sont les plus chers avant le moment de l'opération.*

Veuillez donc, M. le Directeur, vous occuper sérieusement de moi pendant qu'il fait une température froide, car plus tard il serait peut-être impossible de recourir à la dernière espérance.

Dans l'espoir que M. le Directeur accueillera favorablement mon humble lettre. Je reste son très humble et fidèle serviteur.

Signé : Vacher.

Asile Saint-Robert, le 29 janvier 1894.

Monsieur le directeur,

À chaque visite que vous passé vous me demandez bien si je vai mieux ; si je peux vous répondre oui, c'est bien, mais si je suis obligé de dire le contraire vous me parlé de m'électriser une partie de la tête, vous passez et tout est fini, vous n'ignorez cependant pas M. le Directeur la dangereuse situation dans laquelle je me trouve, vous savez aussi et mieux que personne que ma place pour le moment n'est point ici, mais bien dans un hospice ou je pourais attendre avec confiance les soins que réclame mon état. De plus, vous savez que depuis de longs mois je souffre, c'est vrai de ma faute, mais aussi de celle de ceux qui sont payés pour me soigner. Pour tous remède je n'ai eu jusqu'à présent que ces quelques paroles *consolantes :* l'opération est dangereuse. J'ai souvent répondu à ceux qui me parlaient ainsi : si elle est dangereuse, j'ai du courage ? et c'est un motif pour ne point m'oublier, me mettre au plus tôt entre des mains capables qui certainement ne feront pas les mêmes réflections et qui auront donné la vie à d'autres pauvres abandonnés que moi, mais voilà, j'ai laissé échapper de ma bouche quelques fâcheuses paroles lors de mon transfert et c'est pour ce motif là que vous évitez à obéir à votre conscience et ne me mettez pas au lieu que mon état réclame. M. le Dr Boinet m'a bien dit qu'il avait écrit à un chirurgien de venir, mais si ce chirurgien juge bon de me faire l'opération, ce n'est toujours pas ici qu'il pourra me la faire et me donner les jours suivants les soins que lui seul sera dans la possibilité de me donner. Si vous le faites venir pour m'examiner seulement, c'est très bien, mais ce n'était pas la peine d'attendre si longtemps et de me laisser dans la souffrance pour attendre une personne vers laquelle vous devriez m'envoyer.

Il y a quelques jours je vou ai demandé, M. le Directeur, l'autorisation d'aller me reposer dans mon lit quand la tête me ferait trop souffrir. Vous me l'avez permis en présence de mon chef surveillant. Celui-ci me refuse cette grâce que je lui demande le soir après la soupe, car c'est le soir que la tête me fait le plus souffrir. *Il a peur que je me suicide* en son absence me répondit-il ? Vous mettant un instant à ma place, ne croiriez-vous pas M. le Directeur *qu'il est temps que de tels idée*s et de pareilles *remèdes changent* ? Ne penseriez-vous pas comme moi qu'il faut qu'il y ai une grande porte pour me sauver pour que dans l'état où je me trouve j'ai pu endurer pendant six mois la misère et la faim dans mon ancienne asile, oui la faim, car je me contentais souvent de manger mon morceau de pain seul pour me tenir la vie, plutôt que de manger la mauvaise nourriture qu'on nous donnait et je *n'étais malheureusement pas le seul* aussi était-il facile à comprendre les motifs qui m'ont poussé aux incidents qui me sont arrivés dans mon ancienne asile ou lors de mon transfert. *Quant à la faiblesse morale que j'ai eu à Beaume-les-Dames, je l'ai réparé depuis longtemps par les souffrances que je me suis mérités* et combien aurait-il, peut-être, mieux vallu qu'un jugement me soit rendu, car vu mes antécédents et les conditions dans lesquelles mon malheur m'était arrivé (surtout qu'il *n'y avait que moi qui avait du mal*) j'avais tout à croire que le jugement rendu par la Cours d'assises m'aurait acquitté. J'en ai vu acquitté d'autres qui avait fait bien plus du mal que moi. En tout cas on m'aurait mis de suite au lieu que mon état réclamait, mais on a cru bien faire on m'envoyant à l'asile de Dole pensant que là j'y trouverai les remèdes physiques et mentals que mon état réclamait. J'y ai *trouvé*, malgré les orgies que j'ai vu s'y dérouler le *remède à mon esprit* et vous pouvez M. le Directeur *en juger aujourd'hui par vous-même*, maintenant à vous de me mettre au lieu que je dois être pour tenter à ma guérison ou à me remettre à mes parents.

J'aime à croire que vous accueillerez favorablement mon humble lettre et que vous ferez M. le Directeur votre possible pour améliorer ma triste situation.

Votre très humble et très respectueux serviteur,

Signé : Vacher.

Asile Saint-Robert, le 5 mars 1894.

Monsieur le directeur,

Il y a une quinzaine de jours vous m'avez demandé ou j'irais en sortant d'ici, si ma sœur ne venait me chercher ? II est facile à comprendre que vu les conditions ou je me trouve je n'ai pu vous répondre de suite à une telle question posée à l'improviste. Il faut donc aujourd'hui que j'ai réfléchi à ce cas là, vous faire connaitre mes intentions, car je pense bien que quoique ma sœur ne viendrait pas me chercher je ne serait pas plus condamné qu'un autre à rester ici. *La grande question est de savoir si j'ai l'amour; du travail; et assez d'esprit pour en trouver au besoin.*

Vous pouvez M. le Directeur, juger de cela *d'après mes antécédents*, d'après le plaisir que vous me ferez en me rendant ma liberté après tant de souffrance !...

Maintenant M. le Directeur, nous sommes seize enfants dans notre famille (deux mères) et tous sont à peu près à leur aise et mariés. Je n'aurais qu'un frère je serais peut-être que plus tôt retirer, car chaqu'un doit se discuter ma responsabilité (puisqu'ils doivent se rendre responsables de moi pour me retirer) quoique celà, je suis bien sûr qu'aucun ne me laissera dans le besoin une fois sorti d'ici et que tous en seront heureux. Tout ceux qui sortent d'ici n'ont toujours pas cet avantage. Tous n'ont pas une petite somme d'argent et ne sont pas si bien habillé que moi. Tous n'ont pas une pièce de terrain bien vendable avec laquelle ils peuvent faire naître au besoin une pièce de 600 francs en attendant de se fixer dans une place suivant leur conditions ou de se créer un domicile le lendemain même de leur sortie. Mieux que çà, ma sœur de Menton qui mieux que toute autre ne me laisseras pas dans le besoin une fois dehors, a une maison qui lui revient de l'héritage de mon père à Beaufort et cette maison qui n'est pas habitée depuis près de six ans me suffit largement si je la veux pour mon domicile. D'ailleurs elle me l'a promis quand elle est venu me voir à Beaumes-les-Damesl lors de mon malheureux évênement.

Maintenant, penseriez-vous qu'elle m'en empêcha (ce qui n'arriveras assurément pas) que je me créérais une autre domicile avec le secour de mon argent. Tout celà ce n'est que pour *vous rassurer* après ma sortie d'ici. Pour quant à moi *je suis sur* qu'une fois dehors, ma sœur de Menton pour la première fois ne me *laissera point* dans le besoin. Tout le mal qu'il y a, c'est que mes frères ou sœur se font peut-être une idée trop grande de leur responsabilité vis-à-vis de moi.

Il est probable que je recevrais une réponse de ma sœur de Menton ces derniers jours, mais dans le cas contraire, je compte sur votre bonté et votre justice pour tous.

Dans la confiance que vous daignerez, Monsieur le Directeur, prendre ma lettre en considération, je reste votre très humble et très respectueux serviteur.

Signé : Vacher

Asile Saint-Robert, le 30 mars 1894.

Monsieur le directeur,

Comme je dois bientôt vous quitter, qu'il m'est *un devoir rigoureux* de venir en dernier lieu près de vous pour vous remercier ainsi que *M. Boinet des services que vous m'avez rendus depuis que je suis dans votre asile et vous témoigner toute la reconnaissance que je dois pour la grâce que votre bonté et votre justice a bien voulu me faire accorder.*

Je ne regrette qu'une chose, Monsieur le Directeur, celle qu'on ne m'est pas envoyé directement dans l'asile de mon département après mon malheur, car j'aurais ainsi échapper à bien des souffrances et autant que je puis le croire j'aurais regagné ma liberté depuis longtemps.

Comme je vous l'ai dit, Monsieur le Directeur, *je vais aller trouver les frères Maristes* en sortant d'ici et faire tout mon possible pour *entrer domestique chez eux, où ce cerait si bien ma place.* Je serais bien heureux si cela vous était possible de me faire une petite recommandation qui certainement m'aiderait beaucoup pour y rentrer. Je vous remercie à l'avance si vous avez l'obligeance de me le faire.

M. Berlioz m'avertit l'autre jour que vous aviez donné ordre de me retirer mon revolver et mon couteau[1]. J'ai été un peu étonné que vous m'ayez retiré le couteau: quant au revolver ni *je n'aurais osé le regarder ni le toucher.* Ma première pensée quand M. Berlioz m'en a parlé était de m'en débarrasser en le lui donnant et c'est ce que je désirerais que vous fassiez si cela vous est possible. Si vous ne pouvez vous en débarrasser de cette manière veuillez avoir l'obligeance de le faire envoyer à mes frais, à un de mes neveux, à l'adresse: Perret Pétrus, propriétaire à Saint-Genis-Laval, quartier de Nève, Rhône.

Dans le cas où je n'aurais pas le plaisir de vous dire adieu avant mon départ, j'ai l'honneur de vous serrer cordialement la main et de rester votre très humble et très respectueux serviteur.

Signé: Vacher.

Pour copie, certifiée conforme:

Le médecin-directeur,

J. Dufour.

Asile de Saint-Robert, le 13 novembre 1897

Rapport de M. le docteur Dufour

Le nommé Vacher Joseph est entré à l'asile de Saint-Robert, le 21 décembre 1893, par transfèrement de l'asile de Dole.

Ce transfert fut opéré, sur l'ordre de M. le préfet de l'Isère, en date du 1er décembre 1893, par les agents de l'asile de Saint-Robert.

Les renseignements contenus au dossier établissent que Vacher, jeune soldat de la classe de 1889, a été réformé le 2 août 1893, sans autre indication sur le motif de la réforme, ni sur ses antécédents au régiment.

Le certificat qui a été délivré par l'asile de Dole, le 3 décembre 1893, à l'occasion du transfert, est ainsi conçu: «Vacher Joseph, militaire réformé, entré le 7 juillet 1893, est toujours hanté par des idées de suicide. A fait une tentative vers la fin d'octobre. Se jetait la tête contre les murs. Est très disposé à recommencer à la première occasion. En veut aux médecins, parce qu'ils ne l'ont pas opéré, et croit qu'autour de lui on le jalouse, on le persécute, etc. Peut être

1. Par précaution et par crainte de nouvelles tentatives de suicide au dehors.

transféré, mais, en raison de la ténacité des idées de suicide, exigera une surveillance rigoureuse et de tous les instants.»

La veille du transfert, les agents de l'asile de Saint-Robert virent Vacher à Dole; il était calme et promit de se comporter convenablement, pendant le trajet qu'il allait faire Il se montrait satisfait de partir, espérant qu'on le ferait opérer à Saint-Robert et qu'on le rendrait ensuite à sa famille.

Cela était du reste son seul désir, nous écrivait notre collègue de Dole, à la date du 11 décembre 1893. Vacher fut très calme de l'asile à la gare de Dole. Au départ, étant gardé à vue et de très près, il demanda à aller satisfaire un besoin, et se dirigeant vers les cabinets, il se mit à courir à toutes jambes. Poursuivi par nos agents, il fut arrêté 100 mètres plus loin par des poseurs qui se trouvaient sur la voie. Des liens lui furent placés aux mains et aux pieds et il fut porté dans le compartiment, d'où il chercha encore à s'évader, en se précipitant par la portière, au moment du départ du train.

Dans le compartiment, il poussait des cris de: *Vive l'Anarchie* et se plaignait de prétendus mauvais traitements à l'asile de Dole, sans chercher à frapper ses conducteurs, qui eurent beaucoup d'embarras avec lui à la gare d'Ambérieu.

À chaque station, il proférait les mêmes cris, pour émouvoir le public et faire connaître, disait-il, les prétendus sévices dont il avait eu à se plaindre.

À Ambérieu, il promit d'être calme si ses liens étaient desserrés et il tint parole. Il fut en effet très calme depuis.

Ces faits prouvent que Vacher était parfaitement maître de lui à ce moment.

À l'asile de Saint-Robert, nous apprenons de sa bouche qu'à la suite de la rupture d'un projet de mariage et de l'abandon par sa fiancée, il avait tiré sur cette dernière, sans l'atteindre, plusieurs coups de revolver et qu'il avait ensuite essayé de se suicider.

Il nous dit également qu'au régiment on lui voulait du mal.

Il se plaignait de souffrir de céphalalgie; il présentait de l'otorrhée et de la paralysie faciale à gauche. Il prétendait avoir une balle dans la tête.

Nous le fîmes examiner par M. le Dr Comte, chirurgien en chef des hôpi taux de Grenoble, qui ne découvrit aucun corps étranger, mais seulement une carie du rocher, avec suintement par l'oreille. Vacher s'est toujours comporté d'une façon convenable avec les gardiens et avec les malades, sans avoir jamais parlé d'anarchie ou de doctrines anarchistes pendant son séjour pas plus que de toute autre chose pouvant avoir un rapport éloigné avec les faits dont il est accusé aujourd'hui. Il n'a commis aucune tentative de suicide.

Il n'a jamais eu aucun accès d'aucune nature, n'a jamais été obscène, immoral ou impulsif en quoi que ce soit, pendant le séjour qu'il a fait à l'asile, dans le quartier de sûreté où il a été maintenu en raison de ses tendances à l'évasion.

Il passait son temps à lire, ou isolé, se plaignant de céphalalgie et de son écoulement par l'oreille, et parlant surtout de son désir d'être opéré.

Il ne nous a jamais entretenu de la morsure d'un chien enragé, ni des breuvages qui lui avaient vicié le sang, pas plus que des accidents spéciaux qui ont motivé son admission à l'Antiquaille et à l'hospice de Grenoble.

Nous n'avons eu aucun renseignement sur ses antécédents, et rien dans ses allures ne permettait de supposer qu'ils fussent mauvais ; au contraire, puisqu'il avait été sergent au 60e de ligne.

Il avait bien soin d'invoquer en sa faveur sa qualité d'ancien sous-officier, pour démontrer la réalité de sa bonne conduite et la possibilité d'occuper dans la société une situation lui permettant de vivre honorablement de son travail.

En réalité, j'ai considéré qu'à la suite des chagrins résultant de la rupture de son mariage, Vacher avait pu devenir mélancolique avec tendances au suicide ; ces tendances étant confirmées par les faits antérieurement constatés.

Nous ne pouvons nous prononcer sur l'état mental de Vacher avant son entrée à Saint-Robert, notre observation personnelle ne nous ayant jamais fait constater chez lui des signes bien positifs de folie.

Les opinions que nous avons formulées dans nos certificats sont basées sur des faits antérieurs que nous n'avons pas eu à contrôler.

En présence de l'insistance de Vacher pour obtenir et sa sortie et son transfert à l'Hôtel-Dieu de Lyon, pour être opéré, nous avons dû nous poser la question de savoir si son état actuel permettait de faire droit à sa demande.

Il était doux, docile, poli, inoffensif et convenable avec tout le monde, nullement incohérent, lucide. Il avait séjourné, soit à Dole, soit à Saint-Robert, neuf mois en traitement dans un asile, c'est-à-dire pendant un laps de temps dépassant de beaucoup la durée moyenne du séjour des aliénés guéris. Considérant qu'il ne donnait plus de signes de folie, et constatant son état de conscience parfaite et par suite de responsabilité, nous n'hésitâmes pas à proposer sa sortie qui fut ordonnée.

La seule crainte que ses antécédents pouvaient faire naître en notre esprit était que Vacher eût une rechute et qu'il ne recommençât ses tentatives de suicide.

Si l'on examine les lettres existant à son dossier, dont nous remettons copie, on peut voir avec quelle lucidité et quelle convenance elles sont écrites. Nous avons, à plusieurs reprises, essayé d'intéresser la sœur de Vacher sur sa situation, comme nous avons l'habitude de le faire, au moment de la sortie de nos malades, pour leur assurer des conditions de milieu plus favorables.

Nous n'avions pas eu, en dernier lieu, à nous préoccuper, au-delà de ce que nous avons fait, de ses moyens d'existence pour le lendemain, puisqu'il est sorti nanti d'une somme de cent soixante-trois francs vingt.

Nous n'hésitons pas à déclarer que *Vacher, au moment de sa sortie, n'était pas aliéné, et qu'il était entièrement responsable.*

En admettant qu'il ait été aliéné auparavant, ce qu'on peut supposer d'après les faits, nous avons pu croire que le chagrin d'amour était la cause de sa maladie mentale.

Cette dernière ne s'est jamais manifestée d'une façon positive à Saint-Robert : les premières appréciations que nous avons formulées reposent uniquement sur les faits antérieurs et sur ses propres allégations. Il n'a jamais rien manifesté de pareil à Saint-Robert en dehors des plaintes contre l'asile de Dole et le régiment.

La question de responsabilité, dans la période du séjour que Vacher a fait à Saint-Robert, ne s'est posée qu'*in fine* ; elle a été résolue affirmativement par la proposition de sortie.

Vacher était très réservé, il parlait peu et ne revenait sur les faits relatifs à la rupture de son mariage que lorsqu'on l'interrogeait. Il paraissait les regretter, ainsi qu'on peut le voir dans sa lettre du 29 janvier 1894, par laquelle il fait allusion à sa faiblesse morale de Baume et à sa réparation par suite des souffrances « qu'il s'est méritées ».

Il ne manifestait aucun mauvais sentiment contre les personnes, à l'exception de ceux dont il se plaignait à Dole.

Néanmoins, on verra par sa correspondance qu'il prétendait avoir été guéri dans cet établissement, et y « avoir trouvé le remède à ses maux ». (Lettre du 29 janvier 1894.)

En pathologie mentale, on considère que le fait d'avoir conscience, de sa guérison et de son état antérieur de maladie est un des meilleurs signes de la guérison d'un aliéné.

Ce signe, nous le mentionnons clairement dans notre dernier certificat ; on en constate l'existence dans la lettre du 29 janvier 1894, où Vacher dit avoir trouvé à l'asile de Dole « le remède à son esprit ». Réel ou simulé, nous l'avons tenu pour ce qu'il valait.

Ses sentiments à l'égard des siens étaient excellents, comme on peut le voir par sa correspondance.

J'ignore quelle est exactement l'opération que Vacher a subie à Lyon. Tout choc physique ou moral peut être une cause de folie. Dans l'espèce, nous ne voyons pas la relation qu'on croit exister entre cette opération et la folie de Vacher.

Il y aurait lieu, par contre, d'examiner plus attentivement les rapports pouvant exister entre son état mental et l'affection du rocher qu'il présentait. Il serait toutefois exagéré de croire que toute personne atteinte d'une carie du rocher est forcément menacée de devenir aliénée. C'est une question d'espèce à juger pour chaque cas.

Je n'ai constaté aucun signe de dégénérescence physique, morale ou intellectuelle, pendant le séjour qu'il a fait à Saint-Robert. Je n'ai aucun renseignement sur son hérédité mentale.

L'état d'abandon ou d'éloignement, confirmé après sa sortie, dans lequel il paraît avoir été de la part de sa famille, est évidemment une condition fâcheuse, mais il est bien difficile de dire dans quelle mesure on peut lui imputer le crime ou la folie, dans l'espèce.

Il n'est pas douteux qu'en essayant de renouer, en sa faveur, des relations de famille et d'y rechercher un appui moral et matériel s'il le fallait, nous avons eu la préoccupation de mettre Vacher dans les meilleures conditions de milieu, au moment de sa sortie. C'est une sorte de patronage que nous pratiquons toujours avant de mettre nos malades guéris en liberté.

Vacher ne parlait pas politique, il lisait très attentivement, tous les jours, le *Lyon Républicain*, et n'a jamais formulé, pendant son séjour à Saint-Robert, des opinions anarchistes ou autres.

Ce changement d'attitude nous confirmait dans notre opinion que Vacher, s'il avait été aliéné, était aujourd'hui guéri.

Vacher n'a jamais montré à Saint-Robert la moindre perversité, ni les moindres penchants à la violence. Il était calme, docile, bienveillant, poli, de très bon rapport avec tout le monde, mais généralement réservé.

Vacher est sorti le 1er avril 1894, ne donnant plus de signes de folie et par suite responsable, comme nous l'avons déjà dit.

La question de simulation n'ayant eu, pour nous, aucun motif d'être posée, pendant le séjour de Vacher à Saint-Robert, nous n'avons pas eu à nous préoccuper de sa responsabilité avant l'époque où nous avons dû songer à sa sortie, le tenant, par suite des faits antérieurs, pour malade et par suite irresponsable son arrivée.

Nous déclarons que nous n'entendons point par là prononcer un jugement quelconque sur les faits dont il s'agit, que nous n'avons pu apprécier qu'en partie, ni sur les conséquences qu'ils peuvent présenter au point de vue de la responsabilité à cette époque.

J'ai considéré, sans avoir eu aucune autre indication que les explications de Vacher, que l'attentat de Baume-les-Dames était un drame d'amour fort ordinaire. C'est ainsi que Vacher nous l'a lui-même expliqué, abandon par une jeune fille qui lui avait promis le mariage, désespoir, tentative de meurtre et de suicide ensuite. Cela se voit tous les jours, sans qu'on invoque l'aliénation mentale.

Quant aux circonstances autres de l'affaire, nous ne pouvons nous étendre sur une question aussi générale, en l'absence de faits précis à examiner ; n'ayant en l'espèce qu'à fournir notre appréciation sur le séjour de Vacher à Saint-Robert.

Dr Dufour.

13 novembre 1897.

Rapport de M. le docteur Bozonet

l.e nommé Vacher, détenu, vingt-huit ans, est atteint de débilité mentale, d'idées fixes voisines des idées de persécution, de dégoût profond pour la vie régulière.

Il présente une otite suppurée et une paralysie faciale consécutives à un coup de feu.

Il affirme avoir deux balles de révolver dans la tête.

La responsabilité de Vacher est très notablement diminuée.

Prison de Belley, le 19 septembre 1897.

LETTRE D'AVEUX

DIEU – DROITS – DEVOIRS

Belley, le 7 octobre 1897.

À la France

Tampis pour vous si vous me croyez responsable…

Votre seule manière d'agir me fait prendre pitié pour vous…

Si j'ai conservé le secret de mes malheurs c'est que je le croyais dans l'intérêt général, mais vu que peut-être je me trompe, je viens vous faire savoir toute la vérité : *Oui c'est moi qui est comis tous les crimes que vous m'avez reprochés*… et cela dans des moments de rage. Comme je l'ai dit à M. le Docteur chargé du service médical de la prison de Belley, j'ai été mordu par un chien enragé vers l'âge de 7 ou 8 ans, mais dont je ne suis pas sûr moi-même bien que cependant je me souvienne très bien d'avoir pris des remèdes pour cet effet. Mes parents seuls peuvent vous assurer des morsures, pour moi j'ai toujours cru depuis que j'ai du réfléchir à cet événement que ce sont les remèdes qui m'ont vicié le sang, à moins que réellement ce chien m'est mordu.

Si j'en ai voulu pendant un certain temps au clergé c'est que bien des personnes voyant mon ridicule caractère me disait que j'avais un reste des frères, moi me voyant en effet ridicule par moi-même je l'ai cru presque jusqu'à présent, mais après tout réfléchi, si j'en ai pris l'air un peu *triste et réfléchi* ce n'est toujours pas chez eux qu'on m'a mordu ou vicié le sang, car le seul souvenir de deux événements auquels j'ai pensé depuis que je suis à la prison de Belley ont tellement frappé mon esprit que j'ai oublié dessuite cette terrible rancune secrète et les voici : je me souviens 1er, d'avoir dit à un de mes frères que j'avais été voir à ma sortie de chez les frères, à Genève : je ne sais pas ce que j'ai, il y a des moments que ça me ferai au temps de tuer… 2me mais avant que d'entrer chez les frères, étant petit domestique chez un nomé Déclerieux bien en face de la porte des frères (c'est de là que j'y suis entré) je me souviens dis-je que lorsque je me voyait seul, j'avais cet époque 14 ans, a travailler je ne pouvait vaincre des idées qui me venaient à la tête et tout d'un coup je partais à travers les champs, je faisais plus ou moins de 9 kilomètres et quand j'étais las je me ramenait à mon travail. Il faut que je vous dise que je me serais attaqué et aurais déjà fait des bétises dans des accès mais le hasard voulait que je ne rencontrace personne à travers les terres de M. Déclerieux près de Chaponos. Pour bien vous fixer sur ce dernier cas il faut que je vous dise que dès que cela me prenait je ne regardais ni chemin ni sentier loin de là il me semblait *mieux* me soulager à travers les terres.

Voilà, messieurs, ce qui est pour moi à cette heure mon impérieux devoir de vous faire savoir, bien que me condamnerier vous encore innocent… Si je me suis cru coupable par moments c'est que je n'avais pas encore réfléchi sur ces évenements, et si dans mon instruction j'ai dit plusieurs fois ce mot : c'est malheur, c'est au sujet du souvenir de ces évenements.

Il faut que je vous dise aussi que les abominalités que j'ai vu se dérouler sous mes yeux à l'asile de Dole ont certainement accentués ma maladie ou plus tôt ma rage.

Je craignais aussi que *le méchant monde* ne fassent retomper ces fautes sur mes pauvres parents qui ont dû tant souffrir d'un pareille silence depuis que je traverse la France comme un enragé me guidant sur le soleil seul…

Que ceux qui croient pleurer sur moi pleurent donc sur eux…

Il vaudrait mieux peut-être pour eux être à ma place…

Aidez-vous, Dieu qui permet tout et dont nul humains en connaissent ses vues vous aidera.

Signé : Vacher J.

(*Orthographe conforme*).

Manifestations et tendances anarchistes de Vacher

Arrestation à Champis

« Les riches en font plus que moi : ils se sortent de peine avec leur argent. »

(*Déposition Issartel du J. de P. Saint-Peray, 15 novembre 1897.*)

« Tu me la paieras plus tard, je ne reviendrai pas mais il en viendra d'autres. »

(*Dép. Charlon du J. de P. Saint-Peray*)

«Les riches en font plus que moi et leur argent les sauve de peine, mais moi je suis malheureux.

(*Dép. V. Merle de J. de P. Saint-Peray, 15 novembre.*)

«Il y en a tant d'autres qui en font plus que moi mais ils sont riches et l'argent les sort d'embarras.»

(*Dép. de Nodin Henri, 15 novembre.*)

Décembre 1893.

«*D.* — Le spectacle de toutes ces choses (les misères vues à l'asile de Saint-Ylie) ne vous a-t-il pas donné la haine de la société?

«*R.* — À ma sortie de l'asile, j'aurais voulu «voir couler le sang partout».

«*D.* — N'avez-vous pas réfléchi quelquefois à toutes les déconvenues et à tous les malheurs dont vous avez été victime et ne vous y êtes-vous pas appesanti au point d'en vouloir à la société?

« *R.* — Cela est certain.»

(*Interrog. Du 4 novembre 1897*).

«S'il m'est arrivé à plusieurs reprises et dans plusieurs voyages de crier "Vive l'anarchie" c'était au souvenir des injustices que j'avais vu commettre contre des malheureux dans l'asile d'aliénés de Dole.»

(*Interrog. Du 2 novembre 1897*).

À Tournon, le 9 septembre 1897.

En attendant l'arrivée du train de 7 h 1/2 du matin ce prisonnier (Vacher) s'est mis à crier de toutes ses forces «Vive l'anarchie; le gouvernement de la République est moins que rien: Ceux qui gouvernent sont des canailles.»

À Lyon (au changement de train).

Vacher crie: «Vive l'anarchie», puis dit aux gendarmes: «Je vous emm... tas de cochons, propres à rien, si je crie, cela a un but, de cette façon mes camarades sauront où je suis.»

(*Proc.-verb. des gendarmes qui accompagnaient Vacher pendant son transfert à Belley, le 9 septembre 1897.*)

Avril 1890.

«Au commencement d'avril, Vacher a changé: il tenait constamment des conversations anarchistes, il effrayait les gens de la maison par ses théories; je n'étais pas satisfait, j'ai profité de la déclaration qu'il m'avait faite de s'absenter pour fêter le 1er mai pour essayer de m'en débarrasser lui ayant déclaré que je m'opposais formellement à ce qu'il allât à cette manifestation...

«Son neveu m'a dit qu'il était allé fêter le 1er mai et qu'en rentrant il avait bu plus que de coutume et était très surexcité et qu'on avait beaucoup de peine à le calmer.

«Il était très sombre, réfléchissait constamment, à en juger par ses conversations, il devait être vicieux.»

(*Dép. de M. Guinet, cons. municipal à Saint-Genis-Laval, du 29 octobre 1897.*)

14 juillet 1897.

«Il (Vacher) a fait une vive sortie sur les bourgeois qui, possédant tout le confort d'une belle habitation, ne s'inquiètent guère des malheureux et de savoir comment un pauvre étranger peut passer la nuit. Si plus tard, ajouta-t-il, il leur arrive malheur (aux bourgeois) ils n'auront que ce qu'ils méritent. Tout cela dit avec une vive irritation et de grossières expressions.»

(*P.-V. de la Gie de Lamastre, déposition du né Feugier (Henri), pror Saint-Barthélémy-le-Pin, 4 novembre 1897*).

«Je ne relève que de Dieu: Je faisais œuvre de justice, c'est la France qui est coupable: il y a trop d'inégalités et trop d'injustices: on m'a trop fait souffrir à l'asile de Dole.

«Quand je voyais maltraiter des détenus à côté de moi, cela me révoltait et me faisait souffrir horriblement.

«La société est mauvaise: je ne préconise aucune forme de gouvernement; avec tous, les mêmes abus se voient. Je suis anarchiste, mais anarchiste à ma manière.»

Interrog. du 9 octobre 1897.

Du 1er décembre 1897.

Le sieur Deléris Jean, 63 ans, propriétaire au hameau Lestidivié, commune de Rayssac, canton de Labessonnié (Tarn), dit: «Vers la fin de février dernier, je ne puis exactement préciser la date, Vacher, le même que vous me représentez en photographie, se présenta à mon domicile comme ouvrier sans travail. Je l'hébergeai pendant une journée et demie, mais ses allures me parurent tellement suspectes que je le fis partir de chez moi. Il faisait souvent l'apologie des crimes commis par les anarchistes… Ayant remarqué qu'il avait une grande cicatrice à la joue je lui demandai comment il avait été blessé; il me répondit qu'il avait reçu un coup de pied de cheval étant soldat et me montra un brevet militaire au nom de Vacher. (*Rapp. de la gendarmerie.*)

Procès-verbal d'information judiciaire du canton de Vabre (Tarn), 20 novembre 1897.

Vers la fin de l'hiver dernier, Vacher répondit à la nommée Armengaud, Rachel, ménagère à Vabre, qui lui demande pourquoi étant encore si jeune il ne travaille pas : « Je ne suis pas né pour travailler. »

Procès-verbal de la gendarmerie de Lacaune, 6 novembre 1897.

Le sieur Assemat Philippe et sa femme reconnaissent la photographie pour être le portrait d'un homme venu chez eux en février dernier. Il voulait se chauffer et prétendait avoir été mal reçu par une voisine. Il manifestait l'intention d'y revenir pour lui ficher un coup de poing dans le nez.

Rapport de la gendarmerie de Labessanié, 5 décembre 1897.

La nommée Malaterre, Eulalie, soixante-deux ans, épouse du sieur Déléris, déclare : En février ou janvier dernier, j'ai hébergé Vacher pendant deux jours, mais ses allures nous ayant paru suspectes ma fille, épouse du sieur Vassier, le congédia. Cet individu fut vexé et menaça ma fille en lui disant : « Si nous étions tous les deux seuls, nous nous en verrions une. »

Interrogatoire du 2 novembre 1897, à Belley.

Le juge demande à Vacher : « Quel est votre sentiment sur les théories anarchistes ?

« R. — Les camarades que j'ai rencontrés quelquefois et qui s'entretenaient de ce sujet résumaient leur théorie dans ces mots : ni Dieu, ni maître ; or, moi j'ai eu toujours la croyance en Dieu, et quant aux maîtres, je les admets, à condition qu'ils remplissent fidèlement leurs devoirs à l'égard des citoyens. »

AUTRE FAIT D'IMMORALITÉ

Rapport de la gendarmerie de Lacaune (Tarn), du 7 novembre 1897.

Le sieur Andrieu, Jean-Pierre, quarante-deux ans, marchand de primeurs, fait la déclaration suivante :

« Je ne puis exactement préciser la date, mais je me rappelle fort bien (*ayant des motifs pour cela*) m'être trouvé à l'hôtel Muratat à Bessière (Haute-Garonne) et y avoir rencontré l'individu dont les journaux reproduisent la photographie.

« Lorsque nous avons eu dîné, cet individu qui pourrait bien être le nommé *Vacher*, me proposa une promenade que j'acceptai ; étant près de la rivière « Le Tarn », il voulait m'attirer sur le bord de la rivière, lui ayant demandé les motifs, en faisant remarquer que l'endroit où il voulait me prendre n'était guère un lieu propice pour se promener, il me répondit : nous nous amuserons ; il était alors environ quatre heures du soir, je lui répondis qu'il fallait laisser amuser la jeunesse ou les enfants, mais qu'à moi cela m'avait passé depuis longtemps.

"Dans la nuit qui suivit, couchant dans la même chambre que cet homme, ce dernier se leva, il était environ minuit ou une heure du matin ; et à toute force voulait venir coucher avec moi ; voyant que tout ce que je pouvais lui dire était inutile, je me levai en colère et, saisissant une chaise, l'ai menacé de la lui casser sur les reins, s'il ne restait tranquille, ajoutant que nous n'étions pas en Afrique."

« Comme signalement, je me rappelle qu'il avait la bouche de travers et qu'il faisait la grimace en parlant. »

INTERROGATOIRE DU 15 DÉCEMBRE 1897

D. — Je dois vous donner avis conformément aux dispositions de la loi du 8 décembre 1897, que vous avez le droit de choisir un défenseur parmi les avocats inscrits au tableau ou admis au stage, ou parmi les avoués, et que le défenseur que vous aurez choisi pourra vous assister lors de vos interrogatoires et des confrontations que nécessitera l'information.

Je dois de plus vous faire connaître que vous êtes libre de ne faire aucune déclaration en réponse aux questions que je pourrai vous poser hors la présence de votre conseil.

R. — Je refuse de recourir à l'assistance d'un avocat dont je prétends n'avoir pas besoin. D'ailleurs, je verrai plus tard ce que j'aurai à faire.

Je vous avertis en outre que je ne répondrai pas plus que je ne l'ai fait en ce qui concerne mes derniers interrogatoires, aux questions que vous pourriez me poser aujourd'hui.

En présence du refus de l'inculpé de se faire assister par un conseil, nous avons passé outre et procédé à son interrogatoire.

D. — Il résulte des interrogatoires que vous avez subis que votre unique souci est de faire croire que vous avez obéi à une force irrésistible qui vous poussait à tuer ; que vous êtes par suite inconscient de vos actes et partant irresponsable.

L'inculpé garde le silence.

D. — Pour atteindre ce but, vous avez eu soin au cours de l'information :

1° De soutenir que vous marchiez sans itinéraire prévu, sans but, à l'aventure ;

2° De prétendre que vos victimes se sont trouvées par hasard sur votre passage, sans que vous ayiez jamais cherché à les rencontrer ;

3° D'invoquer un défaut absolu de mémoire chaque fois que l'on vous demandait de quelle façon vous aviez tué vos victimes, de quels instruments vous vous étiez servi, d'où vous veniez, où vous alliez, etc. ;

4° De dégager vos crimes de toute préoccupation de haine ou de passion ;

5° De n'avouer en conséquence que des crimes non suivis de vol ;

6° De ne vous reconnaître coupable en faits d'attentats aux mœurs que de viols supposant une sorte d'aberration du sens génésique (le viol d'une vieille femme, un acte de pédérastie sur un jeune garçon) ;

7° D'affirmer que votre volonté était impuissante à réagir contre la force qui vous poussait à tuer.

Tel est votre système de défense. Or, je vais vous démontrer que ce système est en contradiction formelle avec les faits :

1° Il est si peu vrai que vous erriez à l'aventure et n'aviez pas de but, que vous suiviez les grandes voies, que votre voyage en Bretagne était, de votre propre aveu, voulu, prémédité, qu'il en a été de même de votre voyage du Mans à Paris, et de Precy (Seine-et-Marne) dans le Midi ; que dans plusieurs de vos lettres soit à votre famille, soit au gendarme Genin, soit à Louise Barrand, vous dites que vous avez fait votre tour de France, en citant même les départements que vous avez traversés enfin, ce qui prouve le mieux que vous saviez parfaitement où vous alliez, c'est la présence dans vos bagages d'une carte routière de France que vous avez divisée en plusieurs sections afin de la rendre plus maniable ;

2° Loin de vous contenter des victimes que le hasard plaçait sur votre chemin, vous faisiez au contraire aux bergers et aux bergères, tout en parcourant la France, une véritable chasse, et tout en mendiant dans les villages voisins des grandes routes que vous suiviez, vous ne manquiez pas d'explorer en passant les pâturages et la lisière des bois pour y découvrir quelque pâtre isolé. En somme, vous avez pris vous-même la qualification que vous jugiez la plus en harmonie avec l'existence que vous avez menée depuis quatre ans, en vous désignant dans une de vos lettres sous ce surnom que nul ne vous avait donné : *le chasseur de bergers et de bergères.*

Même silence.

D. — Voulez-vous les faits à l'appui de mon objection ? Eh bien, à Bénonces, à Saint-Étienne-de-Boulogne, à Busset, à Varennes-Saint-Honorat vous quittez le chemin que vous suiviez pour aller trouver vos victimes à une certaine distance dans le pâturage. Il ne s'agit donc pas d'une impulsion subite : l'acte est au contraire réfléchi, prémédité ? Qu'avez-vous à répondre à cela ?

Même silence.

D. — De plus, comment se fait-il que votre force irrésistible, qui vous pousserait à tuer, ne se manifeste que lorsque vous apercevez une victime isolée et plus faible que vous, et seulement encore, lorsque cette victime est éloignée des habitations, là où personne ne vous verra accomplir votre sanglante besogne ?

Même silence.

D. — À qui ferez-vous croire que ces fausses crises subites ne pouvaient se manifester que dans le voisinage des bois ? C'est en effet le cas qui s'est présenté pour toutes les victimes.

Même silence.

D. — Chaque fois que je vous ai posé des questions relativement à là manière dont vous avez abordé vos victimes, dont vous les avez frappées, vous avez protesté un défaut de mémoire, un trouble résultant d'un véritable état d'exaltation, de la fameuse impulsion subite. Or, il est facile de constater, au contraire, que vous êtes servi par une mémoire des plus heureuses. Vous êtes, en effet, arrivé à vous rappeler les endroits exacts ou vous aviez mis vos victimes après le crime comme à Étaules, Truinas, Saint-Étienne-de-Boulogne, Courzieu, Vidauban : la distance qui séparait leur cadavre des chemins voisins comme à Beaurepaire, Vidauban, Étaules ; – le temps qu'il faisait comme à Varennes-Saint-Honorat ; – l'essence des arbres qui avoisinaient le lieu du crime comme à la Demi-Lune.

Vous vous rappelez encore que la veuve Morand mangeait sa soupe lorsque vous l'avez tuée, et que Louise Marcel était la plus jolie des jeunes filles que vous avez assassinées, que quelques minutes avant de tuer Augustine Mortureux, vous avez causé au bord de la grande route avec un berger qui faisait paître des moutons, etc... Or, l'existence de pareils détails dans vos souvenirs dénote qu'au moment où vous donniez la mort à vos victimes, vous aviez une parfaite lucidité d'esprit et la notion exacte des choses qui vous entouraient.

Ne persistez donc pas à soutenir que vous ne vous rappelez pas les détails de vos crimes.

Même silence.

D. — Au cours de vos sanglantes pérégrinations, vous avez la précaution de cacher tout ce qui pourrait attirer l'attention sur vous : tantôt vous ne portez que la moustache, tantôt toute la barbe, tantôt vous ne gardez que la barbe au menton et la moustache ; puis, vous changez sans cesse de vêtements, de coiffure, de chaussure, vous avez constamment dans votre volumineux sac de quoi opérer ces transformations ; à deux jours d'intervalle, on vous verra coiffé d'un béret, puis d'un chapeau de paille, comme à Bénonces ; d'un chapeau noir et d'une casquette comme à Varennes-Saint-Honorat, etc..., puis, pour expliquer votre infirmité de la bouche, aux uns, vous déclarez que vous avez reçu un coup de pied de cheval et d'autres que vous vous êtes estropié dans les mines ; à d'autres encore, comme aux environs de Vidauban, que vous tombiez du haut mal (*sic*) ; à Saint-Ours, ce sont des douleurs de reins qui vous empêchent de travailler, tandis qu'à Truinas, à un voiturier qui vous aperçut couvert du sang d'Aline Alaise, vous répondez, en vous tenant la tête, que vous êtes sujet à des saignements de nez extrêmement violents.

En somme, votre présence d'esprit ne vous abandonne jamais.

Même silence.

D. — Et puis, au moment de l'impulsion subite, votre couteau est toujours prêt, et si vous n'avez pas tué à Champis, c'est que, par extraordinaire, vous aviez laissé l'instrument dans votre sac, et qu'au moment où vous le cherchiez, Plantier est heureusement venu dégager sa femme.

Qu'avez-vous à dire à cela ?

Même silence.

D. — Il est certain que, si quelqu'une de vos victimes avait survécu à ses blessures, elle viendrait vous dire comme la femme Plantier, comme Alphonsine Derouet, et c'est ici l'écroulement de votre système, que la prétendue impulsion subite dont vous arguez n'était autre que le désir intense d'assouvir votre passion de la femme, que vous portiez toujours la main aux parties sexuelles de vos victimes avant de la porter à votre couteau, que c'était après avoir tenté de les violer que vous leur donniez la mort.

Même silence.

D. — Loin donc d'être le résultat d'une impulsion, le meurtre n'était que la conséquence, le châtiment de la résistance de vos victimes, en même temps qu'il avait pour résultat de l'aire disparaître l'unique témoin du viol ou de la tentative de viol.

Même silence.

D. – Que les assassinats avoués par vous soient aussi le résultat de votre passion de la femme combinée avec le souci de n'être point dénoncé et, en même temps, avec l'esprit de méchanceté et de vindication qu'ont observé chez vous, à l'unanimité, tous les témoins de l'information, le fait n'est pas douteux.

En ce qui concerne la première de ces deux raisons, il est à remarquer que sur douze crimes avoués par vous, onze ont été commis sur de jeunes filles ou de jeunes garçons de treize à dix-huit ans. C'est donc un véritable choix que vous avez fait et loin d'avoir cédé à une force impérieuse, vous avez obéi en réalité à cette passion dont vous parliez devant les témoins de Champis, et qui vous faisait désirer surtout, vous l'avez dit vous-même, les jeunes bergères de treize à quatorze ans.

Même silence.

D. — Ce qui ruinerait encore votre système de l'impulsion, c'est que vous ne vous êtes attaqué traitreusement qu'à de jeunes personnes ou à des vieillards, c'est-à-dire à des gens plus faibles que vous, et par suite hors d'état de vous résister et d'aller ensuite dénoncer vos crimes.

Même silence

D. — Vous n'avez avoué que des assassinats non suivis de vol, mais cela prouve-t-il que vous n'avez jamais tué pour voler ? On constate cependant des faits de vol avoués par vous : le vol des souliers d'Augustine Mortureux, celui de la bague de Marie Moussier, le vol de presque tous les objets contenus dans votre sac et d'une partie de vos vêtements, mais il est vraisemblable que c'est uniquement pour ne pas préjudicier à votre système de défense que vous n'avez pas avoué être l'auteur de l'assassinat de Gautrais à Lacaune, de la veuve Laville à Coux et d'autres crimes encore qui ont été suivis de vols et relativement auxquels de graves présomptions pèsent sur vous et où l'on retrouve votre tour de main.

Dans le même ordre d'idées vous vous êtes bien gardé d'avouer les tentatives de viol commises par vous sur les bergères et qui n'ont manqué leur effet que par des circonstances indépendantes de votre volonté. Là encore, vous avez compris que les avouer serait compromettre singulièrement votre théorie de l'impulsion subite dont viendraient alors faire justice les dépositions des victimes.

Même silence.

D. — En somme, vos actes ont été réfléchis et par suite, il ne pouvait s'agir d'effort de volonté à réaliser pour réagir contre un soit-disant besoin de tuer ; mais en admettant même cette hypothèse, il n'est pas difficile de découvrir en cherchant dans votre passé que vous saviez très bien maîtriser votre nature violente lorsque votre intérêt était en jeu. Ainsi, la plupart de vos camarades du régiment n'ont-ils pas dit et vous-même n'avez-vous pas avoué que, si votre amour-propre ou votre orgueil était froissé, vous en veniez même à pleurer devant vos hommes tout en contenant votre colère. Les mêmes témoins affirment que, dans le but de gagner vos galons de caporal d'abord, puis de sergent, vous arriviez parfaitement à maîtriser la force qui vous poussait à la révolte.

Vous voyez donc bien que lorsque vous le voulez vous êtes doué d'une force de volonté capable de réagir contre les tendances les plus violentes de votre tempérament.

Même silence.

D. — Reste enfin, et c'est par là que je termine, le point de savoir si la morsure qui vous avait été faite par un chien enragé et le traitement empirique qui aurait suivi aurait altéré votre tempérament au point de faire de vous un assassin ?

Or, dans un rapport qu'il nous a adressé et qui résume l'enquête faite par lui à Beaufort sur ce point, M. le juge de paix de Roybon s'exprime ainsi :

«Le fait d'avoir absorbé des remèdes violents à la suite de la morsure d'un chien enragé n'a pas produit sur Vacher des effets aussi fâcheux que ceux qu'il veut bien attribuer lui-même à ces remèdes ; car les voisins de Vacher eux-mêmes ne se rappelaient pas même cette circonstance, et il a fallu tout le retentissement que les journaux ont donné à cette affaire pour que leurs souvenirs aient été rafraîchis à cet égard, mais il est certain que ces effets n'ont pas été désastreux comme il le prétend.»

Au surplus, d'après la déposition de votre frère Auguste, c'est à votre traitement à l'Antiquaille que vous auriez attribué devant lui votre envie de tuer ; si toutefois le propos a réellement été tenu ; et d'ailleurs, les nombreuses objections que je vous ai posées au cours de cet interrogatoire suffisent à résoudre cette question.

Même silence

[Relecture faite, l'inculpé a persisté et n'a signé pour ne vouloir de ces interpellations, nous juges avons signé avec le commis greffier]

LE VAGABONDAGE EN FRANCE

par Alexandre Bérard, député de l'Ain.

Depuis quelques années, l'opinion publique est vivement émue par les nombreux crimes et délits à la charge des vagabonds qui parcourent les campagnes de France. L'effroyable odyssée de Vacher, ce sinistre trimardeur, qui est allé perpétrer ses épouvantables forfaits dans quinze départements, a fini par exaspérer nos populations rurales. Vacher, du reste, a de nombreux imitateurs et, dans le seul département de l'Ain, où ce bandit est venu finir ses pérégrinations, depuis son arrestation, deux crimes semblables aux siens ont été commis par ses pareils[1].

Parcourez toutes nos campagnes et partout vous entendrez nos braves et laborieux paysans se plaindre des vagabonds, soit de ceux, trimardeurs isolés, qui, un sac loqueteux sur le dos, vont seuls, le long des grands chemins, travaillant au hasard de la route quand la faim les tenaille par trop et qu'ils ne peuvent trouver le pain nécessaire à leur existence fainéante par quelque mauvais coup, soit des familles de rouleurs, aux enfants nu-pieds, en haillons, traînant une roulotte disloquée, grappillant les récoltes, pillant les cours, mendiant et volant à tour de rôle.

Ah ! certes, quand on les voit de près, nos chemineaux n'ont pas la poésie charmante et l'allure gracieuse de l'oiseau insouciant, dont les a parés, en un style merveilleux, un de nos poètes modernes ! Le chemineau, en dehors de la scène de l'Odéon, n'est ni bon, ni honnête ; ce n'est jamais un ami pour la maison où il entre ; c'est avec raison que le cultivateur l'y voit toujours avec terreur pénétrer et avec soulagement en sortir.

Et c'est bien l'expression vraie de toutes nos populations agricoles que ces vœux nombreux qui, chaque année, sont émis par les conseils généraux demandant à ce que les pouvoirs publics prennent des mesures énergiques pour défendre la tranquillité des bergers dans nos champs, la sécurité de nos grandes routes, la propriété de nos récoltes et de nos maisons contre tous ces nomades, parasites, gens peut-être très experts comme le croit M. Richepin, qui ont beaucoup appris en voyageant, qui se sont beaucoup développés au contact des populations les plus diverses, mais qui ne se sont développés, qui n'ont appris, qui ne sont experts que pour le mal.

---

1. À Saint-André-de-Corcy et au Grand-Abergement.

Qui donc les pousse à errer ainsi, tous ces nomades, non point à l'exemple de ces oiseaux migrateurs que, pour des raisons admirablement déduites, la nature guide par leur instinct merveilleux à travers les espaces pour la fécondité de la terre, mais comme les feuilles tombées des arbres ou les sables mouvants des déserts que disperse l'incertitude des vents ? Qui donc les entraîne à n'avoir jamais un coin du monde auquel ils s'attachent, où ils puissent se reposer, qu'ils puissent aimer comme l'étroit espace le plus cher et le plus aimé ?

Ils sont les victimes de l'atavisme, du vieil instinct qui a entraîné les peuples primitifs à travers les steppes, les forêts et les déserts pour peupler la terre, créer les nations, fonder les empires. L'instinct des peuples primitifs, depuis la légendaire tour de Babel, en passant par les hordes qui successivement ont poussé sur le sol de notre vieille Europe, se chassant les unes les autres, Ibères, Celtes, Pélasges, Cimbres, Teutons, Vandales, Goths, Burgondes, Francs, Huns, Normands, s'est perpétué, en notre monde civilisé et stable, ayant remplacé par la demeure de pierre la tente plantée chaque jour, cet instinct des primitifs s'est perpétué dans le nomade de nos grands chemins.

Oui, celui que, trop souvent, nous rencontrons le long de nos grandes routes, couvert de haillons, une pauvre besace sur le dos, un bâton à la main, qui va cheminant, venant on ne sait d'où, allant où il ne le sait lui-même, mendiant à chaque pas un morceau de pain, un verre d'eau, l'entrée d'une grange pour passer la nuit, oui, celui-là, c'est l'éternel nomade, qui a conservé l'instinct vagabond des peuples primitifs, amoureux de l'oisiveté, promenant leur paresseuse et incertaine humeur à travers le monde, errant par les forêts, les steppes et les déserts.

Sans doute, à l'heure actuelle où l'univers est tout entier conquis par la civilisation, l'esprit d'aventure qui guide les émigrations salutaires des tribus et des peuples les entraînant au fond des terres ignorées ou précipitant les flots d'un sang nouveau et vigoureux dans les corps des nations tombant en décrépitude, l'esprit d'aventure qui guida les grands explorateurs des nations européennes vers les continents inconnus et qui, à l'heure actuelle, pousse les Brazza, les Stanley vers les profondeurs de l'Afrique mystérieuse, sans doute l'esprit d'aventure n'a plus guère à s'exercer utilement et l'on peut affirmer que le vagabond de nos grands chemins n'est plus que la représentation parfaite du défaut de ce qui fut, de ce qui est encore une qualité nécessaire à l'humanité.

Ils allaient, les nomades d'autrefois, peupler le monde ; ils vont encore les héroïques pionniers de la civilisation, porter le flambeau de l'humaine science dans les ténèbres des terres sauvages ; le vagabond, lui, qui est à l'audacieux et glorieux explorateur ce que l'avare est à l'économe, il erre inutilement, paresseusement, parasite inutile, sinon dangereux de notre vieux continent.

Ils sont encore quelques-uns qui, à travers les divers pays de l'Europe, sont restés constitués en tribus nomades, gardant une sorte de nationalité propre, indéterminée : ce sont ces tziganes, ces bohémiens, fils d'habitants de l'antique presqu'île hindoue, chassés de la terre natale par des conquérants barbares et qui, depuis des siècles, traînent leur misérable existence sur tous les chemins de France, d'Allemagne, d'Italie et d'Espagne, sans se mêler au mouvement à la vie des nations, pareils, en leur singulier isolement au milieu des peuples, à ces astres bizarres, fantastiques qui apparaissent en leur capricieuse destinée, passant au milieu du système des étoiles sans en déranger la marche régulière et la merveilleuse harmonie. Ceux-là, ces tziganes, ces bohémiens, sont des êtres à part, qui ne rentrent à aucun titre dans le cadre de cette courte étude ils n'appartiennent pas à la France, ils appartiennent à l'Europe tout entière.

À côté d'eux, les imitant, copiant leur genre de vie, vivant à leur image, il y a encore ces tribus nomades venues des bords du Danube, surtout de la Roumanie et de la Bulgarie, qui, sur nos routes, se promènent en bandes, faisant de multiples commerces et pratiquant trop souvent le vol, saltimbanques, montreurs d'ours, etc. Ce sont des industriels nomades au même titre que nos forains, nos organisateurs de cirques, nos bateleurs.

On voit encore, sur les chemins, des familles de malheureux ouvriers qui, transportées à l'autre bout de la France, se mettent lentement en route, malgré la longueur du chemin, et font d'humbles métiers, tout en voyageant, afin de vivre jusqu'au jour où elles reverront le clocher de la ville natale ou du hameau ardemment désiré : ceux-là s'ils sont vagabonds, ce ne sont que des vagabonds d'occasion et des vagabonds qui travaillent : ce ne sont que des voyageurs malheureux et que la misère oblige à voyager lentement.

Le véritable vagabond, celui qui constitue un réel danger pour la sécurité publique, celui contre lequel nos populations rurales demandent aux pouvoirs administratif et judiciaire de particulièrement sévir, c'est le chemineau, c'est le trimardeur, coureur des grandes routes, venant on ne sait d'où, allant on le sait encore moins, lui-même l'ignore le plus souvent ; à l'affût de tous les mauvais coups, de toutes les mauvaises actions, en rébellion contre la société, prêt à tous les crimes, vraie bête fauve égarée en un pays civilisé : c'est le paresseux, c'est l'oisif, ne cherchant jamais à travailler, s'abandonnant au gré des vents et des étoiles, courant les grands chemins, demandant le pain quotidien alternativement à la rapine et à la mendicité à la main du vagabond tout outil est pesant comme toute gêne sociale est lourde à la vie. Pour lui, à ses yeux, combien meilleur est le gîte incertain que fournit un heureux hasard venant le disputer à la grande hôtellerie de la belle étoile ! Combien il vaut mieux n'être pas sûr de ne pas s'endormir le ventre vide que de peiner, du soir au matin, sous le brûlant soleil des champs ou auprès du feu haletant de la forge, et d'être certain de manger un morceau de pain noblement conquis !

La paresse est la caractéristique du vagabond et, comme un vieux proverbe, fils de la sagesse des nations, déclare que la paresse est la mère de tous les vices, on peut, sans crainte de se tromper, affirmer que le vagabond est mûr pour tout ce qui est mal.

Dans sa haine de toute gène, il redoute tout lien social : aussi est-il un solitaire comme il est un paresseux : de même qu'il ne veut pas demander son pain au travail, de même il ne veut avoir à discuter avec personne la direction que doit prendre son humeur vagabonde. Aussi peut-on être à peu près certain lorsque l'on rencontre des malheureux errant à deux ou trois sur les grandes routes que l'on se trouve en face non de vagabonds, mais de pauvres ouvriers cherchant du travail, ne demandant qu'à gagner leur pain, tendant péniblement vers la ville où ils espèrent trouver aide, asile, embauchage. Le vrai vagabond est un solitaire : il ne veut avoir à rendre compte à personne ni de sa conduite, ni de son passé, ni de ses projets, ni des mauvais coups qu'il prémédite, ni du gain de la rapine ou de la mendicité à partager c'est un égoïste : ni famille, ni amis, ni camarades.

Il n'aime que lui et il se soigne : lorsque le printemps revient, il retourne vers le Nord, et, quand les frimas viennent le faire grelotter sous ses haillons, il retourne vers le Midi, cherchant soleil et chaleur. Aussi, les routes les plus fréquentées par les vagabonds sont-elles celles qui constituent les grandes lignes de circulation entre le Nord et le Midi, celle entre autre qui, à travers la Bourgogne, le long de l'Yonne, de la Saône et du Rhône, va des bords de la Seine aux rives bleues de la Méditerranée : à Lyon, par exemple, où j'ai été magistrat durant de longues années, l'équinoxe de printemps et celui d'automne étaient les deux principaux temps de passage des migrations de ces singulières hirondelles, et c'est à ce moment que les prisons devaient ouvrir leurs portes le plus largement à ces hôtes d'habitude.

Le nombre des vagabonds est en raison directe de la situation économique d'un pays, car, il faut bien le dire, beaucoup de ceux qui ont pris des habitudes de vagabondage ont commencé par vouloir sérieusement travailler et ce sont les chômages forcés qui les ont amenés peu à peu à ne plus avoir le courage de prendre un outil et à se laisser vivre dans le crapuleux *farniente* de l'oisive et vaine promenade à travers le monde.

Ce ne sont point les statistiques pénales qui peuvent donner une idée d'une absolue exactitude du développement du vagabondage dans un pays : elles ne peuvent donner qu'une certitude approximative : en effet, le vagabondage est un délit fort élastique – si l'on veut bien me pardonner cette expression –. Délit de pure appréciation et de pure convention, il est plus ou moins sévèrement réprimandé suivant les temps, suivant les lieux dans le même pays, à la même époque, on peut dire que, non pas dans l'application de la peine, mais dans la constatation même de son existence, il est jugé très diversement : il est ou n'est pas, selon l'indulgence du magistrat, d'après le degré de sa bonté ou de son énergie, d'après même ses principes économiques. Dans tel tribunal de France, jamais – et à mon humble avis, on a raison – on ne condamne pour vagabondage l'ouvrier en chômage, cherchant en vain depuis plusieurs semaines ou même plusieurs mois, du travail, et forcé par la nécessité et la faim à mendier et à coucher à la belle étoile ; dans tel autre, au contraire, ce malheureux, alors même qu'il n'a encouru nulle condamnation antérieure, est impitoyablement envoyé en prison.

Quelquefois même, lors des crises économiques graves et continues, les vagabonds étant de plus en plus nombreux, les tribunaux se lassent de sévir et le développement anormal de la misère fait presque disparaître le délit ; mais ce n'est là toutefois qu'une exception.

Un fait à noter : c'est, malgré leur vie isolée, la solidarité très réelle qui unit les vagabonds entre eux ; ils sentent qu'ils font partie en quelque sorte de la même confrérie – on ne peut dire du même corps de métier, puisque leur vie est l'oisiveté même –, et ils s'entr'aident fraternellement – tant l'esprit de sociabilité est puissant dans le cœur humain, même chez les individus qui paraissent les plus rebelles à toute idée de sociabilité ! – Ils se donnent, quand ils se rencontrent sur les grandes routes, d'utiles renseignements sur les maisons hospitalières du chemin, sur les logis des gens charitables et aussi, il faut bien le dire, sur les mauvais coups qu'il y a faire. On est stupéfait en voyant combien au milieu de ces isolés la réputation de charité d'une ferme ou d'une maison est rapidement faite ! On est stupéfait en apprenant combien tous sont bien renseignés sur les moindres êtres de telle maison ou de tel château !

De nos statistiques correctionnelles on ne peut donc tirer une conclusion mathématiquement absolue, le nombre des vagabonds condamnés correctionnellement démontrant d'abord l'existence d'une police plus rigoureusement faite ; – néanmoins les chiffres de ces statistiques fournissent une base d'appréciation très précieuse.

Ces statistiques officielles ne remontent qu'à 1826 : et en 1880, il en a été fait un grand résumé jusqu'à cette époque ; en voici les chiffres qu'elles donnent pour le délit de vagabondage.

Nombres moyens annuels par période quinquennale, de 1826 à 1880, des affaires et des prévenus jugés en matière de vagabondage (art. 271 du Code pénal):

	Nombre des affaires	Nombre des prévenus
De 1826 à 1830	2,544	2,910
De 1831 à 1835	2,885	3,204
De 1836 à 1840	3,700	3,445
De 1841 à 1848	4,138	4,401
De 1846 à 1850	6,089	6,661
De 1851 à 1855	7,180	7,763
De 1856 à 1860	5,833	6,255
De 1861 à 1865	5,631	6,001
De 1866 à 1870	7,902	8,419
De 1871 à 1875	9,263	9,865
De 1876 à 1880	10,000	10,429[1]

Deux remarques à faire sur ce tableau: la première c'est que, après 1856, de cette date à 1866, de l'inauguration d'un régime économique nouveau, régime de liberté commerciale à l'extérieur, de création de voies ferrées à l'intérieur, le nombre des délits de vagabondage diminue considérablement, preuve évidente, certaine, de la corrélation qui existe entre le développement industriel et commercial d'un pays et le fait de vagabondage, preuve très précise de ceci, à savoir que c'est la misère bien plus que la paresse qui au début fait les vagabonds: en cette matière comme en toute autre, on peut dire que l'occasion fait le larron.

La seconde remarque que nous voulons tirer de cette statistique est celle-ci, c'est que la proportion entre le nombre des affaires et celui des prévenus diminue à mesure que les nations s'élèvent en civilisation c'est-à-dire que de plus en plus les vagabonds cessent de vivre en bandes pour errer à l'état d'individualités isolées.

Les statistiques des années qui suivent 1880 ne font que confirmer ces remarques: le vagabondage est en rapport direct avec la situation économique d'un pays et le vagabondage en bande disparaît peu à peu: il arrivera bientôt à ne plus être qu'à l'état de souvenir. Les bandes de vagabonds, devant la police mieux faite, ont disparu comme les bandes de brigands, dont elles n'étaient, du reste, que les sœurs cadettes.

Nous sommes loin heureusement des bandes de vagabonds qui, à la fin du XVIIIe siècle, rançonnaient nos villages ou même de celles qui, il va cinquante ans encore, s'établissaient pour quelques jours en conquérantes dans nos hameaux perdus!

---

1. Compte général de l'administration de la justice criminelle en France. Rapport du garde des sceaux, 1882, p. cxlii et cxliii.

Voici, depuis 1880, la statistique du vagabondage donnée par le ministre de la justice:

Individus traduits en police correctionnelle en vertu de l'article 271 du Code pénal:

Années	Nombre des affaires	Nombre des prévenus
1881	12,482	12,926
1882	13,583	14,069
1883	15,076	15,534
1884	16,110	16,580
1885	18,433	19,038
1886	18,357	18,942
1887	17,626	18,210
1888	17,787	18,414
1889	19,116	19.715
1890	19,418	19,971
1891	17,437	17,887
1892	18,816	19,356
1893	18,067	18,628
1894	19,123	19,723

L'accroissement du nombre des vagabonds est donc aussi certain qu'est certaine la disparition du vagabondage en bande.

Cet accroissement tient, il n'en faut pas douter, à la crise économique qui sévit depuis de longues années, non seulement sur la France, mais sur l'Europe entière, un bouleversement social causé par l'invasion, toujours plus grande du machinisme privant de travail un certain nombre de bras, les en privant pour le progrès et le bien-être définitif même de l'humanité, mais créant pour quelques-uns des heures difficiles.

Oui, cet accroissement douloureux du nombre des vagabonds tient tout à la fois à la crise industrielle et à la crise agricole: des usines se sont fermées soit par suite de la trop grande abondance des marchandises jetées sur le marché, soit par suite du nouveau régime commercial qui peu à peu en élevant les barrières douanières aux frontières de tous les pays, a formé les débouchés commerciaux de la France; durant quinze ans le phylloxéra a dévasté en fléau terrifiant la moitié de nos départements, chassant du sol natal et de leurs chaumières des populations entières, dépeuplant nos cantons viticoles; l'agriculture, d'autre part, subissant tout à la fois une vraie transformation industrielle dans ses procédés et une rude concurrence des Indes, des rives de la mer Noire, d'Amérique et d'Australie, a, chaque jour, diminué le nombre de ses manœuvres, rendant ainsi à l'oisiveté une foule de bras ruraux.

Parlant de l'accroissement du nombre des vagabonds, M. le garde des sceaux écrivait en 1884:

«Il est la conséquence évidente de la crise agricole et industrielle qui sévit depuis plusieurs années.»

Son successeur de 1887 persistait dans cette manière de voir et dans la même explication de cette augmentation de délits :

« L'augmentation du nombre des délits de vagabondage et de mendicité, qui s'est produite surtout à partir de 1883, écrivait le garde des sceaux de 1887, coïncide avec la crise économique dont souffre le continent depuis cette époque. Si l'on compte 731 affaires de vagabondage de moins en 1887 qu'en 1886, c'est sans doute à la loi du 27 mai 1885 sur la relégation qu'il faut, en partie, attribuer ce résultat ; car les vagabonds récidivistes n'étant, en général, condamnés qu'à de courtes peines, ce sont eux qui les premiers ont été envoyés dans les colonies. »

Mais il est une autre cause de l'accroissement du nombre des vagabonds, auquel, je crois, jamais on n'a pris garde. Cet accroissement, il tient aussi au fait suivant, qui est capital en la matière. Par le développement des moyens de transport, par la facilité sans cesse plus grande de voyager, que tous les paresseux de nos villes, de nos bourgs et de nos villages sont invités à s'éloigner du lieu natal, où autrefois, méprisés, ils croupissaient en mendiant ; ils préfèrent, aujourd'hui, inconnus de tous, courir au loin des aventures, rêvant, comme le veut la paresse, au mirage de l'inconnu, du lointain, en l'attente de la fortune capricieuse et des coins merveilleux à leurs yeux parce qu'ils leur sont ignorés. – Hélas ! ils oublient que, suivant un vieil et sage proverbe : « Pierre qui roule n'amasse pas mousse ! »

Depuis 1826, on peut constater la progression à peu près régulière et constante du vagabondage ; un seul saut brusque suivi d'une baisse le lendemain, après 1851, c'est-à-dire après le coup d'État du 2 décembre : il y a là un fait de persécution politique qui fausse la statistique : le délit de vagabondage a servi à couvrir bien des actes arbitraires, bien des crimes du gouvernement napoléonien contre la liberté individuelle.

Un fait à noter, qui change quelque peu les termes de la statistique générale, c'est que les vagabonds étant tous des incorrigibles – la paresse est le vice dont l'homme se corrige le moins – ils sont condamnés multiples fois durant leur vie : or, les tribunaux étant de plus en plus indulgents, les durées des peines étant de moins en moins longues, les vagabonds se font reprendre de plus en plus souvent, repassent de plus en plus souvent sur les bancs de la correctionnelle comme des soldats de cirque, d'où – comme conséquence naturelle et forcée – les statistiques enregistrent un nombre de plus en plus grand de condamnations pour vagabondage.

Une statistique que l'on n'a pas et qui aurait le plus grand intérêt, ce serait celle des crimes et des délits commis par les vagabonds ; on ne l'a pas et c'est infiniment regrettable ; mais l'expérience de tous les magistrats est unanime pour reconnaître et déclarer que les vagabonds ont à leur charge un nombre énorme de crimes et de délits – en 1890, 78 p. 100 des prévenus récidivistes avaient été condamnés pour vagabondage et, d'autre part, 3 p. 100 des prévenus de vagabondage ont été relégués[1] – je le répète, l'odyssée de Vacher est caractéristique à cet égard. Les vagabonds étant tout à la fois des récidivistes et des malfaiteurs commettait toutes sortes de délits, le législateur avait pu croire que l'application de la loi de 1885 sur la relégation diminuerait leur nombre, et, en 1886, le nombre des vagabonds condamnés étant tombé de 18,433, où il s'élevait en 1885, à 18,357, le garde des sceaux écrivait:

«Le mouvement de décroissance devra s'accentuer d'année en année sous l'influence de la loi relative à la relégation.»

Hélas! le garde des sceaux était le jouet d'une décevante illusion: le nombre des condamnés pour vagabondage remontait, en 1887, à 17,626, pour s'élever encore plus haut, en 1888, à 17,787 et ne plus redescendre*.

Les faits accidentels pèsent lourdement sur la marche de la criminalité: c'est ainsi que l'on peut constater un accroissement sensible du nombre des délits de vagabondage en 1889 : c'est l'année de l'Exposition universelle: les malfaiteurs affluent vers la capitale, où se précipite la foule des étrangers et où le travail abonde: cela est tellement vrai que c'est dans la Seine surtout que croît le chiffre des vagabonds condamnés. Et, comme les vagabonds sont venus de tous les pays en France, ils y restent.

Les pouvoirs publics s'en émeuvent: le garde des sceaux et le ministre de l'intérieur envoient des circulaires pour signaler les vagabonds à la rigueur de la police et à la sévérité des tribunaux: de suite, on constate une baisse dans le nombre de délinquants; le chiffre de 19,418 en 1890, tombe, en effet, à 18,816, en 1892, et à 18,067 en 1893.

Le nombre des étrangers condamnés pour vagabondage est également considérable, mais les statistiques sont muettes sur ce point.

Les départements où proportionnellement le nombre des vagabonds est le plus considérable sont ceux qui renferment de grandes villes: – les grandes villes offrent aux vagabonds plus de ressources et plus d'attraits, et, il faut bien l'ajouter aussi, la police y est plus rigoureuse; – une exception doit être faite pour la région du sud-est, où la beauté du climat permet de rivaliser avec l'attrait des grandes villes et où, en outre, l'invasion des vagabonds italiens est considérable.

En 1889, par exemple, le nombre des condamnés pour vagabondage a été dans le Nord de 509, dans le Rhône de 680, dans la Seine-Inférieure de 527,

---

1. Compte général de l'administration de la justice, année 1890, p. XXV et XXVI.

* A. Bérard commet ici une erreur manifeste. Le nombre de condamnés pour vagabondage baisse bien de 1886 à 1887, sur la base des chiffres qu'il tire de la statistique officielle. Ce n'est qu'en 1887 que ce chiffre amorce une remontée. Compte général de l'administration de la justice criminelle en France et en Algérie pendant l'année 1887, Paris, Imprimerie nationale, 1889, p. XVIII.

dans la Gironde de 211 et dans la Seine de 2,957; il a été de 282 dans les Alpes-Maritimes et de 275 dans le Var – chiffre énorme étant donnée la population de ces deux départements; il n'a été que de 14 dans le Cantal, de 19 dans la Haute-Loire, de 28 dans les Hautes-Pyrénées, de 94 dans le Doubs.

Même remarque pour 1890, où nous trouvons les chiffres suivants:

Rhône, 472; Nord, 320; Bouches-du-Rhône, 766; Seine, 2,668; Alpes-Maritimes, 330; Var, 289; Doubs, 91; Cantal, 37; Haute-Loire, 34; Hautes-Pyrénées, 22; Seine-Inférieure, 558; Gironde, 224.

Cette question si terrible du vagabondage et de son accroissement sur notre territoire a vivement sollicité l'attention des jurisconsultes, des économistes et des pouvoirs publics.

Ces dernières années, les Chambres et le Gouvernement s'en sont particulièrement émus.

Le 18 février 1898, le Sénat était saisi d'une proposition de loi pour assurer la sécurité des campagnes et le rapporteur, rappelant les antécédents, disait:

Le vagabondage, associé presque toujours à la mendicité, est un fléau pour les campagnes. Il constitue un péril social contre lequel nos lois sont en fait impuissantes. C'est ce que constatait notre collègue, l'honorable M. Gomot, ancien ministre de l'agriculture, dans une étude publiée par le journal l'*Agriculture Moderne* (n° 72, 16 mai 1897). «Nos lois répressives, disait-il, sont mal faites. Telles qu'elles existent cependant, elles permettraient de diminuer le nombre des mendiants vagabonds si on les appliquait avec plus de discernement. Les agents de répression chargés de la police des campagnes devraient être plus nombreux et mieux dirigés. Il appartiendrait aux tribunaux de prononcer des peines plus longues. Mais le meilleur moyen serait de rendre la détention plus sévère, car l'expérience démontre que si cette catégorie de prisonniers s'accommode assez aisément de la vie en commun, elle redoute par-dessus tout l'emprisonnement cellulaire. C'est peut-être là qu'il faut en venir.»

M. Gomot, tout en présentant l'emprisonnement cellulaire comme le meilleur moyen de répression du vagabondage, exprime aussi cet avis que les agents chargés de la police des campagnes devraient être plus nombreux et mieux dirigés. Mais il ne demande pas la constitution d'une armée de 36,000 gardes coûtant 25 millions par an. Toutes les communes ne sont pas également exposées aux méfaits des vagabonds et la France n'est pas encore infestée de brigands.

Quelques semaines après, le 21 juin, le ministre de l'intérieur adressait aux préfets une circulaire sur la même question:

D'après les enquêtes ouvertes et les renseignements particuliers recueillis par la commission extra-parlementaire, disait-il, il paraît établi qu'une des principales causes de l'insécurité des campagnes provient de l'inertie ou de la négligence des agents investis d'une fonction de police, et notamment des maires et des gardes champêtres.

Les maires, en effet, semblent avoir perdu de vue l'importance de leur mission et les devoirs rigoureux que leur impose la loi, soit comme représentants de la commune, soit comme agents de l'Etat. Vous aurez à leur rappeler que parmi les fonctions inhérentes au pouvoir municipal qu'ils détiennent, la plus essentielle est, comme l'exposait le décret du 14 décembre 1789 sur la constitution des municipalités, de faire jouir leurs mandants des avantages d'une bonne police et d'employer en conséquence toute leur vigilance à prendre les mesures nécessaires pour garantir la sécurité des personnes et des propriétés, et surtout à tenir la main à ce que ces mesures soient exactement appliquées.

Il n'importe pas moins que les maires s'efforcent de faire observer les arrêtés réglementaires qu'en exécution de l'article 99 de la loi du 5 avril 1884 vous avez cru devoir prendre dans l'intérêt de la sûreté et de la tranquillité publiques. Trop souvent, les arrêtés de cette nature, et particulièrement ceux qui concernent soit les nomades et la défense de stationnement sur les voies de communication et les terrains communaux, soit la réglementation des professions ambulantes, restent lettre morte ; si bien que les efforts tentés par l'autorité administrative pour la défense des communes rurales demeurent stériles.

Les maires ne doivent pas oublier qu'ils sont toujours, comme par le passé, des agents directement subordonnés à votre autorité pour l'exécution de toutes les mesures de sûreté générale, ainsi que le porte expressément l'article 92 de la loi de 1884, et qu'ils sont tenus étroitement de veiller avec le plus grand soin à l'application de vos arrêtés réglementaires.

Il faut que les maires se pénètrent bien de cette idée que l'inobservation d'une mesure de police générale ou de sûreté, quel que soit l'objet qu'elle concerne, est préjudiciable aux intérêts moraux et matériels non seulement de la localité où les règlements sont transgressés, mais encore des autres communes. L'ordre public exige impérieusement que l'autorité de la loi ne soit nulle part affaiblie, et le premier devoir du maire est d'y veiller avec la plus grande sollicitude.

Il est de toute évidence que les magistrats municipaux ont besoin d'être secondés dans leur tâche par des auxiliaires permanents, par des agents zélés et capables d'exercer la surveillance constante du territoire communal. À cet égard, on doit reconnaître que l'accomplissement des devoirs municipaux est trop souvent entravé, soit parce que la commune est dépourvue de garde champêtre, soit même parce que le garde investi est inapte à remplir ses fonctions.

Sans doute, les communes ont aujourd'hui le droit de n'avoir pas de garde champêtre, et il serait impossible d'arriver à bref délai à rétablir le principe de l'obligation, supprimé par l'article 102 de la loi du 5 avril 1844, après avoir été maintenu jusqu'à cette époque depuis la législation de l'an III. Mais si on ne peut les contraindre comme autrefois, il faut néanmoins faire en sorte d'amener les municipalités à consentir, dans l'intérêt bien entendu des habitants et de leurs propriétés, les sacrifices nécessaires pour la création d'un poste dans les localités qui n'ont pas de garde champêtre.

Oui, il est nécessaire de prendre des mesures rigoureuses et sévères contre ces vagabonds d'habitude ; c'est une œuvre de sécurité générale, à laquelle les pouvoirs publics doivent veiller avec vigilance ; mais, en dehors de cela, en face de ceux qui, parmi les vagabonds, sont des malheureux, des vieillards, des infirmes, des enfants abandonnés il est du devoir de la nation de développer les œuvres de solidarité sociale : cela est le devoir absolu et l'intérêt bien entendu.

Et maintenant si, au point de vue du vagabondage, nous comparons notre pays aux autres nations, aux pays d'Europe et d'Amérique, nous pouvons encore nous féliciter d'être parmi les moins frappés par ce triste fléau.

Nous n'avons point ces foules immenses de l'Allemagne et de l'Italie qui, par familles entières, après avoir erré, aux pieds des Apennins ou sur les rives de l'Elbe, ne sachant comment vivre dans leurs pays, vont par milliers, chaque année, vagabondant sur l'Océan, chercher au-delà des mers une existence incertaine ; nous n'avons point ces bandes de paysans errants en haillons des plaines du Danube, du Dnièpr ou du Volga, ni les vagabonds religieux qui, sous les auspices de la foi, vont mendier de porte en porte à travers la Russie nous n'avons pas vu sur notre sol national cette armée de sans travail, forte de milliers d'hommes, se grossissant à chaque étape, allant, en rangs pressés, des rives du Pacifique à celles de l'Atlantique, de San-Francisco à Washington. L'Angleterre et le Pays de Galles eux-mêmes qui, d'après des statistiques récentes, comptent 1,373,000 personnes âgées de plus de soixante-cinq ans, sur lesquelles un tiers sont obligées de recourir à l'Assistance publique ; l'Angleterre et le Pays de Galles eux-mêmes sont, au point de vue de la misère, moins favorisés que la France. Quant à l'Irlande, il est inutile de rappeler sa misérable situation, son douloureux état économique.

Et, si notre pays est moins éprouvé que les nations voisines, si la misère étreint moins férocement nos populations, c'est que, grâce à nos lois nées des principes salutaires et féconds de la Révolution, la propriété est morcelée, c'est que la France est une terre essentiellement démocratique.

Aussi est-il nécessaire, dans l'intérêt suprême de la patrie, pour le bien-être de la masse des citoyens, non seulement de maintenir dans notre législation les règles qui partagent également les biens paternels entre tous les enfants nés sous le même toit, mais encore, par une plus équitable répartition des impôts, de dégrever les petits et les humbles et de considérablement surcharger les riches tant pour obéir à ce principe de stricte justice que pour briser les grandes fortunes et abattre les puissances financières.

C'est ainsi que notre législation républicaine, en aidant à l'amélioration de tous, en faisant œuvre suprême de justice sociale, placera notre démocratie à l'abri des monstrueuses théories et des attaques épouvantables de ceux qui, criminellement, rêvent de rénover le monde à l'aide du poignard et de la dynamite.

Tout se tient dans l'édifice social : la solidarité et l'application des sublimes principes de la fraternité inscrits dans la devise de la Révolution, c'est encore la source la plus féconde de la richesse nationale et la meilleure sauvegarde de la paix publique.

LES TRANSFORMATIONS DE L'IMPUNITÉ

par Gabriel Tarde

Les rapports du crime et de la peine sont de trois sortes : 1° le coupable est puni – c'est le cas normal, ce qui ne veut pas dire le cas habituel, comme nous le verrons ; 2° l'innocent est puni au lieu du coupable – c'est ce qu'on appelle l'erreur judiciaire, en n'envisageant cette expression que par l'une de ses faces, comme la plus émouvante ; 3° le coupable reste impuni. Ces trois cas méritent d'être traités séparément, et deux d'entre eux, en effet, le premier et le second, ont fait l'objet de savants travaux. La pénalité, l'erreur judiciaire ont donné lieu à des recherches et à des discussions sans fin. Mais l'Impunité, le troisième côté de la question pénale, a été négligée, et je crois que c'est à tort.

Spécialement, les transformations de la peine au cours des âges, ses différences d'un pays à l'autre, ont été étudiées à fond, même avant la philosophie de l'Évolution. Mais personne, à ma connaissance, ne s'est avisé d'appliquer son attention aux *transformations de l'Impunité*, qui ne sont ni moins curieuses ni moins importantes.

D'un si vaste sujet je ne prétends donner qu'une simple esquisse. La criminalité totale d'un pays, à ce point de vue, se divise en deux fractions inégales : la criminalité punie et la criminalité impunie. À vrai dire, d'après les statisticiens, la proportion des crimes ou délits qui échappent au châtiment ne dépasserait guère 50 pour 100. Mais ils négligent absolument, dans leurs calculs, les crimes et délits collectifs, les abus de la force collective, rapines en grand, exactions commises par les civilisés sur leurs colons, par les majorités sur les minorités, spoliation du public par des sociétés véreuses, entreprises de chantage ou de diffamation par des journaux, etc. ; et c'est là certainement la source la plus abondante et la plus intarissable de criminalité impunie et impunissable, de criminalité triomphante. On peut se demander, d'abord, à quels caractères, à quelles circonstances, à quelles causes est dû le privilège d'impunité attaché à certaines catégories de crimes ou de criminels, et quelles sont les formes multiples, soit coexistantes, soit successives, que revêt ce privilège. On peut se demander, en second lieu, question plus pratique et plus anxieuse, si la proportion de la criminalité impunie va en croissant ou en décroissant au cours de la civilisation, et sous l'empire de quelles causes elle croît ou décroît. En d'autres termes, la question qui nous occupe a deux côtés, l'un qualificatif, l'autre quantitatif, et nous allons les indiquer séparément.

I

Il ne faut pas être grand clerc pour s'apercevoir que, le pouvoir partout et toujours permettant de se mettre dans certains cas au-dessus de la loi, l'évolution de l'impunité s'explique en partie par l'évolution du Pouvoir. Or, en quel sens évolue le Pouvoir ? Sans entrer à fond dans l'examen de cette question difficile, disons seulement qu'un peuple, partout et toujours, a besoin de *protection* et de *direction*, de protection contre les dangers divers et successifs du dehors et de l'intérieur, et de direction pour l'emploi de son activité en vue d'obtenir la satisfaction de ses besoins, eux-mêmes multiples et changeants. La succession de ces dangers, comme celle de ces besoins, n'est pas entièrement fortuite, elle est en rapport avec le changement des idées et des moyens d'action, qui tient à la série – non pas rectiligne, mais réglée dans son ensemble par une certaine logique – des découvertes et des inventions, des initiatives fécondes. C'est la nature et la suite de celles-ci qui déterminent la nature et la suite des croyances régnantes, des besoins dominants. Si donc l'homme de pouvoir est quiconque répond le mieux, par ses aptitudes, aux besoins et aux croyances de son pays et de son temps, autant dire qu'il est suscité, en dernière analyse, par des découvertes et des inventions. Parmi des tribus chasseresses et fétichistes, le chasseur le plus habile à utiliser les ruses de chasse ou les instruments de chasse déjà inventés était l'homme le plus puissant, à moins que ce ne fût le sorcier le plus persuasif, le plus heureux dans ses prédictions conformes aux superstitions de ses compatriotes, nées d'hypothèses extravagantes et accréditées. Ailleurs, c'était le guerrier le plus redoutable et le plus rusé, étant données les armes et la tactique de son temps. Après les premières inventions relatives à la domestication des animaux, les hommes qui ont su le mieux les monopoliser se sont fait une autorité d'espèce nouvelle, le pouvoir patriarcal, comme, plus tard, après les premières inventions agricoles, relatives à la domestication des plantes, est né le pouvoir de l'aristocratie terrienne, et, plus tard encore, après les inventions industrielles, le pouvoir de l'aristocratie bourgeoise. Le pouvoir assurément le plus absolu de notre âge, celui de la Presse, n'est-il pas né de l'invention de l'imprimerie et des inventions auxiliaires de celle-ci ? Je n'ai point parlé des inventions militaires, parce qu'ici le lien entre l'invention et le Pouvoir est palpable il suffit d'un progrès dans l'armement ou dans la tactique pour assurer à la nation qui l'innove ou se l'approprie la prépondérance militaire. Les historiens savent bien que l'invention des armes à feu, en donnant l'avantage à l'attaque sur la défense, a favorisé l'extension du pouvoir royal et précipité la chute de la féodalité.

J'ai tenu à montrer que le Pouvoir avait, en somme, malgré tous les abus de la force, une source honorable, le génie humain, et non pas seulement ni surtout, comme on le suppose, la servilité humaine. Mais, s'il en est ainsi, l'impunité elle-même, si injuste qu'elle soit, a originairement une cause qui lui fait honneur, puisque son origine est la même. À chaque grande manifestation nouvelle du génie inventif de l'homme, nous voyons le privilège, de l'impunité se déplacer comme le pouvoir : du *patriarche* antique, irresponsable de tous les crimes qu'il peut commettre contre tous les siens, ce privilège passe ou s'étend au monarque absolu, puis, en s'atténuant par degrés, à la noblesse, au clergé, à l'aristocratie financière, à la Presse surtout, ce véritable gouvernement des temps nouveaux, enfin aux majorités électorales, nées de l'invention de la souveraineté du peuple et du suffrage universel. Les majorités électorales, par un sentiment exagéré de leur droit, peuvent commettre des abus criminels de leur force, et ces crimes collectifs sont impunis et impunissables comme l'étaient les exactions commises jadis par les monarques absolus, dont elles ont pris la place.

Mais l'impunité n'a pas eu toujours pour unique source le Pouvoir. Ou, pour mieux dire, il y a ou il y a eu deux sortes d'impunités dont l'évolution historique ne doit pas se confondre. Il y a eu d'abord, et il y a toujours l'impunité qui, en tout temps et en tout pays, garantit les forts contre le juste châtiment de leurs violences ou de leurs rapacités, et celle-là, née de la puissance politique, s'est déplacée dans le même sens qu'elle. Mais il y a eu aussi, dans l'antiquité classique comme au moyen âge chrétien, et, à vrai dire, partout dans le passé, jusque dans les tribus les plus sauvages, une autre espèce d'impunité, d'une origine bien différente, qui, à raison de certaines idées religieuses ou superstitieuses et de leur empreinte sur la notion du droit, protégeait parfois le faible contre le fort, le coupable sans appui contre le justicier barbare et sans pitié. Cette impunité-là s'attachait non à certaines personnes mais à certains lieux plutôt, à des lieux appelés asiles où se réfugiaient les malfaiteurs ou les innocents traqués par la justice. Elle s'attachait quelquefois même à certaines époques, à certaines fêtes de l'église, où il était d'usage de délivrer des prisonniers.

Or, autant la première espèce d'impunité, qui s'est perpétuée jusqu'à nous, déplacée plutôt que diminuée, a été un affront et un obstacle au cours de la Justice pénale, autant la seconde, qui peu à peu a disparu dans la pénalité adoucie, a servi au progrès du droit pénal. Chez tous les peuples primitifs, il y a des lieux *tabous* où il est interdit de porter la main sur un criminel : l'antiquité grecque ou romaine a eu ses colonnes de refuge, ses temples, ses palais sacrés, qui suspendaient ou qui arrêtaient les poursuites de l'accusateur et qui, en donnant du moins aux passions le temps de se calmer, empêchaient l'exercice abusif de la vengeance légale. Notre moyen âge, dans ses églises et ses monastères d'abord, dans les résidences royales, plus tard, à l'exemple de ceux-ci, dans les châteaux des seigneurs, dans l'enceinte de ses villes franches, dans ses *sauvetés*, a fait revivre et a multiplié les asiles du crime. Et l'on peut dire que leur multiplication a été un grand bien relatif, ce qui n'empêche pas que la violation graduelle, de plus en plus multipliée, de ces asiles par la justice royale, n'ait été ensuite un grand progrès aussi.

Le plus pernicieux effet du crime, au moyen âge surtout, mais en général dans tout le passé, a été peut-être de susciter son contraire et son antidote, la justice criminelle, qui était un mal à la fois opposé et ajouté au sien. Contre ce mal de la peine, aussi criminelle que le crime, sinon plus, les asiles et les sauvetés, d'abord religieuses, puis laïques, d'abord royales, puis seigneuriales (par contagion imitative), furent un remède dangereux, mais le seul pratique alors. Ces monastères, ces églises où le voleur et le serf fugitifs, le meurtrier même, étaient assurés d'échapper aux poursuites, étaient le premier pas vers l'adoucissement du Droit pénal, d'une férocité sauvage. En se multipliant, ces îlots de sécurité dans un océan de trouble, ces lieux fortifiés non par des remparts, mais par la châsse d'un saint et la foi à ses miracles, par la peur de l'excommunication, étendaient le privilège de l'impunité – c'est-à-dire de la simple pénitence chrétienne – non pas aux plus forts, mais aux plus faibles, et, en ce sens, préparaient les voies à l'égalité devant la loi pénale, idéal des temps nouveaux. Voilà pourquoi il n'est pas contradictoire, après avoir loué comme une amélioration réelle cette extension du droit d'asile, de regarder comme une amélioration plus grande leur suppression par la justice royale, à mesure que celle-ci, ayant abaissé les grands vassaux, effaçait les rangs sous son joug niveleur. Par deux voies différentes et successives, opposées en apparence, en réalité convergentes, la même tendance se réalisait.

L'*immunité* a été souvent rapprochée de l'*asile*, et, en effet, il existe un lien entre ces deux institutions contemporaines l'une de l'autre. Mais elles ne doivent pas être confondues. Quand, après la dissolution de l'empire romain, et, mieux encore, de l'empire de Charlemagne, l'autorité monarchique tomba en miettes, les fonctionnaires royaux, les comtes, firent de leurs pouvoirs judiciaires un moyen d'oppression et d'extorsion tel que tout le monde s'efforça de s'y soustraire. Les grands propriétaires y parvinrent seuls en se faisant octroyer par le roi des chartes d'immunités. Ces chartes interdisaient aux agents du comte l'entrée de leur domaine pour l'instruction et la répression des crimes qui pouvaient y être commis. C'était là un avantage incontestable pour le propriétaire qui, devenant de la sorte un petit despote dans l'étendue de ses propriétés, rendait la justice à sa convenance, et, en outre, pouvait commettre impunément tous les crimes et délits possibles sur son territoire privilégié. Par cet aspect, on le voit, l'immunité crée une impunité qui rentre dans la première des deux catégories d'impunités distinguées par nous : elle affranchit de la peine les détenteurs du pouvoir territorial, de la propriété, le seul vrai pouvoir du temps.

Mais l'immunité constituait-elle aussi un avantage pour les serfs et les colons du maître, pour les hommes libres résidant à un titre quelconque sur ses terres ? C'est douteux. Pourtant, si oppressif que pût être par nature ce tyranneau, il avait intérêt à l'être moins que le comte, et à ne pas se priver de bras utiles en sacrifiant à la légère ses justiciables, en les pressurant outre mesure. En somme, ceux-ci devaient considérer leur sort comme privilégié aussi relativement à celui des malheureux soumis à la juridiction du comte. Bien souvent il devait arriver que les grands propriétaires, bénéficiaires de l'immunité, mettaient un certain orgueil à étaler l'impunité de leurs sujets, comme une sorte de marque de noblesse au même titre que l'exemption d'impôts. Que de meurtres alors, que de rapines ont dû être impunis !

Ainsi l'immunité est, pour ainsi dire à cheval à la fois sur les deux sortes d'impunités, l'une au profit des forts, l'autre au profit des faibles, et elle participe à leur double évolution. Son histoire est fort ancienne : elle commence aux temps mérovingiens, et l'on peut dire qu'elle n'est pas encore achevée ; en effet, toutes les justices d'exception, celles du moins qui attribuent à une corporation, à une fraction de la population, telle que le clergé ou l'armée, le privilège de juger ses propres membres, soustraits de la sorte aux tribunaux ordinaires, toutes ces exceptions ou ces anomalies, qui ont eu leur utilité évidente, et dont quelques-unes survivent encore à leur raison d'être, dérivent du même principe que les immunités mérovingiennes. « Une étude attentive des sources, dit M. Flach, m'a démontré que ce privilège (le privilège des clercs de ne relever que de l'*officialité*) procède essentiellement de la même origine que les diverses immunités personnelles que nous venons de passer en revue, immunités des propriétaires d'alleux, des possesseurs de fiefs, etc. Le clerc est justiciable de son évêque au même titre que le vassal est justiciable de son suzerain féodal, l'homme propre de son maître. »

Ce privilège clérical est assurément la plus importante des immunités, la plus étendue, la plus durable, celle qui, par son extension envahissante, par son influence contagieuse, et en somme bienfaisante, sur la justice laïque à laquelle, les officialités ont servi de modèle, et en même temps par l'orgueilleuse puissance qu'elle atteste, présente au plus haut degré les deux caractères signalés. Cette immunité, née de la puissance du clergé, le met au-dessus de la loi commune mais, en même temps, elle place sous sa protection une foule de petites gens qui, grâce une tonsure et à un rabat, évitent le tortionnaire et le bourreau.

Des deux impunités que nous avons distinguées, l'une a été en diminuant sans cesse depuis l'ère moderne et a fini par s'éliminer complètement, c'est celle qui protégeait les faibles. Tous les lieux d'asile ont été supprimés, et des tribunaux d'exception il ne reste guère plus, en matière criminelle, que les tribunaux militaires, en général plus rigoureux que les tribunaux ordinaires. Tout en étant la protection de la faiblesse, l'impunité dont il s'agit n'en était pas moins une injustice, et elle a dû disparaître fort heureusement devant les progrès de la justice royale, devenue à la fois plus forte, plus une, plus égale pour tous. – Dirons-nous de même que l'impunité des forts a disparu ? Non. Elle a diminué, c'est certain, en principe du moins, et c'est beaucoup. Mais elle est loin de s'être évanouie. Si nous suivons ses transformations, nous y pouvons noter les phases suivantes, dont la succession témoigne d'un progrès réel, quoique insuffisant.

En premier lieu, dans la phase la plus grossière de l'état social, l'impunité des forts est cyniquement avouée, proclamée comme un droit. Telle était celle du maître antique dans ses rapports criminels avec ses esclaves, du *pater familias* tuant impunément ses enfants, du roi nègre ou même du roi mérovingien mettant à mort ses sujets de sa propre main sans soupçonner qu'il puisse encourir un blâme. Il n'est pas jusqu'à Christine de Suède qui, en faisant tuer sous ses yeux avec des raffinements de cruauté son amant Monaldeschi, n'ait cru agir dans la plénitude de ses droits. Jusqu'au dernier siècle, les soldats victorieux se croyaient tout permis, en fait de crimes, contre les habitants d'une ville prise d'assaut et je ne répondrais pas que toutes les armées du XIXe siècle fussent exemptes de cette conviction.

Mais ce cynisme est si révoltant que les protestations de la conscience finissent par mettre un terme à cette impunité de droit et ne laissent plus subsister que l'impunité de fait. Toutefois une phase de transition s'interpose ici : à la complète impunité de droit se substitue la demi-impunité de droit sous la forme soit des tribunaux d'exception dont nous venons de parler, soit de procédures et de peines différentes édictées à l'égard de la noblesse et du reste de la population. Les officialités, par la douceur et l'équité habituelles de leurs peines, qui ont devancé les nôtres, paraissaient absoudre à demi ceux qu'elles condamnaient avec tant de bénignité relative. Dans certains pays, on peut se faire remplacer pour la peine, comme jadis chez nous pour le service militaire. En Chine, on achète des remplaçants pour la peine de mort[1], ce qui est l'impunité légale assurée aux riches, ou plutôt la demi-impunité, puisqu'il faut compter pour quelque chose, pour une amende si l'on veut, l'achat du remplaçant. – Une forme très répandue de demi-impunité de droit, qui a subsisté jusqu'à nos jours et dont les derniers vestiges ne sont pas extirpés, est la protection légale dont les fonctionnaires sont ou étaient naguère encore couverts contre les poursuites judiciaires. La Constitution de l'an VIII nous régissait il n'y a pas si longtemps encore.

---

1. On me fait remarquer très justement que l'équivalent du remplaçant chinois existe dans notre loi sur la Presse, qui dirige contre le gérant du journal, bouc émissaire, les poursuites méritées par les journalistes. Cette véritable chinoiserie a été étudiée avec beaucoup de verve par M. Cruppi dans son livre sur la Cour d'assises.

Arrivons à l'impunité *de fait*. Celle-ci est hypocritement niée, démentie de bouche par la proclamation de l'égalité absolue devant la loi. N'importe, regardons-y de près. Cette impunité de fait est de deux sortes ; volontaire ou involontaire. Volontaire, quand, tout en étant avisé d'un fait délictueux, le parquet refuse de poursuivre, ou attend, pour faire semblant d'agir, l'expiration des délais de la prescription, qui rendra la poursuite illusoire (c'est ce qu'on a reproché, à tort ou à raison, à des magistrats français, dans une affaire célèbre). Involontairement, quand le fait délictueux n'est pas dénoncé aux agents de police judiciaire, ou quand, faute de preuves suffisantes, sa dénonciation aboutit à un classement sans suite, une ordonnance de non-lieu ou à un acquittement.

Volontaire ou involontaire, cette impunité des crimes est une si grande honte pour la société, une telle injure pour la justice, qu'on a de tout temps essayé de la dissimuler sous des simulacres de poursuites ou de pénalités. De là les exécutions par effigie en usage chez nos aïeux. On raconte que, parfois, le coupable, perdu dans la foule, assistait à la comédie pénitentiaire de sa propre décapitation sur un tableau peint par un barbouilleur de village. – Pour être moins ridicules, nos condamnations par contumace ne sont pas inspirées par un mobile bien différent. Mais on renonce de plus en plus à ces vaines apparences de procès criminel, comme on a renoncé depuis longtemps aux exécutions par effigie.

Ajoutons une dernière observation. L'impunité, nous l'avons vu, s'attache soit à certains *lieux*, soit à certains *temps*, soit à certaines catégories de *personnes*. Elle s'attache aussi à certaines catégories de faits, qui varient au cours de la civilisation, mais qui sont toujours les délits les plus caractéristiques d'une époque quelconque, ceux par conséquent qu'il serait le plus urgent de réprimer, mais qui, à raison de leur prépondérance même, de leur force (encore le privilège du plus fort !) bénéficient de l'indulgence la plus assurée de la part des juges. L'évolution sociale allant, au point de vue criminel, de la brutalité vindicative à l'astuce cupide et voluptueuse, les homicides au début, les vols ensuite, les escroqueries enfin et les abus de confiance, même les plus gigantesques, les avortements et les infanticides, ont joui successivement du privilège de l'impunité. De nos jours encore, c'est dans les provinces où le meurtre sévit le plus, dans le sud de l'Italie, en Sardaigne, en Corse, qu'il est traité avec le plus d'indulgence par le jury. C'est sur les meurtriers que s'exerce là le plus souvent la faveur judiciaire, tandis qu'elle n'épargne jamais les voleurs et les escrocs, précisément parce qu'ils y sont très rares. Au XVIe siècle, si sanguinaire, la justice fermait souvent les yeux sur les assassinats, jamais sur les vols ; à présent, au contraire, si la justice était tentée de se montrer partiale et aveugle, ce serait en faveur des grands escrocs plutôt que des assassins. La criminalité collective – presque toujours impunie – était surtout sanglante et brutale dans le passé, maintenant elle est surtout astucieuse et perfide (affaire du Panama, chantages du journalisme, sociétés véreuses de tout genre). Le brigandage urbain, impuni et impunissable, s'est ainsi substitué au brigandage rural d'autrefois, devenu légendaire.

II

Cela dit, demandons-nous si le domaine de l'impunité, dans son ensemble, va s'élargissant aux dépens du domaine de la Peine, ou si l'inverse est plutôt démontré.

Pour l'impunité de droit il n'y a pas de doute. Elle a reculé sans cesse devant la civilisation et il n'en reste plus que de faibles vestiges. De la loi conçue comme un privilège on a passé nécessairement – par la multiplication des relations et des emprunts réciproques d'homme à homme – à la loi regardée comme égale pour tous, comme droit et devoir universels. Les demi-impunités de droit, elles-mêmes, les justices d'exception, disparaissent peu à peu. Sur ce point, dont l'importance n'est pas contestable, le progrès est évident. Mais pour l'impunité de fait, est-il aussi manifeste? Non. La question vaut la peine d'être examinée. Distinguons, comme nous l'avons fait, entre l'impunité de fait volontaire et l'involontaire. La première, si l'on remonte haut dans le passé, a certainement beaucoup décru elle-même; mais, s'il ne s'agit que de notre siècle, il n'est pas sûr que, au moment actuel, elle soit en voie de diminution plutôt que d'accroissement. Certes, à cet égard, notre âge, comparé au moyen âge, et même à l'ancien régime, leur est infiniment supérieur. Un roi mérovingien, d'après Fustel de Coulanges, « menace de la peine de mort les fonctionnaires qui par cupidité relâcheraient les coupables ». Cette défense royale montre la fréquence du fait. Au XVe siècle, Loyseau écrivait: « Quant aux crimes, c'est chose notoire que la plupart demeurent impunis. Le gentilhomme n'a garde de laisser faire un procès à un homme sans moyens: c'est lui qui paierait l'appel et la conduite du prisonnier. S'il est homme de moyens, *il compose avec lui* de la confiscation et de l'amende. S'il ne veut pas composer, se sentant innocent, et que le seigneur lui veuille du mal, le seigneur trouvera des témoins pour arriver à une confiscation. »

Quand, au XVIIe siècle, les monarques absolus substituent à l'inique justice de ces innombrables petits despotes leur justice relativement équitable et uniforme, une grande amélioration se fait sentir. Et l'on peut se demander si la justice a jamais été plus puissante, plus indépendante qu'alors, plus forte contre les grands, appuyée qu'elle était sur le pouvoir immense du roi. Je sais bien qu'à cette époque il subsistait beaucoup de cas d'impunité ou de demi-impunité légale qui n'existent plus. Mais l'impunité judiciaire, imputable à la faiblesse ou à la complaisance des magistrats, était-elle plus fréquente qu'à présent? C'est douteux. Dans l'ancienne législation le ministère public était inamovible, et, comme le remarque justement M. Larnaude[1], cette garantie essentielle d'impartialité, d'indépendance, de hardiesse contre le fort, lui serait de nos jours plus nécessaire que jamais à raison du caractère de plus en plus politique de ses fonctions, ou plutôt à raison des influences politiques qui s'exercent avec un cynisme de plus en plus effronté sur le cours de la justice criminelle pour l'arrêter ou le dévier.

Le grand siècle a eu ses grands scandales aussi, mais ils ont servi à mettre en lumière la puissance des magistrats. L'affaire de la Voisin dans laquelle furent impliqués 226 accusés, presque tous du plus haut rang, inculpés d'empoisonnement ou de complicité de ce crime, fut en quelque sorte le panama de Louis XIV. Mais avec cette différence que le roi, dès le début, donna à La Reynie, son Lieutenant criminel, l'ordre d'exercer les poursuites les plus rigoureuses contre tout le monde sans exception, et de pousser l'affaire à bout. Il n'y eut d'infraction apparente à cette règle qu'en faveur de Mme de Montespan, déjà mère de deux enfants légitimés, et qui, je crois, avait été abusivement mêlée à ces abominations. 30 accusés moururent par le fer ou le feu le reste, à part 2 ou 3 exilés, fut détenu dans les prisons d'État[2]. Empressons-nous d'ajouter cependant que si l'on entrait dans le détail des instructions criminelles de l'époque, on y découvrirait sans peine, surtout en des provinces écartées, loin de l'œil royal, une foule d'iniquités et d'impunités dont notre siècle n'a plus l'idée. Les *Grands jours d'Auvergne* n'en ont révélé qu'une faible partie. À ce point de vue même, donc, il y a eu progrès.

Mais le problème est complexe. D'une part, nous avons vu un lien intime entre le pouvoir et l'impunité. Une classe, un parti au pouvoir, échappe aisément aux mains des juges, et d'autant plus aisément qu'il est plus puissant. Or, la quantité de pouvoir dont les gouvernants disposent va croissant, sinon en durée et en stabilité, du moins en moyens d'action rapide et générale que lui fournissent les inventions civilisatrices. Un ministre éphémère d'à présent, à cet égard, l'emporte sur Colbert. Ainsi, par ce côté, l'impunité de fait, due à l'impuissance des magistrats, tendrait à grandir. Mais, d'autre part, cette tendance est combattue par la socialisation croissante, par le développement de la sympathie réciproque, effet nécessaire du rayonnement et de l'échange des exemples dans une société qui se civilise. C'est déjà beaucoup qu'en principe tout le monde soit jugé punissable, alors, même qu'en fait certains détenteurs de l'autorité publique en abusent pour se soustraire à un juste châtiment. À la longue, la force du droit finit par prévaloir sur le droit de la force.

1. *Revue pénitentiaire*, mai 1897.
2. Voir *la Police sous Louis XIV*, par Pierre Clément.

Ajouterons-nous, nous faisant l'écho d'une banalité, que la Presse rend désormais impossible l'impunité des crimes tant soit peu notoires ; qu'en les publiant elle les impose aux poursuites, et qu'à sa lumière toutes les iniquités du passé doivent s'évanouir comme des fantômes au point du jour ? Le malheur est que la Presse est bénéficiaire d'une impunité légale ou illégale énorme, qu'elle peut impunément prêcher l'assassinat, l'incendie, la spoliation, la guerre civile, organiser le chantage en grand, élever la diffamation et la pornographie à la hauteur de deux institutions intangibles. Car elle est la Puissance souveraine des temps nouveaux. Mais on peut me répondre que, malgré sa situation privilégiée, ou peut-être à raison de cette situation même, comme un monarque absolu à qui son absolutisme permet d'être un bon justicier, elle empêche l'étouffement de beaucoup d'affaires scandaleuses. Si un groupe influent, si un corps puissant, cherche à couvrir la faute de l'un de ses membres, de peur que la honte ne rejaillisse sur tous, un journal veille et jette le cri d'alarme.

Cela est vrai, mais l'intervention indiscrète et abusive de la Presse dans les opérations de la Justice, la curiosité malsaine qu'elle éveille et alimente dans le public et qu'elle satisfait par des nuées de reporters est-ce là une condition toujours favorable à l'impartialité judiciaire ? Notre âge, amoureux de la lumière, est très porté à penser, par une exagération-des plus excusables, que la publicité en tout et pour tout ne saurait jamais avoir que de bons effets. Nos aïeux ne pensaient pas de même, et parfois avec raison. ! Il est curieux de remarquer que le système de l'instruction écrite et *secrète*, emprunté par l'ancien régime aux officialités, a été adopté pour battre en brèche le régime féodal et assurer la liberté des citoyens, ainsi que leur égalité devant la loi. C'est ce que dit Allard dans son ouvrage classique sur les tribunaux ecclésiastiques. L'instruction publique et orale, en plein air pour ainsi dire, était intimidante pour le faible. « Il était, dit-il, impossible de convaincre un accusé puissant. Il se présentait accompagné d'un nombreux cortège de parents et d'amis, de vassaux, d'hommes de loi ; la crainte fermait la bouche à ceux qui l'avaient vu commettre un crime. » Beaumanoir remarquait que les dépositions *n'étaient pas libres parce qu'elles étaient publiques.* Et c'est pour délier la tangue du témoin, pour délivrer son cœur de toute crainte, que l'instruction secrète a été établie. Mais, à présent, est-ce que l'immixtion de la Presse dans toutes les affaires criminelles un peu importantes ne tend pas à terroriser de même les témoins et les plaignants dans certaines causes où les journaux les plus répandus ont établi un courant d'opinion, tantôt dans un sens, tantôt dans un autre ? Les avantages incontestables de la publicité, de l'éclairage universel par la Presse, ne sont donc pas sans inconvénients, et il était bon de les indiquer sans y insister trop.

Arrivons à l'impunité de fait involontaire. Celle-ci tient à trois causes : ou bien les autorités judiciaires n'ont pas été informées du fait délictueux, ou bien le coupable est resté inconnu ou s'est évadé, ou enfin les charges recueillies contre lui ont été insuffisantes. La question de savoir si ce genre d'impunité a augmenté ou diminué d'une époque à une autre revient donc à se demander : 1° si, dans l'intervalle de ces deux époques les changements sociaux qui sont survenus ont rendu les autorités judiciaires de plus en plus ou de moins en moins renseignées sur les infractions aux lois commises dans leur juridiction ; 2° si ces changements sociaux ont favorisé ou entravé l'incognito et la fuite des coupables ; 3° si la tâche du magistrat chargé de recueillir les preuves en est devenue plus difficile ou plus aisée.

Sur le premier point, pas de doute. Il est certain que, lorsque les voies de communication entre les hommes, routes, postes, et, à plus forte raison, chemins de fer, télégraphes, se multiplient, le magistrat criminel court moins de risques de n'être pas avisé d'un crime ou d'un délit important. À l'inverse, si les relations entre hommes se resserrent, comme il est arrivé de l'Empire romain aux temps Mérovingiens, de l'Empire de Charlemagne à l'époque féodale, on voit l'ignorance du juge à l'égard des faits les plus graves devenir plus fréquente, plus habituelle. Du moyen âge à l'ancien régime, de l'ancien régime à nous, du commencement de ce siècle à la fin, le progrès des informations judiciaires ou autres a marché sans interruption et d'un pas accéléré. C'est seulement en ce qui concerne des contraventions ou des délits sans importance, et à titre exceptionnel que se produisent certains abus signalés par M. Picot dans une séance de la Société des Prisons. Dans une ville qu'il connaît, la municipalité « reçoit chaque matin les procès-verbaux des commissaires de police, se livre à une sélection et supprime ceux qui déplaisent ». Ce singulier *classement sans suite* au profit des amis précède celui du Parquet qui n'est averti de la sorte que d'une partie des faits dont il devrait avoir connaissance. Au fond, cela prouve tout simplement l'inconvénient qu'il y a à faire dépendre la police du ministère de l'intérieur et non du ministère de la justice. En somme, le Parquet est de mieux en mieux renseigné, et ce qui le prouve, c'est la progression numérique des procès-verbaux, plaintes et dénonciations, qui lui sont adressés. Leur nombre a quadruplé de 1830 à nos jours.

Toutefois, il y a bien des restrictions à cette vérité générale. Par exemple, la mortalité des enfants illégitimes est si supérieure à celle des enfants légitimes qu'on est en droit de voir dans ce rapprochement l'indice de très nombreux infanticides dissimulés et latents, dont jamais le Parquet n'entendra parler. Et le nombre de ces crimes a dû aller croissant si nous en jugeons par ce fait que la proportion des naissances naturelles, en France, relativement aux naissances légitimes, a doublé depuis le commencement de ce siècle. Les avortements, les incendies volontaires, les vols domestiques, etc., se multiplient aussi sans que la magistrature en soit avertie. Le vagabondage reste inconnu des Parquets 9 fois sur 10.

Sur le point de savoir si les transformations sociales, celles de l'âge moderne spécialement donnent plus ou moins de facilités aux coupables de rester inconnus ou d'échapper aux recherches de la justice, le doute est permis. D'un côté, l'agrandissement des États depuis le moyen âge, leur centralisation croissante, l'extension de leurs relations internationales, opposent un spectacle toujours plus fort à la fuite des malfaiteurs. Quand la justice impériale de Charlemagne se fractionna, s'émietta en une infinité de petites justices particulières, personnelles, locales, spéciales, cet émiettement eut pour effet reconnu non seulement une abondante floraison de délits, mais une proportion grandissante de délits impoursuivis et impunis. Il était si aisé d'échapper à la punition quand on n'était justiciable que d'un particulier, propriétaire, évêque, abbé, seigneur quelconque, dont les moyens de poursuites effectives expiraient au delà d'un rayon si court ! La seule compensation, non négligeable, à ce désastreux état de choses est qu'il y avait alors, par exception, un tribunal, un seul, d'une juridiction universelle et universellement redoutée, le tribunal de la Pénitence, image du tribunal de Dieu. Partout le coupable évadé se sentait justiciable du justicier divin, devant qui l'impunité n'existait pas. Mais combien, par son contraste même avec cette justice mystique et souveraine, d'une supériorité si éclatante, la misérable petite justice terrestre inspirait de mépris ! Plus tard, quand cette poussière de juridictions minuscules commença à se solidifier en petites glèbes, en justices provinciales, puis en justice royale, la criminalité et l'impunité ont dû décroître du même pas. On peut généraliser cette observation. Tout fractionnement de la justice pénale favorise – toutes choses égales d'ailleurs – l'accroissement de l'impunité et toute extension, toute unification de la justice pénale tend à rendre l'impunité moindre. Par ce côté donc, notre civilisation moderne et contemporaine a collaboré heureusement à l'œuvre de la justice car la centralisation et l'uniformisation de la justice pénale continuent sans cesse et ne s'arrêtent pas même aux limites des États ; elles les débordent, et vont formant, par un réseau de traités d'extradition d'une part, et, d'autre part, grâce à un échange continuel d'emprunts d'institutions, une sorte de justice internationale qui a les bras démesurément longs.

Oui, mais les mêmes causes qui ont allongé les bras du magistrat instructeur ont allongé pour ainsi dire les jambes du malfaiteur qui, emporté par un train rapide ou un navire à vapeur, passe la frontière, franchit l'Océan, et, disposant du télégraphe, lui aussi, l'utilise à son gré. Même sans se déplacer, il trouve dans la densité des masses humaines entassées dans les grandes villes une condition favorable à son incognito. Or, la proportion de la population urbaine, de celle des très grandes villes surtout, grandit sans cesse aux dépens de la population rurale. Il est si facile au criminel de donner le change sur son identité dans les milieux urbains qu'il a fallu créer de nos jours une institution importante, le système anthropométrique, pour remédier à ce danger né de l'émigration vers les grands centres*.

Le problème revient à se demander: les grandes inventions civilisatrices de l'âge moderne sont-elles, dans leur ensemble, plus avantageuses au crime qu'à la justice criminelle ou à la justice criminelle qu'au crime? Le sont-elles soit au point de vue de la fuite du coupable, soit au point de vue de la preuve de ses fautes? Sous ces deux rapports, les malfaiteurs ont-ils trouvé plus ou moins de ressources que la police et les juges d'instruction dans le développement des routes, des postes, des chemins de fer, des télégraphes, de la photographie, de la Presse, et des connaissances médico-légales? Le raisonnement ici ne peut servir à rien, la statistique seule peut répondre. Quand la poudre a été inventée, quel logicien aurait pu prévoir d'avance que les conséquences nécessaires de cette invention favoriseraient l'attaque au détriment de la défense des places et qu'il s'ensuivrait le recul du régime féodal devant la monarchie envahissante? Maintenant il s'agit de savoir si l'attaque de la société par le crime est plus favorisée que sa défense pénale, et *a priori* c'est douteux. Mais la réponse des chiffres semble être jusqu'ici assez nette, et, malheureusement pessimiste. De 1831 à 1895, le nombre des faits délictueux ou criminels dénoncés au Parquet s'étant élevé de 114,000 environ à 509,012, c'est-à-dire ayant plus que quadruplé, le nombre des affaires classées sans suite par le Parquet a grandi beaucoup plus vite: encore il a passé de 31,563 en 1831 à 267,763 en 1895. Et l'on peut voir, par l'affaire Vacher, la gravité fréquente des affaires classées sans suite par les Parquets. Quand il a été arrêté, on a découvert une vingtaine d'assassinats horribles qui n'ont pas même été instruits, qui n'ont pu l'être faute de tout indice**. Mais détaillons et prenons notre point de départ un peu moins haut. En 1861, le nombre des vols impoursuivis de la sorte était de 30,581; graduellement, il est monté à 86,874 en 1895. Celui des escroqueries impoursuivies, dans le même laps de temps, en 35 ans, a passé du chiffre de 1,070 à celui de 8,395; il a deux fois quadruplé pendant que la proportion des non-poursuites pour vols doublait ou triplait. Pour les homicides volontaires, comme tous ou à peu près, quand ils sont dénoncés[1], sont mis à l'instruction, regardons aux ordonnances rendues par les magistrats instructeurs. Dans la période de 1861 à 1865, le nombre moyen par an des ordonnances de non-lieu motivées de ce chef pour cause d'insuffisance de preuves,

---

1. Ils ne le sont pas tous: il y a bien toujours un certain nombre de suicides ou de morts accidentelles qui sont, en réalité, des meurtres ou des assassinats déguisés.

* Le «système anthropométrique» est la méthode d'identification des personnes mise au point par Alphonse Bertillon dans les années 1880.

** L'affirmation est erronée et d'autant plus étrange que Tarde a été juge d'instruction. Il est douteux que Tarde ait pu ignorer que des procédures de poursuite contre X ont été ouvertes pour chaque assassinat commis par Vacher.

ou d'impuissance à découvrir l'auteur de l'homicide, le fait d'ailleurs étant certain, était de 194. Peu à peu il a grandi et, en 1895, il était de 471.

On a dit que la diminution très considérable du chiffre des empoisonnements volontaires était due aux progrès de la chimie, qui auraient rendu ce crime plus difficile à exécuter impunément. L'œil de lynx des experts épouvanterait si fort les Locustes et les Brinvilliers d'aujourd'hui qu'elles n'oseraient plus empoisonner personne. Ce n'est pas l'avis de M. Goron. Jamais, dit-il dans ses Mémoires, «jamais les crimes de ce genre n'ont été plus nombreux et aussi plus impunis, attendu que la science a fait de tels progrès qu'il est possible aujourd'hui d'empoisonner son semblable sans que la plus minutieuse des autopsies amène la découverte de la moindre trace de poison». La découverte de nouveaux explosifs, en même temps qu'elle a décuplé, centuplé la puissance malfaisante des criminels, a augmenté notablement leurs chances d'impunité.

Serait-il donc vrai que la science moderne a fait œuvre mauvaise, et nous joindrons-nous à ceux qui l'accusent de nos maux ? Non, car fût-il suffisamment démontré, par les chiffres qui précèdent, que l'impunité de quelques milliers de malfaiteurs a été l'une des conséquences de son rayonnement civilisateur, qu'est-ce que ce mal, après tout secondaire, mis en balance des bienfaits merveilleux que nous lui devons ? Mais, malgré les résultats numériques en question, il n'est pas même certain, ni probable, que le mal signalé et bien réel soit imputable au progrès scientifique ou industriel. Il l'est, bien plutôt, à l'absence des progrès judiciaires que l'outillage plus perfectionné du crime rendrait nécessaires et qui sont rendus impossibles par la puérile préoccupation gouvernementale de faire des économies sur le budget de la Justice, le plus misérable et le plus indispensable de tous les budgets. De là cette réduction étrange du personnel des cours et tribunaux, pendant que la tâche du Parquet doublait ou triplait ; de là cet abus de substituer l'information officieuse, comme moins coûteuse, à l'information officielle plus lente, mais plus sûre, aussi longtemps du moins qu'on n'a pas été obligé de la confier, véritable scandale, aux mains inexpérimentées de jeunes juges suppléants. Enfin, il est notoire que le nombre des brigades de gendarmerie est insuffisant, et que ce corps excellent, le meilleur auxiliaire de la Justice, est de plus en plus entravé dans l'exercice de ses fonctions essentielles par les corvées administratives ou militaires dont on le surcharge. Le jour où on le voudra fermement, je suis persuadé qu'on remédiera sans peine à la progression des délits impoursuivis.

Quoi qu'il en soit cette progression se poursuit sans interruption depuis que notre statistique existe, et l'on voit par là que, si l'impunité ou la demi-impunité légale a en grande partie disparu, si l'impunité de fait volontaire a diminué, l'impunité de fait involontaire présente une augmentation considérable, depuis le commencement de ce siècle au moins.

Mais nous n'avons considéré jusqu'ici que les crimes individuels. La question de l'impunité change de face quand on a égard à la criminalité politique et collective. Celle-ci, qui est liée à une impunité à peu près générale et constante, à une impunité de droit ou de fait, volontaire ou inévitable, est-elle en voie d'augmentation ou de diminution ? D'augmentation, à n'en pas douter.

Toutefois, comme la statistique n'a rien à voir ici, et qu'on ne saurait apporter que des considérations d'ordre subjectif, le sujet doit être abordé avec réserve. Nous n'en dirons que quelques mots. La criminalité collective est complexe et l'on n'a étudié que quelques-unes de ses manifestations, précisément les plus anciennes, et non les plus en voie de progrès. Il y en a autant d'espèces qu'il y a de groupes sociaux. Si les *crimes familiaux* sont en décroissance, ainsi que les *crimes de sectes religieuses*, sinon de *sectes politiques,* si même les *crimes de foules* ne progressent pas ou se raréfient en dépit de la turbulence de nos sociétés démocratiques, les *crimes professionnels*, inspirés par le sentiment croissant de la solidarité entre membres d'une corporation industrielle ou militaire, n'ont-il pas une tendance à se réveiller plutôt qu'à s'éteindre ?

Et notre époque n'a-t-elle pas connu des *crimes de partis*, des *crimes de classes* ? N'a-t-elle pas connu des *États de proie* qui commettent, inconsciemment peut-être, contre des peuples barbares qu'ils prétendent coloniser, des *crimes nationaux* ?

Ce groupe tout nouveau, datant de la presse périodique, que j'ai spécifié ailleurs sous le nom de « public » en un sens spécial du mot, n'est-il pas susceptible aussi de devenir criminel parfois, ou de pousser ses publicités à de vrais attentats contre l'honneur ou la vie des citoyens. Embrassée dans toute sa généralité, la criminalité collective apparaîtrait stupéfiante, et nullement en train de décliner.

Bornons-nous, pour le moment, à rapprocher l'évolution de l'impunité, telle qu'elle vient d'être esquissée en quelques traits bien secs et bien rapides, de l'évolution de la peine, qui se déroule parallèlement. Celle-ci nous donne le spectacle d'un adoucissement graduel qui va jusqu'à ne laisser subsister de la peine que son ombre, moins que son ombre, une simple menace, sous la forme du sursis conditionnel. Il est vrai que, par le fait même de ces adoucissements, l'*âme* de la peine, en ce qu'elle a d'essentiel, le blâme énergique de l'opinion attesté par le jugement apparaît mieux et s'accentue. Mais, si de la sorte la peine se spiritualise, – pendant que la criminalité se raffine, se civilise, va de la brutalité à l'astuce, du vol grossier à l'escroquerie, de l'escroquerie à l'abus de confiance, aux chantages de la Presse, aux exploitations du public par les sociétés véreuses, – le *corps* de la peine ne cesse de s'amincir, de s'atténuer, de disparaître. Considérée, donc, sous son aspect matériel, la pénalité évanouissante est destinée a être résorbée par l'impunité grandissante. Et l'on peut se demander comment il se fait que, cette digue étant abattue, le courant de la criminalité ne déborde pas davantage. il faut faire honneur de ce résultat au développement de la mutuelle sympathie que la civilisation allume et attise parmi les hommes. Sous sa forme urbaine, il est vrai, la civilisation alimente à la fois l'égoïsme et la sociabilité, qu'elle concilie étrangement ; mais, en somme, même dans les plus grandes capitales, elle nourrit la sociabilité plus encore que l'égoïsme, et, fût-elle sans bourreau ni justicier, elle parviendrait à contenir dans certaines limites infranchissables le fléau du Délit. Le malheur est que cette vertu *antiseptique* en quelque sorte de la civilisation, grandit moins vite (comme le prouvent nos statistiques) que ne décroît la pénalité, et il serait urgent de ralentir cette dernière évolution pour mettre fin à cette fâcheuse anomalie.

LE MARQUIS DE SADE ET LE SADISME

par le Dr Marciat

On peut accepter comme suffisante et assez précise la définition que donne du sadisme M. Thoinot, dans son livre récent[1].

« Trouver, dans une souffrance de degré très variable, tantôt légère, tantôt grave ou d'un raffinement atroce, qu'on *fait* infliger, qu'on *voit* infliger ou qu'on *inflige* enfin soi-même à un être humain, la condition toujours nécessaire, et parfois suffisante, de la jouissance sexuelle : telle est la perversion de l'instinct génital qu'on désigne sous le nom de *sadisme.* » Le parrainage par le marquis de Sade d'une telle perversion sexuelle est-il justifié ? La réponse est affirmative. Le marquis de Sade, s'il n'est en rien comparable dans la vie pratique à Gilles de Rays, a été dans ses écrits le théoricien ingénieux et le peintre épouvantablement imaginatif du plaisir sexuel accompagné de douleur.

Le personnage et ses livres méritent même plus d'attention qu'il ne leur en a été accordé par les médecins. Surtout il est nécessaire de rectifier les légendes qui se transmettent *pieusement* de livre à livre depuis Brierre de Boismont (1849). Là est la justification de cette étude quadruple :

1° La vie du marquis de Sade ;
2° Ses écrits avoués avec ses théories publiques ;
3° Ses écrits clandestins avec ses théories du sens sexuel ;
4° Les actes sadiques imaginés.

Pour un tel travail, j'ai dû le plus souvent, et certes à regret, emprunter les documents à des biographies. L'histoire définitive de de Sade et de son sadisme restera à écrire et ne pourra s'écrire qu'après de longues recherches dans les archives judiciaires ou les manuscrits des bibliothèques. Les documents authentiques sont en effet actuellement insuffisants.

Un grand nombre d'études sur le marquis de Sade sont purement fantaisistes et c'est avec celles-ci, surtout, que les médecins ont jugé de Sade. Je donnerai à la fin de ce mémoire les indications bibliographiques des sources auxquelles j'ai puisé, ainsi que la bibliographie des ouvrages de de Sade lui-même.

---

1. L. Thoinot, *Attentats aux mœurs et perversions du sens génital,* Paris, Octave Doin, 1898.

I

LA VIE DU MARQUIS DE SADE

SON HÉRÉDITÉ. — L'absence de renseignements sur la vie intime des aïeux du marquis de Sade enlève l'intérêt que présente la longue liste qui en est connue. Il suffira, pour démontrer la bonne noblesse et les tendances littéraires de cette famille, de nommer quelques-uns de ses membres :

Hugues de Sade, mari de la Laure de Pétrarque ;

Paul de Sade (1355-1433), fils du précédent, évêque de Marseille ;

Jean de Sade, neveu dudit évêque, premier président du Parlement de Provence ;

Jean-Baptiste de Sade (vers 1565-1568), évêque, auteur de *Réflexions chrétiennes sur les devoirs pénitentiaux* ;

L'abbé de Sade, oncle du marquis de Sade, auteur de *Mémoires sur la vie de Pétrarque*, 1764-1766, 3 vol. in-4° ;

Chevalier de Sade, officier de marine, auteur de *Tydologie ou Science des marées*, Londres, 1810, 2 vol. in-8° ;

Le père du marquis de Sade, Jean-Baptiste-François-Joseph de Sade, capitaine de dragons, puis diplomate, enfin lieutenant-général de Bresse, Bugey et Valromey, a laissé des lettres diplomatiques inédites.

Le marquis eut un fils : Louis-Marie de Sade, qui lieutenant au régiment de Soubise, en 1783, émigra en 1791 et servit dans l'armée de Condé. De retour en France, il se fit graveur. On a de lui une histoire de la nation française (1805).

SON ENFANCE. — Donatien-Alphonse-François de Sade naquit à Paris le 2 juin 1740, dans l'hôtel de la princesse de Condé, dont sa mère était dame d'honneur.

Ses premières années se passèrent à l'abbaye d'Ébreuil, sous la direction de son oncle, l'abbé de Sade, et à dix ans il fut placé au collège Louis-le-Grand. M. Octave Uzanne ajoute, se fondant sur je ne sais quel document, probablement sur aucun, que de Sade était « à cette époque, un adorable adolescent dont le visage délicieux, pâle et mat, éclairé de deux grands yeux noirs, portait déjà cette empreinte langoureuse du vice qui devait corrompre tout son entourage. Il avait ce je ne sais quoi de traînant et de caressant dans la parole qui attirait vers lui d'une sympathie invincible et cette tournure bercée sur les hanches, cette grâce mollement féminine qui lui procurèrent, dès l'internat, ces amitiés honteuses sur lesquelles on ne saurait insister ».

Plusieurs auteurs ont donné de de Sade, enfant et adolescent, des portraits probablement aussi retouchés, sinon imaginés. « Il avait la figure ronde, les yeux bleus, les cheveux blonds et frisés », écrit P. Lacroix. « Sa figure était charmante et lorsqu'il n'était qu'un enfant, toutes les dames qui le rencontraient s'arrêtaient pour le regarder. Il mettait dans ses moindres mouvements une grâce parfaite et sa voix harmonieuse pénétrait jusque dans le cœur des femmes » raconte *en 1874*, un auteur allemand.

SA VIE DE GARNISON. — Au sortir du collège, à quatorze ans, de Sade entra dans les chevau-légers, d'où il passa comme sous-lieutenant au régiment du roi. Il gagna sur le champ de bataille, pendant la guerre de Sept ans, en Allemagne, son grade de capitaine de cavalerie (P.-L. Jacob). Il rentra a Paris en 1766, selon le bibliophile Jacob, et son père qui lui reprochait ses folies de jeunesse se hâta de le marier la même année.

Cette date de 1766, répétée un peu partout, est inexacte. La *Biographie universelle des contemporains* (Paris 1838) a donné à juste titre la date de 1763.

Dans la collection d'autographes de M. Michelet (de Bordeaux), vendue à Paris en mai 1880, une lettre de de Sade datée de Vincennes, 2 novembre 1763, indique que la date de son mariage a été le 17 mai 1763.

Un autre argument en faveur de la date 1763 est fourni par la naissance d'un fils du marquis. Ce fils, Louis-Marie de Sade, était lieutenant au régiment de Soubise en 1783. S'il était né en 1767, comme l'indiquent certains biographes, il aurait été lieutenant à l'âge de seize ans.

SON MARIAGE. — Le bibliophile Jacob, en 1838, a donné de ce mariage un long récit d'après, semble-t-il, un contemporain, M. Lefébure. Ce récit, a, au point de vue psychologique, un grand intérêt et il fournit l'explication de la déviation morale de de Sade. Je vais résumer la narration du bibliophile Jacob tout en faisant quelques réserves sur la parfaite exactitude des faits racontés, réserves qui me sont inspirées par l'allure trop romanesque, trop littéraire du récit.

M. de Montreuil, président de la cour des aides, ami du père du marquis de Sade, avait deux filles âgées l'une de vingt ans, l'autre de treize ans. Un mariage pour le marquis de Sade avec l'aînée était fixé de longue main par les deux familles.

Lors de sa première visite chez M. de Montreuil, de Sade vit seulement la plus jeune des filles, l'autre étant indisposée. Cette jeune fille de treize ans était très développée et remarquable par « une expression de douceur angélique et de grâce suave que réfléchissaient ses yeux en harmonie avec sa peau blanche et sa blonde chevelure ».

L'aînée, au contraire, brune de teint, grande, majestueuse, remplie de talents, était exclusivement occupée de dévotion, négligente de plaire et dépourvue de toute chaleur de cœur.

Dès la première soirée, de Sade fut amoureux de la sœur cadette qui en outre de ses charmes physiques «chantait d'une manière ravissante et pinçait de la harpe avec tant de feu quelle prenait un air inspiré dès qu'elle touchait les cordes qui s'animaient et parlaient sous ses doigts». Or, le marquis de Sade aimait beaucoup la musique.

De Sade ne ressentit dès la première entrevue que de l'aversion pour la sœur aînée, la jeune personne aux qualités solides et modestes. Aussi déclara-t-il qu'il n'épouserait que la cadette; le père de de Sade aurait consenti à ce changement dans le mariage projeté, mais M. de Montreuil s'y refusa absolument.

Le comte de Sade enjoignit alors à son fils d'épouser Mlle de Montreuil aînée. «Il lui donna à opter entre une prompte soumission et un prompt départ pour l'armée, avec la perspective d'un dénuement absolu et d'un abandon perpétuel.»

Après avoir encore supplié en vain son père, puis M. de Montreuil, puis Mlle de Montreuil «qui lui ferma la bouche avec une réponse froide et impérieuse, il (le marquis de Sade) supplia enfin la plus jeune des demoiselles de Montreuil de l'aider à vaincre ces difficultés insurmontables, et il la vit elle-même, tout en larmes, intercéder son père qui chancelait, sa mère qui la maltraitait, sa sœur qui ne pouvait que pleurer avec elle».

Tout à coup le marquis de Sade sembla changer d'avis et épousa la fille aînée de M. de Montreuil.

Il semble avoir conçu à ce moment le projet de continuer à aimer celle qui allait devenir sa belle-sœur; Mlle de Montreuil défiante éloigna celle-ci, et l'enferma dans un couvent.

Même si ce récit du bibliophile Jacob est un peu arrangé par rhétorique, comme le fond en paraît exact, on peut bien considérer que l'abus du pouvoir paternel d'une part, d'autre part la situation vraiment tragique de mari d'une femme détestée et d'adorateur passionné de la sœur de celle-ci vont troubler profondément la conscience d'un jeune officier, conscience probablement déjà assez vide de principes directeurs.

La haine de la société et de l'opinion va s'y implanter d'autant plus aisément et plus profondément que le désir ardent de posséder la jeune fille «à l'expression angélique» va lui aussi s'accentuer, parce que sa satisfaction deviendra difficile.

De Sade va se transformer en un débauché aigri, haïssant la femme, comme revanche des souffrances qu'il endure pour une femme aimée dont il est séparé. Cette première phase de l'évolution sadique se fera d'autant plus aisément que le milieu y prédispose. Jusqu'à la mort de Louis XIV, comme l'écrivent les Goncourt, la France a travaillé à diviniser l'amour, à en faire un culte, à en masquer la matérialité par une langue sacrée, par des formules d'adoration, par des pratiques d'agenouillement.

Au contraire du siècle précédent, le XVIIIe siècle traite l'amour avec persiflage. La volupté seule compte, l'amour sentimental se cache honteusement.

L'ironie qu'il est de bon ton d'affecter conduit facilement de la pointe de méchanceté à la méchanceté.

Le petit-maître, après avoir perdu une femme de réputation, ajoute « Je l'ai forcée d'adorer mon mérite, j'ai pris mille plaisirs avec elle, et je l'ai quittée en confondant son amour-propre[1]. »

Le machiavélisme, codifié dans les *Liaisons dangereuses* de Laclos, domine les relations sexuelles.

Puis vers la fin du siècle les « noirceurs » cédant la place à la « scélératesse », le petit-maître devient le roue, qui, sans moralité et sans remords, s'efforce de dépraver, de faire souffrir, de faire « expirer la vertu d'une femme dans une lente agonie et de la fixer sur ce spectacle ».

Le marquis de Sade va ainsi vivre dans une société qui, pratiquant la cruauté morale, glisse vers la cruauté du corps. « On avait trop joué avec la souffrance du cœur de la femme pour n'être pas tenté de la faire souffrir plus sûrement et plus visiblement.

« Pourquoi, après avoir épuisé les tortures sur son âme, ne pas les essayer sur son corps ? Pourquoi ne pas chercher tout crûment dans son sang les puissances que donnaient ses larmes ? C'est une doctrine qui naît, qui se formule, doctrine vers laquelle tout le siècle est allé sans le savoir…[2] »

PREMIÈRES DÉBAUCHES. — *Premier emprisonnement à Vincennes* (1763).

Le bibliophile Jacob complète son récit, en nous montrant de Sade perdant son père un an après le mariage imposé (1767 pour cet auteur) et devenu comte de Sade et très riche se livrer à toutes les débauches, en belle compagnie d'ailleurs, avec le duc de Fronsac, le prince de Lamballe, etc.

Un ouvrage allemand, très fantaisiste, représente même le marquis comme le « maître secret des plaisirs » de Louis XV.

Le document que j'ai cité pour établir la date du mariage de de Sade est d'une haute valeur psychologique, puisque quelques mois après son mariage (mariage 17 mai 1763 ; lettre du 3 novembre 1763) le marquis, âgé de vingt-deux ans seulement, était emprisonné à Vincennes pour des excès commis dans une petite maison.

Dans cette lettre, après avoir demandé qu'on informe sa femme de son arrestation et sollicité la permission de voir un prêtre, il prie de ne pas instruire sa famille du sujet de sa détention et ajoute : « Tout malheureux que je me trouve ici, Monsieur, je ne me plains point de mon sort, je méritais la ven-

1. Le Grelot, Londres, 1781.
2. Ed. et J. de Goncourt, *La Femme au XVIIIe siècle*, Paris, 1862.

geance de Dieu, je l'éprouve ; pleurer mes fautes, détester mes erreurs est mon unique occupation. »

Il va de soi que des regrets ainsi exprimés dans une lettre au gouverneur des prisons avait des chances de manquer de sincérité.

DÉNONCIATION DE LA VEUVE KELLER (1768). — *Deuxième emprisonnement.* Le 3 avril 1768, une prostituée, Rose Keller, veuve Valentin, fut conduite par le marquis de Sade dans sa maison d'Arcueil. Elle « y fut garrottée et fustigée avec des circonstances obscènes que Mme du Deffant n'a pas osé décrire dans ses lettres à Horace Walpole, mais que les femmes les plus prudes se faisaient raconter sans rougir à l'époque où cette affaire eut tant d'éclat». Le bibliophile Jacob ajoute à ce récit que vraisemblablement de Sade voulant se divertir de la crédulité et de la peur de cette fille avait réuni un appareil extraordinaire de tortures que celle-ci effrayée sauta par la fenêtre dans la rue et se blessa. « Le sang qui coulait de ses blessures émut d'indignation le peuple rassemblé auprès de la victime, nue, toute bleue de coups et criant vengeance. On eût mis en pièces le marquis de Sade qui se sauva de table à moitié ivre et fut poursuivi à travers la campagne par les paysans furieux. »

En réalité on connaît mal la scène qui épouvanta Rose Keller. Le bibliophile Jacob, plus tard, en 1875 (le récit ci-dessus est de 1838, même 1837), dans sa bibliographie des ouvrages de Restif de la Bretonne, a donné de cette scène deux versions

Selon l'une qui eut cours, Rose Keller eut tout le corps déchiqueté à coups de canif et les lambeaux furent rattachés avec de la cire.

À la même version se rattache le récit de Brierre de Boismont (*Gazette médicale de Paris,* 2 juillet 1849) reproduit par Moreau de Tours dans *Aberrations du sens génésique* et depuis par tous les médecins. « Peu d'années avant la Révolution, plusieurs personnes qui passaient dans une rue isolée de Paris entendirent de faibles gémissements qui partaient d'une pièce sise au rez-de-chaussée. Elles s'approchèrent et après avoir fait le tour de la maison, découvrirent une petite porte qui céda à leurs efforts. Elles traversèrent plusieurs pièces et arrivèrent dans une chambre du fond ; là sur une table qui occupait le milieu de la pièce était étendue une jeune femme entièrement nue, blanche comme de la cire, pouvant à peine se faire entendre ; ses membres et son corps étaient fixés par des liens ; le sang lui coulait de deux saignées faites aux bras, les seins légèrement tailladés laissaient échapper un liquide ; enfin les parties sexuelles, également incisées, étaient baignées de sang. Lorsque les premiers secours lui eurent été prodigués et qu'elle fut revenue de l'espèce d'anéantissement dans lequel elle se trouvait, elle raconta à ses libérateurs qu'elle avait été attirée dans cette maison par le fameux marquis de S… Le souper terminé, il l'avait fait saisir par ses gens et dépouiller de ses vêtements, coucher sur la table et attacher. Par ses ordres un homme lui avait ouvert les veines avec une lancette et pratiqué un grand nombre d'incisions sur le corps. Immédiatement tout le monde s'était retiré et le marquis se déshabillant s'était livré sur elle à ses débauches habituelles. Son intention, disait-il, n'était pas de lui faire du mal, mais comme elle ne cessait de crier et qu'on entendit du bruit dans les environs de la maison, le marquis se leva brusquement et descendit vers ses gens.»

Brierre de Boismont n'a pas indiqué les origines de ce récit.

L'autre version, donnée par Restif, cependant ennemi déclaré de de Sade, dans ses *Nuits* (194e), est fort différente. Le marquis ayant rencontré la femme Valentin lui offrit une place de concierge et la conduisit le soir même chez lui.

Là il l'aurait fait entrer dans une salle d'anatomie et devant une nombreuse réunion, il aurait proposé de la disséquer. «Que fait cette malheureuse sur la terre? avait dit le comte (le marquis portait alors son titre de comte), elle n'y est bonne à rien; il faut qu'elle nous serve à pénétrer tous les mystères de la structure humaine. On l'avait donc attachée sur la table de dissection et le comte, faisant office de dissecteur, avait examiné toutes les parties du corps de la patiente, en annonçant à voix haute les résultats que donnerait l'opération anatomique. La femme poussait des cris terribles et la compagnie s'étant retirée pour éloigner les domestiques avant de commencer la dissection, la malheureuse avait brisé ses liens et s'était enfuie par la fenêtre. Elle racontait qu'elle avait vu dans la salle où elle fut soumise à des expériences chirurgicales trois corps humains.

Quoi qu'il en soit, l'affaire fit du bruit, Rose Keller déposa une plainte. Le marquis de Sade fut enfermé au château de Saumur, puis au château de Pierre-Encize à Lyon.

Cette captivité ne dura que six semaines, Rose Keller retira sa plainte moyennant 100 louis.

EXIL EN PROVENCE. — Selon le bibliophile Jacob, après son emprisonnement le marquis de Sade délaissa la haute aristocratie, fréquenta les comédiens et les gens de lettres les plus mal famés, s'entoura de femmes perdues et ouvrit libre carrière à ses goûts pervers.

M. de Montreuil le fit reléguer, par un ordre de police, en Provence au château de la Coste.

Toujours selon Jacob, de Sade y transporta ses habitudes dépravées mais au milieu de ses vassaux garda un air de bonne compagnie, recevant la noblesse des environs. Une aventurière jouait le rôle de marquise de Sade. Celle-ci demanda au marquis la permission d'habiter le château de Saumane, pour se rapprocher, et eut l'imprudence de lui dire qu'elle emmènerait sa sœur récemment sortie du couvent. En revoyant, après six ans, sa belle-sœur, de Sade feignit l'oubli devant sa femme et fit des serments.

«Mais, ajoute le bibliophile Jacob avec son ordinaire usage d'embellir, sinon d'imaginer, la première fois qu'il put amener un tête-à-tête entre Mademoiselle de Montreuil et lui, ce fut un langage bien différent: il lui jura qu'il n'avait jamais aimé qu'elle, et que les fautes mêmes dont il s'avouait coupable n'étaient que le résultat de cet amour poussé au désespoir, il la menaça de se frapper de son épée.»

Mlle de Montreuil ne répondit pas, mais le marquis devina aux signes extérieurs que son amour était partagé. Il aurait alors imaginé le plan suivant commettre un crime spécial, fléchir par la menace du suicide sa belle-sœur et la décider ainsi à fuir avec lui.

L'AFFAIRE DE MARSEILLE, juin 1772. — Le bibliophile Jacob qui a indiqué le plan ci-dessus a fait le récit suivant dont je donne un résumé fidèle:

Le marquis de Sade se rendit à Marseille accompagné d'un domestique et s'étant procuré des pastilles de chocolat à la cantharide, alla les expérimenter dans une maison publique. Une des femmes sauta par la fenêtre et se blessa mortellement. Les autres à demi nues se livrèrent «aux plus infâmes prostitutions, à la vue du peuple accouru devant la maison. Deux filles moururent des suites de leur fureur impudique ou plutôt des blessures que ces infortunées s'étaient faites dans une épouvantable mêlée».

Dénoncé et poursuivi, de Sade se fit écrire par un conseiller du parlement une lettre lui annonçant l'issue inévitable du procès. Muni de cette lettre, il se rendit auprès de sa belle-sœur et lui baisant les pieds, se nomma un monstre indigne de pitié et qui allait se punir par le suicide. Il ajoutait que ne pouvant vivre sans son amour il avait à dessein voulu, avant de mourir, immoler quelques-unes des complices de sa vie infâme. C'est Mlle de Montreuil, émue, qui supplia de Sade de fuir. Il ne consentit que si elle l'accompagnait.

«Une heure après Mlle de Montreuil toute pâle, toute tremblante, était assise à côté du marquis de Sade, dans une chaise de poste, autour de laquelle les amis de celui-ci venaient le féliciter de sa conquête et faire des vœux pour qu'il la conservât longtemps.»

Cette version, que le bibliophile Jacob dit tenir d'un vieillard digne de foi, atténue singulièrement certains récits.

Les Mémoires secrets de Bachaumont, à la date du 25 juillet 1772, racontent une grave histoire d'inceste perpétré à la faveur de cantharides. Voici le document in-extenso: «On écrit de Marseille que M. le comte de Sade, qui fit tant de bruit en 1768 pour les folles horreurs auxquelles il s'était porté contre une fille, sous prétexte d'éprouver des topiques, vient de fournir dans cette ville un spectacle d'abord très plaisant mais effroyable par les suites. Il a donné un bal où il a invité beaucoup de monde et dans le dessert il avait glissé des pastilles au chocolat si excellentes que quantité de gens en ont dévoré.

Elles étaient en abondance et personne n'en a manqué mais il y avait amalgamé des mouches cantharides. On connaît la vertu de ce médicament: elle s'est trouvée telle, que tous ceux qui en avaient mangé, brûlant d'une ardeur impudique, se sont livrés à tous les excès auxquels porte la fureur la plus amoureuse. Le bal a dégénéré en une de ces assemblées licencieuses si renommées parmi les Romains: les femmes les plus sages n'ont pu résister à la rage utérine qui les travaillait. C'est ainsi que M. de Sade a joui de sa belle-sœur, avec laquelle il s'est enfui, pour se soustraire au supplice qu'il mérite. Plusieurs personnes sont mortes des excès auxquels elles se sont livrées dans leur priapisme effroyable et d'autres sont encore très incommodées.»

Dans sa 284e *Nuit*, sous le titre: *Les Passe-temps du... de S...* Restif de la Bretonne transporte à Paris la scène de Marseille, selon le bibliophile Jacob (celui de la bibliographie de Restif). Le récit a en effet des analogies, mais il n'est pas démontré que l'auteur de *Monsieur Nicolas* ait voulu décrire la scène de Marseille d'une façon précise. Il peut s'agir tout aussi bien d'un scandale nouveau que d'un récit fantaisiste d'un événement ancien.

Les personnages d'après cette version sont des paysans et des paysannes se livrant à l'orgie chez de Sade à Paris, des voisins intrigués par le bruit délivrèrent les victimes de la cantharide, Il faut ajouter que Restif ne signale pas de mort consécutive à cette scène, fait qui a quelque importance étant donnée la haine de Restif pour de Sade. En réalité il semble bien que la débauche de Marseille n'ait pas eu les terribles conséquences indiquées par Bachaumont.

De Sade fut bien condamné par le Parlement d'Aix le 11 septembre 1772 à mort par contumace ainsi que son valet de chambre, comme coupables tous deux du crime de sodomie et d'empoisonnement (bibliophile Jacob in-*Bibiogr. De Restif*) mais six ans après, 30 juin 1778 l'arrêt fut cassé et le comte de Sade put racheter sa tête par une amende de 50 francs au profit de l'œuvre des prisons (bibliophile Jacob, *Les procès du marquis de Sade*) et même selon la *Biographie des Contemporains* fut condamné seulement à être admonesté par le premier président. L'article consacré à de Sade dans cette publication (1838) est fait avec soin et paraît bien documenté. L'affaire de Marseille y est affirmée comme peu importante et la rigueur du premier arrêt aurait été due surtout au chancelier Maupeou qui voulait donner une certaine réputation de sévérité à la magistrature qu'il venait de réorganiser.

SÉJOUR EN ITALIE. — Le marquis de Sade, selon le bibliophile Jacob, mena en Italie une vie très édifiante, à l'inceste près. Mais Mlle de Montreuil mourut à l'âge de vingt et un ans, et le marquis rentra en France.

Je n'ai trouvé aucun autre renseignement sur ces six ans de la vie du marquis.

SÉJOUR À LA PRISON DE VINCENNES. — À sa rentrée, de Sade fut enfermé à Vincennes par lettre de cachet. Il demanda la révision de son procès, et obtint l'annulation (30 juin 1778). Mais il fut par lettre de cachet réintégré à Vincennes, après une évasion qui lui avait réussi grâce à sa femme pendant son transfert d'Aix à Vincennes (août 1778). Sa femme aurait déjà une première fois favorisé une évasion de de Sade de la forteresse de Miolans près de Chambéry où il avait été conduit à sa rentrée en France.

SÉJOUR À LA BASTILLE (1784-1789). — En 1784 de Sade fut transféré de Vincennes à la Bastille. Trois jours avant le 14 juillet, de Sade ameutait le peuple autour de cette prison en affichant des placards sur les créneaux des tours. La veille du 14 juillet il fut transféré à Charenton et enfermé dans un cabanon. Il en sortit le lendemain selon le bibliophile Jacob ; selon la *Biographie des contemporains*, it fut délivré en mars 1790 par décret de l'Assemblée constituante libérant les prisonniers d'État.

DE SADE EN PRISON. — Ses premiers écrits. À y regarder de près, le marquis de Sade avant le début de sa détention avait eu une vie de débauché mais ne différant pas de la vie d'un grand nombre de jeunes aristocrates, expression qui allait devenir fameuse. C'était probablement là l'avis de sa femme qui, à deux reprises, l'avait fait évader pendant sa captivité (Dictionnaire Larousse) et lui portait ses repas et l'encre qui servit à écrire *Justine.*

Une tendance à la cruauté. peut-être un peu plus accentuée que chez les autres, un grand mépris de la femme, un tempérament à besoins sexuels impérieux me paraissent constituer, cette époque de sa vie, la personnalité du marquis de Sade.

Un tel homme, intelligent plus que ses compagnons de débauche, ne subira pas une détention arbitraire de treize ans de durée, ne vivra pas de trente-huit ans à cinquante-et-un ans privé de toute satisfaction génitale sans révolte contre la société et ses lois, sans subir un éréthisme sexuel violent. Pourquoi s'étonner si l'écrivain qui est né de cette double influence est l'auteur de *Justine*, ce mélange de négations enragées de toutes les lois humaines et morales et d'actes sexuels furieux.

Mirabeau, à la même époque, détenu aussi à Vincennes écrivait des livres aussi licencieux que ceux de de Sade (*Érotica*, *Rideau levé*, etc).

Il faut d'ailleurs ajouter que le marquis de Sade devint dès cette période réellement un littérateur, et un littérateur fécond, comme le montrera la bibliographie de ses oeuvres, et que sa production littéraire n'a pas été seulement érotique mais, comme celle de Mirabeau très variée.

Pendant cette longue détention, le marquis de Sade a-t-il présenté des signes d'aliénation ou simplement de déséquilibre mental ? Il est difficile de répondre car, en dehors des livres eux-mêmes, on possède peu de documents. À propos de l'analyse de ces ouvrages la question sera réexaminée à nouveau.

Dans la *Biographie des contemporains*, sans donner la preuve du jugement, on dit que les facultés intellectuelles du marquis se ressentirent de l'exaltation sensuelle. « On en voit les traces dans un journal très détaillé qu'il a tenu pendant son séjour à la Bastille, journal qui ne renferme d'ailleurs que le compte de l'uniformité de la vie d'un prisonnier : il est tout rempli d'une espèce de calcul mystique qui paraissait avoir rapport avec l'heure de sa délivrance. »

Le caractère du prisonnier paraît avoir été assez difficile. La *Revue rétrospective* a publié une curieuse lettre, précisément de Mirabeau, codétenu du marquis à Vincennes, lettre que voici, à M. Boucher, premier commis de police :

« M. de Sade a mis hier en combustion le donjon et m'a fait l'honneur, en se nommant, sans la moindre provocation de ma part, comme vous croyez bien, de me dire les plus infâmes horreurs ; j'étais, disait-il moins décemment, le favori de M. de Rougemont (le gouverneur du château) et c'était pour me donner la promenade qu'on la lui ôtait ; enfin il m'a demandé mon nom afin d'avoir le plaisir de me couper les oreilles à sa liberté. La patience m'échappe et je lui dis : Mon nom est celui d'un homme d'honneur qui n'a jamais disséqué ni emprisonné de femmes, qui vous l'écrira sur le dos à coups de canne, si vous n'êtes roué auparavant, et qui n'a de crainte que d'être mis par vous en deuil sur la Grève (il y avait des liens de parenté entre de Sade et Mirabeau). Il s'est tû et n'a pas osé ouvrir la bouche depuis. Si vous me grondez, vous me gronderez, mais, pardieu il est aisé de patienter de loin et assez triste d'habiter la même maison qu'un tel monstre habite. »

De tels faits ne suffisent pas à démontrer les troubles intellectuels.

Quelques documents montrent le marquis sous un jour différent au point de vue sentimental. Dans une lettre écrite au gouverneur de Vincennes (je ne saurais toutefois dire si la lettre se rapporte comme celle que j'ai citée déjà à l'année 1763 ou au deuxième séjour à Vincennes), il demande à revoir sa femme. « Donnez-moi la douceur de me réconcilier avec une personne qui m'est si chère et que j'ai eu la faiblesse d'offenser si grièvement ; je vous en supplie, Monsieur, ne me refusez pas de voir la personne la plus chère que j'aie au monde. Si elle avait l'honneur d'être connue de vous, vous verriez que sa conversation, bien plus que tout, est capable de mettre dans le bon chemin un malheureux qui est au désespoir de s'en être écarté. »

D'autre part dans la vente du comte H. de M. faite par Charavay (avril 1854) a figuré une lettre à M. le marquis de Sade, mestre de camp de cavalery, écrite à l'encre sympathique, par une de ses maîtresses, le 18 septembre 1778 (2 pages in-4°). La lettre est annotée par le marquis.

Au point de vue philosophique, de Sade était clairvoyant. Dans *Aline et Valcourt,* écrit un an avant la Révolution, il prophétise. « O France, tu t'éclaireras un jour, je l'espère; l'énergie de tes citoyens brisera bientôt le sceptre du despotisme et de la tyrannie et foulant à tes pieds les scélérats qui servent l'un et l'autre, tu sentiras qu'un peuple libre par sa nature et son génie ne doit être gouverné que par lui-même. (tome II) et plus loin (tome II, p. 448): «Une grande révolution se prépare dans la patrie (France); les crimes de vos souverains, leurs cruelles exactions, leurs débauches et leurs inepties ont lassé la France; elle est excédée du despotisme; elle est à la veille de briser ses fers.»

S'il est vrai que pendant sa captivité le marquis de Sade ait écrit son journal de 1777 à 1790 en treize cahiers, dont onze seulement furent retrouvés, il est fort regrettable que ces manuscrits aient été brûlés (Michaud, in *Biographie universelle*) par ordre. Car «tout ce que le marquis a dit, fait ou entendu, lu, écrit, senti ou pensé, pendant ces treize années, se trouve dans ce recueil, mais les choses les plus remarquables sont écrites en chiffres dont lui seul avait la clef».

LE MARQUIS DE SADE EN LIBERTÉ, SA PARTICIPATION À LE RÉVOLUTION. — Au sortir de la prison, le marquis de Sade, âgé de quarante-neuf ans, avait commencé à écrire et surtout conçu en prison le plan de livres nombreux. Jusqu'à sa nouvelle détention (1800), pendant une période de dix ans par conséquent, de Sade a produit de nombreux ouvrages: romans érotiques et philosophiques; essais critiques, pièces de théâtre. On en trouvera la liste dans un chapitre ultérieur ainsi que l'indication du sujet traité. Je n'aborde, pour le moment, que la vie privée et la vie publique ou politique du marquis.

Sur *sa vie privée*, les renseignements précis et authentiques manquent comme pour les périodes précédentes.

Dans une lettre (Vente du comte H. de M. faite par M. Charavay, avril 1864) adressée au représentant Rabaut Saint-Etienne avec renvoi signé de ce dernier et une recommandation signée Ant. de Bernard-Saint-Afriques, Paris 8 ventôse, an III, il sollicite un emploi de bibliothécaire ou de conservateur de muséum parce qu'il se trouve hors d'état d'exister, ses propriétés littéraires ayant été perdues au siège de la Bastille, et son bien saccagé par les brigands de Marseille. «On ne doit pas douter, ajoute son protecteur, que les effets de sa reconnaissance ne raniment alors dans son cœur le foyer de toutes les vertus qui constituent le républicain.» L'état précaire de de Sade est affirmé implicitement encore dans une lettre reproduite plus loin, dans laquelle il prie d'envoyer rapidement le prix d'une comédie. Cependant en 1801 le rapport du préfet de police le qualifie d'homme riche.

Restif de la Bretonne semble avoir, dans ses *Nuits de Paris*, visé assez fréquemment le marquis de Sade, qu'il détestait et jugeait exécrable bien que lui-même après *Justine* eût publié, en l'attribuant à Linguet, une *Anti-Justine* d'un libertinage sans limites.

Les récits de Restif n'ont donc qu'une valeur très relative. C'est pour ce motif que je n'ai pas relevé tous ceux qui ont trait à la vie de de Sade avant sa captivité à Vincennes. Pendant la Terreur Restif, redoutant «le monstre», le désigne sous le nom de M. Bénavent. À la date du 3 juin 1794, Restif fait un récit de trois sœurs, marchandes de brosses, qui furent envoyées par leur père, qui était un libertin, porter des brosses chez un M. Bénavent aux arcades du Palais-Royal, près le passage Penthièvre. n° 16. «J'arrivai chez le citoyen Bénavent à 9 heures du matin, raconte la première soeur. Il était encore au lit. "Ha ha! c'est vous, Placidie? — Vous savez déjà mon nom?; — Oh que oui, ma petite, et mieux que cela, que vous chantez comme une serine. Passez là..." Il me fit avancer sur un petit carré! Aussitôt une poulie me tira: je voulus sortir, mais je me vis environnée de fils de fer, qui formèrent une cage, et je fus enlevée du plancher sur la poulie. Il entra une jeune fille qui me joua un air, sur une serinette et le Monsieur me dit qu'elle jouerait jusqu'à ce que je le susse. "Oh je le sais, lui criai-je, citoyen!" et je le chantai, recommençai au moins dix fois, pendant que... Puis on me descendit, on me paya, je m'en allai.»

La seconde sœur envoyée aussi par son père: «Je fus encagée tout comme ma sœur, pendant que...

«Mais quand je fus descendue il y eut une petite différence. Comme je passais sur un autre carré pour aller recevoir mon payement quatre crochets s'attachèrent à mes jupes et je fus enlevée du plancher. L'homme prit une machine qu'il appelait un télescope... Après cela je fus redescendue doucement; on me paya et je m'en allai.»

«Pour moi, dit la troisième sœur, après que tout ce qu'elles vous ont conté là me fut arrivé, que j'eus été encagée, que j'eus chanté, que j'eus été mise au croc, l'homme me fit entrer dans un cabinet tout en glaces, où je fus mise au bain. Au bout d'une demi-heure on retira la cuve et je me trouvai là, seule et nue, pendant un autre quart d'heure.»

Dans le rapport du préfet de police qui arrêta le marquis de Sade toutes ces machines ne sont pas mentionnées alors que cependant on lui reproche son cabinet «tapissé de grands tableaux représentant les principales obscénités du roman de *Justine*».

D'autre part, selon le bibliophile Jacob, au sortir de prison, de Sade avait choisi une maîtresse en titre qui faisait les honneurs de sa maison car sa femme s'était retirée dans un couvent, à sa sortie de prison et avait obtenu du Châtelet une séparation.

Il demeurait rue Pot-de-Fer. près de Saint-Sulpice, où il donnait des dîners et d'excellents soupers aux hommes politiques.

Donc, si l'on peut croire facilement avec le bibliophile Jacob que de Sade avait repris et mené une vie de débauche, aucun fait précis n'a été relevé pendant cette période révolutionnaire d'actes sanguinaires, ceux racontés par l'ingénieux Restif ne pouvant passer pour tels contre le marquis qui s'occupait d'ailleurs aussi activement de théâtre que de politique.

Une lettre de la collection de M. de la Porte nous le montre, en l'an VI, jouant lui-même ses pièces.

Voici cette lettre d'après l'*Isographie des hommes célèbres* ou *Collection de facsimile* (1823-1843, 4 vol.).

Vive Dieu ! Voilà au moins une lettre qui me plaît et je vous en remercie. C'est tout ce que je demandais. J'accepte l'arrangement proposé par M. Vaillant. C'est celui dont il m'avait parlé et qui a fait la matière de ma lettre d'hier. Voilà mon poème, et j'attends l'argent le plus tôt possible.

Voici maintenant ce qui concerne la comédie. Je vous envoie franc de port deux exemplaires d'une comédie que je viens de faire représenter à Versailles et qui, j'ose le dire, a eu le plus grand succès ; je remplissais moi-même dedans le rôle de Fabrice. L'un de ces exemplaires est pour vous ; je vais vous dire l'usage que je vous prie de faire de l'autre.

Je vous prie de le présenter au chef de votre meilleure troupe, et de lui dire que vous êtes chargé, de la part de l'auteur, de lui proposer la représentation de l'ouvrage. Vous lui direz que s'ils veulent je remplirai le même rôle que j'ai joué à Versailles (celui de Fabrice) mais que de toute façon je m'engage à aller moi-même le leur faire répéter.

J'ai l'honneur de vous remercier et de vous saluer de tout mon cœur.

10 pluviôse an VI, Versailles.

Dès sa sortie de prison en 1790, de Sade écrivait une série de lettres à la Comédie-Française pour faire recevoir des pièces de théâtre en certain nombre.

Ces lettres ont été communiquées à M. Octave Uzanne (Notice pour *Idée sur les romans*, 1878) par MM. F. Coppée et G. Monval ; elles sont aux archives du Théâtre-Français.

À mon avis, elles ne diffèrent en rien de celles que la plupart des auteurs ont écrit ou auraient pu écrire au sujet de la réception de leurs pièces. Les quatre lettres que M. Octave Uzanne a publiées ne justifient en rien son opinion. « Ces lettres offrent un intérêt d'autant plus vif qu'elles présentent le marquis de Sade comme un des nombreux auteurs dramatiques monomanes. Nous avons pris copie des plus originales ; les autres ne témoignent que d'une obséquiosité et d'une platitude étonnantes. »

Voici quelques fragments de ces lettres, en notant que dans la transcription de M. Uzanne une erreur de date au moins a dû se glisser. La première lettre fait allusion à une pièce reçue « depuis longtemps » ; en note M. Uzanne indique comme telle le *Misanthrope par amour*, septembre 1790 et la lettre de de Sade serait datée du 2 mai 1790.

Lettre du 2 mai 1790.

Messieurs,

Permettez que j'aie l'honneur de vous rappeler sans cesse les sentiments d'estime et d'attachement qui depuis des années me lient à votre théâtre. J'en ai fait profession dans tous les temps, j'ose dire même (et les preuves existent) que pour avoir pris votre parti avec trop de chaleur lors de vos derniers troubles, vos ennemis m'ont écrasé dans des papiers publics, sans que jamais rien m'ait découragé, la récompense de mon attachement a été votre refus du dernier ouvrage que je vous ai lu et qui, j'ose le dire, n'était pas fait pour être traité aussi sévèrement.

Quelque chagrin que m'ait fait éprouver ce refus formel, rigoureux et général, je ne vous en consacre pas moins à l'avenir ce qui reste dans mon portefeuille et ce qui le remplira de nouveau.

Vous avez depuis longtemps une pièce à moi unanimement reçue par vous ; dès que j'accepte tous les arrangements nouveaux qu'il vous a plu de faire avec les auteurs, je vous demande avec instance, Messieurs, de la faire passer le plus tôt possible.

L'autre faveur implorée par moi, Messieurs, parce que vous me l'avez promise en dédommagement de la mauvaise réception que vous fîtes à ma dernière comédie, consiste à vous prier de vouloir bien entendre le plus tôt possible la lecture de trois ou quatre ouvrages tout prêts à vous être présentés et que je voudrais ne pas donner ailleurs…

Lettre datée du 16 mars 1793.

Si la Comédie-Française, Messieurs, n'agrée point l'offre que je lui ai faite d'une petite pièce en un acte et que j'ai eu l'honneur de vous envoyer dernièrement, je vous prie de me la renvoyer ; je n'imaginais pas qu'il fallût être soumis aux mêmes délais pour ce que l'on *donne* que pour ce que l'on *vend.*

En un mot, Messieurs, je vous prie de m'instruire du sort de cette négociation et de me croire avec tous les sentiments possibles,

Votre concitoyen,

Sade.

La première édition de *Justine* (1791) diffère sensiblement des éditions ultérieures qui ont été surchargées de détails obscènes et sanguinaires et il faut noter l'influence probable du milieu sur ces aggravations, ce milieu qui était la société libertine du Directoire.

Même à cette époque le marquis de Sade, qui n'a jamais publiquement avoué ses ouvrages licencieux, les reniait. À plusieurs reprises il a vivement protesté contre ceux qui à juste titre lui attribuaient *Justine.*

Dans un petit opuscule, l'*Auteur des Crimes de l'amour à Villeterque, folliculaire*, il dît :

Cependant, sans l'avoir lu (je viens de le prouver), Villeterque débute par traiter mon ouvrage de détestable et par assurer charitablement que cet ouvrage détestable vient d'un homme soupçonné d'en avoir fait un plus horrible encore.

Ici, je somme Villeterque de deux choses... ensuite je le somme de *prouver* que je suis l'auteur de ce livre plus horrible encore. Il n'y a qu'un calomniateur qui jette ainsi, sans preuve aucune, des soupçons sur la probité d'un individu...

Quoi qu'il en soit, j'ai dit et affirmé que je n'avais point fait de livres *immoraux* et que je n'en ferais jamais ; je le répète encore ici et non pas au folliculaire Villeterque, j'aurais l'air d'être jaloux de son opinion, mais au public dont je respecte le jugement autant que je méprise celui de Villeterque.

En note, de Sade ajoute :

C'est ce même mépris qui me fit garder le silence sur l'imbécile rapsodie diffamatoire d'un nommé Despaze qui prétendait aussi que j'étais l'auteur de ce livre infâme que pour l'intérêt même des mœurs on ne doit jamais nommer. Sachant que ce polisson n'était qu'un chevalier d'industrie vomi par la Garonne pour venir stupidement dénigrer à Paris des arts dont il n'avait pas la moindre idée, des ouvrages qu'il n'avait jamais lus et d'honnêtes gens qui auraient dû se réunir pour le faire mourir sous le bâton, parfaitement instruit que cet homme obscur, ce hélître n'avait durement forgé quelques détestables vers que dans cette perfide intention des effets de laquelle le mendiant attendait un morceau de pain, je m'étais décidé à le laisser honteusement languir dans l'humiliation et l'opprobre où le plongeait incessamment son barbouillage, craignant de souiller mes idées en les laissant errer même une minute sur un être aussi dégoûtant. Mais, comme ces Messieurs ont imité les ânes qui braient tous à la fois quand ils ont faim, il a bien fallu, pour les faire taire, frapper sur tous indistinctement.

Voilà ce qui me contraint à les tirer un instant par les oreilles du bourbier où ils se pourrissaient, pour que le public les reconnaisse au sceau d'ignominie dont se couvre leur front ; ce service rendu à l'humanité, je les replonge d'un coup de pied l'un et l'autre au fond de l'égout infect où leur bassesse et leur avilissement les feront croupir.

À vrai dire ces protestations enflammées datent de l'an IX et la lettre de Villeterque visée par de Sade (d'après l'indication de de Sade lui-même) étant du 30 vendémiaire an IX, de Sade était déjà emprisonné (15 ventôse) d'après le rapport du préfet de police, et elles sont, de ce fait, suspectes. Cette date d'arrestation ne correspond d'ailleurs pas avec celle donnée par tous les auteurs, qui est 1801.

Mais dans son *Idée sur les romans* qui sert de préface aux *Crimes de l'amour* (an VIII), les mêmes protestations vertueuses se retrouvent : « Je dois enfin répondre au reproche que l'on me fit quand parut *Aline et Valcourt.* Mes pinceaux, dit-on, sont trop forts, je prête au vice des traits trop odieux en veut-on savoir la raison? Je ne veux pas faire aimer le vice, je n'ai pas, comme Crébillon et comme Dorat, le dangereux projet de faire adorer aux femmes les personnages qui les trompent… » et plus loin « Qu'on ne m'attribue donc plus, d'après ces systèmes, le roman de… ; jamais je n'ai fait de tels ouvrages, et je n'en ferai sûrement jamais ; il n'y a que des imbéciles ou des méchants qui, malgré l'authenticité de mes dénégations, puissent me soupçonner ou m'accuser encore d'en être l'auteur et le plus souverain mépris sera désormais la seule arme avec laquelle je combattrai leurs calomnies. »

Dans une lettre (vente de M. Font… 1861) il écrit : « Il circule dans Paris un ouvrage *informe* ayant pour titre *Justine ou les Malheurs de la vertu*. Plus de deux ans auparavant j'avais fait paraître un roman de moi *Aline et Valcourt ou le roman philosophique*. Malheureusement pour moi il a plu à l'exécrable auteur de *Justine* de me voler une situation, mais qu'il a obscénisée, luxuriosée de la plus dégoûtante manière… »

Ces protestations contre toute vérité étaient familières aux écrivains du XVIIIe siècle, à Voltaire comme à Mirabeau. Je ne crois pas qu'on puisse sérieusement en faire un grief contre le caractère de de Sade.

Ce qu'il faut y voir surtout, à mon avis, c'est que le marquis de Sade n'a pas été le fanfaron du vice, comme on l'a souvent écrit. Je ne veux pas dire qu'il ait renié dans les conversations privées *Justine* ou *Juliette* et il semble prouvé qu'il ait adressé à chacun des cinq directeurs un exemplaire de luxe de sa nouvelle édition de *Justine* et *Juliette* en dix volumes de 1797 (d'après des notes de l'*Intermédiaire des Chercheurs et des Curieux*, on a retrouvé les pérégrinations de quelques-uns de ces volumes). De ce fait, du fait aussi de l'état d'esprit de la société sous le Directoire, société qui laissait éditer tous les livres pornographiques, les dénégations de de Sade témoignent plus certainement contre l'opinion qui le représente comme un perverti sexuel affichant ses débauches, se vantant de ses livres.

J'ai donné des extraits un peu étendus des protestations de de Sade en raison du curieux mélange de style qu'elles dénotent, style de grand seigneur qui menace de bâtonner, style de club révolutionnaire avec toutes ses redondances.

La violence des termes ne dépasse pas le ton des polémiques de l'époque et il ne serait pas exact d'en inférer des conséquences psychologiques, de conclure à un état d'exaltation morbide de l'auteur.

En somme pendant la période révolutionnaire, le marquis de Sade dans sa vie privée a été probablement un débauché, le fait n'est cependant pas prouvé.

Le théâtre l'a attiré vivement et il en a été un des fournisseurs les plus féconds.

Quelques documents concordants que j'ai cités, auxquels il faut ajouter que le fils du marquis, à son retour de l'émigration, a fait de la gravure, peuvent faire admettre que de Sade avait été réellement ruiné par la Révolution et cherchait dans ses écrits une source de revenus.

Si sa conduite privée avait été réellement scandaleuse, il aurait difficilement pu, avec ses antécédents, son nom et un fils émigré, jouer un rôle politique; grâce à ce rôle il put sauver de l'échafaud son beau-père et sa belle-mère. Il y a loin de ce trait à la cruauté.

Or, la *vie politique* du marquis de Sade a été assez active quoiqu'elle n'ait pas franchi les portes du club.

Dès sa détention, il prévoyait la Révolution et quelques jours avant le 14 juillet 1789, il ameutait par des propos révolutionnaires la populace autour de la Bastille. Pour ce fait, il fut enfermé à Charenton. Si je juge par sa conduite à sa libération, sa folie n'a guère dû être qu'un grand désir de liberté et un commencement de révolte. Il a d'ailleurs été délivré, avec les autres prisonniers d'État, par un décret et non par un exeat du médecin d'asile.

On a mauvaise grâce reprocher à un des vieux prisonniers de la Bastille de s'être donné tout entier à la Révolution, quoique marquis, d'autant plus que la réflexion pendant sa réclusion l'avait conduit à formuler les principes de la société nouvelle, dès avant 1789.

Une lettre de de Sade, datée du 14 juin 1793 (vente faite par Charras 1839), est écrite en qualité de secrétaire de la commission de la Section des Piques réunie à l'évêché.

Au bas d'un portrait de Marat, it écrivit et signa quatre vers:

> Du vrai républicain unique et chère idole,
> De ta perte, Marat, ton image console;
> Qui chérit un grand homme adopte ses vertus,
> Les cendres de Scevole ont fait naître Brutus.

qui témoignent de son admiration; cette admiration paraît avoir été vive.

Le document suivant, d'ailleurs remarquable à d'autres titres, en est une preuve ainsi que du rôle actif de de Sade dans le club. Ce document, bien composé, traduit sans doute les sentiments d'une collectivité d'une époque, plutôt que les sentiments intimes d'un individu. Il mérite cependant d'être transcrit en entier, au point de vue de la psychologie de de Sade.

Section des Piques

DISCOURS

Prononcé à la fête décernée, par la Section des Piques, aux mânes de MARAT et de LE PELLETIER, par Sade, citoyen de cette Section, et membre de la Société Populaire.

Citoyens,

Le devoir le plus cher à des cœurs vraiment républicains est la reconnaissance due aux grands hommes ; de l'épanchement de cet acte sacré naissent toutes les parties nécessaires au maintien et à la gloire de l'État. Les hommes aiment la louange, et toute nation qui ne la refusera pas au mérite trouvera toujours dans son sein des hommes envieux de s'en rendre dignes ; trop avares de ces nobles tributs, les Romains, par une loi sévère, exigeaient un long intervalle entre la mort de l'homme célèbre et son panégyrique ; n'imitons point cette rigueur : elle refroidirait nos vertus ; n'étouffons jamais un enthousiasme dont les inconvénients sont médiocres et dont les fruits sont si nécessaires : Français, honorez, admirez toujours vos grands hommes. Cette effervescence précieuse les multipliera parmi vous, et si jamais la postérité vous accusait de quelque erreur, n'auriez-vous pas votre sensibilité pour excuse ?

Marat ! Le Pelletier ! ils sont à l'abri de ces craintes, ceux qui vous célèbrent en cet instant, et la voix des siècles à venir ne fera qu'ajouter aux hommages que vous rend aujourd'hui la génération qui fleurit. Sublimes martyrs de la liberté, déjà placés au temple de Mémoire, c'est de là que, toujours révérés des humains, vous planerez au-dessus d'eux, comme les astres bienfaisants qui les éclairent, et qu'également utiles aux hommes, s'ils trouvent dans les uns la source de tous les trésors de la vie, ils auront aussi dans les autres l'heureux modèle de toutes les vertus.

Étonnante bizarrerie du sort ! Marat, c'était du fond de cet antre obscur où ton ardent patriotisme combattait les tyrans avec autant d'ardeur, que le génie de la France indiquait ta place dans ce temple où nous te révérons aujourd'hui.

L'égoïsme est, dit-on, la première base de toutes les actions humaines ; il n'en est aucune, assure-t-on, qui n'ait l'intérêt personnel pour premier motif, et, s'appuyant de cette opinion cruelle, les terribles détracteurs de toutes les belles choses, en réduisent à rien le mérite. O Marat ! combien tes actions sublimes te soustraient à cette loi générale ! Quel motif d'intérêt personnel t'éloignait du commerce des hommes, te privait de toutes les douceurs de la vie, te reléguait vivant dans une espèce de tombeau ? Quel autre que celui d'éclairer tes semblables et d'assurer le bonheur de tes frères ? Qui te donnait le courage de braver tout… jusques à des armées dirigées contre toi, si ce n'était le désintéressement le plus entier, le plus pur amour du peuple, le civisme le plus ardent, dont on ait encore vu l'exemple ?

Scévole, Brutus, votre seul mérite fut de vous armer un moment pour trancher les jours de deux despotes, une heure au plus votre patriotisme a brillé ; mais toi, Marat, par quel chemin plus difficile tu parcourus la carrière de l'homme libre ! Que d'épines entravèrent ta route avant que d'atteindre le but. C'était au milieu des tyrans que tu nous parlais de liberté : peu faits encore au nom sacré de cette déesse, tu l'adorais avant que nous la connussions ; les poignards de Machiavel s'agitaient en tous sens sur ta tête, sans que ton front auguste en parût altéré ; Scévole et Brutus menaçaient chacun leurs tyrans : ton âme, bien plus grande, voulut immoler à la fois tous ceux qui surchargeaient la terre, et des esclaves t'accusaient d'aimer le sang ! Grand homme, c'était le leur que tu voulais répandre ; tu ne te montrais prodigue de celui-là que pour épargner celui du peuple ; avec autant d'ennemis ne devais-tu pas succomber ? Tu désignais les traîtres, la trahison devait te frapper.

Sexe timide et doux, comment se peut-il que vos mains délicates aient saisi le poignard que la sédition aiguisait ?... Ah ! notre empressement à venir jeter des fleurs sur le tombeau de ce véritable ami du peuple nous fait oublier que le crime put trouver un bras parmi vous. Le barbare assassin de Marat, semblable à ces êtres mixtes auxquels on ne peut assigner aucun sexe, vomi par les enfers pour le désespoir de tous deux, n'appartient directement à aucun. Il faut qu'un voile funèbre enveloppe à jamais sa mémoire ; qu'on cesse surtout de nous présenter, comme on osé le faire, son effigie sous l'emblème enchanteur de la beauté. Artistes trop crédules, brisez, renversez, défigurez les traits de ce monstre, ou ne l'offrez à nos yeux indignés qu'au milieu des Furies du Tartare.

Ame douce et terrible ! Le Pelletier, que tes vertus viennent un instant adoucir les idées qu'ont aigries ces tableaux. Si tes heureux principes sur l'éducation nationale se suivent un jour, les crimes dont nous nous plaignons ne flétriront plus notre histoire. Ami de l'enfance et des hommes, que j'aime à te suivre dans les moments où ta vie politique se consacre tout entière au personnage sublime de représentant du peuple ; tes premières opinions tendirent à nous assurer cette liberté précieuse de la presse sans laquelle il n'est plus de liberté sur terre méprisant le faux éclat du rang ou des préjugés absurdes et chimériques te plaçaient alors, tu publias que s'il pouvait exister des différences entre les hommes, ce n'était qu'aux vertus, qu'aux talents qu'il appartenait de les établir.

Sévère ennemi des tyrans, tu votas courageusement la mort de celui qui avait osé comploter celle de tout un peuple ; un fanatique te frappa et son glaive homicide déchira tous nos cœurs ; ses remords nous vengèrent, il devint lui-même son bourreau : ce n'était point assez... Scélérat, que ne pouvons-nous immoler tes mânes ! Ah ! ton arrêt est dans le cœur de tous les Français. Citoyens, s'il était des hommes parmi vous qui ne fussent pas encore assez pénétrés des sentiments que le patriotisme doit à de tels amis de la liberté, qu'ils tournent leurs regards sur les derniers mots de Le Pelletier, et remplis à la fois de douleur et de vénération, ils éprouveront plus que jamais la haine due à la mémoire du parricide qui put trancher une si belle vie.

Unique déesse des Français, sainte et divine Liberté, permets qu'aux pieds de tels autels nous répandions encore quelques larmes sur la perte de tes deux plus fidèles amis; laisse-nous enlacer des cyprès aux guirlandes de chêne dont nous t'environnons. Ces larmes amères purifient ton encens et ne l'éteignent pas; elles sont un hommage de plus à tous ceux que nos cœurs te présentent... Ah! cessons d'en répandre, citoyens; ils respirent, ces hommes célèbres que nous pleurons; notre patriotisme les revivifie; je les aperçois au milieu de nous... Je les vois sourire au culte que notre civisme leur rend. Je les entends nous annoncer l'aurore de ces jours sereins et tranquilles où Paris, plus superbe que ne fut jamais l'ancienne Rome, deviendra l'asile des talents, l'effroi des despotes, le temple des arts, la patrie de tous les hommes libres. D'un bout de la terre à l'autre, toutes les nations envieront l'honneur d'être alliées au peuple français. Remplaçant le frivole mérite de n'offrir aux étrangers que nos coutumes et nos modes, ce seront des lois, des exemples, des vertus et des hommes que nous donnerons à la terre étonnée, et si jamais les mondes bouleversés, cédant aux lois impérieuses qui les meuvent, venaient à s'écrouler... à se confondre, la déesse immortelle que nous encensons, jalouse de montrer aux races futures le globe habité par le peuple qui l'aurait le mieux servie, n'indiquerait que la France aux hommes nouveaux qu'aurait recréés la nature.

Sade, *rédacteur.*

L'Assemblée générale de la Section des Piques, applaudissant aux principes et à l'énergie de ce discours, en arrête l'impression. l'envoi à la Convention nationale, à tous les départements, aux armées, aux autorités constituées de Paris, aux quarante-sept autres Sections et aux Sociétés populaires.

Arrêté en Assemblée générale ce 29 septembre 1793, l'an II de la République française une et indivisible.

Vincent, *Président.*
Gérard, Mancin, Paris, *secrétaires.*

Peu après (décembre 1793) ce discours aux mânes de Marat, le marquis de Sade aurait été emprisonné par ordre du Comité de la Sûreté générale à la prison des Madelonnettes, puis à celle des Carmes, enfin à Picpus et aurait été rendu à la liberté le 9 thermidor.

Depuis thermidor jusqu'au consulat de Napoléon, il paraît avoir vécu sans incident et s'être retiré de la vie politique oratoire. D'ailleurs la domination des clubs et des sections était finie.

Le marquis de Sade cependant resta mêlé comme écrivain aux luttes. En thermidor de l'an VIII, il publia, sans nom d'auteur, *Zoloé et ses deux acolytes* qui est un pamphlet très violent contre Joséphine de Beauharnais (Zoloé), Mmes Tallien (Laureda) et Visconti (Volsange), Barras (Sabar), Bonaparte (d'Orsec), un sénateur (Fessinot), etc. Ces personnages se livrent à des débauches variées, dans une petite maison organisée dans ce but. Pour finir, de Sade écrit:

« Qu'on se rappelle que nous parlons en historien. Ce n'est pas notre faute si nos tableaux sont chargés des couleurs de l'immoralité, de la perfidie et de l'intrigue. Nous avons peint les hommes d'un siècle qui n'est plus. Puisse celui-ci en produire de meilleurs et porter à nos pinceaux les charmes de la vertu ! »

N'est-elle pas curieuse cette conclusion d'un écrit pour lequel de Sade va finir sa vie en prison ou à Charenton, sans mise en jugement, comme monstre d'immoralité.

Arrestation du marquis de Sade le 15 ventôse an IX. — Emprisonnement sans jugement. — Transfert de Sainte-Pélagie à Bicêtre et de Bicêtre à Charenton.

Les livres de de Sade pendant la Révolution se vendaient à peu près publiquement chez tous les libraires et, en 1800, la librairie n'avait pas encore été expurgée des innombrables publications libertines ou pornographiques que les éditeurs avaient multipliées à la faveur du régime de liberté de la presse.

Il faut tenir pour certain que de Sade a été arrêté pour *Zoloé* et non pour les motifs qu'indique le ministre de la police, dans le rapport transcrit ci-dessous. La *première phrase du rapport est fausse de tous points*. Le marquis de Sade ne pouvait en 1800 se préparer à publier *Juliette* puisque cet ouvrage avait paru en 1791 (2 volumes), en 1796 (4 vol in-4°) et en 1797 (6 vol. avec 60 gravures).

De Sade n'avait pu trouver d'éditeur pour *Zoloé*, sans doute en raison des craintes qu'inspirait déjà Bonaparte. Ce refus, si les causes n'en sont pas précisées, est indiqué dans la préface et au bas du titre du pamphlet on peut lire : À Turin ; se trouve à Paris chez tous les marchands de nouveautés, de l'Imprimerie de l'auteur, thermidor an VIII. Le pamphlet a d'ailleurs été saisi.

Le rapport du ministre de la police renferme encore d'autres inexactitudes, sans doute voulues. Ainsi de Sade est qualifié d'homme très riche, ce qui est contredit par les documents que j'ai cités, et contredit encore dans la préface même de *Zoloé* où il raille avec amertume le libraire qui ne veut pas payer l'auteur.

La partie réellement intéressante de ce rapport est bien plutôt celle qui met en si pleine lumière les procédés arbitraires de la police.

Voici tout d'abord ce document :

RAPPORT

Du Conseiller d'Etat, Préfet de police, à Son Excellence le Sénateur, ministre de la police générale, le 21 fructidor an XII.

Son Excellence, par sa note du 6 de ce mois, mo demande un rapport sur le nommé Sade, détenu à Charenton.

Dans les premiers jours de ventôse an IX, j'avais été informé que le nommé Sade, ex-marquis, connu pour être l'auteur de l'infâme roman de *Justine*, se proposait de publier bientôt un ouvrage plus affreux encore, sous le titre de *Juliette*. Je le fis arrêter le 15 du même mois, chez le libraire-éditeur de son ouvrage, où je savais qu'il devait se trouver muni de son manuscrit.

L'auteur et l'éditeur furent amenés à ma préfecture. La saisie du manuscrit était importante, mais l'outrage était imprimé et il s'agissait de découvrir l'édition. La liberté fut promise à l'éditeur, s'il livrait les exemplaires imprimés.

Celui-ci conduisit nos agents dans un lieu inhabité que lui seul connaissait et ils en enlevèrent une quantité assez considérable d'exemplaires pour que l'on pût croire que c'était l'édition entière.

Sade, dans son interrogatoire, reconnut le manuscrit, mais il déclara qu'il n'était que le copiste et non l'auteur. Il convint même qu'il avait été payé pour le copier, mais il ne put faire connaître les personnes de qui il tenait les originaux.

Il eût été difficile de croire qu'un homme qui jouissait d'une fortune considérable eût pu devenir copiste d'ouvrages aussi affreux moyennant un salaire. On ne pouvait douter qu'il en fut l'auteur, lui dont le cabinet était tapissé de grands tableaux représentant les principales obscénités du roman de *Justine*.

Le 23 ventôse, j'eus l'honneur de rendre compte de toute l'opération à Son Excellence le ministre de la police générale et de lui demander quelle marche j'avais à suivre pour parvenir à la punition d'un homme aussi profondément pervers. Après diverses conférences que j'eus avec Son Excellence, desquelles il résulta qu'une poursuite judiciaire causerait un éclat scandaleux qui ne serait point racheté par une punition assez exemplaire, je le fis déposer à Sainte-Pélagie le 12 germinal de la même année pour le punir administrativement.

Au mois de floréal suivant, Son Excellence le ministre de la justice me demanda les pièces relatives à cette affaire, pour aviser, m'écrivait-il, aux moyens qu'il serait convenable de prendre et en référer aux consuls.

J'eus l'honneur de rendre compte à Son Excellence, qui connaissait déjà tous les délits que Sade avait commis avant la Révolution, et, convaincu que les peines qui pourraient lui être appliquées par un tribunal seraient insuffisantes et nullement proportionnées à son délit, il fut d'avis qu'il fallait l'oublier pour longtemps dans la maison de Sainte-Pélagie.

Sade y serait encore, s'il n'eût pas employé tous les moyens que lui suggéra son imagination dépravée pour séduire et corrompre les jeunes gens que de mal heureuses circonstances faisaient enfermer à Sainte-Pélagie et que le hasard faisait placer dans le même corridor que lui.

Les plaintes qui me parvinrent alors me forcèrent à le faire transférer à Bicêtre.

Cet homme incorrigible était dans un état perpétuel de démence libertine. À la sollicitation de sa famille, j'ordonnai qu'il serait transféré à Charenton et son transfèrement eut lieu le 7 floréal an XI.

Depuis qu'il est dans cette maison, il s'y montre continuellement en opposition avec le directeur, et il justifie par sa conduite toutes les plaintes que peut donner son caractère ennemi de toute soumission.

J'estime qu'il y a lieu de le laisser à Charenton où sa famille paye sa pension et où, pour son honneur, elle désire qu'il reste.

Le conseiller d'État, préfet de police.

À la marge est écrit :

Approuvé, Dubois.

Il ne faut pas se hâter d'approuver le procédé de Napoléon vis-à-vis du marquis de Sade.

Dès le Consulat, de nombreuses détentions arbitraires furent effectuées. M. Aulard (*Revue du Palais,* août 1897) dans un article : *La Liberté individuelle sous Napoléon Ier* en a rappelé un grand nombre dont plusieurs véritablement issues d'un scandaleux despotisme policier.

Il semble que l'imputation de folie avec internement à Charenton ait également été un des moyens hypocrites d'usage courant pour se débarrasser d'un ennemi.

Ainsi le poète Th. Desorgues ayant composé une chanson contre Napoléon :

Oui, le grand Napoléon
Est un grand caméléon.

fut enfermé à Charenton où il mourut en 1808.

Aussi l'on est bien en droit de conclure, comme je l'ai fait, que les raisons données dans le rapport sont des prétextes pour expliquer l'emprisonnement sans jugement aussi bien que celles invoquées pour son internement à Charenton.

Si le marquis de Sade n'avait pas publié un pamphlet contre Joséphine de Beauharnais, ses livres, d'ailleurs abominables mais moins dangereux que le grand nombre de publications licencieuses contemporaines de *Justine*, ne lui auraient pas attiré l'effroyable supplice d'un emprisonnement de quatorze ans.

Cependant la police ne paraît jamais avoir avoué ce motif et a toujours invoqué surtout auprès de de Sade la raison de livres immoraux.

Dans une lettre datée du 5 nivôse an X (Vente Charron, février 1839) il écrit au ministre : « Détenu depuis neuf mois à Pélagie (la date que j'ai donnée pour l'arrestation de de Sade, d'après le rapport de police, est donc bien exacte et non celle de 1801 donnée par certains auteurs), comme prévenu d'avoir fait le livre de *Justine*, qui pourtant n'émana jamais de moi, je souffre et ne dis mot, comptant chaque jour sur la justice du gouvernement ; mais lorsque les méchants, désespérés de mon silence et de ma résignation, cherchent à me nuire par tous les moyens possibles, je les démasque. » Il n'est pas besoin d'insister sur l'analogie de cette protestation avec la protestation que j'ai citée de la lettre de Villeterque. C'est une preuve de plus comme je l'avançais que cette lettre a été écrite de la prison.

Dans la même lettre autographe dont je viens de citer un fragment, de Sade se plaint qu'un prisonnier lui a volé des poésies dont certaines contre le premier consul et veut les faire imprimer.

La *Revue rétrospective* a également cité une lettre de protestation que voici :

Sade, homme de lettres, au ministre de la justice

Pélagie. Ce 30 floréal an X.

L'innocence persécutée n'a que vous pour appui. Chef suprême de la magistrature française, c'est à vous seul qu'il appartient de faire exécuter les lois et d'écarter loin d'elles l'arbitraire odieux qui les mine et les atténue. On m'accuse d'être l'auteur du livre infâme de *Justine* ; l'accusation est fausse, je vous le jure au nom de tout ce que j'ai de plus sacré !

Massé, imprimeur et éditeur de l'ouvrage, pris sur le fait, est d'abord arrêté et enfermé avec moi, puis relâché pendant qu'on continue à me détenir ; il est libre lui qui a imprimé, qui a vendu, qui vend encore et moi je gémis… Je gémis depuis quinze mois dans la plus affreuse prison de Paris, tandis que, d'après la loi, on ne peut retenir plus de dix jours un prévenu sans le juger, je demande à l'être. Je suis ou non l'auteur du livre qu'on m'impute. Si l'on peut me convaincre, je veux subir mon jugement ; dans le cas contraire, je veux être libre.

Quelle est donc cette arbitraire partialité qui brise les fers du coupable et qui en écrase l'innocent ? Est-ce pour arriver là que nous venons de sacrifier pendant douze ans nos vies et nos fortunes ? Ces atrocités sont incompatibles avec les vertus que la France admire en vous. Je vous supplie de ne pas permettre que j'en sois plus longtemps la victime. Je veux en un mot être *libre* ou *jugé*, j'ai le droit de parler ainsi. Mes malheurs et les lois me le donnent, et j'ai lieu de tout espérer quand c'est à vous que je m'adresse.

Salut et respect.

Sade.

Il n'y a ce me semble rien à reprendre à la protestation de de Sade, sauf la dénégation, et je ne crois pas qu'on puisse trouver dans un tel document une ébauche de dérangement d'esprit.

De Sade à Charenton. — Quel était l'état d'esprit de de Sade, un an après la lettre précédente lorsqu'il fut transféré à Charenton (7 floréal an XI) ?

Le rapport du ministre de police invoque « un état perpétuel de démence libertine ».

Je ne connais pas de fait certain pour en témoigner.

Par contre voici *in extenso* un document des plus importants qu'a publié la *Revue rétrospective*, un rapport de Royer-Collard daté de 1808, c'est-à-dire six ans après le début de l'internement. Le Dr Royer-Collard demande précisément que le marquis de Sade soit éloigné de Charenton, parce qu'il « n'est point aliéné » mais seulement vicieux.

Paris, 2 août 1808.

Le médecin chef de l'hospice de Charenton à son Excellence le Sénateur, ministre de la police générale.

Monseigneur,

J'ai l'honneur de recourir à l'autorité de Votre Excellence pour un objet qui intéresse essentiellement mes fonctions ainsi que le bon ordre de la maison dont le service médical m'est confié.

Il existe à Charenton un homme que son audacieuse immoralité a malheureusement rendu trop célèbre et dont la présence dans cet hospice entraîne les inconvénients les plus graves : je veux parler de l'auteur de l'infâme roman de *Justine. Cet homme n'est point aliéné. Son seul délire est celui du vice* et ce n'est point dans une maison consacrée au traitement médical de l'aliénation que cette espèce de délire peut être réprimée. Il faut que l'individu qui en est atteint soit soumis à la séquestration la plus sévère, soit pour mettre les autres à l'abri de ses fureurs, soit pour l'isoler lui-même de tous les objets qui pourraient entretenir et exalter sa hideuse passion. Or, la maison de Charenton, dans le cas dont il s'agit, ne remplit ni l'une ni l'autre de ces deux conditions. M. de Sade y jouit d'une liberté trop grande. Il peut communiquer avec un assez grand nombre de personnes des deux sexes encore malades ou à peine convalescentes, les recevoir chez lui ou les visiter dans leurs chambres respectives. Il a la faculté de se promener dans le parc et il y rencontre souvent des malades auxquels on accorde la même faveur. Il prêche son horrible doctrine à quelques-uns, il prête des livres à d'autres enfin le bruit général dans la maison est qu'il est avec une femme qui passe pour sa fille.

«Ce n'est pas tout encore. On a eu l'imprudence de former un théâtre dans cette maison, sous prétexte de faire jouer la comédie par les aliénés, et sans réfléchir aux funestes effets qu'un appareil aussi tumultueux devait nécessairement produire sur leur imagination. *M. de Sade est le directeur de ce théâtre. C'est lui qui indique les pièces, distribue les rôles et préside aux répétitions. Il est le maître de déclamation des acteurs et des actrices et les forme au grand art de la scène. Le jour des représentations publiques, il a toujours un certain nombre d'entrée à sa disposition et, placé au milieu des assistants, il fait en partie les honneurs de la salle.*

Il est en même temps auteur dans les grandes occasions : à la fête du directeur, par exemple, il a toujours soin de composer ou une pièce allégorique en son honneur, ou au moins quelques couplets à sa louange.

Il n'est pas nécessaire de faire sentir à Votre Excellence le scandale d'une pareille existence et de lui représenter les dangers de toute espèce qui y sont attachés. Si ces détails étaient connus du public, quelle idée se formerait-on d'un établissement où l'on tolère d'aussi étranges abus ? Comment veut-on que la partie morale du traitement de l'aliénation puisse se concilier avec eux ? Les malades, qui sont en communication journalière avec cet homme abominable, ne reçoivent-ils pas sans cesse l'impression de sa profonde corruption et la seule idée de sa présence dans la maison n'est-elle pas suffisante pour ébranler l'imagination de ceux mêmes qui ne le voient pas ?

J'espère que Votre Excellence trouvera ces motifs assez puissants pour ordonner qu'il soit assigné à M. de Sade un autre lieu de réclusion que l'hospice de Charenton. En vain renouvellerait-elle la défense de le laisser communiquer en aucune manière avec les personnes de la maison ; cette défense ne serait pas mieux exécutée que par le passé, et les mêmes abus auraient toujours lieu. Je ne demande point qu'on le renvoie à Bicêtre, où il avait été précédemment placé, mais je ne puis m'empêcher de représenter à Votre Excellence qu'une maison de santé ou un château fort, pour lui, conviendrait beaucoup mieux qu'un établissement consacré au traitement des malades qui exige la surveillance la plus assidue et les précautions morales les plus délicates.

Royer-Collard, D. M.

Le rapport de Royer-Collard n'eut pas d'effet. De Sade demeura à Charenton.

Certaines présomptions permettent de penser qu'il préférait ce séjour à celui d'une prison, peut-être même à sa liberté. D'après la biographie de Michaud, il était le protégé de l'abbé Coulmier, directeur de Charenton.

On s'explique ainsi cette « liberté trop grande » dont parle Royer-Collard et ce rôle de directeur de spectacle qui devait singulièrement satisfaire les goûts d'auteur dramatique du marquis de Sade.

Le Dr Royer-Collard paraît avoir fait de nouveaux efforts pour le faire expulser. La *Revue rétrospective*, en effet, a publié l'adresse suivante qui en est une preuve.

Mlle Delphine de T… a l'honneur d'envoyer à Son Excellence M. Fouché, les pétitions dont elle a eu l'honneur de lui parler ce matin. La première pour M. de Sade afin qu'il veuille bien donner les ordres les plus prompts afin que M. de Sade reste indéfiniment à Charenton, où il est depuis huit ans, où il reçoit les soins que sa santé exige ; *ses supérieurs sont parfaitement contents de sa conduite.*

Mme de T… joint à sa pétition un certificat de médecin qui prouve que l'état de M. de Sade demande qu'il reste à Charenton.

Ne semble-t-il pas que de Sade ait été l'inspirateur de cette pétition « pour de Sade », et qu'une partie des accusations de Royer-Collard s'explique par la divergence d'opinion sinon la rivalité du médecin de l'asile et du directeur ? Cette divergence de vues est attestée par les réclamations successives de Royer-Collard contre les spectacles à Charenton. Ceux-ci furent interdits mais remplacés par des concerts et des bals. Royer-Collard revint à la charge et ces divers divertissements furent supprimés par un arrêté du 6 mai 1813.

Le rôle du marquis de Sade dans l'organisation des spectacles était bien celui qu'a indiqué Royer-Collard. La *Revue anecdotique* (1860, premier semestre) a publié à ce sujet de curieux documents inédits que voici[1]

---

1. *À Madame Cochelet, dame de la reine de Hollande,*
Spectacle du 23 mai 1810.

Madame.

L'intérêt que vous avez paru prendre aux récréations dramatiques des pensionnaires de ma maison me fait une loi de vous offrir des billets à chacune de leurs représentations.

Des spectatrices telles que vous, Madame, sont d'une si grande puissance sur leur amour-propre, qu'ils trouvent, rien que dans l'espoir de vous posséder et de vous plaire, tout ce qui doit exalter leur imagination et leurs talents.

Ils donnent lundi prochain 28 du courant *l'Esprit de contradiction, Marton et Frontin* et *les Deux Savoyards.*

J'attends vos ordres pour l'envoi des billets que vous pourriez désirer, et vous supplie de vouloir bien présenter mes respects aux dames de la cour de Sa Majesté la reine de Hollande, princesse dont les qualités rares et précieuses réunissent de tous les Français à l'hommage sacré de ceux qu'elle régit.

SADE.

À Monsieur de Coulmier, directeur de la maison de Charenton.

J'ai l'honneur de saluer M. de Coulmier et de lui envoyer le répertoire tel que nous l'avons arrêté entre nous.

Il est instamment prié de vouloir bien l'approuver, personne ne voulant faire aucune sorte de frais et surtout de mémoire sans avoir l'approbation de son chef au bas de ses projets.

Voilà, Monsieur, la demande en forme de M. et Mme de Roméi dont j'ai eu l'honneur de vous parler et qui sont inscrits sur la liste que je vous ai présentée.

Vous m'obligerez sensiblement de ne pas les refuser.

Agréez l'hommage de votre dévoué serviteur.

SADE.

*Liste rectifiée par Monsieur le Directeur**

M. Treillard	3 places
Mme Ronchoux. rue de Choiseul n° 13	2 —
Mme Cochelet. dame de la reine de Hollande	8 —
Mme d'Houdelot	3 —
Le médecin irlandais	1 —
La maison Sauvan	4 —
La maison Finot	2 —
La maison de Guise	3 —
Mme Lambert	3 —
Mme Gonax	2 —
Le curé pour M. Novert	3 —
Le maire de Charenton	2 —
Celui des Carrières	1 —
M. Milet	1 —
Mme Quesnel	7 —
M. de Sade	7 —
M. du Camp	3 —
Mme Adélaïde	3 —
Mme de Huteuil	5 —
À reporter	63 places

Report	63 places
M. Le Roi	2 —
Mme Urbistandos	6 —
M. Vivet	2 —
M. Chapron	3 —
M. Veillet	4 —
Mme Marchand	2 —
M. Le Couteux	2 —
M. Florimond	2 —
Trois dames de Nogent	3 —
M. Flandrin	1 —
	90 places
Employés de la maison	36 —
Malades	60 —
	186 places

Récapitulation.

Loges d'en bas	30 personnes
— d'en haut	38 —
Bancs des côtés	24 —
Bancs	36 —
Chaises	20 —
	60 —
	208 personnes

* Cette liste a été corrigée à partir de la source citée, *La Revue anecdotique des lettres et des arts,* t. 1, p. 105-106.

Toujours littérateur et aimant à parader, de Sade profitait de toutes les occasions.

On connaît entre autres les couplets chantés à Son Éminence Mgr le cardinal Maury, archevêque de Paris, le 6 octobre 1812, à la maison de santé près de Charenton, couplets d'ailleurs sans mérite, mais sans bizarrerie :

Votre âme, pleine de grandeur,
Toujours ferme, toujours égale,
Sous la pourpre pontificale
Ne dédaigne point le malheur,

J'ai systématiquement laissé de côté les récits très inexacts et très fantaisistes que certains auteurs, tels que Jules Janin, ont donné du séjour de de Sade à Charenton. Les documents authentiques que j'ai reproduits permettent, ce semble, au moins deux conclusions :

1° Que de Sade n'était pas un aliéné au sens exact du mot. On peut le taxer de folie morale mais seulement en s'appuyant sur ses écrits évidemment très particuliers, d'un érotisme sanguinaire et raisonné, or, il faut se souvenir que Mirabeau, Musset et bien d'autres ont publié des livres très licencieux.

2° Que, malgré les accusations de Royer-Collard, le marquis de Sade gardait hors de l'asile des relations nombreuses, peut-être des amitiés.

Aussi on peut ne pas partager l'étonnement du bibliophile Jacob qui écrit :

J'ai souvent interrogé des personnes respectables, dont quelques-unes vivent encore plus qu'octogénaires : je leur ai demandé, avec une indiscrète curiosité, d'étranges révélations sur le marquis de Sade, et je n'ai pas été peu étonné que ces personnes, que leur moralité, leur position et leurs honorables antécédents mettent à l'abri de toute espèce de honteux soupçons, *n'éprouvassent aucune répugnance à se souvenir de l'auteur de* Justine *et à en parler comme d'un aimable mauvais sujet.*

On peut également tenir pour suspect le récit de la nouvelle biographie générale, qui renferme au sujet de de Sade déjà d'autres erreurs, – récit où l'on voit que « Sade conserva jusqu'à sa mort ses goûts et ses habitudes ignobles. Se promenait-il dans la cour, il traçait sur le sable des figures obscènes. Venait-on le visiter, sa première parole était une ordure, et cela avec une voix très douce, avec des cheveux blancs très beaux, avec l'air le plus aimable, avec une admirable politesse ». On ajoute que de Sade était un vieillard robuste et sans infirmités. Comment concilier cette attitude de de Sade avec les relations qu'il avait gardées ?

Le récit que Nodier dans ses souvenirs a donné de son entrevue au Temple avec de Sade paraît de pure imagination. Il décrit un de Sade très obèse, gardant cependant « un reste de grâce et d'élégance ».

MORT DE DE SADE (2 décembre 1814). — *Son testament.*

Selon les biographes, de Sade, âgé de soixante-quinze ans, mourut sans secousses, sans infirmités.

Je n'ai rencontré aucun document sur ce point.

O. Uzanne, sans indiquer l'origine de la citation, reproduit une étude crâniologique du cerveau de de Sade d'après «un savant disciple de Gall», étude très fantaisiste où il est dit que les organes de la tendresse maternelle (*sic*) sont aussi développés que «sur la tête d'Héloïse. Ce modèle de tendresse et d'amour» !

À la suite d'un article grotesque, dans *le Livre* (1870), Jules Janin, ordinairement mieux inspiré, a reproduit la dernière page du testament de de Sade «ce codicille hideux» ! N'ayant aucune preuve de la véracité ou de la fausseté de la citation de Jules Janin, je la reproduis sous toutes réserves, inclinant cependant à la croire exacte.

Je défends que mon corps soit ouvert sous quelque prétexte que ce puisse être, je demande avec la plus vive instance qu'il soit gardé quarante-huit heures dans la chambre où je décéderai, placé dans une bière de bois qui ne sera clouée qu'au bout des quarante-huit heures prescrites ci-dessus à l'expiration desquelles la dite bière sera clouée; pendant cet intervalle, il sera envoyé un exprès au sieur Lenormand, marchand de bois, boulevard de l'Égalité, n° 101, à Versailles, pour le prier de venir lui-même, suivi d'une charrette, retirer mon corps pour être transporté sous son escorte et dans la dite charrette au bois de ma terre de la Malmaison, commune de Mancé près d'Épernon, où je veux qu'il soit placé, sans aucune espèce de cérémonie, dans le premier taillis fourré qui se trouve à droite dans le dit bois, en y entrant du côté de l'ancien château par la grande allée qui le partage. La fosse pratiquée dans ce taillis sera ouverte par le fermier de la Malmaison, sous l'inspection de M. Lenormand, qui ne quittera mon corps qu'après l'avoir placé dans ladite fosse: il pourra se faire accompagner dans cette cérémonie, s'il le veut, par ceux de mes parents ou amis qui, sans aucune espèce d'appareil, auront bien voulu me donner cette dernière marque d'attachement; la fosse une fois recouverte, il sera semé dessus des glands, afin que par la suite le terrain de la dite fosse se trouvant réuni et le taillis se trouvant fourré comme il était auparavant, les traces de ma tombe disparaissent de dessus la surface de la terre; comme je me flatte que ma mémoire s'effacera de l'esprit des hommes.

Fait à Charenton-Saint-Maurice, en état de raison et de santé, le 30 janvier 1806.

D.-A-T. Sade.

Ainsi, celui qu'on a qualifié de fanfaron du vice et de l'impiété se serait montré, au déclin de sa vie, ennemi de toute ostentation et en tout cas, sans défaillance sénile, serait resté fidèle à son athéisme.

II

Ses écrits avoués avec ses théories publiques

Si dans sa vie le marquis de Sade apparaît plutôt comme la victime expiatoire d'une société débauchée, il faut avouer que ses écrits le désignaient à ce rôle. Dans *Aline et Valcour* comme dans *Justine et Juliette*, dans les livres avoués comme dans ceux niés, l'on trouve le même procédé d'opposition brutale entre le personnage d'une vertu et d'une sensiblerie à la mode alors, et le personnage qui au nom de la philosophie a répudié en théorie et en pratique tout principe moral, la même façon de mêler au récit de longues discussions. On retrouve aussi la description d'actes érotiques les plus singuliers avec la tendance constante à faire manifester la volupté au milieu de la souffrance, et avec l'aide de la perversité ou du crime. Parmi les ouvrages publiés par de Sade, un grand nombre – tout son théâtre entre autres – n'ont pas été imprimés. Deux sont réellement importants et permettent un jugement sur ce que j'appellerais volontiers le *petit sadisme*. Ce sont *Aline et Valcour*[1], écrit à la Bastille 1792-1793 (8 volumes) et *Les Crimes de l'Amour*, parus l'an VIII (4 volumes).

Aline et Valcour ou le Roman philosophique, comme beaucoup d'ouvrages de l'époque de Clarisse Harlove, est un roman épistolaire.

L'intrigue fondamentale est la suivante :

Valcour, jeune homme pauvre et complètement vertueux, aime et est aimé d'Aline, modèle des jeunes filles, comme Mme de Blamont, sa mère, est le modèle des femmes honnêtes. Mme de Blamont veut donner sa fille à Valcour. Mais le président de Blamont est un « monstre » et il veut marier sa fille à son compagnon de débauches, Dorbourg, fermier général. Blamont veut ce mariage surtout parce qu'il a déjà livré comme maîtresse au même Dorbourg Sophie qu'il croit sa fille. Il avait obtenu de la nourrice de sa première fille Claire que le décès de celle-ci fut déclaré, voulant, disait-il, à l'insu de sa femme, élever cette fille pour l'envoyer en Amérique. La nourrice prévoyant un sort fortuné avait substitué à Claire de Blamont sa propre fille Claudine et Claire de Blamont était devenue Élisabeth de Kerneuil, celle-ci étant réellement morte en nourrice.

Le drame se déroule autour de cette intrigue avec des complications nombreuses, avec surtout des scènes de petit sadisme et des tirades philosophiques.

Le président de Blamont est le personnage sadique qui philosophe. On ne saurait mieux le peindre ni résumer la doctrine du « petit sadisme » qu'en citant quelques traits de ses discours.

1. Les indications bibliographiques exactes sont données à la fin de ce travail.

Comme président de tribunal, il écrit: «Jette les yeux sur la multitude de détours que nous savons mettre en usage quand il s'agit par exemple de faire périr un innocent… La main du juge dégoutte sans cesse du sang que lui font verser les apparences. Heureusement que nous sommes au-dessus de ces misères-là et qu'un être de moins par le monde n'est pas pour nous une affaire bien grande.»

«Pour peu qu'on ait fait rouer magistralement une demi-douzaine de malheureux, on peut mériter de l'être vingt fois soi-même si l'on veut, sans le plus petit danger.»

Il essaie de dévêtir sa fille pour la montrer à Dorbourg, et à sa femme qui proteste: «Décence, voilà toujours votre mot à vous autres femmes! Il y a longtemps que je cherche à pénétrer la vraie signification de ce mot barbare, sans y avoir encore réussi…» Contre ses objections au mariage de sa fille avec Dorbourg:

«À partir de l'état actuel de nos mœurs, une fille me fait rire quand elle dit qu'elle craint de ne pas trouver le bonheur dans les nœuds de l'hymen; eh! qui la force de le chercher là?» Quant à l'adultère: «Le délit n'est relatif qu'au mari; il devient nul lorsque l'époux le tolère ou le nie» ; et pour l'estime du monde: «Qu'est-ce que l'estime? L'approbation des sots accordée aux sectateurs de leurs petits vilains préjugés, tyranniquement refusée à l'homme de génie qui les foule.» L'homme sage ne place sa félicité «que dans lui-même, dans ses opinions, dans ses goûts».

De Sade qui avait eu à se plaindre des magistrats fait soutenir par de Blamont une théorie très voisine de certaines opinions de la philosophie anarchiste, à savoir que l'autorité dégrade.

«Il y a ici quelque chose de bien singulier, c'est que de la science d'interroger périodiquement naît celle de séduire criminellement; car, que sont nos interrogatoires capitaux? que sont-ils autre chose que des subornations et des séductions épouvantables?

«Ainsi, voilà donc un de ces cas plaisants où l'art de la vertu d'éclat qui nous élève et nous fait respecter conduit à l'art du crime secret qui nous dégrade et qui nous salit.»

De Blamout a peu d'estime pour les femmes: «Il y a bien longtemps que je dis que les femmes ne sont bonnes qu'au lit et encore… hors de là, il ne faut y compter pour rien.» Il enseigne entre temps un procédé de suggestion: «J'ai quelquefois vu la tête étroite d'une femme avoir besoin d'être allumée par le tempérament pour l'exécution de ces sortes de choses. Il est inouï ce qu'on obtient d'elles dans ces moments d'ivresse, leur âme plus près de l'état de méchanceté pour lequel les a créées la nature accepte alors plus facilement toutes les horreurs qu'on peut avoir besoin de leur proposer.»

Le respect de la mort est pour de Blamont une petitesse. En face du cadavre de sa femme, qu'il a fait empoisonner, il songe à marier sa fille. «Une femme qui vient de mourir n'empêche pas qu'on en mette une autre dans le cas de donner la vie… au contraire.»

«Petitesse» aussi les regrets puisque la mort termine tous les maux et rien de plus légitime «que des nations entières aient pour usage de se réjouir à la mort de leurs proches et de se dérober à la naissance de leurs enfants».

«C'est une chose sitôt remplacée que le vide d'une femme, d'une maîtresse, d'un parent, d'un ami.»

Un des projets de Blamont était de livrer sa femme à son ami Dolbourg auquel il voulait donner sa fille en mariage en se proposant d'en faire sa maîtresse.

De Blamont reproche à Dolbourg d'avoir sauté par-dessus les préjugés sans en détruire aucun et de se préparer une fin de vie avec signes de croix. Pour moi, dit-il, «infiniment plus sage, j'ai étayé mes écarts par des raisonnements, je ne m'en suis pas tenu à douter, j'ai vaincu, j'ai déraciné, j'ai détruit dans mon cœur tout ce qui pouvait gêner mes plaisirs…»

Il ne redoute pas la mort: «Dois-je craindre d'être puni pour avoir cédé mollement sous le joug si flatteur des lois qui m'entraînaient: mourons tranquille, tout finit avec moi… *Rien n'est à moi, rien n'est de moi, toujours guidé par une force aveugle, que m'importe ce qu'elle m'a fait suivre…*

«Un seul préjugé en arrière suffit à notre désolation et c'est à tous, mon ami, à ceux mêmes qui paraissent les plus respectables aux yeux des hommes qu'il faut déclarer guerre ouverte.»

Il n'existe aucune partie positive dans les théories de Blamont hormis la recherche de la volupté: «La douleur de Pierre, dit-il à sa femme est nulle pour moi; elle n'atteint aucunement mon âme; que Pierre dîne ou ne dîne pas, il n'en peut sagement résulter pour moi nul chagrin.»

Le but de la vie est la recherche du plaisir – il faut choisir le chemin de tous les vices si ce chemin conduit au plaisir.

De Blamont ne donne pas la justification philosophique du crime d'une façon absolue. «Vous feriez pendre avec raison le malheureux qui penserait comme vous, lui dit Deterville, un honnête homme du roman — D'accord, reprit ce scélérat (Blamont), mais le bonheur d'être au-dessus des autres donne le droit de ne pas penser comme eux; voila le premier effet de la supériorité; le second est d'en abuser.»

Les remords ne sont pas niés, mais «l'habitude du mal les énerve».

Blamont après avoir fait table rase de toute morale, professe qu'il faut profiter de tout. «Quand le chameau baisse les reins et s'agenouille, le voyageur monte dessus et le gouverne sans s'aviser de calculer ses forces, il ne s'étonne que de l'ineptie de l'animal qui ne sait pas connaître les siennes.»

«De la considération, mon ami, du crédit, de l'argent, une place, voilà tout ce qu'il faut pour faire ce qu'on veut.» Or Blamont éprouve du plaisir dans la contemplation de la souffrance d'autrui, en prévision d'une vengeance il s'écrie: «Heureuse faute! Quelle source de délices je vais trouver dans votre punition; chaque branche est une volupté.» Ou encore: «C'est une chose bien plaisante que les inspirations de la nature... n'est-il pas déjà très singulier qu'elle nous chatouille intérieurement d'une manière inexprimable rien qu'au désir d'un mal projeté...»

De cette manière de sentir au petit sadisme il n'y a qu'une nuance. De Blamont, alors qu'il combine de noires machinations contre sa femme, reprend le chemin dès longtemps oublié de la chambre conjugale. Il en écrit à Dolbourg:

«N'est-il pas affreux, dira-t-on, de chercher des plaisirs avec celle qu'on accable de chagrins? Elle ne conçoit pas la liaison de tout cela, la chère dame; elle *n'entend pas d'abord que l'ébranlement causé par le chagrin sur la masse des nerfs détermine sur-le-champ à la volupté,* dans les femmes, les atomes du fluide électrique et qu'un individu de ce sexe n'est jamais plus voluptueux que quand il est saisi dans les pleurs. N'y eût-il d'abord que cela, un vieux mari comme moi serait très excusable d'employer, auprès de sa tendre épouse, tous les ressorts qui peuvent lui rendre ce qu'il ne doit plus attendre de sa vigueur... Voilà donc déjà pour le physique, mais la petite méchanceté de *donner du chagrin a bien une autre jouissance morale...* Ces voluptés (rapports sexuels avec sa femme) seraient nulles pour moi sans l'aiguillon de la perfidie.

«Hein, Dolbourg, tu n'entends pas plus cela que du grec?... Ne suis-je donc pas plus heureux que toi, en raffinant comme je fais, en ne me *composant jamais de jouissances physiques qu'elles ne soient accompagnées d'un petit désordre moral.*»

De Blamont tient un langage très semblable à Valcour, en lui intimant l'ordre de renoncer à sa fille. «L'amour n'est que l'épine de la jouissance, le physique seul en est la rose... Je vous étonnerais bien si je vous disais qu'il est peut-être possible de goûter des plaisirs plus vifs avec une femme qui vous hait qu'avec celle qui vous aime...» Il veut donner sa fille Aline à Dolbourg, car il désire la posséder comme il a possédé Sophie (qu'il considérait comme sa fille). «Tu ne t'imagines pas, mon ami, écrit-il à Dolbourg, l'envie que j'ai de posséder cette chère Aline; je lui crois des détails d'un piquant... qu'elle doit être délicieuse à saisir dans les pleurs... Sophie était bien, mais Aline...»

Ce sadisme, de Blamont le met en pratique vis-à-vis de sa femme et de ses filles. Le livre laisse pressentir quelle est sa règle de conduite dans sa vie sexuelle ordinaire, mais à part quelques scènes de flagellation, dans *Aline et Valcour* on ne rencontre pas de description d'actes de volupté dans le sang.

La conclusion du volume est des plus morales. Le crime est vaincu, sinon châtié (Blamont doit fuir), la vertu illumine les âmes des petits criminels

(Dolbourg) et même des philosophes (Léonore). Il faut remarquer cependant que Mme de Blamont est morte empoisonnée par les ordres de Blamont, qu'Aline, sur le point d'être livrée à Dolbourg par son père, s'est tuée; que Valcour, par désespoir, est entré dans un couvent et que Léonore est devenue bienfaisante précisément en faveur de son père de Blamont qui ainsi, sinon corrigé, mais plus prudent sans doute, «a joui quelques années en paix de plus de cinquante mille livres de rentes, à Londres qu'il avait choisi pour sa retraite».

Un long épisode est surajouté (tomes II et III en entier) à l'histoire précédente. La fille de Mme de Blamont, crue morte mais existant sous le nom de Kerneuil et de Léonore, vient un jour demander l'hospitalité au château de Blamont en compagnie de son amant. Les discussions philosophiques les plus complètes sont placées par le marquis de Sade à l'occasion du récit des mésaventures des deux personnages, mésaventures assez analogues à celles racontées par Voltaire, dans *Candide*. On y retrouve la fuite, la prise par les Turcs, l'emprisonnement chez les sauvages, la vertu de Léonore fréquemment en danger et d'autres épisodes sur lesquels il est oiseux d'insister.

Plus dignes d'attention sont les théories soutenues par Léonore et par un autre personnage incident, Zamé, car ces théories positives sont autre chose que des négations, ce qui est rare dans l'œuvre de de Sade. La pieuse et vertueuse Mme de Blamont écrit de sa fille Léonore, à Valcour: «O mon ami, celle qui érige l'insensibilité en système, l'athéisme en principe, l'indifférence en raisonnement… pourra peut-être ne se livrer à aucun écart mais il n'en jaillira jamais une vertu.» Cette Léonore pour se conserver pure pour celui qu'elle aime a cependant accompli «des choses au delà des forces humaines», telles que de passer pour morte et de se laisser enterrer, d'aller séduire l'empereur d'Ethiopie et de subir la torture des juges de l'inquisition. La qualification d'athée que lui donne Mme de Blamont n'est pas exacte. Dès l'âge de treize ans, dit-elle, elle s'est nourrie de philosophie; elle est déiste mais croit Dieu très au-dessus de tous les cultes: «le moins raisonnable étant le nôtre». Avec son compagnon de route, Gaspard, elle démontre d'une façon remarquable l'inanité du miracle. «Connaissez-vous toutes les lois de Dieu, pour oser soutenir votre système? et le plus étonnant des phénomènes s'offrît-il même à vous, qui vous assure que ce qui vous surprend n'est pas une des lois de Dieu que vous avez ignorée jusqu'alors? et si c'en est une de quel droit osez-vous l'appeler miracle?

Léonore n'accepte pas le petit sadisme, ni qu'une femme puisse se conduire mal «en s'enveloppant des voiles du mystère», ni qu'une femme doive se donner à tous ceux qui la désirent. Pour elle la volupté ne naît pas sans amour.

Elle tolère les maux qu'on ne peut empêcher mais estime qu'il ne faut pas adopter le vice sous prétexte que l'on accomplit les lois de la nature, pas plus qu'on ne se donne la fièvre qui est un fléau de la nature. Une morale qui lui plaît est ainsi exposée par Gaspard, un de ses sauveurs : « J'aime mes frères, je les soulage, la bienfaisance est le sentiment de mon cœur, je ne pleure ma médiocrité que parce qu'elle me prive du charme de faire des heureux… Je suis sensible à l'amour, c'est la puissance des honnêtes gens ; je hais le vice. »

Zamé, chef de nation, vieillard de soixante-dix ans que rencontre Sainville, amant de Léonore, au cours de ses pérégrinations représente dans *Aline et Valcour* le philosophe sage et éclairé.

Je ne puis m'étendre sur les doctrines qu'il professe mais elles sont remarquables. Dans ses états son seul but est « d'être cher à ses concitoyens, être aimé de ceux qui l'entourent, empêcher le mal, rendre tout le monde heureux ». On s'abstient de la viande par humanité et par régime, et on s'habille de vêtements gris (vieillards), roses (âge mûr), verts (jeunesse). Pour Zamé un culte religieux « n'est utile à l'homme qu'autant qu'il prête des forces à la morale ». Il faut qu'il soit pur ; aussi la religion chrétienne est-elle méprisable.

Zamé pour supprimer le crime, comme les anarchistes le proposent, a supprimé le plus possible de lois. Il a établi le divorce. Cependant il n'a pas toléré l'inceste ni la pédérastie, non que ces actions aient réellement des inconvénients par elles-mêmes, *la pédérastie par exemple,* « *n'ayant d'autre danger que de diminuer la population*, est d'une bien légère importance quand il est manifestement démontré que le véritable bonheur d'un état consiste moins dans une très grande population que dans la parfaite relation entre son peuple et ses moyens ». Mais l'inceste selon les vues de Zamé amènerait le développement de familles trop puissantes et la pédérastie formerait une classe d'hommes séparés, se suffisant à elle-même.

D'ailleurs il n'édicta pas de pénalité contre ces vices, il sema du dégoût sur le premier et couvrit le second de ridicule. Ainsi « vingt ans les ont anéantis ».

En présence des crimes commis au nom des religions, il a supprimé les prêtres, « inutiles à l'État, à la nature et toujours funestes à la société ».

Il a supprimé la peine de mort mais aussi « le sucre, le tabac, les épices, le café » et ainsi les colonies deviennent inutiles.

En cas de danger tous les citoyens deviennent soldats, il faut renoncer à l'esprit de conquête.

Zamé condamne les couvents en comparant la religieuse au pédéraste qui tous deux frustrent la société.

En raison du divorce facilité les enfants deviennent « les enfants de l'État ». Ils ne rentrent plus dans leur famille. À quinze ans le garçon choisit sa compagne. Une femme se répudie si elle est malsaine, si elle ne donne pas d'enfants ou refuse le devoir conjugal.

«L'État est seul possesseur de tous les biens, les sujets ne sont qu'usufruitiers.» Il existe des maisons pour les ménages et pour les célibataires ou les répudiés.

L'amour préside aux unions puisque tous les garçons et toutes les Elles ont la même portion de biens. Ainsi Zamé supprime toutes les causes de crime au lieu d'avoir à punir.

C'est bien là la pure doctrine anarchiste exposée avec un grand luxe de détails et un grand souci de réfuter toutes les objections.

Les pénalités conservées sont dirigées surtout contre l'amour-propre. Il n'existe aucune prison, «la plus mauvaise et la plus dangereuse des punitions». Toute punition doit avoir pour but d'être utile au coupable ou aux autres.

«Vous avez commencé, dit Zamé, dans les gouvernements soumis la morale chrétienne, par ériger en délits capitaux tout ce que condamnait cette doctrine, insensiblement vous avez fait des crimes de vos péchés vous vous êtes crus en droit d'imiter la foudre que vous prêtiez à la justice divine et vous avez pendu, roué effectivement, parce que vous vous imaginiez faussement que Dieu brûlait, voyait et punissait ces mêmes travers, chimériques au fond et dont l'immensité de sa grandeur était bien loin de s'occuper. Presque toutes les lois de saint Louis ne sont fondées que sur ces sophismes. Supprimez, en un mot, la quantité de vos lois et vous amoindrirez, nécessairement, celle de vos crimes.»

Même pour les pervers, il ne faut pas de lois car l'infraction seule les amuse.

Un point important des théories de Zamé concerne l'irresponsabilité qui est nettement affirmée: «Si toutes nos actions sont une suite nécessaire de la première impulsion, si toutes dépendent de nos organes, du cours des liqueurs, du plus ou moins de ressort des esprits animaux, de l'air que nous respirons, des aliments qui nous sustentent, si toutes sont tellement liées au physique que nous n'ayons pas même la possibilité du choix, la loi même la plus douce ne deviendra-t-elle pas tyrannique? et le législateur, s'il est juste, devra-t-il faire autre chose que redresser l'infracteur ou l'éloigner de la société?»»

Le développement que j'ai dû donner à l'analyse d'*Aline et Valcour*, livre fondamental du marquis de Sade, livre dont *Justine* ne sera qu'une transformation, livre d'ailleurs fort remarquable au point de vue philosophique, m'oblige à ne signaler que sommairement *les Crimes de l'Amour*.

Cet ouvrage, qui comprend quatre volumes, se compose de nouvelles très romanesques, peu intéressantes, construites sur le plan de l'ouvrage précédent, c'est-à-dire sur une opposition violente entre le vice et la vertu, qui d'ordinaire triomphe à la fin.

Les personnages criminels y sont décrits avec complaisance mais sont présentés comme des scélérats ; le personnage sympathique est d'ordinaire le personnage vertueux. On y trouve peu de théories quelques opinions philosophes de ci et de là et c'est tout.

Comme préface aux *Crimes de l'Amour*, de Sade a écrit *Idée sur les romans*, étude littéraire en somme bien faite, avec des jugements très sains, un goût très sûr.

Le roman, dit-il, doit être « le tableau des mœurs séculaires », il complète en quelque sorte l'histoire. Pour le romancier la connaissance la plus essentielle est celle du cœur de l'homme et elle ne s'acquiert que par des malheurs ou des voyages.

Il doit embellir sans s'écarter de la vraisemblance.

De Sade réclame le droit de peindre hardiment le vice pour le faire détester. C'est là l'excuse qu'on va rencontrer au seuil de *Justine.*

III

Ses écrits clandestins avec ses théories du sens sexuel

Parmi les ouvrages clandestins attribués à de Sade, il en est trois qui, malgré ses dénégations, lui appartiennent bien réellement :

Justine. — Juliette. — La philosophie dans le boudoir.

À l'époque de leur apparition, ils furent considérés comme écrits par de Sade, qui sans doute ne s'en défendait que mollement dans les conversations privées. – Pour établir sa paternité on peut invoquer l'excellente preuve que le manuscrit de *Justine et Juliette* saisi par le lieutenant de police était tout entier de la main du marquis.

Si un doute subsistait, la si frappante analogie de composition, de procédé d'écrire et surtout de théories émises entre *Aline et Valcour* et les ouvrages ci-dessus, à elle seule serait un témoignage suffisant de paternité sadique.

Justine, le premier et le plus connu des ouvrages de de Sade, parut en 1791, puis fut réédité et successivement perfectionné si on peut se servir de cette expression pour une œuvre semblable. De Sade dans la préface prétend faire un livre moralisateur en raison de son principe de montrer le vice dans toutes ses horreurs pour faire aimer la vertu.

Alors que dans *Aline et Valcour* les méchants sont punis, dans *Justine* le vice et le crime triomphent partout et toujours sans châtiment pour les criminels.

La vertu y est cependant incarnée dans une figure plutôt sympathique, encore que cette pauvre Justine soit une âme bien simple.

Plus tard dans *Juliette* de telles concessions à la morale ne sont plus faites.

Plus tard encore, dans *Philosophie dans le boudoir*, même dans la préface, le crime est justifié.

Une philosophie épouvantable est prêchée non sans science et sans éloquence, remplissant à peu près toutes les pages du livre dont l'intrigue est presque nulle.

Justine commence par un prétendu avis de l'éditeur, justifiant la publication d'un récit d'atrocités en donnant des raisons analogues à celles qu'ont fournies les romanciers naturalistes.

« Redoutera-t-on de dévoiler des crimes qui paraissaient faits pour ne jamais sortir des ténèbres ? Hélas ! qui les ignore de nos jours ? Qui retiendrait donc le romancier ? Toutes les espèces de vices imaginables, tous les crimes possibles ne sont-ils pas à sa disposition ? N'a-t-il pas le droit de les peindre tous pour les faire détester aux hommes ? Malheur à ceux que les tableaux de *Justine* pourraient corrompre. »

Le livre est dédié « À ma bonne amie Constance, l'exemple et l'honneur de son sexe » et de Sade justifie en ces lignes son œuvre dont le dessein est nouveau :

« Mais offrir partout le vice triomphant et la vertu victime de ses sacrifices, montrer une infortunée errant de malheurs en malheurs jouet de la scélératesse, plastron de toutes les débauches ; en butte aux gens les plus barbares et les plus monstrueux ; étourdie des sophismes les plus hardis, les plus spécieux ; en proie aux séductions les plus adroites, aux subornations les plus irrésistibles ; n'ayant pour opposer à tant de revers, à tant de fléaux, pour repousser tant de corruption qu'une âme sensible, un esprit naturel et beaucoup de courage… dans la seule vue d'obtenir de tout cela l'une des plus sublimes leçons de morale que l'homme ait encore reçues ; c'était, on en conviendra, parvenir au but par une route peu frayée jusqu'à présent. »

Justine a elle-même résumé le récit de ses aventures, récit qui convertit sa sœur Mme de Lorsange – qui est la Juliette aux vices triomphants, la convertit, on comprend mal comment, à revenir à la vertu et à aller oublier sa vie passée dans un couvent de carmélites.

« Un usurier, dans mon enfance, veut m'engager à commettre un vol, je le refuse, il s'enrichit. Je tombe dans une bande de voleurs, je m'en échappe avec un homme à qui je sauve la vie, pour récompense il me viole. J'arrive chez un seigneur débauché qui me fait dévorer par ses chiens, pour n'avoir pas voulu empoisonner sa mère. Je vais de là chez un chirurgien incestueux et meurtrier, à qui je tâche d'épargner une action horrible ; le bourreau me marque comme une criminelle ; ses forfaits se consomment sans doute, il fait sa fortune et je suis obligée d'aller mendier mon pain. Je veux m'approcher des sacrements, je veux implorer avec ferveur l'Être Suprême dont je reçois néanmoins tant de maux, le tribunal auguste où j'espère de me purifier dans l'un de nos plus saints mystères devient le théâtre sanglant de mon ignominie : le monstre qui m'abuse et qui me souille s'élève aux plus grands honneurs de son ordre et je tombe dans l'abîme affreux de la misère. J'essaye de sauver une femme de la fureur de son mari, le cruel veut me faire mourir en perdant mon sang goutte à goutte. Je veux soulager un pauvre, il me vole. Je donne des secours à un homme évanoui, l'ingrat me fait tourner une roue comme une bête ; il me prend pour se délecter ; les faveurs du sort l'environnent et je suis prête à mourir sur un échafaud pour avoir travaillé de force chez lui. Une femme indigne veut me séduire par de nouveaux, forfaits, je perds une seconde fois le peu de biens que je possède pour sauver les trésors de sa victime. Un homme sensible veut me dédommager de tous mes maux par l'offre de sa main ; il expire dans mes bras avant que de le pouvoir. Je m'expose dans un incendie pour ravir aux flammes un enfant qui ne m'appartient pas ; la mère de cet enfant m'accuse et m'intente un procès criminel. Je tombe dans les mains de ma plus mortelle ennemie qui veut me ramener de force chez un homme dont la passion est de couper des têtes : si j'évite le glaive de ce scélérat, c'est pour retomber sous celui de Thémis ; j'implore la protection d'un homme à qui j'ai sauvé la bourse et la vie ; j'ose attendre de lui de la reconnaissance ; il m'attire dans sa maison ; il me soumet à des horreurs ; il y fait trouver le juge inique de qui mon affaire dépend ; tous deux m'outragent, tous deux hâtent ma perte ; la fortune les comble de faveur et je cours à la mort. »

Cette rapide énumération ne donne qu'une pâle idée des violences subies par Justine, de la série interminable de scènes de débauche sanguinaire qui remplissent le livre.

Dans *Juliette* (1796, 4 volumes), mêmes scènes d'atrocités, mais Juliette est d'ordinaire l'inspiratrice et triomphe toujours.

Dans ce livre ce n'est plus l'héroïne comme dans *Justine* qui fait le récit ; c'est l'auteur lui-même.

Juliette[1], pensionnaire d'une maison de prostitution, en volant ses amants récolte douze mille livres de rente. Maîtresse de l'assassin de son père, elle connaît par celui qu'elle qualifie de « Monstre, je te le répète, tu me fais horreur et je t'aime », un ministre qui la place à la tête du département des prisons. Elle a 30.000 francs par empoisonnement et en pratique une cinquantaine par année. Elle reçoit en outre un million pour ses frais généraux. Vient une longue série de soupers aux scènes de débauches sanguinaires.

Ayant manifesté de la surprise à la lecture d'un projet de dépopulation Juliette doit fuir, elle passe en Italie, séduit les rois et le pape, les vole ; tue et vole un ogre et finit par empoisonner sa meilleure amie.

---

1. Cette analyse d'après Alcide Bonneau, in *La Curiosité*, 3e série, Isidore Liseux, 1882.

La *Philosophie dans le boudoir* (1795) ne comprend guère qu'une série de dialogues et de dissertations. Dolmancé, débauché sadique, convertit à ses théories une jeune fille, Eugénie, avec l'aide de Mme Saint-Ange et du frère de celle-ci, le chevalier.

Des scènes de débauches s'exécutent entre les quatre personnages. Dans le dernier chapitre la mère d'Eugénie, en présence et avec l'aide de sa fille, est soumise à de monstrueux actes de sadisme et finalement livrée à un domestique syphilitique.

La *Philosophie dans le boudoir* est de beaucoup le plus audacieux, au point de vue théorique, des ouvrages de de Sade.

Le vice est triomphant au point qu'aucune objection n'est plus formulée contre les longues pages de glorification qui lui sont consacrées.

La préface est dédiée aux libertins. Il y dit aux femmes de mépriser, à l'exemple de la «voluptueuse Saint-Ange», «tout ce qui contrarie les lois divines du plaisir», aux jeunes filles de briser les préjugés ridicules de vertu et de religion, aux débauchés d'aller aussi loin dans le cynisme que Dolmancé. «Convainquez-vous à son école que ce n'est qu'en étudiant la sphère de ses goûts et de ses fantaisies, que ce n'est qu'en sacrifiant tout à la volupté, que le malheureux individu jeté malgré lui sur ce triste univers peut réussir à semer quelques roses sur les épines de la vie.»

Je vais grouper ici les théories soutenues dans ces divers ouvrages pour donner une idée plus nette de la *Philosophie sadique.*

Il n'est guère de question morale que le marquis de Sade n'ait résolument abordée et discutée avec érudition. Pour établir ses conclusions qui sont la négation de toute règle d'éthique et la glorification d'un monstrueux individualisme, au mauvais sens du mot, il a argué de raisons parfois ingénieuses, toujours spécieuses. Voulant mettre en lumière surtout sa conception du sens sexuel, je passe très rapidement, sans donner ses arguments sur ses démonstrations successives des points suivants

a) Il n'y a pas de Dieu. L'homme ne doit son existence qu'aux plans irrésistibles de la nature.

b) La conception du Dieu des religions est monstrueuse.

c) La bienfaisance est un vice de l'orgueil. L'excès de population est mauvais. Il faut détruire les maternités et les hôpitaux.

d) Les enfants n'ont aucune obligation vis-à-vis de leurs parents et ceux-ci aucun pouvoir sur leurs enfants.

e) Le meurtre n'est pas un crime, puisque la destruction est une des premières lois de la nature.

f) Les liens de l'amitié et de la reconnaissance ne doivent être respectés que tant qu'ils sont utiles car «rien n'est égoïste comme la nature».

g) Pour affermir la République il faut détruire toute trace du christianisme. La religion n'est jamais utile à l'homme ; elle est nuisible. L'idée de Dieu doit être écartée de l'éducation des enfants (cette démonstration comprend 16 pages).

h) Dans un état républicain il faut accorder, à côté de la liberté de penser et d'écrire, « à bien peu de chose près » celle d'agir. Car excepté ce qui choque directement les bases du gouvernement il y a peu de crimes. À « bien peser et examiner les choses il n'y a vraiment de criminel que ce que réprouve la loi, car la nature nous dicte également des vices et des vertus ».

i) Il faut supprimer la peine de mort. On ne doit pas punir le calomniateur, la calomnie étant « un fanal et un stimulant », par suite utile.

j) Le vol égalise les richesses. On peut punir l'homme assez négligent pour se laisser voler, mais non le voleur.

k) Relativement au meurtre, Dolmancé (in *Philosophie dans le boudoir*) pose et résout les questions suivantes :

« 1° Cette action, eu égard aux seules lois de la nature, est-elle vraiment criminelle ? — Non, car l'homme ne diffère en rien des plantes et des animaux, et c'est par orgueil qu'on s'imagine qu'il n'y a pas de mal à tuer un animal et qu'il y en a à tuer un homme. D'ailleurs l'homme vaut si peu pour la nature qui détruit et renouvelle tous les êtres – et à proprement parler il n'y a pas destruction mais transmutation. Le meurtre est même avantageux en variant les formes de la nature.

« 2° L'est-elle relativement aux lois de la politique ? — C'est au contraire un des grands ressorts de la politique — l'échafaud a été nécessaire la création de la liberté républicaine.

« 3° Est-elle nuisible à la société ? — Non, la mort d'un individu n'influe pas la masse.

« 4° Comment doit-elle être considérée dans un gouvernement républicain ? Le meurtre est nécessaire aux républiques qui se développent sur un monde corrompu et dans d'autres cas encore (meurtre des enfants difformes, excès de population, etc.).

« 5° Enfin le meurtre doit-il être réprimé par le meurtre ? — Non.

l) Le suicide n'est pas blâmable.

La source de toutes les erreurs en morale vient de l'admission de la fraternité.

La philosophie et la psychologie du sens sexuel ont une place importante dans l'œuvre du marquis de Sade. Le problème est envisagé sous des aspects extrêmement multiples.

Et d'abord est proclamée la liberté absolue des actes sexuels quels qu'ils soient.

La pudeur est un sentiment sans fondement et condamnable, sinon la nature ne ferait pas naître l'homme tout nu.

La continence est contraire à toutes les lois physiques et absolument inutile au bonheur de l'individu.

Il y a plus ; dans l'état de nature les femmes sont vulvivagues et c'est par intérêt et égoïsme que l'homme a pris et prend une femme.

D'autre part il est aussi injuste de posséder une femme que de posséder des esclaves. Une femme appartient à tout le monde et bien qu'elle soit un être libre, l'homme, en raison précisément de sa nature masculine particulière, a le droit de posséder malgré elle la femme qu'il désire. Celle-ci ne peut arguer de son amour pour un autre homme. « L'amour qu'on peut appeler la folie de l'âme » ne peut légitimer la constance car la femme doit servir au bonheur de tous.

De ce principe découlent des conséquences importantes.

« Celui qui a droit de manger le fruit d'un arbre peut assurément le manger mûr ou vert, suivant les inspirations de son goût. » Ce droit étant indépendant des effets produits, même nuisibles, l'homme peut prendre la femme à n'importe quel âge et sans considération de santé.

Les femmes à leur tour, comme dédommagement, peuvent se livrer leur « tempérament de feu » et ont droit sur tous ceux qu'elles désirent.

Le mariage donc ne doit pas exister et ainsi les enfants – qui ne devront jamais connaître leur père – appartiendront à la patrie.

L'éternité des liens conjugaux était une absurdité et l'adultère ne pouvait être criminel en rien.

L'inceste est dicté par les lois de la nature et « devrait faire la loi de tout gouvernement dont la fraternité fait la base puisque c'est aimer davantage ceux que la nature enjoint déjà d'aimer.

Les liens de famille n'ont d'ailleurs aucune raison d'être.

La seule règle de conduite est la recherche de la volupté.

Pour les personnages divers des livres du marquis de Sade, les penchants étant tous œuvre de la nature, il n'existe pas de pathologie sexuelle, successivement sont justifiés la *sodomie,* les *fantaisies sacrilèges,* les *goûts cruels.*

Les justifications ont un peu varié suivant les ouvrages. On peut cependant les résumer en un tout doctrinal dont je vais donner un résumé très abrégé.

En raison du rôle important de l'imagination dans les plaisirs des sens et des influences multiples qui peuvent impressionner celle-ci, il y a une multitude infinie de goûts et de passions pour toutes les sensations. Or, « il n'y a aucune raison pour trouver une fantaisie de table moins extraordinaire qu'une fantaisie de lit », et « l'unanimité prouve de la conformité dans les organes mais rien en faveur de la chose aimée ».

« Si donc il existe des êtres dans le monde dont les goûts choquent tous les préjugés admis, non seulement il ne faut point s'étonner d'eux, non seulement il ne faut ni les sermonner, ni les punir, mais il faut les servir, les contenter, anéantir tous les freins qui les gênent et leur donner, si vous voulez être juste, tous les moyens de se satisfaire sans risque ; *parce qu'il n'a pas plus dépendu d'eux d'avoir ce goût bizarre qu'il n'a dépendu de vous d'être spirituel ou bête, d'être bien fait ou d'être bossu. Les premiers objets présentés, les premiers discours entendus, achèvent de déterminer le ressort: les goûts se forment et rien au monde ne peut plus les détruire.* L'éducation a beau faire, elle ne change plus rien. »

Alors pourquoi condamner l'homme aux goûts singuliers ?

S'il le pouvait il se réformerait au plus vite. Il n'est pas plus coupable envers la société que le boiteux. « Que deviendront vos lois, votre morale, votre religion, vos potences, votre paradis, vos dieux, votre enfer, quand il sera démontré que tel ou tel cours de liqueurs, telle sorte de fibres, tel degré d'âcreté dans le sang ou dans les esprits animaux suffisent à faire d'un homme l'objet de vos peines ou de vos récompenses ? »

En plusieurs passages de la *Philosophie dans le boudoir* les justifications ont été poussées plus loin.

La première perversion étudiée, la *Sodomie*, est considérée comme une passion universelle (suit un long historique), source de voluptés et en rien condamnable. Les raisons suivantes en sont données : « Quel est le seul crime qui puisse exister ici ? Assurément ce n'est pas de se placer dans tel ou tel lieu, à moins qu'on ne voulut soutenir que toutes les parties du corps ne se ressemblent point et qu'il en est de pures et de souillées ; mais comme il est impossible d'avancer de telles absurdités, le seul *prétendu délit ne saurait consister ici que dans la perte de la semence* ; or, je demande s'il est vraisemblable que cette semence soit tellement précieuse aux yeux de la nature qu'il devienne impossible de la perdre sans crime ? procéderait-elle tous les jours à ces pertes si cela était ? et n'est-ce pas les autoriser que de les permettre dans les rêves, dans l'acte de la jouissance d'une femme grosse ?... » La création n'est pas la seule loi de la nature. D'ailleurs que lui importe à la nature que la race des hommes s'éteigne sur la terre : « Elle rit de notre orgueil à nous persuader que tout finirait si ce malheur avait lieu ; mais elle ne s'en apercevrait seulement pas, s'imagine-t-on qu'il n'y a pas de races éteintes ? »

Les *fantaisies sacrilèges* peuvent enflammer l'imagination des jeunes débauchés ou des gens religieux, mais pour le véritable athée, elles deviennent insipides et froides. Si cependant il faut blasphémer et prononcer des mots sales, c'est pour scandaliser « car il est très doux de scandaliser ».

Les *plaisirs de la cruauté* sont longuement décrits dans les œuvres de de Sade et il est longuement disserté à leur sujet. Une des idées fondamentales émises est qu'il n'est nullement nécessaire pour le plaisir de l'homme dans l'acte sexuel que la femme éprouve elle-même du plaisir. Désirer le plaisir de la femme est peut-être un adjuvant, du ressort de l'orgueil. Mais l'orgueil est bien plus digne en obligeant la femme à songer à l'homme seul. L'égoïsme étant la grande loi de la nature, l'homme doit chercher tout ce qui accroît sa volupté, sans s'occuper des sensations des autres. D'autre part, il est si difficile de produire la sensation de plaisir de la femme, qu'il est bien plus sûr de la faire souffrir si l'on veut augmenter son propre plaisir par une émotion violente.

« Il ne s'agit pas de savoir si nos procédés plairont ou déplairont à l'objet qui nous sert, il s'agit seulement d'ébranler *la masse de nos nerfs par le choc le plus violent possible*; or, il n'est pas douteux que la douleur affectant bien plus que le plaisir, les chocs résultatifs sur nous de cette sensation produite sur les autres seront d'une vibration plus vigoureuse... »

« Ne faites pas aux autres ce que vous ne voudriez pas qu'on vous fit, n'est pas une loi de la nature. Elle a créé l'homme pour la lutte pour la vie, et même, ajoute Dolmancé (*Philosophie dans le boudoir*) la cruauté est le premier sentiment de l'enfant qui mord le téton de sa nourrice.

La cruauté envers la femme est justifiée pour d'autres motifs encore. La femme étant plus faible que l'homme, il ne peut y avoir entre eux de convention, donc de droit pour la femme. Si la nature avait créé l'homme et la femme pour le bonheur mutuel elle n'aurait pas fait de fautes de construction, ni fait de la femme « la plus mauvaise des créatures, constituée d'une manière dégoûtante ».

Le plus fort doit travailler à sa félicité sans se préoccuper de celle de la plus faible et il peut y travailler par tous les moyens d'oppression.

D'ailleurs selon les lois de la nature, le mâle pendant le coït violente; « la crise de volupté serait-elle une espèce de rage, si l'intention de cette mère du genre humain n'était pas que le traitement du coït fût le même que celui de la colère ? »

Pour terminer Dolmancé s'écrie : « Je sais bien qu'une infinité de sots ne se rendront jamais compte de leurs sensations, comprendront mal les systèmes que j'établis, mais que m'importent ces imbéciles, ce n'est pas pour eux que je parle. »

Une telle recherche philosophique méritait bien le parrainage d'une perversion sexuelle et le *sadisme* est bien nommé.

Mais il ne m'a pas semblé que les écrits, si monstrueux soient-ils, du marquis de Sade permettent, plus que sa biographie ne l'avait permis, de conclure à sa folie. Œuvres d'une imagination surexcitée par un emprisonnement prolongé, par une longue chasteté imposée à un libertin, elles ont revêtu une allure spéciale plus sanguinaire que voluptueuse en raison d'un tour spécial de l'esprit.

De Sade, très imprégné des belles doctrines des d'Holbach, des Helvétius, des Diderot, les avait incomplètement comprises. Il n'avait pas vu, un peu excusable parce que le principe a été insuffisamment précisé alors, que le fondement de la morale nouvelle était précisément la solidarité humaine, le bonheur par le bonheur des autres.

Avec cette erreur à la base d'un système philosophique sans morale divine, on comprend la possibilité de monstrueuses conceptions qu'il est inutile aussi de discuter.

IV

Les actes sadiques imaginés

L'imagination du marquis de Sade a été d'une fécondité déplorable dans cet ordre d'idées.

La plupart des actes sexuels véritablement sadiques qui sont décrits ne peuvent être analysés aisément. Comme d'autre part il n'y a pas d'intérêt sérieux à ce que dans cette étude tant de folies sanguinaires soient précisées, je me bornerai à signaler quelques particularités d'ordre général.

Les héros des livres de de Sade, fidèles à leurs maximes, essaient toujours de susciter la douleur morale ou physique autour d'eux pour augmenter leur excitation sexuelle.

Ordinairement les deux douleurs sont provoquées. Ainsi Justine soumise à tous les viols physiques est une bonne chrétienne qui souffre du péché commis, qui souffre d'entendre blasphémer et d'écouter des théories immorales.

Au point de vue des tortures physiques, la liste qu'on en pourrait dresser serait singulièrement longue.

Les actes cruels vont de la morsure de la langue ou des mamelons au meurtre en passant par la flagellation jusqu'au sang, les piqûres, les blessures, la demi-strangulation, les saignées blanches, les morsures de chien, le déchirement des parties génitales avec les ongles, la crucification, etc.

Un autre point à noter c'est que les personnages de de Sade n'accomplissent guère que l'acte sodomique avec les femmes comme avec les hommes. Le coït normal est exceptionnel.

L'œuvre de de Sade garde pour toutes ces raisons une place très particulière parmi les publications licencieuses si nombreuses. Mirabeau qui, prisonnier aussi, écrivait des livres légers, les a faits extrêmement voluptueux sans cruauté. Ceux de de Sade, écrits pour glorifier la volupté, seule souveraine à ses yeux, sont surtout terrifiants. Ses héros, invertis, fétichistes, sanguinaires, manifestent leurs plaisirs par des blasphèmes, des cris de haine et des appels à la mort.

INDEX BIBLIOGRAPHIQUE[1]

A. – Renseignements Biographiques

1. *Mémoires secrets pour servir à l'histoire de la République des Lettres en France ou Journal d'un observateur*, tome VI, p. 162, 163 (connus sous le nom de Mémoires de Bachaumont).
2. *Le marquis de Sade* par Jules Janin. In *Revue de Paris*, 1834. – Article reproduit dans *Les Catacombes* puis en abrégé dans *Le Livre*, In-8, 1870.
3. P. Lacroix (Bibliophile Jacob). – *La vérité sur les deux procès criminels du marquis de Sade. – Revue de Paris*, 1837, puis dans *Curiosités de l'histoire de France; Les Procès célèbres*, 1858, in-12.
4. P. Lacroix. *Bibliographie et iconographie de tous les ouvrages de Restif de la Bretonne*, Paris, 1875.
5. Ch. Nodier. – *Souvenirs, Portraits de la Révolution et de l'Empire.*
6. Sébastien Mercier. — *Nouveau tableau de Paris.*
7. *Le marquis de Sade. L'homme et ses écrits.* Étude bibliographique, Sadopolis, chez Justin Valcourt (S. Gay, 1866).
8. *Revue rétrospective*, publiée par Taschereau.
9. A. F. Notice sur de Sade, 22 pages. (Préface de Dorci, *Conte inédit de Sade* chez Charavay, 1881).
10. Le marquis de Sade (importante étude qui se trouve dans *Les Crimes de l'amour*, Bruxelles, Gay et Doucé, 1881. Réimpression partielle des *Crimes de l'Amour* de de Sade).
11. Notice biographique et bibliographique précédant la réimpression de *Zoloé et ses Deux Acolytes*, Bruxelles, chez tous les libraires, 1870 (important article dont le précédent n'est qu'une copie).
12. *La Curiosité littéraire et bibliographique*, 1882. Tomes I et III (Analyse de *Justine et Juliette*).
13. *Biographie universelle et portative des contemporains* (depuis 1788 jusqu'à nos jours). Tome V, 1838.
14. *Biographie universelle* (article de Michaud jeune).
15. *Biographie générale.*
16. Dictionnaire Larousse.

1. La plupart de ces indications ont été données par Octave Uzanne dans sa préface à *Idée sur les romans*, Rouveyre, 1878.

B. Renseignements bibliographiques[1]

1. Diverses pièces qui n'ont pas été imprimées : *Ostiern ou les Malheurs du libertinage* (an VIII). – *Julia ou le Mariage sans femme* (Catalogue Soleinne n° 3879). – *Le Misanthrope par amour* (1770). – *L'Homme dangereux ou le Suborneur* (1790) – *L'Épreuve* (1782). – *L'École du jaloux; le Boudoir* (1791) – *Cléontine ou la Fille malheureuse* (1792), etc.
2. *Justine les Malheurs de la vertu*, en Hollande chez les libraires associés, 1791, 2 vol. in-8 de 283 et 191 pages. Frontispice de Chéry. Une 2e édition avec figures, en 1791, une 3e avec figures chez Cazin, en 1792. Une édition annoncée comme 3e *Justine*, corrigée et augmentée. 1794. à Philadelphie 2 vol. Une autre édition augmentée encore à Londres (Paris) 1797, 4 volumes in-18.
3. *Juliette ou la Suite de Justine,* 1796, in-8.
4. *La Nouvelle Justine ou les Malheurs de la vertu* suivi de l'*Histoire de Juliette sa sœur ou les Prospérités du vice*, 1797. 10 volumes in-18 (100 gravures érotiques).
5. *La Philosophie dans le boudoir, ou les Instituteurs libertins.* Dialogue. Ouvrage (prétendu) posthume par l'auteur de *Justine.* Londres (Paris) 1795, 2 vol, in-18.
6. *Aline et Valcour ou le Roman philosophique*, écrit à la Bastille un an avant la Révolution par le citoyen S... Paris, Sirouard, libraire, 1793, 8 vol. pet. in-12 et Paris, Maradan, 1795, 8 parties.
7. *Les Crimes de l'amour.* Nouvelles héroïques et tragiques précédé d'*Une Idée sur les romans* par D.-A.-T. Sade, auteur d'*Aline et Valcour.* Paris, Massé, an VIII, 4 vol. in-12 et 2 vol. in-8.
8. *Zoloé et ses Deux Acolytes ou Quelques Décades de la vie de trois jolies femmes. – Histoire véritable du siècle dernier*, par un contemporain. À Turin (Paris) chez tous les marchands de nouveautés. De l'imprimerie de l'auteur. Thermidor an VIII, in-12.
9. *L'auteur des Crimes de l'amour à Villeterque, folliculaire.* Paris, Massé, an IX, 19 pages.

---

1. Je n'indique que les principaux ouvrages et non ceux attribués à de Sade – je ne donne que l'indication des principales éditions anciennes.

LE SADISME

Au point de vue de la médecine légale

Le sadisme est un état cérébral dans lequel l'instinct sexuel est excité ou satisfait sous l'influence de l'instinct destructeur.

Thoinot en donne une définition plus descriptive : Trouver dans une souffrance de degré très variable — tantôt légère, tantôt grave ou d'un raffinement atroce — qu'on *fait* infliger, qu'on *voit* infliger ou qu'on *inflige* enfin soi-même à un être humain, la condition toujours nécessaire, et parfois suffisante, de la jouissance sexuelle : telle est la perversion de l'instinct génital qu'on appelle *sadisme.*

Commettre un *acte sadique*, c'est donc faire souffrir autrui pour trouver dans cette souffrance une jouissance sexuelle et le perverti atteint de sadisme porte le nom de *sadique.*

Dans ces conditions, le sadique passe facilement de l'idée à l'acte. Il est surtout actif. Mais le perverti sexuel peut présenter un état cérébral analogue à celui des suicidés. Il dirige alors son activité érotique non contre autrui mais contre lui-même. C'est le *passivisme* comme l'a très bien dénommé M. Stefanowsky dans un article paru en 1892 dans les *Archives d'anthropologie criminelle.*

Cet état a été désigné par M. de Krafft-Ebing sous le nom de *masochisme* pour rappeler le célèbre romancier hongrois M. de Sacher-Masoch qui dans la plupart de ses nouvelles a décrit de nombreux types de passivistes.

Ainsi dans le plus célèbre de ses romans, *la Vénus en fourrure*, il montre un jeune homme élégant et spirituel qui, volontairement, devient le laquais d'une cruelle maîtresse. Celle-ci lui donne des coups de pied, de cravache. Un rival obtient les faveurs de sa belle, loin d'en être jaloux, il éprouve une grande volupté, et quand le rival le bat ou le soufflette, il ressent alors une sensation incroyable de douleur et de joie.

Ce n'est pas assez, croyons-nous, pour donner à un auteur, et de son vivant, un semblable parrainage.

D'ailleurs cette perversion de l'amour n'est pas récente. J.-J. Rousseau en parle dans ses *Confessions* après avoir indiqué le singulier résultat d'une correction reçue des mains d'une demoiselle. « Être aux genoux d'une maîtresse impérieuse, obéir à ses ordres, avoir des pardons à lui demander, étaient pour moi de très douces jouissances. » De tout temps, on a vu des hommes abdiquer leur volonté aux mains d'une femme, avec l'érotique désir d'être abusé ou maltraité par elle. N'est-ce pas d'ailleurs un peu de cet «état d'âme» que l'on trouve dans la jalousie, dans des scènes de réconciliation où l'amant — quelquefois trompé — cherche ou se complait dans une humiliation offensante et incompréhensible.

Le professeur von Krafft-Ebing a donné de curieux renseignements sur le sadisme[1]. Voici les idées du savant psychiatre viennois: «Quand on veut expliquer la connexité existant entre la volupté et la cruauté, il faut remonter à ces cas qui sont encore presque physiologiques où, au moment de la volupté suprême, des individus normalement constitués, mais très surexcitables, commettent des actes, tels que de mordre ou d'égratigner, qui habituellement ne sont inspirés que par la colère. Il faut en outre rappeler que l'amour et la colère sont non seulement les deux plus fortes passions, mais encore les deux uniques formes possibles de la passion forte. Ces deux passions cherchent également leur objet, veulent s'en emparer, et se manifestent par une action physique toutes les deux mettent la sphère psychomotrice dans la plus grande agitation et arrivent par cette agitation même à leur manifestation normale.

«Partant de ce point de vue, on comprend que la volupté pousse à des actes qui, dans d'autres cas, ressemblent à ceux inspirés par la colère (c'est ainsi que Schultz rapporte le cas curieux d'un homme de vingt-huit ans qui ne pouvait pratiquer le coït avec sa femme qu'après s'être mis artificiellement en colère). L'une comme l'autre est un état d'exaltation, constitue une puissante excitation de toute la sphère psychomotrice. Il en résulte un désir de réagir par tous les moyens possibles et avec la plus grande intensité contre l'objet qui provoque l'excitation. De même que l'excitation maniaque passe facilement à l'état de manie destructive furieuse, de même l'exaltation de la passion sexuelle produit quelquefois le violent désir de détendre l'excitation générale par des actes insensés qui ont une apparence d'hostilité. Ces actes représentent, pour ainsi dire, des mouvements psychiques et accessoires; il ne s'agit point d'une simple excitation inconsciente de l'innervation musculaire (ce qui se manifeste aussi quelquefois sous forme de convulsions aveugles), mais d'une vraie hyperbolie de la volonté à produire un puissant effet sur l'individu qui a causé notre excitation.

«Le moyen le plus efficace pour cela, c'est de causer à cet individu une sensation de douleur. En partant de ce cas où, dans le maximum de la passion voluptueuse, l'individu cherche à causer une douleur à l'objet aimé, on arrive à des cas où il y a sérieusement mauvais traitements, blessures et même assassinat de la victime.

1. *Psychopathia sexualis*, avec recherches sur l'inversion sexuelle (trad. par Émile Laurent et Sigismond Csapo), Paris, Carré, 1895.

« Dans ce cas, le penchant à la cruauté qui peut s'associer à la passion voluptueuse s'est accru démesurément chez un individu psychopathe, tandis que, d'autre part, la défectuosité des sentiments moraux fait qu'il n'y a pas normalement d'entraves ou qu'elles sont trop faibles pour réagir. »

Krafft-Ebing remarque que ces actes sont plus fréquents chez l'homme que chez la femme et ajoute : « On rencontre dans l'histoire des exemples de femmes, quelques-unes illustres, dont le désir de régner, la cruauté et la volupté font supposer une perversion sadique innée. Telles Messaline, Valérie, Catherine de Médicis, l'instigatrice de la Saint-Barthélemy et dont le plus grand plaisir était de faire fouetter en sa présence les dames de sa cour. »

Le Dr Moll[1] dit que ce qui caractérise vraiment le sadisme est un rapport étroit entre le besoin de martyriser et les fonctions génitales. « Par conséquent il ne faudrait rapporter au sadisme une action cruelle ou brutale que dans le cas où cette action constituerait une excitation indispensable à l'accomplissement du coït, ou le supplément nécessaire de celui-ci. Dans l'amour normal on peut déjà trouver certains faits constituant un sadisme très atténué, comme le plaisir que la personne qui aime peut trouver à chagriner la personne aimée par des moqueries et des taquineries. »

Moll rappelle des actes de sadisme basés sur l'homosexualité. Tel le cas, publié par Gyurkovechky, d'un garçon de quinze ans nommé P... qui avait pour ami un enfant de quatorze ans, le nommé B... La mère de celui-ci remarqua que son fils avait des meurtrissures sur les bras, les reins et les cuisses et apprit ainsi que B... était payé par P... pour se laisser fortement pincer par lui. Quand B... criait et pleurait de douleur, P... continuait à le pincer d'une main et se masturbait de l'autre. Interrogé, P... a avoué que la masturbation au moment où B. criait lui procurait la plus grande jouissance. P... était épileptique et avait une hérédité nerveuse très chargée.

De même les faits cités par Ulrichs, en 1869, dans son *Incube* ; d'abord le maître d'école de Landsberg qui, en 1713, avait une telle passion pour les garçons qu'il leur mordait les joues jusqu'au sang. Il rapporte aussi l'histoire d'un uraniste qui délirait pendant l'acte sexuel, lorsque l'homme avec lequel il avait des rapports et qu'il maltraitait pendant le coït se tordait de douleur. Il rappelle encore le mot de von Gœrres qui disait que le désir sexuel est frère de l'assassinat. Il faut encore ajouter le cas de von Zastrow qui recherchait les jeunes garçons impubères et fut poursuivi devant les tribunaux pour toute sorte de mauvais traitements qu'il leur avait infligés : morsures à la face, plaies, arrachement des testicules, etc.

1. *Les Perversions de l'instinct génital, etc.* (trad. par les Drs Pactet et Romme), Paris, Carré, 1893, p. 172 et suivantes.

M. Binet, dans ses remarquables études sur le *Fétichisme dans l'amour*[1] a touché à ces problèmes qu'il explique par l'association des idées et des sentiments.

M. Stefanowski et M. Lamoureux[2] font jouer un grand rôle à l'hérédité psychique, remontant le cours des âges, jusqu'aux temps primitifs, à la coutume du rapt, aux combats entre mâles pour la possession de la femelle.

La théorie du phénomène nous semble plus simple. Si on constate ces goûts pervers parfois même chez les enfants ou les adolescents, c'est qu'il existe dans le cerveau des organes spéciaux qui président à ces deux fonctions cérébrales, l'instinct de la reproduction et l'instinct destructeur.

L'instinct génital est après celui de la conservation le plus puissant. Développé d'une façon normale, il prédomine sur les autres fonctions cérébrales qu'il peut facilement exciter ou troubler. On s'explique qu'il en soit souvent ainsi chez les anormaux, les malformés, ceux qui ont une tare héréditaire quelconque.

Selon que l'érotisme est cérébral ou réflexe, retentit sur les fonctions de méditation ou d'expression, il y a *petit* ou *grand* sadisme.

En effet ce peuvent être des idées de méchanceté au moment de l'acte vénérien, des cruautés symboliques. Ce sont des sadiques uniquement en pensée, des sadiques imaginatifs.

Chez les *sadiques actifs*, on a les *flagellations*[3], puis ceux qui se délectent à pincer les femmes, d'autres qui ont besoin de voir couler le sang aimé, les *piqueurs* de filles (ils piquent toujours à la même partie du corps, les *doigts*, les *fesses*, les *jambes*, les *seins* — on a même cité un piqueur de garçons qui leur coupait un lobule de l'oreille). Ce sont des *sanguinaires.*

Viennent ensuite les grands sadiques. On constate alors l'*assassinat après tortures multiples* (coups d'ongles, coups de dents, nombreuses blessures, l'égorgement, l'éventration), puis les *mutilations* (surtout celle des organes génitaux, l'étripement, l'ablation des organes internes, le dépeçage, et dans le dernier paroxysme, le sadique boit le sang de sa victime, mange sa chair).

Ce sont des *crimes à répétition*, accomplis dans les mêmes circonstances, exécutés de la même façon, montrant un procédé opératoire toujours identique (Gilles de Retz, Jack l'éventreur, Vacher).

Nous allons donner une suite d'exemples et de curieuses observations.

---

1. *Revue philosophique*, août 1887.
2. *De l'éventration au point de vue médico-légal*, thèse Lyon, Storck 1894.
3. *Étude sur la Flagellation au point de vue médical et historique*, Paris, Carrington, 1899.

LES CRIMES SADIQUES

Michelet[1] fait voir que sous Charles VII, la noblesse était devenue antichevaleresque, antireligieuse, présentant des mœurs atroces.

«On était bien fait à ces choses, et pourtant il en éclata une dont tout le monde fut stupéfait: *conticuit terra.*

«Gilles de Retz était un très grand seigneur, riche de famille, riche de son mariage dans la maison de Thouars, et qui de plus avait hérité de son aïeul maternel, Jean de Craon, seigneur de la Suze, de Chantoré et d'Ingrande. Ces barons des marches du Maine, de Bretagne et de Poitou, toujours nageaient entre le roi et le duc, étaient, comme les marches entre doux juridictions, entre deux droits, c'est-à-dire hors du droit. On se rappelle Clisson *le boucher* et son assassin Pierre de Craon. Quant à Gilles de Retz, dont il s'agit ici, il semblait fait pour gagner la confiance. C'était, dit-on, un seigneur «de bon entendement, belle personne et bonne façon», lettré de plus, et appréciant fort ceux qui parlaient avec élégance la langue latine. Il avait bien servi le roi, qui le fit maréchal et qui, au sacre de Reims, parmi ces sauvages Bretons que Richement conduisait, choisit Gilles de Retz pour quérir à Saint-Remy et porter la sainte ampoule!»

Michelet fait voir que si, au début des accusations portées contre lui, de Retz put nier et accuser ses juges qui étaient ses ennemis, il fut bientôt obligé d'avouer devant le témoignage de pauvres gens, pères ou mères affligés qui venaient raconter comment leurs enfants avaient été enlevés par une vieille femme dite la Meffraie, on par des hommes aux gages du maréchal. Il se mit tout à coup a pleurer et fit sa confession.

«Telle était cette confession que ceux qui l'entendirent, juges ou prêtres, frémirent d'apprendre tant de choses inouïes et se signèrent. Ni les Nérons de l'empire, ni les tyrans de Lombardie n'auraient eu rien à mettre en comparaison; il eut fallu ajouter tout ce que recouvrait la mer Morte, et par-dessus encore les sacrifices de ces dieux exécrables qui dévoraient des enfants.

«On trouva dans la cour de Chantocé une pleine tonne d'ossements calcinés, des os d'enfants en tel nombre qu'on présuma qu'il pouvait y en avoir une quarantaine, On en trouva également dans les latrines du château de la Suze, dans d'autres lieux, tels qu'à Machecoul, partout où il avait passé. Partout il fallait qu'il tuât... On porte à cent quarante le nombre d'enfants qu'avait égorgés

1. *Histoire de France*, tome VI, p. 316 à 326.

la bête d'extermination.» (Le seul valet de chambre Henriet reconnaît en avoir livré quarante. L'acte d'accusation des *Procédures civiles* porte le nombre des victimes à deux cents et plus. Des auteurs ont dit sept et huit cents.)

Michelet pense que de Retz commença par employer ces enfants à faire des offrandes au diable afin qu'il lui accordât «l'or, la science et la puissance». Puis il se mit à tuer pour lui-même avec volupté, «et ledict sire prenait plus de plaisir à leur couper ou voir couper la gorge qu'à… Il leur faisait couper le col par derrière pour les faire languir». L'historien ajoute: il jouissait de la mort, encore plus de la douleur.

On trouve des détails plus précis dans les pièces de la procédure criminelle canonique, les enquêtes, etc.[1]

La victime était jetée à terre. Sur l'ordre de Gilles, ou même de sa propre main, la gorge est coupée avec une dague, un poignard ou une longue pique, Gilles se joue de l'enfant palpitant. Puis il coupe les membres, il ouvre la poitrine ou le ventre, enlève les entrailles. Parfois il s'assied sur le corps de la victime pour suivre les progrès de l'agonie, «plus content de jouir des tortures, des larmes, de l'effroi et du sang que de tout autre plaisir». Parfois même il décapite le cadavre, prend cette tête dans ses mains, la contemple avec des yeux lascifs, puis l'embrasse avec une volupté étrange.

Le juge ecclésiastique écrit la confession du maréchal «Egidius de Rays, sponte dixit, quamplures pueros in magno numero, cujus amplius non est certus, cepisse et capi fecisse, ipsosque pueros occidisse et occidi fecisse, seque cum ipsis vicium et peccatum sodomicum commisisse…, tam ante quam post mortem ipsorum et in ipsa morte damnabiliter… cum quibus etiam languentibus vicium sodomiticum committebat et exercebat modo supradicto; ipsosque pueros, jam mortuos, osculari et, qui eorum pulchriora haberent capita, intueri, ac eorum corpora crudeliter aperire seu aperiri facere ut ipsorum intranea respiceret, delectabatur; et quod sæpius, dum ipsi pueri moriebantur, super ventres ipsorum sedebat et plurimum delectabatur eos videndo sic mori.» Gilles disait à ses complices: «Il n'est personne au monde qui sache et qui puisse même comprendre tout ce que j'ai fait dans ma vie; il n'est personne qui, en la planète, puisse ainsi faire.»

«Le très sage et très juste messire Pierre de l'Hospital» l'interroge et lui dit: «Qui vous a induit à ce faire? c'est assurément l'esprit du mal, le tentateur?

«Je ne sais, répondit le seigneur Gilles, mais j'ai de moi-même et de ma propre tête, sans conseil d'autrui, pris ces imaginations d'agir ainsi seulement

1. *Gilles de Rays, maréchal de France, dit Barbe-Bleue* (1404-1440), par l'abbé E. Bossard et R. de Maulle, Paris, H. Champion, 1886 [J. Millon, 2018 (1res éd. 1992, 1997)]. On trouve à la fin du volume une partie des documents originaux et la presque totalité du procès criminel.

par plaisance et déclaration de luxure ; de fait, j'y trouvais incomparable jouissance, sans doute par l'instigation du diable.

« Il y a huit ans que cette idée diabolique me vint, ce fut l'année même où mon aïeul le sire de la Suze alla de la vie à trépas. Or, étant d'aventure en la librairie du dit château, je trouvai un livre latin de la vie et mœurs des Césars de Rome, par un savant historien qui a nom Suetonius, le dit livre était orné d'images fort bien peintes, auxquelles se voyaient les déportements de ces empereurs païens, et je lus en cette belle histoire comment Tiberius, Caracalla et autres Césars s'ébattaient avec des enfants et prenaient plaisir à les martyriser. Sur quoi je voulus imiter les dits Césars, et le même soir, me mis à le faire en suivant les images de la leçon et du livre.

« Pour un temps je ne confiai mon plan à personne, mais depuis je dis le mystère à plusieurs personnes, entre autres à Henriet et à Poitou, que j'avais dressés à ce jeu.

« Ce furent les susdits qui aidaient au mystère et qui avisaient à trouver des enfants pour mes besoins. Les enfants tués à Chantocé étaient jetés en bas d'une tour, en un pourrissoir d'où je les fis tirer une certaine nuit et mettre dans un coffre pour être transportés à Machecoul et brûler, ce qui fut fait. Quant à ceux occis à Machecoul et à Nantes en l'hôtel de Suze, on les brûlait en ma chambre, hormis quelques belles têtes que je gardais comme reliques. »

Esquirol donne l'observation de Léger, un vigneron de vingt-quatre ans, qui quitte la maison de ses parents pour aller chercher une place. Au lieu d'accomplir raisonnablement son projet, il erre dans le bois, pendant huit jours, pris d'un désir insensé de manger de la chair humaine.

Il rencontre enfin une petite fille de douze ans, la viole, puis lui déchire les organes génitaux, lui arrache le cœur, le mange et boit son sang, puis il enterre le cadavre.

Arrêté peu de temps après il fait tranquillement l'aveu de son crime. Il fut condamné et exécuté.

Esquirol fit l'autopsie et trouva des adhérences entre la pie-mère et les couches corticales du cerveau. S'agissait-il d'un début de paralysie générale[1] ?

Faverbach cite le cas d'André Bichel : cet homme après avoir violé des jeunes filles les assassinait et les coupait en morceaux. Il raconta lui-même devant le tribunal qui le jugeait le démembrement d'une de ses victimes, Catherina Seidel. « Je lui ouvris la poitrine, dit-il, et avec un couteau je fendis les parties molles ; puis j'ai débité le corps comme un boucher ferait d'un veau. Je l'ai fendu en deux avec une hache, pour la faire entrer dans le trou que

1. Esquirol, *Des maladies mentales*, Paris, 1838.

j'avais creusé d'avance sur la berge. Pendant toute cette opération j'éprouvais un violent désir d'arracher un lambeau du cadavre et de le manger[1].»

Les deux observations suivantes rapportées par *Demme*, montrent deux degrés de cette perversion sexuelle.

La première observation de Demme[2] consiste dans ce qui suit: Charles Bertle, âgé de trente-sept ans, marchand de vins à Augsbourg, n'avait de sa vie eu de rapports sexuels avec une femme, le plus souvent même il avait éprouvé de la répulsion pour elles. Et pourtant le penchant sexuel avait été très vif chez lui. À dix-neuf ans il fut pris pour la première fois d'un insurmontable désir de blesser légèrement des jeunes filles parce que de cette façon il avait du moins un soupçon de la jouissance sexuelle. C'est pourquoi il blessa plusieurs jeunes filles et eut chaque fois à l'instant même une éjaculation. Après chacun de ces actes il se faisait des reproches, éprouvait une sorte de remords et prenait la résolution de surmonter son penchant.

Au début il se bornait à couper et prenait garde de ne faire à la jeune fille aucune blessure sérieuse; plus tard il fut obligé de serrer les jeunes filles qu'il trouvait au cou ou au bras. Mais le penchant ne se trouva pas entièrement satisfait par là: il y eut bien des érections mais pas d'éjaculations. De plus fortes blessures devinrent nécessaires. il commença par piquer ses victimes avec un stylet. Quand la jeune fille était protégée contre la blessure par ses vêtements, il savait que la piqûre n'avait pas réussi, car il n'éjaculait pas.

Pourtant il ne fallait pas que la blessure fût dangereuse, il était trop religieux pour cela. Il ne cherchait que de jolies filles, épargnait les femmes. Il ne s'adonna jamais à la masturbation; pourtant dans les rêves où il voyait des filles blessées il eut des pertes séminales.

On trouva dans sa demeure une collection de stylets bien travaillés, de cannes à épée, de poignards, de couteaux de chasse, etc. Il expliqua ce fait en disant qu'il avait depuis longtemps envie de posséder ces armes. La seule vue et à plus forte raison le contact de ces lames brillantes, unies, lui causaient une sensation voluptueuse et étaient accompagnés d'érections violentes.

Suivant les déclarations des personnes qui le connaissaient c'était un homme d'un caractère tranquille, il aimait la solitude et fuyait toujours la société des femmes, il avait un extérieur agréable et des moyens personnels.

Le nombre des attentats commis par lui sur des jeunes filles atteignait cinquante lors de son incarcération. Comme armes il s'était servi, outre les stylets, de lancettes et d'hameçons.

La deuxième observation de Demme concerne un soldat, Xavier, à Botzers, qui éprouvait un singulier plaisir, quand il rencontrait des jeunes filles

1. Feuerbach, in *Westphal. Arch. für Psychiatrie*, p. 302.
2. Voyez Krauss, *Psychologie des Verbrechens*, p. 183.

sur sa route, à leur faire avec un couteau des blessures aux parties génitales et à contempler le sang qui dégouttait du couteau : cela lui donnait à ce qu'il déclara la même satisfaction que s'il avait eu réellement un commerce sexuel avec ses victimes.

Xavier se masturba dès son enfance, eut des relations normales avec des prostituées et en outre il avait sodomisé des petites filles ; plus tard il trouva un plaisir particulier à se masturber devant des petites filles qui « très innocemment le regardaient avec curiosité ». Alors cette pensée s'était emparée de lui, combien il devait être charmant de piquer avec un couteau les parties sexuelles de quelque belle jeune fille et de voir ensuite couler le sang. Le penchant à ce genre de plaisir « d'inspiration diabolique » devint invincible et chaque fois qu'il avait été satisfait il devenait plus invincible et plus furieux.

Il avait blessé de cette façon sept jeunes filles et avait trente ans quand il fût arrêté. D'après les déclarations de ses camarades et de ses supérieurs, Xavier était un homme irascible mais nullement méchant, il avait de grandes qualités, était renfermé en lui-même et passait des heures entières dans la contemplation d'images d'un caractère religieux.

Blumræder a donné des soins à un homme qui pendant le coït avait eu la poitrine dévorée par une femme lascive.

Ball a vu à la clinique de Sainte-Anne un épileptique d'une vigueur extraordinaire qui, dans des conditions semblables, avait mangé le nez de sa maîtresse, déchirant les cartilages et brisant même à coups de dents les os propres du nez.

P… vingt-trois ans, avait prémédité un acte odieux sur la fille de la propriétaire chez laquelle il était employé comme domestique. Le jour où il s'était promis de mettre à exécution son projet criminel, sa victime désignée était à la fête du pays. P… tourna alors sa brutalité sur la mère, cinquante-trois ans furieux de sa résistance, il l'assomma à coups de bêche et sur le cadavre se livra aux derniers outrages, puis, jetant le corps à l'eau, il le repêcha bientôt après pour renouveler ses actes de bestialité.

P…, condamné à mort, fut exécuté à Beauvais, le 13 novembre 1879.

Le Dr Évrard a fait l'autopsie du cerveau devant plusieurs confrères. Il a trouvé des lésions cérébrales très prononcées et entre autres un épaississement et des adhérences des méninges, au niveau des circonvolutions frontales. Cornil et Galippe (*J. des connaissances médicales I*) disent à propos de ce cas : « Si la guillotine doit être comprise dans le traitement de l'aliénation mentale, qu'on le dise.[1] »

1. Paul Moreau, *Aberration du sens génésique*, 1880, p. 243.

Nous donnerons des détails assez complets sur Menesclou, condamné à mort et exécuté, insistant sur l'état mental de cet homme soumis à l'examen de Lasègue, Brouardel et Motet et déclaré responsable.

Le 15 avril 1880 une petite fille âgée de quatre ans, Louise Deu, disparaissait de chez ses parents. Le lendemain on arrêtait le nommé Louis Menesclou, âgé de dix-neuf ans, un des locataires de la maison. On trouvait dans ses poches les deux avant-bras de l'enfant, puis on retirait du four d'un petit poêle la tête desséchée, mais encore parfaitement reconnaissable de la jeune Deu, et du fourneau des intestins incomplètement carbonisés. Les recherches ultérieures firent retrouver dans les fosses d'aisance quarante-trois morceaux, à l'aide desquels on put reconstituer presque dans son entier le corps de la victime. Plusieurs fragments manquaient et parmi eux le cou et les organes génitaux. L'accusation admit que Menesclou avait attiré dans sa chambre cette petite fille pendant qu'elle jouait sur le palier de l'escalier, qu'il s'était livré sur elle à des tentatives de viol, qu'il l'avait étranglée pour étouffer ses cris et que ne sachant que faire du cadavre il l'avait découpé.

Le cadavre avait été dépecé à l'aide de deux mauvais couteaux et d'un marteau. Interrogé sur l'endroit dans lequel il avait caché les organes génitaux, Menesclou refusa de répondre.

L'accusation trouva dans cette circonstance la preuve qu'avant de tuer sa victime il lui avait fait subir des violences portant sur ces parties. Une dernière découverte parut d'ailleurs ne laisser aucun doute. On trouva chez lui un cahier de chansons, et à la dernière page on lut les vers suivants que Menesclou reconnut avoir composé le lendemain de son crime :

Je l'ai vue, je l'ai prise.
Je m'en veux maintenant
Et le bonheur n'a qu'un instant.
Dans ma fureur aveugle,
Je ne voyais plus ce que je faisais.

On nomma pour examiner l'état mental de l'inculpé MM. Lasègue, Brouardel et Motet.

Ils recherchèrent dans les antécédents héréditaires de Menesclou un de ses oncles aurait été atteint d'une aliénation de nature indéterminée, probablement alcoolique. Sa mère a été internée à l'asile Sainte-Anne du 4 octobre au 36 octobre 1876. Elle présenta à l'époque de la ménopause un accès de manie aiguë. À sa sortie, elle reprit ses occupations et n'éprouva plus de troubles mentaux. Dans ses antécédents personnels, les experts ont relevé à l'âge de neuf mois des convulsions sans gravité. Sa santé ensuite s'est graduellement raffermie, néanmoins il est resté sujet à des troubles nerveux : sommeil inquiet, émission involontaire des urines pendant la nuit presque jusqu'à la puberté, habitudes précoces de masturbation, intelligence paresseuse, développée tardivement, irritabilité, mauvais instincts.

Après l'âge pubère, Menesclou s'est montré obstiné, indocile, résistant à tout travail. On le consigne en 1873 à la maison d'éducation correctionnelle. En 1875 il entre comme mousse dans la marine de l'État et revient en 1879 à la maison paternelle. Il recommence à mener une vie oisive, ses camarades le tenaient pour un mauvais sujet, il n'est venu l'esprit d'aucun que ce fût un fou.

Menesclou est d'une constitution robuste. Le crâne est symétrique sans déformation, les divers organes examinés fonctionnent régulièrement.

Il porte sur la jambe droite un exanthème scrofuleux qui remonte à l'adolescence.

« Il accuse une surdité incomplète, probablement aussi d'origine scrofuleuse et de date inconnue. Au point de vue mental sauf la demi-surdité qu'il exploite peut-être à l'occasion pour avoir le temps de préparer ses réponses, l'accusé répond volontiers à toutes les questions ; dès qu'on soulève la question de viol préalable il s'anime, s'indigne, devient presque menaçant et s'écrie qu'on ne lui fera jamais dire ce qui n'est pas. »

Pas de troubles mentaux, pas de perte de conscience ni de la mémoire.

Étude de l'acte criminel. — Menesclou devant les experts a fait preuve d'une intelligence bornée mais suffisante, pour exclure non seulement la supposition d'un désordre mental actuel mais d'une crise délirante dont le souvenir resté confus ou effacé et qui laisse au réveil de la conscience l'étonnement d'avoir accompli des actes auxquels on sent avoir été étranger.

Conclusions. — 1° Menesclou n'est pas atteint d'une maladie continue et mentale le privant du libre exercice de sa volonté.

2° Il n'a pas agi sous l'influence d'un accès de délire passager, suspendant momentanément la raison et lui substituant des impulsions ou inconscientes ou irrésistibles.

3° Son intelligence est limitée, mais pas assez pour autoriser à admettre un état d'imbécillité ou d'impuissance mentale de nature à exclure la responsabilité.

Les experts font suivre ces conclusions des réflexions suivantes. Nous prions le lecteur de les lire avec attention.

« Tout d'abord on doit affirmer que l'énormité, disons plus, que l'étrangeté du crime n'implique nullement la supposition de la folie.

« Il existe à côté des imbéciles de l'intelligence des débiles du sentiment. Les premiers n'arrivent pas à condenser leurs idées réduites. Chaque proposition est pour eux une unité sans rapport avec celles qui en dérivent. Ils sont raisonnables à la rigueur sans être raisonnants. Quelques-uns dépensent de sincères efforts pour arriver à un résultat qui leur est interdit par impuissance. Qu'une aspiration vive, imprévue, les sollicite, ils sont incapables d'y faire face par une délibération réfléchie. C'est leur demander trop que d'exiger d'eux qu'ils combinent et qu'ils prévoient.

« Cette faiblesse intellectuelle passe par des degrés presque insensibles de l'infériorité réputée normale à l'idiotie. On la mesure par à peu près, mais on la mesure parce que nous disposons de dynamomètres presque exacts pour les phénomènes intellectuels. L'expert appelé à juger un imbécile de l'intelligence, bien qu'il soit tout autrement empêché que s'il doit caractériser un fou, a ses cases demi-prêtes.

« Il n'en est plus de même des imbéciles du sentiment. Là, pas de mensuration acceptable, pas d'instruction positive, une éducation toujours douteuse dans ses effets, des indications vagues au lieu d'observations précises... Or, nous luttons contre les inspirations immorales à l'aide de deux puissances : l'une empruntée à la raison qui contredit, l'autre puisée dans le sentiment qui refuse. La répugnance sensorielle pour une odeur ou pour une saveur a son équivalent dans les répugnances morales aussi impérieuses et aussi peu mûries.

« La limite qui sépare l'évolution physiologique des sentiments de leur déviation maladive échappe à notre contrôle et c'est à l'intelligence que nous empruntons nos informations.

« Les délires de sentiment avec conservation partielle et toujours incomplète de la raison répondent à des types définis, depuis la mélancolie raisonnante jusqu'à certaines excitations maniaques. Hors de là, il existe des infériorités, des déviations, si on veut des erreurs sentimentales, qui n'ont qu'une lointaine ressemblance avec les états maladifs, qui ne forcent pas la volonté, laissent la responsabilité plus ou moins intacte et ne sont pas comme la conception et les sentiments délirants, une sorte d'agents parasitaires végétant en dehors de l'organisme et contre lesquels il est désarmé. »

Les deux observations suivantes empruntées à *Lombroso* sont très caractéristiques :

« La première est celle de Verzeni, jeune homme de dix-sept ans, avec asymétrie crânienne et faciale, mégalocéphale, de mœurs douces jusqu'alors, quoique d'une famille de crétins et de pellagreux, Il essaya, toujours en certains mois de l'année, d'étrangler sept femmes et d'en découper deux en morceaux, en éparpillant les entrailles et même les lambeaux de chair ; il m'avoua que l'étreinte du cou et surtout la mutilation de cadavres, les morsures et les succions du sang lui faisaient éprouver le maximum de la jouissance sexuelle ; dans ces moments, il se sentait une force énorme et il ne voyait plus rien ; il eut des amnésies partielles sur ses crimes ; il ne se souvenait pas par exemple d'avoir enfoncé les épingles sur l'épaule des victimes.

« Garayo, fils d'ivrognes, devenu tout à coup vertigineux après un traumatisme de la tête et à la suite d'un mariage malheureux, d'honnête et de doux qu'il était, se mit soudain à étrangler les femmes, la plupart des vieilles filles, pour en jouir. Il en blessa sept, en tua six ; souvent il enfonçait tantôt une épingle dans la poitrine de sa victime, tantôt les piquait à coups redoublés avec la pointe d'un couteau, sur d'autres cadavres il pratiquait l'éventration et arrachait les entrailles, détachant des lambeaux pour les manger, et tout cela pendant certaines périodes de l'année (printemps et hiver).

« Dans ces cas, nous trouvons la preuve de l'épilepsie latente, dans les vertiges, dans les caractères physiques, dans l'hérédité alcoolique, dans le penchant à remplacer la cohabitation par le démembrement, par le cannibalisme, dans les contrastes frappants de la vie antérieure, dans la périodicité constante des accès[1]. »

Mac-Donald[2] a donné un résumé intéressant des victimes de Jack the ripper, Nous le reproduisons, car il est important de comparer les procédés de l'éventreur anglais à la méthode de Vacher.

Première victime. — Le 1er décembre 1887, un cadavre de femme inconnue est trouvé mutilé à Whitechapel.

Deuxième victime. — Le 7 août 1888, on trouve dans le même quartier une femme frappée de 39 coups de couteau.

Troisième victime. — Trouvée vers quatre heures du matin le 31 août 1888, étendue de toute sa longueur sur le dos, les vêtements en désordre, avec une blessure à la gorge et le ventre ouvert ; il existe une mare de sang à l'endroit où le cou a porté.

Voici ce que dit le médecin Les membres inférieurs sont étendus ; le cou présente des blessures graves, les mains et les poignets sont froids ; très peu de sang autour du cou, il n'y a pas de signes de lutte et la forme des taches de sang n'indique pas que le corps ait été traîné. L'abdomen a été frappé de larges coups de couteau ; cinq dents manquent légère déchirure de la langue ; des contusions situées au niveau de la partie inférieure de la mâchoire et du côté droit de la face ont pu être faites par la pression des doigts. Sur le côté gauche du cou, à un pouce environ au-dessous de la mâchoire, il y avait une incision de quatre pouces environ de long, qui partait d'un point situé immé-

1. *L'Homme criminel* de César Lombroso.

2. *Le Criminel-type dans quelques formes graves de la criminalité* (traduction d'Henry Coutagne). 2e édition, augmentée d'une bibliographie de sexualité pathologique et criminelle (Lyon, Storck, 1894).

diatement au-dessous de l'oreille. Du même côté, mais à un pouce au-dessous et à environ un pouce en avant commence une incision circulaire qui se termine à environ trois pouces au-dessous du côté droit de la mâchoire et qui a divisé tous les tissus jusqu'à la colonne vertébrale ; elle a environ huit pouces de long, les gros vaisseaux du cou sont divisés de chaque côté.

Ces coupures ont dû être faites par un couteau à longue lame, modérément aigu et manié avec une grande force. Il n'y avait pas de sang sur la partie antérieure de la poitrine ni sur la partie correspondante des vêtements. On ne trouve sur le corps aucune autre lésion jusqu'à la partie inférieure de l'abdomen. Là, à deux ou trois pouces en dedans du côté gauche, il existe une blessure très profonde, dont le trajet est déchiqueté ; les tissus ont été coupés en travers ; il y a plusieurs incisions qui traversent l'abdomen et trois ou quatre autres incisions semblables dirigées en bas et à droite, toutes faites par un couteau et avec une grande violence. Les blessures étaient dirigées de gauche à droite et ont pu être faites par un gaucher ; toutes proviennent du même instrument. Il ne manque aucun organe ; il n'y a pas d'ecchymoses sur les bras. Les blessures ont pu être faites pendant que le meurtrier était sur le corps. La victime était connue pour être très portée à la boisson, elle était séparée de son mari. »

Quatrième victime. — Un autre corps de femme a été trouvé dans une cour du même quartier le matin du samedi 8 septembre 1888. La tête était presque séparée du reste du corps, les intestins étaient complètement sortis de l'abdomen ; la victime reposait sur le dos, les vêtements en désordre, un mouchoir enroulé autour du cou comme pour le retenir ; il y a des taches de sang sur le mur de la maison et tout autour du corps ; une ou plusieurs bagues paraissent avoir été arrachées du médius de la main gauche, on sait qu'elle avait trois bagues en cuivre. Pas de trace d'alcool dans l'estomac. Deux dents manquent ; large contusion sur le côté droit de la tête et sur la face ; on y distingue des empreintes de doigts. Les vêtements ne sont pas déchirés ; la jaquette extérieure est tachée de sang ; en dehors et en dedans au niveau du cou il y a également du sang sur le mur postérieur de la maison, à la tête de la victime et à trois ou quatre pieds du sol. La jupe noire est aussi tachée légèrement dans le dos ; il n'y a rien à la partie inférieure des vêtements, mais les bas sont tachés les bottines sont aux pieds.

Les jambes sont relevées, la face gonflée, la langue projetée entre les incisives, mais ne dépassant pas les lèvres. Il y a sur le cou des plaies circulaires et dentelées faites à partir du côté gauche il y en a deux parallèles et distantes entre elles d'un demi-pouce environ. La partie inférieure du corps présente des mutilations considérables qui ont intéressé l'estomac ; il manquait quelques parties des organes abdominaux qui en avaient été extraits.

Le gonflement de la face et la saillie de la langue constituent des signes de suffocation ; les contusions du menton et de la mâchoire étaient récentes. Le corps était mutilé au point qu'une description de ces lésions serait impossible; on peut seulement dire qu'il l'avait été d'une manière délibérée, au moyen d'une arme longue de cinq à six pouces, et avec des connaissances anatomiques. L'utérus et les organes enlevés de l'abdomen l'avaient été par quelqu'un qui savait où les trouver; il n'y avait pas d'incisions inutiles.

Cinquième victime. — Elle a été trouvée assassinée dans une cour voisine de celle du cas précédent le dimanche matin, 30 septembre 1888, les vêtements fripés, les jambes repliées, la trachée artère ouverte, les boutons des vêtements non défaits. Le cadavre est couché sur le côté, appuyé sur le bras gauche, le bras droit sur la poitrine; il y a prés de la gorge du sang coagulé. Le menton est chaud, il s'écoule encore du sang de cette blessure, le cou et la poitrine sont encore assez chauds, les jambes et la face le sont à peine, les mains sont froides. La main droite est tachée de sang en dehors et en dedans, la main gauche appuyée sur le sol tient un petit paquet de cachou enveloppé dans du papier Joseph; la face est calme, la bouche entr'ouverte. L'incision du cou commence au côté gauche à deux pouces et demi au-dessous de l'angle de la mâchoire et presque sur son prolongement direct, elle a presque sectionné les gros vaisseaux du côté gauche, a coupé complètement en deux la trachée et s'est terminée du côté opposé à un pouce et demi au-dessous de l'angle de la mâchoire et presque sur son prolongement direct. L'hémorragie qui s'est prolongée jusqu'à la mort a été relativement lente, parce que la section n'avait porté que sur les vaisseaux d'un côté. La robe n'était pas défaite, même en haut. La main gauche et le côté correspondant de la face sont tachés de boue, l'incision du cou avait six pouces de long.

Un médecin dit: «Je crois que l'incision a été faite de gauche à droite. La main droite de la victime était couverte de sang. Elle devait être encore en vie une heure auparavant; deux secondes ont suffi pour qu'elle reçût cette blessure. Une partie du cachou qu'elle tenait s'est répandu dans le ruisseau. Le meurtrier n'a pas dû nécessairement être taché de sang, car le flot de l'hémorragie a été dirigé loin de lui. Il n'y avait du sang que sur le côté gauche du corps. La femme devait être à terre quand elle a été blessée. Les organes abdominaux ont été enlevés avec une certaine connaissance de leur situation exacte et de la manière d'en faire l'ablation; aucun usage professionnel n'explique ces manœuvres; il fallait plus d'habileté pour enlever le rein gauche. L'assassin a dû avoir du temps devant lui, sans quoi il n'aurait pas fait des entailles aux paupières; il lui a fallu au moins cinq minutes pour commettre ce crime; je ne puis assigner une raison à l'ablation des organes hors du corps. On ne doit pas s'attendre à trouver beaucoup de sang sur la personne du meurtrier; la mutilation n'a pas dû exiger beaucoup de violence; elle a été faite simplement pour empêcher l'identification.»

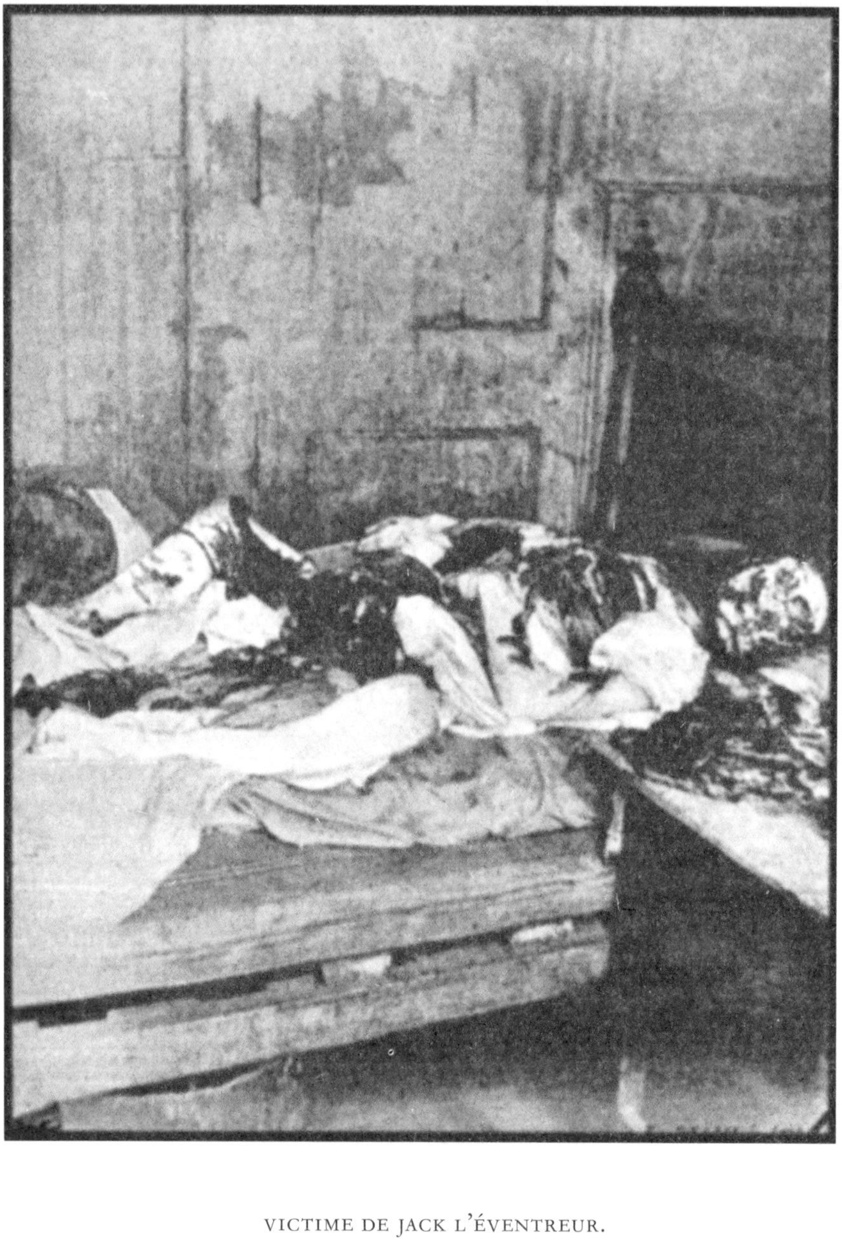

VICTIME DE JACK L'ÉVENTREUR.

Sixième victime. — Un autre meurtre a été commis le 30 septembre 1888. Le médecin expert dit: «Il était plus de deux heures, le corps était sur le dos, la tête tournée vers l'épaule gauche, les bras sur les côtés, les vêtements relevés, la face très défigurée, la jambe gauche écartée, la jambe droite repliée sur la cuisse et sur le genou; la partie supérieure de la robe avait été arrachée dans une petite étendue; l'abdomen était découvert, et tous les intestins étaient au dehors et placés sur l'épaule droite; il y en avait un morceau complètement détaché entre le tronc et le bras gauche. Le lobule de l'oreille droite était coupé obliquement dans son épaisseur aucune marque de sang au-dessous de la moitié du corps. Le cadavre n'était certainement là que depuis quelques minutes, trente ou quarante; la face était très mutilée, la gorge coupée transversalement dans une étendue de six ou sept pouces environ; pas d'ecchymose dans le cuir chevelu. Le muscle sterno-cléido-mastoïdien était divisé; le cartilage cricoïde était sectionné à sa partie moyenne au-dessous des cordes vocales. Les gros vaisseaux du côté gauche du cou étaient coupés jusqu'à l'os, car le couteau avait laissé une marque sur un cartilage vertébral; la veine jugulaire interne avait été ouverte dans l'étendue d'un pouce et demi.

«Les mutilations ont été faites après la mort; les parois abdominales ont été ouvertes par une incision partant du sein, sans que la paroi ait été dépassée; au-dessus du sternum on avait ensuite divisé le cartilage cunéiforme dont la section démontrait comment la plaie avait été faite; le couteau avait été tenu la pointe à droite et le manche à gauche, manié obliquement. Le foie avait été intéressé; son lobe gauche portait aussi une autre coupure verticale. Les parois abdominales étaient divisées sur la ligne médiane jusqu'à un quart de pouce de l'ombilic; à ce niveau l'incision prenait une direction horizontale vers le côté droit pendant deux pouces et demi, divisant l'ombilic à gauche en en faisant le tour, et faisait une incision parallèle à l'incision horizontale précé dente en laissant l'ombilic sur une languette de peau, relié à deux pouces et demi de la partie inférieure du muscle droit du côté gauche de ce point l'incision prenait une direction oblique à droite; il y avait dans le pli de l'aine gauche une blessure d'un pouce environ qui ne pénétrait la peau que superficiellement. Au-dessous, une autre incision de trois pouces traversait tous les tissus et blessait le péritoine dans la même étendue. Il n'y avait pas eu d'hémorragie appréciable; la blessure de l'abdomen a été faite après la mort, de sorte qu'il ne faut pas compter trouver du sang sur les mains du meurtrier.»

Septième victime. — Trouvée en octobre 1888. M. T. B. dit: «Mardi dernier j'ai vu le tronc décomposé d'une femme, qu'on avait trouvé sous une voûte sombre; la tête a été séparée du tronc au niveau de la sixième~ vertèbre cervicale, qui était sciée en travers. La partie inférieure du corps et le bassin avaient été enlevés et la quatrième vertèbre lombaire sectionnée comme celle du cou par de longues incisions courbes; les bras avaient été détachés aux articulations des épaules par plusieurs incisions faites au-dessous du larynx. Il n'y a pas de sang dans le cœur, de sorte que la femme n'est morte ni de suffocation, ni de submersion; l'intestin grêle était en place, mais la partie inférieure du gros intestin et tout le contenu du bassin avait été enlevé. La date de la mort calculée d'après la décomposition à l'air libre remonte probablement à six ou huit semaines avant la découverte du corps; les incisions ont probablement été faites après la mort.

M. G. A. A. dit: «Les six ou huit incisions en question ont évidemment été faites avec un couteau très aiguisé par quelqu'un qui savait ce qu'il faisait, mais non par un anatomiste.»

Les médecins disent: «Il n'y avait pas de poison dans l'estomac les blessures ont été faites par une personne d'une grande habileté anatomique; nous croyons que l'assassin n'avait aucun dessein sur un organe spécial du corps.»

Huitième victime. — Trouvée le 9 novembre 1888, couchée sur le dos entièrement nue sur un lit de sa chambre.

La gorge a été coupée d'une oreille à l'autre par une incision dirigée en bas sur la colonne vertébrale; le nez et les oreilles ont été détachés; les seins ont été sectionnés nettement et placés sur une table à côté du lit; l'estomac et l'abdomen ont été découverts, la face a été tailladée au point d'empêcher qu'on ne la reconnaisse; les reins et le cœur ont été enlevés et placés sur la cuisse gauche; la partie inférieure du corps et l'utérus ont été sectionnés et ces organes n'ont pas été retrouvés; la section a porté jusque sur les cuisses. Les vêtements se trouvaient déposés d'une manière ordinaire à côté du lit. Il n'y avait pas d'apparence de lutte.

Neuvième victime. — Vers le 1er juin 1889, la partie inférieure du tronc d'une jeune femme bien constituée fut trouvée dans la Tamise. Ce débris est coupé en deux endroits; il paraît avoir séjourné peu de temps dans l'eau. La jambe et la cuisse gauches de cette femme furent trouvées un peu plus tard sur la rive de Surrey. La mort de ce sujet ne remontait pas à plus de quarante-huit heures, et le corps avait été disséqué assez grossièrement par une personne qui avait quelque connaissance des articulations du corps humain.

Un jour plus tard on trouva la partie supérieure du tronc de cette femme; la cavité thoracique était vide; la rate, les reins et une portion des intestins adhéraient au tronc, une portion du diaphragme au-dessous des seins et de la paroi thoracique correspondante avait été sectionnée, comme avec une scie, à son centre; les côtes également avaient été sciées. Le lundi 10 juin suivant on trouva un bras et une main droite de femme.

DERNIÈRE VICTIME DE JACK L'ÉVENTREUR.

Voici ce que rapportent les médecins au commissaire en chef de la police: «La tête, les poumons, le cœur, les intestins et l'utérus font défaut; on dirait qu'une bague a été arrachée de force de l'annulaire de la main gauche. La victime avait des cheveux châtain clair, des mains et des pieds bien formés, mais les ongles des deux mains étaient coupés ou mordus très court. Aucune marque n'indiquait qu'elle s'occupât de travaux manuels. La victime était enceinte au moment de sa mort, les sections du corps sont semblables à celles des affaires du ponton de Rainham.»

Cette femme était bien connue dans les maisons à nombreux locataires du district de Chelsea; on l'a vue en vie pour la dernière fois le 31 mai; elle vivait au jour le jour.

Dixième victime. — Trouvée le 17 juillet 1889 entre minuit et une heure du matin par un constable dans une ruelle de Whiteehapel.

«Du sang coulait d'une blessure à la gorge; l'estomac avait une balafre ainsi que le reste de l'abdomen, mais ces blessures n'étaient pas profondes. La jupe de la robe et le jupon étaient relevés.»

Le chirurgien divisionnaire dit: «La face était encore chaude; c'était une pauvre femme d'environ quarante ans, d'un beau tempérament, avec des cheveux brun foncé; une dent manquait comme à une autre des victimes de cette série. Un des ongles de la main gauche était en partie détaché. Ce meurtre se rapporte aux sept autres meurtres semblables des dernières années. Il n'y avait du sang qu'à l'endroit où la victime a été tuée.»

Onzième victime. — Le 10 septembre 1889, on trouve sous une voûte de chemin de fer le corps d'une femme, la tête séparée du tronc, les deux jambes manquant; il y a à la partie antérieure de l'estomac des coupures profondes à travers lesquelles les intestins font saillie.

Le médecin dépose: «La mort remonte à trois jours. Il n'y a comme vêtement qu'une chemise très déchirée et tachée de sang et une corde qui devait servir à attacher la taille. Les incisions paraissent avoir été faites par un gaucher. L'état des organes indique que cotte femme s'adonnait à la boisson, le cœur est absent; il n'y a sur les doigts aucune marque d'anneau; les mains présentent un aspect sale et négligé; pas de signes d'accouchement, les jambes sont sectionnées dans des conditions qui indiquent une certaine habileté. Les mains ne sont pas crispées; pas d'indice de lutte avant la mort. L'amputation a pu être faite sur le cadavre. La grande balafre signalée plus haut est la seule mutilation qu'on constate à l'exception de l'ablation d'une petite portion de la partie inférieure du tronc. Les doigts étaient longs et effilés.»

Le coroner dépose: «La chemise n'avait pas été déchirée, mais coupée du haut en bas; les ouvertures des bras étaient coupées jusqu'au cou. Le chirurgien assistant divisionnaire dit: «Le corps était couché sur la face, le bras droit replié sous l'abdomen ; pas de mare de sang ni de trace de lutte sous la voûte. La chemise est déchirée en avant et coupée de chaque côté des ouvertures des bras. Il y avait une blessure longue de quinze pouces le long de la paroi extérieure de l'abdomen ; et en outre un certain nombre d'ecchymoses, dont aucune de date ancienne. À la partie externe de l'avant-bras gauche, à trois pouces au-dessus des poignets, il y avait une coupure de deux pouces de long ; autre lésion semblable à un demi-pouce plus bas ; toutes deux ont été faites après la mort. Dans tout le corps les vaisseaux sont vides ; tous les organes, excepté la rate et le foie, sont très sains ; la mort provient de l'hémorragie. Les mutilations *post mortem* ont été faites avec un couteau aiguisé par quelqu'un d'accoutumé à dépecer ou à voir dépecer les animaux, mais il n'y a pas de raison de supposer des connaissances en anatomie humaine. »

L'auteur fait suivre ce récit des conclusions suivantes ;

Les crimes de Jack se distinguent par le fait que la sexualité prend une forme spécialement sanglante et *meurtrière.* Dans les cas précédents, excepté celui de L…, la mort de la victime était l'exception, tandis qu'ici elle est la règle. Il est probable que Jack coupait la gorge de ses victimes, soit parce que cela même lui donnait de la jouissance, soit parce que cela amenait la mort qui lui permettait de se livrer ultérieurement à des cruautés qui lui causaient une jouissance, comme lorsqu'il sectionnait l'abdomen, qu'il manipulait les intestins ou qu'il défigurait ou mutilait les organes sexuels. Une forme encore plus perverse de sexualité nous est démontrée par les confessions de ceux qui ont exhumé des cadavres et leur ont fait subir des outrages semblables.

Dans quelques cas, Jack emportait des organes sexuels, sans doute pour se procurer des jouissances ultérieures, soit en les regardant, soit en s'en servant pour se masturber. Un cas analogue, mentionné par Krafft-Ebing, est celui d'un homme qui donnait souvent des coups de couteau à une petite fille, et qui se procurait une jouissance sexuelle en regardant le couteau sanglant qu'il gardait dans sa chambre pour cela. Nous avons vu que K… regardait férocement son couteau quand il blessait ses victimes.

Il y a peu de raison pour croire à la folie de Jack, quel qu'il soit, car il aurait probablement fait des aveux depuis. L'aliéné en effet n'est pas seulement fier de ses crimes, mais il est beaucoup plus honnête que le criminel et finit généralement par se confesser. Le fait qu'il a aussi évité pendant si longtemps d'être découvert ne plaide pas en faveur de la folie. Comme dans les cas semblables, les preuves indiquent que le meurtre comporte un plaisir sexuel si puissant que toute répulsion pour la cruauté est contrebalancée, au moins sur le moment, ou bien que cette répulsion est faible par elle-même. L'idée d'une cruauté *simple* n'explique pas les plaies de l'abdomen et des organes sexuels et la soustraction de ces organes. Mais le fait de placer dans un cas l'intestin sur une épaule de la victime et celui de couper dans un autre cas les seins et de les mettre sur une table, ces faits, dis-je, indiquent que le meurtrier a eu du temps devant lui et a pu désirer rendre son crime aussi horrible que possible simplement pour la publicité. Ce sentiment ne se serait fait jour naturellement qu'après l'apaisement de l'impulsion sexuelle.

Une raison qui a peut-être empêché Jack d'être découvert, c'est qu'il procédait à son œuvre délibérément et n'était pas agité en quittant ses victimes, ce qui n'attirait pas l'attention sur lui ; on sait bien, en effet, de par l'expérience de la police, qu'un grand nombre de criminels aident à leur propre découverte en manifestant de l'agitation d'une manière ou d'une autre.

Les éléments de l'information ne nécessitent pas la supposition que le meurtrier avait des connaissances anatomiques, mais plutôt que la pratique l'avait rendu habile.

Affaire de New-York[1]

Ben-Ali *dit* Frenchy

La victime était une femme touchant à la vieillesse, fréquentant les mauvais lieux, ivrogne et probablement adonnée aux rapports sexuels contre nature. Les résultats de l'autopsie ont montré une blessure pénétrante du côté gauche de la cavité abdominale, les muscles étaient en ce point déchirés et tiraillés, comme par un instrument contondant. La plaie avait 24 centimètres de long, elle partait en bas du point le plus bas du pli de l'aine, et pénétrait en haut dans la cavité abdominale avec issue des intestins. À droite on trouvait une plaie par instrument piquant, longue de 4 centimètres ; intéressant les parties molles à droite de l'extrémité supérieure de la première blessure. Le mésentère était ouvert sur une longueur de 40 centimètres. À la partie postérieure de la hanche, il y avait deux plaies formant entre elles la lettre X ; une des jambes de cette lettre dirigée à droite et horizontalement passait au-dessus du sacrum à 5 centimètres. À droite de la ligne médiane elle avait 27 centimètres de long et la forme d'un croissant. La partie postérieure du corps porte plusieurs plaies, si rapprochées entre elles qu'elles semblent n'en faire qu'une. Si on les considère comme une seule blessure, on trouve qu'elle commence dans les parties molles au-dessus de l'aine, traverse le péritoine, passe à droite du rectum, et se termine à 26 centimètres 1/2 au-dessus et à droite du coccyx sur une longueur de 17 centimètres et une profondeur de 11 centimètres.

1. Mac Donald, *loc. cit.*, p. 199.

L'instrument a passé dans la cavité pelvienne, en arrière du péritoine et a traversé les muscles fessiers. Il y avait aussi deux plaies superficielles qui partaient du coccyx, traversaient les muscles entre les cuisses et finissaient dans les parties molles de l'aine en formant la lettre X. Une blessure superficielle de la cuisse gauche commençait au niveau de l'ombilic et s'étendait en bas vers la cuisse, à une distance de 18 centimètres. Une autre plaie superficielle commençait au même point et suivait en bas la même direction, sur une étendue de 12 cent.5, en formant avec la blessure précédente la lettre X renversée, elle est à une distance de 17 cent. 5 de la plaie la plus basse, et ne consiste presque qu'en une abrasion de la peau. Il y avait deux autres blessures superficielles du côté de l'abdomen partant de l'aine, longues, la plus extérieure de 12 cent.5 et l'autre de 21 cent.5 ; pas de signes de contusion.

L'examen du cou démontre que le meurtrier a étranglé la victime, jusqu'à ce que l'os hyoïde ait été comprimé au point de rompre ses vaisseaux et de donner lieu à une hémorragie. Les poumons ont été aussi trouvés congestionnés. Il y avait une légère coupure sur l'une des oreilles, le cœur était normal et bien conservé ; le foie et les reins indiquaient l'alcoolisme.

Deux portions des intestins avaient été détachées ; il en était de même de l'ovaire gauche, qui fut retrouvé sur le lit. Il ne manquait aucune partie du corps. On retrouva celles qui étaient détachées au milieu du sang dont le lit était souillé.

Ces blessures paraissent avoir été faites après ou pendant la strangulation. Il y avait dans la chambre où le crime a été commis des marques de doigts sanglants sur le bord de la porte et des empreintes de pieds sanglants à côté du lit.

L'instrument qui a servi pour le meurtre est un couteau de table ébréché.

Une victime de Jesse Pomeroy[1]

« le bourreau des enfants, *boy-torturer*»

Le 17 mars 1874, une fillette était assassinée dans une ville des États-Unis dans les conditions suivantes, racontées par le meurtrier âgé de quatorze ans. «Le matin en question, j'ouvris la boutique, comme je la balayais, la petite fille entra et me demanda certains papiers. Je lui dit de descendre au-dessous, fermai la porte de la boutique et la suivis. Comme elle était debout au milieu de la cave, la face tournée du côté de Broadway, je vins derrière elle, lui mis la main gauche sur la bouche et lui coupai la gorge avec mon couteau. Elle se débattit et tomba, mais de crainte qu'elle ne fît du bruit, je lui mis une seconde fois la main sur la bouche. Elle ne remua plus ; au bout de quelques minutes,

1. Mac Donald, *loc. cit.*, p. 154.

je la traînai derrière le water-closet et mis sur elle des cendres et des pierres. Alors je lavai mes mains et mon couteau.»

À l'autopsie, on s'est trouvé en présence d'un cadavre de jeune fille dans un état avancé de décomposition: la tête était séparée du tronc. Les vêtements ont dû être arrachés de force ou coupés du haut en bas à leur partie antérieure. Les deux poches et la ceinture de la robe étaient déchirées, et il semblait qu'on les eût arrachées sans prendre le temps de déboutonner les jupes ni de dégrafer la taille. Le devant de la robe de dessous et une partie du jupon était aussi coupés par le milieu; il en était de même de la ceinture des caleçons, au moyen de coupures correspondantes. La chemise était dans un tel état de détérioration qu'il était difficile de dire si elle avait été coupée ou arrachée, mais l'un ou l'autre avait été fait. Le côté droit des caleçons était boutonné à la ceinture, mais le côté gauche ne l'était pas et paraissait avoir été tiré le long de la jambe jusqu'en bas. La peau et les parties molles de la partie supérieure des cuisses et du tiers inférieur de l'abdomen étaient remarquablement conservées, par rapport au reste du corps. On y constata des blessures faites avec un instrument tranchant. Il y avait une plaie évidente de cette nature un peu au-dessus de l'aine. La blessure la plus nette s'étendait à trois travers de doigt dans le tissu cellulaire et jusque dans la cavité abdominale, sur une ligne qui commençait à la fente des parties génitales et la prolongeait directement en haut, mais il était impossible de déterminer jusqu'à quelle hauteur remontait cette incision, parce que la peau était détachée par la putréfaction à quelques pouces au-dessus. On pouvait aussi très bien voir une coupure longue de quatre à cinq pouces, faites dans une direction oblique sur la fosse iliaque droite et sur la partie inférieure de l'abdomen autour de cette région. On a recherché avec beaucoup de soin si les vêtements présentaient des coups de couteau les ayant traversés. On n'a rien vu qui eût ce caractère précis. Les vêtements ont été évidemment ouverts avant qu'une blessure ait été faite, dans toute la partie située au-dessous du cou.

Mac Donald donne d'intéressants renseignements sur ce Jesse Pomeroy, condamné à la réclusion perpétuelle pour le crime dont il vient d'être parlé.

Lors du procès, des enfants victimes de sa cruauté ou de ses caprices vinrent déposer. Le premier dit que Jesse lui ayant attaché les pieds avec une corde, le dépouilla de ses vêtements, puis le frappa avec une verge. Le second fut attiré dans un water-closet là, Jesse ferma la porte, déshabilla l'enfant, âgé aussi de dix ans, lui attacha les mains au-dessus de la tête et l'accrocha à une porte, puis se mit à le fouetter avec une corde.

La troisième victime, âgée de neuf ans, fut conduite à la campagne, déshabillée, puis fouettée. Il lui enfonça ensuite une épingle dans les joues, mais pas très profondément, puis aux parties. Il le mordit la joue et dans le dos.

À la quatrième victime, Jesse avait donné quatre coups de couteau, l'un dans l'aine, les autres dans le dos.

La cinquième victime, âgée de huit ans, fut conduite à la campagne. Elle fut fouettée par Jesse qui alors riait. Il l'obligea même à jurer et à dire de vilains mots.

PORTRAIT DE JESSE POMMEROY.

La sixième victime, un enfant de neuf ans, fut violentée de différentes façons, fouettée, blessée à la face, écorchée ou égratignée aux mains.

À la septième victime, âgée de sept ans, qu'il attacha à un poteau, il fit avec un couteau cinq blessures à la face et une derrière l'oreille.

Nous savons que sur un des enfants qu'il a tués, il avait coupé les testicules ainsi que l'extrémité du pénis.

Mac Donald montre que Jesse agissait ainsi sous l'influence d'une impulsion sexuelle. Il donne le portrait de ce jeune homme et explique pourquoi il restait souvent silencieux pendant qu'il torturait ses victimes. « Comme l'impulsion sexuelle est la plus forte de toutes, il est aisé de comprendre pourquoi il avait peu de disposition à parler pendant que son influence durait. D'autre part, il est évident que pour quelques-uns de ses actes l'instinct de cruauté prédominait ou même était le seul. Il en était ainsi lorsqu'il faisait dire une prière à ses victimes, qu'il les faisait jurer, qu'il essayait d'en enfoncer une dans l'eau, ou qu'après en avoir fouetté une autre, il sautait autour d'un rocher, en poussant des cris. Mais il semblerait que chez lui les instincts sexuels et cruels étaient le plus souvent mélangés et successifs, comme lorsqu'ils dépouillait les enfants de leurs vêtements, les fouettait puis riait sans rien dire ; pourtant la circonstance que, dans presque tous les cas, il les mettait nus et les fouettait semble indiquer que l'élément sexuel était toujours en première ligne. »

Une autre observation de Mac Donald est plus caractéristique encore. Elle vise le nommé Piper, surnommé le casseur de têtes (*the brainer*).

Cet homme, âgé de trente ans, marié, sans barbe, et d'un abord avenant, était sacristain d'une église. Il tua une femme de vingt-huit ans et une petite fille.

La première victime a succombé à des fractures étendues, comminutives et compliquées du côté droit de la tête et de la partie antérieure de la base du crâne. Les coups ont été nombreux et portés avec un gourdin.

La tête de l'enfant est de même fracassée : il y a des fractures de la voûte et de la fosse temporale droite. Sur les deux victimes, pas de traces d'attentat du côté des parties génitales.

PORTRAIT DE PIPER.

Le détective qui a arrêté Piper dit que le caleçon et le pantalon portés par cet homme quand il a commis le dernier crime étaient abondamment tachés de sperme au niveau des parties sexuelles.

Cet homme a tout avoué dans une confession écrite. Il reconnaît que le motif qui l'a fait agir est «la luxure, une luxure du caractère le plus horrible et le plus dégoûtant». Mac Donald dit que c'est là une forme de sexualité brutale et inattendue, et certes non douteuse puisque Piper l'a avouée. D'ailleurs à l'autopsie des victimes on n'a relevé ni blessure au cou, ni signes de viol ou attentat quelconque.

Affaire de Pont-Laval[1]

Assassinat par plaie du cou mutilations cadavériques pratiquées
pour faire disparaître les traces d'un viol

La jeune Irma D... âgée de quatorze ans, demeurant dans la commune de Pont-Laval (Drôme), avec sa mère, disparut le 13 juin 1884; son cadavre fut retrouvé le lendemain, à quatre heures du soir, près du sommet du mont Rochas, et soumis le lendemain matin, sur les lieux mêmes, à l'examen du Dr Benoît.

Arrivés sur les lieux indiqués, nous avons examiné le cadavre de ladite jeune fille, qui se trouvait sur la pente d'un bois très épais, la tête dans la partie déclive, les bras et les jambes écartés du tronc, les vêtements complètement lacérés, laissant voir le cadavre dans toute sa nudité.

Le corps est dans un très grand état de rigidité, ce qui nous fait dire que, vu la température froide, la mort ne remonte pas à plus de quarante-huit heures. Le corps est très peu développé pour l'âge de la victime; les seins ne sont pas encore formés; à peine distingue-t-on le mamelon, près du cadavre, on voit éparses sur le sol des anses d'intestin. La peau et le tissu cellulaire de la partie interne des cuisses sont enlevés jusqu'aux muscles, qui offrent des traces de lacération; la cavité abdominale est ouverte depuis le bassin jusqu'au sternum; les intestins, l'estomac et le foie sont à nu; la symphyse du pubis est écartée et détruite.

La lésion qui a surtout attiré notre attention, et qui est la cause certaine de la mort, est une plaie produite par un instrument tranchant, à la partie antéro-latérale gauche du cou. Cette plaie béante, à direction oblique de dehors en dedans, a 8 centimètres de long sur 5 de large; elle intéresse la peau, le tissu cellulaire, les aponévroses, les muscles, l'artère carotide, la veine jugulaire

1. *Arch. d'Anthrop. crim.*, 1886, p. 144 (Dr Benoit).

interne et les deux tiers du calibre du larynx. Cette plaie a déterminé une violente hémorragie et une mort rapide ; le bonnet et les cheveux de la victime sont littéralement teints de sang.

À 5 mètres au-dessus de l'endroit où gît le cadavre, on remarque une place de 15 centimètres carrés, où les feuilles, les branches mortes, les pommes de pin et la terre sont imbibées de sang ; il y a même quelques éclaboussures de sang sur les brins d'herbe qui poussent en cet endroit. C'est là que la victime a été assassinée ; c'est là qu'après avoir coupé le fichu qui entourait le cou de cette jeune fille, le meurtrier l'a frappée mortellement.

Deuxième examen fait par les docteurs Benoît et Carle

Nous sommes d'accord pour admettre que cette plaie qui a intéressé le larynx, l'artère carotide primitive, la veine jugulaire interne a amené une hémorragie foudroyante et la mort.

Le ventre et les cuisses présentent des traces de mutilations si horribles, qu'au premier abord on est porté à les attribuer à des morsures d'animaux carnassiers, cependant, un examen attentif nous a démontré qu'il y avait des traces évidentes du passage d'un instrument tranchant. On a taillé sur le ventre un lambeau triangulaire dont le sommet est à la pointe de l'appendice xyphoïde, et la base vers le pubis tout ce lambeau a été enlevé, la branche horizontale du pubis cassée des deux côtés, à une distance à peu près symétrique, la plupart des anses intestinales tiraillées et détachées.

D'autre part, sur chacune des cuisses, est taillé un lambeau triangulaire, dont le sommet part du milieu de la cuisse et qui vient s'arrêter aux parties génitales de façon que le côté le plus inférieur du triangle tombe en avant de l'anus.

Les deux mutilations, comme on le voit, avaient pour but de circonscrire d'en haut et d'en bas les parties génitales externes et de les détacher complètement du corps. Ce qui prouve encore qu'on a détaché ces parties avec intention, c'est que le rectum et l'anus sont restés intacts, tandis que l'utérus et la vessie ont été coupés ; mais après avoir détaché ces derniers organes, on ne les a pas fait disparaître, et les parties génitales externes avec les os pubiens sont les seules parties qu'on n'a pu retrouver Au milieu des anses intestinales, nous avons retrouvé l'utérus adhérent à la vessie ouverte et un ovaire avec une trompe ; ces organes sont tout à fait à l'état rudimentaire.

En plusieurs points, on reconnaît la régularité de la section d'un instrument tranchant, surtout aux angles qui partent des cuisses, angles d'une précision telle qu'aucune morsure ne pourrait la produire ainsi. À l'angle supérieur, au niveau du sternum, la section du couteau est aussi très apparente. Le couteau a été planté avec force, il a passé au travers de l'appendice xyphoïde, qui porte une fente à bords très nets, a ensuite percé le foie près de son lobe gauche et a fait une ouverture à l'estomac. Ce dernier organe contient un peu de nourriture chymifiée et des noyaux de cerises, ce qui permet de faire remonter le dernier repas à deux heures au moins avant le crime. La couleur de la section de la peau sur le ventre et les cuisses, l'absence de sang épanché, permettent d'affirmer que ces horribles mutilations ont eu lieu après la mort.

Nous trouvons dans l'observation de ces faits la préoccupation qu'a dû avoir le meurtrier de faire disparaître les organes génitaux externes, qui portaient sans doute les traces de violences ; on ne peut expliquer autrement le fait d'avoir détaché la vessie et l'utérus pour les laisser dans le ventre, en emportant tout le reste. Le fait et la régularité de la cassure des os pubiens nous font rejeter absolument la possibilité d'admettre que cette mutilation ait été commise par des animaux.

Nous pensons donc que le viol ou une tentative de viol a précédé le meurtre, que celui-ci a été commis pour éviter toute plainte et ensuite que le corps a été mutilé pour effacer les traces d'un crime. Une confirmation de cette opinion se trouve dans l'examen des vêtements de la victime un fichu qu'elle portait au cou a été coupé, les boutons de sa robe et ceux d'une sorte de casaque portée sur la robe ont été violemment arrachés, sans prendre le temps de les déboutonner la chemise a été fendue par déchirure. Aucun de ces vêtements ne porte de trace correspondant aux blessures du corps, quand on les ramène à la position qu'ils ont d'ordinaire la malheureuse fille a donc été déshabillée violemment par son meurtrier, avant que celui-ci ne l'ait frappée.

Le frère de la victime, âgé de vingt et un ans, soupçonné immédiatement, avoua l'assassinat, mais nia tout attentat sexuel ; il reconnut avoir ouvert le ventre de sa sœur après la mort par coups de couteau et fracture du bassin avec les mains, mais refusa de s'expliquer sur la disparition des parties génitales externes. Les renseignements fournis à l'instruction rendaient très plausible le viol incestueux. Traduit devant la cour d'assises de la Drôme, cet homme a été condamné aux travaux forcés à perpétuité.

Dans le courant de juin 1896, un certain nombre de jeunes filles avaient été blessées dans la rue, en plein jour, par un individu qui, après les avoir piquées à la région fessière, s'esquivait à la hâte. Ces agressions singulières, toujours identiques, émurent le public, la presse s'occupa de l'érotomane aussi dangereux qu'introuvable.

Le 2 juillet, enfin, un jeune homme, Joseph V… fut arrêté rue Blanche, au moment où il venait de frapper dans les fesses une jeune fille de vingt ans, et voici l'histoire médicale de ce piqueur de fesses :

V… Joseph, vingt ans, est fils de névropathes et porteur de stigmates physiques de dégénérescence. Il se sent poussé par moments à frapper, à piquer les fesses des femmes qui passent à côté de lui dans la rue; il se domine parfois au prix d'un extrême malaise et s'éloigne «le corps couvert d'une sueur froide». Mais parfois aussi il suit la femme les yeux fixés sur les fesses, le canif ouvert à la main et à l'idée qu'il va enfoncer cette lame dans les chairs féminines, il entre en érection. Angoissé, anhélant, hors de lui, il frappe alors. Aussitôt il lui semble qu'on a délivré sa poitrine d'un poids énorme et l'éjaculation se produit[1].

Thoinot cite deux cas inédits, qu'il doit à l'obligeance de l'avocat général Bonnet.

Le premier a trait à un coupeur d'oreilles que signalait en outre la particularité de ne choisir que des petits garçons pour victimes: il était, lui, un piqueur de garçons.

Il est arrêté en 1895 dans les conditions suivantes: Il a entraîné au bois de Vincennes un jeune garçon sous un prétexte quelconque, l'a incité à des manœuvres impudiques mutuelles et au milieu de la scène lui a coupé les lobules des deux oreilles; il a pansé sa victime, l'a ramenée à Vincennes et l'a abandonnée. Les parents ont porté plainte, on a recherché et retrouvé la trace de X... et cet individu, malgré ses dénégations habiles, a été reconnu et condamné à cinq ans de prison, peine que la cour a confirmé.

L'enquête a montré que X... n'en était pas à ses premiers essais sadiques. Depuis quinze ans, il a encouru plusieurs condamnations devant divers tribunaux français pour faits analogues.

Âgé de cinquante ans, fort intelligent, mais *original, bizarre, détraqué* (il n'a pas été fait d'examen médical précis sur le sujet et sur ses antécédents), partout où l'amenait sa profession errante, il recherchait les petits garçons de dix à quinze ans, jamais les filles, les séduisait et terminait les scènes impudiques par une manoeuvre sadique uniforme et caractéristique. Cette manœuvre a d'abord été les blessures (piqûre ou percement) des lobules de l'oreille; elle est depuis quelque temps la section de ces parties avec un instrument adapté *ad hoc*.

Le second cas a trait à un piqueur de filles. Il a été, il y a quelques années, l'objet de poursuites correctionnelles auxquelles il s'est soustrait par la fuite. Le Parquet avait une plainte d'une fille qui se disait martyrisée par X... et l'enquête démontra les faits suivants:

X... marié, père de famille, occupant une très grande position commerciale à Paris, se rendait dans une maison galante et se faisait mettre en présence de deux filles. Il leur faisait alors quitter leurs vêtements, quittant lui-même les siens et s'armant d'un martinet, les flagellait. Puis prenant des

1. Observation de Magnan, publiée dans le livre de Thoinot.

épingles il les enfonçait jusqu'au sang dans la peau de la poitrine de ces malheureuses. Cette manœuvre amenait chez lui l'érection et lui permettait d'accomplir le coït avec l'une ou l'autre de ses victimes. X... fut condamné par défaut.

M. le Dr Frenkel, agrégé à la Faculté de médecine de Toulouse, nous a communiqué les cas suivants extraits de la littérature russe :

« Le malade G... raconte que dès l'âge de six ans il avait des impulsions à se frapper sur la région fessière avec une verge. Déjà le souvenir d'une telle correction lui procurait du plaisir à sept ans, il rêvait des corrections qu'il infligerait à son fils.

« L'impulsion à se frapper s'accroissait toujours, mais dans la suite il devint onaniste. Sur la satisfaction sexuelle à l'aide de la correction il s'exprime ainsi : "Je ne puis supprimer ma passion, j'ai souvent recours à la verge. D'abord, je frappe avec les verges, il en résulte une excitation ; je me mets à frapper de plus en plus fort, le sperme commence à s'écouler, jouissance sexuelle, et puis, une minute après, mécontentement du fait accompli, lourdeur, fatigue". Comme il est inadmissible qu'un enfant de six ans ait commencé ces pratiques de propos délibéré, il faut croire que l'excitation sexuelle précoce et anormale a été mise en branle chez cet enfant par les corrections que lui auraient infligées ses parents. Il est probable que cette excitation du sens sexuel précoce et perverti avait lieu fréquemment et surtout lorsque les punisseurs étaient d'un sexe différent que les punis ; dans ces cas, en outre des causes *anatomiques,* agissaient encore les causes psychiques, l'imagination, etc.[1]

« Th.-D. Dostoïevski a fait remarquer très judicieusement qu'il y a une relation bien connue entre les corrections et le sens sexuel. Il y a dans la littérature des indications à ce sujet, mais les faits les plus fréquents ont été observés par les médecins dans ces temps heureux quand les corrections florissaient partout, parmi les adultes et les enfants, parmi les hommes et les femmes de toutes les classes sociales. Si les corrections cruelles et les tortures peuvent irriter et exciter l'instinct sexuel chez des exécuteurs tels que Jerebiatnikow et les vieux serfs, les corrections légères ne restent pas sans influence, sous ce rapport, sur les victimes elles-mêmes. Chez les enfants et les adolescents soumis à des corrections plus ou moins fréquentes (surtout par des personnes de l'autre sexe), les instincts sexuels se développent plus vite et d'une façon plus anormale. Les blasés et les impotents se soumettent quelquefois pour s'exciter à des corrections faites par des femmes et il y a une quinzaine d'années, la mort d'un tel amateur qui a succombé pendant que

1. Professeur N.-A. Obolowski, *Sur la perversion du sens sexuel,* cité d'après Ibankow (in *Vratch,* 1898, n° 29).

deux ou trois prostituées l'excitaient de cette façon a fait beaucoup de bruit à Moscou. Cette excitation sexuelle pendant la correction s'explique par l'afflux du sang vers les organes du bassin. Sur les spectateurs, la vue des parties cachées habituellement, les plaisanteries, etc., sont de nature à provoquer l'excitation, mais c'est surtout le rapport qui existe entre la violence et l'instinct, sexuel, et qui se manifeste particulièrement chez des individus peu cultivés ou anormaux qui nous explique l'excitation génitale. Chez de tels individu, l'acte sexuel n'est agréable que quand il est accompagné violence ou de la vue du sang. Les brochures des abolitionnistes citent le cas de ce médecin de Londres qui avait besoin de vierges capables de résister. Les traités de médecine légale abondent en faits analogues. M. Merjejewski, dans sa *Gynécole médico-légale,* raconte le cas d'un vieux châtelain blasé qui, pour s'exciter, ordonnait à ses domestiques de violenter, en sa présence, des femmes et des filles. L'*Homme-animal* (*la Bête humaine*) de Zola est une belle confirmation de l'idée sur les rapports qui existent entre le sens sexuel et la violence.

M. Sanitchenko a publié dans *les Vieilleries de Kieff,* en 1894, des mémoires sur le lycée de Tchernigow, où l'inspecteur Kitchenko était un grand amateur de verges (*rozqui*). Tous les jours on exécutait une cinquantaine d'élèves, les cris et les pleurs des enfants remplissaient tout le bâtiment du lycée. Kitchenko assistait toujours en personne à l'exécution qui était faite par le favori de l'inspecteur, le concierge Mina. « Les corrections infligées aux élèves étaient une *vraie jouissance* pour Kitchenko ; c'était son seul travail pédagogique. En dehors des corrections, Kitchenko ne faisait absolument rien. Il fallait voir avec *quelle expression de cannibale* il parlait au nouvel élève qui venait d'entrer au lycée. Un jour entre dans la salle commune l'élève de 2e classe Djoguine, âgé de douze ans, bel enfant rosé et potelé, sang et lait, bien nourri. Dès le troisième jour Kitchenko lui chercha chicane et lui infligea une telle correction que lorsque le puni rentra dans sa salle, il était tout défait ; pendant quelques jours, l'enfant pleurait depuis le matin jusqu'au soir et ne dormait pas la nuit, de peur. « Si la maman savait, elle on mourrait », disait-il aux camarades. Tout le monde prenait une part très vive au chagrin de l'enfant. Après cette histoire, Kitchenko s'attacha tellement à Djoguine, qu'au moindre prétexte, il battait l'enfant, si bien qu'au bout d'un an ce n'était plus qu'une ombre. Lorsqu'au mois de juin la mère de Djoguine arriva au lycée et vit, an parloir, son fils martyr, elle eut une syncope ; puis elle se mit à sangloter avec un tel désespoir que tous les élèves pleuraient. Ce fut une scène qui resta gravée dans le cœur de tous ceux qui y assistaient, pendant toute leur vie ; tous les enfants comprenaient et partageaient la terreur et le désespoir de la mère. Et cependant, personne parmi les parents n'a porté plainte contre ce tyran qui reçut de l'avancement et fut nommé directeur du lycée de Jitom. Tout cela s'est passé dans le sixième décenaire de ce siècle. »

L'auteur continue en montrant que, malgré les progrès de l'instruction les corrections corporelles existent toujours en Russie, et, que seul le législateur peut les supprimer, car si l'on attendait la disparition de cette anomalie de l'adoucissement des mœurs, on risquerait d'attendre fort longtemps[1].

Dans nos lycées à Varsovie, les corrections n'existaient pas de mon temps ; mais peu de temps après que j'eus quitté Varsovie, mes parents m'informèrent que les corrections étaient rétablies dans les lycées, du moins en Pologne.

Notre regretté collègue H. Coutagne a publié[2] un cas de *perversion sanguinaire de l'instinct sexuel.*

Un jeune homme de dix-sept ans, ouvrier ferblantier, fut inculpé de tentative d'assassinat dans les circonstances suivantes. Après avoir acheté au Grand-Bazar un couteau de cuisine de sept sous, long de 23 centimètres, il se rendit dans une rue où devait se trouver une fille soumise qu'il connaissait. Il l'accompagna dans sa chambre, lui donna deux francs, se dévêtit en partie, gardant son pantalon et sa chemise, et fit placer la femme au bord du lit, alors, *étant en érection*, il s'approcha d'elle et lui porta trois coups de couteau. « L'inculpé, après avoir reconnu au début de l'instruction que l'idée de frapper une femme nue pour voir couler son sang lui était déjà venue antérieurement à l'esprit, s'est depuis rétracté avec obstination sur ce point. » Mais la perversion sanguinaire ne parut pas douteuse à Coutagne à cause de l'acte même accompagné de cette circonstance curieuse et authentique de l'érection de l'inculpé au moment où il frappait sa victime.

Garnier[3] a publié le cas du *mangeur de chair humaine* qu'il observa en 1891

L... Eugène, vingt ans, journalier, avait été trouvé sur un banc où les gardiens de la paix avaient remarqué avec stupéfaction que d'un coup de ciseaux *il découpait dans son bras gauche un large fragment de peau.*

Cet individu, porteur de stigmates héréditaires, avait depuis l'âge de douze à treize ans, une impulsion qui devint par la suite de plus en plus obsédante et impérieuse. La vue d'une jeune fille jolie, à la peau blanche, fine et délicate, provoquait chez lui une excitation génitale et le désir ardent de *mordre et manger un morceau de peau de cette jeune personne !*

1. Ibankow, *L'opinion des médecins sur les corrections corporelles*, *Vratch*, 1897, n° 48, p. 1391.
2. *Annales médico-psychologiques,* juillet. 1893.
3. « Pervertis et Invertis sexuels », in *Ann. D'hyg.*, 1893, p. 349 et 383 ; et *Les Fétichistes, etc.*, [Paris, Baillière], 1896, p. 76.

Il avait fait l'achat de forts ciseaux dans le but d'aller plus vite en besogne, de détacher hâtivement un large lambeau de *peau virginale*, qu'il mangerait ensuite avec délice. Jamais il n'a trouvé l'occasion d'accomplir le but de son obsession, et pour calmer son envie lorsqu'elle devient trop forte, il tourne *sa rage contre lui-même*, et d'un coup de ciseaux détache un morceau de sa peau à l'endroit où elle est le plus fine, où elle a le plus de rapports avec la peau désirée et mange cette chair sanglante !

Les faits que nous venons de rapporter montrent le terrible déchaînement de cruauté, quelques-uns d'entre eux, par leur férocité même, paraissent réaliser le maximum de l'improbabilité.

Il nous reste pour terminer à décrire quelques observations d'*actes sadiques commis sur les animaux.*

On sait que le fils d'Ivan le terrible, Dimitri, éprouvait une jouissance particulière dans le spectacle des convulsions et du sang des moutons, des poules et des oies qu'on tuait devant lui.

Verzeni avait débuté par le sadisme sur les animaux. C'est probablement ce qu'a fait Vacher.

Krafft-Ebing a observé un homme intelligent, de haute situation, issu d'un père alcoolique et d'une mère hystérique à accès convulsifs. Cet homme se souvient qu'*étant enfant* il aimait à voir tuer les animaux domestiques, surtout des cochons. Il éprouvait des sensations de volupté bien prononcées suivies d'éjaculation. Plus tard, il visitait les abattoirs pour se réjouir au spectacle du sang versé et des animaux se débattant dans l'agonie. Toutes les fois que l'occasion se présentait, il tuait lui-même un animal, ce qui lui causait toujours un sentiment qui s*uppléait au plaisir sexuel.*

On constate ainsi que ces *sadiques zoophiliques* ont leur spécialité : l'un ne tue ou torture que les volailles, d'autres les oies, les lapins, les chiens ou les chats.

D'autres fois l'acte sadique est comme un *apéritif à l'acte sexuel* ou un *accessoire indispensable.* En voici de curieux exemples :

Le premier est emprunté à Hoffman.

Il y avait à Vienne un homme qui, avant de pratiquer le coït, s'excitait en torturant et en tuant des pigeons, des poulets ou d'autres oiseaux. Les femmes lui avaient donné le sobriquet du *Monsieur aux poules.*

Pascale (*Igiene dell'amore*) parle d'un individu qui se présentait chez des prostituées, leur faisait acheter des poules vivantes et des lapins et exigeait qu'on torturât ces animaux devant lui. Il leur faisait arracher les yeux et les entrailles, et éprouvait par ce moyen la jouissance sexuelle sans avoir aucun rapport avec les femmes.

Thoinot cite une observation plus curieuse encore. Un individu se rend dans une maison de tolérance de Paris, et là, demande une femme et un lapin.

Il s'enferme avec la femme, lui fait tenir les pattes de l'animal, et tirant un couteau de sa poche dit ces mots si caractéristiques : *Je suis Jack l'éventreur!* D'un coup de couteau il fend le ventre de l'animal, et, enfonçant ses doigts dans la poitrine ensanglantée, il éprouve la jouissance sexuelle complète.

Tout récemment[1] M. Alfred Guillebeau, professeur à l'École vétérinaire de Berne (Suisse), a publié un intéressant travail sur les *Blessures faites aux animaux domestiques par des personnes atteintes de psychopathie sexuelle.* Nous extrayons ce qui a rapport aux *actes sadiques commis sur des animaux.*

Chez les sadiques, dit-il, les désirs génésiques sont intimement associés à un instinct de cruauté. « Seules, les manifestations de douleur chez les animaux assaillis, ou la vue d'un filet de sang, ou enfin les angoisses de l'agonie sont capables de leur procurer une volupté complète. »

Guillebeau cite plusieurs faits curieux que nous allons rapidement résumer.

Le cas de Lanjuau. — Le 4 février 1891, dans une étable on remarque des caillots de sang, à terre, derrière une vache, qui le lendemain voussait le dos. Deux jours après, même constatation et mêmes symptômes sur cinq autres vaches. Il y eut avortements, des hémorragies abondantes et on dut abattre quatre de ces animaux. L'autopsie montra des blessures dans le vagin. On ne put savoir quel instrument avait été employé. La première vache avait reçu quinze coups très violents, les deux dernières n'eurent qu'une ou deux blessures moins graves. « Toutes les blessures avaient évidemment été faites dans un seul accès, et l'épuisement successif de la frénésie se décelait dans un horrible graphique, inscrit dans les chairs vivantes des pauvres animaux. »

Le cas d'Obersteg. — Près de Saint-Stéphane, dans une vallée profonde des Alpes bernoises, dix bovins et dix chèvres, tous de sexe féminin, périrent d'accidents insolites dans les premiers mois de 1896. L'étrange maladie commence en janvier chez le père de celui qui fut plus tard reconnu coupable. Les pertes occasionnées ainsi s'élevèrent à 3 600 francs.

L'autopsie montra que les vingt animaux avaient succombé à des blessures faites à la vulve, au vagin, à l'abdomen (une de ces blessures avait un trajet de 55 centimètres). C'étaient des piqûres au moyen d'un bâton pointu. « L'auteur de ces méfaits était un jeune homme de dix-neuf ans, de taille élevée, avec une belle figure, un duvet de barbe naissante, aux bras saillants et au dos voûté, qui à l'âge de quatre ans avait eu une méningite grave.

« Le crâne, très petit, n'avait que 52 au lieu de 56 centimètres de circonférence. À l'école, il n'apprit rien, il se montrait timide, et grossier envers les

1. *Journal de médecine vétérinaire et de zootechnie,* janvier 1899.

petits. La croissance terminée, il ne put être employé que comme aide pour les soins les plus simples à donner aux bestiaux; il ne savait pas traire. L'expertise médicale constata une grande infériorité mentale, de l'apathie de l'indifférence, tandis que les voisins le dépeignaient comme faible d'esprit, rusé et menteur. Pendant l'instruction judiciaire, il fit à différentes reprises des aveux, qu'il rétracta invariablement ensuite. Dans ses attentats il opérait avec une si grande prudence, qu'il ne fut même vu qu'une seule fois dans l'étable d'un voisin. Mais une particularité l'avait rendu très suspect: elle consistait à annoncer aux gens la survenance de nouveaux cas, avant même que les propriétaires des animaux blessés se doutassent de quelque chose.

«Il avoua aux experts médecins, qui avaient constaté la normalité de ses organes génitaux, que les mauvais traitements infligés aux animaux lui avaient été agréables. Il se livrait aux actes sadiques sous l'influence de sensations singulières qui s'emparaient de lui; il se rendait parfaitement compte de ce qu'il faisait et se sentait poussé par une forte impulsion intérieure.

«Le tribunal l'acquitta comme irresponsable et son père indemnisa les voisins de leurs pertes aussi complètement que ses moyens le lui permirent.»

Le cas *de Wolfikon, Schwarzenbach et Rickenbach.* — Les faits se rapportant à ce cas se passent en 1894 et 1895 dans ces trois localités, situées sur les confins des cantons de Saint-Gall et de Thurgovie.

À Wolfikon, dans une étable de quinze bêtes, huit furent attaquées en même temps: quatre périrent, et on dut abattre les quatre autres. Plus tard, deux bêtes périrent, puis une vache, deux chèvres. Les pertes s'élevèrent à 4.700 francs.

Le maître de la ferme, découragé, vendit sa propriété.

Son garçon d'étable alla en condition à Schwarzenbach ou bientôt succombèrent de la même façon une génisse, une chèvre, quatre bœufs et une vache, soit une perte de plus de 1.350 francs.

Le même garçon quitte la ferme et va à Rickenbach. Quatre vaches périrent. À l'autopsie, on constata des blessures du rectum, du vagin. Le garçon d'étable est arrêté et il finit par avouer qu'il introduisait dans l'anus et la vulve un bâton qu'il poussait et retirait avec violence jusqu'à ce que le sang eut coulé.

C'était un homme de vingt-quatre ans, ayant toujours plu aux maîtres qui l'avaient employé. Il avait bon caractère. «Ce jeune homme avoua que dans le cours des dernières années, il eut assez souvent pendant la mulsion, l'affouragement et le pansement du bétail, des érections accompagnées d'inquiétudes, d'excitations et d'hallucinations. Il introduisit d'abord la main dans les orifices postérieurs des animaux, puis des bâtons, obéissant en cela à la contrainte d'une puissante impulsion intérieure, à des époques où il était affecté d'insomnie, de transpiration abondante, d'émissions fréquentes d'urine et d'érections. Après l'accomplissement des actes de sadisme, il avait la conscience d'avoir mal agi, et il craignait d'être puni, mais ces sentiments de moralité, s'affirmant trop tard et restant trop faibles, étaient impuissants pour réfréner la contrainte de son impérieux désir. Les médecins conclurent à l'irresponsabilité ; une punition ne fut point prononcée, mais la fortune du malfaiteur servit à dédommager, dans la mesure du possible, les pertes occasionnées par ses débordements. »

Le second cas de Rickenbach. — Dans la même étable, deux ans plus tard, en 1897, on dut abattre un bœuf pour hémorragies rectales graves. Le coupable était un jeune vacher de dix-huit ans, d'une mentalité bien supérieure à celle de son prédécesseur. Il avait été poussé à cette action parce que son maître lui raconta les événements de 1895 et que l'on employait encore dans l'étable le bâton qui avait alors servi aux méfaits. Le désir de procéder ainsi avait grandi de jour en jour, puis était devenu irrésistible.

Le cas de Mesnil-aux-Cerfs. — Presque toutes les vaches et le jeune bétail furent atteints de vaginite. Le diagnostic fut très difficile et long à établir.

Enfin le garçon d'étable fut pris en flagrant délit. C'était un employé modèle, diligent, tranquille, consciencieux, et qui paraissait être au-dessus de tout soupçon. Son procédé consistait à introduire un manche de fourche dans le vagin et à lui imprimer ensuite un mouvement rapide de vilebrequin.

ÉTAT D'ÂME DE VACHER

« Voyez-vous, M. le docteur, me disait un jour Vacher à la prison Saint-Paul, en prenant l'air de bravache qui lui était habituel, le plus difficile de votre mission est de connaître mon état d'âme ! » Invité à définir ou à préciser ce qu'il entendait par ces mots, il indiqua l'obligation que j'avais d'expliquer par les effets de la rage ou les conséquences du médicament absorbé les crimes divers qu'il avait commis.

Devant les objections qui lui étaient faites, les contradictions qu'il était facile de montrer, il se fâchait ou refusait de répondre. Nous avons rarement vu inculpé à la fois plus hautain et plus soupçonneux, aussi prudent en paroles et en même temps si ridiculement simulateur dans ses actes. Il affectait, selon la qualité des personnes, des allures de familiarité déplacée ou un ton arrogant d'autorité. Au fond, il était méfiant et surtout réservé. Il jouait un rôle, et pendant des mois il ne s'est pas écarté de la ligne de conduite qu'il s'était tracée. Son unique objectif a été de se faire enfermer dans un asile d'aliénés : il n'avait pas oublié qu'il était facile d'en sortir.

Dans le rapport des experts on trouve longuement exposés et précisés les motifs qui ont déterminé leur appréciation collective. Je désire cependant aujourd'hui, après y avoir encore réfléchi, insister sur certains points, mettre en lumière quelques côtés restés dans l'ombre, donner une opinion personnelle sur l'état de responsabilité de Vacher.

Nous avons publié de nombreux documents du dossier montrant jusqu'à l'évidence un certain nombre de crimes, non avoués par Vacher mais certainement commis par lui. Quelques-uns de ces assassinats ont eu le vol pour mobile, d'autres ont été accomplis avec d'autres chemineaux. Vacher n'a opéré seul que pour la satisfaction de son instinct sexuel.

Vacher était connu d'un certain nombre de vagabonds. Il faisait allusion à ses différents compagnons, lors de son arrestation à Champis et pendant quelques-uns de ses transferts.

L'instruction a montré qu'il a eu pour compagnon un jeune homme blond dont la présence a été constatée sur les lieux de certains crimes qui sont restés impunis.

M. Fourquet nous raconta dans un de nos voyages à Belley qu'une lettre qu'il avait d'abord refusée lui fut plus tard retournée après être tombée au rebut. Cette lettre, adressée de Toulon, au moment où on se préoccupait de l'emplacement du puits de la Demi-Lune où avait été jeté Claudius Beaupied, indiquait très exactement les lieux où se trouvait le puits. L'auteur de la lettre ajoutait: «Si j'étais près de vous je pourrais vous en dire long sur cet homme aux guêtres et au bonnet à poil.» Pas de doute, il s'agissait bien de Vacher. Nous espérons que tôt ou tard ce chemineau racontera ce qu'il sait et en dira long.

Nous n'avons pas eu besoin de ce récit pour savoir que Vacher était un voleur et un assassin.

Il a avoué douze crimes commis du 1er avril 1894 au 4 août 1897, mais il s'est bien gardé de parler des quinze ou seize autres que nous lui attribuons avec M. Fourquet. Nous ne croyons pas exagérer en disant que Vacher a commis, au moins vingt-sept ou vingt-huit crimes tels qu'assassinats, vols, attentats, etc.

Mais pourquoi Vacher n'a-t-il jamais fait des aveux sur les quinze ou seize autres crimes: quand on l'a interrogé sur ce point, il s'est renfermé dans le mutisme. Un matin à la prison Saint-Paul, je lui ai parlé de l'affaire de Varacieux, de l'assassinat de la petite Olympe Buisson. Vacher écoutait, la tête inclinée, les mains derrière le dos. Tout à coup, j'ai cru qu'il allait répondre. Il m'a étrangement fixé, a haussé les épaules et s'est promené dans la cellule. Puis, vivement: «Sachez que je suis aussi fin que vous. Je ne dis que ce que je veux dire. Je n'ai que trop parlé. Consultez mes interrogatoires devant le juge. C'est fini, je n'ajouterai plus rien.»

Il est plus que probable pour tous ceux qui ont étudié le dossier, que Vacher a commis plusieurs assassinats avant son entrée au régiment. Que l'on relise les résultats de l'enquête à propos des crimes de Joux, de Chambérac, et surtout celui de la petite Olympe Buisson (pages 423-424), le 29 septembre 1890. Ce dernier porte vraiment la marque sadique et la signature de Vacher. Nous sommes convaincu qu'il en est bien l'auteur.

Mais dans le triage qu'il a fait pour ses aveux, Vacher n'a pas voulu faire figurer les crimes antérieurs à son entrée au service militaire (assassinats, pédérastie). Il n'est plus possible alors de faire jouer un rôle aussi important au projectile, à l'aliénation constatée, au séjour dans deux asiles.

Vacher, en effet, a un système. Sa folie a une cause, c'est une morsure par le chien enragé.

Il va donc s'accuser lui-même. Il reconnaîtra de véritables accès de rage qui le font se précipiter sur les enfants, qui l'obligent à mordre et à mutiler ses victimes.

Ce système, il l'adopte tout à coup, à la prison de Belley, après une courte visite du médecin de la prison, lui annonçant qu'il va le déclarer irresponsable. Dès lors, il écrit sa lettre d'aveux et du jour au lendemain, il devient un nouveau personnage.

En effet, à Champis, quand il est arrêté par Plantier, Vacher est vraiment cynique. Le juge d'instruction de Tournon ne relève pas les signes de cette folie que plus tard il étalera complaisamment. Arrivé à Belley, et confronté avec différents témoins, il nie avec énergie et répond convenablement à toutes questions. Mais bientôt, poussé par l'évidence des faits, reconnu sans hésitation par différents témoins, il est obligé d'avouer qu'il est l'auteur du crime de Bénonces, une des plus abominables scènes de cannibalisme. Certain, en même temps, de la déclaration que doit faire sur son état mental d'aliéné le médecin de la prison, il entre dans de minutieux détails sur les autres crimes qu'on lui reproche.

Et comme il lui paraît nécessaire de donner à ces faits une certaine similitude, il choisit dans sa collection tous les assassinats qui présentent quelque ressemblance surtout lorsque certains détails caractéristiques indiqués négligemment par le magistrat instructeur montrent que les preuves sont là évidentes et qu'il ne servirait à rien de nier.

Pour bien montrer qu'il obéit à des accès de rage, il dit qu'il attaque tout à coup ses victimes, les mord et les mutile. Comme on lui fait remarquer que ce sont le plus souvent des enfants, fillettes ou garçons, il cite le cas de la veuve Morand, de Saint-Ours, à laquelle il donne plus de soixante-dix ans et qui en réalité n'était âgée que de cinquante-huit ans.

Il tue ses victimes pour les violer, les mutiler. Aussi, il s'indigne quand on lui démontre qu'il a volé à l'une ses pendants d'oreille, à l'autre ses souliers.

À aucun prix il ne veut passer pour voleur. Il sent très bien que si des vols sont démontrés, la théorie des accès de rage sera moins soutenable. Il cite donc tous ces assassinats de pauvres petits bergers ou bergères, auxquels en effet il ne pouvait voler grand'chose, mais refuse de s'expliquer sur les crimes pour lesquels le vol a été le mobile véritable de l'assassinat. Ses demi-aveux dans l'affaire de Lacaune (voir page 430) ne sont-ils pas caractéristiques : il est en effet *démontré* que Vacher a tué le nommé Gautrais pour lui voler une somme de deux cents francs.

Ce système de Vacher ne manque pas d'une certaine habileté : il a suffit d'ailleurs pour entraîner la conviction de plusieurs médecins qui, au récit des journaux ou à la lecture de quelques pièces du procès, se sont fait une conviction, et n'ont pas hésité à proclamer bruyamment la folie de Vacher.

Les experts officiels, mieux renseignés, ont émis l'avis que sa responsabilité était à peine atténuée.

Ils ont voulu dire qu'il ne fallait pas oublier que Vacher avait été plusieurs fois déclaré fou par des médecins aliénistes, qu'il avait passé par deux asiles et que des certificats ou des rapports versés au dossier permettaient de croire que cet homme avait donné pendant son séjour au régiment ou après l'événement de Baume-les-Dames, des signes de folie.

Et cependant, Vacher a-t-il jamais été aliéné ?

La lecture du dossier ne nous avait pas absolument convaincu, les dépositions à la Cour d'assises des camarades, des sous-officiers ou des officiers de son régiment nous ont encore rendu plus sceptique. C'est vrai, il a été brutal et dur pour les hommes qu'il avait sous ses ordres ; plusieurs fois et dans deux circonstances très nettes il a eu des accès de fureur, mais c'était alors de l'ivresse, après l'absorption d'une certaine quantité d'alcool. Comment expliquer, d'ailleurs qu'il ait pu arriver au grade de sergent, s'il avait donné à tous des preuves si évidentes de folie ?

Après un accès d'alcoolisme aigu pendant lequel il s'est montré violent et dangereux, on l'envoie d'urgence à l'hôpital afin de lui faire accorder un congé de convalescence qui permettra d'attendre le moment de la libération de la classe dont il fait partie. On ne tenait plus à le garder au corps ; mais rien n'indique d'une façon précise qu'il fût alors considéré comme un aliéné. C'est pendant ce congé que se produit l'événement de Baume-les-Dames. Aussitôt l'ordre est donné au médecin-major du régiment de dresser un rapport de l'état mental du sous-officier Vacher afin de le présenter à la Commission de réforme.

On n'a pas oublié que Vacher obtint un congé de réforme n° 2 et un certificat de bonne conduite.

Dès lors Vacher ne fait plus partie de l'armée et, s'il a à répondre de la tentative de meurtre sur la personne de Louise B..., ce sera devant les tribunaux civils.

Les médecins de l'asile de Dole le déclarent irresponsable. Aussi, quand après un de ses crimes, Vacher revenu à Besançon rencontre le témoin Loyonnet, il lui dit : « Je ne suis pas fou, mais je suis obligé de faire le fou, sans cela on me ferait passer à la Cour d'assises. » Plus tard, à la prison Saint-Paul, il déclare à un co-détenu mis auprès de lui en qualité de *mouton*, et qui avait su gagner sa confiance : « J'ai fait le fou à Dole et j'ai réussi à tromper les médecins. Il y a les certificats qui attestent que j'ai été fou, il faudra bien que les médecins de Lyon en tiennent compte. Maintenant, je continue à jouer le fou : ils seront bien forcés de reconnaître que je l'étais depuis la sortie de Saint-Robert jusqu'au moment de mon arrestation. »

Que l'on veuille bien se rappeler les incidents de son transport de Dole à Saint-Robert : son calme subit dès qu'on lui enlève les liens qu'il avait fallu lui mettre à cause de ses excentricités. Il dit qu'il sera tranquille et il tient parole.

À Saint-Robert, dès son arrivée, on le met en observation, et si ce n'étaient les documents qui l'accompagnent, on ne saurait pas si on a affaire à un fou. Les lettres que Vacher adresse à M. le docteur Dufour n'indiquent-elles pas un esprit calme et sain ?

Il me semble que l'on ne relève pas de preuves bien manifestes de folie dans tous ces annamnestiques. Les faits et circonstances relevés dans sa vie errante, les conditions dans lesquelles il accomplit les crimes avoués et surtout ceux qu'il n'avoue pas, pour la plupart des assassinats suivis de vol et avec l'aide de complices, apportent de nouvelles preuves de ce même état d'esprit.

Vacher a pu longtemps être insaisissable : d'abord par sa manière d'opérer, grâce à ses marches ou à ses contre-marches extraordinaires, au choix toujours judicieux des lieux du crime. Il savait en effet comme tous les criminels vagabonds que la vie à l'aventure dépiste les recherches, fait naître les occasions favorables sur les chemins peu fréquentés ou dans les campagnes désertes.

De plus, avec les précautions qu'il prenait vis-à-vis du corps des victimes, il évitait la découverte immédiate du crime et se donnait ainsi le temps de fuir.

Enfin — et c'est là le point important — Vacher avait toujours assez d'argent pour ne pas être arrêté comme vagabond. Son gousset, assez bien garni, avait plus d'effet sur les gendarmes que la possession du livret militaire. Il résulte de tout ce que nous venons de dire que les présomptions sont que Vacher n'a jamais été fou. Il a trompé les premiers médecins comme il voulait nous tromper. S'il est pour nous absolument certain qu'il était sain d'esprit quand il est sorti de l'asile de Saint-Robert, il nous paraît fort probable qu'il en était de même pendant son séjour à Dole.

Il est aussi impossible de prouver la folie de Vacher que de mettre une étiquette, de donner un nom à la prétendue maladie dont il avait été atteint.

Est-ce un fou moral, un épileptique, un impulsif quelconque ? Notre rapport répond à ces questions et montre qu'il n'en est rien. Certes, c'est un anormal au point de vue des satisfactions de l'instinct sexuel.

Vacher avait spontanément mis en pratique la théorie de de Sade.

« Il ne s'agit pas de savoir si nos procédés plairont ou déplairont à l'objet qui nous sert, il s'agit seulement d'ébranler la *masse de nos nerfs par le choc le plus violent possible* ; or il n'est pas douteux que la douleur affectant bien plus que le plaisir, les chocs résultant sur nous de cette sensation produite sur les autres seront d'une vibration plus rigoureuse. »

L'auteur de ces lignes, Mirabeau et d'autres, écrivaient à la Bastille ou à Vincennes leurs ouvrages érotiques. C'est un résultat de cet état d'âme, assez fréquent chez les prisonniers, que nous appelons l'onanisme cérébral, et qui est probablement « la rumination érotique des continents » de Binet.

Vacher, lui, est toujours en rut de chair fraîche ; il lui faut même l'éventration et les mutilations pour apaiser cette faim. Dans la satisfaction de cet appétit, l'homme est dur, la femme cruelle. Le sadique a quelque chose du dévergondage cérébral de la femme. Mais les anormaux de cet ordre ne sont pas toujours des aliénés. Les manifestations bizarres et étranges du plaisir sexuel sont aussi variées que celles qui sont employées pour apaiser la faim ou la soif. Cela n'implique nullement la folie.

Nous avons tenu à publier une longue suite de crimes sadiques, quelques-uns aussi épouvantables que ceux de Vacher et dont les auteurs ont souvent été reconnus responsables et atteints par les lois.

Il est surtout remarquable de voir que quelques-uns des auteurs qui se sont occupés de Vacher et de son degré de responsabilité ont émis l'idée que celle-ci était diminuée à cause du grand nombre de crimes commis. La répétition du forfait prouvant, à n'en pas douter, l'indifférence du meurtrier.

Dans un livre des plus remarquables, *L'Âme du Criminel*, notre distingué confrère, M. le Dr Maurice de Fleury, s'exprime ainsi :

« Vacher, le tueur de bergers, impulsif conscient, est véritablement une sorte de fou, encore que, pour les choses habituelles de la vie, il raisonne sans trop de divagation. L'excès même de ses forfaits doit le sauver de la main du bourreau ; s'il n'avait à sa charge qu'un assassinat, on le condamnerait à mort sans même lui faire subir d'examen médico-légal ; mais il a tant de fois assouvi sa manie effroyable, et cela sans motif plausible, pour rien, pour le plaisir, qu'il faut le traiter comme une brute à la conscience confuse. Nous dirons donc qu'il n'est qu'à demi responsable, qu'il doit bénéficier des circonstances atténuantes, mais que, pour la sécurité publique, il ne devra plus jamais être mis en liberté. Il sera condamné aux travaux forcés à perpétuité. »

Notre ami Enrico Ferri[1] dit qu'on a guillotiné « ce Vacher l'éventreur, qui était bien *évidemment* un aliéné, comme cela résulte pour tout observateur impartial et habile, d'après l'expertise elle-même publiée dans les *Archives d'anthropologie criminelle* ». Plus loin, Ferri déclare que les experts ont manqué de courage scientifique. « Vacher, disent-ils, a simulé la folie. Or, il est notoire que la simulation de la folie est toujours un symptôme psychopathologique. »

Nous croyons que bon nombre de médecins ou de cliniciens ne partageront pas toutes les opinions scientifiques du distingué professeur de droit criminel.

Il n'y aurait, à notre sens, que deux manières de démontrer la folie ou l'aliénation mentale de Vacher.

Il faudrait prouver ou bien qu'il a tué sous l'influence d'idées délirantes, ou bien, qu'à chaque crime quelconque il a été poussé par une impulsion irrésistible.

On a dit qu'il avait été atteint temporairement de délire mélancolique avec idées de persécution et de suicide. Mais il est sorti guéri de l'asile de Saint-Robert, et Vacher, pas plus que les médecins qui ont entrepris de démontrer sa folie, n'a avancé que les crimes avoués ont été commis sous l'influence d'idées de persécution, d'idées mystiques, etc.

Vacher dit, toujours à propos des crimes avoués, que se trouvant tout à coup en présence d'un berger ou d'une bergère, il est pris d'un accès de

1. *La Scuola positiva*, numéro de janvier 1899.

rage. Les médecins, acceptant l'interprétation de Vacher, disent que cet homme est un dégénéré impulsif.

Nous répondrons que Vacher ne présente aucun signe de dégénérescence. Il n'y a rien « d'irrésistible, d'impulsif dans sa façon de choisir les victimes, de préparer le crime, de l'exécuter, de fuir après avoir fait disparaître les traces du crime.

Si nous admettions même que la vue de la chair jeune et fraîche était une tentation irrésistible pour ce sadique, s'ensuit-il qu'il devait être considéré comme irresponsable ?

Vacher, personne ne le niera et lui-même en était convaincu plus que personne, avait une certaine intelligence. Il avait donc conscience d'être un danger permanent pour autrui et spécialement pour les petits garçons et les petites filles.

Personne n'oserait soutenir qu'il pouvait promener à travers toute la France ses goûts sanguinaires et cela sans responsabilité aucune.

Un homme voyage avec des cartouches de dynamite. Une explosion a lieu pour une raison quelconque, accidentellement même. Sans doute, la responsabilité de ce voyageur peut être atténuée s'il ignorait qu'il transportait un explosif, la facilité avec laquelle la dynamite peut faire explosion, les dangers que l'on fait ainsi courir aux autres, etc., etc. Mais après le premier accident, cet homme voyage encore et est la cause de nouvelles explosions, et de morts accidentelles. Ne sévirait-t-on pas alors contre lui, et d'autant plus sévèrement, qu'il avait pour ainsi dire reçu un premier avertissement.

De même l'*impulsif vrai* (ce n'est pas Vacher dont nous parlons) commet un premier crime. On peut soutenir, que dans une certaine mesure il est excusable. En effet, affirmera-t-on, il s'ignorait, il ne savait pas qu'il eût à prendre des précautions contre lui-même, il a été le premier surpris, etc., etc.

Voilà le premier crime excusé, mais le second l'est-il ? Que penser alors de l'effroyable série des crimes avoués, et surtout de ceux qui ont été commis avec des complices et qui ont eu le vol pour mobile ! Les experts ont été longs à se former une opinion. Je n'hésite pas à formuler la mienne d'une façon définitive : *Vacher a simulé la folie, il était responsable de ses actes.*

Disons en outre, bien que la remarque n'ait pas une très grande importance, que ceux qui l'ont vu de près, et longtemps, comme les gardiens ou le personnel de la prison à Lyon, à Belley ou à Bourg, les hommes mis avec lui en cellule, ont tous été unanimes à dire que Vacher était « un farceur », et qu'il ne leur paraissait nullement fou.

Vacher s'appelait l'anarchiste de Dieu. C'est vrai, il était anarchiste, comme le sont d'ailleurs bon nombre de routiers ou de vagabonds.

Nous avons donné des preuves et, s'il était possible de se porter garant des co-détenus mis avec lui en cellule, nous citerions le témoignage de ces hommes auxquels il a fait des confidences les plus caractéristiques. Il se montrait révolté, comme pour trouver des excuses à sa conduite, dans le désir naturel d'expliquer ses actes par des principes.

Le contact avec la civilisation a fait de cet homme des champs une brute plus dangereuse que s'il était resté à l'état de nature.

Nous plaignons les médecins plus ou moins autorisés, grisés par les théories modernes de l'anthropologie criminelle, qui, sincèrement et sans hésitation, proclament la folie ou l'aliénation mentale de Vacher et sont tout disposés à lui donner, non l'auréole du martyr, mais le titre de malade pour le faire entrer dans cette salle basse de morgue, sorte de Panthéon des criminels où, dit-on, Menesclou et quelques autres ont trouvé place.

Quand Vacher fut arrêté on le trouva muni de deux énormes gourdins de bois de houx : sur l'un il avait gravé «*Marie, Lourdes*», et sur l'autre «*Qui fait bien trouve bien.*»

Toute la psychologie de Vacher est dans ces deux inscriptions. Quel hypocrite ! quel sinistre farceur !

L'EXÉCUTION DE VACHER

par le Dr Jean Boyer

L'exécution a eu lieu à Bourg le 31 décembre. Nous en empruntons les détails très exacts au *Progrès de Lyon*.

« *Le réveil du condamné.* — À six heures trente-cinq, MM. Ducher, procureur de la République ; Verdalle, juge suppléant ; Berriat, juge d'instruction ; Dupré, médecin de la prison ; Devos, capitaine de gendarmerie ; l'abbé Roman, remplaçant M. Sambet, aumônier de la prison, retenu par la maladie ; Morellet, greffier en chef, et Girat, commis-greffier, pénètrent dans la prison.

Ces deux derniers accompagnent M. Verdalle à l'effet de consigner, s'il y a lieu, conformément à la loi, les révélations que l'assassin pourrait avoir à faire *in extremis*.

Quand le gardien chef ouvre la porte de la cellule, Vacher dort profondément et M. Ducher est obligé de lui toucher l'épaule pour le réveiller.

— Votre pourvoi en cassation et votre recours en grâce ont été rejetés, lui dit-il. Levez-vous et soyez énergique.

Avec un grand sang-froid Vacher répond :

— C'est bon. Faites de moi ce que vous voudrez. Je marche droit devant moi.

Vacher se lève aussitôt et s'habille tranquillement, avec l'aide d'un gardien.

L'abbé Roman s'approche de lui et lui demande s'il veut se confesser.

Vacher répond :

— Ce n'est pas la peine ; j'entendrai la messe devant Dieu.

Comme l'abbé l'exhorte au repentir et lui présente un crucifix, Vacher proteste de son innocence il ajoute :

— J'embrasserai Jésus-Christ tout à l'heure. Vous croyez, ajoute-t-il, expier les fautes de la France en me faisant mourir ; cela ne suffira pas ; vous commettrez un crime de plus ; je suis la grande victime fin de siècle.

On demande à Vacher s'il veut boire un verre de rhum ; il répond qu'il n'a besoin de rien.

La toilette. — Le patient est ensuite mené au greffe de la prison où a lieu la toilette du condamné.

Pendant qu'on procède à cette opération, Vacher cause avec le plus grand sang-froid, il est très pâle, mais sa voix est toujours ferme et énergique ! « Ce n'est pas la peine de tant me ligoter, dit-il, je ne m'échapperai pas », puis il plaisante : « Je suis bien content de m'être fait couper les cheveux hier », dit-il.

Un moment après il s'écrie :

— C'est curieux tout de même ! Voilà Mazoyer qui a tout avoué, qui a eu une attitude d'imbécile et on le gracie. Et moi qui ai plaidé mon innocence, on me tue. Mais j'ai la conscience tranquille, et je souhaite que ceux qui m'entendent l'aient aussi tranquille que moi.

La toilette est terminée. Deibler invite Vacher à se lever, mais celui-ci refuse de marcher.

Portez-moi si vous voulez, dit-il je ne veux pas marcher, je veux me faire traîner.

*

* *

À six heures cinquante la porte de la prison s'ouvre et Vacher apparaît, porté par les aides du bourreau qui le descendent en bas du perron.

Pendant qu'on le descend, Vacher jette un regard sur un petit groupe de personnes qui stationnent au bas du perron et il s'écrie :

— Ah ! la voilà, la victime des fautes des asiles !

Il est livide, mais paraît toujours très maître de lui ; sa voix un peu chantante nous paraît aussi ferme qu'au cours du procès.

De la prison à la guillotine. — Vacher est hissé dans le fourgon, l'abbé Roman et Deibler prennent place à côté de lui et le cortège de gendarmes à cheval se dirige vers le Champ de Mars en passant par les rues du Palais, Bourgmayer et des Casernes.

Il est grand jour quand le cortège débouche sur le Champ de Mars.

— Le voilà ! crient les personnes placées aux premiers rangs de la foule qui se presse derrière le cordon de troupes.

Le fourgon s'arrête à deux pas de la guillotine.

L'expiation. — Le marchepied du fourgon placé on s'attend à voir Vacher descendre tout seul mais pendant les quelques minutes qu'a duré le trajet, le condamné, que son énergie a complètement abandonné, a perdu connaissance, et c'est une masse inerte que les aides du bourreau jettent sur la bascule.

De la foule, à ce moment, s'élève un immense murmure. Des cris retentissent :

— À mort ! À mort Vacher ! À mort l'assassin ! Le lâche il ne sait pas mourir proprement.

Trois secondes après, justice était faite. Il est exactement 7 h 3 m.

En entendant le bruit sourd du couperet, la foule applaudit bruyamment.

*

* *

Les restes du supplicié sont jetés dans un cercueil déposé à côté de la machine et qui remplace le traditionnel panier de son. Le cercueil est placé sur le corbillard des pompes funèbres et transporté directement à l'hôpital, sans passer par le cimetière. »

La tenue de Vacher aux assises n'avait inspiré aucun sentiment de pitié. Sa mort ne provoque même pas de la commisération.

Cet homme qui s'était complu dans le spectacle de l'agonie de ses victimes a eu peur à ses derniers moments. Il n'est pas mort comme un fou, avec la superbe d'un mystique ou la dignité d'un individu qui se croit un martyr. Il est resté un révolté, puis la terreur l'ayant envahi, il est mort lâchement, donnant ainsi une dernière preuve que le glaive de la loi n'avait pas frappé un aliéné.

NOTES SUR L'AUTOPSIE DE VACHER

J'ai rédigé cette relation succincte de l'autopsie de Vacher avec mes notes personnelles et avec les renseignements complémentaires qu'ont bien voulu me fournir mes confrères les Drs Chaumier, Paviot et Taty.

Le cadavre du décapité a été livré le 31 décembre 1898 à 8 h. 1/2 du matin.

La section du couperet a passé entre la 3e et la 4e vertèbre cervicale, a coupé un centimètre d'épiglotte et rasé le bord du maxillaire inférieur, sans l'entamer.

L'autopsie est commencée par les organes *thoraciques et abdominaux.*

Les *poumons* sont pâles, sans lésions anciennes ou récentes, sauf une adhérence assez lâche du lobe supérieur droit.

Le *cœur* est revenu sur lui-même en prenant une forme pyramidale. Il est à peu près vide de sang; on trouve seulement un petit caillot vers la pointe, entre les piliers de 3e ordre.

Les *vaisseaux* de la base du cœur sont intacts. L'aorte est fortement revenue sur elle-même, sa lumière admettant à peine l'index. Il en est de même de l'aorte abdominale qui présente le volume d'une iliaque ordinaire.

L'*estomac* est vide. Ses deux tiers à droite sont fortement contractés. L'intestin grêle est vide et rétracté.

Le *rectum* est distendu par des matières fécales, moulées.

L'*anus* ne présente rien d'anormal. Pas de signes de pédérastie.

Le *foie* et la *rate* sont normaux. Rien à noter du côté des *reins* et des *artères.*

La *vessie* est pleine d'urine. Dans le bas-fond un peu de pus.

La *prostate* a le volume d'une grosse noix. Sa coupe est blanc-rosé.

La section de l'*arèthre* à la pointe de la prostate laisse sourdre du pus filant.

Le *prépuce* est long, sans phimosis. Le volume de la *verge* est plutôt au-dessous de la normale.

Le *testicule* droit est manifestement atrophié. Le testicule gauche présente une adhérence presque totale de la vaginale.

Les *veines saphènes* suivies jusqu'à la malléole n'offrent ni dilatation ni sinuosités.

Tête. On note une occlusion incomplète des paupières à droite. La commissure labiale droite est tombante. Mais pour ceux qui comme moi, ont vu Vacher vivant, il est évident que la paralysie faciale est moins apparente, grâce à la disparition du tonus du côté sain.

Le cuir chevelu est épais.

L'épaisseur de la *calotte crânienne* est normale. Le diploé est très perméable. Pas de déformation.

La *dure-mère* est saine, elle n'offre dans toute la convexité ni adhérence, ni épaississement d'aucune sorte, à aucun degré.

La *pie-mère* n'a aucune adhérence avec la dure-mère ; elle est normalement vascularisée, elle ne présente ni épaississement ni exsudat, aucune trace d'inflammation, ancienne ou récente.

L'*encéphale* se laisse enlever avec difficulté ; ni adhérence, ni exsudat à la base.

La masse encéphalique ; cerveau, cervelet et bulbe, pèse 1.500 gr.

La *dure-mère de la base* est absolument normale. Dans les deux fosses temporo-sphédroïles notamment, elle n'offre aucune adhérence, en dehors des points d'attache normaux.

Sur la face *antéro-supérieure* du rocher droit, on remarque un petit sillon, comme une fissure, orienté d'arrière en avant et de dehors en dedans, commençant à 1/2 centimètre en avant du bord supérieur du rocher, se dirigeant en avant vers le trou déchiré antérieur, sans l'atteindre, et mesurant une longueur de 15 millimètres. À son extrémité antérieure, on voit, par transparence, une tache bleuâtre, à peu près circulaire, de la dimension d'une lentille. La nature de ce sillon : félure traumatique ou empreinte vasculaire n'a pu être déterminée exactement, le représentant de la famille Vacher s'étant refusé formellement à faire devant nous la coupe du rocher. On peut noter cependant qu'à la partie postérieure de ce sillon la pointe d'une aiguille à suture pénètre d'un millimètre dans sa profondeur. D'ailleurs, à ce niveau, aucune adhérence, pas d'épaississement de la dure-mère, aucune éburnation de l'os ; rien qui rappelle un cal.

La pie-mère a été enlevée sur tout l'hémisphère droit. Sa décortication a été assez laborieuse parce qu'on ne s'est pas servi des vaisseaux sylviens, parce qu'il s'agissait d'un individu jeune, d'un cadavre frais et sain, sans liquide et sans œdème *sous*-piemèrien.

La méninge se rompt mais elle n'entraîne jamais de fragments de substance corticale, elle ne présente d'ailleurs aucune trace d'inflammation, aucun épaississement, rien de pathologique. En raison de ces difficultés, l'hémisphère gauche a été seulement décortiqué à ses faces interne et supérieure.

Pendant une suspension de l'autopsie, de 11 heures à 1 h. 1/2, le cerveau a été livré à un photographe et à un mouleur.

Lorsqu'on a repris son examen on a trouvé dans ses scissures et ses sillons des débris de plâtre.

Des coupes de Pitres : préfrontale, frontale, pariétale et pédiculo-pariétale ont été pratiquées sur *l'hémisphère droit*. Elles n'ont rien révélé d'anormal.

L'hémisphère gauche n'a pas été coupé, le représentant de la famille Vacher s'y étant opposé, une des coupes de l'hémisphère droit, la pariétale

portant à sa partie supérieure une partie du lobe sphénoïdal, a été laissée à M. Paviot qui en a placé une partie dans le liquide de Muller et l'autre partie dans l'alcool à 93° et les a emportées au laboratoire d'anatomie pathologique de la Faculté.

La *moelle* a été enlevée. Les méninges spinales et la substance médullaire sont absolument normales, ni exsudat, ni adhérence, ni épaississement.

QUELQUES MOTS SUR LES AUTRES VICTIMES OU LES INDIVIDUS POURSUIVIS À PROPOS DES CRIMES DE VACHER

Dans un de ses interrogatoires, Vacher a répondu au juge: «Je ne cherchais pas les victimes, c'était le hasard des rencontres qui décidait de leur sort; les pauvres gens ne sont pas à plaindre; ils n'ont pas souffert à eux tous plus de dix minutes...»

Les autres victimes dont nous avons à parler ont souffert beaucoup plus longtemps. Quelques-unes ont eu leur vie brisée, d'autres ne sont pas consolées, il y en a qui pleureront toujours.

Ce sont les infortunés que la justice a soupçonnés, jetés en prison pendant de longs mois, et contre lesquels s'est acharné le mauvais instinct des foules, la manifestation carnassière ou *malesueda fames* de l'opinion publique.

Il est utile et peut-être salutaire de montrer les maux de toutes sortes déchaînés par ce criminel parcourant la France, faisant des victimes, répandant les deuils et les larmes. Ce fléau peut se renouveler. Le danger est à l'état permanent si l'on n'adopte pas les mesures de sécurité publique que nous proposons.

Passons donc en revue ces lamentables tâtonnements judiciaires.

Le 19 mai 1894, Eugénie Delhomme est assassinée à Beaurepaire. Deux jeunes gens, âgés de dix-huit ans, sont arrêtés. Le premier, Louis François, a été l'amoureux de cette fille. Le second, Maurice Dorier, affirmait l'innocence de son ami, disant que le soir du crime il ne l'avait pas quitté.

Louis François resta trente jours en cellule, au secret, et on le garda en prison quatre mois et demi. Maurice fut emprisonné pendant un mois.

Pendant ce temps le père d'Eugénie Delhomme, accablé par la douleur, passait ses journées au cimetière sur la tombe de sa fille. On dut l'enfermer à l'asile des aliénés de Privas où il mourut quelques mois plus tard.

Un domestique du maître de la fabrique où travaillait Eugénie fut aussi arrêté et resta en prison deux mois.

Quant aux deux jeunes gens, Louis et Maurice, poursuivis par la malignité publique, sans travail, obligés de quitter le pays, ils s'engagèrent, en Afrique, dans un régiment de zouaves ou ils sont encore.

*

*   *

À propos du crime de Vidauban, un jeune homme du pays, Charles-Joseph Roux, dit Charlot, est arrêté, parce qu'il a découvert le cadavre le premier. La raison suivante avait paru suffisante : « Il devait bien le savoir pour qu'il ait été le chercher là. » On ne tarda pas à le mettre en liberté.

Sur la demande de la mère de Louise on arrêta un ouvrier italien mais celui-ci fournit un alibi indiscutable et il fut relâché.

On décida une seconde fois de se saisir de Charlot et il fut conduit à la prison de Draguignan. L'opinion publique, l'opinion du juge d'instruction étaient contre lui. Une nuit, sur la porte de sa maison on avait écrit : *Ici habite l'assassin de Louise Marcel.*

La mère de la victime, dans le cabinet du juge d'instruction, se jeta sur Charlot en l'appelant : Assassin, boucher d'enfants, et le frappa violemment.

Après plusieurs mois de prison on dut relâcher Charlot.

Mme Marcel pleura sa fille pendant deux ans, et s'éteignit minée par le chagrin. Elle était très malade quand on vint lui annoncer que Vacher avait fait des aveux. Elle ne voulut pas le croire : « C'est Charlot qui a payé pour le dire. L'assassin, c'est Charlot, je le jure. » Elle mourut, convaincue de la culpabilité de ce pauvre jeune homme, le 7 novembre 1897.

Malgré tout, les gens du pays croient encore à la culpabilité de Charlot. Depuis le crime, on a été sans pitié pour lui : il a été déshonoré, flétri à jamais. Sa malheureuse mère, elle aussi, est morte de chagrin.

*
*   *

Il en fut de même à propos du crime du Bois-du-Chêne.

Dans une publication très bien faite et remplie de curieux documents[1], M. Besse consacre près de 400 pages au récit de toutes les passions soulevées en Bourgogne par l'assassinat d'Augustine Mortureux. « On y voit un mouvement d'opinion effréné ; une ville tout entière luttant contre le Parquet, prenant l'affaire pour base électorale et envoyant siéger au Conseil d'arrondissement un des adversaires les plus fougueux des représentants de la justice et de la raison ; on y voit enfin une victime poursuivie à faux avec la dernière rigueur par l'opinion publique et quelques magistrats intègres qui ont eu la force de résister aux attaques les plus violentes, et le courage de se laisser vilipender pendant de longs mois dans les journaux locaux, plutôt que de poursuivre et de faire condamner celui que désignait la fureur publique, et dont l'innocence était indiscutable à leurs yeux.

En cette occasion, le Parquet a fait son devoir avec une conscience et une abnégation dignes de tout éloge.

1. *Le Tueur des bergers,* Schwartz, Paris.

Nous serons heureux de rendre hommage au Parquet de Dijon, dont la fermeté et la probité pourront servir d'exemple dans ce long récit mêlé de crimes et d'enquêtes judiciaires, où l'on pourra constater trop souvent, hélas… des maladresses ou des défaillances de la part de la magistrature. »

Nous ne pouvons que donner un résumé de cette histoire qui est le martyrologe de M. Grenier, l'assassin supposé d'Augustine Mortureux.

Il fut arrêté, mis en prison, longuement interrogé. La chambre des accusations de Dijon le déclara innocent et ordonna sa mise en liberté immédiate. Malgré cet arrêt, le père d'Augustine continua à l'accuser, proféra des menaces contre lui et dit qu'il se vengerait. M. Grenier, marié et père de famille, dut abandonner sa propriété et se retirer à Losne.

*

* *

À propos du crime de Saint-Ours, on arrêta à Aix-les-Bains un chemineau nommé Appoot, mais l'arrestation ne fut pas maintenue car on fut obligé de reconnaître qu'il n'avait pas commis le crime.

*

* *

À Truinas, dans l'Ardèche, après l'assassinat d'Aline Alaise on arrête un rouleur nommé Auguste Marseille, autrefois lutteur dans les foires. Cet homme était, la veille du crime, entré au service d'un sieur Blanc. Or, on avait trouvé près du corps de la victime un fragment de couverture de cahier d'écolier sur lequel était écrit le mot « Mare ». On crut que c'était probablement la première syllabe du nom de Marseille. La gendarmerie fit une perquisition au domicile de celui-ci et examina minutieusement ses effets. Le procès-verbal relève deux taches de sang dans les poches d'un gilet, puis sur la doublure d'un vêtement des traces d'un lavage récent, enfin une chemise portant « une petite éclaboussure de chair humaine » (*sic*). Marseille est arrêté le 24 septembre 1895. On s'aperçoit qu'il est déséquilibré et probablement épileptique. Il est envoyé en observation à l'asile d'aliénés de Privas à la fin d'octobre puis relâché en vertu d'un non-lieu en mars 1896.

*

* *

Le crime de Saint-Étienne-de-Boulogne eut des conséquences analogues à celles du crime du Bois-du-Chêne à Étaules.

Le nommé Bannier, habitant la localité, fut accusé de cet assassinat, mis en prison, rendu à la liberté et poursuivi pendant deux ans par la vindicte publique, alors que son innocence était démontrée, proclamée même par les soins de M. Morellet, juge d'instruction à Privas et par M. Artige, maire de la commune.

La férocité des gens de cette partie de l'Ardèche ne put être apaisée, et malgré l'affichage de l'ordonnance de non-lieu en faveur de l'inculpé, les déclarations de Vacher, les avis des magistrats, l'infortuné Bannier reste toujours l'assassin du jeune berger Massot-Pelet pour les indigènes de Saint-Étienne-de-Boulogne.

*
* *

On se rappelle qu'à Cusset, Vacher égorgea la femme Lorut, âgée de dix-neuf ans, mariée depuis quelques mois. Le mari fut accusé et il s'en fallut de peu qu'il ne fût mis en prison il eut la chance de fournir un alibi.

*
* *

À propos du crime de Courzieu, on a cru que le jeune Laurent avait été tué par un notable fermier, conseiller municipal de la commune. Cet homme qui avait rencontré la nuit sur son chemin le berger Laurent alla faire cette déclaration. De là les soupçons, des enquêtes, des contre-enquêtes, des perquisitions, un examen de l'état physique et même une visite spéciale rien ne fut épargné. Les aveux de Vacher amenèrent enfin le calme.

*
* *

Il faut encore citer ce qui s'est passé pour le crime de Vrécourt (Vosges – voir p. 431-432), que Vacher n'a pas voulu avouer. La femme d'un malheureux inculpé écrivait à M. Fourquet: « Ce malheureux personnage qui a été vu et reconnu dans nos villages le 30 avril et 1er mai, Dieu lui donnera-t-il le courage et la force d'avouer bientôt ce crime odieux qui fait souffrir et languir une famille entière ? qu'il avoue donc au plus vite, ce terrible personnage, pour tirer de la peine tant de malheureux qui meurent de chagrin. »

Des témoins venus exprès à Belley et à Bourg furent mis en présence de Vacher et reconnurent sans hésitation le vagabond qu'ils avaient aperçu le 1er mai 1897 quelques kilomètres du lieu du crime.

Mais les parents de la jeune Henrion se refusèrent à admettre que Vacher soit le meurtrier de leur fille. Le malheureux père de famille, accusé de cet assassinat, sans ressources et sans travail, auquel tout crédit était refusé, ne pouvant nourrir ses enfants a dû abandonner le pays.

N'oublions pas en terminant une série de vagabonds arrêtés puis remis en liberté faute de preuves tels que : Exbrayat et Pigliano, au Puy ; Fabre et Bourdillat, à Cusset ; Bravais, à Privas ; Lambert et Succaret, à Belley.

*

* *

La liste des victimes de Vacher n'est pas close !

Cette lecture est affligeante pour l'administration de la justice. Tout a progressé, hormis l'outillage judiciaire.

Vraiment, on se sent pris d'une grande compassion pour tous ces malheureux. On regrette que la société ne puisse rien faire pour aider à leur éclatante réhabilitation et apporter une grande réparation.

Est-ce possible ! chaque profession n'engage-telle pas la responsabilité de celui qui l'exerce ? Un père de famille n'est-il pas responsable des dégâts ou des dommages causés par ses enfants, les gens à son service, etc. L'article 1382 du Code civil dit : *Tout fait quelconque de l'homme qui cause à autrui un dommage oblige celui par la faute duquel il est arrivé à le réparer.*

Le principe proclamé par cette phrase, en style lapidaire, ne peut-il être invoqué pour les déshérités et les petites gens ?

S'il en est ainsi, il y a quelque progrès à accomplir et notre civilisation n'est pas parfaite.

Que l'on nous parle encore, après la cruelle énumération que l'on vient de lire, de l'infaillibilité de l'opinion publique, cette *vox populi,* etc ! À propos de chaque crime de Vacher elle a trouvé moyen d'accuser un malheureux qui était absolument innocent !

LES VAGABONDS CRIMINELS

Ce qu'il y aurait à faire pour la recherche des coupables.

Il y a, en France, au moins de cent cinquante à deux cent mille roulants, peut-être quatre cent mille.

Voila bien une effrayante constatation de ce mode de parasitisme social.

Le vagabondage, accompagné de mendicité[1], tient le milieu entre l'oisiveté et la criminalité. Les vagabonds sont des gens désœuvrés, n'ayant pas de domicile fixe, manquant de subsistances, vivant cependant sans travailler, dans les conditions prédisposantes les plus marquées à commettre toutes les infractions à la loi.

Les vagabonds recherchent les deux satisfactions primordiales des natures animales : la faim et le plaisir sexuel. Manger et coïter. D'où les délits et les crimes les plus fréquents : les vols et les attentats aux mœurs, les assassinats et les viols.

Il faut tenir compte aussi de l'*ennui*. L'ennui est une insuffisance du fonctionnement de notre instinct d'activité.

Ce défaut d'activité est aujourd'hui avec le *doute* et l'*irrésolution* une des maladies sociales les plus fréquentes.

C'est le besoin d'activité qui crée cette disposition à se déplacer propre à certaines natures. Il y a des individus qui ne peuvent rester en place : riches, ils deviennent aventureux, éprouvent le besoin de voyager ou d'explorer les pays lointains, ils ont comme la frayeur du foyer domestique.

Pour d'autres, l'horizon est plus limité. C'est, d'après la condition sociale, les déplacements pour causes quelconques, ou bien le vagabondage avec la mendicité.

Des peuplades — cela s'observe même de nos jours — ont vécu longtemps à l'état nomade. Actuellement, aux champs ou à la ville, il y a des individus qui ont une existence semblable. Auguste Comte avait rangé les mendiants parmi les « prolétaires passifs ». Il peut y avoir en effet parmi eux des insouciants et des imprévoyants.

Mais dans cette troupe de roulants, ou mieux dans cet innombrable troupeau, il y a un grand nombre de criminels.

---

1. E. Florian et G. Cavaglieri, *I Vagabondi*, Turin 1897. Enrico Ferri, *La justice pénale, etc.*, Bruxelles, 1898, p. 53.

Ces routiers sont répandus dans la campagne ils volent, incendient, pillent, assassinent, ou mendient en proférant des menaces. Ils sont particulièrement insolents dans les fermes, dans les maisons isolées où ils ne rencontrent que des enfants, un vieillard, une femme seule : alors ils demandent insolemment la charité. Si on refuse, ils volent. Ils n'hésitent même pas à frapper ou à engager une lutte.

Dans l'argot professionnel, on distingue le routier ou chemineau qui travaille « en cagou », c'est-à-dire qui opère seul.

Ce solitaire travaille « *à la douce* » ou vole sans violence, ou bien il opère « *à la dure* », c'est-à-dire en assassinant.

Il y a d'autres catégories : les *nourrisseurs* qui préparent un coup à faire, nourrissent longuement le « *marmot* », le « *poupon* », l'entreprise, puis lorsque tout est prêt, ils opèrent ou « font des copeaux ».

On cite aussi les *foucadiers* : ce sont des individus de nature très irritable, facilement impulsifs : chez eux l'idée du crime vient tout à coup comme une « foucade ou un caprice amoureux, imprévu. Les *vagueurs* vont devant eux, sans but, à la rencontre d'une occasion ou d'un coup à faire. Ils volent ou cherchent à voler ou « vont en vacquerie ». Le *vague* est la flânerie. Vagabonder s'appelle se « lâcher du vague » et un « coup de vague » est le vol au hasard, dans la première maison venue.

C'est dans ces catégories qu'il faut ranger les auteurs de nombreux crimes restés impunis dans ces dernières années.

En voici quelques-uns. Leur nombre — M. Fourquet a examiné plus de 85 dossiers —, les conditions dans lesquelles ils ont été accomplis, sur un point quelconque du territoire, montrent bien leur cause et l'étendue du mal.

1886. – Boulogne-sur-Mer. – 15 juillet : Mario Bebugne, neuf ans. Section du cou. Viol.

1891. – Saint-Quentin (Isère). – Philomène Martel, dix ans. Jetée dans l'Isère : sur le sable, à côté des pas de l'enfant, pas d'homme chaussé de galoches.

1893. – Saint-Germain-Langot (Falaise). – 23 avril : Colombe Ledoux, onze ans, étranglée et jetée dans un étang.
– Condom. – 10 juin : petite fille de sept ans, étranglée après viol.

1894. – Claveissoles (Valence). – Marie Dugalas, dix-sept ans. Tentative de viol, meurtre, par un individu de taille au-dessus de la moyenne avec fortes moustaches blondes.

1895. – Vervins (Guise). – 18 septembre : Charlotte Sueur, quatorze ans. Strangulation, jetée dans l'Oise.
– Saint-Gobert (Vervins) – 18 octobre : Julien Lefèvre, seize ans. Étranglé et jeté dans la rivière le Vilpin.
– On a aperçu deux individus, l'un parlant difficilement, béret bleu foncé, paletot velours, gilet lustrine noire, pantalon velours marron grosses côtes,

souliers molière, bout retroussé : c'est le signalement correspondant à celui de Vacher.

1896. – Nîmes. – 25 octobre : Michel, neuf ans. Assommé, victime d'un acte de pédérastie.

1897. – Belfort. – 18 mars : Adrienne Revillard, neuf ans. Strangulation et viol.

– Garches (Seine-et-Oise). – 7 avril : Tentative assassinat sur petite fille.

– Sens. – 7 septembre : Alice Maillet, seize ans. Étranglée avec corde, tentative de viol, les boucles d'oreille manquent.

– Mellerey (Saône-et-Loire). – 30 juin : jeune garçon de douze ans. Saisi à la gorge, vol, tentative de meurtre.

– Mercurey. – 6 juillet : garçon de onze ans. Saisi à la gorge tentative de meurtre, vol.

On distingue, dans cette terrifiante liste, une série de crimes commis de 1893 à 1898, sur des enfants étranglés, violés puis jetés à l'eau. Notons encore un certain nombre d'assassinats de vieillards deux ou trois à la fois, âgés de soixante-cinq à soixante-dix ans, tous assommés à coup de barre de fer : ce serait, il nous semble, le fait de deux ou trois routiers qui agissent ensemble.

Voilà le mal. Il est grand et il nous paraît utile de l'enrayer et au plus tôt.

Pour mettre la main sur ces roulants, essentiellement mobiles, toujours sur le « trimard », passant facilement d'un département dans un autre, il faut une justice permanente, ayant un siège constant centralisant toutes les affaires classées, celles dont les auteurs restent inconnus, qui paraissent avoir une origine commune et se sont passées à la campagne, dans les lieux peu habités, sur les routes.

Il est nécessaire que le garde des sceaux organise systématiquement la méthode mise en pratique par M. Fourquet, juge d'instruction à Belley, à propos de l'affaire Vacher.

Qu'a fait ce magistrat ?

À propos du crime de Bénonces, il se mit à étudier une suite de crimes commis, de côté et d'autre, dans des circonstances presque semblables. Les analogies ne tardèrent pas à se montrer, les rapprochements étaient évidents, il était possible de grouper des particularités. En résumé, guidé par un esprit vraiment philosophique, ce juge d'instruction chercha ce qu'il y avait de constant dans une série variable.

La conclusion de cette étude fut le signalement presque exact, et on peut dire assez ressemblant, de l'auteur de ces crimes. Voici ce curieux document, envoyé à tous les parquets de France le 10 juillet 1897, et qui amena l'arrestation de Vacher un mois après, à Tournon.

CABINET DU JUGE D'INSTRUCTION

Belley, le 10 juillet 1897

TRÈS IMPORTANT

COMMISSION ROGATOIRE

Nous Émile FOURQUET, juge d'instruction de l'arrondissement de Belley,
Vu la procédure instruite contre X…, en fuite, inculpé d'assassinat.
Donnons commission rogatoire à notre collègue de . . . .
à l'effet de rechercher dans son arrondissement l'inculpé qui correspond au signalement suivant :

Âgé de trente ans environ, taille moyenne, cheveux noirs, barbe noire, inculte et rare sur les joues, moustache brune, sourcils noirs, yeux noirs, assez grand, visage osseux.

Signes particuliers : la lèvre supérieure est relevée ; elle se tord à droite et la bouche grimace lorsque cet individu parle ; une cicatrice intéresse verticalement la lèvre inférieure et la lèvre supérieure à droite ; tout le blanc de l'œil droit est sanguinolent et le bord de la paupière inférieure de cet œil est dépourvu de cils et légèrement rongé ; le regard de cet individu impressionne désagréablement ; sa coiffure, tantôt un béret, tantôt un chapeau de paille à larges bords, est rabattue sur les yeux et relevée en arrière.

Ces premiers signes particuliers sont surtout à retenir.

L'inculpé est maigre ; ses joues sont creuses ; son visage est pâle avec des plaques jaunâtres ; ses traits sont tirés et il parait souffreteux, il a la voix assez mâle et l'élève peu en parlant, mais lorsqu'il s'anime elle devient aigre et il s'exprime avec quelque difficulté à cause de la difformité de bouche.

Cet individu était au moment du crime chaussé de souliers à semelles en bois, portait un sac en toile paraissant renfermer du linge ou des vêtements et tenait à la main un bâton.

Il demande généralement de la soupe ou du pain, achète alternativement du vin ou du lait ; fréquente les fermes où il s'offre souvent comme berger et se dit originaire soit de la Bresse, soit du département de la Seine, soit du Dauphiné.

Il se prétend infirme et plus âgé qu'il ne le paraît ; dit qu'il a quitté sa famille à la suite d'une discussion ; enfin, il s'exprime tantôt en français, tantôt en patois du Dauphiné ou même du Bugey et vagabonde en demandant l'aumône notamment dans les villages et à l'entrée des églises, couvents et chartreuses.

Il s'agit de l'individu désigné par les journaux sous le surnom de *Jack l'éventreur du Sud-Est.*

Me télégraphier en cas de découverte.
Il y a mandat d'arrêt.
Inutile de dresser procès-verbaux de recherches infructueuses.

Le juge d'instruction,
Émile Fourquet

Prière de faire circuler dans l'arrondissement

La preuve est donc faite. Quand on le voudra, on pourra mettre la main sur ces criminels nomades, vraiment insaisissables à la justice. Il faut que l'on se pénètre de cette vérité : plus un pays a de vagabonds, plus il y a de crimes commis et impunis.

Nous pensons aussi comme nous l'avons écrit, il y a quelques semaines, dans la préface du livre intéressant de M. Fourquet, sur ce même sujet, que le vagabondage est devenu une des manifestations de l'anarchie.

Ces vagabonds ou routiers, véritables parias, sans gîte, misérables, découragés, émancipés bientôt par des théories subversives, règlent leur conduite sur ces principes, prennent en haine la société dont ils s'imaginent saper les bases en s'arrogeant, comme Vacher, le droit de satisfaire leurs besoins les plus impérieux : ils violent pour jouir et ils tuent ou volent pour avoir de l'argent.

Tels sont les vagabonds criminels.

C'est dans ce groupe qu'il faut chercher ceux que les poursuites ou statistiques judiciaires, à propos de certains crimes, désignent comme auteurs sous le nom de « Inconnus. »

II est donc indispensable de faire à la Chancellerie ce qu'un juge d'instruction de province a spontanément imaginé.

Nous demandons qu'on institue *un juge d'instruction central* qui résumera les dossiers de tous les crimes impunis et dont les auteurs sont inconnus. Il pourra grouper les faits similaires, mettre en évidence la nature des blessures, l'analogie des procédés employés, relever le signalement des individus vus dans le voisinage des lieux du crime.

On a proposé toutes sortes de mesures : des maisons de refuge, des colonies de travail, la suppression de la gendarmerie et son remplacement par un corps de gardiens de la paix rurale.

Ce sont des palliatifs, mais non des dérivatifs ou des modificateurs puissants de cette plaie sociale.

Certes, nous ne nous faisons pas beaucoup d'illusion sur le sort de notre proposition. Écoutera-t-on un médecin, même s'il apporte un remède ?

Nous avons cependant confiance et nous osons espérer que ceux qui nous auront suivi dans cette étude nous donneront peut-être raison.

Quoiqu'il en soit, après avoir présenté un ensemble de renseignements sur la question, recherché les causes et discuté les effets produits, nous proposons une mesure administrative comme remède à cette situation.

Il fallait une thérapeutique précise à ce cas de pathologie sociale.

C'est la conséquence de notre étude médico-légale.

NOTE COMPLÉMENTAIRE À L'ÉTUDE SUR LA MARQUISE DE SADE

Ce travail était imprimé lorsque M. P. Ginisty a publié dans le numéro de janvier dernier de la *Grande Revue* quelques lettres inédites de la marquise de Sade au marquis de Sade.

Je suis tout à fait d'accord avec M. Ginisty pour trouver cette correspondance «profondément touchante». La marquise de Sade a entouré d'un dévouement sans bornes et sans lassitude son cher prisonnier pendant ses longues années de captivité à Charenton et à la Bastille.

À n'en pas douter, chaque phrase de lettre en témoigne, ce dévouement avait sa source dans un amour exalté. Sans mentir la marquise de Sade peut écrire: «Mon cœur n'a pas changé; il t'adore et t'adorera toujours.» Le moindre billet tendre de son mari la ravit. «Je ne cesse de relire ce cher billet! Qu'il m'est cher puisqu'il me peint si bien tes sentiments pour moi. Je suis au comble du bonheur; tu sais que tu es le but de toutes mes pensées et que l'idée de ton bonheur me sert de boussole.»

M. Ginisty s'étonne qu'un monstre tel que le marquis de Sade ait inspiré une telle passion.

L'étude impartiale de la vie du marquis permet, ce me semble, de ne pas s'étonner.

De Sade était considéré en somme comme un débauché élégant, un peu pervers, mais ses retentissants procès, suivis d'ailleurs d'acquittements, ne lui avait pas fait perdre l'amitié de ses pairs.

Ce n'est que sous la dictature napoléonienne que l'on prit l'habitude de déclamer contre l'infâme marquis et encore assistait-on aux spectacles qu'il organisait.

La marquise de Sade a donc parfaitement pu, je ne dis pas aimer, ce sentiment n'obéit qu'incomplètement aux convenances mondaines, mais je dis manifester publiquement son amour pour son mari, le visiter régulièrement en prison, solliciter pour lui.

De Sade avait pris l'habitude d'annoter les lettres qu'il recevait. Ses notes sont souvent cruelles pour les bonnes sentimentalités de sa femme. Cette cruauté, cette défiance, sont une preuve de plus de l'opinion que j'ai formulée sur le caractère véritable du marquis de Sade.

Dr Marciat

4. Complaintes criminelles 1895-1899

La complainte criminelle est un genre de chanson populaire très répandu en milieu rural dans la France de la fin du XIXe siècle; il n'est donc pas étonnant que l'affaire du «tueur de bergers» ait suscité de nombreuses compositions[1]. Genre déconsidéré tout autant pour sa forme, son contenu et son origine populaire et incontrôlée, la complainte imprimée sur des feuilles volantes fragiles n'a pas fait l'objet d'un dépôt légal systématique des imprimeurs ni d'une conservation raisonnée. Négligée même par les historiens de la justice et du crime, elle est devenue rare car ses traces restent difficiles à retrouver, aujourd'hui encore, dans les bibliothèques et les archives. Ces chansons à rimes constituent pourtant une irremplaçable source d'accès à l'émotion populaire et à la diffusion de l'information du crime. Composées le plus souvent sans indication d'auteur, d'éditeur et de date, les complaintes se chantaient dans les lieux publics, dans les rues, au marché, près de l'église ou du cimetière. Elles étaient diffusées par des colporteurs et des roulants, sur des feuilles volantes ou des canards qui donnaient des détails sur l'affaire traitée et parfois, une illustration originale. Collant à l'actualité, souvent précises sur les noms des personnes et les lieux dès lors que les événements s'étaient déroulés dans la région de l'auteur, les paroles perdaient de leur acuité lorsqu'elles quittaient les sujets de proximité. Bien plus attentives aux victimes et aux familles que la procédure judiciaire de l'époque, les complaintes mettent en avant ce qui parle aux personnes qui achètent ces feuilles pour les chanter dans les cafés, les attroupements publics ou les veillées : les victimes, l'assassin, les conditions du crime, la demande de justice. Dans le cas de Vacher comme pour tous ses prédécesseurs, la complainte répond à la question de la juste peine par l'exécution à mort.

On trouvera dans les pages qui suivent la reproduction des textes des complaintes relatives à l'affaire Vacher recensées en 2019 dans la base de données «Complaintes criminelles (1870-1940)» en ligne sur Criminocorpus. Le recueil qu'on propose dans ce chapitre est le premier du genre et ne saurait prétendre à l'exhaustivité. Il faudrait le compléter par les complaintes de chaque crime produites avant que l'identité de Vacher soit connue. Seules

1. Heintzen "Maxou" Jean-François, «Le canard était toujours vivant! De Troppmann à Weidmann, la fin des complaintes criminelles, 1870-1939», Criminocorpus [En ligne], Musique et Justice, Portraits d'accusés et figures de criminels en musique, mis en ligne le 26 novembre 2013, consulté le 2 mai 2019. URL: http://journals.openedition.org/criminocorpus/2562

trois complaintes répondent ici à ce critère. Les quinze autres nomment bien Vacher : elles ont donc été produites non pas au temps de la découverte du crime mais après l'arrestation en août 1897. On a tenté une datation relative des textes qui a permis de les classer, sous réserve de nouveaux éléments, dans un ordre chronologique.

1. Le crime du Bois-du-Chêne ou « L'abeille qui parle »

Source : https://complaintes.criminocorpus.org/complainte/le-crime-du-bois-du-chene-ou-labeille-qui-parle/

Datation relative = mai-juin 1895.

Cette complainte était vendue par des chemineaux et disponible en dépôt chez M. Sandre, à Saint-Nicolas, près de Nuits en Côte-d'Or. La feuille était illustrée d'un dessin signé de Gabriel Chapin. Ce dessin a été repris dans le livre de Jules Besse, pour illustrer la découverte du corps d'Augustine Mortureux par le père Brûlé[1]. Elle portait l'indication de l'air de « Petits enfants n'approchez pas, quand vous courez dans la vallée, etc... ». Cet air alors populaire avait été composé par Léopold Amat pour mettre en musique une poésie de Gustave Mathieu « La légende du grand étang »[2].

Elle s'est beaucoup vendue, et elle fut régulièrement chantée à l'abord du cimetière où fut enterrée la victime.

REFRAIN :

Jeunes fillettes n'allez pas
Vous promener sous la feuillée
Vers la forêt qu'on voit là-bas,
Qu'on voit là-bas, ensoleillée.

1.

C'était par un beau jour de Mai
Jour de parfums tout embaumé
De roses fleuries ;
Les oiseaux remplissaient les airs
De leurs harmonieux concerts
De voix attendries ;
Une fillette, aux blonds cheveux,
Cheminant sous l'azur des cieux
Pleins de rêveries.
Jeunes fillettes n'allez pas, etc...

1. J. Besse, *Le tueur de bergers*, Paris, S. Schwarz, 1898, p. 460-461.

2. L. Amat et G. Mathieu, *La légende du grand étang, veillée (poésie de Gustave Mathieu) – partition piano chant pour ténor ou soprano*, Paris, Au Menestrel, Heugel, approx. 1857, in-4°, 3 p.

2.

La pauvre enfant n'entendait pas
Des beaux oiseaux les gais ébats,
La douce romance,
Mais hélas ! au fond de son cœur
Elle appréhendait un malheur
ou quelque vengeance,
Elle marchait, marchait encor,
enviant de l'oiseau l'essor,
Agneau sans défense.
Jeunes fillettes n'allez pas, etc…

3.

Près d'elle une abeille vola
Et lui dit tout bas : « Halte-là !
« Rentre en ta chaumière :
« Non loin j'ai vu briller l'acier
« Dans les mains d'un vil meurtrier
« Ivre de colère.
« Pour échapper à son courroux,
« Retourne, enfant aux yeux si doux
« Auprès de ta mère. »
Jeunes fillettes n'allez pas, etc…

4.

L'abeille lui bourdonne encore :
« L'on convoite plus que ton or,
« Lys, pour toi je tremble,
« Un démon sans nulle pudeur
« Cherche à te ravir ton honneur,
« Il vient ce me semble ! …
« Je connais un vieux saule creux,
« Qui nous cachera toutes deux,
« Ah fuyons ensemble ! »
Jeunes fillettes n'allez pas, etc…

5.

Augustine vit s'envoler
L'abeille et se prit à trembler
Comme un chevrette
Qui, lasse et réduite aux abois
S'en va mourir au fond des bois,
Sous l'humble coudrette.
Elle s'arrête, écoute, a peur,
Mais tout là-bas, l'attend sa sœur,
Elle va seulette.
Jeunes fillettes n'allez pas, etc…

6.
Enfant, reviens, il en est temps,
Fuis par les blés, fuis par les champs,
Loin du bois du Chêne.
Dans ses taillis un assassin,
Contre toi couve un noir dessein,
Redoute l'hyène.
Aussitôt un affreux bandit
Sort, sur la victime bondit,
L'étreint et l'entraîne.
Jeunes fillettes n'allez pas, etc...

7.
Lorsque tout chante dans les airs,
Un vil couteau fouille ses chairs
Et le sang ruisselle,
Quand on lui soustrait ses bijoux,
la malheureuse, à deux genoux,
À voix forte appelle.
Son chien hurle, hélas ! vain courroux
Le poignard redouble ses coups
Et l'enfant chancelle.
Jeunes fillettes n'allez pas, etc...

8.
Au choc du poignard qui l'atteint,
Son sang coule et son cœur s'éteint,
Son âme s'envole.
Sur l'herbe qui lui sert de lit,
Comme une fleur, elle pâlit,
penche sa corolle.
« Père, dit-elle en expirant,
« O père, venge ton enfant
« Que la haine immole. »
Jeunes fillettes n'allez pas, etc...

9.
Son cœur, avant de se briser,
Désirait un dernier baiser
Venu de sa mère
Mais sur sa lèvre qui gémit
Un sang noir bouillonne et frémit
Retombant sur terre.
« Mère, murmure-t-elle encor,
« On assassine ton trésor,
« Adieu, tendre mère ! »
Jeunes fillettes n'allez pas, etc...

10.

Elle est morte, ô destin affreux !
Morte, Augustine Mortureux,
Si pleine de charmes !...,
Que de tous l'amère douleur
Soit comme un baume à son malheur
Donnons-lui des larmes.
Contre l'assassin sans regret,
Que la justice, sans arrêt,
Active ses armes.
Jeunes fillettes n'allez pas, etc...

2. La complainte de Bannier (sur le crime de Saint-Étienne-de-Boulogne)

Source : https://complaintes.criminocorpus.org/complainte/complainte-de-bannier/

Datation relative = octobre-novembre 1895.

Sans auteur ni mention de l'air.

Cette complainte est rapportée une première fois par Albert Sarraut dans *La Dépêche*, 4 novembre 1897, p. 2. Elle a été recopiée quelques jours après dans *Le Stéphanois* (6 novembre 1897, p. 2) sous le titre erroné de « complainte Beaunier ». On donne ici la version d'Albert Sarraut.

1.
Accourez, venez entendre
Le plus triste des récits,
Un crime qui s'est commis
Sur un âge des plus tendres :
Un pauvre petit berger
Qui vient d'être assassiné.

2.
À Saint-Étienne-de-Boulogne
Près du quartier de Gourdon,
Lieu éloigné des maisons
Pour qu'un crime se consomme,
C'est là que s'était blotti
Le plus triste des bandits.

3.
C'était au mois de septembre ;
Un dimanche de bon matin,
S'était caché l'assassin
Pour sa victime attendre ;
Quand apparut le berger
Il l'égorgea sans pitié.

4.
Devant lui, il se présente
Tenant son couteau en main ;
Il le plonge dans le sein
De sa victime innocente
Lui posa le dernier coup
Tout en lui tranchant le cou !

5.
Criminel que rien n'arrête,
Quand son forfait fut commis
S'en va droit à son logis,
Cachant sa mine suspecte,
Sans s'inquiéter de son sort
Dormit calme et sans remords.

6.
Les gardiens de ce martyr
Ne le voyant pas rentrer,
S'en vont vite le chercher
À l'endroit qu'il se retire ;
On le trouve aisément
Qui baigne dans son sang.

7.
On avertit la justice
Qui se porte sur les lieux
Où le crime a eu lieu ;
Du brigand on suit la piste
Cherchant dans tous les ravins
Pour découvrir l'assassin.

8.
C'était un ancien gendarme
Plein d'honorabilité
Qui dévoila le projet
De ce scélérat infâme,
Mit la justice au courant
De ce cruel mécréant.

9.
Au bout de quelques semaines,
Le coupable présumé
On l'a vite enchaîné.
Dans les prisons on l'enferme ;
Le public a bien jugé
Attend qu'il soit condamné.

10.
Quoiqu'on l'a jugé coupable,
Ne voulant pas l'avouer,
Des preuves on n'a pas cherché
Contre ce vil misérable ;
Les juges ont décidé
De le mettre en liberté.

11.
Triste sort et quel supplice
Pour un si jeune enfant !
Il n'avait que quatorze ans.
Il était né dans l'hospice ;
Les gardiens le chérissaient,
Tous ses voisins l'estimaient.

12.
Ayant pour toute compagne
Que son pauvre petit chien
Qui est le vrai témoin
De ce misérable infâme.
L'enfant ne poussa qu'un cri !
À l'instant tout est fini.

13.
Pour protéger le coupable,
On essaie assurément
De frapper quelque innocent ;
C'est l'influence locale !!!
Qui crie dans tous les pays :
« Faites grâce à ce bandit ! »

14.
Que les lois de la justice
Soit maintes fois violées,
Des criminels épargnés.
C'est bien là le vrai délire
Des magistrats sans renom
Qui sont plein de corruption.

15.
Grand Dieu ! Quel siècle horrible !
Parmi les pauvres humains,
Les crimes n'ont pas de fin.
Oh ! Ciel ! Que c'est horrible !
Le peuple sera bientôt
Mis au nombre des pourceaux.

3. Complainte sur le crime de Varennes-Saint-Honorat

Source : https://complaintes.criminocorpus.org/complainte/complainte-sur-le-crime-de-varennes-saint-honorat/

Datation relative = octobre-novembre 1896.

L'auteur est Rachel Guillerez. L'air n'est pas indiqué.

1.
Venez entendre pères et mères de famille
L'horrible crime commis dans la contrée
Car oui enfin c'est une jeune fille
Que l'assassin a frappé sans pitié
Rappelez-vous car de longue mémoire
Jamais fait fut aussi monstrueux
Car espérons l'on pourra bien le voir
Et la justice saura bien l'arrêter.

2.
Voici enfin les détails de ce crime
Qui vient enfin d'effrayer la contrée.
Violer et mutiler une jeune fille
La justice doit être sans pitié
Car enfin si un jour Dieu nous pardonne
Cet assassin ne le sera jamais
Car pour un crime si affreux et atroce
La justice doit frapper sans pitié.

3.
Enfin l'on vient d'être, oui, sur sa trace
espérons bien qu'il sera reconnu
Et que chacun nous pourrons sur sa face
Lui crier le vil mot d'assassin
Et qu'un beau jour l'on trouvera sa place
Car pour un tel affreux et grand bandit
Pour lui l'échafaud sera pour cet infâme
Du crime d'Allègre jamais assez puni.

4. Complainte du Père Bonnassieux

Source : https://complaintes.criminocorpus.org/complainte/complainte-du-pere-bonassieux-assassine-sur-la-rou/

Datation relative = novembre-décembre 1896

Se chantait sur l'air de Fualdès ou sur celui du Juif errant.

Le crime du coquetier Antoine Bonnassieux, commis à Sain-Bel le 6 novembre 1896, est attribué à Vacher par R. Cuisinier[1].

1.
Saint Foy de l'Argentière
Aussi de Saint Laurent,
Ecoutez Pères et Mères
De tout le département
Ces couplets émouvants
Réels cependant.

2.
Un coquetier que l'on nomme
Antoine Bonnassieux
[*vers manquant*]
Victime d'un crime affreux.
Tué par un criminel
La nuit près de Saint-Bel.

3.
La nuit était obscure,
Et pourtant ses amis
Virent cheval et voiture
Arriver avant lui,
Furent pris de terreur,
Redoutèrent un malheur.

4.
Ils retournèrent en arrière
Hélas c'était bien vrai.
Bientôt ils trouvèrent
Mort auprès d'une haie,
Le pauvre infortuné
Qu'on venait d'assassiner.

5.
On avertit le Maire
Ainsi que le parquet.
La justice s'éclaire
Au sujet de ce forfait.
Ils l'ont tué nuitamment
Pour voler son argent.

6.
On lance des télégrammes
Dans toutes les directions
Afin que ce crime infâme
Soit connu des environs.
Espérons que l'assassin
Va être pris enfin

7.
Attendre sur une route
Un homme pour le tuer,
C'est bien, je crois, sans doute
Un horrible métier.
C'est pour ne pas travailler
Qu'on devient meurtrier

8.
Bonnes gens qui savez lire,
Percevez ce récit
Afin de vous instruire.
Comprenez bien ceci :
Un homme intelligent
Peut vivre honnêtement

1. Rémi Cuisinier, *L'assassin des bergères*, Brignais, Lyonnais et Forez, 2001, p. 123-127

5. Le tueur de bergers. L'assassin en prison – Les aveux. Nombreux assassinats

Source : https://complaintes.criminocorpus.org/complainte/le-tueur-de-bergers-lassassin-en-prison-les-aveux-/

Datation relative = octobre 1897. On peut affiner la datation par le nombre d'aveux cités dans le texte, avant le 16 octobre, puisqu'il en avoue dix à cette date[1].

Auteurs : Ribes et François.

Air : L'eau et le vin.

1.
Bien nombreux sont les crimes
De Joseph Vacher
Choisissant pour victimes
Des malheureux bergers
Parcourant la campagne
Les plaines et les montagnes
Où il les rencontrait
Et sans aucun prétexte
Les personnes des deux sexes
Tous (sic) ils les massacrait

2.
Un jour le criminel
Du côté de Draguignan
Egorgea Louise Marcel
Jeune fille de 13 ans
Plus tard dans la Côte-d'Or
Il va donner la mort
À Augustine Mortueux (sic)
Autre charmante fille
D'honorable famille
Victime d'un crime affreux

3.
Plus tard encore un jour
Ce sinistre brigand
En Savoir près Saint-Ours
Tua la veuve Morand
Le meurtrier s'assure
Par ses profondes blessures
Que la victime bouge plus
Il eut l'ignoble courage
De lui faire subir l'outrage
Puis de là disparut

4.
Bientôt encore on annonce
Que l'horrible meurtrier
Dans l'Ain près de Bénonces
Tua Victor Portailler (sic)
L'infortuné jeune homme
Fut mutilé tout comme
On chaparde un mouton
Vacher sans répugnance
De suite recommence
Ses ignobles actions

1. Les paroles de cette complainte ont été reproduites dans *Le progrès de la Côte-d'Or*, 11 novembre 1897, p. 1-2.

5.
L'assassin courant la plaine
Passant près d'un sentier
Dans l'Ardèche près de St-Etienne
Il tua Massot-Pellet
Comme la dernière victime
Il subit l'horreur du crime
Lui aussi fut mutilé
L'assassin sans retard
Se sauve quelque part
Du côté de l'Allier

6.
Cette affreuse canaille
Va trouver dans un champ
Une femme gardant son bétail
Elle avait 19 ans
L'assassin, chose atroce
La frappa en bête féroce
La viola, la hacha
Puis de là, dans la Haute-Loire
Il fit comme on va voir
Un autre assassinat

7.
Rencontrant près d'un village
La jeune Rosine Rodier
Qu'il frappa avec rage
Puis elle fut mutilée
C'est encore pas la dernière
À Courzieu-la-Giraudière
Il assassina Pierre Laurent
Qui subit le même sort
Il fut mutilé encore
À l'âge de 14 ans

8.
Ces crimes nous épouvantent
Car il égorgea sans raison
Des personnes innocentes
Pour son affreuse passion
Pour ces crimes effroyables
Il est un grand coupable
Malgré qu'il serait fou
C'est trop de 8 personnes
Que jamais on l'pardonne
Qu'on ui (sic) coupe le cou.

6. Le tueur de bergers

Source: https://complaintes.criminocorpus.org/complainte/le-tueur-de-bergers-3e-complainte/

Datation relative = avant le 20 octobre 1897.

Cette complainte se chantait sur l'air de Fualdès. L'auteur «Nasturby» a composé trois complaintes sous le même titre, avec des emprunts de couplets. Toutes ses complaintes furent imprimées à Belley. « Nasturby » est l'un des pseudonymes utilisés par Marius Gueirard (1808-1908)[1]. Cette version à 15 couplets rend hommage au juge Fourquet et à son ami Fabry, qui dirige *Le Bugiste*[2].

1.
Pèr's et mères de familles
De France et tous autres lieux
Oyez le crime odieux
De Vacher, ce mauvais drille
Qu'assassinait des bergers
Et puis les souillait après

2.
Cet homme à face bestiale
Qu'est louche comme pas un
Un bien drôle de parfum
De l'oreille gauche s'exhale
Aussi dans les lieux mauvais
N'avait-il pas le moind' succès

3.
Vrai, ça le mettait en rogne
De ne pouvoir assouvir
Son érotique désir
Et sans honte ni vergogne,
Pour se payer ce plaisir
Il a fait plus d'un martyr

4.
Près de Belley, à Bénonces
Cet ignoble sacripant
Qu'à la mine d'un brigand
Un jour dans un bois s'enfonce
De là guettant un enfant
Va lui faire un coup sanglant

5.
Il regarde dans la plaine
pour voir s'il ne voit rien venir
Puis respire de plaisir
Et la joie coule dans ses veines
Car au loin tout est désert
Lors ! i s'met à découvert

6.
Et lentement, en silence,
Il glisse comme un serpent
Le voilà près de l'enfant !
Ah ! Que fait-il ? Il s'élance
Le prend dans ses bras nerveux
Et l'étouffe – c'est affreux.

1. Jacques Papin, «Antoine Albalaté», *Aicardiana*, n° 7, avril 2014, p. 35.
2. Complainte à 15 couplets parue dans *Le Courrier de Lyon*, 22 octobre 1897, p. 3.

7.
Quand il a commis son crime
Et que le berger est mort,
Pris d'un lubrique transport,
Il dépouille sa victime,
Et quand il l'a mise à nu...
Je ne vous en dis pas plus.

8.
Il a perpétré – horrible !
De la sorte maints forfaits,
Sans qu'on l'ait saisi jamais,
Ce qui parait impossible
Et pourtant c'est très certain,
Mais il est coffré enfin.

9.
La gloir' de cette capture
Revient toute au Sieur Fourquet
Un bon juge de Belley
Qu'avait lancé la figure
de ce sinistre brigand
Dans tous les départements.

10.
Sans lui, certaine est la chose
Vacher ne serait pas pris.
C s' un juge d'un grand prix,
Fort bon, fort charmant et sans pose
Qu'a le flair d'un policier
Et qui n'en est pas plus fier.

11.
Aussi Fabry, ce grand homme,
Fait son talent ressortir.
Celui-là ferait pâlir
Vidocq qui tant on renomme
Qu'on lui donne, c'est justic'
La plac' de préfet d'polic'.

12.
Aujourd'hui dans les campagnes
Chacun se sent heureux
Car ce Vacher odieux
Ne sera pas mis au bagne
Oui, on le raccourcira
Et sa tête tombera

13.
Ce bandit que rien n'arrête
Veut se faire passer pour fou
On lui tranchera le cou
ça lui fera perd' la tête,
Et dans l'Univers complet
Chacun dira : C'est bien fait !

14.
Maintenant qu'on récompense,
Ceux qu'ont montré d'la valeur,
Par l'étoile de l'honneur,
Ca leur est bien dû, je pense
Cert' Fourquet l'a mérité
Fabry aussi de son côté.

15.
La morale de l'histoire,
C'est qu'on devrait nommer
Les gendarm' pour surveiller
Prés, chemins, voies. – Mais c'est notoire
On en fait, par trop souvent,
Des électoraux agents.

7. Grande complainte sur Vacher. Le tueur de bergers

Source : https://complaintes.criminocorpus.org/complainte/grande-complainte-sur-le-tueur-de-bergers-2/

Datation relative = avant fin octobre 1897[1].

Sans auteur, se chantait sur l'air de Fualdès.

1.
D'un bout de la France à l'autre,
Marseille, Paris, Lyon
Du sud au septentrion,
On parle du triste apôtre
Qui parcourait les chemins
Sur les pieds… et sur les mains.

2.
Gardez bien cette gravure :
Elle vaudra de l'argent
Dans trois ou quatre cents ans ;
D'ici là nulle figure
Ne se verra, mes amis
D'accusé plus compromis.

3.
Vacher… de la vacherie
Est digne de son portrait ;
C'est bien l'homme le plus laid
De notre chère patrie ;
Le violeur, l'assassin
N'a pas du tout l'air d'un saint.

4.
Vous pouvez lire l'Histoire,
l'Histoire de tous les temps,
Mais jamais jusqu'à présent
Criminel aussi notoire :
Il dépasse en cruauté
Troppmann, très souvent cité.

5.
Oui, regardez cette brute,
Avec ses sourcils froncés
Les siècles peuvent passer
Sur ce faiseur de culbute,
Jamais n'avait paru si
Grand criminel endurci

6.
Natif de Beaufort Isère,
Ce brigand, ce forcené
Devait déjà, nouveau-né
Maltraiter sa pauvre mère ;
Et depuis, cet enragé
Ne s'est jamais corrigé

7.
Au soixantième de ligne
Nous le voyons caporal ;
Mais ce gredin infernal
Des galons n'était pas digne :
Il se faisait des bonis
Sur le ventre des conscrits.

8.
Puis, sergent, on le réforme,
On écoute son bagout…
Oh ! je sens mon sang qui bout,
Il a sali l'uniforme.
On en est tout ébahi
Il méritait *Biribi*.

1. Cette complainte a été composée et chantée assez tôt. Son couplet final est signalé dans *Le Stéphanois* (27 octobre 1897, p. 2) puis dans *Le Salut public* du 3 novembre 1897.

9.
Voulez-vous compatriotes,
Le suivre en habit civil?
On aura de la peine; il
Traîne partout ses culottes,
Et l'on ne saura jamais
Le nombre de ses forfaits.

10.
Si, sur la carte de France
Il voulait rougir de sang
Chaque place où, sur le flanc,
Il a souillé l'innocence
On aurait besoin de bon-
Dir sur ledit vagabond.

11.
Mais enfin la Providence
Ou le hasard, mes amis,
Ont bien voulu qu'il fût pris.
Quelle grande délivrance:
Bergers, cessez de frémir,
Aux champs vous pourrez dormir.

12.
Et vous, tendres bergerettes,
Vous que l'infâme bandit
Menaçait d'un bras maudit
En lorgnant vos gorgerettes.
Rassurez-vous; plus d'effroi:
Riez de son désarroi.

13.
Il ne fait plus de victimes
Plus de peur, plus de souci:
Il a raté, Dieu merci,
Le tout dernier de ses crimes.
Au canton de Saint-Péray,
Vacher fut mis en arrêt.

14.
Honneur à ses bons gendarmes,
Honneur à ses habitants:
Français, soyez tous contents,
La vie a repris ses charmes;
Car si Vacher n'est pas mort,
Il n'en est guère plus fort.

15.
Ce brigand, cette canaille,
Est à son dernier relais,
Dans la prison de Belley,
Il est couché sur la paille,
Et Vacher, grâce à Deibler
N'aura plus froid, cet hiver.

16.
Ignoble, oui, mais pas bête,
Car il dit, le scélérat:
«Si l'on m'occit, l'on n'aura
«Qu'un seul morceau de ma tête;
«Dès longtemps, l'autre est parti,
«Car je suis fou, je vous dis».

17.
Voilà qu'il chante un cantique
Comme à Saint-Genis-Laval,
Criant comme un animal
Qui serait épileptique
Il voudrait bien en prison
Jouer de l'accordéon.

18.
Si tu veux de la musique
Si tu veux des instruments?
Va dans les départements
Où tu semas la panique?
Et là l'on te donnera
Des leçons à tour de bras.

19.
Il dit à qui veut l'entendre:
«Moi je ne suis pas méchant!»
Oh non! Répandre le sang.
C'est le fait d'une âme tendre…
Tiens: mais une croix d'honneur
Ferait très bien sur son cœur.

20.
Tous les jours le misérable
Avoue un crime odieux.
Et l'on cite un malheureux
Arrêté comme coupable;
Mais la justice «fait ren-
Dre justice à l'innocent.

21.
Heureusement pour bien d'autres,
le juge d'instruction
Fait notre admiration :
il connaît les bons apôtres,
Et l'on dirait qu'il est né
Pour tirer les vers du nez.

22.
Il faut que tant de noirs crimes
Ne restent pas impunis.
Tous les Français sont unis.
Et leurs voix sont unanimes
Entendez-vous leur accord :
« il mérite la mort ! »

23.
Quand devant la Cour d'assises
les jurés se lèveront
Comme un seul homme, ils diront :
« Ce monstre est sujet aux crises ?
« mais nous savons le moyen
« De guérir sans médecin ! »

24.
Oh oui, notre République
Va lui dresser un fort banc…
Vacher verra le ruban
Que sur la place publique
Tant de curieux feront
Pour voir comment Deibler tond.

MORALE.

La morale de l'histoire
C'est qu'il faut se méfier !…
Ces trimardeurs sans métier,
Plus nombreux qu'on ne peut croire,
Marchent en catimini,
et… ni ni, c'est fini !

8. Complainte et historique des crimes de Vacher, le tueur de bergers, dit le « Jack l'Éventreur du Sud-Est »

Source : https://complaintes.criminocorpus.org/complainte/complainte-et-historique-des-crimes-de-vacher-le-t/

Datation relative = avant novembre 1897.

Anonyme, se chantait sur l'air de Fualdès ou la chanson de Troppmann.

Des extraits de cette complainte furent rapportés une première fois dans *Le Stéphanois* (27 octobre 1897) puis par Étienne Charles dans le *Salut public*. Elle fut selon ce journaliste, la plus chantée au début de l'affaire[1].

1.
Nos pères, à la veillée,
Contaient d'étranges récits.
À les croire, des bandits,
Dans la lande ensommeillée,
Le soir, en loups furieux,
S'élançaient droit devant eux.

2.
Ils allaient chercher leur proie
Par les bois et les halliers,
Sautaient d'un bond les sentiers,
Et manifestaient leur joie
Par des hurlements de loups :
D'où leur nom de *loups garous*.

3.
Petit garçon, fille ou femme,
Tout leur était un festin,
Sans chercher d'autre butin
Que du sang, ces corps sans âme
Ou ces esprits de démons
Les égorgeaient sans façons.

4.
Ils se nourrissaient des larmes
Et du sang qu'ils répandaient.
Si ceux qui les rencontraient
Ne se signaient pleins d'alarmes
C'était fait d'eux et leur sort
Etait réglé par la mort.

5.
Le loup garou des légendes
Est aujourd'hui dépassé.
Il ne fut, dans le passé
Des brigands et des brigandes,
Pas d'être plus enragés
Que le *Tueur de Bergers*.

6.
Vacher, l'infâme homicide,
Commit tant d'affreux forfaits
Que les crimes qu'il a faits
(À moins qu'il ne se décide
Aux plus complets des aveux),
Resteront mystérieux.

1. Cette complainte est signalée dans *Le Stéphanois*, 27 octobre 1897, p. 2, *Le Salut Public*, 3 novembre, 1897, p. 3 et dans le livre du juge Fourquet (1931), qui en avait conservé un exemplaire dans l'un de ses volumes de « Notes sur Vacher ». Fonds Fourquet-Voutay (2019).

7.
Chemineau du meurtre infâme,
Il allait, terrorisant
Sur sa route le passant,
Et s'il trouvait une femme
Sans défense ou quelque enfant,
Il l'égorgeait à l'instant.

8.
Comme il l'a redit au juge,
Il avait la faim du loup
Devant l'agneau. D'un seul coup,
Bondissant de son refuge,
Il frappait les innocents
Qu'il couchait agonisants.

9.
Le sang l'égayait. Les spasmes
De la mort charmaient ses yeux.
Cet assassin odieux
Mêlait d'horribles sarcasmes
Aux soupirs des mutilés
Aux affres des violés.

10.
On ne compte plus ses crimes,
Dans chaque département
Il fit successivement
De très nombreuses victimes,
Du départ du cabanon
Jusqu'à l'arrêt de Tournon.

11.
Ayant vêtu l'uniforme
Il partit au régiment
Où bientôt passé sergent
Sa vanité fut énorme
Car ses galons de sous-off
Le rendaient très choknosoff[1].

12.
C'était dans la capitale
Du beau pays de Comté,
Qu'un jour, a-t-on raconté,
Une fillette au teint pâle
Hélas ! pour son grand malheur
De Vacher conquit le cœur.

13.
D'horribles désirs de fange
Couraient en cet être affreux
Lançaient une flamme étrange
Si bien que la pauvre enfant
Congédia ce galant.

14.
Alors Vacher fou de rage,
Résolut de se venger,
Et n'ayant pu l'égorger,
Dans sa haine de sauvage,
Il l'abat sur le parquet
De trois coups de pistolet.

15.
Un clair matin de dimanche,
En pleine saison d'été,
Sous l'air pur et velouté,
L'oiseau chantait sur la branche
Quand s'embusquait l'assassin
Dans un sinistre dessein.

16.
Il épiait sur la route
Augustine Mortureux
Quand se ferma loin des yeux
Sur elle l'épaisse voûte
Du Bois du Chêne, il la prit,
Sur le gazon l'étendit.

17.
Puis Vacher, le misérable,
Non content de l'outrager,
S'efforça de l'étrangler.
Mais sa besogne effroyable,
Tardant trop selon son gré,
Il l'égorgea sur le pré.

18.
Depuis lors dans la Bourgogne,
Les racontars déchaînés
Et de bourg en bourg semés,
Accusèrent sans vergogne
De Champ Rouge l'habitant
D'avoir mutilé l'enfant.

1. En argot : brillant ou remarquable (ironique).

19.
L'innocent dans la tristesse
Vécut ainsi de longs jours,
Promené de cours en cours
Quand à sa longue détresse
Vinrent mettre un terme enfin
Les aveux de l'assassin.

20.
Continuant la série
Des méfaits du criminel,
L'enfant Louise Marcel,
Surprise en sa bergerie
Seule loin de ses parents
Est immolée à treize ans.

21.
À Saint-Ours dans la Savoie,
Etait la veuve Morand,
Pauvre vieille au front branlant,
Qui lui devint une proie;
Le couteau de l'assassin
La frappe et perce son sein.

22.
Dans la forêt il rencontre
Une fille, frêle enfant
Qu'il guette tout triomphant
De la frayeur qu'elle montre.
Il bondit et, désespoir!
L'emporte au fond du bois noir.

23.
Mais aux cris de la fillette
Le père s'est élancé,
Et justement courroucé
Du vol de la mignonnette
Fait lâcher prise au brigand
Qui disparait en hurlant.

24.
Saint-Étienne-de-Boulogne
Voyait passer le Tueur
Dont rien n'éteint la fureur
De sa sinistre besogne,
Là, c'était Pierre Pellet
Qu'il égorgeait et souillait.

25.
Après le meurtre, plein d'aise,
Le chemineau cheminait,
À Bouveau (Drôme) il venait,
Rencontrait Aline Alaise
À son retour du marché
Nouveau crime, autre péché.

26.
Va, chemineau; va surine,
Voici là-bas, dans les champs,
Une enfant de quatorze ans,
La belle Rosine Rodier,
L'aube rit dedans ses yeux
Va, tu t'y mireras mieux.

27.
La nouvelle mariée
Lorut Marie est encor
Dans les champs, joyeux décor,
Une conquête assurée.
Vacher, fais-lui l'amitié
De la frapper sans pitié.

28.
Le Loup plus loin encore
À Bénonces (C'est dans l'Ain) ;
De meurtre il a toujours faim;
Cherche quelqu'un qu'il dévore
Et c'est encore un berger
Qu'il immole, Portalier.

29.
À Courzieu-la-Giraudière,
Près Lyon, Pierre Laurent
Est égorgé. Pauvre enfant!
Son sang rougit la bruyère
Et le monstre inassouvi
Ne sera pas poursuivi.

30.
C'est lui-même qui se livre,
Qui, près du juge Fourquet,
Détaille chaque forfait
Dont le seul récit l'enivre
À ce honteux souvenir
Il frissonne de plaisir.

31.
Il ne faut pas de lacune
À sa gloire. C'est ainsi
Qu'il nous signale Bully
Tué vers la Demi-Lune,
Et ce crime insoupçonné
Est par lui seul dévoilé.

32.
Et l'assassin, fou de rage,
Triomphe en se disant fou.
Il rit de ses dents de loup
De nous, derniers qu'il outrage.
Il sait que du cabanon
Quand il veut sort le démon.

9. Complainte sur l'assassin Vacher

Source : https://complaintes.criminocorpus.org/complainte/complainte-sur-lassassin-vacher/

Datation relative = avant novembre 1897[1].

L'auteur est Victor Charbonnier. Cette complainte se chantait sur l'air du juif errant.

1.
Bien nombreux sont les crimes
Du terrible Vacher,
Choisissant pour victimes
Chemineaux et bergers,
Et sans pitié frappant,
Vieillards, femme et enfant.

2.
Cet être exécrable
De sinistre passion,
Se jette misérable
Sur Clémence Grangeon
Et dans d'affreux tourments
Fait mourir cette enfant.

3.
Pour Eugénie Delhomme,
habitant Beaurepaire
Elle fut mutilée comme
pas un n'aurait pu faire ;
Non content de sa mort,
il a souillé son corps.

4.
Cette vie criminelle
S'poursuit à Draguignan
Sur Louise Marcel,
Fillette de treize ans
Et ce sauvage sans nom
Déchire son corps mignon.

5.
Continuant ses crimes,
Cet être monstrueux
A choisi pour victime
Augustine Mortureux,
Fillette de seize ans,
Tuée bien lâchement.

6.
Dans un petit village,
En Savoie, près Saint-Hours,
Il viole un'femme d'âge,
À l'abri du secours ;
Mais ses soixante-cinq ans
N'épargnent la veuve Morand.

7.
Mais bientôt l'on annonce
Que l'infâme meurtrier,
Dans l'Ain, près de Benonces,
A tué Portalier
Le pauvre infortuné,
Fut aussi mutilé.

8.
La pauvre Aline Alaise,
Fillette de seize ans,
Fut massacrée à l'aise
Par l'horrible brigand.
Ce crime fut commis
À Bourdeaux Dieu-le-Fit.

1. Cette complainte est citée dans *Le salut public* (3 novembre 1897).

9.
À Saint-Étienne-Ardèche
L'berger Massot-Pellet
Par cette brute reverche,
est de suite étranglé,
Et le vil garnement
S'acharne sur l'enfant.

10.
Au Mans, une fillette
Par ce lâche bandit,
Derouet, bergeronnette,
Se trouve assaillie.
Et ce monstre affreux
Commet crimes odieux.

11.
Cet être, avec rage,
Attaque dans un champ
Marie Moussier, qui d'âge,
N'a que dix-neuf ans,
L'assassin, chose atroce,
La frappe en bête féroce.

12.
Une autre jeune fille,
La jeune Rosine Rodier
Tout près de Cheneville,
Fut aussi massacrée
Et le lâche assassin
Souilla ce corps humain.

13.
Une pauvre mignonne
Bergère, Thérèse Ply,
À Varenne en Argonne
Fut frappée par le bandit;
Sur son corps, triste action,
Il assouvit sa passion.

14.
À Courzieu-Giraudière
Le pauvre berger Laurent
Fut surpris, triste affaire,
Et le corps de l'enfant
Sous un terrible couteau
Fut vite mis en lambeaux

15.
À Tassin-Demi lune,
un pauvre chemineau,
Tombe quelle infortune,
Sur ce triste bourreau
Et son corps mutilé
Dans un puits fut jeté.

16.
Mais cet être immonde
Heureusement est pris,
Signalé à la ronde
On l'arrête à Champlis
Essayant de violer
La pauvre femme Plantier

17.
Ce triste personnage,
Ce monstre odieux,
A commis, plein de rage,
D'autres crimes affreux,
Semant sur son chemin
Bien trop de sang humain.

18.
Pour tous ces nombreux crimes,
Espérons que Vacher,
pour venger les victimes,
Sera vite condamné
Et que sa tête bientôt
Tombera sur l'échafaud.

10. Complainte de Vacher

Source : https://complaintes.criminocorpus.org/complainte/complainte-de-vacher/

Datation relative = début novembre 1897[1].

L'auteur est Raoul Ponchon. Cette complainte parisienne se chantait sur l'air de Fualdès. Raoul Ponchon était peut-être en lien avec Jules Ranson, qui avait couvert l'affaire Vacher à Belley pour le même journal qui en asssura la parution[2].

1.
Écoutez, hommes et femmes,
Pantagouriches aussi :
Je vais vous conter ici
L'histoire d'un monstre infâme
Qui, par-dessus le marché ?
Répond au nom de Vacher.

2.
Vacher, dès sa prime enfance,
Était menteur et sournois,
Et témoignait maintes fois
D'une grossière insolence.
On lisait dans son regard
Ce qu'il deviendrait plus tard.

3.
Ses parents, pour s'en défaire
Et pour son instruction
Le mirent en pension
Chez ce qu'on nomme des Frères :
Il sortit plus vicieux
Bientôt de chez ces messieurs.

4.
À peu près vers cette époque,
il fut deux ans interné
Dans des maisons de santé
Comme éminemment loufoque.
Puis il fut déclaré sain
Par de savants médecins.

5.
Plus tard, faisant l'exercice
Au régiment, on le voit ;
Il y tâte comme moi
De la salle de police,
Et quand il a son congé
il se met à voyager.

6.
Oui, cette sale vermine
Se fit alors chemineau
Qui est un métier fort beau,
Car le chemineau chemine
Sans souci du lendemain
Si l'on en croit Richepin.

7.
Il allait dans les villages
Jouant de l'accordéon
Afin de gager, dit-on
l'argent de son houlottage.
Disons-le à son honneur
Vacher n'est pas un voleur.

8.
Mais dès que par son absence
Il brillait, dans les fossés
On trouvait des trépassés :
Fâcheuse coïncidence :
Pourtant, jamais un soupçon
Ne planait sur ce garçon.

1. Cette complainte a été publiée dans la rubrique hebdomadaire « Gazette rimée » tenue par le poète Raoul Ponchon dans le quotidien *Le Journal* (1er novembre 1897).

2. La chanson de Ponchon est signalée dans *Le Salut public* du 3 novembre 1897.

9.
Car, en effet, comment croire
Qu'un joueur d'accordéon
N'est pas un être très bon.
Ce serait une autre histoire
Si ce maudit chemineau
Eût joué du piano.

10.
Eh bien, c'était lui, le hère,
Qui se faisait un plaisir,
En ses moments de loisir,
D'assassiner des bergères,
Qu'elles gardassent ou non
Des vaches ou des moutons.

11.
Non seulement ce sauvage
Les tuait et les rasait,
Mais encore il leur faisait
Subir les derniers outrages
Avant, quelque fois après,
Selon que ça lui disait.

12.
Sa faute, une fois commise,
Il prenait du savon noir
Et nettoyait son rasoir,
Et ses mains et sa chemise.
Puis sans avoir l'air de rien,
il reprenait son maintien.

13.
Ainsi, ô spectacle unique !
Pendant des ans et des jours,
Assassinant tour à tour
Et jouant de la musique
Vacher put aller, venir,
Sans que l'on pût le saisir.

14.
Que faisaient donc les gendarmes,
Et ceux de la Sûreté ?
Dam', sur tant d'atrocités
Ils versaient de grosses larmes,
Mais ils cherchaient dans le Var,
Quand l'autre était dans le Gard.

15.
Le hasard leur vint en aide :
l'assassin en août dernier
Étant en train de souiller
une femme vieille et laide
Un bonhomme l'aperçut
Et lui mit la main dessus.

16.
Aujourd'hui, devant le juge,
Vacher, loin de les cacher,
Confesse tous ses péchés
Sans user de subterfuge.
« J'en ai tué vingt, pas moins,
Dit-il, Dieu m'en soit témoin ! »

17.
Il ajoute ? « Mais… en somme,
Je fus mordu autrefois,
Et depuis, j'entends des voix
Qui me disent : Tue, assomme :
Je remplis ma fonction,
Qui est la destruction. »

18.
Ô système déplorable
De défense : Mais, enfin,
Qui sait ? Ce musicien
Est-il oui ou non coupable ?
On pourrait le demander
À monsieur Scheurer-Kestner.

11. Complainte à ce sujet

Source : https ://complaintes.criminocorpus.org/complainte/complainte-a-ce-sujet-13/

Datation relative = avant le procès, 26 octobre 1898.

Se chantait sur l'air de Fualdès. Sans auteur.

Voir aussi la version actualisée de cette même complainte, après le procès (complainte n° 16).

1.
Oui, Troppmann et Lacenaire
Etaient des saints à côté
De ce bandit redouté
Elève de séminaire
Qui se vautrait dans le sang
De pauvres petits enfants.

2.
Sous les coups du misérable
Combien en est-il tombé ?
De fillettes, de bergers
Qui ramenaient à l'étable
De leur maître le troupeau ?
C'est le secret du tombeau.

3.
Aujourd'hui que de familles
par ce monstre sont en deuil
Elles n'ont plus qu'un cercueil
Au lieu de garçons ou filles
Il fit saigner bien des cœurs
Et répandre bien des pleurs

4.
Il éventrait ses victimes
Avec un très long couteau.
Il leur sortait les boyaux
Jamais de semblables crimes
N'ont inspiré plus d'horreur
Que ceux d'Vacher l'éventreur.

5.
Il violentait les femmes,
Il mutilait les garçons,
Dans les bois sur le gazon :
Que d'sang répandit l'infâme
Ce sang veut être venger
À la justice d'parler

6.
Bientôt ce loup sanguinaire
Aux assises passera
pour lui le jury sera,
Nous le pensons très sévères.
C'est sa tête qu'il nous faut
Ell' tomb'ra sous l'échafaud.

12. Un nouveau Troppmann ou Le tueur de bergers

Source : https://complaintes.criminocorpus.org/complainte/un-nouveau-troppmann-ou-le-tueur-de-bergers/

Datation relative = avant le procès, 26 octobre 1898.

Sans auteur. Se chantait sur l'air de Fualdès.

1.
À l'âge où nait dans notre âme,
Le doux frisson de l'amour
Où chaque soir d'un beau jour
Une vierge devient femme
Un monstre brutal et laid
N'étant pas aimé… violait.

2.
Sachant qu'à la fleur d'innocence
loin des jaloux des méchants
Brille surtout dans les champs,
Abusant d'leur ignorance.
Hélas, il tachait « de sang »
Fille ou garçon tout enfant.

3.
Chacun de ceux qu'il outrage
De ses morsures de chien
Contre lui ne pouvant rien.
D'abord résisté à sa rage…
Pris d'un monstrueux transport
Alors il les met à mort.

4.
Le lâche sur le cadavre
De chacun de ces enfants
Et comm' sils étaient vivants
Détail horrible qui navre
Tout en étant des plus vrais
Il souille et mutile après…

5.
Oh ! les horribles blessures !.
Des femmes le sein tranché…
Le cou presque détaché…
Après mille flétrissures,
Souvent de vils attentats
Suivent les assassinats.

6.
L'assassin dit que les filles
Le r'poussant, il s'est vengé.
Il n'aurait pas égorgé
Les garçons à coups à faucilles
De rasoir ou de couteau
Si les belles l'euss'nt trouvé beau.

7.
Le tort de toutes les bergères
Est de n'aimer qu'les bergers
Ell's détest'nt les étrangers
Mêm ceux des familles princières
J'suis l'héritier d'riches parents
On m'préférait des manants.

8.
Je suis natif de l'Isère
De cultivateurs très bien
Je ne suis pas un vaurien
On m'a mis au séminaire
Etant le plus intelligent
Au corps, j'suis dev'nu sergent

9.

C'qui m'a fait un tort énorme
C'est qu'malgré tant d'qualité
Une femme aimée m'a rej'té
Je tir'dessus l'on m'réforme
Pour avoir trop mal visé
Mes supérieurs m'ont chassé

10.

Chez les fous, tout près de Dôle
On m'enferme quelque temps
Puis on m'donn'la clef des champs
Pour que j'aille tuer mon idole
Tout l'mond paie sa trahison
J'tue c'que j'trouv' et j'ai raison

11. MORALE.

Quell'que soit la cause grave
De ses crim's le scélérat
À l'échafaud n'échapp'ra
Que s'il ne fait plus tant l'brave
Vaut mieux s'dire halluciné
Que d'être guillotiné.

13. Grande complainte sur le tueur de bergers

Source : https://complaintes.criminocorpus.org/complainte/grande-complainte-sur-le-tueur-de-bergers/

Datation relative = avant le procès, 26 octobre 1898.

L'auteur de cette complainte est Marius Réty. Elle se chantait sur l'air de Fualdès. La complainte était imprimé sur un « canard », une feuille volante ayant pour titre « Horribles et derniers détails sur Vacher l'égorgeur », sd., Maison Léon Hayard, à Paris.

1.
Approchez, peuples sensibles,
Et sortez votre mouchoir,
Car les larmes vont pleuvoir
De vos yeux à flots terribles,
En écoutant le récit
Effroyable que voici :

2.
Je vais, honnête auditoire,
En cinq sec, vous ébaucher,
D'un brigand nommé Vacher,
La terrible histoire,
Qui laisse bien en retard,
Et Troppmann et Dumollard !

3.
Vacher, – Joseph, pour les dames, –
Étant né dans l'Dauphiné,
Bien vite en avait filé
Pour se rendre à Beaum'-les-Dames,
Où l'app'lait, d'puis quelques jours,
Le tendre objet de ses amours.

4.
Mais, arrivé dans cett'ville,
À propos d'bott's à c'qu'on dit,
I's'conduisit en bandit
Et, d'une façon peu civile,
Traita c'qu'il avait d'plus cher
À grands coups de revolver...

5.
Ce type aux goûts sanguinaires
Était pourri d'religion :
Il faisait sa communion
Et vivait chez les bons frères,
Bravant ainsi, l'criminel,
Les foudres de l'Éternel !

6.
Mais, voulant courir le monde,
Vacher, par monts et par vaux,
Inaccessible aux travaux,
En tous pays vagabonde ;
Partout maraudant, violant,
Assassinant et volant

7.
De ses victimes dans l'ombre
Qui donc fera le total ?
Sur son trône sidéral,
Dieu seul en connaît le nombre
On estime qu'aujourd'hui
Y en a pour le moins dix-huit !

8.
Il tua mainte bergère,
Ronron, petit patapon,
Qui conduisait ses moutons
Près des bois pleins de mystères,
Les égorgeant ce Vacher,
Avec un couteau d'boucher !

9.
Aux petits bergers bien sages
Auxquels il donnait la mort
Il faisait, ô triste sort !
Subir les derniers outrages...
Deibler jamais ne pourra
Lui faire expier cela !

10.
Jeunes bergers et bergères,
N'allez plus, lorsqu'il fait noir,
Joyeusement vous asseoir,
Sur les mousseuses fougères...
Redoutez, quand vient la nuit
D'rencontrer pareil bandit !

11.
La vengeresse police,
Au hasard, pendant ce temps,
Arrêtait des innocents
Pour embêter la justice,
Qui n'pouvait s'débarrasser
De tant d'affair's à... classer

12.
Enfin, s'trouvant dans la dèche,
I' s'dit : « Faut partir d'ici ! »
Mais il était poursuivi
Par les gendarm' de l'Ardèche...
Trop tard pour dir' : retournons !
I's'fit pincer à Tournon !

13.
Il portait, sombre ironie !
Un accordéon, dit-on.
Au lieu d'un accordéon,
Un orgue de... barbarie
Aurait mieux symbolisé
Ce dont il est accusé

14.
Tout's les mères attendries
Avec joi' verront trancher
La tête de ce Vacher,
L'auteur de tant d'vacheries,
Que lui f'ra payer bien cher
Le coup'ret d'monsieur Deibler.

MORALE.
Une morale sévère,
Ici s'impose avant tout ;
Si vraiment c'Vacher est fou,
C'est de la foli'...bergère.
Alors faudra l'fair' juger
Par le chaste Bérenger !

14. Le Tueur de bergers

Source : https://complaintes.criminocorpus.org/complainte/le-tueur-de-bergers/

Datation relative = avant le procès, 26 octobre 1898.

Complainte de « Nasturby » (Marius Gueirard) chantée sur l'air de Fualdès. Cette complainte fut imprimée à Belley (Imprimerie Gaillard, 19 et 28 Grande Rue). Un exemplaire de cette version à 10 couplets fut conservé par le juge Fourquet (fonds Fourquet-Voutay, 2019).

1.
Troppmann, Dumollard, Lac'naire
Sont surpassés maintenant
Par le plus ignob' brigand
Qu'pour sur ait produit la terre ;
Il répond au nom de Vacher,
le grand tueur de bergs.

2.
Il a commis onze crimes
Sur de bien jeunes enfants,
I n'cherchait que des innocents
pour en faire ses victimes,
D'un coup d'couteau les tuait.
Puis après les mutilait.

3.
C'monstre, la terreur du monde,
Ne se vautrait qu'dans le sang.
Quand il était sanglant,
Il riait cet être immonde ;
Il tuait avec bonheur,
Car il n'avait pas de cœur.

4.
Oh ! Ces enfants que leur mères
Se rappelleront toujours
Jusqu'à la fin de leurs jours,
Ce féroce sanguinaire
Les a tous martyrisés,
Ces pauv' mignons et souillés.

5.
Pleurez, malheureuses mères,
Oui, pleurez vos chers petits
Que ce gredin a ravis
À votre affection sincère :
Ah ! vous ne les verrez plus,
Ils sont à jamais perdus.

6.
Dans la France toute entière
Il a semé la terreur,
Partout on tremblait de peur,
Car ce fauv' de sa tannière
Sans êt' vu prenait l'essor
Et tuait toujours, encor.

7.
En vain on cherchait la piste
De ce sinistre égorgeur.
Quand un juge, par bonheur,
Enfin arrêta la liste
De ces ignobles forfaits
Et c'jug' c'est Monsieur Fourquet.

8.
Dans le Nord, l'Est, la Provence,
Partout où il a passé,
Ce cannibale a laissé
Le deuil éternel, immense.
Mort à cet affreux bandit !
Qu'il soit à jamais maudit !

9.
Puisse-t-elle la justice
Sans pitié pour ses tourments
lui faire souffrir longtemps
le plus horrible supplice,
on rira de ses douleurs
De ses cris et de ses pleurs.

10.
Pèr's et mères de famille
Racontez à vos enfants
Tous les crimes révoltants
De Vacher, ce triste drille,
Leurs jeun'cœurs s'révolteront
Et d'l'honneur jamais n'sortiront.

15. Le tueur de bergers

Source : https://complaintes.criminocorpus.org/complainte/le-tueur-de-bergers-autre-complainte/

Datation relative = entre le verdict du procès (28 octobre 1898) et l'exécution de Vacher (31 décembre 1898).

Cette complainte de Nasturby est une version à 12 couplets.

1.
Pèr's et mères de familles
De France et tous autres lieux
Oyez le crime odieux
De Vacher, ce mauvais drille
Qu'assassinait des bergers
Et puis les souillait après

2.
Cet homme à face bestiale
Qu'est louche comme pas un
Un bien drôle de parfum
De l'oreille gauche s'exhale
Aussi dans les lieux mauvais
N'avait-il pas le moind' succès

3.
Vrai, ça le mettait en rogne
De ne pouvoir assouvir
Son érotique désir
Et sans honte ni vergogne,
Pour se payer ce plaisir
Il a fait plus d'un martyr

4.
Près de Belley, à Bénonces
Cet ignoble sacripant
Qu'à la mine d'un brigand
Un jour dans un bois s'enfonce
De là guettant un enfant
Va lui faire un coup sanglant

4.
Il regarde dans la plaine
pour voir s'il ne voit rien venir
Puis respire de plaisir
Et la joie coule dans ses veines
Car au loin tout est désert
Lors ! i s'met à découvert

6.
Et lentement, en silence,
Il glisse comme un serpent
Le voilà près de l'enfant !
Ah ! Que fait-il ? Il s'élance
Le prend dans ses bras nerveux
Et l'étouffe – c'est affreux.

7.
Quand il a commis son crime,
Et que le berger est mort
Pris d'un lubrique transport,
Il dépouille sa victime,
Et quand il eut fait cela
Le gredin la mutila.

8.
Il a perpétré – horrible !
De la sorte maints forfaits,
Sans qu'on l'ait saisi jamais,
Ce qui parait impossible
Et pourtant c'est très certain,
Mais il est coffré enfin.

9.
La gloire de cette capture
Revient toute au Sieur Fourquet
Un bon juge de Belley
Qu'avait lancé la figure
de ce sinistre brigand
Dans chaque département

10.
Aujourd'hui dans les campagnes
Chacun se sent heureux
Car ce Vacher odieux
Ne sera pas mis au bagne
Oui, on le raccourcira
Et sa tête tombera

11.
Ce bandit que rien n'arrête
Veut se faire passer pour fou
On lui tranchera le cou
ça lui fera perd' la tête,
Et dans l'Univers complet
Chacun dira : C'est bien fait

12.
Pèr's et mères de famille
Elevez bien vos enfants
Pour que quand i seront grands
I fass'pas de mauvais drilles,
Mais i soient des citoyens
Qui viv'nt par d'honnêt'moyens.

16. Vacher l'éventreur

Source : https://complaintes.criminocorpus.org/complainte/vacher-leventreur-complainte/

Datation relative = entre le verdict du procès (28 octobre 1898) et l'exécution (31 décembre 1898).

Il s'agit ici de la suite actualisée de la complainte n° 11, imprimée chez L. Baudot, éditeur, 20 rue Domat, Paris. Elle se chantait, comme la version précédente, sur l'air de Fualdès.

1.
Oui, Troppmann et Lacenaire
Étaient des saints à côté
De ce bandit redouté
Élève de Séminaire
Qui se vautrait dans le sang
De pauvres petits enfants.

2.
Sous les coups du misérable
Combien en est-il tombé ?
De fillettes, de bergers
Qui ramenaient à l'étable
De leur maître le troupeau ?
C'est le secret du tombeau.

3.
Aujourd'hui que de familles
Par ce monstre sont en deuil
Elles n'ont plus qu'un cercueil
Au lieu de garçons ou de filles,
Il fit saigner bien des cœurs
Et répandre bien des pleurs.

4.
Il éventrait ses victimes
Avec un très long couteau
Il leur sortait les boyaux.
Jamais de semblables rimes
N'ont inspiré plus d'horreur
Que ceux d'Vacher l'éventreur.

5.
Il violentait les femmes
Il mutilait les garçons
Dans les bois sur le gazon
Que d'sang répandit l'infâme.
Ce sang veut être vengé
La justice vient de parler.

6.
Ella a dit au monstre infâme :
Tu es indign' de pitié
Pour venger l'humanité
Le châtiment qu'elle réclame ;
Ta tête par le bourreau
Doit tomber sur l'échafaud.

7.
Par une matinée sombre
Tout le peuple rassemblé
Par ce spectacle troublé
Voudra voir malgré le nombre
Voudra voir malgré l'hiver
Vacher tomber aux enfers.

17. Complainte sur l'exécution du tueur de bergers

Source : https://complaintes.criminocorpus.org/complainte/complainte-47/

Datation relative = après l'exécution, janvier 1899.

Cette complainte sans nom d'auteur se chantait sur l'air du Juif errant. Elle est tirée de la feuille volante « Exécution du tueur de berger », sans date, Imprimerie L. Simonnet, Saint-Amand-Mont-Rond (Cher).

1.
Vacher, un homme infâme
Vient d'être condamné
À la peine capitale.
Il ne l'a pas volé
Ce sinistre bandit
A été raccourci.

2.
Déjà dans son jeune âge
Vacher montrait souvent
Les tristes apanages
Qui causèrent longtemps
La douleur et l'ennui
Dans beaucoup de familles.

3.
Surtout les jeunes bergères
Qui gardaient leur troupeau
Furent victimes, les pauvres hères
De ce hideux pourceau,
Dans les champs, dans les prés
Il venait les guetter.

4.
Sautant sur ses victimes
Tel un loup, un chacal
Il leur faisait subir.
Forfait épouvantable
D'ignominieux tourments
Ce monstrueux chenapan

5.
Les violences de cet homme
Se terminaient souvent
Forfait horrible, en somme
Par la mort du patient
Qui tombait sous le couteau
Du sinistre bourreau

6.
Mais la justice qui veille
S'empara du bandit
Lui va subir la peine
Mettant fin à la vie
D'un lâche, un assassin
D'un horrible gredin

7.
Mais voilà qu'aux assises
Vacher homme intriguant
Simule la folie
Pour fuir le châtiment
Les jurés gens de cœur
Lui prouvent qu'il se leurre

8.
Les familles des victimes
Peuvent se réjouir maintenant
Que ses terribles crimes
Ont reçu le châtiment
Vacher est condamné
Vient d'être guillotiné

18. Le tueur de bergers. Grande complainte

Source : https://complaintes.criminocorpus.org/complainte/le-tueur-de-bergers-grande-complainte/

Le texte est de Léo Lelièvre et la musique d'Émile Spencer. Aucun original de cette complainte n'a pu été localisé pour ce recueil[1].

Il commence la série
De ses crimes si pervers,
En tirant plein de furie,
De furie, de furie,
Sur sa promise à l'œil clair,
Quatre coups de revolver.

Suivent 13 couplets

MORALE.

Petits bergers pleins de peines,
Le soir, prenez garde à vous
Il est des bêtes humaines,
Inhumaines, inhumaines ;
Lâches assassins ou fous,
Plus terribles que les loups.

1. Les extraits proposés sont tirés du livre de Fourquet, *Vacher le plus grand criminel…*, 1931, p. 312.

1. LA JEUNESSE DE VACHER

Fig 1. La maison natale de Vacher avec portrait en médaillon.
Cliché MR. *** [Jules Besse], *Le tueur de bergers*, Paris, Schwartz, 1898, p. 41.
Coll. Fourquet-Voutay.

Fig 2 et 3. Maison natale de Vacher
à Beaufort (Isère).
Cliché MR. Bibliothèque municipale
de Lyon, Ms 7056, 31 et 33.

Fig. 4. Portrait de Vacher à 16 ans.
Cliché MR. Bibliothèque municipale
de Lyon, Ms 7056, 2.

Fig. 5. Devant la maison de famille.
Une sœur de Vacher avec ses enfants.
Cliché MR. Bibliothèque municipale
de Lyon, Ms 7056, 35.

Fig 6. M. Combet, cultivateur, premier
employeur de Vacher à Saint-Genis-Laval.
Cliché MR. *** [Jules Besse], *Le tueur de bergers*,
Paris, Schwartz, 1898, p. 49.

Fig. 7. Siège de la congrégation des Frères maristes à Saint-Genis-Laval.
Musée national de l'Éducation, carte postale circa 1920, 1991.00284.

Fig. 8. Vacher envisage de passer du postulat au noviciat.
Cliché MR. *** [Jules Besse], *Le tueur de bergers*, Paris, Schwartz, 1898, p. 57.

Fig. 9. Du 15 août 1886 à octobre 1887, Vacher porte la soutane et le nom religieux de Frère Jacques.
Cliché MR. *** [Jules Besse], *Le tueur de bergers*, Paris, Schwartz, 1898, p. 73.

Fig. 10. Lyon, 1890.
Vacher anarchiste :
« Vive le premier mai,
vive la Révolution sociale ».
Cliché MR. *** [Jules Besse],
Le tueur de bergers,
Paris, Schwartz, 1898, p. 97.

Fig. 11. Portrait de Vacher caporal
au 60e régiment d'infanterie à Besançon.
Cliché MR. Bibliothèque municipale
de Lyon, Ms 7056, 30.

Fig. 12. 1892. Portrait de Vacher sergent
au 60e RI.
Cliché MR. Bibliothèque municipale
de Lyon, Ms 7056, 3.

Fig. 13. 1893. Au régiment,
Vacher a une altercation
avec ses camarades.
Cliché MR. *** [Jules Besse],
Le tueur de bergers,
Paris, Schwartz, 1898, p. 237.

Fig 14. Portrait de Louise Barrand (1893 ?).
Cliché MR. Bibliothèque municipale
de Lyon, Ms 7056, 3.

Fig. 15. Vacher danse avec Louise
au bal du Moulin-Rouge, à Besançon.
Cliché MR. *** [Jules Besse], *Le tueur de bergers*,
Paris, Schwartz, 1898, p. 229.

Fig. 16. Vacher interpelle Louise Barrand.
Cliché MR. *** [Jules Besse], *Le tueur de bergers*, Paris, Schwartz, 1898, p. 269.

Fig. 17. Vacher a tiré sur Louise Barrand.
Cliché MR. *** [Jules Besse], *Le tueur de bergers*, Paris, Schwartz, 1898, p. 285.

Fig. 18. Asile de Saint-Ylie
(Dole, Jura).
Pavillon des hommes.
Cliché Médiathèque
de l'agglomération du Grand Dole
– Fonds Velin, VEL/CP/3/140.

Fig. 19. Asile de Saint-Robert
(Saint-Égrève, Isère).
Cliché MR. Carte postale circa 1920.
Coll. MR.

Fig. 20. Vacher vagabond
fait la mendicité.
Cliché MR. *** [Jules Besse],
Le tueur de bergers,
Paris, Schwartz, 1898, p. 373.

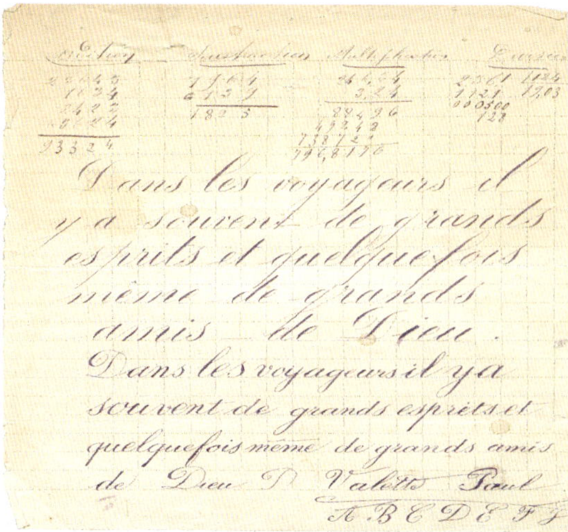

Dans les voyageurs il y a souvent de grands esprits et quelquefois même de grands amis de Dieu.
Dans les voyageurs il y a souvent de grands esprits et quelquefois même de grands amis de Dieu P. Valette Paul
A B C D E F

Fig. 21. Page d'un cahier de l'écolier Paul Valette, écrite par Vacher. Cliché Archives départementales de l'Ain, 2U-300 (689).

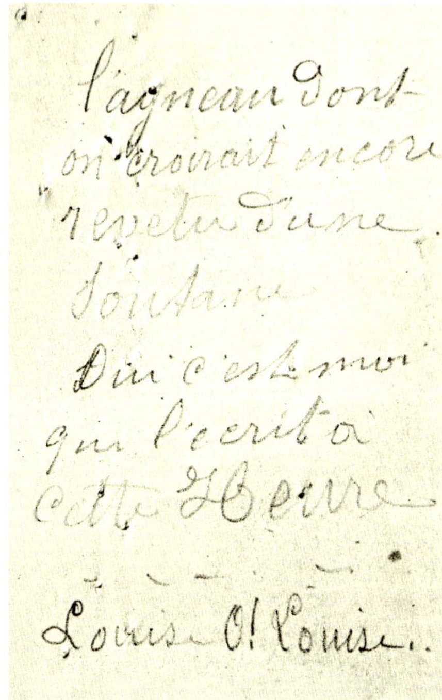

l'agneau dont on croirait encore revetu d'une soutane.
Oui c'est moi qui l'écrit à cette heure
Louise O! Louise..

Fig. 23. Billet de Vacher inséré dans une enveloppe adressée à Louise Barrand. Cliché Archives départementale de l'Ain, 2U-300 (686).

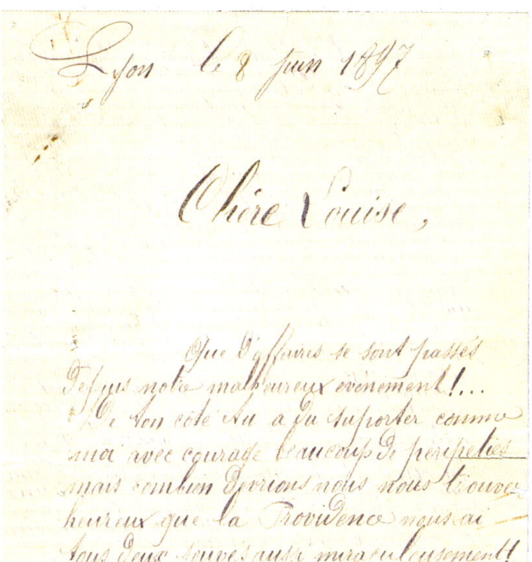

Lyon le 8 juin 1897

Chère Louise,

Que d'affaires se sont passées depuis notre malheureux événement !... De ton côté tu a pu supporter comme moi avec courage beaucoup de péripéties mais combien devions nous nous trouver heureux que la Providence nous ai tous deux sauvés aussi miraculeusement !. Ah ! certes, cette Providence qui veille et prends soin des plus petits oiseaux du ciel ne pouvait oublier de faire sentir sa main protectrice à deux pauvres têtes sans expériences et dont ni les Parents ni la Société n'avaient pu leur donner tous les secours morales ou materielles dont le cours de la vie nous demande. . . . .

Fig. 22. Première page d'une lettre de Vacher à Louise Barrand. Cliché Archives départementales de l'Ain, 2U-300 (686).

2. LES CRIMES

Fig. 1. Chemin de Saint-Barthélemy à Beaurepaire,
lieu de l'assassinat d'Eugénie Delhomme.
Cliché MR. Gaston Méry, *Les mémoires de Vacher. Le tueur de bergères*,
1897-98, p. 301. Coll. Fourquet-Voutay.

Fig. 2. Portrait d'Eugénie Delhomme.
Cliché MR. *La vie illustrée*, 3 nov. 1898,
p. 28. Coll. MR.

Fig. 3. Assassinat d'Eugénie Delhomme.
Cliché Bibliothèque municipale de Lyon (cote 5752),
Le Progrès illustré, n° 362, 21 nov. 1897, p. 4.

Fig. 4. Vue générale de Vidauban (Var).
Cliché MR. Bibliothèque municipale de Lyon, Ms 7056, 14.

Fig. 5. Maison des parents de Louise Marcel à la Vacquière (Var).
Cliché MR. Bibliothèque municipale de Lyon, Ms 7056, 16.

Fig. 6a. Chemin et bergerie du hameau des Blaïs près de Vidauban (Var).
L. Marcel a été saisie sur le chemin puis transportée dans la bergerie.
Inscription dans le coin bas à gauche « F. Chenoz »
Cliché MR. Bibliothèque municipale de Lyon, Ms 7056, 15.

Fig. 6b. Bergerie dans laquelle a été assassinée L. Marcel.
Cliché MR. Bibliothèque municipale de Lyon, Ms 7056, 18.

Fig. 7. Intérieur de la bergerie.
La croix sur la poutre indique la position
du cadavre de la victime.
Cliché MR. Bibliothèque municipale
de Lyon, Ms 7056, 19.

Fig. 8. Portrait de Charles Roux,
soupçonné de l'assassinat
de L. Marcel.
Cliché MR. Bibliothèque municipale
de Lyon, Ms 7056, 3.

Fig. 9. Assassinat de Louise Marcel.
Cliché MR. *Le Journal illustré*, 31 octobre 1897.
Dessin de Paul Thiriat. Gravure de Navellier. Coll. MR.

Fig. 10. Portrait d'Augustine Mortureux. Cliché MR. Bibliothèque municipale de Lyon, Ms 7056,41.

Fig. 11 Assassinat d'Augustine Mortureux. Cliché Bibliothèque municipale de Lyon (cote 5752), *Le Progrès illustré*, n° 362, 21 nov. 1897, p. 4.

Fig. 12. Découverte du corps de la victime. Ce dessin a servi d'illustration à la complainte du « Crime du Bois-du-Chêne ». Cliché MR. *** [Jules Besse], *Le tueur de bergers*, Paris, Schwartz, 1898, p. 381.

Fig. 13. La tombe d'Augustine Mortureux.
Portrait de la mère en médaillon.
Cliché MR. *** [Jules Besse],
Le tueur de bergers, Paris, Schwartz, 1898, p. 453.

Fig. 14. Monument érigé à la mémoire
d'Augustine Mortureux.
Cliché MR. *** [Jules Besse],
Le tueur de bergers, Paris, Schwartz, 1898, p. 525.

Fig. 15. Portrait d'Eugène Grenier,
propriétaire local accusé
de l'assassinat d'A. Mortureux

Fig. 16. Vindicte contre Grenier et la justice
accusée de défendre un coupable.
Cliché MR. *** [Jules Besse],
Le tueur de bergers, Paris, Schwartz, 1898, p. 533.

Fig. 17. Photographie des filles Grenier
envoyée au juge Fourquet.
Cliché MR. Bibliothèque municipale
de Lyon, Ms 7056,40.

Fig. 18. Assassinat
de la veuve Morand.
Cliché Bibliothèque municipale
de Lyon (cote 5752),
Le Progrès illustré, n° 362,
21 nov. 1897, p. 4.

Fig. 19. Assassinat
de Victor Portalier.
Cliché Bibliothèque municipale
de Lyon (cote 5752),
Le Progrès illustré, n° 362,
21 nov. 1897, p. 4.

Fig. 20a. Bénonces.
Au second plan, vue générale du hameau d'Onglas
où demeurait Victor Portalier.
Cliché MR. Bibliothèque municipale de Lyon, Ms 7056, 11.

Fig. 20b. Rue principale du hameau d'Onglas.
Cliché MR. Bibliothèque municipale de Lyon, Ms 7056, 12.

Fig. 21a. Le garde-champêtre Morcel occupe la place où a eu lieu l'égorgement. La croix à droite indique l'endroit où se trouvait le corps de la victime, couvert par des genévriers.
Cliché MR. Bibliothèque municipale de Lyon, Ms 7056, 9.

Fig. 21b. Pâturage du hameau d'Onglas où a été tué V. Portalier. De gauche à droite : 1. Lieu de l'égorgement 2. Place où l'enfant a reçu le premier coup de couteau (petite flaque de sang) 3. Noyer sous lequel se tenait Portalier lorsque Vacher est venu à lui.
Cliché MR. Bibliothèque municipale de Lyon, Ms 7056, 20.

Fig. 22. Assassinat de Pierre Massot-Pelet.
Cliché Bibliothèque municipale de Lyon (cote 5752),
Le Progrès illustré, n° 362, 21 nov. 1897, p. 5.

Fig. 23 et 24. Portraits de Bernardin Bannier, accusé à tort de l'assassinat de P. Massot-Pelet.
23. Cliché MR. Bibliothèque municipale de Lyon, Ms 7056,40.
24. (médaillon). Cliché MR. Laurent-Martin, *Le roi des assassins*, Paris, Librairie universelle, 1897.

Fig. 25. La population refuse de croire à l'innocence de Bannier. La déclaration officielle est maculée d'excréments et lacérée à coups de couteau.
Cliché MR. *** [Jules Besse], *Le tueur de bergers*, Paris, Schwartz, 1898, p. 790.

Fig. 26. Tentative d'assassinat sur Alphonsine Derouet.
Cliché MR. *Le Journal illustré*, 31 octobre 1897, n° 44, p. 352. Coll. MR.

Fig. 27. Assassinat de Thérèse Ply.
Cliché MR. *Le Journal illustré*, 31 octobre 1897, n° 44, p. 352. Coll. MR.

Fig. 28. Assassinat
de Marie Moussier.
Cliché Bibliothèque municipale
de Lyon (cote 5752),
Le Progrès illustré, n° 362,
21 nov. 1897, p. 5.

Fig. 29. Assassinat
de Rosine Rodier.
Cliché Bibliothèque municipale
de Lyon (cote 5752),
Le Progrès illustré, n° 362,
21 nov. 1897, p. 5.

Fig. 30. Assassinat de Pierre Laurent.
Cliché Bibliothèque municipale de Lyon (cote 5752),
Le Progrès illustré, n° 362, 21 nov. 1897, p. 5.

Huitième année. — N° 362. Huit pages : CINQ centimes. Dimanche 21 Novembre 1897

LE PROGRÈS ILLUSTRÉ

Léon DELAROCHE Fondateur — Supplément littéraire du « PROGRES DE LYON » — Léon DELAROCHE Fondateur

ABONNEMENTS

	SIX MOIS	UN AN
Lyon, Rhône et limitrophes	2f »	3f 50
Hors de ces départements	2f 50	4f 50

ADMINISTRATION ET RÉDACTION
85, Rue de la République, 85
ADRESSER LES CORRESPONDANCES ET ABONNEMENTS
à M. L'ADMINISTRATEUR

LES ANNONCES
sont reçues directement aux Bureaux du Journal
ET DANS TOUTES LES AGENCES DE PUBLICITÉ
De France et de l'Etranger

L'Arrestation de Vacher par M. Plantier, à Champis (Ardèche).

PORTRAIT DE M. PLANTIER

Fig. 31. Séraphin Plantier vient à bout de Vacher malgré sa résistance acharnée.
D'après cliché Bibliothèque municipale de Lyon (cote 5752),
Le Progrès illustré, n° 362, 21 nov. 1897, p. 1.

Fig. 32. Couverture du livre de Jules Besse, publié sous anonymat.
Cliché MR. *** *Le tueur de bergers*, Paris, Schwartz, 1898.

52 CRIMES

Imputés à VACHER ou avoués par lui.

1887

1. — 1er janvier. Crime de Chazay-d'Azergues (Rhône) : **Assassinat d'une servante.**

1888

2. — 21 février. Crime de Druillat, arrondissement de **Bourg : Tentative sur une jeune fille** nommée Marie Lacroix.
3. — 26 août. Crime de Joux (Rhône) : Assassinat d'une femme de 35 ans dans le bois de Joux.
4. — 1er juill. Crime de Chambérac (Hte-Loire) : Assassinat de Clémence Grangeon, âgée de 14 ans.

1890

5. — mai. Crime de Varacieux (Rhône) : Assassinat de la petite Olympe Buisson.

1891

6. — 19 nov. Crime de Limoges, près Lyon : **Assassinat** d'une femme Lecour, âgé de 68 ans.

1892

7. — 17 mars. Crime d'Aurcilhan (Basses-Pyr.) : Assassinat de la veuve Pauline Junquet, 38 ans.

1894

8. — 19 mai. Crime de Beaurepaire (Isère) : **Assassinat** d'Eugénie Delhomme. *Crime* **avoué** *par Vacher.*
9. — 18 juillet. Crime d'Eclose (Isère) : Assassinat de Joseph Amieux, neuf ans.
10. — 25 juillet. Crime de Tenay (Ain) : Assassinat de Marie Duprat.
11. — 28 octobre. Crime d'Onsembray (Oise) : Assassinat d'une femme de quatre-vingt-quatre ans.
12. — 20 nov. Crime de la Vacquière (Var) : Assassinat de Louise Marcel. *Crime* **avoué** *par Vacher.*

1895

13. — 12 mai. Crime de Dijon : Assassinat d'Augustine Mortureux. *Crime* **avoué** *par Vacher.*
14. — 19 mai. Crime de Tournai : Assassinat d'Oscar Vandeneede, dix ans.
15. — 23 juillet. Crime de Chambuet (Isère) : Assassinat d'une femme de soixante-quatre ans.
16. — 21 août. Crime de Benonces (Ain) : Assassinat de Victor Portalier, **avoué** *par Vacher.*
17. — 24 août. Crime de Saint-Ours (Savoie) : Assassinat de la Vve Morand, **avoué** *par Vacher.*
18. — 23 sept. Crime de Bourdeaux (Drôme) : Assassinat d'Aline Alaise, **avoué** *par Vacher.*
19. — 29 septembre. Crime de Saint-Étienne-de-Boulogne (Ardèche) : Assassinat de Pierre Massot-Pellet. *Crime* **avoué** *par Vacher.*

1896

20. — Décembre. Crime de Parnans (Drôme) : Assassinat d'une femme de soixante-cinq ans.
21. — 1er janvier. Crime du Mans : Tentative de viol sur la jeune Derouet, **avoué** *par Vacher.*
22. — 19 mars. Crime de Vaverges, près La Tour-du-Pin : Assassinat du nommé Paccalin.
23. — 24 avril. Crime de Reims : Assassinat de la jeune Boudès dans la banlieue de Reims.
24. — 1er mai. Crime de Wrécourt (Vosges) : Assassinat de Jeanne Heurion, quatorze ans.
25. — 15 août. Crime de Moissac (Tarn-et-Garonne), un nommé Bonald a été condamné aux travaux forcés à perpétuité.
26. — 10 sept. Crime de Cusset (Allier) : Assassinat de Marie Moussier, **avoué** *par Vacher.*
27-28. — Deux crimes, 29 et 30 septembre. Crime de Pern (Lot) : Assassinat d'un nommé Vaquier, cinquante-six ans, et de sa fille, âgée de vingt-quatre ans.
29. — 1er octobre. Crime de La Varenne-Saint-Honorat (Haute-Loire) : Assassinat de Rosine Rodier : *Crime* **avoué** *par Vacher.*
30. — 23 octobre. Crime de Sennely (Loiret) : Assassinat de la femme Venne, soixante-dix ans.
31. — 25 octobre. Crime de Nîmes (Gard) : Assassinat du jeune Michel, huit ans.
32. — 11 nov. Crime de Brive (Corrèze) : Assassinat d'un jeune conscrit nommé Lowadour.

1897

33. — 13 février. Crime d'Aubigné (Sarthe) : Assassinat par strangulation du nommé Guyon.
34. — 18 mars. Crime de Belfort : Assassinat et viol d'une jeune fille de dix ans.
35. — 5 avril. Crime de La Varenne-en-Argonne : Assassinat et viol de Thérèse Ply, 18 ans.
36. — 11 avril. Crime de Hayes (Gard) : Assassinat de la veuve Hemain-Benoît, au plan du Collet.
37. — 27 avril. Crime de Coux (Ardèche) : Assassinat de la veuve Laville.
38. — 1er mai. Crime de Neufchâteau (Vosges) : Assassinat et viol d'une fille de quatorze ans.
39. — Mai. Crime de Fourvières (Rhône) : Assassinat d'un jeune chemineau, Bully ou Beaupied, quatorze ans. *Crime* **avoué** *par Vacher.*
40. — 24 mai. Crime de Crosville-la-Vieille (Eure) : Assassinat de Lefèvre.
41. — 18 juin. Crime de Courzieu (Rhône) : Assassinat du berger Laurent, **avoué** *par Vacher.*
42. — 5 juillet. Crime de Volvent (Drôme) : Assassinat de la veuve Lagier.
43. — 27 juillet. Crime de Pontoise : Assassinat du nommé Barrier, tête séparée du tronc.
44. — Crime de Four, arrondissement de La Tour-du-Pin : Assassinat de Madeleine Martelat.
45. — Crime de Brion, près de Moirans (Isère) : Assassinat du nommé François David.
46. — Crime du Mazet-Saint-Voy, arr. d'Yssingeaux (Haute-Loire) : Tentative d'assassinat.
47. — Crime de Graffigny (Haute-Marne). Tentative sur une bergère, Léonie Sollier.
48. — Crime de l'Albenc (Isère), sur Victorine Philibert, femme Attiger.
49. — Crime de Moirans (Isère) : Assassinat de Augustine-Mélanie Perrin, 23 ans, gorge coupée.
50. — Disparition, à Saint-Quentin-sur-Isère, de Philomène Martel, âgée de dix ans.
51. — Assassinat et vol, dans l'ar. de Beaune, commis au préjudice d'un nommé Castigliano. On lui a volé un accordéon et une paire de brodequins qui pourraient être ceux de Vacher.

4 août 1897. — ARRESTATION DE VACHER

52. — Champis (Ardèche) : Tentative de viol sur la femme Plantier. **Arrestation de Vacher.**

Fig. 33. Page intérieure signalant 52 crimes imputables à Vacher.
Cliché MR. ***, *Le tueur de bergers*, Paris, Schwartz, 1898.

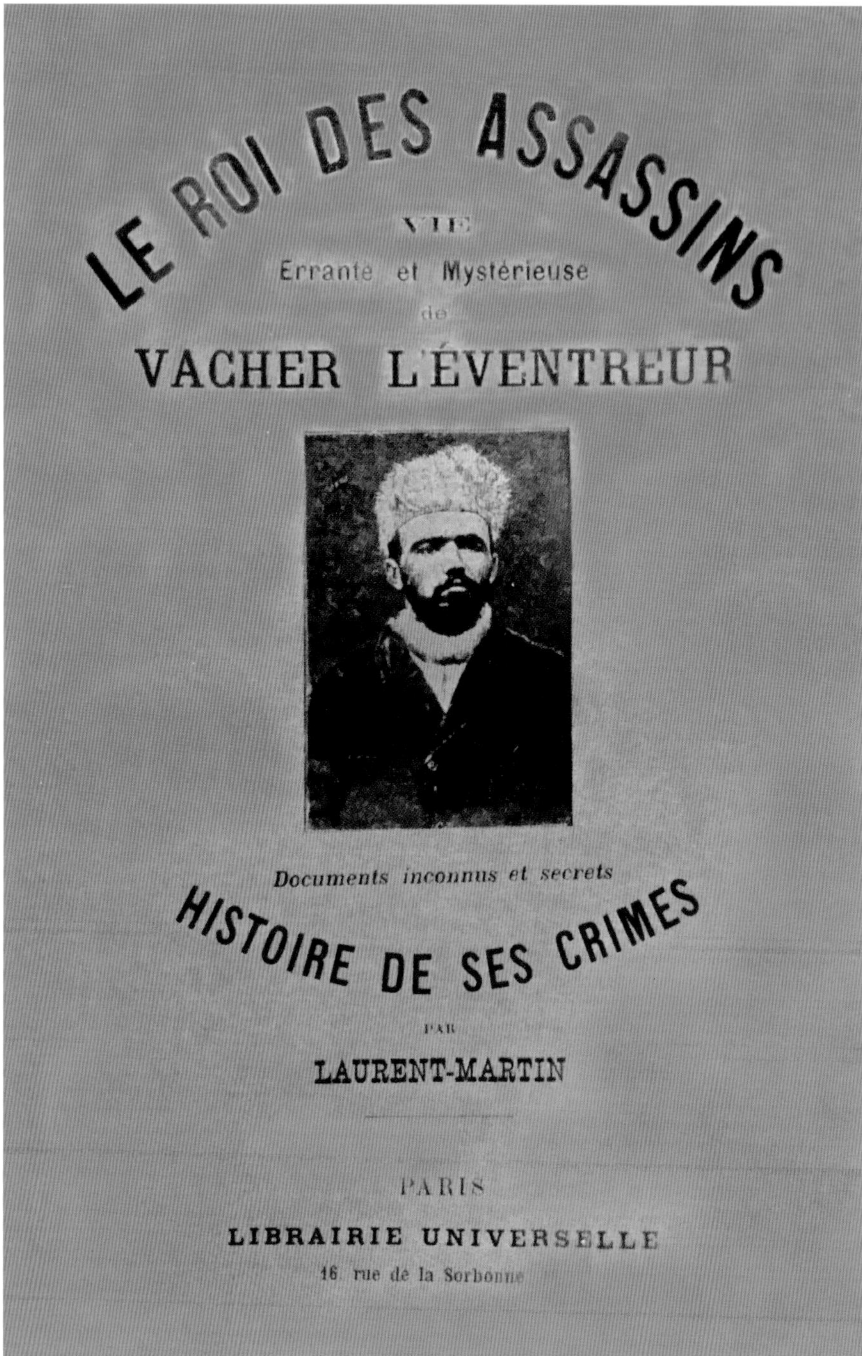

Fig. 34. Couverture du roman de Laurent-Martin
contenant des gravures (1897).
Cliché MR. Coll. MR.

LES DRAMES DE GRANDS CHEMINS

L'ÉVENTREUR

La Vie mystérieuse et les Crimes de Vacher.

Par HENRI MONET

A LA LIBRAIRIE ILLUSTRÉE, 8. rue Saint-Joseph, PARIS.

Fig 35. Couverture du roman de Henri Monet
contenant plusieurs gravures (1897-1898).
Cliché MR. Coll. Fourquet-Voutay.

Fig. 36. Lorsque Vacher a le temps, il déplace le corps de sa victime.
Cliché MR. Henri Monet, *L'éventreur. La vie mystérieuse et les crimes de Vacher*, 1897, p. 505, coll. Fourquet-Voutay.

Neuvième année. — N° 455. Huit pages : CINQ centimes Dimanche 24 Octobre 1897.

Le Petit Parisien

TOUS LES JOURS Le Petit Parisien 5 CENTIMES.

SUPPLÉMENT LITTÉRAIRE ILLUSTRÉ

DIRECTION : 18, rue d'Enghien, PARIS

TOUS LES JEUDIS SUPPLÉMENT LITTÉRAIRE 5 CENTIMES.

LE TUEUR DE BERGERS

Fig 37. Le tueur de bergers.
Le Petit Parisien. Supplément littéraire illustré,
24 octobre 1897, coll. S. Vielle.

Neuvième année. — N° 456 — Huit pages : CINQ centimes — Dimanche 31 Octobre 1897.

Le Petit Parisien

TOUS LES JOURS Le Petit Parisien 5 CENTIMES

SUPPLÉMENT LITTÉRAIRE ILLUSTRÉ

TOUS LES JEUDIS SUPPLÉMENT LITTÉRAIRE 5 CENTIMES

DIRECTION : 18, rue d'Enghien, PARIS

LES CRIMES D'UN MONOMANE

LE « CHEMINEAU » JOSEPH VACHER

1. Le joueur d'accordéon. — 2. La Fuite après le crime. — 3. Portrait de Joseph Vacher. — 4. L'assassin guettant une de ses victimes. 5. Un enfant jeté dans un puits. — 6. L'arrestation. — 7. Une confrontation dans le cabinet du Juge d'instruction.

Fig. 38. Les crimes d'un monomane.
Le Petit Parisien. Supplément littéraire illustré,
31 octobre 1897, coll. S. Vielle.

Complainte et Historique

DES

CRIMES DE VACHER

LE TUEUR DE BERGERS

Dit le « Jack-l'Eventreur du Sud-Est »

La Complainte se chante sur l'air célèbre de « Fualdès » et de la « Chanson de Troppmann »

Vacher épiant un victime la nuit sur une place déserte

(Reproduction interdite)

Vacher l'Eventreur

M. Fourquet

Juge d'instruction

Vacher l'Eventreur

EST-IL FOU ?

LA JEUNESSE DE VACHER

Fig. 39. Unique exemplaire connu de la Complainte dite du « Jack-l'Éventreur du Sud-Est ».

Cliché MR. Coll. Fourquet-Voutay.

LE PÈLERIN

CONTENT DE SON ŒUVRE

— *Hein! mes petits!..... qu'est-ce que vous en dites de celui-ci? Je crois que je l'ai bien réussi!*

Fig. 40. La confection de Vacher par Satan.
Cliché MR. *Le Pèlerin*, n° 1088, 7 novembre 1897, p. 16 (AD Ain 200J477).

3. L'ENQUÊTE

Fig. 1. Vacher tente de s'évader du train qui le conduit à Belley.
Cliché MR. Henri Monet, *L'éventreur. La vie mystérieuse et les crimes de Vacher*, 1897, p. 8, coll. Fourquet-Voutay.

Fig. 2. Le bagage de Vacher.
Cliché MR. Bibliothèque municipale de Lyon, Ms 7056, 13.

Fig. 3 et 4. Vues rapprochées du bagage.
On distingue l'accordéon, un parapluie, un chapeau, un rasoir, une boîte de compas, une sacoche en cuir, une gamelle, des pans de carte routière, un sac en toile, une paire de ciseaux, des couteaux…
Clichés MR. Bibliothèque municipale de Lyon, Ms 7056, 04.

Fig. 5. Portrait d'Émile Fourquet, adolescent.
Cliché MR. É. Fourquet, *Les fleurs du Rêve*, Besançon, 1932, coll. MR.

Fig. 6. Portrait de Fourquet au moment de sa démission de la magistrature (1912).
Cliché MR. É. Fourquet, *Vacher, le plus grand criminel*..., 1931. Coll. Fourquet-Voutay.

Fig. 7. Portrait de Fourquet en 1932.
Cliché MR. É. Fourquet, *Les fleurs du Rêve*, Besançon, 1932, coll. MR.

Fig. 8. Couverture du livre témoignage, première édition.
Cliché MR. coll. Fourquet-Voutay.
É. Fourquet, *Vacher*, paru en 1931.

Fig. 9. Fourquet au moment de l'enquête.
Cliché MR. Peinture à l'huile, tableau sur panneau de bois,
non signé, s.d., coll. Fourquet-Voutay.

Fig. 10. Vue du palais de justice de Belley.
Cliché MR. Bibliothèque municipale de Lyon, Ms 7056, 10.

Fig. 11. Le cabinet du juge d'instruction au moment de l'enquête.
Cliché MR. Bibliothèque municipale de Lyon, Ms 7056, 07.

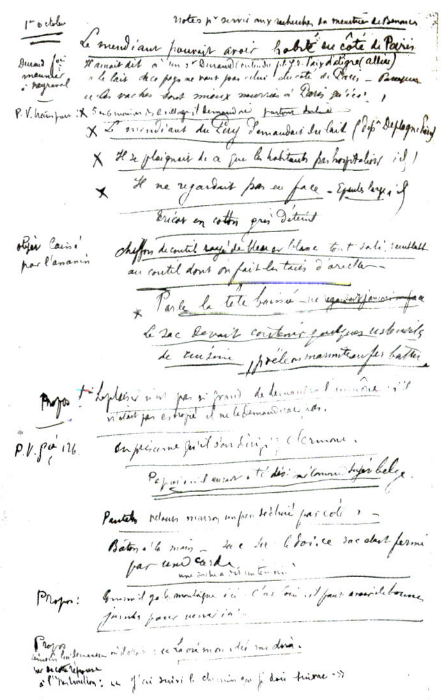

Fig. 12. Première note personnelle du juge, datée du 1er octobre, à propos du suspect.
Cliché MR. coll. Fourquet-Voutay.

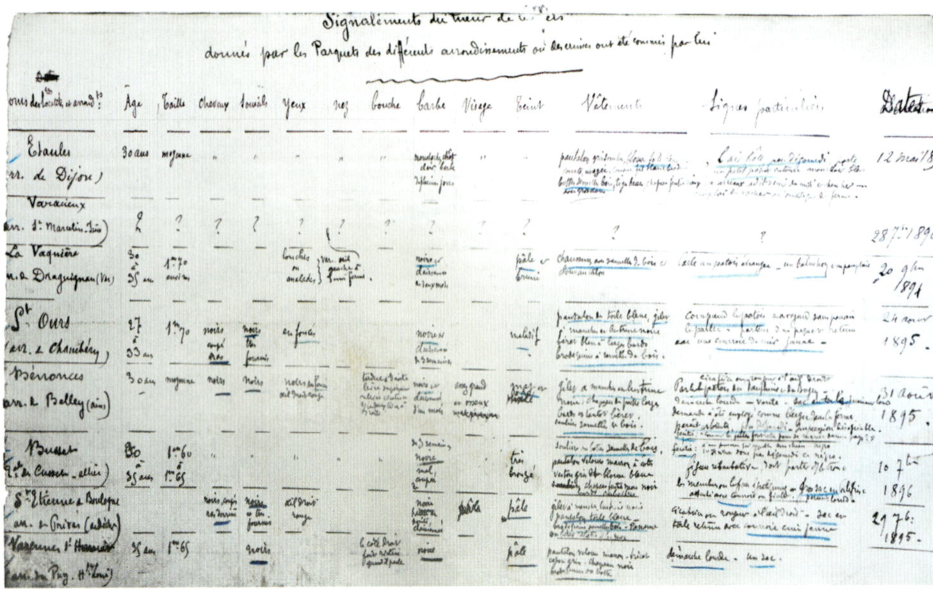

Signalements du tueur de bergers
donnés par les Parquets des différents arrondissements où les crimes ont été commis par lui

Noms des localités et arrond^ts	Age	Taille	Cheveux	Sourcils	Yeux	Nez	Bouche	Barbe	Visage	Teint	Vêtements	Signes particuliers	Dates

Fig. 13. Tableau « Signalements du “tueur de bergers” » donnés par les parquets des différents arrondissements où les crimes ont été commis.
Cliché MR. coll. Fourquet-Voutay.

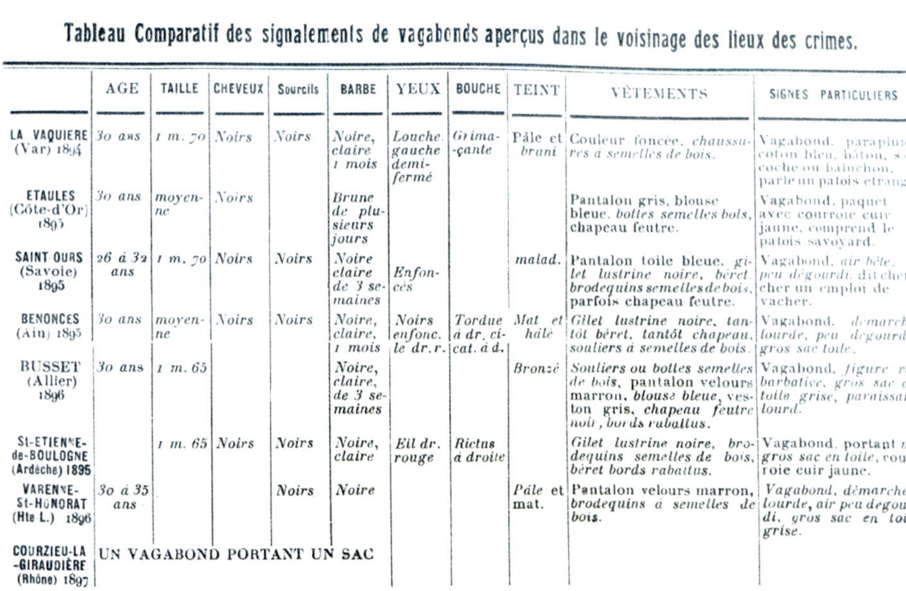

Tableau Comparatif des signalements de vagabonds aperçus dans le voisinage des lieux des crimes.

	AGE	TAILLE	CHEVEUX	Sourcils	BARBE	YEUX	BOUCHE	TEINT	VÊTEMENTS	SIGNES PARTICULIERS
LA VAQUIERE (Var) 1894	*30 ans*	*1 m. 70*	*Noirs*	*Noirs*	*Noire, claire 1 mois*	*Louche gauche demi-fermé*	*Grima-çante*	Pâle et *bruni*	Couleur foncée, *chaussures à semelles de bois.*	Vagabond, parapluie coton bleu, bâton, sacoche ou baluchon, parle un patois étrang.
ETAULES (Côte-d'Or) 1895	*30 ans*	*moyenne*	*Noirs*		*Brune de plusieurs jours*				Pantalon gris, blouse bleue, *bottes semelles bois*, chapeau feutre.	Vagabond, paquet avec courroie cuir jaune, comprend le patois savoyard.
SAINT OURS (Savoie) 1895	*26 à 32 ans*	*1 m. 70*	*Noirs*	*Noirs*	*Noire claire de 3 semaines*	*Enfoncés*		*malad.*	Pantalon toile bleue, *gilet lustrine noire, béret brodequins semelles de bois*, parfois chapeau feutre.	Vagabond, *air bête, peu dégourdi*, dit chercher un emploi de vacher.
BENONCES (Ain) 1895	*30 ans*	*moyenne*	*Noirs*	*Noirs*	*Noire, claire, 1 mois*	*Noirs enfonc. le dr. r.*	*Tordue à dr. cicat. à d.*	*Mat et hâlé*	*Gilet lustrine noire, tantôt béret, tantôt chapeau, souliers à semelles de bois.*	Vagabond, *démarche lourde, peu dégourdi, gros sac toile.*
BUSSET (Allier) 1896	*30 ans*	*1 m. 65*			*Noire, claire, de 3 semaines*			*Bronzé*	*Souliers ou bottes semelles de bois*, pantalon velours marron, *blouse bleue*, veston gris, *chapeau feutre noir, bords rabattus.*	Vagabond, *figure rébarbative, gros sac en toile grise, paraissant lourd.*
St-ETIENNE-de-BOULOGNE (Ardèche) 1895		*1 m. 65*	*Noirs*	*Noirs*	*Noire, claire*	*Œil dr. rouge*	*Rictus à droite*		*Gilet lustrine noire, brodequins semelles de bois, béret bords rabattus.*	Vagabond, portant *un gros sac en toile*, courroie cuir jaune.
VARENNE-St-HONORAT (Hte L.) 1896	*30 à 35 ans*			*Noirs*	*Noire*			*Pâle* et mat.	Pantalon velours marron, *brodequins à semelles de bois.*	*Vagabond, démarche lourde, air peu dégourdi, gros sac en toile grise.*
COURZIEU-LA-GIRAUDIÈRE (Rhône) 1897	UN VAGABOND PORTANT UN SAC									

Fig. 14. Dressé au début de l'enquête, le tableau précédent est devenu, en 1931, « Tableau comparatif des signalements de vagabonds aperçus dans le voisinage des lieux des crimes. »
Cliché MR. É. Fourquet, *Vacher, le plus grand criminel…*, 1931. Coll. Fourquet-Voutay.

Fig 15. Vacher est extrait de la prison de Belley pour se rendre au palais de justice. Photographie instantanée prise le 20 octobre 1897 par Victor Bergery.
Cliché MR. Bibliothèque municipale de Lyon, Ms 7056, 05.

Fig. 16. Portrait de Jean Jules Stanislas Combacal, gardien-chef de la prison de Belley.
Cliché MR. Bibliothèque municipale de Lyon, Ms 7056, 06.

Fig. 17. Portrait de Miguet, gardien à la prison de Belley.
Cliché MR. Bibliothèque municipale de Lyon, Ms 7056, 06.

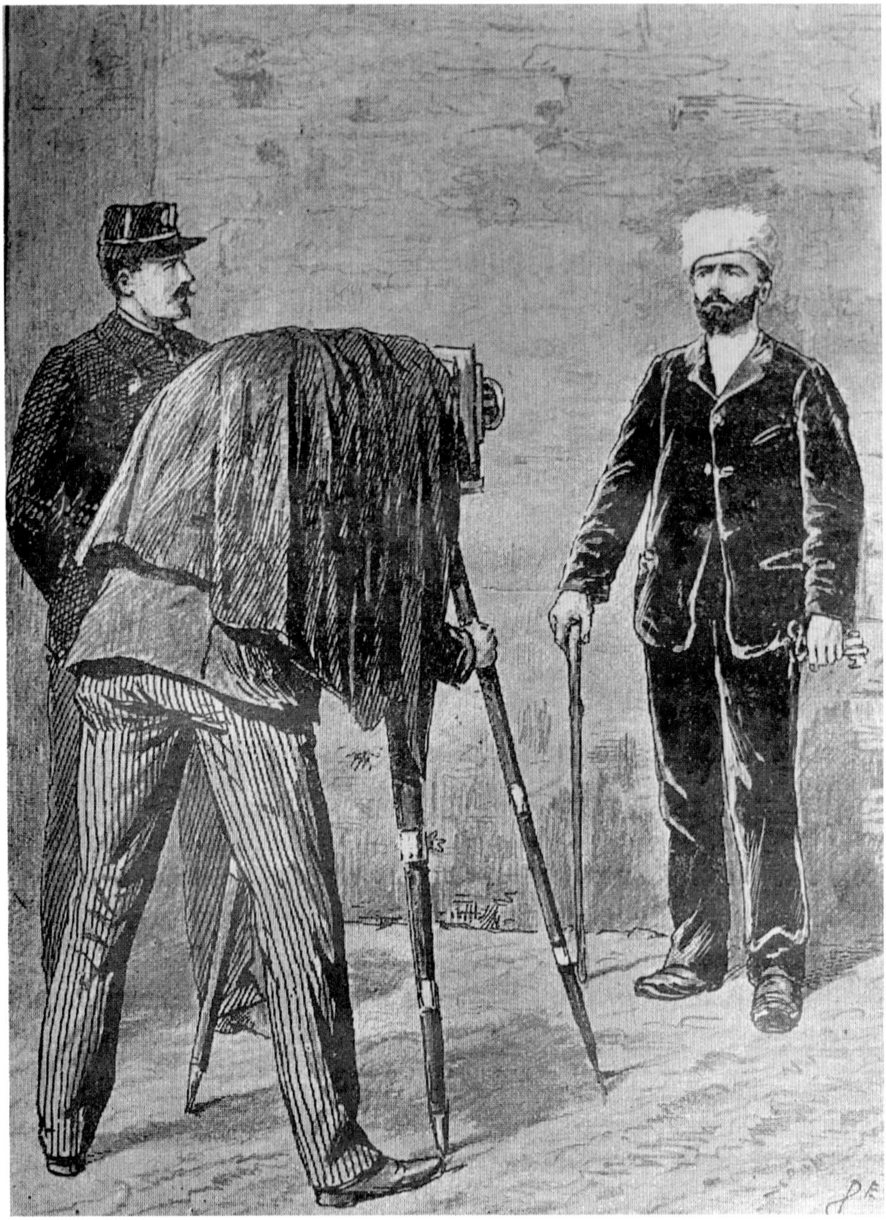

Fig. 18. Vacher est pris en photo dans la cour de la prison par J. Favrat.
Cliché MR. *** [Jules Besse], *Le tueur de bergers*, Paris, Schwartz, 1898, p. 949.

Fig. 19. Photographie portrait de J. Vacher par J. Favrat.
Coll. Fourquet-Voutay.

Fig. 20. Le juge et l'assassin discutent en prison.
Cliché MR. *** [Jules Besse], *Le tueur de bergers*, Paris, Schwartz, 1898, p. 25.

Fig. 21. Photographie de Vacher faisant face au juge, en prison. Cette photographie non retouchée en dehors du grattage du titre « Vacher en prison » avait été encadrée et conservée sous verre par le juge Fourquet.
Coll. Fourquet-Voutay.

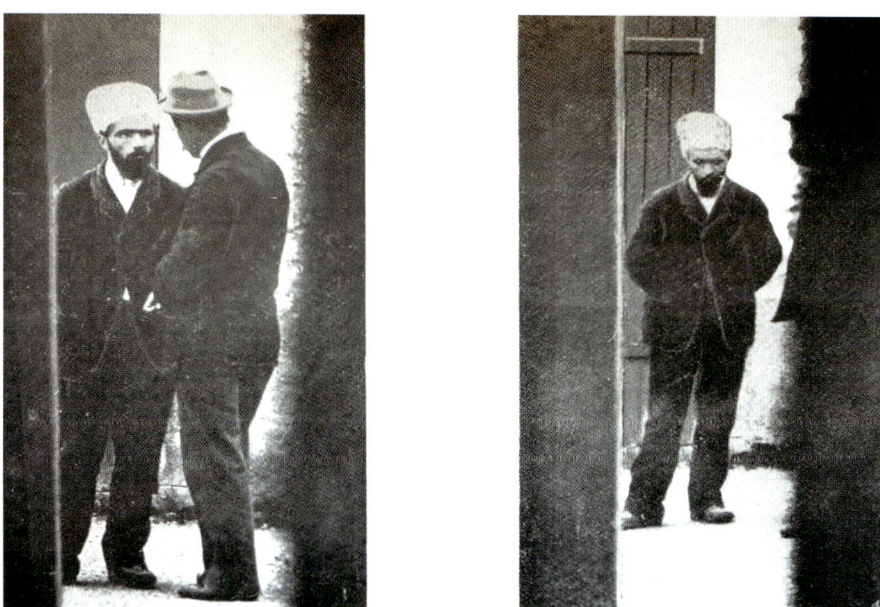

Vacher, interrogé par M. Fourquet
sur la porte de sa cellule.
Deux attitudes

Fig. 22. Les deux photos précédentes ont été retouchées pour être publiées dans le livre de Fourquet, *Vacher le plus grand criminel*…
Coll. Fourquet-Voutay.

Fig. 23. Vacher interrogé dans le cabinet du juge Fourquet.
Cliché MR. *Le Progrès illustré*, 31 octobre 1897, p. 8.
Coll. Fourquet-Voutay.

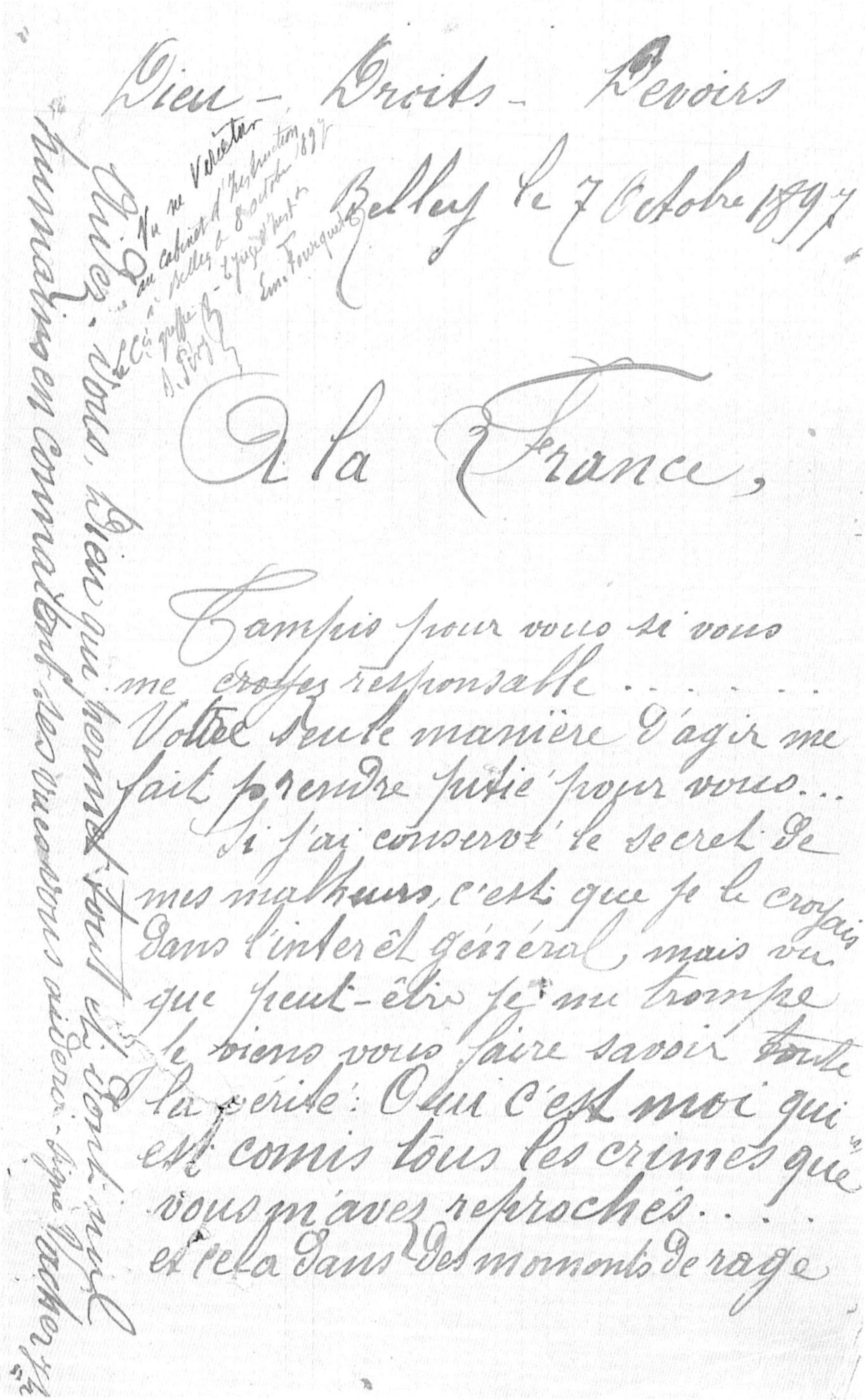

Dieu – Droits – Devoirs

Vu ne varietur au cabinet d'instruction à Belley le 8 octobre 1897 Le juge d'instruction Emile Fourquet Le Cis greffier [illegible]

Belley le 7 Octobre 1897

A la France,

Tampis pour vous si vous me croyez responsable ......
Votre seule manière d'agir me fait prendre pitié pour vous...
Si j'ai conservé le secret de mes malheurs, c'est que je le croyais dans l'interêt général, mais vu que peut-être je me trompe je viens vous faire savoir toute la vérité : Oui c'est moi qui est commis tous les crimes que vous m'avez reprochés...! et cela dans des moments de rage

Fig. 24-27. La lettre d'aveux de Joseph Vacher.
Cliché archives départementales de l'Ain, 2U-300 (686).

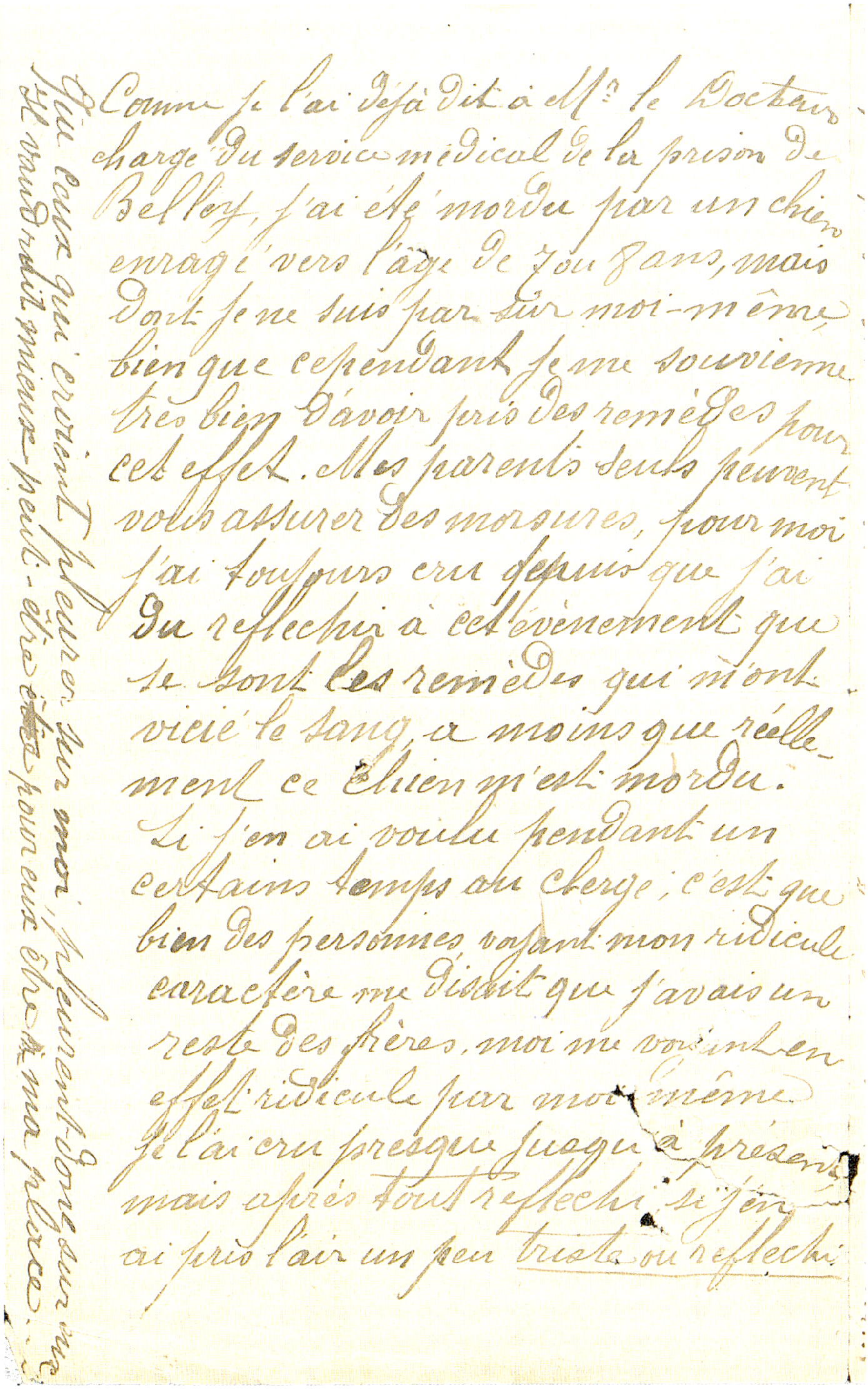

Comme je l'ai déjà dit à Mr le Docteur
chargé du service médical de la prison de
Belley, j'ai été mordu par un chien
enragé vers l'âge de 7 ou 8 ans, mais
dont je ne suis pas sûr moi-même
bien que cependant je me souvienne
très bien d'avoir pris des remèdes pour
cet effet. Mes parents seuls peuvent
vous assurer des morsures, pour moi
j'ai toujours cru depuis que j'ai
du réfléchir à cet événement que
ce sont les remèdes qui m'ont
vicié le sang, à moins que réelle-
ment ce chien m'ait mordu.
Si j'en ai voulu pendant un
certains temps au clergé, c'est que
bien des personnes voyant mon ridicule
caractère me disait que j'avais un
reste des frères, moi me voyant en
effet ridicule par moi-même
je l'ai cru presque jusqu'à présent
mais après tout réfléchi si j'en
ai pris l'air un peu triste ou réfléchi

Que ceux qui croient pleurer sur moi, pleurent donc sur eux
il vaudrait mieux peut-être être ~~être~~ heureux être à ma place.

Fig. 25.

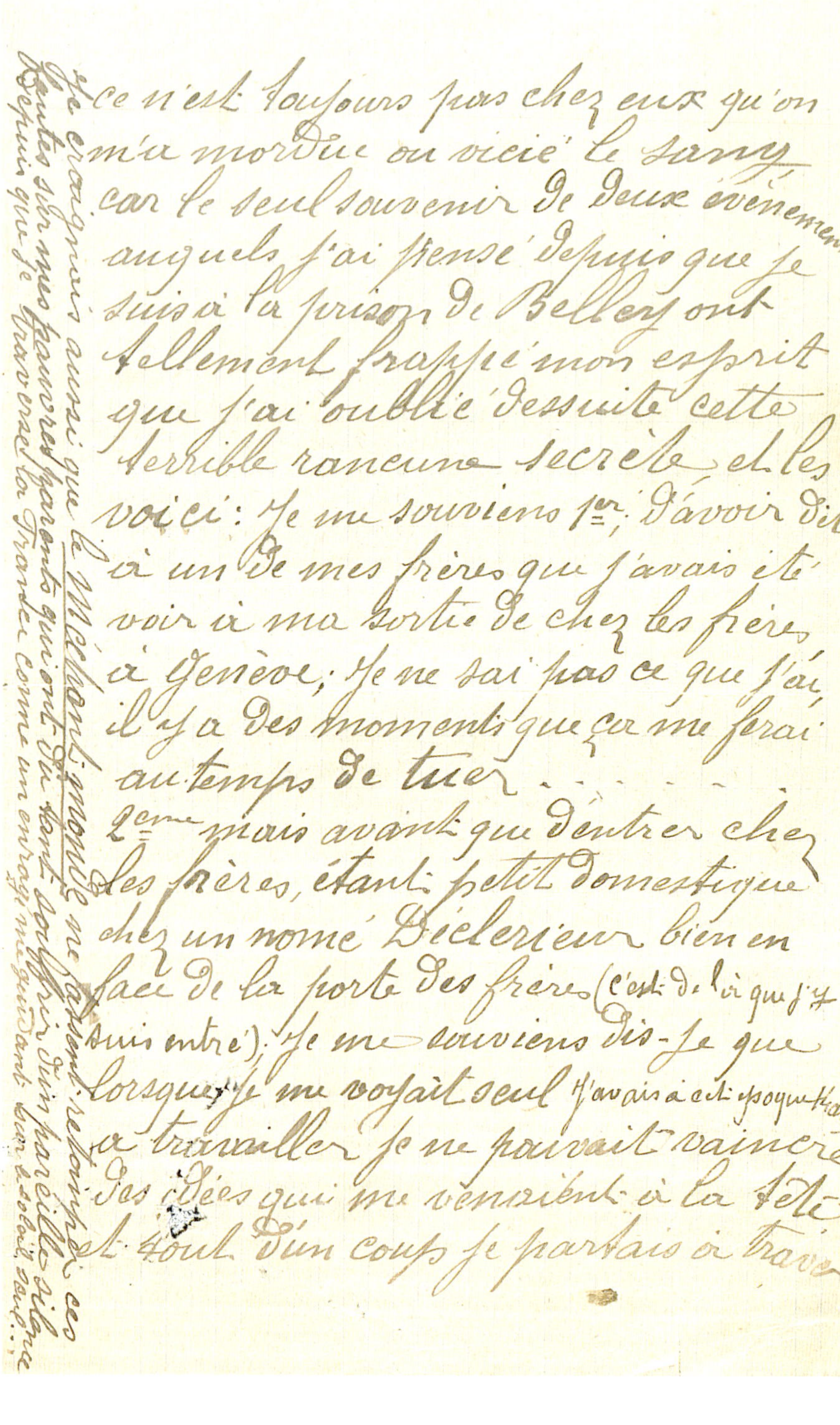

ce n'est toujours pas chez eux qu'on
m'a mordu ou vicié le sang,
car le seul souvenir de deux événements
auquels j'ai pensé depuis que je
suis à la prison de Belley ont
tellement frappé mon esprit
que j'ai oublié dessuite cette
terrible rancune secrète et les
voici : Je me souviens 1er, d'avoir dit
à un de mes frères que j'avais été
voir à ma sortie de chez les frères
à Genève ; Je ne sai pas ce que j'ai,
il y a des moments que ça me ferai
au temps de tuer . . . . . .
2eme mais avant que d'entrer chez
les frères, étant petit domestique
chez un nommé Dielerieux bien en
face de la porte des frères (c'est de là que j'y
suis entré). Je me souviens dis-je que
lorsque je me voyait seul (j'avais à cet époque 11 ans)
à travailler je ne pouvait vaincre
des idées qui me venaient à la tête
et tout d'un coup je partais à trav

Je craignais aussi que le méchant monde ne fassent retomber ces
fautes sur mes pauvres parents qui ont dû tant souffrir d'un pareil silence
Depuis que je traverse la France comme un enragé qui n'est bien qu'étant seul . . .

Fig. 26.

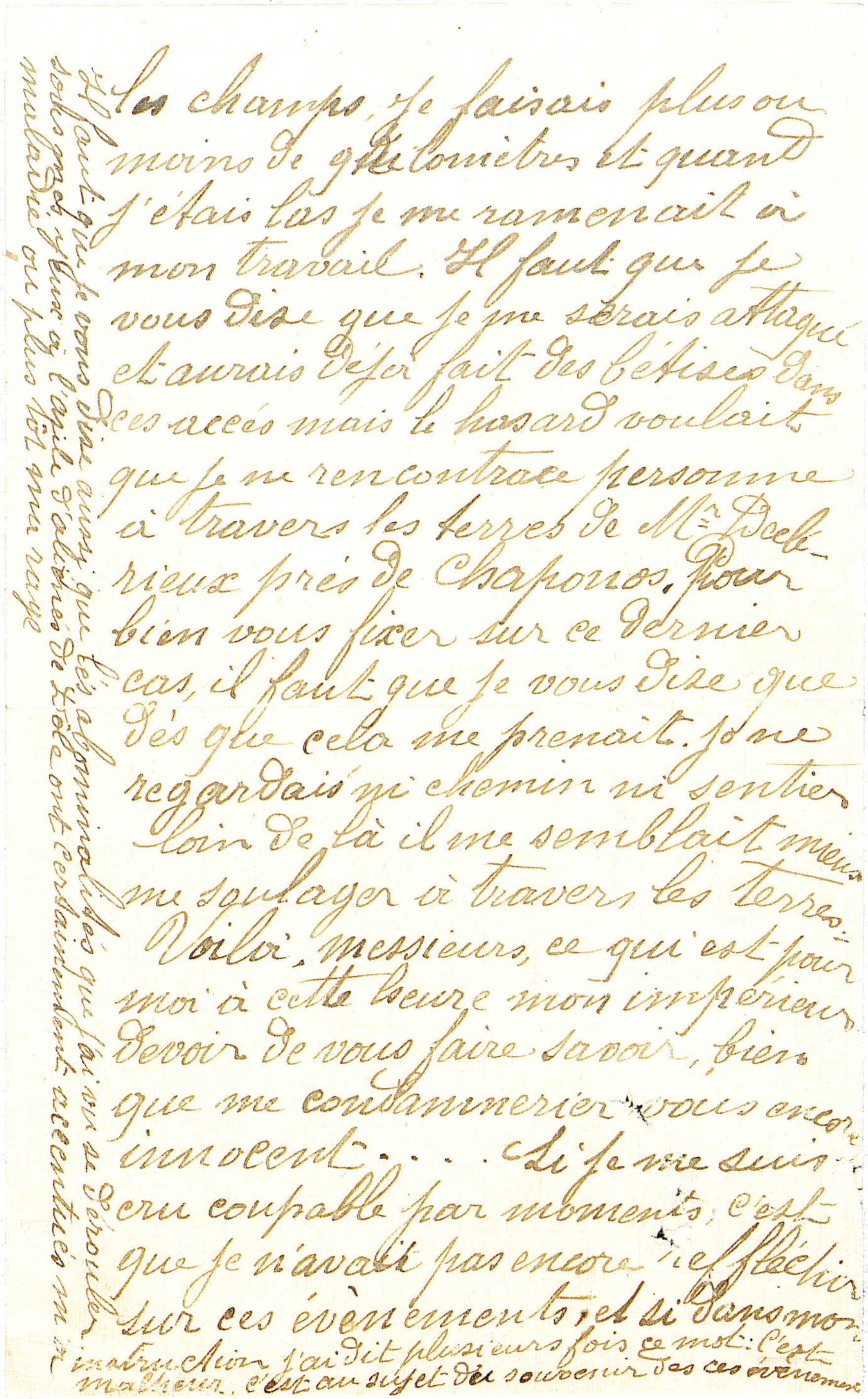

les champs, je faisais plus ou moins de kilomètres et quand j'étais las je me ramenait à mon travail. Il faut que je vous dise que je me serais attaqué et aurais déjà fait des bêtises dans ces accès mais le hasard voulait que je ne rencontrasse personne à travers les terres de Mr Deeb-rieux près de Chaponos. Pour bien vous fixer sur ce dernier cas, il faut que je vous dise que dès que cela me prenait. je ne regardais ni chemin ni sentier loin de là il me semblait mieux me soulager à travers les terres.

Voilà, messieurs, ce qui est pour moi à cette heure mon impérieux devoir de vous faire savoir, bien que me condamneriez vous encore innocent.... Si je me suis cru coupable par moments, c'est que je n'avait pas encore réfléchi sur ces évènements, et si dans mon instruction j'ai dit plusieurs fois ce mot: C'est malheur. c'est au sujet des souvenir des ces évènements

Il faut que je vous dise aussi que les abominalités que j'ai vu a Dérouilles sont passées devant mes yeux à l'asile d'aliénés de Dôle ont certainement accentuées ma maladie au plus tôt ma rage

Fig. 27.

Fig. 28. À Tassin-la-Demi-Lune, un homme pose devant la haie de sureau indiquée par Vacher.
Cliché MR. Bibliothèque municipale de Lyon, Ms 7056, 21.

Fig. 29. Puits de la propriété de Tassin-La-Demi-Lune.
Cliché MR. Bibliothèque municipale de Lyon, Ms 7056, 25.

Fig. 30. Ouverture du puits dans lequel a été précipité Claudius Beaupied.
Cliché MR. Bibliothèque municipale de Lyon, Ms 7056, 26.

Fig. 31. À Tassin-La-Demi-Lune, les puisatiers prennent la pose devant la caisse aux ossements qui contient les restes de Claudius Beaupied. À droite, le cerisier indiqué par Vacher.
Cliché MR. Bibliothèque municipale de Lyon, Ms 7056, 24.

Fig. 32. Deuxième prise de vue.
Le puits est en arrière-plan à droite.
La croix au premier plan indique la caisse contenant les ossements de Beaupied.
Cliché MR. Bibliothèque municipale de Lyon, Ms 7056, 23.

Fig. 33. « Le coupeur de tête a passé par là ».
Inscription à la craie sur la porte de la propriété Fillon sur la route de Tassin.
Cliché MR. Bibliothèque municipale de Lyon, Ms 7056, 22.

Nomenclature

des crimes restés impunis signalés par divers parquets de France au juge d'instruction de Belley comme imputables à Vacher.

	Parquets	Année	Date	Nature du crime	Observations
1	Vienne	1884	18 juillet	Mort par strangulation d'un enfant de 9 ans	Pas d'impossibilité absolue
2	Le Puy	1888	1 juillet	Att. d'une jeune fille de 11 ans. Carotide tranchée - pas de viol	id
3	Villefranche	1888	26 août	id d'une femme de 35 ans - tête séparée du tronc	id
4	Bourg	id	?	Viol d'une fillette (Pont d'Ain)	id
5	Castelsarrasin	1889	25 Xbre	Att. d'un inconnu de 20 à 25 ans. Tête tranchée	id Peu probable
6	St Marcellin	1890	29 7bre	Att. et viol d'une fillette de 9 ans	Renseig. attendus
7	Auxerre	1890	1 Xbre	Att. d'un Ve Marle - Carotide tranchée	Impossible } au
8	Die	1891	21-26 8bre	Att. d'une vieille femme	id } Régiment
9	Lille	1892	27 7bre	Meurtre & attentat à la pudeur	id
10	Lons-le-Saunier	1894	9 Mars	Att. d'un adulte	id à St Robert
11	Lille	"	12 février	Assassinat	id id
12	St Etienne	1894	3 avril	Disparition d'un jeune enfant de 7 ans	Peu probable
13	Vienne	1894	Mai	Att. d'une jeune fille (Beaurepaire)	Avoué
14	Draguignan	1894	20 9bre	Att. de Louise Marcel (La Vaugnière)	Avoué
15	Dijon	1895	12 Mai	Att. d'Augustine Mortureux (Etaules)	Avoué
16	Autun	id	1 Février	id d'un vieillard par strangulation et vol	Pas d'impossibilité absolue.
17	Chambéry	id	Août	id d'une vieille femme & viol (St Ours)	Avoué
18	Belley	id	31 août	id d'un jeune garçon (Bénonces)	Avoué
19	Autun	id	6-7 7bre	id d'une jeune fille - tête détachée - viol	Peu probable
20	Vienne	id	22 7bre	id d'une vieille femme & vol	Possible
21	Die	"	7bre	Att. d'Aline Alaise (Bourdeau)	Avoué
22	Privas	"	29 7bre	id d'un jeune garçon (St Etienne de Boulogne)	Avoué
23	Bourg	"	22 Xbre	Tentative de viol d'une fme de 49 ans	Possible
24	Lille	1896	8 Mars	Att. d'un jeune garçon	Peu probable
25	Montbrison	1896	?	Att. d'un homme	?
26	Bourgoin	"	19 Mars	id id Coups de revolver	Très peu probable
27	Le Mans	"	Mars	Tentative d'att. d'une petite fille	Avoué
28	Reims	"	25 août	Att. et viol d'une j. fille de 9 ans	Possible
29	Cusset	"	10 7bre	Att. de Marie Mounier	Avoué
30	Autun	"	26 7bre	id d'une fme âgée - assommée [illegible]	Peu probable
31	Le Puy	"	1 8bre	id de Rosine Rodier	Avoué
32	Orléans	1896	23 9bre	id d'une vieille femme - tête fendue	Peu probable
33	Nîmes	"	25 8bre	id d'un enfant de 9 ans - assommé -	Très probable
34	Guingamp	"	28 9bre	id d'une femme strangulation - vol	Peu probable

	Parquets	Années	Date	Nature des crimes	Observations
35	Montélimar	1897	2-3 février	Asst. d'une fem. 58 ans et vol	Très-possible
36	Belfort	"	18 Mars	id et viol d'une enfant de 9 ans	Possible
37	Ste Ménehould	"	5 avril	id id d'une jeune fille de 19 ans	Très-probable
38	Versailles	"	7 avril	Tentative d'asst. d'une jeune fille	Peu probable
39	Lyon	"	11 avril	Asst. d'une vieille femme	Possible
40	Chaumont	"	26 avril	Tentative de viol s/ fillette gardt. son bétail	Probable
41	id	"	1 Mai	id id	id
42	Neufchâteau	"	id	Asst. par strangulation et viol j. fille de 16 ans	id
43	Louviers		23-24 Mai	Asst. d'un journalier et vol de vêt.- gorge tranchée	Pas d'impossibilité
44	Douai	"	16 Juin	id d'une femme - tentative de viol	Très peu probable
45	Lyon	"	?	id de Bully (Tenin)	Avoué
46	id	"	18 Juin	id de Couzon	Avoué
47	Privas	"	24 Juillet	id d'une vieille fme - gorge coupée	Très-probable
48	Pontoise		21-27 id	id d'un homme de 3? ans - tête tranchée	Très-peu probable

Belley le 28 Octobre 1897

Le Juge d'instruction

Fig.34-35. Note de Fourquet sur 48 crimes imputables à Vacher. 28 octobre 1897.
Cliché MR. Archives départementales du Rhône, dossier Vacher, 2U1-199.

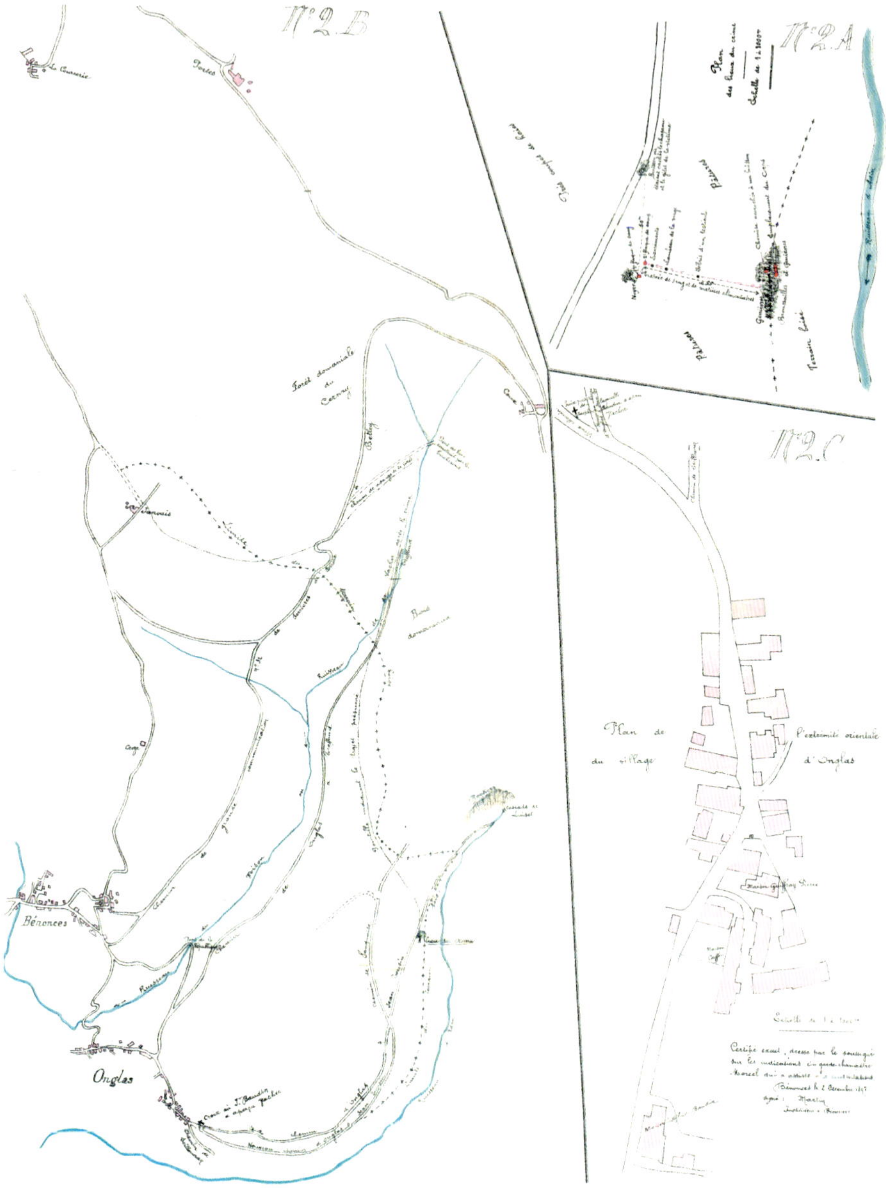

Fig. 36. Plan du hameau d'Onglas,
dressé par Martin, instituteur à Bénonces, le 2 décembre 1897.
D'après cliché Archives départementales de l'Ain, 2U-300 (649).

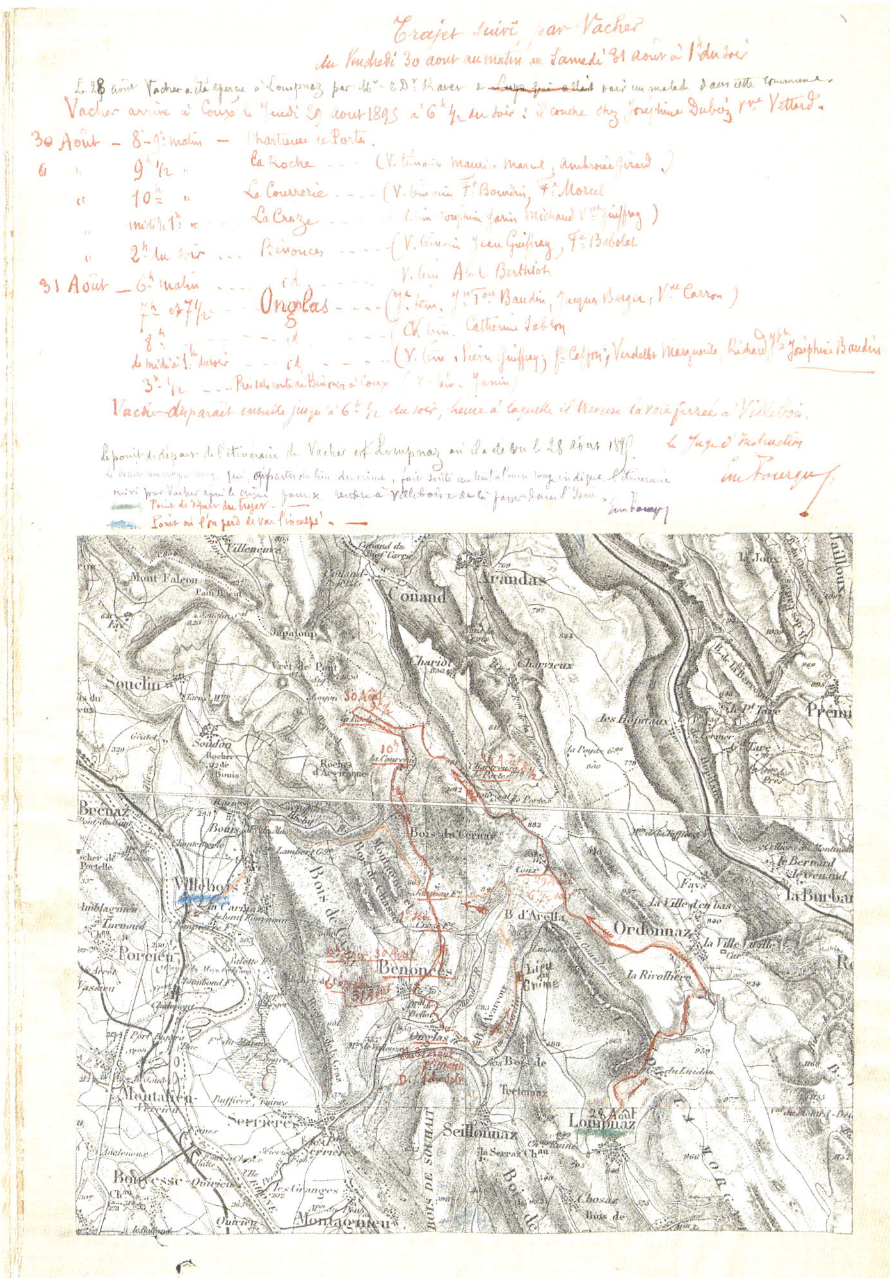

Fig. 37. Reconstitution des déplacements de Vacher
du 28 au 31 août 1897.
Cliché Archives départementales de l'Ain, 2U-300 (643bis).

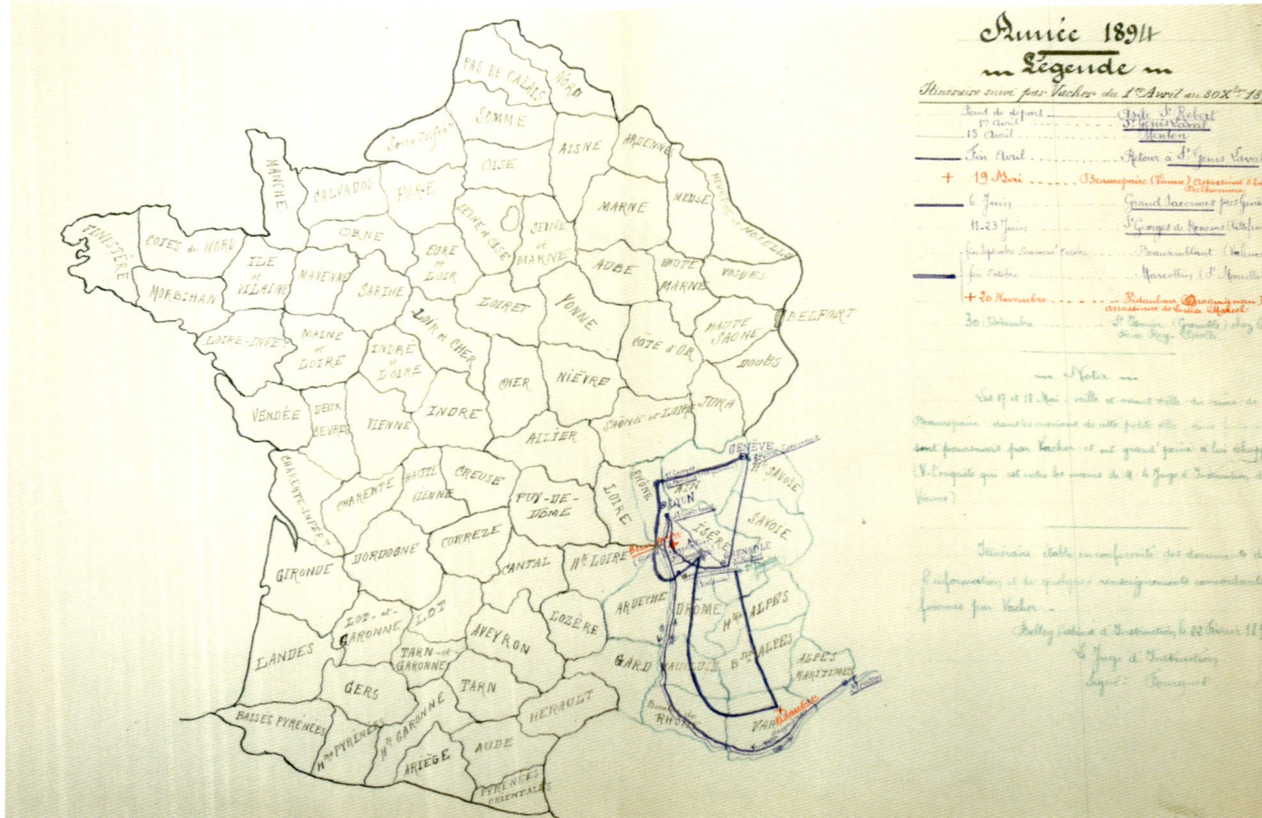

Fig. 38. Itinéraire suivi par Vacher en 1894. Carte établie par le juge Fourquet le 2 février 1898.
Cliché MR. Archives départementales du Rhône, dossier Vacher, 2U1-199.

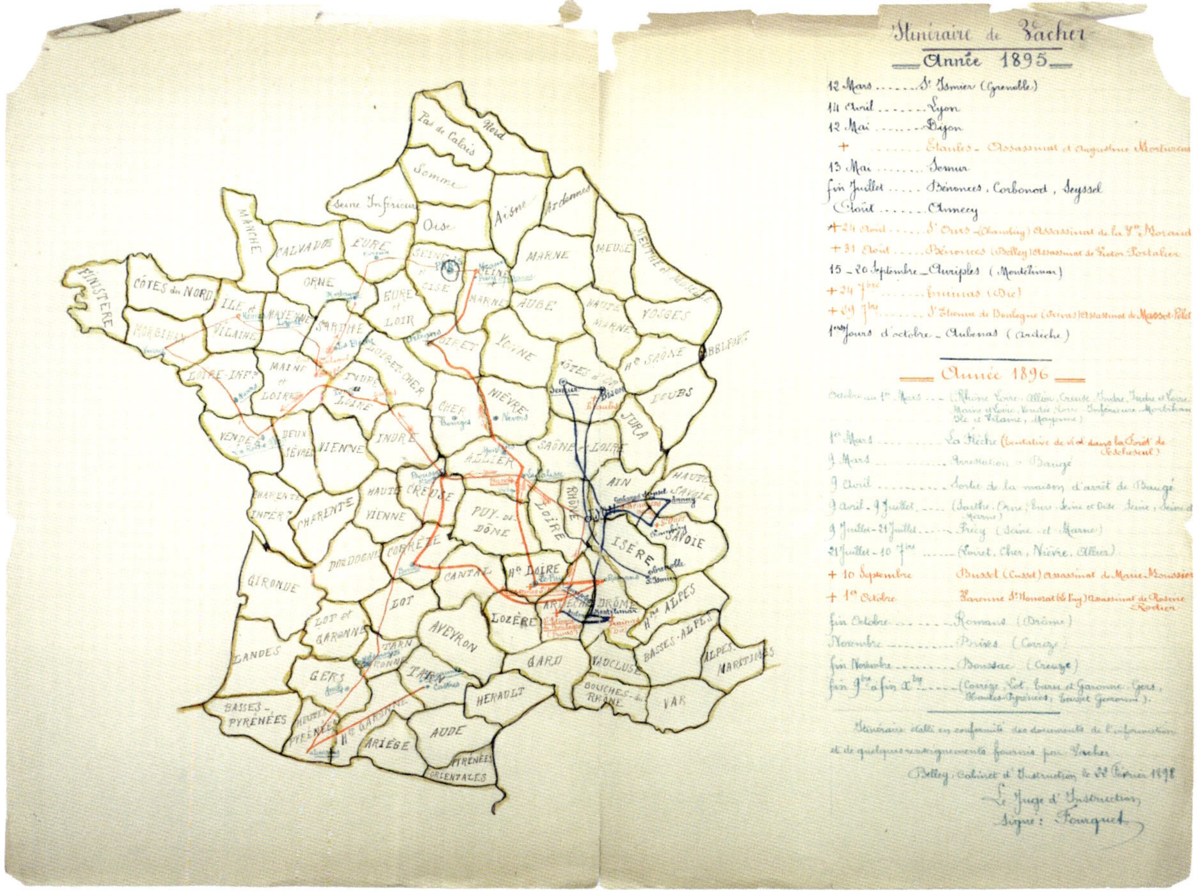

Fig. 39. Itinéraire suivi par Vacher en 1895 et 1896. Carte établie par le juge Fourquet le 22 février 1898.
Cliché MR. Archives départementales du Rhône, dossier Vacher, 2U1-199.

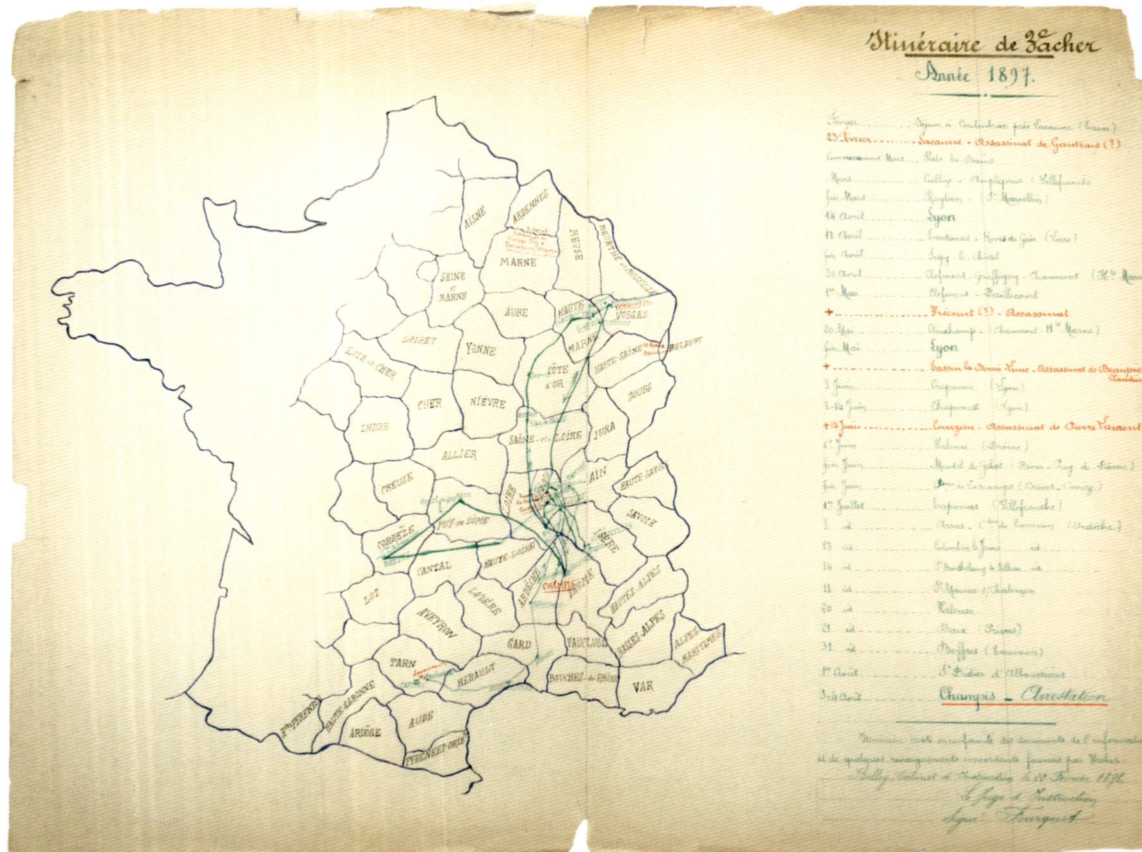

Fig. 40. Itinéraire suivi par Vacher en 1897. Carte établie par le juge Fourquet le 22 février 1898.
Cliché MR. Archives départementales du Rhône, dossier Vacher, 2U1-199.

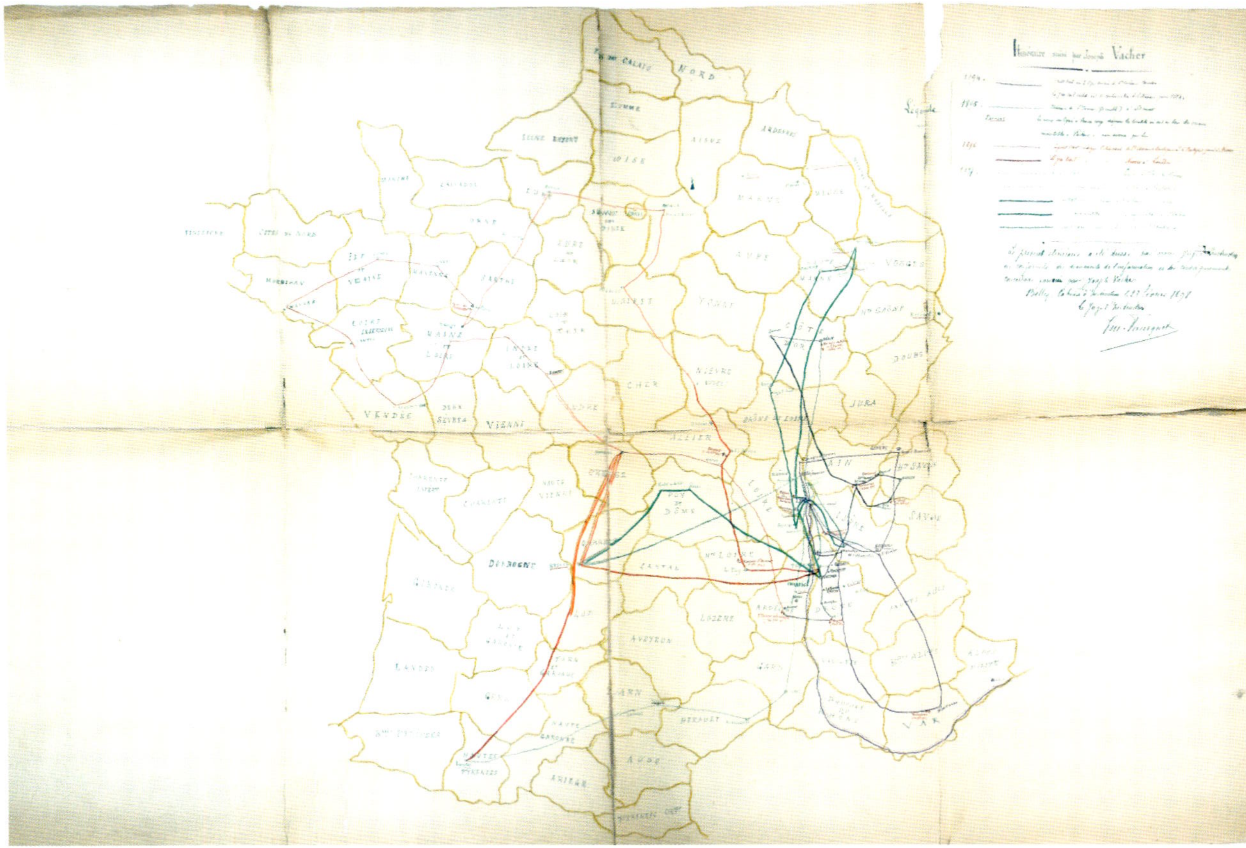

Fig. 41. Itinéraire suivi par Vacher de 1894 à 1897. Carte établie par le juge Fourquet le 23 février 1898.
Cliché MR. Archives départementales du Rhône, dossier Vacher, 2U1-199.

Neuvième année. — N° 369. Huit pages : CINQ centimes. Dimanche 9 Janvier 1898.

LE PROGRÈS ILLUSTRÉ

Léon DELAROCHE Fondateur — Supplément littéraire du « PROGRÈS DE LYON » — Léon DELAROCHE Fondateur

ABONNEMENTS	SIX MOIS	UN AN
Lyon, Rhône et limitrophes	2f »	3f 50
Hors de ces départements	2f 50	4f 50

ADMINISTRATION ET RÉDACTION
85, Rue de la République, 85
ADRESSER LES CORRESPONDANCES ET ABONNEMENTS
À M. L'ADMINISTRATEUR

LES ANNONCES
sont reçues directement aux Bureaux du Journal
ET DANS TOUTES LES AGENCES DE PUBLICITÉ
De France et de l'Étranger.

L'ARRIVÉE DE VACHER A LYON

Fig. 42. L'arrivée de Vacher à Lyon.
Cliché Bibliothèque municipale de Lyon (cote 5752),
Le Progrès illustré, 9 janv. 1898.

Fig. 43. Portrait d'Alexandre Lacassagne.
Cliché MR. Sans date. Coll. MR.

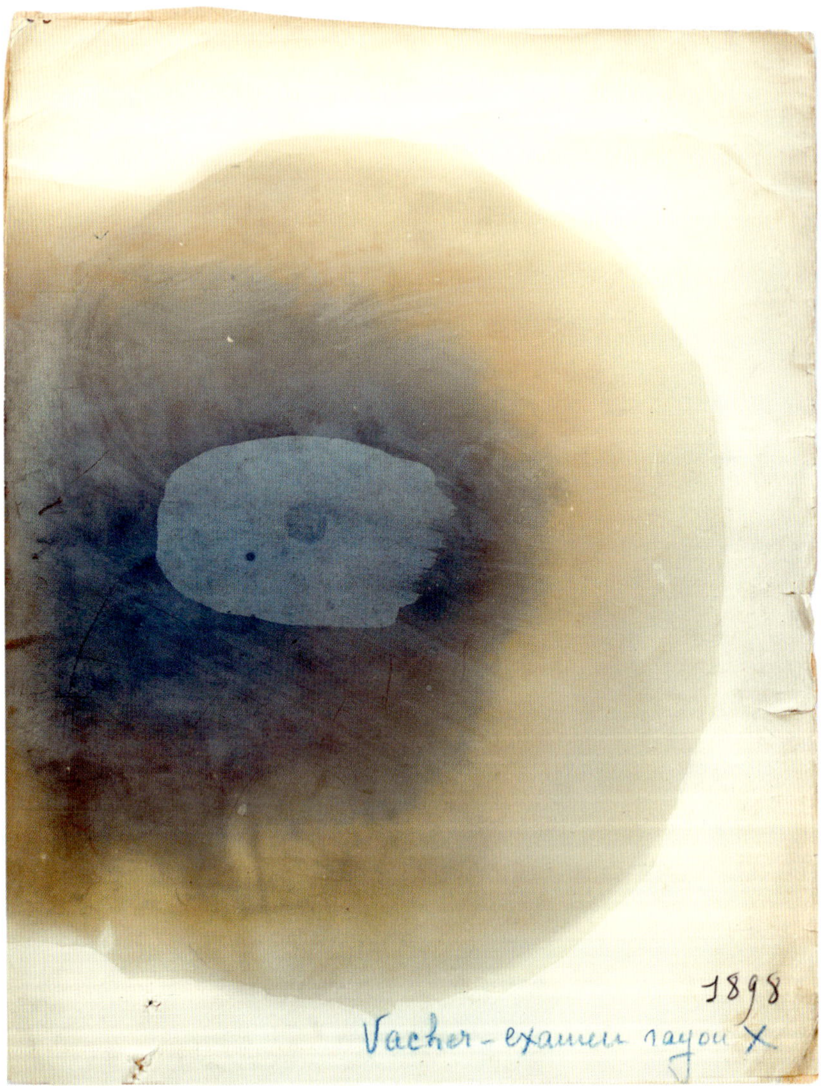

Fig. 44. Radiographie du crâne de Vacher,
réalisée le 10 janvier 1898 à la prison Saint-Paul.
Cliché MR. Archives départementales de l'Ain, 2U-300 (670).

Fig. 45. La messe lui étant refusée, Vacher défonce la porte de sa cellule en s'écriant « Dieu m'appelle ».
Cliché MR. *** [Jules Besse], *Le tueur de bergers*, Paris, Schwartz, 1898, p. 941.

Fig. 46. Gaston Méry, *Les mémoires de Vacher* (1897-1898).
Couverture du roman vendu par fascicules.
Cliché MR. Coll. S. Vielle.

4. LE PROCÈS ET L'EXÉCUTION

Première Année. N° 1 — Huit pages : CINQ centimes — Dimanche 29 Mai 1898.

LE MONITEUR DU PUY-DE-DOME

SUPPLÉMENT ILLUSTRÉ DU DIMANCHE

ADMINISTRATION : rue Barbançon — CLERMONT-FERRAND

ABONNEMENTS

	SIX MOIS	UN AN
France, Algérie, Tunisie..	2 fr. »	3 fr. 50
Étranger (Union postale) .	2 fr. 50	5 fr.

ANNONCES

POUR LA PUBLICITÉ, S'ADRESSER à PARIS, 8, place de la Bourse A L'AGENCE HAVAS

Vacher, le tueur de bergers, dans sa cellule

En attendant le verdict !...

Fig. 1. Vacher dans sa cellule. En attendant le verdict !...
D'après cliché BnF (JO-86872).
Le moniteur du Puy-de-Dôme, 29 mai 1898.

Fig. 2a. La prison de Bourg.
Entrée principale.
Cliché Archives départementales de l'Ain
(carte postale).

Fig. 2b. L'ancienne prison de Bourg
en mai 2019. Le bâtiment a été transformé
en immeuble de logements.
La façade a été préservée. Cliché MR.

Fig. 3. Salle d'audience de la cour d'assises du palais de justice de Bourg.
Cliché archives départementales de l'Ain (début du XXe siècle).

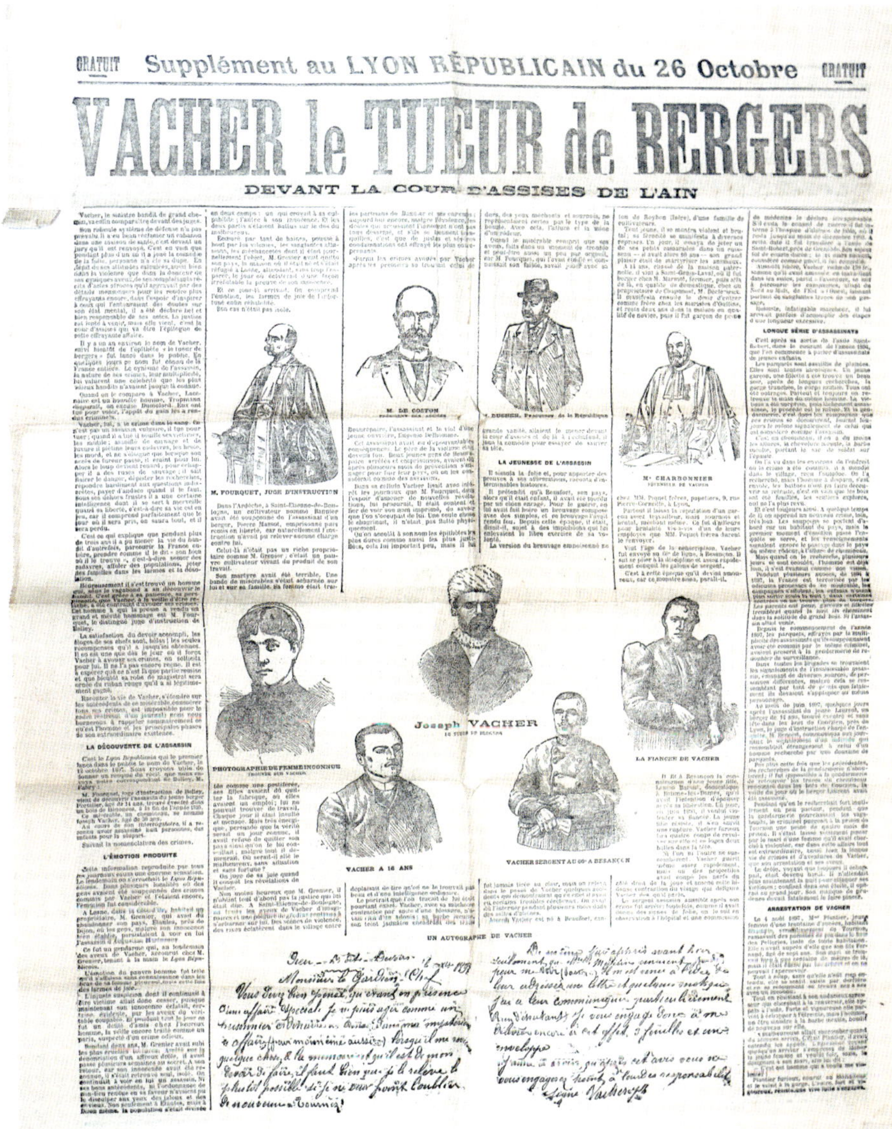

GRATUIT Supplément au LYON RÉPUBLICAIN du 26 Octobre GRATUIT

VACHER le TUEUR de BERGERS

DEVANT LA COUR D'ASSISES DE L'AIN

M. FOURQUET, JUGE D'INSTRUCTION

M. DE COSTON

M. BUCHER, Procureur de la République

Me CHARBONNIER

LA JEUNESSE DE L'ASSASSIN

LA DÉCOUVERTE DE L'ASSASSIN

L'ÉMOTION PRODUITE

LONGUE SÉRIE D'ASSASSINATS

ARRESTATION DE VACHER

PHOTOGRAPHIE DE FEMME INCONNUE

Joseph VACHER

LA FIANCÉE DE VACHER

VACHER A 16 ANS

VACHER SERGENT AU 60e A BESANÇON

UN AUTOGRAPHE DE VACHER

Fig. 4. Supplément gratuit au *Lyon Républicain* à l'occasion de l'ouverture du procès.
Cliché MR. Coll. Fourquet-Voutay.

Neuvième année. — N° 412. Huit pages : CINQ centimes. Dimanche 6 Novembre 1898.

LE PROGRÈS ILLUSTRÉ

Léon DELAROCHE Fondateur — Supplément littéraire du « PROGRES DE LYON » — Léon DELAROCHE Fondateur

ABONNEMENTS

	SIX MOIS	UN AN
Lyon, Rhône et limitrophes	2 f. »	3 f. 50
Hors de ces départements	2 50	4 50

ADMINISTRATION ET RÉDACTION
85, Rue de la République, 85
ADRESSER LES CORRESPONDANCES ET ABONNEMENTS
à M. L'ADMINISTRATEUR

LES ANNONCES
sont reçues directement aux Bureaux du Journal
ET DANS TOUTES LES AGENCES DE PUBLICITÉ
de France et de l'Étranger.

Vacher au Président :
— Vous voulez me condamner, *Monstre !*

VACHER EN COUR D'ASSISES

(Soixante dessins faits à l'audience.)

Fig. 5. Vacher en cour d'assises.
Cliché bibliothèque municipale de Lyon (cote 5752).
Le Progrès illustré, 6 novembre 1898.

Fig. 6. Personnel judiciaire et témoins du procès.
Dessins de Girrane. Cliché bibliothèque municipale de Lyon (cote 5752).
Le Progrès illustré, 6 novembre 1898, p. 8.

Neuvième année. — N° 411. Huit pages : CINQ centimes. Dimanche 30 Octobre 1898.

LE PROGRÈS ILLUSTRÉ

Léon DELAROCHE Fondateur — Supplément littéraire du « PROGRES DE LYON » — Léon DELAROCHE Fondateur

ABONNEMENTS

	SIX MOIS	UN AN
Lyon, Rhône et limitrophes	2 f. »	3 f. 50
Hors de ces départements	2 50	4 50

ADMINISTRATION ET RÉDACTION
85, Rue de la République, 85
ADRESSER LES CORRESPONDANCES ET ABONNEMENTS
à M. L'ADMINISTRATEUR

LES ANNONCES
sont reçues directement aux Bureaux du Journal
ET DANS TOUTES LES AGENCES DE PUBLICITÉ
De France et de l'Etranger.

L'AFFAIRE VACHER DEVANT LA COUR D'ASSISES DE L'AIN

1. Le Chemineau du crime. — 2. L'arrestation à Champis (Ardèche). — 3. M. Plantier, auteur de l'arrestation. — 4. Portrait de Vacher. — 5. Le puits « Vacher » à la Demi-Lune. Le squelette du jeune Beaupied. — 6. Arrivée de Vacher à la gare de Perrache. — 7. M. Fourquet, juge d'instruction. — 8. Me Charbonnier, du barreau de Grenoble, défenseur de Vacher. — 9. Aux assises : le tueur de bergers à côté de son défenseur et surveillé par les gendarmes.

Fig. 7. L'affaire Vacher devant la cour d'assises de l'Ain.
Cliché bibliothèque municipale de Lyon (cote 5752).
Le Progrès illustré, 30 octobre 1898.

Fig. 8. Déposition des médecins experts au procès.
Cliché bibliothèque municipale de Lyon (cote 5752).
Le Progrès illustré, 30 octobre 1898, p. 4.

Fig. 9. Vacher lit les factums écrits en prison.
Cliché bibliothèque municipale de Lyon (cote 5752).
Le Progrès illustré, 30 octobre 1898, p. 4.

VACHER L'ÉVENTREUR

Cour d'Assises de l'Ain

JUGEMENT & CONDAMNATION A MORT

Lugubre Série d'Assassinats

SOMMAIRE. — Les antécédents de Vacher. — Terribles débuts du criminel. — Vacher continue ses forfaits. — Le crime de Benonces. — Nouveaux crimes de l'éventreur — Arrestation de Vacher. — Une lettre de Vacher. — Responsabilité de l'assassin.— *A LA COUR D'ASSISSS* — Jeanne d'Arc et l'éventreur de bergers. — Les témoins. — Vacher est-il responsable de ses actes ? — Le réquisitoire. — Plaidoirie. — Comique incident d'audience. — Le Verdict : Condamnation à mort.

LES ANTÉCÉDENTS DE VACHER

Vacher est né le 16 novembre 1869 à Beaufort (Isère). Il a laissé dans ce pays, d'où il est parti à l'âge de 16 ans, la réputation d'un jeune homme sournois et cruel.

A dix-huit ans, il se fait admettre comme postulant chez les frères Maristes. Il n'y reste que quelques mois. Il est, en effet, chassé, au mois d'octobre 1887, à raison de ses vices.

Le 15 novembre 1890, il est appelé à faire son service militaire. Il ne tarde pas à se faire remarquer par des actes de violence. Ses chefs le considèrent comme tellement dangereux qu'ils le mettent en observation à l'infirmerie. On l'envoie ensuite à l'hôpital. Il est atteint de « troubles psychiques ».

Quand il entre en convalescence, il lui reste quatre mois de service à faire. On lui donne alors un congé de pareille durée, afin qu'il n'ait plus à revenir au régiment.

Pendant ce congé, Vacher va retrouver à Baume-les-Dames une jeune fille avec laquelle il voulait se marier. Comme il ne peut obtenir son consentement, il lui tire trois coups de revolver, ne lui fait heureusement que des blessures légères, puis tourne l'arme contre lui.

Fig. 10. Canard et jugement de Vacher.
Cliché Bibliothèque municipale de Lyon. Fonds Chomarat Est 0564.

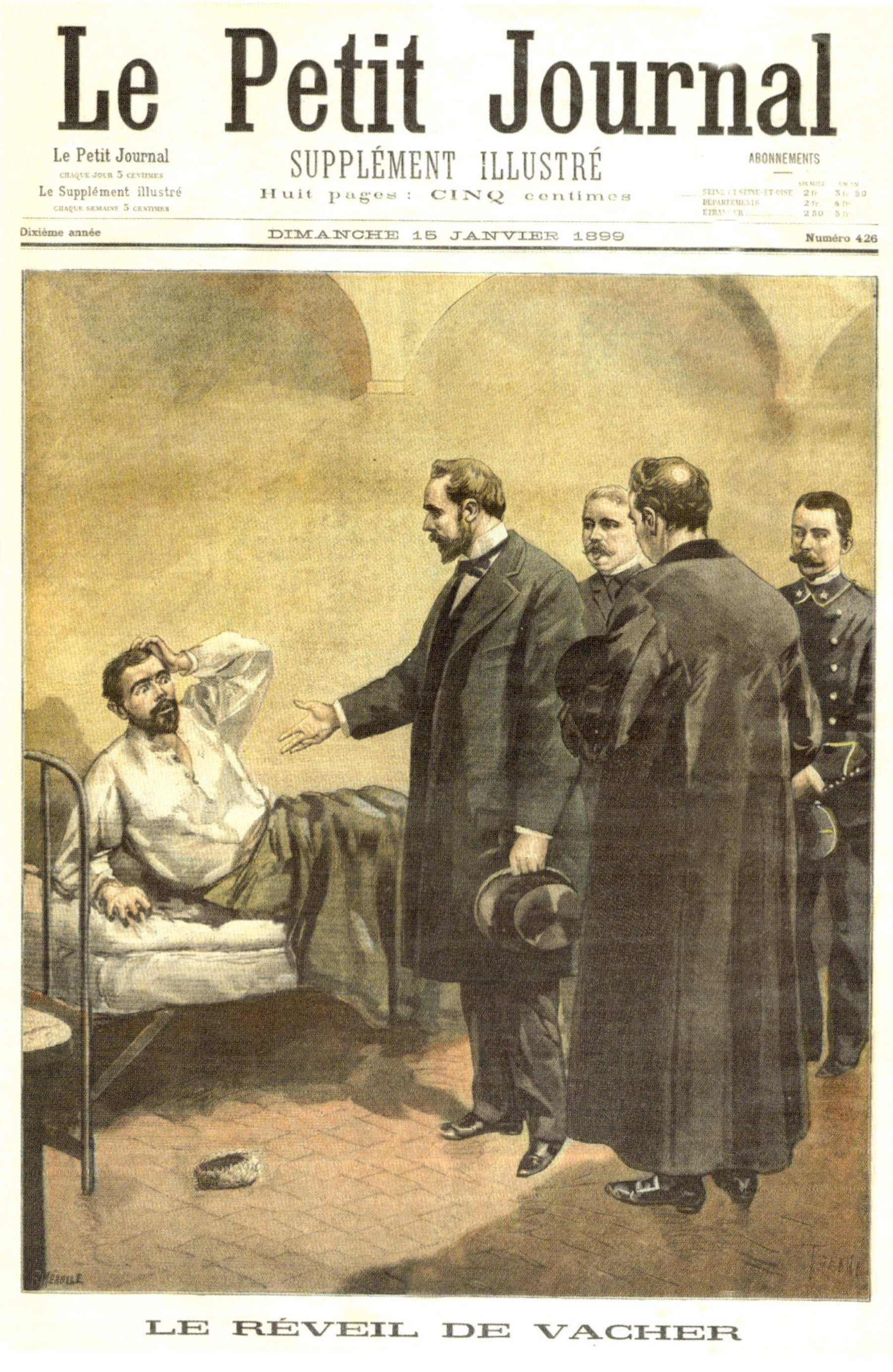

Le Petit Journal

Le Petit Journal
CHAQUE JOUR 5 CENTIMES
Le Supplément illustré
CHAQUE SEMAINE 5 CENTIMES

SUPPLÉMENT ILLUSTRÉ
Huit pages : CINQ centimes

ABONNEMENTS

	SIX MOIS	UN AN
SEINE ET SEINE-ET-OISE	2 fr	3 fr. 50
DÉPARTEMENTS	2 fr.	4 fr
ÉTRANGER	2 50	5 fr.

Dixième année — DIMANCHE 15 JANVIER 1899 — Numéro 426

LE RÉVEIL DE VACHER

Fig. 11. Le réveil de Vacher le 31 décembre 1898.
Le Petit Journal, supplément illustré du 15 janvier 1899, coll. S. Vielle.

EXÉCUTION

DU TUEUR DE BERGERS

Préparatifs de l'Exécution

A la Prison

Le Départ de la Prison

Jeanne d'Arc et Vacher

Les témoins

Reprise de l'audience

Le réquisitoire

Condamnation à mort

Les débats sont clos à neuf heures moins un quart.

La Cour condamne VACHER A LA PEINE DE MORT.

COMPLAINTE

Air du Juif-Errant

Saint-Amand-Mont-Rond (Cher)
Imprimerie L. SIMONNET.

Fig. 12. Canard et complainte pour l'exécution de Vacher.
Coll. Jean-François « Maxou » Heintzen.

Fig. 13. Après l'exécution, le corps de Vacher est remis aux médecins pour l'autopsie.
Cliché MR. *La Croix*, 4 janvier 1899, p. 4, coll part.

Fig. 14. Tête de Vacher photographiée après sa décapitation.
J.-V. Laborde *et al.*, *Étude psycho-physiologique, médico-légale et anatomique sur Vacher*, Paris, Schleicher Frères, 1900, p. 41.

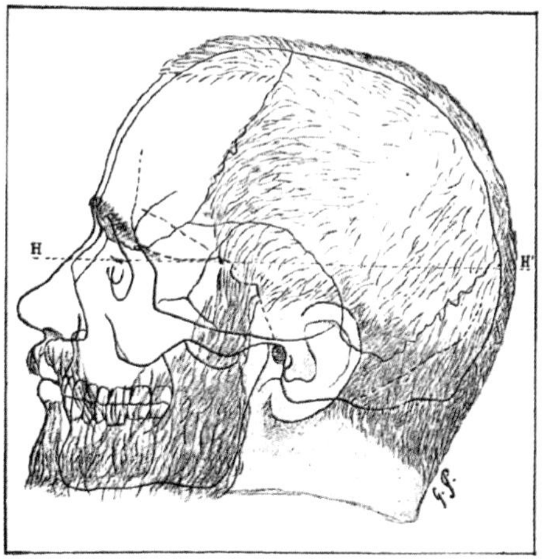

Fig. 15. Contours du crâne sec et de la tête stéréographiés par le docteur G. Papillault.
J.-V. Laborde *et al.*, *Étude psycho-physiologique, médico-légale et anatomique sur Vacher*, Paris, Schleicher Frères, 1900, p. 42.

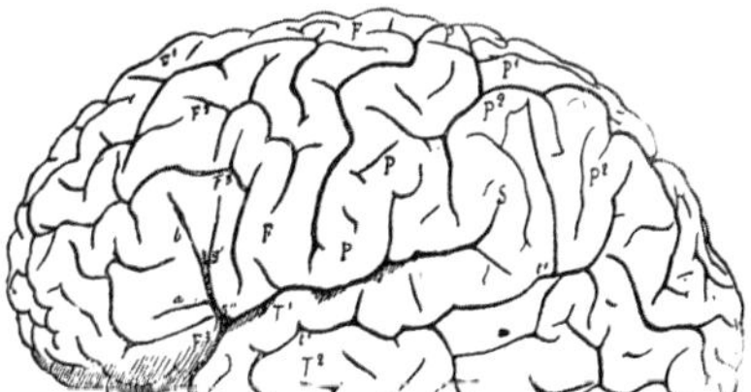

Fig. 16. Cerveau de Vacher. Face externe de l'hémisphère gauche.
J.-V. Laborde *et al.*, *Étude psycho-physiologique, médico-légale et anatomique sur Vacher*, Paris, Schleicher Frères, 1900, p. 33.

5. LA MÉMOIRE DE L'AFFAIRE

Le premier hebdomadaire des faits-divers

4e Année - N° 130 — 1 FR. 50 - TOUS LES JEUDIS - 16 PAGES — 23 Avril 1931

DÉTECTIVE

80 fois criminel !...

Pendant des années, Vacher terrorisa nos campagnes ; on a pu l'accuser de 80 meurtres sadiques. Comparé à Vacher, Kurten, malgré l'odieux de ses crimes, ne semble qu'un pâle vampire.

Lire, en pages 4 et 5, le récit des crimes de Vacher d'après les souvenirs de M. Fourquet, juge d'instruction qui fut chargé de l'enquête.

Fig. 1. « 80 fois criminel ! ». L'affaire Vacher est en première page de *Détective* à l'occasion de la sortie du livre souvenir d'É. Fourquet.
Cliché BiLiPo. *Détective*, 23 avril 1931, n° 130.

LE VAMPIRE

Besançon. (De notre envoyé spécial.)

Dans le train, mes compagnons de voyage s'entretiennent, tout naturellement, du vampire. Le sang-froid, l'impassibilité de l'étrangleur déconcertent l'homme de la route...

— C'est un fou ! me disait-on.

— Un fou ou simplement un anormal, un de ces hommes nés pour le crime ? dit un autre. Les psychiâtres les plus savants du monde seront incapables de percer le mystère. N'est-il pas impossible de découvrir le mécanisme de la folie lucide et cachée, la plus dangereuse ?

J'avoue que j'écoutais les réflexions de mes voisins avec un grand intérêt. Car j'allais voir un homme qui peut-être allait me découvrir le secret d'un autre étrangleur, du prototype des monstres dont Jack L'Éventreur et Peter Kurten ne sont que de faibles répliques, le secret, dis-je, de Joseph Vacher, le plus grand criminel des temps modernes, l'égorgeur fou qui trancha quatre-vingts vies...

Cet homme est un ancien magistrat, M. Emile Fourquet. Lorsqu'il était juge d'instruction il reçut les aveux de Vacher, ses confidences. Grâce à lui, vingt innocents sur qui on faisait peser les crimes du chemineau assassin lui doivent la paix et l'honneur. Cet homme, je dois le dire, n'a d'ailleurs reçu pour prix des services qu'il a rendus à la société que des témoignages d'ingratitude...

Justement il venait de terminer ses mémoires. Nous les lûmes ensemble. A travers Vacher, je cherchais Peter Kurten. Oh ! miracle, je l'y trouvais. Comme Vacher, Peter Kurten, paresseux, fourbe, voleur, il manifeste un immense orgueil, des appétits génésiques insatiables, un caractère violent. Est-ce cela qu'il faut appeler folie ?

— Du reste, ajoute M. Fourquet, la vie de Vacher parle d'elle-même...

Ensemble nous l'avons revécue...

Une enfance tourmentée

Joseph Vacher naquit à Beaufort (Isère), le 16 novembre 1869. C'était le quinzième des seize enfants que son père avait eu de deux mariages. Tout jeune, il se révéla criminel : à dix ans, il tira un coup de fusil sur des jeunes gens qui avaient tendu une ficelle sur le chemin où il devait passer. On l'accusa par la suite d'avoir voulu étrangler un de ses frères, parce qu'il ne poussait pas assez vite une brouette. *Au lieu de le confier à un médecin,* on lui fit absorber des remèdes de bonnes femmes. On l'isola, on en fit un garçon chagrin et mélancolique. Vers sa seizième année il se découvrit la vocation religieuse des mystiques et prit la soutane. Mais bientôt les Bons Pères s'aperçurent qu'il était tourmenté par les appels de la chair et ils le rendirent à la liberté. Vacher, revenu aux champs, tente de violenter un jeune garçon de douze ans. Peu après, dans la région où il travaille, trois assassinats sont découverts, dont on ne pense pas à l'incriminer, mais qui, comme tous les crimes qui lui seront imputés par la suite, sont du même type. A Joux, une femme de trente-cinq ans a été assassinée et violentée : son cou a été sectionné avec une telle violence que la tête est presque séparée du tronc ; le cadavre est dissimulé à trois mètres d'un chemin sous des fougères. Cinq jours plus tard, Clémence Grangeon, une jeune fille de 14 ans, est trouvée morte dans les mêmes conditions. Enfin, à 20 kilomètres de Lyon, on découvre peu de temps après le cadavre d'une bergère. Déjà, à cette époque, Vacher s'avoue malade. Il a la hantise du crime et s'en confesse. « Il y a des moments où ça ne me ferait rien de tuer ! » déclare-t-il. Quelque temps après sa sortie de l'hôpital, on découvre sur la route qu'il suit, un baluchon sur l'épaule, allant de ferme en ferme pour y trouver du travail, deux autres cadavres : celui d'Augustine Perrin, une jeune femme de vingt-trois ans, trouvée étranglée et égorgée, celui de la petite Olympe Buisson, âgée de neuf ans, dont le corps est couvert de plaies affreuses. Tous les chemineaux qui avaient parcouru le pays furent accusés, *sauf Vacher.* Sur ces entrefaites, Vacher qui avait tiré au sort, rejoignit le 60e régiment d'infanterie à Besançon, où sa *bonne conduite* lui permet d'être nommé sergent. Troublante analogie avec le vampire de Dusselforf : il ne peut supporter aucun reproche ; il veut faire parler de lui : il se vole lui-même, allant cacher ses effets, pour pouvoir se plaindre d'avoir été volé. Sous l'empire de la colère, il lui arrive, au moindre mécontentement, de s'emparer d'un rasoir et d'en menacer ses hommes. Ses chefs, clairvoyants, surveillèrent sa bizarrerie. A quelque temps de là, Vacher qui s'était fiancé avec une jeune fille de Beaume-les-Dames, Mlle Louise Barant, ayant vu son mariage repoussé par une famille qui doutait de son équilibre, tira trois coups de fusil sur sa promise et s'en tira deux dans la tête. Les deux blessés survécurent et Vacher fut interné à l'asile d'aliénés de Saint-Elie (Jura).

Le fou meurtrier

Et voilà bien qui épaissit le mystère de l'affreux assassin. Etait-il vraiment fou ? La psychiâtrie a été impuissante à découvrir ses tares, comme elle a été impuissante en ce qui concerne le vampire de Dusseldorf ! Une première fois Vacher, qui regrette les bergères des grands chemins, s'évade de l'asile. On l'arrête : *cette fois il est déclaré irresponsable.* On le transfère à l'asile d'aliénés de Saint-Robert. Là, jouant la comédie, il fait croire aux médecins qu'il regrette ses fautes antérieures et qu'il est disposé à vivre sans attenter à la vie de son prochain. On ignore, bien entendu, qu'il a commis une dizaine d'assassinats. On ne lui impute que la tentative de meurtre à l'égard de sa fiancée et sa tentative de suicide. On ne le considère plus comme un fou, mais comme un anormal responsable de son acte. *Et on le relâche...*

Alors commence la grande série rouge, liste si longue qu'il est presque impossible de l'analyser toute. Nous sommes en 1893...

Vacher prend la route. Le croira-t-on, ce détraqué a l'apparence bonhomme. Il est vêtu de velours, coiffé d'une toque de peau, son visage s'allonge d'une barbe courte et drue. Il s'appuie sur un bâton noueux. Avec lui il transporte sa tente : une pèlerine de drap brun, dans laquelle il s'étend pour dormir. Dans son sac de vagabond il a une marmite en cuivre, des ciseaux, du savon, quelques pommes de terre et un corsage d'enfant. Il porte en bandoulière un accordéon, dont il joue dans les villages, pour s'attirer la faveur des paysans...

Près de Beaurepaire il rencontre Eugénie Delhomme. Elle a vingt-deux ans. Elle a quitté l'usine pour goûter. Le chemineau passe. Derrière lui il laisse un nouveau cadavre, Eugénie Delhomme, égorgée. Et il laisse des victimes.

C'est ce qu'il y a peut-être de plus typique dans l'analogie qui se peut établir entre Vacher et le vampire de Dusseldorf : l'impunité dont ils ont longtemps joui et les désastres qu'ils ont accumulés. Chacun avait vu le chemineau ; quelques-uns l'avaient hébergé, nourri. Nul, cependant, ne le soupçonna du crime de Beaurepaire. Au contraire, on incrimina tous les proches de la morte : Eugène Dorrier qui passait pour être l'amoureux de la jeune fille, un autre jeune homme du pays, François, dont Eugénie Delhomme avait eu un enfant, et M. Lacour, domestique à la fabrique où travaillait la victime. Ce dernier, gardé pendant de longs mois en prison, *en sortit fou...*

Qu'importait à l'étrangleur ?... On paraissait ignorer ses crimes !... Près de Draguignan, il poursuit une petite fille de douze ans qui réussit à s'enfuir... On ne l'arrête pas. A trente kilomètres de là il assassine une jeune fille de treize ans, très forte pour son âge, bien faite et très jolie. Tout incrimine le chemineau et cependant ce n'est pas lui que l'on arrête, on incarcère l'homme qui découvre le cadavre de la petite fille, un honnête cultivateur du pays, M. Charles Roux. Et cela parce que la nuit qui avait suivi le crime, un misérable avait écrit à la craie, sur la maison de M. Roux, « *Ici habite l'assassin* ». Non seulement M. Roux reste de longs mois en prison, mais jusqu'à l'arrestation de Vacher, il est accusé du crime et il se trouve dans l'obligation de quitter son village.

Le chemineau-assassin continue son chemin. Sur son passage, à Châteaudouble, deux vieillards, Jean Honnorat et sa femme, âgés de 71 ans, sont assassinés dans leur maison. Cela rapporte à Vacher six cents francs. Il va plus loin. Il s'engage comme berger. Sa soif de sang est-elle calmée ? Au bout de trois mois Vacher réclame son compte. Sur la route, il essaie d'étrangler une marchande foraine, Mme Marchand, de lui crever les yeux. On ne le recherche pas davantage. Il arrive à Dijon. Presque en même temps on découvre le cadavre d'Augustine Mortureux, fille d'un paysan d'Etaules, accorte paysanne âgée de dix-sept ans. Comme toutes les autres victimes de Vacher, l'enfant a été violentée. Et cette fois encore le chemineau assassin provoque une nouvelle erreur judiciaire. Bien qu'on l'ait remarqué dans la campagne, vagabond chaussé de galoches, vêtu d'une blouse courte, coiffé d'un vieux feutre, portant sur l'épaule un mouchoir bleu à carreaux noué aux quatre coins, ce n'est pas à sa poursuite qu'on se lance. La passion politique accuse M. Grenier. M. Grenier, conduit à la prison, souffre pire que la mort... Relâché, la rumeur publique continue à l'accuser du crime. Pendant plusieurs années, jusqu'à l'arrestation de Vacher, il ne connaît aucun repos...

Arrive le printemps de 1895. Vacher, qui s'est enfui à travers bois, qui s'est débarrassé de ses vêtements ensanglantés, va dans la direction d'Autun. Les gendarmes l'arrêtent à diverses reprises et le relâchent sur le vu de son livret militaire. Cependant, aux environs de Montbord, il s'attaque à une jeune fille, près de Mâcon, une jeune fille de treize ans qui devient l'objet de son désir. Il oblique sur Lyon. Près de Belley il assassine Mme Reynaud, une vieille femme de soixante-quatre ans. Il s'en prend à deux jeunes garçons dans une montagne de la région d'Ambérieu. Près d'Aix-les-Bains, il assassine Mme Morand, une sexagénaire. Il revient sur Lyon, et dans un village où on lui fait l'aumône, il mutile horriblement un jeune berger de quatorze ans. Victor Partalier. Il laisse sur l'enfant sa signature, une blessure à la gorge, une autre au ventre...

On le retrouve la même année à Die, où sa rage s'exerce sur une vieille femme, Madeleine Martelat, puis à Vienne où il s'en prend également à une vieille, la veuve Wassy. Là encore il fait arrêter un innocent, un chemineau comme lui. Il repart pour Hauterives, où il met à mort Aline Blaize, une petite fille de quinze ans. On le laisse partir : on emprisonne un autre homme, nommé Marseille, à sa place...

Cinq jours après le meurtre d'Aline Blaize, Vacher assassine près de Privas un jeune berger, Pierre Massot-Pelet. Bien entendu, nul ne soupçonne le chemineau qui, la veille, a bu du lait à la bergerie. On arrête M. Baumer, un honorable cultivateur de Saint-Etienne-de-Boulogne, et celui-ci connaît un affreux martyre. Pendant ce temps Vacher est l'hôte d'un fermier des environs de Privas. Il dort une nuit à la ferme et au matin, dans le bois proche, il violente et tue une fillette

La maison où naquit Vacher, à Beaufort.

Ci-contre : Vacher posant devant l'objectif après ses aveux.

4

Fig. 2. En 1931, le journaliste Dupin va à la rencontre de l'ancien juge Fourquet. Il fait le parallèle entre Jack l'éventreur, Vacher et Peter Kürten dont les crimes défraient la chronique.

Cliché BiLiPo. *Détective*, 23 avril 1931, n° 130, p. 5.

Le puits de Tassin où Vacher jeta le corps d'une de ses victimes, Claudine Beaupied.

Le village d'Ouglas où Vacher assassina Victor Portallui.

Intérieur et extérieur de la bergerie dans laquelle Vacher assassina la petite gardienne de moutons, Louise Marcelle.

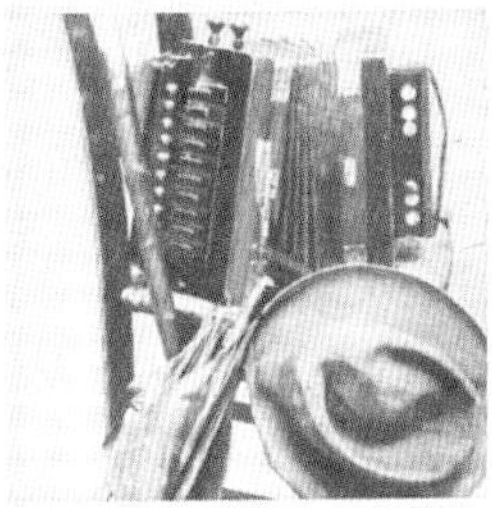

L'accordéon, le parapluie et le chapeau de Vacher que les témoins reconnurent.

« Le coupeur de têtes a passé par-là... »

Louise Baraut, que Vacher voulait épouser et sur laquelle il tira trois coups de fusils.

M. Fourquet, juge d'instruction, chargé de l'enquête sur les crimes de Vacher.

Une des sœurs de Vacher avec ses enfants, devant la maison paternelle, à Beaufort.

de l'Assistance publique, Augustine Combette, âgée de quatorze ans. On perd sa trace. Il quitte l'Ardèche pour la Drôme. En octobre 1895 il assassine, à Parnans, Mme Donger, âgée de soixante-cinq ans.

Les régions du Sud lui paraissant dangereuses il remonte vers le Nord. On le voit à Guéret, où une veuve est assassinée, à Loches où une vieille fille est assaillie par un chemineau dans un bois, à La Flèche, où une fillette de dix ans, Alphonsine Derouet, voit le même chemineau relever ses jupes jusqu'à la ceinture... A Chaumont on l'arrête : il s'est battu avec un garde-chasse. On ne sait pas encore qu'il s'agit d'un assassin. On se borne à le condamner pour violences à un mois de prison... En prison, Vacher trouve un asile sûr contre toutes les recherches de la gendarmerie. Quand on signe sa levée d'écrou, nul ne s'occupe plus du chemineau assassin...

Il revient aux environs de Lyon, comme si cette région le cachait mieux que toute autre. 1896 commence. Aussitôt, on retrouve le cadavre d'une domestique de ferme, Mlle Clément, dans un canal. Vacher à la même époque déclare à une cabaretière qui lui fait l'aumône : « Plaignez-moi. J'ai toujours voulu faire le bien et une force invincible me pousse à commettre le mal ! »

Il commet un nouveau crime près de Romans : le meurtre de Marie Moussier, jeune mariée, puis un autre crime, près du Puy, en Haute-Loire, le meurtre de Marie Monatte, une lavandière sexagénaire. A Allègre, son passage coïncide avec l'assassinat de Rosine Rodier, une bergère... Il prend la route du Puy-de-Dôme. A Job, il se jette comme un fou sur une fermière, Mme Gouttebel. Une sorte de rage l'enfonce dans le crime. En même temps qu'il tente de violenter toutes les femmes qu'il trouve sur son chemin, il se dirige vers Lourdes, où, affirme-t-il, il va faire ses dévotions à la Vierge. Il arrive à Lourdes et de là, il écrit à son ancienne fiancée, lui disant qu'il a prié pour elle... La grâce divine le calma-t-elle ? On n'entend plus parler de ses crimes jusqu'au début de l'année 1897. A ce moment il assassine un vagabond avec qui il cheminait de compagnie, pour le voler.

Il en arrive enfin à la dernière période de son odyssée criminelle : le meurtre d'une petite fille âgée de neuf ans, Adrienne Rouillard, le meurtre de Thérèse Ply, près de Luxeuil, le meurtre de Germaine Benoit, près de Condrieu, le meurtre de Clémentine Henrion, à Chaumont-la-Ville, puis d'autres meurtres, celui d'un chemineau à qui il vola un accordéon, celui d'un enfant qu'il jeta dans un puits (crime dont on ne le soupçonnait pas, mais dont il s'accusa), celui d'un petit berger lyonnais, Pierre Pupier...

C'est la course aux forfaits. Les femmes qu'il arrête sur les chemins se comptent par centaines. On accuse d'honnêtes gens à sa place. Apparition fantastique, il tue un enfant à Beaucastel (Creuse), une veuve dans la Drôme. On l'entend crier sur les chemins : « Il me faut du sang ! » Aux femmes qu'il violente, il affirme qu'il avait le droit de profiter des femmes comme les autres hommes. On l'arrêta une fois encore pour attentat à la pudeur. Il s'en tire avec trois mois de prison. Mais du moins, cette fois, le garde-t-on, et M. Fourquet fut chargé de rechercher s'il n'avait pas d'autres forfaits à son actif. Bientôt, il lui avoue, comme Peter Kurten à son juge, trouvant, semblait-il, un malin plaisir à se confesser...

— Quand cela me prend, disait-il, il faut que je tue et j'en éprouve ensuite un grand soulagement. Je ne cherche pas mes victimes : tant pis pour celles que le hasard amène devant moi. Dieu me protège puisque je n'ai jamais été pincé...

On lui demanda pourquoi il ne se contentait pas de satisfaire ses passions, pourquoi il tuait ses victimes.

— Pardi, si je ne m'en étais pas débarrassé, elles m'auraient dénoncé...

Comme Peter Kurten, il déclarait n'avoir pas connu le remords, être débarrassé d'une obsession par le crime. Excuse facile !... Pour le transporter à Lyon on dut le bâillonner : il ameutait la foule par des propos délirants : « Par section à droite ! Serrez la colonne. Allons la musique ! Le gouvernement veut ma tête. Il l'aura. » Il essaya de tuer son juge avec un couteau qu'il avait dissimulé dans sa paillasse. Certains médecins affirmèrent qu'il était conscient, qu'il simulait la folie. D'autres, qu'il était fou...

Dans la rue, on chantait la complainte de ses victimes :

Petits bergers pleins de peines,
Le soir prenez garde à vous,
Il est des bêtes humaines
Plus sauvages que les loups

Il fut jugé à Bourg-en-Bresse. En entrant dans la salle d'audience, il cria :

— Gloire aux martyrs de tous les temps !

Il avait alors vingt-neuf ans ! Comme le vampire, il déclara qu'il avait agi pour se venger du mépris que les hommes lui avaient témoigné.

Les psychiâtres affirmèrent que sa responsabilité était à peine atténuée. Il fut condamné à mort. Il mourut le 31 octobre 1898, en criant :

— Voilà la victime des fautes des asiles !...

Comme si, jusqu'à la dernière minute, il avait conservé l'espoir de voir reconnue une démence vraie ou simulée, qui l'aurait conduit au cabanon, mais qui du moins lui aurait conservé la vie...

J'ai pensé de nouveau à ce récit, l'autre jour, tandis que revenu de Besançon, on jugeait le vampire. A trente ans de distance la même question se pose. Comment est-il possible que de pareils monstres puissent vivre et jouir, durant tout le temps de leurs crimes, d'une véritable impunité ? Sont-ils donc assez secrets pour qu'aucun de leurs familiers ne les pussent déceler, avant qu'ils aient réalisé leurs desseins abominables ? Fous ou conscients, ne méritent-ils pas d'être abattus comme des bêtes sauvages ?... L'esprit est confondu devant les manifestations aussi étranges d'une inhumanité sans nom... Vacher, Jack L'Eventreur, Peter Kurten, ces misérables sont des hommes à qui leurs victimes ont pu tendre la main... !

F. DUPIN.

AUX 80 CRIMES

Fig. 3. Le reportage du journaliste est illustré par les photographies conservées par Fourquet. Cliché BiLiPo. *Détective*, 23 avril 1931, n° 130, p. 5.

La bergère assassinée

L'OMBRE DE JOSEPH VACHER, LE VAMPIRE AUX 80 CRIMES, L'ASSASSIN DES BERGÈRES, REVIENT, APRÈS 40 ANS, HANTER LES PAYSANNES...

Revenus sur les lieux du drame, le père de la victime et son oncle s'entretiennent, supputent...

Lyon
(De notre correspondant particulier.)

La série rouge continue dans cette région de l'Ain où partout, cependant, respire le bonheur de vivre : gras pâturages, vallons verdoyants avec leurs ruisseaux qui chantent la joie, prairies et monts aux flancs desquels s'accrochent d'accueillants villages... Coup sur coup, en quelques semaines, la mort a frappé : alcooliques, demi-fous dont la colère, la jalousie ont fait des assassins.

C'est encore, semble-t-il, un déséquilibré qui vient de commettre le plus horrible des forfaits, mettant en deuil une sympathique famille de cultivateurs, les Tisserand, du hameau de Béchagne, commune de Saint-Etienne-du-Bois.

La petite bergère

La petite Lucienne Tisserand, l'aînée de sept enfants, n'avait que quinze ans. C'était une forte fille, à l'âge où, dans les durs travaux de la campagne, on est déjà presque une femme. Rieuse et gaie, cependant, car lorsque l'ouvrage est fait, la jeunesse garde ses droits. C'est en sautillant et en chantant que Lucienne était partie mercredi matin, pour conduire ses vaches au pâturage. Son chien gambadait à ses côtés, tandis que les bêtes pacifiques suivaient le chemin creux, entre deux haies, habituées à ce trajet quotidien.

Ce n'était pas le travail le plus pénible de la journée ; ce moment était plutôt une détente, et c'est pourquoi Lucienne gambadait avec son chien, à la face du soleil. Elle a près d'un kilomètre à faire de la ferme jusqu'au pré d'« embouche » comme on nomme dans la région bressanne et charolaise les pâturages qui nourrissent de magnifiques bêtes.

La petite bergère a fait le chemin si souvent ! L'endroit est isolé ; on ne rencontre aucune maison sur tout le parcours. Mais pourquoi avoir peur dans ce décor familier, si accueillant, lorsqu'un fidèle compagnon à quatre pattes est là pour vous protéger ?

Lucienne ! Lucienne !

Elle était partie vers 10 heures et n'avait pas à s'attarder. Aussi, fut-on inquiet à la maison lorsque, vers 11 heures, on ne la vit par revenir. La maman préparait le repas et elle savait bien que Lucienne se hâterait pour l'aider. Le père tenta de la rassurer :

— Elle aura voulu ramasser des champignons.

Le pré des Tisserand est, en effet, l'un de ceux qui, dans le pays, produisent le plus de psaliotes et de mousserons. La cueillette pouvait être tentante... Mais la mère secoua la tête :

— Non. Elle savait que je l'attendais. Elle devrait être là.

Puis, élevant la voix, elle appelle :

— Léa !

La seconde des enfants (treize ans) arrive, essoufflée.

— Va vite chercher Lucienne. Je ne sais pas pourquoi elle n'est pas encore là.

Et Léa partit en trottant, si loin de se douter de ce qui l'attendait...

Le chemin est désert. Léa arrive au pré dont la barrière est ouverte, les vaches paissent à grands coups de mâchoires, précis, obstinés. L'enfant crie :

— Lucienne ! Lucienne !

Silence. La fillette s'avance dans le pré. Là-bas, contre la haie qui sert de limite au pâturage, un corps est étendu ; un parapluie ouvert semble le protéger. Le chien accourt en geignant au-devant de la petite Léa.

Mais que fait Lucienne ? Pourquoi ne répond-elle pas ? E'le ne s'est pourtant pas endormie !

— Lucienne ! Lucienne ! appelle encore Léa en continuant à marcher vers le corps immobile, curieuse, vaguement inquiète, maintenant. Elle s'approche, se penche sur Lucienne. Et la pauvre gosse a un recul horrifié ; le cri s'est étouffé dans sa gorge nouée. Lorsque, après avoir repris haleine, elle peut enfin articuler, elle hurle en courant, hagarde :

— Au secours ! Au secours ! On a coupé la tête de Lucienne !

Oui. Voilà ce qu'avait vu la fillette, et le souvenir du spectacle sanglant hantera longtemps encore ses jours et ses nuits.

Etendue de tout son long dans l'herbe, Lucienne avait la gorge tranchée, horriblement, jusqu'à la colonne vertébrale. La carotide coupée avait

Ci-contre, Vacher, " le tueur de bergers " de sinistre mémoire. — Ci-dessous, Lucienne Tisserand, la victime ; son cadavre abrité d'un parapluie, tel qu'il fut découvert dans un champ.

Fig. 4. En 1938 encore, *Détective* utilise « l'ombre de Vacher » à l'occasion de l'assassinat d'une bergère dans l'Ain.
Cliché BiLiPo, *Détective*, 21 juillet 1938, n° 508, p. 6.

abreuvé le pré qui, avidement, avait bu le sang chaud de la bergère.

Et Léa, reprenant le chemin creux, trébuchant à chaque pas sur les cailloux qui roulaient sous ses pieds, courait vers la ferme en criant toujours, affolée :

— Au secours ! Au secours !...

Quelques paysans qui travaillaient dans leurs champs non loin de là, dressent l'oreille. L'alarme est donnée. Et maintenant l'atroce nouvelle se répète de ferme en ferme : une bergère a été assassinée ! On le sait maintenant au village de Saint-Etienne-du-Bois, au canton, Treffort, et jusqu'à Bourg qui n'est qu'à une dizaine de kilomètres de là.

Les battues

Toute la région est soulevée d'indignation, et déjà les paysans décrochent leur fusil de chasse, empoignent dans les granges fourches et gourdins. Cette impatiente activité va trouver un emploi : voici précisément les gendarmes de Treffort qui ont été rapidement alertés et qui ont fait diligence ; le chef de brigade Jeandeau, les gendarmes Baudin et David. Un peu plus tard arrive le commandant de gendarmerie Gens, de Bourg ; puis le parquet de cette ville : MM. Eglin, procureur de la République ; Borel, juge d'instruction; Garnier, greffier; le docteur Vernaud, médecin-légiste, les accompagne.

Magistrats et gendarmes se partagent l'urgente besogne : l'enquête et la direction des battues.

Mme Temporal habite la ferme la plus proche du lieu du crime.

— Vers 10 h. 15, dit-elle, j'ai entendu le chien de Lucienne qui aboyait avec insistance.

Ce dut être, en effet, l'heure de la sauvage agression. Mais le criminel ? Quelques-uns prétendent l'avoir vu ; les signalements qu'ils en donnent sont, hélas ! bien contradictoires, surtout quant à l'âge du suspect. Cependant, quelques témoignages coïncident, que l'on retient précieusement : un jeune garçon a rencontré le matin même, vers 8 h. 30, c'est-à-dire assez longtemps avant le crime, un homme nu-tête, vêtu de velours marron, qui portait à la main un petit sac de voyage, et une besace sur l'épaule. Il marchait à travers champs, sans se presser, allant vers le hameau de Béchagne.

L'ombre de Vacher

C'est le même, sans doute, que vit une jeune fermière, dix minutes environ après l'heure présumée du crime. Même signalement, mêmes bagages ; cette fois, l'homme se dirigeait vers Viriat.

Léa, sœur de Lucienne Tisserand, et son père sont interrogés par le command[t] Gens (en civil).

Gros émoi au village ! Chacun se fait l'auxiliaire de la justice et les paysans, fusils en mains, participent de grand cœur aux battues.

— Il se courbait comme s'il voulait échapper aux regards, précise le témoin.

De tous côtés les indications parviennent aux gendarmes, partant, évidemment, du désir de voir punir un aussi lâche forfait ; désir aussi de protéger les gens isolés contre un monstre déchaîné, prêt, peut-être, à accomplir quelque nouvel acte sanguinaire. Cette multitude de renseignements peuvent peut-être fournir la bonne piste ; mais, souvent aussi, elle fait perdre un temps précieux aux enquêteurs qui veulent accomplir consciencieusement leur tâche.

Le premier nom qui fut évoqué, lorsque, dans les campagnes, on apprit le crime, fut celui de Vacher, le sinistre Vacher, étrangleur de petits bergers. Car c'est, entre autres pays, dans cette région de l'Ain que le sinistre criminel accomplit quelques-uns de ses forfaits.

— Je l'ai vu passer, moi qui vous parle, dans le chemin même qui borde le pré où l'on a tué Lucienne, raconte le père de la petite victime.

Mais on se refuse à croire qu'un monstre capable de rééditer les forfaits de Vacher puisse exister encore. En tout cas, c'est avec la crainte d'avoir à déplorer de nouvelles victimes que les battues ont été entreprises. Une centaine de paysans ont immédiatement lâché toute besogne et, solidement armés, ont parcouru les chemins, les prés et les bois. Mais les boqueteaux et les fourrés offrent des abris sûrs à qui connaît la région...

Sadique ? Fou ?

On s'est demandé, naturellement, quel était le mobile du crime et la première idée qui se présenta fut celle d'un acte de sadique. Le corps de la bergère étendu sur le dos ; ses sabots jetés près de là comme si elle les avait perdus dans la lutte... ce spectacle imposait à la pensée l'odieuse agression. Mais le premier examen opéré par le docteur Vernaud révéla que la bergère n'avait subi aucune violence confirmant cette hypothèse. L'autopsie conclut de même et permit de préciser que la pauvre petite avait tout d'abord été terrassée par un violent coup de poing à la pointe du menton ; puis, ç'avait été l'affreuse blessure, avec une arme extrêmement tranchante.

Le criminel était-il un sadique, dérangé avant d'avoir pu commettre son acte ? un fou ? un homme poussé par la vengeance ? Cette idée fut retenue au début de l'enquête : l'an dernier, un domestique avait quitté la ferme Tisserand en montrant le poing et en vociférant :

— Sales boches ! Je me vengerai !

— Il en est bien capable, disait-on dans le pays, c'était un fou dont les colères étaient terribles lorsqu'il avait bu.

L'enquête fut continuée par la brigade mobile de Lyon : inspecteurs Chavanne et Brenaud, conduits en auto par l'inspecteur Gaillard.

Les témoignages se concentraient à ce moment sur un demi-fou, habitant la région, qui avait quitté son domicile depuis quelques jours et qui, à plusieurs reprises, avait menacé les gens d'un couteau ou d'une fourche. Plusieurs personnes affirmaient l'avoir rencontré près du lieu du crime.

La piste paraissait intéressante. C'est dans ce sens que cherchent les policiers lyonnais, avec, d'autre part, l'aide matérielle si utile des gendarmes et des habitants de toute la région.

J. BARRAUD.

ADMINISTRATION — RÉDACTION
ABONNEMENTS
3, RUE DE GRENELLE — PARIS (VIe)
Directeur-Rédacteur en Chef : MARIUS LARIQUE
TELEPHONE : LITTRE 46-17
ADRESSE TELEGRAPHIQUE : DETEC-PARIS
COMPTE CHEQUE POSTAL : N° 1298-37

	6 mois	12 mois
France et Colonies	41 »	77 »
Etranger, Union postale	54 »	99 »
Etranger, Autres pays	64 »	119 »

Les règlements de compte et abonnements doivent être établis à l'ordre et au seul nom de « Détective ».

Fig. 5. Les mêmes questions reviennent : la chasse au suspect, la mémoire de Vacher, la question de la responsabilité du tueur. Cliché BiLiPo, *Détective*, 21 juillet 1938, n° 508, p. 6.

Fig. 6. En 1936, c'est au tour du concurrent de *Détective* de replacer la figure de Vacher en première page. L'article lié évoque le témoignage inédit d'un complice.
Cliché MR, *Police Magazine*, 8 septembre 1935, n° 250, coll. MR.

VACHER (PORTRAIT INÉDIT)
Collection du Dr E. LOCARD (Laboratoire de Police de Lyon)

Fig. 7. Portrait inédit de Vacher.
Premier portrait réalisé par Favat et refusé par Vacher ?
Cliché MR, *Crapouillot, Le crime et les perversions instinctives*, mai 1938, p. 39, coll. MR.

Fig. 8. Affiche du film *Le Juge et l'Assassin*.
Ponds Cinéma / Collection Institut Lumière – Lyon.

Fig. 9. Bertrand Tavernier et Jean Aurenche sur le tournage du film, à Privas ou alentour. Photographie d'Étienne George.
Ponds Cinéma / Collection Institut Lumière – Lyon.

Fig. 10. De droite à gauche : Michel Galabru (Bouvier), Philippe Noiret (le juge Rousseau) et Isabelle Huppert (Rose).
Fonds Bertrand Tavernier / Collection Institut Lumière – Lyon.

Fig. 11. Bouvier (M. Galabru) incarne Vacher marchant sous le soleil.
Photographie d'exploitation. Coll. MR.

Fig. 12. Le juge Rousseau (P. Noiret) recueille les confidences de Bouvier.
Photographie d'exploitation. Coll. MR.

Fig. 13. Rose (I. Huppert) chante la Commune avec ses camarades en grève.
Photographie d'exploitation. Coll. MR.

Fig. 14. Jean Roger Caussimon, chanteur de rue, entonne la complainte de Bouvier.
Photogramme du film *Le Juge et l'Assassin*. StudioCanal (2019).

5. De Vacher à Bouvier

de Bertrand Tavernier

Présentation

Le juge et l'assassin est le troisième film réalisé par Bertrand Tavernier. Tourné en 1975, il sort en salle le 10 mars 1976, précédant de peu la publication du livre éponyme[1]. Inspiré de l'affaire Vacher, *Le juge et l'assassin* relate l'enquête judiciaire et la replace dans le contexte social de l'époque. Les noms des principaux protagonistes ont été transposés : Fourquet est le juge Rousseau (Philippe Noiret) et Vacher est devenu Bouvier (Michel Galabru). Les caractères de trois personnages secondaires ont été composés et ajoutés pour les besoins du scénario : le procureur (Jean-Claude Brialy), Rose, la maîtresse de Rousseau (Isabelle Huppert) et la mère du juge (Renée Faure). Dans le film, le juge Rousseau semble vivre seul avec sa mère ; or à l'époque des faits, le juge Fourquet était marié et père d'une fille âgée de 7 ans et demi. Ces inflexions fictionnelles ne retirent rien à la valeur du film, dont la principale qualité est de restituer avec une grande intensité la confrontation du juge Fourquet et de l'inculpé Vacher. Toutes les répliques de Bouvier sont authentiques et tirées des lettres de Vacher ou des pièces de la procédure judiciaire. *Le juge et l'assassin* est rapidement devenu un film de référence pour l'histoire de la justice. C'est une fiction réaliste, intense, que toute personne s'intéressant à l'affaire doit avoir vue, et qu'on peut revoir avec plaisir. Bouvier a offert à Michel Galabru, selon son propre avis, le plus beau rôle de sa carrière d'acteur. Le film a obtenu en 1977 le César du meilleur acteur (Michel Galabru) et le César de la meilleure adaptation (Jean Aurenche et Bertrand Tavernier).

Le juge et l'assassin fut le principal vecteur de la remémoration et de la diffusion publique de l'affaire Vacher au XXe siècle[2]. C'est à ce titre que nous proposons ci-dessous un texte de témoignage de Bertrand Tavernier, issu d'un entretien filmé en 2001 par Stéphane Hausvrit. Michel Boujut y interrogeait Philippe Noiret et Bertrand Tavernier à propos de la réalisation et du tournage du film *Le juge et l'assassin*[3]. Ce texte ne constitue pas une

---

1. René Tavernier et Henri Garet, *Le juge et l'assassin*, Paris, Presses de la Cité, avril 1976.
2. Pierre Bellemare consacra l'un de ses premiers « dossiers extraordinaires » à l'affaire Vacher. L'émission fut diffusée le 9 août 1975 sur Europe 1 sous le titre « Le vagabond fou ».
3. L'entretien initial a été diffusé comme supplément dans le cadre de l'édition du film en DVD en 2001 (collection « Tavernier-Noiret », Studiocanal Vidéo).

transcription littérale de l'entretien filmé : seuls les propos de Bertrand Tavernier ont été conservés, les expressions liées à l'oralité de l'entretien ont été supprimées et le contenu a été remanié. Cette version a été relue et complétée par le réalisateur, en janvier 2019, avec la réponse à trois questions additionnelles posées pour la présente édition.

MR

Aux origines du film

Pendant qu'on travaillait sur *L'horloger de Saint Paul*, j'ai demandé un jour à Pierre Bost s'il avait écrit avec Jean Aurenche des sujets ou des scénarios qui leur plaisaient et qu'ils n'avaient pas tournés[1]. Bost m'a donné une quarantaine de pages qui avaient été écrites après *Le Diable au corps*[2] et qui avaient pour titre *Le juge et l'assassin*. Il m'a donné aussi un livre écrit par le juge, Émile Fourquet. Et à partir de là, quand j'ai vu ça, j'ai eu un choc. Quand j'ai commencé à travailler, Pierre Bost était mort, malheureusement; il était d'ailleurs déjà très malade depuis quelque temps et il n'avait pas du tout travaillé dans *Que la fête commence*. On avait été le visiter, et il nous avait dit une phrase qu'on a replacée dans le film, qui est l'une des premières phrases dite par Philippe Noiret, «je n'ai pas encore de chagrin». C'était après la mort de sa femme, il nous avait dit «Je n'ai pas encore de chagrin, j'en profite pour travailler». Et c'est une phrase qu'on a replacée dans la bouche du régent dans *Que la fête commence*...

Donc j'ai travaillé, j'ai pris ce sujet d'Aurenche et Bost et après avoir lu le livre de Fourquet, j'ai fait une sorte d'adaptation et je suis retourné voir Jean Aurenche et on a commencé à travailler sur le scénario. On a beaucoup élargi. Toute la première partie du film n'existait pas. Le film commençait par le juge et sa mère, toute la vie de Bouvier et ses crimes n'existaient pas. Et je trouvais que c'était intéressant de les montrer, de montrer le périple de l'assassin à travers la France, avant de tomber sur l'homme qui allait pouvoir l'identifier et le faire arrêter.

Cette histoire était inspirée de l'affaire Joseph Vacher. Ce qui m'avait énormément plu, d'abord, c'était la richesse que l'on pouvait sentir chez les deux personnages principaux. C'était la force de leur affrontement dramatique, et comment à travers cet affrontement, il y avait des dizaines de sujets, de thèmes qui pouvaient s'interpénétrer, et qui pouvaient être abordés.

Il y avait d'un côté un homme qui avait traversé toutes les institutions du XIXe: il avait été soldat, il avait été malade, il avait été ouvrier, il avait été trimardeur, il avait également travaillé dans l'Église, donc il avait connu

1. Pierre Bost (1901-1975) et Jean Aurenche (1903-1992) ont co-écrit de nombreux scénarios de films, notamment *L'Horloger de Saint-Paul* (1972), le premier film de Bertrand Tavernier.

2. *Le diable au corps*, film de Claude Autant-Laura (1947), d'après le roman éponyme de Raymond Radiguet, avec Gérard Philippe et Micheline Presle.

l'Église, l'armée, l'asile et le monde de l'hôpital. Les routes. Il amenait avec lui un monde immense où se mêlaient le délire, l'invention et le savoir. Et d'un autre côté un personnage d'une intelligence formidable et qui traduit toute une classe qui est en train d'en supplanter une autre. Rousseau incarne la classe bourgeoise qui est en train de réduire l'aristocratie, de passer devant. J'avais dans le choc des personnages tout ce qui se passait en France au XIXe siècle sans que l'on ait à solliciter les personnages. J'ai demandé à Jean Aurenche de travailler un petit peu sur le climat, l'atmosphère de l'époque, l'affaire Dreyfus, d'introduire des tas de petites scènes qui appartenaient à l'affrontement des personnages.

J'avais proposé un slogan pour la sortie du film : « Bouvier avait tué 16 personnes entre la mort de Van Gogh et les débuts de Freud. »

Acteurs et personnages

Pour les acteurs, je voulais travailler à nouveau avec Philippe Noiret. Philippe avait été un artisan du XXe siècle (*L'Horloger de Saint-Paul*), un prince de sang du XVIIIe (*Que la fête commence*) et je trouvais que c'était intéressant, abordant un autre siècle, une autre partie de l'histoire de France, de lui donner une autre fonction sociale et de lui donner ce rôle de magistrat bourgeois du XIXe. Ce qui montre d'ailleurs son extraordinaire facilité à se déplacer à la fois dans les époques, dans les métiers. Et je trouve qu'il est prodigieusement crédible dans les trois.

Quant à Galabru, ça a été immédiat. J'ai eu un flash, je me suis dit : « je veux Michel Galabru » et je dois dire qu'à part un moment où le producteur (Raymond Danon) m'a dit « Vous pensez pas Alain Delon plutôt ? », on n'a pas remis en doute ce choix.

Bouvier, c'est un tueur, un *serial killer* comme on dirait maintenant. Donc pour le confondre, le juge utilise tous les moyens. Si je changeais une chose sur le personnage du juge, je remettrais une ou deux nuances, je lui donnerais un petit plus de chaleur. Mais le juge de son point de vue fait un acte bénéfique : il est en train d'essayer d'arrêter, de mettre hors d'état de nuire, un homme qui a quand même tué des tas d'enfants et qui les a horriblement mutilés. D'une certaine manière je pense que le juge est moins responsable que les médecins qui ont libéré une personne qui aurait dû être soignée car on peut vraiment penser que Bouvier est fou. C'est à ce moment que le personnage du juge devient assez noir car si Bouvier est un fou, il lui échappe. Mais que d'histoires, à l'heure actuelle, où l'on voit les juges se comporter d'une certaine façon pour que les prévenus ne leur échappent pas, quitte à occulter des parties du dossier.

À côté du juge Rousseau, il y a le personnage étrange et ambigu du procureur joué par Jean-Claude Brialy; qui revient des colonies où il a été condamné pour un scandale. Il a un boy, un Annamite. L'époque de Vacher, c'était l'époque des colonies. On s'est beaucoup régalé là, tant dans les chansons que dans certaines scènes du film.

Contre les certitudes du juge d'instruction, ce procureur sème le doute. Par moments, il dit une chose et tout d'un coup il la nuance. Quand il est face au juge, il cherche à le perturber et quand il est face aux médecins, il met immédiatement en lumière le côté absurde de leur raisonnement. Ce procureur appartient à une classe qui est en train de disparaître, mais c'est un homme d'une intelligence sans doute aiguë – et c'est un petit peu le même genre de rapport que dans *l'Horloger de Saint-Paul* – le juge veut arriver à le convaincre du bien-fondé de sa démarche et l'autre se fait un malin plaisir à le retourner, à lui donner des avis contradictoires, jusqu'au moment où le côté tragique du personnage, qui est dissimulé derrière cette ironie, apparaît par son suicide, lorsqu'on découvre son cadavre sur des airs de *La Périchole*. Cette composition du procureur augmentait l'intensité des rapports entre les personnages.

Le juge Rousseau a une maîtresse qui se prénomme Rose. C'est Isabelle Huppert. C'est un beau personnage aussi cette Rose. Il y a beaucoup de choses que j'ai apprises dans la vie grâce à des femmes, et notamment celle avec laquelle j'ai été marié et qui est l'une de mes grandes amies, Colo. C'est elle qui m'a tout appris. J'ai mûri, j'ai grandi grâce à des femmes. Et ça m'a toujours intéressé d'essayer de mettre dans des films, même quand les films étaient en apparence des histoires d'hommes : Galabru/Noiret, Rochefort/Marielle/Noiret, de mettre des personnages de femme qui représentent un peu ce que je pense, ce que je pensais à l'époque et ce que je continue de penser. Et qui amènent un regard différent sur ces hommes. Et je ne voulais pas reprendre Christine Pascal qui avait joué dans mon film précédent parce que je sentais trop que je lui redonnais un peu le même genre de rôle et j'avais été très frappé par Isabelle. Je l'avais vu dans un ou deux films, puis au théâtre et dans des pièces que mettait en scène sa sœur et je trouve qu'elle appartenait en plus à cette époque. C'était un modèle de Renoir, Isabelle Huppert. On la voit peinte par Auguste Renoir. Je trouve qu'elle a ce charme, cette vie, cette beauté et ce jeu très mesuré, très musical. Philippe s'en amusait beaucoup en disant, c'est vrai, qu'elle allongeait toutes les scènes.

Sur le tournage

J'avais demandé à Isabelle comment elle voulait tourner la scène dans laquelle le juge lui impose un rapport sexuel et je lui avais dit que jamais en aucun cas, j'imposerais. Et je pense que c'était mieux qu'on ne voit rien. Pour cette scène, tout se lit sur les visages tant d'Isabelle que de Philippe. J'ai assisté à la projection du film dans deux ou trois colloques avec des magistrats, et c'est une scène qui leur plaisait énormément. Ils me disaient que c'était vrai et qu'ils avaient ce genre de pulsion. Quand ils étaient en face-à-face intensif avec un justiciable, ils pouvaient ressentir tout d'un coup une pulsion de violence, ou de désir, ou de haine. Il y a un moment où il faut trouver un exutoire. C'est quelque chose que j'avais senti et vraiment j'ai eu des témoignages tout à fait surprenants qui allaient dans ce sens.

On a tout tourné en Ardèche car je savais qu'à travers les paysages de l'Ardèche qui sont très variés, je pouvais arriver à faire sentir que Bouvier, Joseph Bouvier, Galabru, traversait la France[1]. Il y a dans ce département une variété extraordinaire de paysages, presque westerniens, il y a des moments où j'ai l'impression d'être dans *Jeremiah Johnson*[2] et d'ailleurs c'était un sujet de rigolade car on a fait cavaler Galabru sur un nombre inouï de collines avec son accordéon et son parapluie. On roulait en voiture et dès qu'on trouvait un endroit qui nous plaisait, on disait: «bon on s'arrête là» et Michel me regardait et disait «ça y est, c'est encore pour moi là… » et c'est vrai, autant Bouvier parcourt de grands espaces, autant le juge vit dans une atmosphère confinée, réglementée, avec sa maîtresse et sa mère qui fait des cerises à l'eau-de-vie. Je me suis d'ailleurs beaucoup inspiré d'une partie de ma famille lyonnaise pour écrire certaines des scènes ou pour suggérer à Aurenche certaines des scènes, les cerises à l'eau-de-vie de maman qu'il jette dans la rivière par exemple.

J'ai l'impression que le film s'est passé comme si on ne tournait pas. Il y avait un vrai accord. Quand Philippe tournait avec Isabelle, je faisais deux à trois prises, mais c'était tout de suite juste. Il n'y avait aucun moment où on sentait de désaccords par rapport à la vision des personnages; peut-être parce que tout ce travail avait été fait en amont. Il y a un moment dans le film il ne faut plus se poser de questions.

J'y ai pris du plaisir parce que le film est tourné avec des plans longs et notamment, il y a un des plans séquences les plus longs que j'ai fait entre

---

1. Le film a été tourné en son direct en Ardèche à Privas, Largentière, Aubenas, Lamastre et sur le plateau de Coyron selon *L'Avant-Scène. Cinéma*, juin 1976, n° 190, p. 4.
2. *Jeremiah Johnson*, film de Sydney Pollack (1972) avec Robert Redford.

Philippe et Michel, quand Philippe arrache les aveux de l'assassin, avec la carte. Il y a beaucoup de mouvements d'appareils et de recadrages dans ce plan. Je crois qu'on n'est pas loin des 8 minutes. On a tourné 7 ou 8 prises. J'ai toujours aimé les plans difficiles, les plans compliqués qui n'ont pas l'air de l'être mais qui posent des problèmes. Quand à chaque prise je commence, je traverse toujours un moment où je me dis : « mais pourquoi j'ai demandé un plan de 8 minutes comme ça... avec tous ces mouvements d'appareils ? » J'ai un moment de désespoir et puis petit à petit, la tension du plan, le rapport, ce qui se passe... et alors on a le souffle coupé. C'est quelque chose d'angoissant car on connaît les moments difficiles dans le plan. Il y a un moment où Philippe devait énumérer je ne sais combien de noms de villes et dans une des prises il s'est trompé sur un nom, je crois que c'était Saint-Étienne-de-Boulogne et là, il retombe sur ses pattes à la fin de l'énumération. Je ne coupe pas même quand il y a une petite erreur, je laisse toujours une chance. Et je vois qu'il a réussi... je regarde Michel Desrois (ingénieur son) qui se retourne en tendant son pouce en signe de victoire ! Il a réussi, et à ce moment-là, il a quelques centimètres de retard sur le travelling, il me regarde et il se fait attraper par la Dolly[1] au moment où on arrivait à la dernière phrase de Philippe, et on dit « coupez ! »

Après, il y a eu un autre moment, où tout d'un coup Michel Galabru a fait quelque chose qu'il n'avait jamais fait en dessinant son parcours à la craie, il s'est mis à se baisser, à se baisser, ce qu'il n'avait jamais fait, il restait toujours à la même hauteur. Et j'étais derrière Pierre William Glenn (image) et j'entends Glenn qui dit à voix basse : « T'as vu ce qu'il fait, t'as vu ce qu'il fait ? Pourvu qu'il ne se relève pas trop vite, pourvu qu'il se relève pas trop vite parce que... ». Et à la fin de la prise je dis à Michel : « Mais Michel, pourquoi tu t'es baissé là tout d'un coup en dessinant ? Il me répond : « M'en parle pas ! J'ai senti que vous vous disiez : « Oh là là ! Il va me piéger, Galabru encore... et je pensais : il ne faut pas que je remonte trop vite pour pas les piéger ».

Et pendant ce temps, Michel sortait 25 répliques où il était parfait. Ça c'est formidable. D'ailleurs dans la prise montée, on a incorporé un accident. Parce que j'ai une règle que je donne à toute l'équipe, c'est que tous les accidents s'ils sont bénéfiques, doivent être incorporés dans la prise. Et là Michel casse la craie ... il a continué au lieu de s'arrêter ... C'est la prise qu'on a gardée. C'est vrai que la tension est importante dans ces moments. On en sort épuisés et en même temps, il y a un vrai bonheur car ce sont ces plans qui soudent toute une équipe.

---

1. Caméra sur roues ou rails, utilisée pour réaliser des travellings.

La fin du film m'a été reprochée parce que c'était démonstratif, réalisme socialiste, il y avait des banderoles, des panneaux, qui sont d'ailleurs trop neufs. Ce côté-là, le décor, n'est pas très bien et je pense que la scène est trop démonstrative. Je me suis fait un peu avoir, et en même temps je l'assume complètement, par la très grande beauté de la chanson de Jean-Roger Caussimon. Caussimon qui nous avait écrit plusieurs magnifiques chansons pour le film. Il y a une très belle complainte de Bouvier qu'il chante lui-même, il y a aussi une merveilleuse chanson patriotique que chante le colonel Bob (Robert) Morel, ancien chef des services des barbouzes qui a été un des héros de la lutte contre l'OAS à Alger. Bob Morel était un officier du service des renseignements, il avait été garde du corps du Général de Gaulle – cascadeur –, et quelqu'un m'avait dit qu'il avait une magnifique voix, qu'il chantait dans les banquets. Il jouait Porthos dans le *Cyrano et d'Artagnan* d'Abel Gance (1964). Je l'ai appelé en lui disant: «je ne vous demande pas de cascades». Et dans le film, le colonel Bob Morel chante *Sigismond le Strasbourgeois*.

Dans la scène finale, il y a une chanson à la manière des chansons de la Commune, du *Temps des Cerises*, et qui est très très belle et qu'Isabelle chante très bien. Et elle est très belle Isabelle dans cette scène. Mais je pense maintenant, si je retournais la scène finale, que je garderais cette chanson, je garderais cette usine en grève, mais je ne ferais pas une démonstration comme ça. Je montrerais des gens qui sont éparpillés dans une usine, le soir, comme ça, qui sont là, qui attendent peut-être d'être attaqués... Et puis le juge qui passe sur une route à côté qui voit ça de loin et puis qui s'éloigne. Mais cette nouvelle fin je l'ai trouvée 15 ans plus tard. Je me souviens d'une discussion avec Billy Wilder qui me disait «on trouve toujours, souvent des fins, d'autres fins au film, que l'on pense meilleures, mais ça vous arrive parfois 10 ans après». Et celle-là, c'est 15 ans... Tout d'un coup je me suis dit, c'est comme ça que j'aurais dû la tourner. Là, je n'ai pas eu un très bon décor, j'ai manqué d'exigence et puis je me suis fait avoir par la très grande beauté de la chanson. Par contre, les gens ont beaucoup reproché le carton final que j'assume complètement. Celui-là, je ne le changerais pas. Il dit «Entre 1893 et 1898, Joseph Bouvier tua 12 enfants. Durant la même période, plus de 2500 enfants de moins de 15 ans périrent dans les mines et les usines à soie, assassinés!». Ça, j'avais envie de provoquer à la fin. Et ça, ce n'est pas quelque chose que je renie. Je ne renie pas du tout le sens de la scène, absolument pas, je n'ai pas changé d'avis mais c'est plutôt la manière dont c'est fait. Je l'ai tourné trop vite, c'est trop composé et ce n'est pas à la hauteur du reste.

La portée du film

Le film a un contenu social et politique que je continue à revendiquer. Quand on parle de l'affaire Dreyfus, quand on parle de la peine de mort, quand on parle d'un certain nombre de choses... on se situe au plan politique mais accoler une étiquette de « film politique », ça me gêne car les étiquettes me gênent toujours et parce que j'espère que c'est aussi un film où il y a des personnages qui sont complexes, où il y a des émotions qui sont diverses et *Le Juge et l'assassin* ne me paraît pas réductible à cette dimension politique.

J'ai montré le film à des magistrats et pour un grand nombre d'entre eux c'est un film de référence. Je me souviens d'un débat avec de très nombreux magistrats et juges d'instruction, et de l'un d'entre eux se levant et me disant : « Comment avez-vous fait pour avoir eu accès au dossier de Buffet et Bontems. Parce que la manière dont le juge obtient les aveux dans son bureau, c'est exactement ce qui s'est passé pour Buffet et Bontems ?[1] » Je n'avais pas eu accès à ce dossier mais il est vrai que le film est très moderne de ce côté-là parce que le juge Fourquet a été l'un des premiers à montrer le prévenu à des journalistes, et le fait que maintenant on ne puisse plus interroger un prévenu sans un avocat, ça date de là[2]. Un grand nombre de lois, et donc de sujets, évoqués sans cesse depuis les années 60, 70, 80 viennent de cette histoire et sont dans le film. Les magistrats l'ont trouvé très juste. Pierre Truche, qui est un homme pour lequel j'ai beaucoup de respect, qui a été le procureur dans l'affaire Barbie et qui est un grand cinéphile projette très souvent *Le juge et l'assassin* dans les colloques sur cinéma et justice, et il maintient que c'est un des films qui parle le mieux du juge d'instruction. J'ai reçu beaucoup de textes, de lettres, qui disaient que le film était d'une très grande justesse. Je n'ai eu aucun conseiller historique. Je me suis toujours dit que quand on réfléchit un petit peu à certaines situations, les choses doivent arriver de cette façon.

1. Claude Buffet et Roger Bontems sont les derniers condamnés à mort exécutés à Paris, dans l'enceinte de la prison de la Santé, le 28 novembre 1972.

2. Loi du 8 décembre 1897. Cette loi supprimait le secret de l'instruction. Elle permettait à tout inculpé d'être assisté par un avocat lors d'une confrontation ou d'un interrogatoire, à moins qu'il ne renonce expressément à cette disposition.

Trois questions complémentaires (janvier 2019)

— *Avez-vous tiré des enseignements des conditions de tournage de ce film pour les films suivants ?*

Bien sûr. C'était mon premier film en Scope et on utilisait la nouvelle caméra Panavision avec des objectifs aux très grandes ouvertures, ce qui permettait de tourner de vraies scènes de nuit, sans éclairer beaucoup, en prenant des risques. C'est un film où j'ai appris à filmer les paysages, à les filmer de manière non fonctionnelle mais lyrique. Il y a un vrai sens de l'espace dans ce film ce qui m'a servi pour d'autres films, en particulier *La vie et rien d'autre* (1989), *Dans la brume électrique* (2009) et *La Princesse de Montpensier* (2010).

— *Quelle est la place de ce film dans votre parcours de réalisateur ?*

J'ai du mal à répondre à ce genre de question. C'est un film qui poursuit les recherches de *Que la fête commence* (1975), notamment dans la manière de filmer l'histoire, de faire sentir que la caméra est contemporaine de l'action, en explorant aussi d'autres directions (un style plus lyrique, plus épique). J'ai parfois laissé passer des erreurs (affiches jaunes trop voyantes, costumes à la fin trop propres et cadre trop composé). J'ai réparé cela en prenant des décorateurs comme Alexandre Trauner, Claude François ou Émile Ghigo.

— *Et finalement, qu'est-ce que l'histoire de Vacher a appris au réalisateur Bertrand Tavernier ?*

À creuser la complexité des personnages et les méandres d'une justice souvent couchée devant le pouvoir.

6. La complainte de Bouvier l'éventreur

de Jean-Roger Caussimon

Cette chanson a été composée pour le film *Le juge et l'assassin*. Les paroles sont de Jean-Roger Caussimon et la musique, de Philippe Sarde[1]. En prenant la forme de la complainte pour composer cette chanson, J.-R. Caussimon et P. Sarde ont rendu hommage aux auteurs anonymes qui firent vivre ce genre populaire en France jusqu'à la veille de la Seconde Guerre mondiale. Je remercie Céline et Raphaël Caussimon d'avoir permis la reproduction des paroles pour clore ce dossier documentaire.

Petits bergers, jolis bergères,
Innocents joueurs de pipeaux,
Quand vos moutons se désaltèrent
À l'onde claire d'un ruisseau,

Dans les roseaux, dans les fougères,
Vous redoutez de voir le loup
Ravir un agneau tout à coup
Et l'emporter dans sa tanière.

Mais il est de plus grands dangers,
Auxquels vous n'avez pas songé.

Il existe des bêtes pires
Que le tigre altéré de sang,
Plus funestes que le vampire
Et plus traîtres que le serpent.

Ce sont des fous qui violentent
Et signent leur acte pervers
En taillant à même la chair
De leurs victimes innocentes.

C'est au comble de cette horreur
Que parvint Bouvier l'Éventreur.

1. La chanson figure sur le disque 33T, éditions Saravah SH 10 061 portant le titre « Bande originale du film de B. Tavernier, Le juge et l'assassin ». Elle a été enregistrée en janvier 1976, à Londres, avec un orchestre symphonique sous la direction de Carlo Savia (orchestration de Hubert Rostaing. Disque Savanah SH 10048). Jean-Roger Caussimon, *La double vie. Mémoires*, Paris, Le Castor Astral, 2003, p. 156.

Bouvier est bien de cette engeance,
De trimardeur, de chemineau,
Mendiant le gîte et la pitance.
Anarchistes et marginaux.

À la moisson et aux vendanges,
On le voit hanter les hameaux,
Cachant toujours sous son chapeau,
Son regard aux lueurs étranges.

Il paraît pourtant bon garçon
Quand il joue de l'accordéon.

Il fit ainsi un long périple,
Revenant parfois sur ses pas,
Commettant des crimes multiples,
Jusqu'au jour où on l'arrêta.

Alors il dit qu'en sa jeunesse,
Un chien enragé l'a mordu
Et qu'un médicament a dû
Mettre son esprit en faiblesse.

Par surcroît, cet être odieux
Se prétend inspiré par Dieu.

Pour que ma complainte finisse,
J'attends l'issue du jugement.
Dans notre pays la justice
Ne se trompe que rarement.

Donc, bonnes gens faites confiance,
Aux enquêteurs, aux magistrats,
Au tribunal qui jugera,
Celui qui fit trembler la France.

En attendant que les geôliers veillent
Nuit et jour sur Bouvier !

Index
Sources
Bibliographie

*Index**

* Cet index patronymique signale également les professions de médecin, magistrat, avocat et journaliste.

Sources

1. Archives nationales

Sous-série 460 AP. Fonds Félix Faure. Présidence de la République. AN 460 AP-5. Politique intérieure (1895-1899). Recours en grâce. Ministère de la justice. Direction des affaires criminelles et des grâces. 2e bureau. N° 8242 s98.

2. Archives départementales de l'Ain

2U 300. L'affaire Vacher (1885-1898). Dossier de procédure. L'ensemble des pièces a été numérisé et mis en ligne sur le site des archives.++

200 J 477. Affaire Joseph Vacher (1897-1930). Lettres et presse.

3. Archives départementales de la Côte-d'Or

2U 561-1. Affaire Augustine Mortureux (1895-1897).

2E 263/07. Registre des mariages, naissances et décès de la commune d'Étaules (1895).

4. Archives départementales du Doubs

1E839. Registre des mariages de la commune de Besançon (1889).

5. Archives départementale de l'Isère

9NUM/ACO32/4. Registre des naissances de la commune de Beaufort (1860-1894).

6. Archives départementales du Jura

3E 7981. Série du greffe : naissances, mariages, décès, publications de mariage pour la commune de Saint-Claude.

7. Archives départementales du Rhône

2U1 199. Affaire Vacher. Dossier des pièces du parquet général de Lyon.

4 E 3759. Registre des mariages de la commune d'Orliénas (1867).

4 E 12106. Registre des décès de la commune de Saint-Genis-Laval (1893).

8. Archives départementales de Savoie

3 E 2980. Registre des naissances, mariages et décès de la commune de Saint-Ours (1866).

3 E 4157. Registre des naissances, mariages et décès de la commune de Saint-Ours (1895).

9. Archives municipales de la ville de Lyon

Fonds Edmond Locard. 308-II-109. Papiers d'Alexandre Lacassagne. Affaire Vacher.

10. Bibliothèque municipale de Lyon

Fonds ancien. Ms 7055 Mémoire de Joseph Vacher.

Ms 7056. Album photo sur l'affaire Vacher.

Fonds Alexandre Lacassagne. Ms 5283. Recueil de pièces sur l'affaire Vacher.

11. École nationale supérieure de police

Fonds ancien. Pièces 330 et 331. Lettres de Vacher.

12. Institut Lumière

Fonds Bertrand Tavernier. TAV/F103. *Le Juge et l'assassin.*

13. Archives des Frères Maristes

Centre des archives Mariste de France à Saint-Genis-Laval.

Les recherches ont été réalisées dans ce fonds par F. André Lanfrey.

14. Centre hospitalier Alpes-Isère à Saint-Égrève

Centre de documentation. Dossier J. Vacher.

15. Archives privées

Fonds Fourquet-Voutay (2019).

16. Sources imprimées

16.1. Ouvrages à caractère de source

Bouchardon Pierre, *Vacher l'éventreur*, Paris, Albin Michel, 1939, 253 p.

Charbonnier Jean, *Documents sur l'état mental de Vacher condamné à la peine de mort par arrêt de la cour d'assises de l'Ain du 29 octobre 1898*, Grenoble, impr. Allier, 1899, 46 p.

Defrance Jacques [Lucien Chaze], *Dreyfus et Vacher*, Alger, Imprimerie Baldachino-Laronde-Viguier, 1898 (?), 16 p.

Fourquet Émile, *Vacher le plus grand criminel des temps modernes par son juge d'instruction*, Besançon, Jacques et Demontrond, 1931, 363 p. Réédition en 2007 par l'éditeur L. Souny (coll. «Sortis de l'oubli») avec une préface de Michel Galabru.

Fourquet Émile, «Les vagabonds criminels», *Revue des Deux-Mondes,* vol. 52, 1899, p. 399-437.

Fourquet Émile, *Les fleurs du rêve*, Besançon, Éditions Sequania, 1931, 120 p.

Hesse Raymond, *Les criminels peints par eux-mêmes* (préface du docteur J. Grasset), Paris, B. Grasset, 1912, 323 p.

Laborde Jean-Baptiste Vincent, Manouvrier Léonce, Papillault Georges et Gellé Marie-Ernest, «Étude psycho-physiologique, médico-légale et anatomique sur Vacher», *Bulletins de la Société d'anthropologie de Paris*, 1899, p. 483-495 ; puis en brochure, Paris, Schleicher, 1900, 51 p.

Lacassagne Alexandre, *Vacher l'éventreur et les crimes sadiques*, Lyon Paris, Storck Masson, 1899, 314 p.

Lacassagne Alexandre, «Le vagabondage en France. Séance du 19 avril 1899», *Bulletin de la Société d'anthropologie de Lyon*, t. 18, 1899, p. 87-88.

Maupassant de Guy, «Le vagabond», *La nouvelle revue*, t. 44, 1er janvier 1887, p. 5-16.

Patroni J., *Vacher, le tueur de bergers : De l'arrestation à la condamnation, de la condamnation à l'exécution*, Bourg, impr. Dureuil, 1899, 163 p.

Richepin Jean, *Le chemineau. Drame en cinq actes en vers*, Paris, Charpentier et Fasquelle, 1897,

16.2. Presse nationale

La Croix, Le Figaro, L'Intransigeant, L'Illustration, Le Gaulois, Le Journal, Le Journal illustré, Le Matin, Le Pèlerin, Le Petit Journal, Le Petit Parisien, Le Rappel, Le Temps…

16.3 Presse régionale

Courrier de l'Ain, Le Bugiste, Lyon Républicain, Le Petit Comtois, Le Progrès (Lyon), *Le Progrès de la Côte-d'Or, Le Petit Bourguignon, La Dépêche* (Toulouse), *Le Salut public, Le Stéphanois…*

16.4. Presse médicale et scientifique

Annales d'hygiène publique et de médecine légale, Annales médico-psychologique, Archives d'anthropologie criminelle, Bulletins de la Société d'anthropologie de Paris, Gazette médicale de Paris, Le Progrès médical, Revue de psychiatrie, Revue scientifique…

16.5. Littérature populaire

*** Anonyme [Jules Besse], *Le tueur de bergers*, Paris, Schwartz, 1898, 971 p.

Laurent Martin, *Le Roi des assassins: vie errante et mystérieuse de Vacher l'éventreur, documents inconnus et secrets, histoire de ses crimes*, Paris, Librairie universelle Duquesne et Pegat, 1898, 288 p.

Méry Gaston, *Les mémoires de vacher, le tueur de bergères*, 1897-98, 3 vol., 2160 p.

Monet Henri, *Les Drames de grands chemins. L'Éventreur: la vie mystérieuse et les crimes de Vacher*, Paris, Librairie illustrée, 960 p.

Bibliographie

AMBROISE-RENDU Anne-Claude, « Vacher, Joseph » in François Angelier et Stéphane Bou (dir.), *Dictionnaire des assassins et des meurtriers*, Paris, Calmann-Lévy, 2012, p. 573-579.

ARTIÈRES Philippe, « Le gendarme, le photographe et le graffiti : retour sur l'affaire Joseph Vacher » in J.-C. Farcy, D. Kalifa et J.-N. Luc (dir.), *L'enquête judiciaire en Europe au XIXe siècle*, Paris, Créaphis, 2007, p. 295-301.

—, « De sinistre mémoire. Joseph Vacher et ses "mémorialistes" » in A. Caiozzo et A-E. Demartini (dir.), *Monstre et imaginaire social*, Paris, Créaphis, 2008, p. 331-340.

BERLIÈRE Jean-Marc, *Le crime de Soleilland. Les journalistes et l'assassin*, Paris, Tallandier, 2003, 300 p.

BOSSARD Eugène, *Gilles de Rais. Maréchal de France dit Barbe-Bleue*, H. Champion, 1886 ; Grenoble, Jérôme Millon, 2018 (1res éd. 1992, 1997), présentation de F. Angelier.

BOURGOIN Stéphane, *Serial killers. Enquête mondiale sur les tueurs en série*, Paris, Grasset, 2014, 1097 p.

BOUVERY Pierre et MOREL Pierre, *Aspects anthropologiques et sociopathiques de dix assassins guillotinés au XIXe siècle, dans la région lyonnaise*, Paris, Masson, 1964, 85 p., préface d'E. Locard.

CHAUVAUD Frédéric (avec la collab. de Laurence DUMOULIN), *Experts et expertise judiciaire. France XIXe et XXe siècles*, Rennes, Presses universitaires de Rennes, 2003, 283 p.

CHEVRIER Olivier, *Crime ou folie : un cas de tueur en série au XIXe siècle. L'affaire Joseph Vacher*, Paris, L'Harmattan, 2006, 198 p.

CORNELOUP Gérard, *Joseph Vacher : un tueur en série de la Belle-Époque*, Brignais, Éd. des Traboules, 2007, 322 p., préface de P. Truche.

COURVOISIER Anne, « Le jeune soldat. Une figure du désordre à Besançon (1870-1914) », in J.-C. Caron, A. Stora-Lamarre et J.-J. Yvorel (dir.), *Les âmes mal nées. Jeunesse et délinquance urbaine en France et en Europe (XIXe-XXe siècles)*, PU de Franche-Comté, 2008, p. 85-100.

CUISINIER Rémi, *L'assassin des bergères*, Éd. Lyonnais et Forez, 2002, 227 p.

DALLEST Jacques, « Joseph Vacher, éventreur de bergers au XIXe siècle », *Revue de sciences criminelles*, juillet-septembre 2009, p. 565-588.

DELOUX Jean-Pierre, *Vacher l'assassin. Un serial killer français au XIXe siècle*, E/dite Histoire, 2000 (1995), 191 p.

DESCOTT Régis, *Vacher l'éventreur*, Paris, Grasset, 2016, 273 p.

DYKAK Aurélien, *Tueurs en série. L'invention d'une catégorie criminelle*, Presses universitaires de Rennes, 2016, 313 p.

FARCY Jean-Claude, *La jeunesse rurale dans la France du XIXe siècle*, Paris, Éditions Christian, 2004, 220 p.

—, *Meurtre au bocage. L'affaire Poirier (1871-1874)*, Chartres, Société archéologique d'Eure-et-Loir, 2012, 458 p.

FRAPPA Amos, *Lacassagne, médecin du crime*, Lyon, Fage éditions, 2019.

GARET Henri et TAVERNIER René, *Le Juge et l'Assassin*, Paris, Presses de la Cité, 1976, 312 p.

HEINE Maurice, *Le Marquis de Sade. Texte établi et préfacé par Gilbert Lely*, Paris, Gallimard, 1950, 383 p.

HEINTZEN "Maxou" Jean-François, « Le canard était toujours vivant ! De Troppmann à Weidmann, la fin des complaintes criminelles, 1870-1939 », Criminocorpus [En ligne], Musique et Justice, Portraits d'accusés et figures de criminels en musique, mis en ligne le 26 novembre 2013, consulté le 02 mai 2019. URL : http://journals.openedition.org/criminocorpus/2562

KALIFA Dominique, *L'encre et le sang. Récits de crimes et société à la Belle Époque*, Paris, Fayard, 1995, 351 p.

KALUSZYNSKI Martine, *La République à l'épreuve du crime (1880-1920)*, Paris, L.G.D.J., 2002, 251 p.

LAMOTHE Christine, « Illustration clinique d'une problématique du double : Joseph Vacher. Un serial killer à l'ancienne », *Psychiatrie française*, vol. 29, n° 4, p. 46-55.

LANFREY André, *Marcellin Champagnat et les Frères maristes. Instituteurs congréganistes au XIXe siècle*, Paris, Don Bosco, 1999, 324 p. Préface de Michel Lagrée.

LOCARD Edmond, « Les assassins et leur responsabilité. Un cas entre mille : Joseph Vacher, le tueur de bergères », *Paris Monde*, 15 décembre 1944, p. 2.

—, « Vacher » in *Les grands criminels lyonnais*, Albums du Crocodile, n° 3, mai-juin 1938, p. 4-7.

LOPEZ Laurent, « "Voici les faits suffisants qui nous ont paru suffisants pour motiver son arrestation" : les juges à la poursuite du « vampire du Bois-du-Chêne » (Côte-d'Or, 1895) in F. Chauvaud et P. Prétou (dir.), *L'arrestation.*

Interpellations, prises de corps et captures depuis le Moyen Âge, Rennes, PUR, 2015, p. 233-249.

LUAUTÉ Jean-Paul, KOPP Nicolas, SALADINI Olivier, NESPOR Claude et LUAUTÉ Jacques, « Le cerveau de Vacher et les savants : première partie. Des crimes au châtiment. Diagnostic clinique », et « Le cerveau de Vacher et les savants, deuxième partie. Résultats de l'autopsie », *Annales médico-psychologiques*, 2011, vol. 169, n° 9, p. 545-55 et p. 552-558.

MURE André, *Le monstre (affaire Vacher)*, collection « Les causes célèbres », Paris, La Flamme d'or, 1954, 126 p.

PERROT Michelle, *Les ombres de l'histoire. Crime et châtiment au XIXe siècle*, Paris, Flammarion, 2001, 427 p.

RENNEVILLE Marc, *Crime et folie. Deux siècles d'enquêtes médicales et judiciaires*, Paris, Fayard, 2003, 526 p.

—, « L'affaire Joseph Vacher : la fin d'un « brevet d'impunité » pour les criminels ? », *Droit et cultures*, 60, 2010, n° 2, p. 129-142.

—, *Joseph Vacher. Le procès d'un tueur en série*, Plombières-les-Bains, Ex-Aequo, 2019, 152 p.

SARFATI Salvator, *Essai médico-psychologique sur le marquis de Sade*, Lyon, Bosc Frères et Riou, 1930, 188 p.

SEGUIN Jean-Pierre, *Nouvelles à sensations. Canards du XIXe siècle*, Paris, A. Colin, 1959, 226 p.

STARR Douglas, *The Killer of Little Shepards. A True Crime Story and the Birth of Forensic Science*, New York, Knopf, 2010, 300 p.

STUMER Jean, *Joseph Vacher, le tueur en série du Sud-Est : l'anarchiste de Dieu*, Chabéry, La Fontaine de Siloé, 2018, 288 p. Préface de Jacques Dallest.

VACHER Joseph, *Écrits d'un tueur de bergers* (éd : P. Artières), Lyon, À rebours, 2006, 157 p.

VETTARD Jean-Paul, « L'affaire Vacher », *Revue internationale de police criminelle*, 2000, n° 482, p. 2-10.

VIGARELLO Georges, *Histoire du viol. XVIe-XXe siècle*, Paris, Seuil, 1998, 357 p.

ZAGURY Daniel et ASSOULINE Florence, *L'énigme des tueurs en série*, Paris, Pocket, 2010, 189 p.

TABLE

ISSN : 2649-9509

Dépôt légal : octobre 2019 - N° imprimeur : 091964238

Imprimé en France par Présence Graphique - Monts